고령화사회의 노인복지학

고령화사회의

노인복지학

초판 1쇄 발행 2010년 8월 30일
초판 8쇄 발행 2021년 10월 20일

지은이 최성재·장인협

펴낸곳 서울대학교출판문화원
주소 08826 서울 관악구 관악로 1
도서주문 02-889-4424, 02-880-7995
홈페이지 www.snupress.com
페이스북 @snupress1947
인스타그램 @snupress
이메일 snubook@snu.ac.kr
출판등록 제15-3호

ISBN 978-89-521-1100-5 93330

ocial Welfare for Older Persons in Aging Society

고령화사회의
노인복지학

최성재 · 장인협 지음

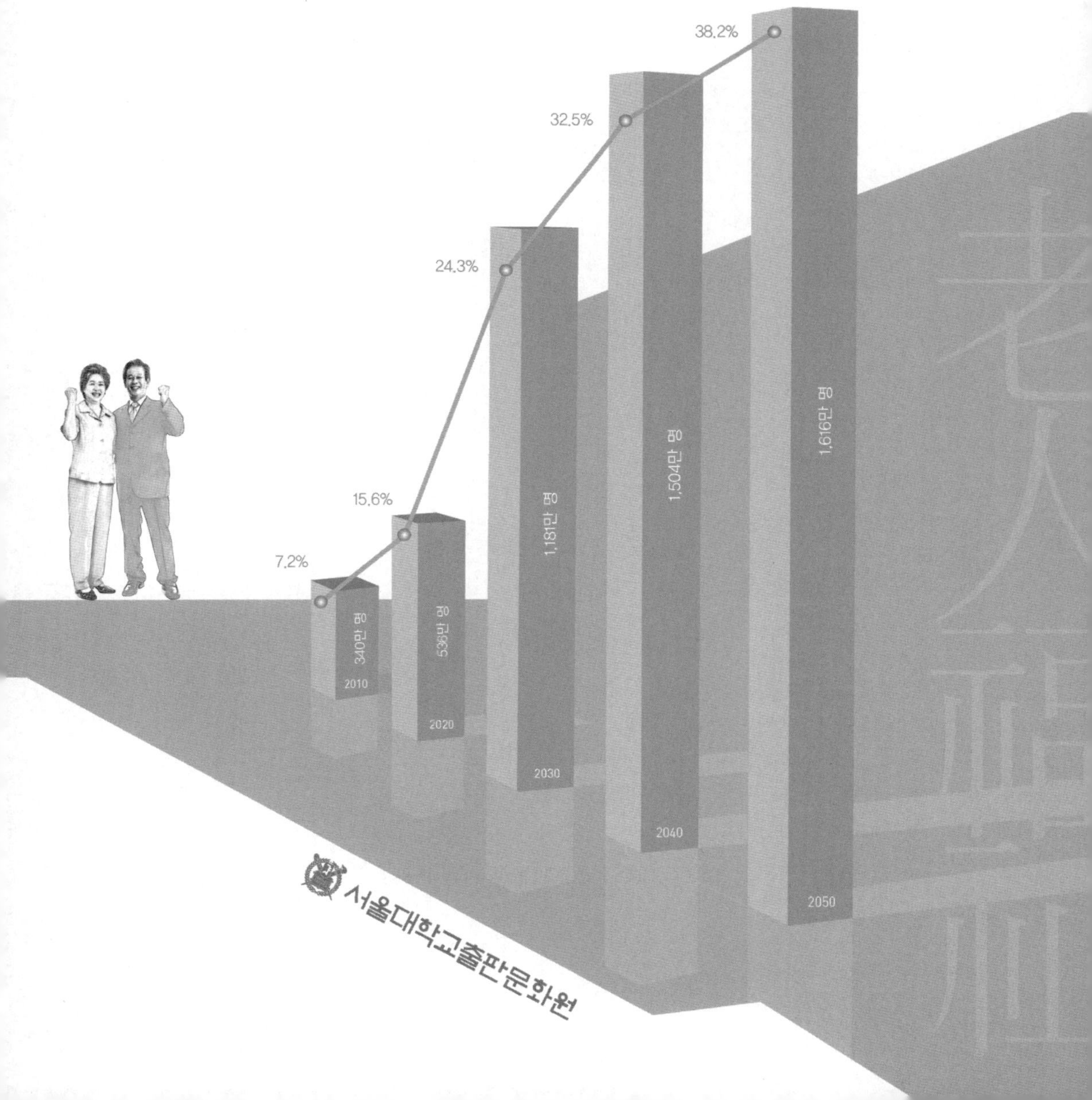

서울대학교출판문화원

Social Welfare for Older Persons in Aging Society

Sung-Jae Choi & In-Hub Chang

Seoul National University Press

머리말

지금으로부터 33년 전 '노인복지학'이라는 이름으로 노인복지 교과서를 발간한 이후 학문적인 이론과 연구가 크게 발전되고 사회복지제도도 크게 발전했으며, 게다가 고령화가 급속히 진행되어 처음 쓴 교과서의 내용은 그대로 사용하기 어렵게 되었다. 그동안 사회복지제도와 사회인구학적인 여건의 변화에 맞추어 두 차례에 걸쳐 『노인복지학』을 수정해 왔으나 부분적인 수정으로는 노인복지의 전반적 지식을 담아내기 어렵다고 판단하여 이번에 대폭 개정을 하게 되었다.

노인복지학은 노인을 위한 사회복지학의 한 분야로서의 의미를 가지는 것이 일반적이었다. 그러나 사회복지학의 틀 안에 갇혀 있던 노인복지학의 범위를 넓혀 노인복지의 지식과 기술을 인구 고령화의 틀 속에서 보는 것이 더 적합하다고 생각하여 책제목을 '고령화사회의 노인복지학'으로 바꾸고 이에 따라 책의 내용도 전반적으로 인구 고령화의 큰 틀 안에서 전개하려고 노력하였다.

이 책은 종전의 노인복지학에서 다루어 온 내용을 거의 다 포함하였고, 종전에 보다 세분화되었던 임상 노인복지학 부분을 간단히 한 장으로 묶었으며, 제1장에서 고령화 현상을 전반적으로 소개하면서 노인복지를 고령화사회 현상과 연계하여 생각할 수 있도록 하였다. 그리고 장마다 관련되는 참고사항을 별도의 사각 틀 안에 넣어 설명을 보충하면서 시각적 효과도 높이려 하였다. 새로운 내용과 새로운 판형으로 출간되는 이 책이 노인복지학을 이해하는 데 크게 도움이 되기를 기대한다. 이 책의 제16장에서 제21장까지의 내용은 새로운 것을 충분히 반영하는 데 다소 미흡한 점이 없지 않아 아쉬움이 남지만 이후 개정을 통해 미흡한 점을 계속 보완해 나가도록 하겠다.

이 책이 '고령화사회의 노인복지학'이라는 이름으로 다시 태어나는 과정에서 꼼꼼하게 원고 교정을 봐 준 신창환 조교를 비롯하여 개정판 출간을 맡아 준 서울대학교출판문화원의 김성곤 원장님과 형난옥 운영본부장님께도 감사드린다.

2010년 7월

최성재·장인협 씀

차례

제2부 | 노화 관련 현상의 이해

제5부 | 노인복지 서비스의 이슈

제 1 부 고령화사회와 노인문제

제 1 장

고령화 현상의 이해

동서고금을 막론하고 인간의 가장 큰 소원은 오래 사는 것이다. 이 같은 소원은 20세기에 들어서면서 점차 실현되기 시작하였다. 선진 산업사회에서는 평균수명(남녀평균)이 80세를 넘어섬에 따라 노인인구가 크게 증가하였다. 우리나라도 급속한 현대화로 평균수명이 크게 연장되어 2010년 현재 평균수명(남녀평균)이 거의 80세에 이르게 되었고 65세 이상 노인인구는 총인구의 11%나 된다. 지금부터 1,200여 년 전 당나라의 시인 두보(杜甫)가 '인생칠십고래희(人生七十古來稀)'(사람이 70세까지 사는 것은 옛날부터 드문 일)라고 했던 것은 아득한 옛말이 되었고, 이제는 '인생일백고래희(人生一百古來稀)'라는 말도 무색할 정도가 되었다.[1]

고령화는 개인의 평균수명이 연장되는 개인 고령화(individual aging)와 개인 고령화를 사회적 차원에서 집합적으로 본 인구 고령화(population aging)로 나눌 수 있다. 개인 고령화는 개인과 가족에게는 소원 성취나 축복이 될 수도 있지만 사회적으로는 인구 고령화를 초래하여 사회적 부담을 증가시킬 수 있기 때문에 적절한 대책이 요구된다. 그러므로 인간의 노화와 이에 관련된 제반 문제를 이해하고 개인과 가족, 사회적 입장에서 대책을 수립하고 실천하기에 앞서 개인 고령화인 평균수명의 연장과 이에 따른 인구 고령화 현상과 그 영향을 전반적으로 알아보는 것이 필요하다.

---

1. 2010년 우리나라의 인구조사 결과에 의하면 100세 이상 노인은 1,836명이었다.

1 개인 고령화

'평균수명(life expectancy)'은 어떤 특정한 해에 특정한 사회에서 출생한 가상의 사람들이 다른 연령의 모든 사람들과 같은 사망위험 요인이 주어진 상태에서 기대할 수 있는 평균적 사망 연령을 말한다. 다시 말해서 그 연령에 속한 사람이 같은 사망위험 요인이 주어질 것으로 가정하여 앞으로 살 수 있을 것이라고 기대되는 연령이라는 의미에서 평균수명을 '평균기대수명'이라고도 한다. 어떤 특정한 해는 출생한 해가 될 수도 있고, 현재까지 생존하고 있는 사람의 나이에 해당하는 해가 될 수도 있다. 다시 말해서 0세에서의 평균수명, 10세에서의 평균수명, 20세에서의 평균수명, 65세에서의 평균수명이라 말할 수 있다. 평균수명을 '건강평균수명'과 '의존평균수명'으로 구분하는 경우도 있다.

일반적으로는 출생 시(0세)의 평균수명을 '평균수명'이라 하고, 출생하여 일정한 기간까지 생존하고 있는 경우는 앞으로 남아 있는 수명을 말할 수 있기 때문에 '기대여명' 또는 '평균기대여명'이라 하는 경우가 더 많다(이하 평균이라는 말은 생략하고 기대여명이라 함). 다시 말해서 평균수명은 출생 시(0세)의 기대수명을 말하고, 기대여명은 일정한 기간까지 생존하고 있는 사람의 생존 당시 연령 이후의 남은 기대수명을 말한다. 그러므로 2010년 현재 평균수명이 80세(79.6세로 추정함)라고 하면 2010년에 출생한 영아의 평균수명을 말하는 것이다.

각 연령과 그 연령에서의 기대여명의 합은 평균수명보다 길다. 왜냐하면 각 연령까지 산 사람은 그 연령까지의 사망위험요인을 극복했기 때문에 평균수명에서 그 연령까지 기간의 사망위험률이 적용되지 않아 '나이+기대여명'은 평균수명보다 길게 된다. 예를

건강평균수명과 의존평균수명

- **건강평균수명(healthy life expectancy or active life expectancy):** 평균수명 중 건강하게 생활하는 기간의 평균수명.
- **의존평균수명(dependent life expectancy):** 건강약화로 타인에게 의존하게 되는 기간의 평균수명. 2004년 현재 우리나라의 의존평균수명은 10년 정도임(보건복지부·한국보건사회연구원, 2006).

표 1-1. 주요 국가의 평균수명 추이

구분		2005~2010	2015~2020	2025~2030	2035~2045	2045~2050
선진국	남	72.9	74.7	76.5	78.0	79.4
	여	80.2	81.6	83.0	84.2	85.4
	전체	76.5	78.2	79.8	81.1	82.4
개도국	남	63.7	66.3	68.5	70.4	72.1
	여	67.2	70.1	72.5	74.6	76.5
	전체	65.4	68.2	70.5	72.5	74.3
미국	남	75.6	76.8	77.9	79.1	80.4
	여	80.8	82.1	83.3	84.5	85.7
	전체	78.2	79.5	80.7	81.8	83.1
일본	남	79.0	80.5	81.5	82.4	83.3
	여	86.1	87.9	88.9	89.9	90.9
	전체	82.6	84.2	85.2	86.1	87.1
이탈리아	남	77.5	78.8	79.9	81.0	82.1
	여	83.5	84.6	85.8	86.9	87.9
	전체	80.5	81.7	82.9	83.9	85.0
중국	남	71.3	73.2	74.8	76.2	77.4
	여	74.8	76.9	78.6	80.1	81.3
	전체	73.0	74.9	76.6	78.1	79.3
스웨덴	남	78.7	80.3	81.4	82.4	83.5
	여	83.0	84.2	85.2	86.1	87.0
	전체	80.9	82.2	83.3	84.3	85.2
한국	남	76.1	78.0	79.8	81.4	82.9
	여	82.9	84.7	86.3	87.7	88.9
	전체	79.6	81.5	83.1	84.7	86.0

주 : 한국은 2010, 2020, 2030, 2040, 2050년 자료임.
출처 : UN (2007), World population prospects: The 2006 revision; 통계청(2006), 장래인구 추계(2005~2050).

들면, 2005년 현재 65세 남자의 기대여명은 16세이므로 '나이 + 기대여명'은 '65세 + 16세 = 81세'가 된다. 그런데 이 81세는 2005년의 남자 평균수명인 75세보다 훨씬 길다. 그러므로 어떤 해에 어떤 나이에 해당하는 사람의 기대여명을 계산할 때 그해의 평균수명에서 나이를 뺀 값으로 계산하지 않도록 주의할 필요가 있다.

선사시대에는 동서양을 막론하고 평균수명이 20세에 못 미쳤던 것으로 추정된다(Cowgill, 1986). B.C. 500년경 그리스에서는 평균수명이 18세, A.D. 100년경 로마에서는

표 1-2. 세계 각국의 평균수명

국가	평균수명			국가	평균수명		
	남	여	연도		남	여	연도
한국	76.1	82.7	2007	영국	77.1	81.1	2005
일본	79.2	86.0	2007	오스트리아	77.3	82.9	2007
스웨덴	78.9	83.0	2007	프랑스	77.5	84.4	2007
아이슬란드	79.4	82.9	2007	벨기에	76.6	82.3	2006
스위스	79.2	84.2	2007	미국	75.4	80.7	2006
노르웨이	78.2	82.9	2006	아일랜드	77.3	82.1	2006
호주	79.0	83.7	2007	룩셈부르크	76.8	81.9	2006
그리스	77.0	82.0	2007	독일	77.2	82.4	2006
캐나다	78.4	83.0	2006	포르투갈	75.5	82.3	2006
네덜란드	78.0	82.3	2007	핀란드	75.9	83.1	2006
이탈리아	78.4	84.0	2006	멕시코	72.6	77.4	2007

출처 : OECD(2009), Health data 2009.

25세 정도였던 것으로 추정된다(Harris & Cole, 최신덕 역, 1985).

로마제국시대 이후 18세기까지는 평균수명이 거의 증가하지 않다가 19세기 중엽에 유럽에서는 평균수명이 45세에 이른 나라도 생겼다(Stolnitz, 1968). 20세기에 들어서면서 평균수명은 크게 증가하기 시작하여 1980년경 세계 전체 평균수명은 60세 가까이 되었고 2000년경에는 66세 정도가 되었다. 표 1-1에서 보는 바와 같이 세계 각국의 평균수명은 계속 연장될 것으로 예측된다.

현재까지 알려진 국가별 평균수명을 보면 표 1-2에서 보는 바와 같이 세계 최장수국인 일본은 2007년 현재 남자 79.2세, 여자 86.0세였고, 호주는 2007년 현재 남자 79.0세, 여자 83.7세였고, 영국은 2005년 현재 남자 77.1세, 여자 81.1세였다. 그리고 프랑스는 2007년 현재 남자 77.5세, 여자 84.4세였고, 미국은 2006년 현재 남자 75.4세, 여자 80.7세였으며, 멕시코는 2007년 현재 남자 72.6세, 여자 77.4세였다.

우리나라의 경우를 보면, 20세기에 들어선 1905년의 평균수명은 남자 22.6세, 여자 24.4세였던 것이 해방 당시인 1945년에는 남자 45.6세, 여자 50.7세로 40년 사이에 2배로 연장되었고, 2000년에는 남자가 72.3세, 여자 79.6세가 되어 20세기 초반에 비해 3~4배가량 증가하였다(표 1-3 참조). 그리고 2020년경에는 평균수명이 남자 78.0세, 여자 84.7세가 될 것으로 예상된다.

표 1-3. 한국의 평균수명 추이

국가	1905	1945	1950	1960	1970	1980	1990	2000	2010	2020	2030	2040	2050
남	22.6	45.6	48.3	51.1	58.7	61.8	67.3	72.3	76.2	78.0	79.8	81.4	82.9
여	24.4	50.7	53.9	53.7	65.6	70.0	75.5	79.6	82.9	84.7	86.3	87.7	88.9
전체	-	-	-	52.4	61.9	65.7	71.3	76.0	79.6	81.5	83.1	84.7	86.0

출처: 통계청(2006), 장래인구 추계(2005~2050); 김정근(1984), 노인보건의 현황과 대책.

이와 같은 평균수명의 연장은 주로 유아 사망률의 저하, 보건위생의 개선, 의학의 발달로 인한 성인질병, 특히 뇌혈관질환이나 악성 신생물(암), 심장병 등의 치료 효과 때문인 것으로 생각된다. 평균수명이 연장되었다는 것은 노령기가 연장된 것을 의미하고, 긴 노령기를 어떻게 보내야 할 것인가 하는 여가문제, 독신노인으로서 생활의 어려움과 외로움의 문제, 질병치료와 보호 등 다양한 문제를 일으킬 수 있다. 따라서 오래 살기를 바랐던 인간의 소원이 성취되고 있지만 한편으로는 예상하지 못했던 여러 난관에 부딪치게 되었다.

2 인구 고령화

1) 인구 고령화의 의미

인구 고령화(population aging)는 개인 고령화를 집합적으로 생각한 것이다. 인구 고령화는 한 국가사회 전체 인구의 중위연령(median age)이 증가하는 것을 의미하기도 하지만, 대부분의 경우 사망률의 저하로 국가사회의 총인구 중 65세 이상의 노인인구가 증가하고 출산율의 저하로 노인인구 비율이 증가하는 현상을 말한다(Weeks, 2005). 인구 고령화는 노인인구 비율이 상대적으로 증가하는 현상이기 때문에 그 근본적 원인은 평균수명 연장과 출산율(합계출산율) 저하라 할 수 있다. 이런 의미에서 거의 모든 국가사회의 인구가 고령화하고 있다고 할 수 있다. 인구 고령화는 개인 고령화(individual aging)와는 구별된다. 개인 고령화는 시간의 경과(연령의 증가)에 따라 개인에게 나타나는 신체적·생리적 변화 현상을 의미하지만 단순히 개인의 수명이 연장되는 것을 의미하는 경우가 많다. 인구 고령화는 한 국가사회 전체 인구에 대한 개념이지만 개인 고령화는 국가사회 구성원 개개인에 대한 개념이다.

인구 고령화의 사회적 영향과 관련하여 이해해야 할 주요 개념 가운데 하나는 노인인구 부양비(support ratio)다. 사회인구학적 차원에서 연령집단은 생산활동에 종사할 수 있는 연령인가 아닌가에 따라 피부양인구와 부양인구(생산인구)로 나뉜다. 0~14세의 유소년인구(幼少年人口)와 65세 이상 노인인구가 피부양인구에 해당하고, 15~64세는 부양인구에 해당한다. 부양지수는 전체적으로 피부양인구(유소년인구와 노인인구의 합)를 부양

사망률 관련 용어

- **사망률(mortality):** 일정한 조건 하의 전체 대상 중 사망하는 사람 비율을 말하는 일반적 용어
- **조사망률(crude death rate):** (1년간의 총사망자 수/연간 인구) x 100
- **연령별사망률(age-specific death rate):** 각 연령 또는 5세 간격 연령의 집단별 사망률

합계출산율과 인구유지출산율

- **합계(총)출산율(total fertility rate: TFR)**

  한 사회의 여성들이 연령별 출산율(age-specific fertility rates: ASFRs)을 유지할 경우 한 여성이 일생 동안 출산할 수 있는 평균 자녀 수를 말한다. 일반적으로 자녀출산 가능 연령인 15~44세 또는 15~49세의 연령별 출산율을 근거로 하고 있으며, 우리나라는 15~49세를 기준으로 하고 있다.

- **대체출산율 또는 인구유지출산율(replacement-level fertility)**

  한 사회 또는 국가의 인구수를 현상대로 유지하는 데 필요한 합계출산율을 말하는데, UN은 2.3 정도로 보고 있다.

인구로 나눈 값에 100을 곱한 것으로 계산한다. 계산식으로 표시하면 ([유소년인구 + 노인인구] ÷ 부양인구) × 100이 된다. 인구 고령화와 관련된 개념으로 유소년인구에 대한 노인인구의 상대적 비율을 나타내는 노령화(고령화)지수(aging index)[2]도 있다.

부양지수는 100을 기준으로 한 것인데, 예를 들어 부양지수가 50이라 하면 사회적으로 부양인구 100명이 피부양인구 50명을 부양한다는 의미인데, 이를 간단히 말하면 2명이 일을 해서 1명을 먹여 살린다는 의미가 된다. 노인인구 부양지수는 65세 이상 노인인구를 피부양자로 보고 부양인구로 나눈 값에 100을 곱하면 된다([노인인구 ÷ 부양인구] × 100). 예를 들어 노인인구 부양지수가 20이면 사회적으로 생산인구 100명이 노인 20명을 부양한다는 것인데, 이는 곧 5명이 일해서 노인 1명을 먹여 살린다는 의미다. 노인인구의 비중이 증가할수록 노인인구 부양지수는 늘어나게 되고 이는 사회적 부담의 증가를 의미한다. 이런 의미에서 노인인구 부양지수는 사회적 부담을 나타내는 지표로 널리 활용되고 있다.

0~14세(유소년인구)를 피부양인구로 인정하는 데는 별다른 이의가 없겠지만, 15~64세를 부양인구로 간주하는 것과 65세 이상을 피부양인구로 인정하는 것에 대해서는 이의가 있을 수 있다. 그럼에도 불구하고 사회인구학적으로 부양비 계산방식은 이와 같이 통용되고 있다. 이와 같이 총인구를 부양인구와 피부양인구의 2개 집단으로 나누어 부양지수

2. 한 사회나 국가의 유소년인구(0~14세)에 대한 노인인구(65세 이상)의 백분율(노인인구/유소년인구 × 100)을 말하며, 이는 노인인구에 대한 유소년인구의 비중을 나타내는 것으로 출산율이 낮을수록 노령화지수는 높아진다.

를 계산하는 것은 국가나 지역 간 비교의 편의성을 도모한다는 면에서 의미가 있지만, 사회제도가 다른 특정 국가나 사회의 실질적 부양지수를 알기에는 미흡한 점이 있다.

예를 들면, 우리나라의 경우 고등학교 졸업자의 82% 정도가 대학에 진학하고 대학 졸업 후 군복무까지 의무적으로 끝내야 비로소 경제적으로 자립할 수 있기 때문에 나이 적은 쪽의 피부양인구(공식적으로 0~14세까지)는 0~25세까지 정도로 인정하는 것이 현실적이다. 그리고 최근 평균 퇴직연령은 60세에도 못 미치기 때문에 나이 많은 쪽의 피부양인구의 범위는 60세 이상으로 하는 것이 더 현실적이다. 이렇게 보면 피부양인구는 크게 확대되고 부양인구는 크게 축소되어 우리나라의 실질적 부양지수는 크게 높아질 것이다. 따라서 부양인구와 피부양인구의 범위는 한 국가사회의 일반적 취업 연령과 법정(또는 관행적) 퇴직 연령에 따라 다르게 계산할 필요가 있다.

인구 고령화와 관련된 중요한 개념의 하나는 65세 이상의 노인인구를 연령에 따라 다시 연소노인(the young old), 중고령노인(the middle old), 초고령노인(the old old 또는 the oldest old)의 세 집단으로 구분하는 것이다. 연소노인은 65~74세의 노인을, 중고령노인은 75~84세의 노인을, 초고령노인은 85세 이상을 말하는 것이 일반적이다(80세 이상을 초고령 노인으로 보는 경우도 있음). 노인인구를 이렇게 세 집단으로 구분해 볼 때 초고령노인 집단의 증가율이 우리나라에서는 물론 세계적으로도 가장 높다.

2) 노인인구 비율에 따른 사회분류

65세 이상 노인인구가 한 국가사회의 전체 인구 중 차지하는 비율에 따라 국가사회를 두 가지 분류체계를 사용하여 구분하고 있다. 첫 번째 분류체계는 UN의 정의에 따라 65세 이상 인구의 비율이 7% 이상인 국가를 '고령국가(aged nation)', 4% 이상 7% 미만인 국가를 '장년국가(matured nation)', 4% 미만인 국가를 '청년국가(young nation)'로 구분하는 것이다(UN, 1956). 이는 세계적으로 인구 고령화 현상이 두드러지지 않았던 20세기 중반의 상황에서 나온 분류체계라 할 수 있다.

두 번째 분류체계는 UN에서 분류했다고는 하지만 확인할 수 없는 것으로 65세 이상 인구가 7% 이상 14% 미만인 국가를 '고령화사회(aging society)', 14% 이상 21% 미만인 사회를 '고령사회(aged society)', 21% 이상인 사회를 '초고령사회(super-aged society)'로 구분하는 것이다(内海洋一, 1992). 이 분류체계는 일본에서 사용하고 있으며, 우리나라도 이 분류를 따르고 있는 것으로 보인다. 일본 문헌에서는 UN에서 이와 같이 분류했다고 주장하고 있지만 UN의 공식적 보고나 기록에서는 이를 찾아볼 수 없다. 일부 일본 문헌에서도 UN의 분류라는 것이 불확실하다고 보고 있다(일본 내각부, 2009).

일본 문헌에서 고령화사회, 고령사회, 초고령사회를 분류하는 기준은 1956년의 UN 보고서에 당시 65세 이상 노인인구 비율이 7% 이상인 사회를 '고령사회(aged society)'라고 한 데서 유래하는 것으로 보이지만 이 역시도 확실하지 않다(일본 내각부, 2009).

그런데 1956년의 그 UN 보고서는 UN 경제사회국(Department of Economic and Social Affairs)에서 출판해 온 Population Studies 제26권(No. 26)이다. 이 보고서의 전체 주제는 인구 고령화와 사회경제적 함의(The Aging of Populations and Its Economic and Social Implications)이고, 제1장 '인구 고령화의 경향과 차별성(Trends and Differentials in the Aging of Populations)'에서 고령화사회와 관련하여 언급하고 있는 부분은 다음과 같다. "인구에서 65세 이상인 사람들의 비율이 4% 미만이면 청년(young)인구[사회], 이 비율이 4~7% 사이이면 장년(mature)인구[사회], 7% 이상이면 고령(aged)인구[사회]라고 임의로 정의한다면 세계 인구의 압도적 부분은 청년인구나 장년인구이고 다만 아주 작은 부분만 고령인구일 뿐이다."(p. 7)

UN 보고서의 이 같은 서술에 근거하여 일본에서 65세 이상 인구 비율 7%와 그 배수(14%, 21%)를 고령화사회, 고령사회, 초고령사회로 분류하는 기준을 만들어 낸 것으로 판단된다. UN에서는 다만 노인인구가 7% 이상인 사회를 고령사회(aged society)라고 '임의적으로' 정의했을 뿐이고, 노인인구가 7~14%, 14~21%, 21% 이상인 사회를 각각 고령화사회(aging society), 고령사회(aged society), 초고령사회(super-aged society)로 분류한 근거는 전혀 없다. Aged society와 super-aged society라는 영문 용어도 UN이나 영어 사용 국가에서 전혀 사용되지 않는 것으로 보아 일본에서 만들어 낸 것으로 보인다.

고령화사회(aging society)라는 용어는 노인인구 비율에 따른 사회의 한 분류로서보다는 '인구가 고령화하고 있는 사회'라는 의미로 널리 사용되고 있다. 다시 말해서 세계 공통적으로 사용되는 고령화사회(aging society)라는 용어는 인구가 고령화하고 있는 사회를 일반적으로 의미하는 것으로 사용되고 있을 뿐이고, 노인인구가 7~14%인 사회를 가리키는 의미로는 일본과 우리나라 외에는 거의 사용하지 않고 그 의미도 잘 이해되지

Aging과 Ageing

- 의미상으로는 차이가 없지만 일반적으로 미국식 영어에서는 aging을 사용하고 영국식 영어(영국, 유럽, 호주)에서는 ageing을 사용한다. Aging이나 ageing은 우리말로는 노화, 고령화, 노령화, 때로는 나이 듦, 나이 먹음 등으로 다양하게 번역된다.
- Aging은 시간의 경과에 따라(달력으로 세는 나이나 시간의 경과) 생물학적·사회적·심리적 측면에서 나타나는 여러 가지 변화를 종합적으로 의미하는 경우도 있고, 그중에 생물학적 변화만 의미하는 경우도 있으며, 시간의 단순한 경과만을 의미하는 경우도 있기 때문에 그 말이 쓰이는 맥락에 따라 의미를 잘 살펴볼 필요가 있다.

않고 있는 것이 사실이다.

일본 문헌에서 초고령사회를 분류하는 노인인구 비율은 20% 이상과 21% 이상이 혼용되고 있으나 20%를 사용하는 경우가 더 많고, 우리나라에서도 20% 이상을 초고령사회로 분류하고 있다. 20%와 21%는 수적으로 차이가 큰 것도 아니고 20%가 될 때와 21%가 될 때에 확연한 사회적 차이가 나타날 것으로 예측되는 근거도 없기 때문에 20%냐 21%냐를 따지는 것은 큰 의미가 없지만 적어도 그것이 분류체계인 만큼 그 기준은 논리적이어야 한다. 왜 초고령사회의 노인인구 비율을 7%의 배수 개념인 21%로 하지 않고 20%로 하는지에 대한 타당한 근거를 찾기는 어렵다. UN에서 처음 65세 이상 인구가 7% 이상인 국가를 '고령국가(aged nation)'로 했을 때 7%를 기준으로 한 이유는 불분명하지만, 일단 UN에서 7% 이상을 고령국가로 인정한 수치로 받아들이고 7%의 배수 개념을 적용하여 고령화사회를 구분하는 것이 더 논리적일 것이다. 따라서 초고령사회는 노인인구 20% 이상이 아니라 21% 이상인 사회로 보는 것이 바람직하다고 본다.

이 같은 고령화사회 분류 체계는 일본과 우리나라 이외에 외국이나 UN에서는 사용되지 않고 있으며 학술적으로도 사용되지 않고 있다. 우리나라에서 이 같은 분류 체계가 마치 UN에서 공식적으로 사용한 것처럼 이해되고 많이 사용되고 있는 현상을 무시할 수는 없지만 국제적인 보고나 학술적 논의에 사용하는 데는 신중을 기할 필요가 있다. 즉 이 분류 체계는 노인인구 비중의 증가와 인구 고령화의 지표로서는 의미가 있지만 아직 국제적으로 인정되고 있는 것은 아니다. 따라서 국제적인 논의에서는 고령화사회-고령사회-초고령사회의 분류 체계를 사용하는 것보다는 고령화사회(aging society)

표 1-4. 65세 이상 노인인구 비율에 따른 국가사회 분류

총인구 중 65세 이상 노인인구 비율	국가사회 분류
4% 미만	청년기사회(young society)
4% 이상~7% 미만	장년기사회(matured society)
7% 이상~14% 미만	고령화사회(aging society)
14% 이상~21% 미만	고령사회(aged society)
21% 이상	초고령사회(super-aged society)

표 1-5. 주요 국가의 인구 고령화 속도 추이

국가	해당 노인인구 비율에 도달하는 연도			증가에 소요되는 연수	
	7%	14%	21%	7%→14%	14%→21%
일본	1970	1994	2006	24	12
프랑스	1864	1979	2022	115	43
독일	1932	1972	2014	40	42
영국	1929	1976	2027	47	51
이탈리아	1927	1988	2012	61	24
미국	1942	2013	2040	71	27
한국	2000	2018	2026	18	8

출처: UN(2010), The world population prospects: the 2010 revision; OECD(2010), OECD factbook 2010.

로 단순화하여 사용하는 것이 바람직하다. 세계 모든 나라에서 노인인구의 비율과 수가 증가하고 있기 때문에 세계 모든 국가사회는 고령화사회라 할 수 있다. 그러나 모든 국가를 고령화사회라 하면 구분이 어렵기 때문에 일정 노인인구 비율 이상을 고령화사회의 기준 수치로 한다면 7% 이상인 사회를 고령화사회로 하는 것이 좋다고 본다.

그러나 현실적으로 일본과 우리나라에서 고령화사회의 3분류 체계를 보편적으로 사용하고 있기 때문에 이를 무시할 수는 없다. 따라서 이러한 점을 감안하고 위에서 말한 두 가지 분류체계를 혼합하여 65세 이상 노인인구의 비율에 따른 각 국가사회를 표 1-4와 같이 분류할 수 있을 것이다.

기존 문헌에서 초고령사회를 65세 이상 노인인구가 20% 이상인 사회로 규정하는 경우가 일반화되어 있지만, 65세 이상 노인인구가 21% 이상인 사회를 초고령사회로 규정하는 것이 더 합리적이기 때문에 세계 주요 국가의 65세 이상 노인인구 비율이 7%, 14%, 21%에 도달하는 시점을 추계한 결과는 표 1-5와 같다.

3) 세계의 인구 고령화 현상

노인인구가 7%에서 14%에 이르는 데 프랑스는 115년, 미국은 71년, 독일은 40년, 일본은 24년이 걸렸으나, 우리나라는 18년 정도 걸릴 것으로 예상된다. 그리고 노인인구가 14%에서 20%에 이르는 데 일본은 12년이 걸렸고 프랑스는 41년, 미국은 15년 걸리겠지만, 우리나라는 8년밖에 걸리지 않을 것으로 예상된다(통계청, 2006). 표 1-5에서 보면 노인인구가 일단 14%를 넘으면 증가속도가 더욱 빨라지는데, 우리나라의 경우는 세계적으로 유례를 찾기 어려울 정도로 급속한 인구 고령화가 진행되고 있다.

20세기 중반 이후 세계적으로 나타난 인구 변화의 특이한 현상 중 하나는 다른 연령집단에 비하여 65세 이상 노인인구의 증가가 두드러진다는 점이다. 표 1-6과 표 1-7에서 보는 바와 같이 세계 총인구 중 유소년인구 비율은 급속도로 감소하고, 반면에 노인인구는 급속도로 증가하고 부양인구(생산인구)는 서서히 증가하고 있다. 부양인구는 2030년이 지나면 점차 감소할 것으로 예상된다. 표 1-6의 중위 연령(전체 인구의 연령을 최저에서 최고까지 순서적으로 나열했을 경우 전체를 절반으로 나누는 값에 해당하는 연령)을 보면 세계 인구의 중위 연령에 비해 우리나라의 중위 연령이 2000년 이후 크게 높아지고 있음을 알 수 있는데, 이는 세계 인구에 비해 우리나라의 인구 고령화가 급속히 전개되고

표 1-6. 세계와 한국의 인구 구조

연도	세계					한국				
	인구 구성비(%)				중위 연령	인구 구성비(%)				중위 연령
	0~14세	15~64세	65세 이상	계		0~14세	15~64세	65세 이상	계	
1960	36.9	57.8	5.3	100.0	23.1	42.3	54.8	2.9	100.0	19.2
1970	37.5	57.1	5.4	100.0	22.1	42.5	54.4	3.1	100.0	19.2
1980	35.3	58.8	5.9	100.0	23.0	34.0	62.2	3.8	100.0	21.8
1990	32.6	61.3	6.1	100.0	24.5	25.6	69.3	5.1	100.0	26.9
2000	30.3	62.8	6.9	100.0	26.7	21.7	71.2	7.1	100.0	32.0
2010	26.9	65.4	7.7	100.0	29.2	16.2	72.8	11.0	100.0	38.0
2020	25.1	65.5	9.4	100.0	31.5	12.4	72.0	15.6	100.0	43.4
2030	23.0	65.3	11.7	100.0	34.0	11.4	64.3	24.3	100.0	48.1
2040	21.0	64.7	14.3	100.0	36.3	10.3	57.2	32.5	100.0	51.9
2050	19.9	63.9	16.2	100.0	38.1	8.9	52.9	38.2	100.0	54.9

출처: UN(2007), World population prospects: The 2006 revision; 통계청(2006), 장래인구 추계(2005~2050).

표 1-7. 세계 주요 국가의 인구 구조

구분	인구 구성비(%)						노인부양지수	
	2010년			2050년			2010년	2050년
	0~14세	15~64세	65세 이상	0~14세	15~64세	65세 이상		
전 세계	26.9	65.4	7.7	19.9	63.9	16.2	11.8	25.4
선진국	16.5	67.6	15.9	15.2	58.7	26.1	23.5	44.5
개도국	29.2	64.9	5.9	20.6	64.7	14.7	9.1	22.7
일본	13.4	64.1	22.5	11.3	51.0	37.7	35.1	73.9
미국	20.1	67.1	12.8	17.3	61.7	21.0	19.1	34.0
이탈리아	13.8	65.6	20.6	13.3	54.1	32.6	31.4	60.3
프랑스	18.2	65.3	16.5	16.0	58.1	25.9	25.3	44.6
중국	19.6	72.0	8.4	15.3	61.0	23.7	11.7	38.9
인도	30.7	64.0	5.3	18.2	67.3	14.5	8.3	21.5
한국	16.2	72.8	11.0	8.9	52.9	38.2	15.0	72.0

출처: UN(2007), World population prospects: The 2006 revision; 통계청(2006), 장래인구 추계(2005~2050).

표 1-8. 세계의 지역별 노인인구 비율 추이 (단위 : 백만 명, %)

구분	65세 이상 인구수(비율)				
	1950년	2000년	2010년	2030년	2050년
선진국	64(7.9)	171(14.3)	196(15.9)	283(22.4)	326(26.1)
개도국	67(3.9)	250(5.1)	333(5.9)	694(9.8)	1,166(14.7)
아프리카	7(3.3)	27(3.3)	36(3.5)	69(4.6)	138(6.9)
아시아	58(4.1)	215(5.8)	285(6.8)	578(11.7)	923(17.5)
라틴아메리카	6(3.5)	30(5.7)	41(6.9)	85(11.9)	143(18.5)
유럽	45(8.2)	107(14.7)	118(16.2)	160(22.6)	183(27.6)
북미	14(8.2)	39(12.3)	41(11.7)	80(19.8)	96(21.5)
세계	131(5.2)	421(6.9)	529(7.7)	977(11.7)	1,492(16.2)

출처: UN(2007), World population prospects: The 2006 revision.

있음을 보여 준다.

노인인구의 절대적 수와 그 구성비가 상대적으로 커지고 있는 것도 세계적인 추세다. 표 1-8에서 보는 바와 같이 세계인구 중 65세 이상 노인인구는 1950년에 약 1억 3,100만 명으로 세계인구의 5.2%였는데, 2010년에는 약 5억 2,900만 명으로 7.7%, 2030년에는 9억 7,700만 명인 11.7%, 2050년에는 14억 9,200만 명인 16.2%로 증가할 것으로 예상된다. 우리나라가 속해 있는 아시아 지역을 보면, 65세 이상 노인은 1950년 4.1%에서 2010년에 6.8%, 2030년에는 11.7%, 2050년에는 17.5%로 증가할 것으로 예상된다.

또한 세계적인 추세인 산업화와 도시화로 젊은 층의 도시이주 현상이 늘어남에 따라 유소년인구(0~14세)가 줄어들어 농촌지역의 노인인구 비율이 도시지역보다 높은 현상을 보이고 있다(Hoover & Siegel, 1986).

4) 우리나라의 인구 고령화

우리나라 노인인구 수와 비율은 전체 인구와 다른 연령집단(유소년인구 및 생산인구)에 비하여 그 증가속도가 대단히 빠르다. 1960년대 이후 65세 이상 노인인구 증가 추이를 표 1-9에서 보면, 1960년에 약 73만 명에서 2000년에 약 340만 명으로 40년간 약 368%의 증가율을 보여 전체 인구 증가율인 88%보다 훨씬 높고, 2000년에서 2030년까지 30년간 약 248% 증가할 것으로 예상된다. 그리고 2030년에서 2050년까지 약 37% 증가할 것으로 예상된다. 전체 인구 증가율이 약 88%, 4%, -13%로 증가하는 데 비해 65세 이상 노인인구는 약 368%, 248%, 37% 증가하고 있어 노인인구 증가율은 전체 인구 증가율의 약 4배, 62배, 4배가 될 정도로 노인인구가 빠른 속도로 증가하고 있음을 알 수 있다. 또한 60세 이상 노인인구도 마찬가지로 빠르게 증가하고 있는 것을 알 수 있는데 1960년에서 2000년 사이에 약 319% 증가했고, 2000년에서 2030년 사이에 약 202%, 2030년에서 2050년 사이에는 21% 증가할 것으로 예상된다.

이와 같은 노인인구의 증가로 노화 관련 문제를 가진 노인이 증가하고, 노인문제가 더욱 심각해질 것으로 전망된다. 노인인구 수와 비율의 증가로 사회적으로 가장 크게 우려되는 문제로는 사회적 부담의 증가를 들 수 있다. 앞에서 설명한 노인인구 부양비는 바로 사회적 부담을 가리키는 지표가 된다. 노인인구 구성비의 증가는 표 1-10에서 보는 바와 같이 노인인구 부양지수를 증가시켜 생산인구의 사회적 부담이 크게 증가된다. 현재와 같은 저출산 현상이 지속된다면 65세 이상 노인인구 부양지수는 2030년에는 37.7, 2040년에는 56.7, 2050년에는 72.0으로 크게 증가할 것이다. 2050년이 되면 15~64세의 생산인구 1.4명이 65세 이상 노인 1명을 사회적으로 부양해야 하는 심각한

표 1-9. 한국의 연령집단별 인구 구성과 증가율 (단위 : 천 명, 괄호 안 %)

구분	1960	→	2000	→	2030	→	2050
총인구	25,012 (100.0)	87.9%	47,008(100.0)	3.5%	48,635(100.0)	−12.9%	42,343(100.0)
0~14세	10,588 (42.3)	−6.4%	9,911 (21.1)	−44.3%	5,525 (11.4)	−31.9%	3,763 (8.9)
15~59세	13,180 (52.7)	141.9%	31,885 (67.8)	−14.1%	27,374 (56.2)	−28.7%	19,509 (46.1)
15~64세	13,698 (54.8)	146.0%	33,702 (71.7)	−7.1%	31,299 (64.3)	−28.4%	22,424 (52.9)
60세 이상	1,244 (5.0)	319.0%	5,212 (11.1)	201.9%	15,736 (32.4)	21.2%	19,071 (45.0)
65세 이상	726 (2.9)	367.6%	3,395 (7.2)	247.9%	11,811 (24.3)	36.8%	16,156 (38.2)

주: 괄호 안은 구성비, 화살표 위의 수치는 증가율을 나타냄.
출처: 통계청(2006), 장래인구 추계(2005~2050).

결과가 나타날 것으로 예측된다.

60세 이상을 비생산 인구로 보면 사회적 부양부담은 더욱 커진다. 60세 이상 노인인구 부양지수는 1960년에 9.4에서 2010년에는 22.6으로 늘어났지만 부양부담은 별로 문제되지 않으나 2020년을 넘으면서 60세 이상 노인인구 부양지수는 더욱 급속하게 증가하여 2030년에 57.5, 2040년에 81.1, 2050년에는 97.8이 될 것으로 보인다. 2050년에는 15~59세의 생산인구 1명이 60세 이상 노인인구 1명을 부양해야 할 정도가 될 것이다. 60세 이상 노인이라도 건강하고 70세 말까지는 능력이 크게 저하되지 않을 것이므로 이에 따라 정년도 65세 또는 그 이상으로 연장되거나 언젠가는 미국처럼 정년이 폐지될 수도 있기 때문에 60세 이상을 부양인구로 보는 데는 한계가 있다. 즉 2030년대를 넘어서면 60세 이상을 부양인구로 생각하는 것은 비현실적이 될 것이다. 그럼에도 불구하고 2010~2030년까지는 정년 연장의 속도가 느리고 2030년대 초반까지는 공적연금인 국민연금의 수급연령이 65세로 상향조정될 것이기에 2020년대까지는 실제적 부양 노인인구를 60세 이상으로 보는 것이 오히려 타당할 것이다.

표 1-10. 한국의 인구 구조 전망 (단위 : 천 명, 괄호 안 %)

연도	인구 구조					60세 이상 노인인구 부양지수	65세 이상 노인인구 부양지수
	총인구	0~14세	15~64세	60세 이상	65세 이상		
1960	25,012 (100.0)	10,588 (42.3)	13,698 (54.8)	1,244 (5.0)	726 (2.9)	9.4	5.3
1970	32,241 (100.0)	13,709 (42.5)	17,540 (54.4)	1,650 (5.1)	991 (3.1)	9.8	5.6
1980	38,124 (100.0)	12,951 (34.0)	23,717 (62.2)	2,292 (6.0)	1,456 (3.8)	10.0	6.1
1985	40,806 (100.0)	12,305 (30.2)	26,759 (65.6)	2,752 (6.7)	1,742 (4.3)	10.7	6.5
1990	42,869 (100.0)	10,974 (25.6)	29,701 (69.3)	3,352 (7.8)	2,195 (5.1)	11.7	7.4
1995	45,093 (100.0)	10,537 (23.4)	31,900 (70.7)	4,146 (9.2)	2,657 (5.9)	13.6	8.3
2000	47,008 (100.0)	9,911 (21.1)	33,702 (71.7)	5,212 (11.1)	3,395 (7.2)	16.3	10.1
2005	48,138 (100.0)	9,241 (19.2)	34,530 (71.7)	6,294 (13.1)	4,367 (9.1)	19.3	12.6
2010	48,875 (100.0)	7,907 (16.2)	35,611 (72.9)	7,544 (15.4)	5,357 (11.0)	22.6	15.0
2015	49,277 (100.0)	6,733 (13.7)	36,163 (73.4)	9,092 (18.5)	6,381 (12.9)	27.2	17.6
2020	49,326 (100.0)	6,118 (12.4)	35,506 (72.0)	11,412 (23.1)	7,701 (15.6)	35.9	21.7
2025	49,108 (100.0)	5,778 (11.8)	33,562 (68.3)	13,721 (27.9)	9,768 (19.9)	46.3	29.1
2030	48,635 (100.0)	5,525 (11.4)	31,299 (64.4)	15,736 (32.4)	11,811 (24.3)	57.5	37.7
2040	46,343 (100.0)	4,777 (10.3)	26,525 (57.2)	18,618 (40.2)	15,041 (32.5)	81.1	56.7
2050	42,343 (100.0)	3,763 (8.9)	22,424 (52.9)	19,071 (45.0)	16,156 (38.2)	97.8	72.0

출처 : 경제기획원(1966, 1970, 1980), 인구 및 주택 총조사 보고서; 통계청 (2006), 장래인구 추계(2005~2050); 보건복지가족부(2009), 2009 노인보건복지사업안내.

그림 1-1. 인구 고령화에 따른 인구 피라미드의 형태 변화

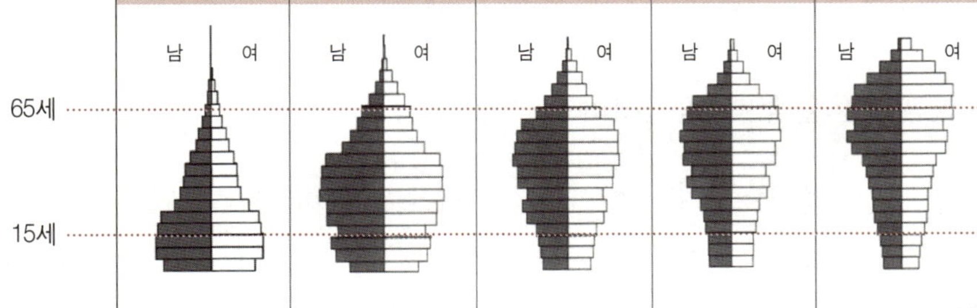

	1980	2009	2020	2030	2050
총인구(만 명)	3,812	4,875	4,996	4,933	4,235
생산인구(만 명)	2,372	3,537	3,584	3,189	2,276
노인인구(만 명)	146	519	782	1,190	1,579
유소년인구(만 명)	1,295	818	630	554	380

출처 : 보건복지가족부(2009), 2009 노인보건복지사업안내.

저출산으로 인한 유소년인구의 감소와 노인인구의 증가는 연령별 구조를 크게 변화시키고 있다. 1960년대에서 1970년대까지는 0~14세(유소년인구), 15~64세(생산인구), 65세 이상(노인인구)의 세 연령집단 간 구성비에는 변화가 거의 없었으나, 1980년대부터 유소년인구는 급격히 줄어든 반면 노인인구는 점차 증가하여 2000년대 이후에는 급격한 증가세를 보인다(표 1-10 참조). 생산인구는 2020년대 중반까지 증가하다 감소세를 보인다. 이에 따라 2050년으로 갈수록 인구구조 모형이 피라미드형에서 종형, 종형에서 다시 역피라미드형으로 바뀔 것으로 예상된다(그림 1-1 참조).

인구 피라미드

한 사회 또는 국가 인구의 성별, 연령 급간별(대체로 5세 간격) 인구 수 또는 비율의 분포를 그림으로 나타낸 것인데, 노인인구 비율이 낮았던 시대에 삼각형의 피라미드 모양으로 나타나던 것에서 인구 피라미드(population pyramid)라 한다. 인구 고령화가 진행될수록 분포형태가 삼각형 모양에서 점차 가운데가 불룩한 종 모양이 되었다가 고령화가 심화되면 역삼각형 모양으로 변한다.

3 인구 고령화의 사회인구학적 특성

1) 특정 기간 출생인구 증가(베이비부머 집단 효과)

특정 기간의 출생아 수가 이전이나 이후 연도에 비하여 현저하게 높은 경우가 있는데, 이와 같이 특정한 사회적 요인에 의해 일정 기간 동안 출생아 수가 증가하는 현상을 가리켜 '베이비붐(baby boom)'이라 한다. 베이비붐 기간에 태어난 사람들을 '베이비부머(baby boomer)' 또는 '베이비붐 세대'라 한다.

베이비붐 기간은 주로 긴 전쟁이 끝난 후에 시작되어 다른 사회적 요인에 의해 출생아 수가 현저하게 줄어드는 시기까지 지속되는데, 베이비붐 기간은 사회에 따라 다르게 나타난다. 유럽이나 미국의 경우는 제2차 세계대전이 끝난 1945년부터 1964년까지의 20년간이 베이비붐 기간이고, 일본의 경우는 제2차 세계대전 후인 1947년부터 1949년까지 3년간이다. 우리나라의 경우는 6.25전쟁이 끝난 1955년부터 산아제한 정책이 시작되기 전인 1963년까지 9년간이 베이비붐 기간이라 할 수 있다. 미국의 경우는 베이비붐 기간이 20년이나 되기 때문에 베이비부머는 총인구의 27% 정도가 될 정도로 큰 부분을 차지하고, 일본의 경우 베이비부머는 총인구의 약 7% 정도가 된다. 우리나라의 경우 베이비부머는 총인구의 15%에 해당된다.

미국의 경우는 1945년생이 62세가 되는 2007년부터 베이비부머의 퇴직이 시작되었고,[3] 일본의 경우는 공식적 퇴직 연령이 60세인 경우가 많기 때문에 1947년생이 60세가 되는 2007년에 베이비부머가 대거 퇴직하게 되었다. 우리나라는 기업이나 사회단체의 퇴직연령이 55세로 되어 있는 경우가 가장 많아 2010년부터 퇴직하는 사람들이 크게 늘어나게 된다.[4]

우리나라의 경우 베이비부머가 다른 연령층(55~60세)에 비해 매년 평균 20~30만 명

3. 미국의 경우 사실상 퇴직연령이 폐지되었지만 62세부터 공적노령연금을 수급할 수 있기 때문에 이때 퇴직하는 사람이 많다.

4. 노동부에서 조사한 바에 의하면 2005년 현재 300인 이상 사업장의 44.1%가 55세 정년이었다.

정도가 많기 때문에 이들의 집단적 퇴직은 개인적·가족적·사회적으로 여러 가지 영향을 미치게 된다. 즉 ① 소비주력세대의 소비력 약화로 내수 시장이 상당히 위축될 가능성이 있고, ② 베이비부머 퇴직자들은 아직도 자녀의 교육, 결혼에 대한 부담과 부모부양에 대한 부담도 같이 지고 있어 심리적 스트레스가 크며, ③ 더군다나 특별히 경제적으로 노후준비를 한 경우도 많지 않고, ④ 재취업도 어려워 노후에 대한 불안과 사회에 대한 불만도 상당히 클 수 있다.

이들은 연령적으로는 노인이 아니라도 사회적 역할을 상실함에 따라 사회적으로는 노인이나 다름없다. 특히 정년이 55세 이후로 연장되거나 기업 측의 재취업 프로그램과 이에 대한 국가적 지원이 정책적으로 마련되지 않으면 2010년 이후 베이비부머들이 매년 대거 퇴직하면서 개인과 가정과 사회에 여러 가지 문제를 유발할 가능성이 크다는 점은 65세 이상 노인들의 노인문제나 크게 다를 바 없다.

2) 도시와 농촌 간 노인인구 비율 격차

노인인구의 구성비율을 도시지역과 농어촌 지역별로 살펴보면 농어촌 지역이 도시지역보다 훨씬 높음을 알 수 있다. 표 1-11과 같이 도시지역의 경우 1960년에서 2005년 사이 2.5%에서 7.2%로 약 3배 정도 증가했으나, 농어촌의 경우는 4.2%에서 18.6%로 4배

표 1-11. 도시와 농어촌의 인구 구성비와 노인인구 부양지수 추이

연도	전국				도시				농어촌			
	인구 구성비(%)			노인인구 부양지수	인구 구성비(%)			노인인구 부양지수	인구 구성비(%)			노인인구 부양지수
	0~14세	15~64세	65세 이상		0~14세	15~64세	65세 이상		0~14세	15~64세	65세 이상	
1960	40.6	55.6	3.7	6.7	39.1	58.4	2.5	4.2	41.2	54.5	4.2	7.8
1970	42.1	54.6	3.3	6.1	37.9	60.0	2.1	3.4	45.1	50.8	4.2	8.2
1980	33.8	62.3	3.9	6.2	32.5	65.0	2.6	3.9	35.7	58.7	5.6	9.6
1990	25.7	69.4	5.0	7.2	26.4	70.1	3.6	5.1	23.6	67.3	9.0	13.4
2000	21.0	71.7	7.3	10.2	21.6	73.0	5.5	7.5	18.6	66.7	14.7	22.0
2005	19.1	71.6	9.3	13.0	19.5	73.3	7.2	9.8	17.2	64.2	18.6	29.0

자료: 통계청(2007), 2006 고령자통계.

정도 크게 늘어났으며, 이에 따라 노인인구 부양지수도 도시지역은 2.5배 정도 증가했으나 농어촌 지역은 4배 정도 높아졌다.

3) 성별 노인인구 수와 비율의 불균형

고령화와 노인인구 수의 증가는 성별 인구수의 불균형(성비 차이), 혼인상태 차이, 가족형태의 다양화 등과 결부되어 노인문제를 유발하는 직접 또는 간접적 요인으로 작용하고 있다. 2005년 인구센서스에 나타난 자료에 의하면, 우리나라 노인의 성비(여자 노인 100명에 대한 남자 노인의 수 = 〔남자의 수 ÷ 여자의 수〕× 100)는 표 1-12에서 보는 바와 같이 상당히 불균형적이고 연령이 증가할수록 성비가 줄어드는 경향을 보이고 있다. 이는 남자의 평균수명이 일반적으로 5~6년 더 짧기 때문이다. 이 같은 현상은 독거노인의 정서적 문제, 보호문제, 성문제, 재혼문제 등을 초래할 수 있다.

표 1-12. 노인 연령집단별 성비

전체	65~69세	70~74세	75~79세	80~84세	85세 이상
66.1	81.8	69.6	54.5	46.3	33.7

출처: 통계청(2006), 2005년 인구주택총조사보고서(전수조사결과).

4) 성별 유배우자율 차이

성비와도 관련이 있는 성별 유배우자율은 심한 차이를 보이고 있으며(표 1-13), 이 같은 현상도 위에 언급한 것과 같은 여러 가지 노인문제와 관련이 있다.

표 1-13. 노인 연령집단의 성별 유배우자율 (단위 : %)

전체		65~69세		70~74세		75~79세		80~84세		85세 이상	
남	여	남	여	남	여	남	여	남	여	남	여
85.0	35.9	89.9	55.4	86.9	38.5	80.9	21.7	71.8	10.9	55.0	4.4

출처: 통계청(2006), 2005년 인구주택총조사보고서(전수조사결과).

5) 노인단독세대가족의 증가

인구 고령화와 노인인구의 증가는 노인의 가족구성에도 영향을 미쳐 노인단독세대가족이 크게 증가하고 있다. 자녀 쪽만 아니라 부모 쪽의 사정과 편의성 때문에 노인단독세대가족(노인독신 또는 부부가족)과 2세대 노인핵가족(노인 + 미혼자녀)이 지난 20~30년간 크게 늘어났다. 노인의 가족 구성원에 따른 노인 가족 현황을 인구조사 자료에 의하여 살펴보면 표 1-14와 같다. 표 1-14에서 보면 인구 고령화와 노인인구 증가에 따라 노인단독세대(독신 또는 부부)가 크게 증가한 반면에 3세대 이상 가족은 크게 줄어드는 현상을 보이고 있다.

표 1-14. 65세 이상 노인인구의 세대구성 현황 (단위 : %)

연도	노인단독세대가족		2세대	3세대 이상	비혈연가구	계
	노인단독	1세대(노인부부)				
1990	8.9	16.9	23.4	49.6	1.2	100.0
2000	16.2	28.7	23.9	30.8	0.4	100.0
2005	18.1	33.1	24.9	23.4	0.5	100.0
2010	20.2	35.0	25.3	19.1	0.4	100.0

출처: 통계청(2007, 2011), 고령자통계.

1990년에서 2010년까지 20년 사이에 노인단독가족은 8.9%에서 20.2%로, 노인부부가족은 16.9%에서 30.5%로 증가하였다. 반면에 3세대 이상 가족은 49.6%에서 19.1%로 크게 줄어들었다. 노인단독세대가족의 증가는 노인의 가족 내에서의 역할 변화와 재조정, 노인간호, 경제적 부양 등의 문제를 초래할 수 있다. 이와 같은 노인가족의 증가는 가족원에 의해서 제공될 수 없는 많은 사회 서비스(social service)의 필요성을 증가하게 할 것이다.

4 인구 고령화의 영향

인구 고령화의 영향은 개인과 가족, 사회의 사회적 단위별로 생각해 볼 수 있고, 사회·경제·문화·교육·정치·사회복지 등 사회 부문별로 나누어 생각해 볼 수도 있다.

1) 사회적 단위별 영향

(1) 개인 차원의 영향

① **건강약화**: 많은 경우 노쇠, 질병과 장애 등 건강약화로 인한 개인적 문제가 발생함.

② **가족으로부터의 수발 서비스 수급**: 가족과 친척, 사회의 보건복지 서비스 기관으로부터 서비스를 받는 데 있어서 수발자와의 갈등, 미안함, 비용문제 같은 어려움을 겪을 수 있음.

③ **노후 생활의 경제적 문제**: 특히 경제력의 약화로 일상생활비, 의료비, 수발 비용부담, 여가생활 비용부담 등의 문제가 나타남.

④ **여가선용과 역할 없는 역할(roleless role) 수행**: 사회적 역할 상실로 인한 뚜렷한 역할의 부재로 사회 주류에서 분리된 주변부 인생이 되고, 여가에 대한 사회화 부족으로 여가시간 선용문제가 심각해짐.

⑤ **배우자 상실과 고독, 소외**: 배우자의 상실과 이에 따른 외로움 및 노혼(老婚)과 관련된 문제도 노인 개인에게 중요한 관심사와 문제가 될 수 있음.

(2) 가족 차원의 영향

① **가족 수발자의 수발부담과 갈등**: 노인단독세대가 증가하면서 노인이 자녀와 별거하는 경우, 노인들의 건강이 약화되면 가족들에게 여러 가지 문제가 제기됨. 수발부담, 노인과 동거할 것인가 아닌가에 대한 갈등, 이와 관련된 주거공간의 부족, 가족 역할의 재조정(직업생활 제한, 포기) 등의 문제가 따를 수 있음.

② **의료비 부담 증가**: 수발·의료 비용이 가족에게 큰 부담이 될 수 있음.

③ **주거와 가족제도의 변화**: 노인에게 편리한 주거 개발 필요와 노인단독세대가 증가함.
④ **가족 외적 서비스 이용 증가**: 지역사회·시설 서비스의 이용이 증가함.

(3) 사회 차원의 영향

① **노동자의 고령화와 노동인력 부족**: 저출산으로 노동인구가 감소하여 고령의 근로자가 노동시장에 더 오래 머물러 있어야 하거나, 노동력 부족 현상이 발생할 가능성이 높음.
② **공적연금 보험료 부담의 증가**: 노인인구 수와 비율의 증가, 그리고 공적연금 수급기간의 연장 등으로 공적연금 보험료(기여금)를 더 많이 납부해야 하는 사회적 부담이 크게 증가할 수 있음.
③ **절대적·상대적 빈곤노인에 대한 사회적 비용부담 증가**: 빈곤노인 수와 비율의 증가로 소득과 의료비에 대한 공공부조 비용이 증가할 것임.
④ **국가 재정 적자의 증가**: 노인 소득보장 및 의료보장 비용을 보충하기 위한 국가 재정 적자가 누적되어 증가할 가능성이 커짐.
⑤ **노인의 다양한 삶의 질 향상 욕구를 충족시키기 위한 사회적 비용 증가**: 소득보장과 의료보장 외에 노인의 자기발전과 생활상 편의를 위한 다양한 사회 서비스 제공 비용이 증가할 것임.
⑥ **노인의 다양한 서비스 수요에 응하기 위한 시장경제 서비스 발전**: 노인문제를 해결하기 위한 사회복지 서비스의 개선과 발전은 물론 비영리·영리 부문에서 노인의 다양한 문제와 욕구를 해결하기 위한 서비스가 영리시장에서 제공될 것임.
⑦ **가정과 직장의 양립 체계가 가능한 노동시장 및 보육 서비스 발전**: 출산력 제고를 위해 여성 노동력의 시장 참여 증진과 보육부담 경감을 위한 대책이 요구될 것임.
⑧ **저축률 감소와 경제성장의 둔화**: 소비계층으로서 노인인구의 증가로 저축률이 낮아지고 생산력이 하락할 가능성 높음.
⑨ **사회체계의 근본적 변화 필요**: 전통적 생애과정과 노화에 대한 관점이 전체적으로 새롭게 변화됨에 따라 사회의 제반 체계가 변화되어야 할 것임. 고용, 산업, 사회복지 체계, 무장애설계와 보편설계 구조의 물리적 환경 등으로 개편 가능성이 높음(고령화 사회 구축을 위한 새로운 시각과 이에 근거한 새로운 사회체제로 변환하기 위한 준비가 필요함).

2) 사회 부문별 영향

(1) 사회적 차원의 영향

① 노인단독세대(독거, 부부)의 증가
② 퇴직연령의 폐지 또는 상향조정
③ 사회체계의 인구 고령화 수용 방향의 변화
④ 세대 간 갈등과 노인층의 사회적 통합 이슈 제기
⑤ 저출산 문제 해결을 위한 다양한 제도 개발과 연계 필요
⑥ 노인의 개인적·사회적 역할 재정립 필요

(2) 경제적 차원의 영향

① 저축률과 생산성 하락
② 노동시장의 개편, 유연성 증가
③ 유복한 고령인구의 다양한 욕구에 응하기 위한 시장 서비스 발전 : 실버산업(고령친화산업) 발전
④ 국가의 재정적자 누적 가능성 증가
⑤ 주택 관련 서비스 증대(주택자산 전환, 노인전용주택, 실버타운 등)

(3) 문화적 차원의 영향

① 새로운 노인문화 형성(장수문화 또는 신노인문화): 노후생활의 의미와 의식 전환 가능성
② 노인의 여가문화(레저·스포츠 포함) 발전

(4) 교육적 차원의 영향

① 성인교육과 노인교육 필요성 증대
② 노동자의 직업훈련교육 필요성 증대
③ 지식정보화사회 적응을 위한 교육(정보수집, 기기 사용)

(5) 정치적 차원의 영향

① 노인 개인과 단체의 정치 참여 증가와 노인집단이 정치적 압력단체가 될 가능성
② 사회체계 변화에 대한 사회적 갈등 유발과 노인의 정치세력화

(6) 사회복지 차원의 영향

① 사회적 비용(연금, 의료비, 사회 서비스 비용)의 증가
② 사회복지제도와 관련 서비스 개선 필요
③ 노인의 사회 참여를 위한 다양한 서비스 개발 필요
④ 가정 외적 서비스 이용 증가
⑤ 무장애의 물리적 환경 조성(주거구조, 지역사회의 물리적 환경)
⑥ 다양한 일상생활 서비스 욕구 증대(쓰레기 처리, 교통문제, 건강증진 등)

제 2 장

사회문제와 노인문제

제1장에서 살펴보았듯이 19세기 말까지만 해도 60세 또는 65세에 이를 정도로 오래 산 사람은 많지 않았다. 특히 20세기 초 한국인의 평균수명은 23~24세 정도였고 60세 또는 65세 이상에 이른 사람은 소수에 불과하였다. 따라서 노인들이 겪는 공통적인 문제가 있어도 수적으로 그리 많지 않았으므로 사회적 관심의 대상이 되지 못했을 것이다. 그러나 1950년대 중반 이후, 특히 1980년대부터 우리 사회에는 노인인구가 크게 증가했고, 현대화로 인한 급격한 사회 변동에 따라 노화와 노인들의 처지에 관련된 많은 문제가 생겼으며, 이러한 현상들이 우리 생활 주변에 흔해지면서 '노인' 하면 '노인문제'를 연상할 정도로 문제가 많은 인구집단으로 인식되기에 이르렀다.

노인문제와 원인을 살펴보기에 앞서 노화와 노인의 개념을 정리해 볼 필요가 있다. 그리고 사회문제를 정의해 보고 그에 비추어 노인문제가 사회문제인지를 살펴본 후 노인문제의 원인을 생각해 보고자 한다. 이 장에서는 오늘날 노인문제의 발생은 크게 현대화와 고령화라는 사회적 현상에 관련되어 있는 것으로 본다.

1 노화와 노인의 개념

1) 노화의 개념

노화(老化)는 순수한 우리말로는 '늙어감' 또는 '나이 먹어감'이라 할 수 있으나 우리말 표현이 자연스럽지 못하고, 학문적으로 이미 일반화되어 있으며, 일상생활에서도 노화라는 말을 많이 사용하는 추세이므로 이 책에서도 노화라는 말을 사용하기로 한다.

노화(aging)는 "시간이 흐름에 따라 유기체의 세포, 조직, 기관조직, 또는 유기체 전체에 일어나는 점진적인 변화"(Beaver, 1983)라고 정의할 수 있다. 이러한 의미에서 보면 노화는 인간이 출생하여 죽음에 이르는 과정의 전반적인 변화를 말하는 것인데, 이는 미국 시인 Longfellow가 〈인생찬가(A Psalm of Life)〉에서 "우리의 심장은 튼튼하고 용감하면서도 역시 무덤을 향하여 장송곡을 치고 있다"라고 읊은 것과도 일맥상통한다.

노화는 인간의 정상적 성장과 발달 과정의 한 부분이며 적어도 생물학적 노화, 심리적 노화와 사회적 노화의 과정을 포함하는 넓은 뜻으로 이해되어야 한다(Birren, 1959). 생물학적 노화(biological aging)는 신체의 기관과 체계의 구조 및 기능이 시간의 경과에 따라 변화하는 것을 의미한다. 심리적 노화(psychological aging)는 축적된 경험에 의한 행동·감각·지각 기능, 자아에 대한 인식 등이 시간의 변화에 따라 변화하는 것을 의미한다. 사회적 노화(sociological aging)는 생활주기를 통하여 일어나는 규범, 기대, 사회적 지위와 역할의 변화 등을 의미한다.

이러한 세 가지 면의 노화는 개인에 따라서 다를 뿐만 아니라 개인 내에 있어서도 각각 다르게 일어나는데, 세 가지 측면에서 일어나는 노화의 구체적인 현상에 대해서는 제2부에서 상세히 다루기로 한다.

노화의 개념은 복합적으로 이해하는 것이 바람직하지만 일반적으로 노화라 하면 생물학적 노화를 대표적으로 의미하는 것으로 이해되고 있고, 경험적 차원의 연구에서는 시간의 경과를 나타내는 연령 변화(age change)를 의미하는 경우도 많다.

2) 노인의 개념

우리는 일상생활, 사회정책과 행정 및 학문적인 면에서 노인(the aged, the elderly, older person)이라는 말을 많이 사용하고 있다. 노년학과 이에 관련된 노인복지학을 논하는 데 있어서 우선 노인의 개념을 어느 정도 명확히 해 둘 필요가 있다. 여기서는 편의상 노인에 대한 개념정의를 추상적인 정의와 조작적인 정의로 나누어 검토해 보기로 하겠다.

(1) 노인에 대한 추상적 정의

Breen(1960)은 노화의 개념에는 적어도 생물학적·심리적·사회적 노화의 개념이 포함되어야 한다는 Birren(1959)의 주장과 맥을 같이하여 노인을 ① 생리적·생물학적인 면에서 퇴화기에 있는 사람, ② 심리적인 면에서 정신 기능과 성격이 변화되고 있는 사람, ③ 사회적인 면에서 지위와 역할이 상실된 사람으로 보고 있다.

1951년 제2회 국제노년학회에서는 노인을 ① 환경 변화에 적절히 적응할 수 있는 조직 기능이 감퇴되고 있는 사람, ② 인체의 자체 통합능력이 감퇴되고 있는 사람, ③ 인체의 기관, 조직, 기능에 쇠퇴 현상이 일어나는 시기에 있는 사람, ④ 인체의 적응능력이 점차 결여되고 있는 사람, ⑤ 조직의 예비능력이 감퇴하여 적응이 제대로 되지 않는 사

'노인'이라는 용어 사용

- 노인이라는 말은 '늙은 사람'이라는 의미로, 원래는 부정적 의미가 없었는데 현대사회에 들어와서 노인과 노화에 대해 부정적으로 생각하는 경향이 두드러지게 나타나 대부분의 사람들은 노인이라고 불리는 것을 싫어하는 경향이 있다.
- 일본에서는 '숙년(熟年)'이라는 말로 대신하도록 하고 있으나 그다지 널리 통용되고 있지는 않다.
- 영어권 나라들, 특히 미국과 영국 등에서는 전통적으로 많이 쓰이던 'the elderly' 대신에 'senior citizen', 'older person' 또는 'older adult'를 사용하도록 권장하고 있다.
- UN에서는 1995년 12월 UN 총회에서 'the elderly'라는 말 대신 'older person'이라는 말을 쓰도록 결정한 바 있다. 학문적으로 the elderly라는 표현은 별 문제가 없으나 일상회화나 공식적 정책, 행정 등의 업무에서는 'the elderly'라는 말은 사용하지 않는 것이 바람직하다.
- 우리나라에서도 '노인'이라는 말을 대신할 수 있는 다른 말을 찾아내거나 새롭게 만들려고 노력하고 있으나 아직은 적합한 말이 발견되지 않고 있다.

람으로 정의하였다.

이와 같은 두 가지 정의와 여러 학자들의 정의를 검토해 보면 노화의 복합적인 측면을 고려하여 노인에 대한 개념적 정의를 내려야 함을 알 수 있다. 이 책에서는 노화의 세 가지 측면을 감안하여 노인을 '생리적·신체적 기능의 퇴화와 더불어 심리적인 변화가 일어나서 개인의 자기유지 기능과 사회적 역할 기능이 약화되고 있는 사람'이라고 정의하고자 한다.

(2) 노인에 대한 조작적 정의

조작적 정의는 실제로 관찰하여 노인으로 규정하기에 편리하도록 된 정의로서 사회과학적 조사연구의 편의, 정책 및 행정적 편의를 위해서 쓰인다.

① 개인의 자각(self-awareness)에 의한 노인

개인 스스로 주관적으로 판단하여 노인이라고 생각하는 사람을 노인으로 규정하는 것이다. 이 정의는 노화의 생물학적·사회적·심리적 측면을 어느 정도 내포하고는 있지만, 개인의 주관에 따라 다르게 정의될 수 있기 때문에 객관성이 크게 결여되어 보편적으로 사용하기는 어렵다.

② 사회적 역할 상실에 의한 노인(사회적 노인)

주요 사회적 지위와 역할이 상실된 상태에 있는 사람을 노인으로 보는 것인데(大道安次郎, 1974), 사회적 직업활동에서 퇴직하거나 가정에서 주부의 지위와 역할을 이양한 상태에 있는 사람을 말한다. 이러한 정의는 노인을 사회적 역할 면에서만 본 것이며, 사회적 지위와 역할이 분명하지 않거나, 그러한 사회적 역할을 수행하지 않는 상태에 있는 사람(특히 여성)에게는 적용하기 힘든 정의다. 우리나라에서는 55세에 정년퇴직하는 경우가 아직도 가장 많고 그 이후에는 거의 사회적 지위와 역할이 주어지지 않은 상태이므로 사실상 55세 이후에 많은 사람들이 사회적인 노인이 된다고 볼 수 있다. 그러나 사회적 역할 상실로 판단한 노인은 퇴직 연령에 따라 다양할 수 있기 때문에 특정 연령 이상의 사람이라고 정의하기는 어렵다.

③ 역연령(曆年齡; chronological age)에 의한 노인

시간 경과의 단위인 달력상의 시간에 의하여 일정한 연령(60세 또는 65세 등)에 도달한 사람으로 정의하며, 일반적으로 '65세 이상인 사람'을 노인으로 규정하고 있다. 이와 같은 정의는 노인의 생리적·신체적·심리적 측면과 노화의 제 특성을 어느 정도 잘 수용하고 있다. 또한 역연령(曆年齡)에 의한 노인의 개념은 관찰하고 판단하기 쉽고 입법적인 면이나 행정적인 면의 편의성 때문에 가장 보편적으로 사용되는 정의다. 그러나 이와 같은 정의는 65세를 기준으로 그 이상 된 사람을 일괄적으로 노인으로 규정함으로써 노화의 개인 간 차이뿐 아니라 개인 내 차이를 무시하고, 이로 인하여 노인에 대한 고정관념(stereo types)과 편견을 갖게 만드는(Butler, 1975) 단점이 있다.

역연령에 의한 노인의 정의에서 노인과 비노인을 가르는 한계선인 65세의 규정은 임의적인 것이다. 현재 대부분의 산업사회에서 65세 이상을 노인으로 규정하고 있는데, 이는 1889년 세계 최초로 제정된 독일(당시 프러시아공화국 시대)의 노령연금법에서 노령연금 수혜자격 연령을 65세로 규정한 전통을 따른 것이다(Johnson, 1975). 그러나 이 규정은 노령연금법 제정 당시 노인의 제반 특성을 고려하여 합리적이고 과학적인 근거를 가지고 정한 것이 아니라, 프러시아공화국 시대에 재상이었던 Bismarck 자신이 개인적으로 60대 중반에 건장했던 사실을 감안한 임의적인 판단으로 정한 것이었다.

한편 65세부터 80~90세가 넘는 고령까지를 동일한 노인집단으로 취급함으로써 노인의 개인적·사회적 특성이 무시되는 점을 감안하여 Neugarten(1974)은 55~74세를 '연소노인(young-old)', 75세 이상을 '고령노인(old-old)'으로 구분하는 것이 적합하다고 주장했고, Brody는 60~64세를 '연소노인(young-old)', 65~74세를 '중고령노인(middle-old)', 75세 이상을 '고령노인(old-old)'으로 구분하는 것이 적합하다고 주장하였다(Specht & Craig, 1982).

1990년대 이후에는 평균수명이 크게 연장되는 고령화사회를 의식하여 65~69세를 '연소노인', 70~74세를 '중고령노인', 75~84세를 '고령노인', 85세 이상을 '초고령노인'으로 구분하는 경향이 나타나고 있다.

이러한 구분은 모든 노인을 65세를 기준으로 동일하게 취급하는 문제점을 개선할 수 있다는 의미에서 새로운 구분 방법이 될 수 있으며, 연소노인·중고령노인·고령노인·초고령노인을 나누는 연령기준은 그 사회의 경제적·사회적·문화적 특성과 인구통계학

적 특성을 고려하여 달라져야 할 것이다.

우리나라의 경우도 2010년 현재 남녀의 평균수명이 거의 80세에 이르고 있고, 60세(回甲)가 아닌 70세(古稀)를 노년에 이른 것으로 축하하는 새로운 전통이 생기고 있는 점을 고려하여 60~69세를 연소노인, 70~74세를 중고령노인, 75~84세를 고령노인, 85세 이상을 초고령노인으로 구분하는 것이 타당하다고 본다.

65세는 중년기와 노년기를 가르는 분수령적인 연령으로 산업사회에서 일반적으로 통용되고 인구통계학적으로 널리 활용되고 있지만, 우리나라의 경우에는 당분간(2030년까지는) 60세를 기준으로 노인을 규정하는 것이 타당할 것 같다. 공공부문이나 민간부문의 정년이 아직도 55~60세로 되어 있고, 국민연금법상 완전노령연금 수급 연령을 60세로 규정하고 있기 때문이다.

60세를 우리 사회의 보편적 퇴직 연령으로 본다면 이에 따른 노인인구의 비율, 부양지수 등도 상당히 높아질 것이며 이것이 갖는 의미도 클 것이다. 또한 노령인구를 통계적으로 제시하고 파악하는 데 60세 이상과 65세 이상을 병행하여 비교할 수 있도록 한다면 더 의미가 있을 것이다.

④ 기능적 연령(functional age)에 의한 노인

역연령에 의해 일괄적으로 노인으로 규정하면 개인적인 차이, 특히 어떤 특수한 일을 수행할 수 있는 능력의 개인차를 무시하게 된다. 이에 반하여 기능적 연령에 의한 노인은 개인의 특수한 신체적·심리적·사회적 영역의 기능의 정도에 의해서 노인을 규정하는 것이다. 이는 특히 산업노년학(industrial gerontology)에서 관심을 가지고 발전시키고 있는 노인의 정의다(Sheppard, 1976). 기능적 연령에 의한 노인은 노화로 인한 다른 능력의 감퇴에도 불구하고 어떤 특수한 신체적·심리적·사회적 영역의 업무를 수행할 수 있다는 전제 아래 '개인이 특수한 업무를 적절히 수행할 수 없는 경우'를 노인으로 규정하는 것이다. 이러한 정의는 개인 및 개인 간의 노화의 특성이 다름을 감안한 장점이 있으나, 실제로 이러한 판단에는 시간이 많이 걸리고 판단 기준이 아직도 명확하고 객관화되어 있지 못하여 편의성이 약한 것이 큰 단점이다.

일본의 야마다(山田博)가 기능적 연령을 여러 가지 체력검사와 지능검사를 종합적으로 측정하여 역연령과 기능적 연령의 차이를 표 2-1과 같이 제시하고 있는 것은 참고할 만

표 2-1. 역연령과 기능적 연령의 차이

역연령	기능적 연령	차이	역연령	기능적 연령	차이
25	23~27	4	55	48~62	14
35	31~39	8	65	57~73	16
45	39~51	12	75	66~84	18

출처 : 大阪府立老人總合センタ-(1986), 21世紀の老年學, p. 17.

하다(大阪府立老人總合センタ-, 1986).

표에서 보는 바와 같이 역연령이 25세인 경우 기능적 연령과의 차이는 4년 정도이지만 역연령이 증가할수록 그 차이가 점차 커져서 역연령 75세에서는 18년이라는 차이가 생긴다. 역연령 25세인 사람은 기능적 연령으로는 23~27세에 해당될 수 있으며, 역연령 75세 있어서는 66~84세의 기능적 연령이 될 수 있다는 것이다. 다시 말해서 기능적으로 보아 역연령보다 젊을 수도 있고 늙을 수도 있어 역연령에 의한 기능의 판단은 오차와 개인차가 크다. 그러므로 기능적 연령의 측정방법의 편의성만 잘 연구·개발되면 노인을 역연령이 아닌 기능적 연령으로 판단하여 더 공평성을 기할 수 있고 개인차를 인정하게 되어 사회적으로 유의한 개념이 될 수 있을 것이다.

2 사회문제의 개념

노인문제를 흔히들 사회문제(social problem)로 취급한다. 노인문제를 사회문제로 볼 수 있는지를 판단하기 위해서 먼저 사회문제의 개념을 정의해 볼 필요가 있다. 사회문제는 사회현상을 어떠한 이론적 입장에서 보느냐에 따라 각각 다른 정의를 내릴 수 있으나,[1] 여기서는 특수한 이론적 입장을 떠나서 가장 일반적인 입장에서 여러 학자들(Rubington & Weinberg, 1981; Merton, 1971; Horton & Leslie, 1955; Etzioni, 1976)의 정의를 종합하여 사회문제의 개념을 정의해 보고자 한다.

사회문제는 어떤 사회현상이 ① 사회적 가치에 비추어 바람직하지 못하고, ② 상당수의 사람들이 그 현상과 관련하여 고통, 손해 또는 부당한 처우를 받고 있으며, ③ 상당수의 사람 또는 일부의 영향력 있는 사람들이 그 현상을 문제라고 인식하고 판단하며, ④ 사회가 전반적으로 그 현상의 개선을 원하고 있으며, ⑤ 개선의 가능성이 있고, ⑥ 그 현상의 근본적 원인이 사회적 요인에 관련되어 있고, ⑦ 집단적·사회적 차원의 행동으로 개선할 수 있을 때 그러한 현상을 사회문제라고 정의할 수 있다. 이러한 사회문제의 속성 내지 기준은 일부 제한된 인구집단(아동, 장애인, 노인 등)에 적용할 수도 있고 보다 폭넓은 대상 인구나 사회 전체 인구에 적용할 수도 있다. 이러한 일곱 가지의 조건에 대해서 좀 더 상세한 설명을 하면 다음과 같다.

첫째, 사회적 가치에 비추어 바람직하지 못한 현상이라는 것(Rubington & Weinberg, 1981; Merton, 1971)은 사회에서 일반적으로 받아들여지고 있는 가치기준에 위배되거나 그러한 가치기준을 위협한다는 것이다. 예를 들면, 노인이 부양가족이 없이 빈곤한 상태에서 의식주를 제대로 해결하지 못한다면 이것은 인간존엄성의 가치나 경로의 가치관에 어긋나는 것이 될 것이다. 인구 고령화로 나타나는 사회적 부담 증가가 일정한 한도를 넘어서면 사회 구성원들이 바람직하지 않다고 생각하게 될 것이다.

둘째, 상당수의 사람들이 그 현상에 관련되어 고통, 손해 또는 부당한 처우를 당하고

1. 이론적 시각에 따른 사회문제 정의는 최일섭 · 최성재 편, 『사회문제와 사회복지』(개정판), 2000 참조.

구체적 이론의 시각에서 본 노인문제

① 기능주의 이론, ② 갈등주의 이론, ③ 상징적 상호작용(주의) 이론, ④ 교환(주의) 이론에서 노인문제는 다음과 같이 정의된다.

- **기능주의 이론 :** 노인문제는 상당수의 노인이 사회체계의 유지와 발전에 공헌하는 기능을 수행하지 못하거나 노인집단의 새로운 욕구에 사회가 적절한 기능을 발휘하여 대응하지 못하는 상태라 할 수 있다.
- **갈등주의 이론 :** 산업사회가 될수록 노인은 희소자원을 소유하거나 희소자원에 접근할 수 있는 기회를 상실하여 희소자원을 더 많이 소유한 집단으로부터 위협이나 괴롭힘을 당하는 상태가 되는 것이 노인문제라 할 수 있다.
- **상징적 상호작용(주의) 이론 :** 사회의 주요 집단이 노인을 늙고 병들고 가난하고 외롭고 의존적이고 쓸모없는 사람이라는 의미를 부여하여 노인은 문제가 많은 사람으로 낙인찍게 되는 것이 노인문제라 할 수 있다.
- **교환(주의) 이론 :** 노인은 사회적 관계에서 교환할 수 있는 교환자원의 가치가 약해지거나 고갈되어 대등한 교환관계를 이루지 못하게 되는 상황이 노인문제라 할 수 있다.

있다는 조건(Horton & Leslie, 1955)은 많은 수의 사람이 그 현상과 관련하여 어려움을 당하고 있어야 한다는 것이다. 여기서 '상당수의 사람'은 많은 수의 사람이라는 의미이지만 반드시 절대적 수치가 정해져 있는 것은 아니다. 그러나 절대적으로 숫자가 많아야 많은 사람들의 눈에 띄게 되고, 많은 사람들의 관심의 대상이 되며, 자주 언급될 것은 분명하다. 노인인구의 절대적 수의 증가는 문제를 가진 노인의 수를 증가시키고, 이로 인해서 노인문제가 사회문제로 인식되는 가장 큰 조건이 된다. 이러한 의미에서 노인인구의 절대적 수의 증가와 그 구성비의 증가는 서구사회에서 노인문제 인식의 출발점이 되는 요인으로 작용했기 때문에(Maddox & Wiley, 1976) 노인인구의 증가는 중요한 의미를 갖는다. 또한 인구 고령화로 인한 노동인력 부족은 결국 경제를 위축시켜 사회 구성원 전체에게 피해 또는 손해를 끼치게 될 것이다.

셋째, 상당수의 사람들이나 일부의 영향력이 있는 사람들이 그러한 사회적 현상을 문제로 인식하고 판단하는 조건(Merton, 1971)에서 '상당수의 사람'은 절대적 수적 개념과 비율적 개념(상대적 개념)을 다 포함한다. 일부의 영향력이 있는 사람들은 한 사람이나 소수의 사람 또는 상당수의 일반 대중일 수도 있다(Rubington & Weinberg, 1981). 한 사람은 정치적 주요 인물이나 유명한 학자가 될 수도 있고, 소수의 사람은 몇몇 학자, 그 문제에 대한 전문가, 신문기자일 수도 있다. 우리나라에서 대통령이나 보건복지부장관이 노인의 어떤 문제를 사회적인 문제라 인식하고 사회적인 관심을 환기시키려 한다면 그것은 사회문제로 될 수 있는 한 조건이 되는 것이다. 또한 신문지상에 수시로 문제의 실태가 보도되는 경우도 이러한 조건에 해당될 수 있다. 인구 고령화로 인한 노동인력 감소, 사회적 부담과 국가 부채의 증가는 국내외적으로 우려하는 문제로 전문가들이나 정치지도자들이 지적하고 있는 문제다.

넷째, 사회가 전반적으로 개선을 원하고 있는 조건(Rubington & Weinberg, 1981)에서는 전체적인 합의가 이루어진다는 의미보다는 사회 대부분의 사람들이 개선을 원하고 있는 것을 의미한다. 사회문제 자체로 인하여 이득을 보는 사람도 없지 않으므로 사회 전체가 현상의 개선을 원하지 않을 수도 있다. 예를 들면, 매춘문제에 대해서는 사회가 전체적으로 합의된 개선의 의지를 보이지 않을 수 있다. 윤락행위와 매춘이 있으므로 이익을 보는 유흥업소 운영자, 포주 등은 매춘문제의 개선을 원치 않을 수 있고, 남성의 일부는 매춘이 있으므로 자기의 일시적이고 충동적 욕구를 만족시킬 수 있으므로 그 개선을 바라지 않을 수도 있다. 인구 고령화의 영향은 거의 대부분의 경우 작용하게 될 것이므로 이에 대한 개선을 전문가는 물론 사회 구성원 모두가 원하는 것이다.

다섯째, 개선의 가능성(Merton, 1971)은 그것이 인간적인 노력으로 개선이 가능해야 하며, 경제적인 부담이 너무 커서 불가능한 것이라면 곤란하다는 것이다. 대부분 문제가 되는 사회적 현상은 인간적인 노력으로 그 전부나 일부를 개선할 수 있는 것이다. 그러나 어떤 현상은 인간적인 노력으로 해결이 불가능하다. 태풍으로 많은 인명손실이 생기는 경우에 태풍이 발생하지 못하게 하는 것은 현재의 기상 과학적 지식으로는 불가능한 극단적인 예라 할 수 있다. 인구 고령화가 전반적으로 진전되는 경향을 막기 어려울지라도 사회적 대책으로 인구 고령화의 부정적 영향이나 인구 고령화를 가져오는 저출산 문제는 상당한 정도 개선이 가능하다.

여섯째, 현상의 근본적 원인이 사회적인 요인에 관련되어 있다는 것(Merton, 1971; Etzioni, 1976)은 문제의 근본적인 원인이 사회의 구조, 사회적 관계, 작용 등에 관련되어 있어야 한다는 것이다. 근본적인 원인이 기상학적 요인, 개인의 생리적 요인이나 심리적 요인이라면 사회문제로 보기 어렵다. 이것은 사회문제와 개인문제를 구분할 수 있는 기준이 되는 것이기도 하다. 예를 들어, 어떤 노인이 불면증으로 고통을 당하는 것은 그 노인 개인의 생리적 또는 심리적 문제로 봐야 할 것이다. 그러나 이 기준에 의하면 그것이 개인적인 문제인지 사회적인 문제인지 판단이 곤란한 경우도 있다. 예를 들면, 노인 학대는 개인문제/가족문제인지 또는 사회문제인지 판단이 곤란하다. 인구 고령화의 근본적 원인 중의 하나인 저출산의 문제는 사회의 제도적 원인(보육시설의 부족, 가정과 직장에서의 남녀 평등의식의 결여, 교육비 부담 과중, 고용·근로 형태의 유연성 부족 등)으로 야기된다고 할 수 있다.

일곱째, 집단적·사회적 차원에서 조치를 취함으로써 문제가 해결될 수 있다는 것(Horton & Leslie, 1955)은 개인적인 차원에서 문제해결이 여러 가지 사정으로 거의 불가능하거나 전혀 불가능하고 집단적 차원에서라야 해결될 수 있는 것을 말한다. 이 조건도 개인문제와 사회문제를 판별하는 기준이 된다. 개인적인 차원에서 문제가 해결될 수 있으면 이를 일반적으로 사회적 문제로 볼 수 없을 것이고, 사회적 차원에서 계획하고 정책적인 결정을 내려서 해결될 수 있는 것은 개인의 힘으로는 불가능한 것이다. 예를 들면, 의료비용이 비싸서 노인이 의료 서비스를 받을 수 없는 경우 국가 차원의 의료보험이나 공공부조를 통하여 의료비를 지원받는 것은 사회적 차원에서 조치를 취함으로써 문제가 해결될 수 있는 경우다. 인구 고령화의 원인과 그 결과의 문제는 개인적 노력보다는 사회적 차원의 대책(사회정책)으로 해결될 수 있는 여지가 훨씬 크다.

이상의 일곱 가지 조건이 구비된다면 그러한 사회적 현상이 사회문제로서 정의되는데 손색이 없으나, 이 가운데 몇 가지 조건만 구비되어도 사회문제로 정의될 수 있다고 보는 학자도 있다. 이러한 일곱 가지 조건은 어떤 의미로는 사회문제의 일반적인 특성을 이야기하는 것으로 볼 수도 있다. 사회문제 규명조건 또는 특성에 대한 합의된 정의가 없는 상태에서 이러한 정의는 하나의 합의된 정의로 발전시키려는 시도에 불과하므로 논란과 비판의 여지가 있다.

3 사회문제로서의 노인문제

앞에서 언급한 사회문제의 조건적 기준에 비추어 보면, 노인문제는 다음과 같은 일곱 가지 측면에서 사회문제로 인식되어 결국은 사회적 차원이나 국가적 차원에서 계획적인 개입으로 해결되어야 한다.

첫째, 인도주의와 평등주의, 경로 가치관에 비추어 볼 때 노인문제는 이러한 가치를 위협하고 또한 가치기준에 위배되므로 바람직하지 못한 것이다. 또한 인구 고령화로 인한 사회적 부담이 증가하는 문제는 국가가 국민에게 과중한 부담을 지운다는 의미에서 바람직한 가치관으로 보기 어렵다.

둘째, 최근 20~30년간 노인인구가 급증하여 많은 노인들이 비슷한 문제로 고통을 당하고 있음을 볼 수 있다. 인구 고령화로 인한 생산력 약화와 경제의 위축, 국민부담의 증가 등은 국민 모두에게 피해와 손해를 입히는 것이 될 것이다.

셋째, 우리 사회에서 노인문제는 1970년을 전후하여 신문지상을 통해 사회문제로 보도되기 시작했고(현외성, 1983), 그 후에 학문적 연구의 대상이 되어 그 심각성이 강조되어 왔으며, 최근에는 노인문제가 우리 주변의 빈번한 문제로 인식되고 있다. 인구 고령화는 선진국 여부에 관계없이 심각한 사회문제로 인식되고 있고, UN에서는 1982년과

세계고령화총회

UN에서는 개인 고령화와 인구 고령화 문제를 중요하게 생각하여 회원국 대표들이 참가하는 세계고령화총회(World Assembly on Ageing)를 현재까지 2회 개최하고 국제 고령화 대응 행동계획(international plan of action on ageing)을 채택하여 회원국에서 고령화에 대응하는 정책을 수립하고 시행하도록 권고하고 있다.

- **제1차 세계고령화총회 :** 오스트리아 비엔나에서 1982년 7월 26일~8월 6일에 개최되어 비엔나 국제 고령화 대응 행동계획이 채택되었다.
- **제2차 세계고령화총회 :** 스페인 마드리드에서 2002년 4월 8~12일에 개최되어 마드리드 국제 고령화 대응 행동계획이 채택되었다.

2002년에 인구 고령화를 주된 의제로 삼아 UN 회원국 대표가 참여하는 세계고령화총회(World Assembly on Ageing)를 개최하고 사회적 대책을 수립하여 국가마다 이를 적극적으로 시행할 것을 권고하고 있다.

넷째, 노인은 우리 사회의 10% 이상을 차지하는 중요한 구성원으로서 인간다운 생활을 유지하도록 국가의 책임과 역할이 강조되고 있기 때문에 사회 전체가 노인문제의 개선을 바라고 있는 것은 분명하며, 많은 중년의 사람들이 노후준비에 관심을 보이고 있는 것으로 보아 노인문제의 해결은 사회가 바라는 것이라 할 수 있다. 인구 고령화로 인한 부정적 영향은 단순한 노인복지의 차원을 넘어 사회체계 전체에 미치게 될 것이므로 사회 전체가 인구 고령화에 대한 대책 수립과 시행을 원하고 있다.

다섯째, 노인문제의 해결 가능성과 관련하여 경제 발전에 따른 복지부문 투자의 증가와 지역사회의 참여와 관심을 촉구하고 있는 추세이므로 노인문제의 해결 전망은 더 밝아졌다고 할 수 있다. 인구 고령화의 가장 큰 원인 중의 하나는 출산율 저하이므로 외국의 예로 보아서도 출산율 저하는 사회정책으로 상당한 정도 개선이 가능하다고 본다.

여섯째, 노인문제는 사회제도나 가치관이 결부된 사회적 관계가 그 문제의 원인이 되고 있음을 알 수 있다. 인구 고령화 문제는 사회제도나 사회적 가치관에 원인이 있기 때문에 제도적 노력으로 그 원인을 제거할 수 있을 것이다.

일곱째, 노인문제는 개인과 가족적인 차원에서 해결하기 어렵고 지역사회나 국가적 차원에서 해결될 수 있는 것이다. 긴 여가시간, 역할 상실의 문제는 퇴직제도의 개선, 여가시설의 확충과 프로그램의 개발 등으로, 수입절감과 건강보호 문제는 연금제도·의료보험·의료보호제도의 실시와 개선 등으로, 사회적·심리적 고립과 소외문제는 지역사회의 참여와 관심 속에서 사회 서비스를 강화함으로써 해결할 수 있기 때문에 노인문제는 지역사회와 국가적 차원에서 계획적인 개입과 지원이 있어야 근본적으로 해결될 수 있다. 저출산에 의한 인구 고령화도 개인적 노력보다는 국가사회의 사회정책적 노력으로 상당 부분 해결이 가능하다고 본다.

4 노인문제의 원인에 대한 이론적 관점

1) 현대화 이론의 관점

(1) 현대화 이론

오늘날의 노인문제 원인을 포괄적으로 설명하는 데 뒷받침이 될 수 있는 이론은 Cowgill과 Holmes(1972)가 주창한 노화의 현대화 이론(modernization theory of aging)이라고 본다. 이 이론에 의하면 한 사회의 현대화(modernization) 정도가 높을수록 노인의 지위는 더욱 낮아지게 된다는 것이다.

Cowgill(1974)은 현대화를 "한 사회 전체가 생물적 동력(animated power), 제한된 기술, 비교적 미분화된 제도, 가부장적이고 전통적인 전망과 가치관에 바탕을 둔 비교적 전원적인 생활양식에서 무생물적 동력(inanimated power), 고도로 발달된 과학적 기술, 분화된 개인의 역할에 상응하는 고도로 분화된 제도, 효율성과 발전을 중시하고 거시적인 전망에 바탕을 둔 압도적인 도시적 생활양식으로의 변천"으로 보고, 현대화 현상을 현저하게 잘 나타내는 핵심적 요소로서 ① 건강기술의 발전, ② 생산기술의 발전, ③ 도시화, ④ 교육의 대중화를 들고 있다. 이러한 현대화의 네 가지 요인이 어떻게 영향을 미쳐 노인의 지위를 저하시키고 있는지를 그림 2-1을 이용하여 설명해 보겠다.

건강기술(보건 · 의료 기술)의 발전은 수명의 연장을 가져오고, 이로 인하여 고령인구가 증가하며, 제한된 직업을 두고 젊은 세대와 고령 세대 간의 경쟁이 일어난다. 직업적 기술과 지식이 뒤떨어지는 노인은 직업활동에서 물러나 퇴직을 감수하게 되는데, 이러한 퇴직이 노인의 지위를 하락시키는 직접적인 요인이 되고 있다.

경제적 생산기술이 발전하여 도시지역에 새로운 직업이 많이 생겨나고 새로운 직업에는 젊은이들이 먼저 참여하여 개척한다. 따라서 노인의 직업기술과 지식은 젊은이에 비해 뒤떨어지게 되고, 이로 인하여 노인은 결국 퇴직하게 된다. 한편 노인들은 일을 하고 보수를 받아 생활하는 것을 윤리적으로 건전한 가치관으로 받아들이고 있기 때문에 젊은이에 비해서 상대적으로 지식과 기술이 낙후된 상태에서 계속 일을 하기 위해서는 젊

그림 2-1. 현대화 이론

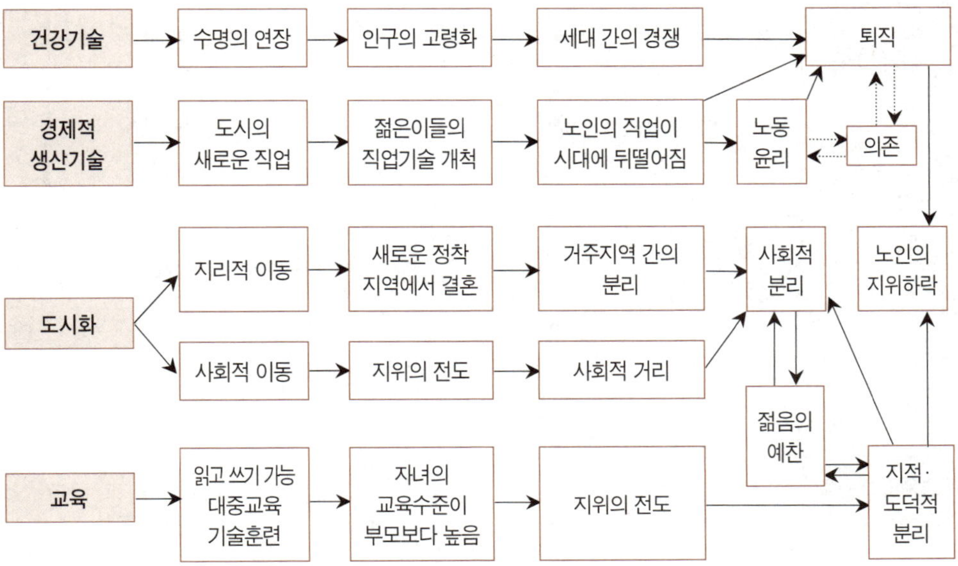

출처 : Cowgill, D. O. (1974), Aging and modernization: A revision of the theory.

은 직장 동료들에게 의존하게 된다. 그러나 이러한 의존의 정도가 한계에 이르면 불가피하게 퇴직을 해야 한다.

도시화는 농촌에서 도시로 또는 도시에서 도시로 직업을 찾아 지리적 이동을 유발하고, 새로운 지역에서 직업을 얻은 젊은이들은 거기에서 결혼하여 정착하게 된다. 이렇게 거주지역이 달라짐으로써 자녀와 노부모 간의 지리적 분리 현상이 생기고, 이것이 사회적 상호작용을 약화시켜 사회적 관계의 분리를 초래하며, 결국은 노인의 지위를 하락시키는 데 영향을 미치게 된다. 한편 도시화는 사회적 이동(계층 간의 수직적 이동)의 기회를 제공하고, 이로 인하여 노인보다는 자녀의 지위가 상승하는 지위 전도(顚倒) 현상이 생긴다. 지위 전도 현상은 사회적 상호작용에 거리감을 주고, 이로 인하여 사회적 분리가 생기게 되며, 결국 노인의 지위를 하락시키게 된다.

교육의 기회가 확산됨에 따라 교육은 점차 대중화되고, 이로 인하여 자녀세대는 부모세대보다 교육을 더 많이 받게 된다. 이러한 교육의 격차는 사회적 지위를 전도시켜서 지적·도덕적 분리를 촉진시키고, 이러한 현상은 결국 노인의 지위를 낮게 만든다. 젊음

그림 2-2. 현대화 이론과 연계한 노인문제

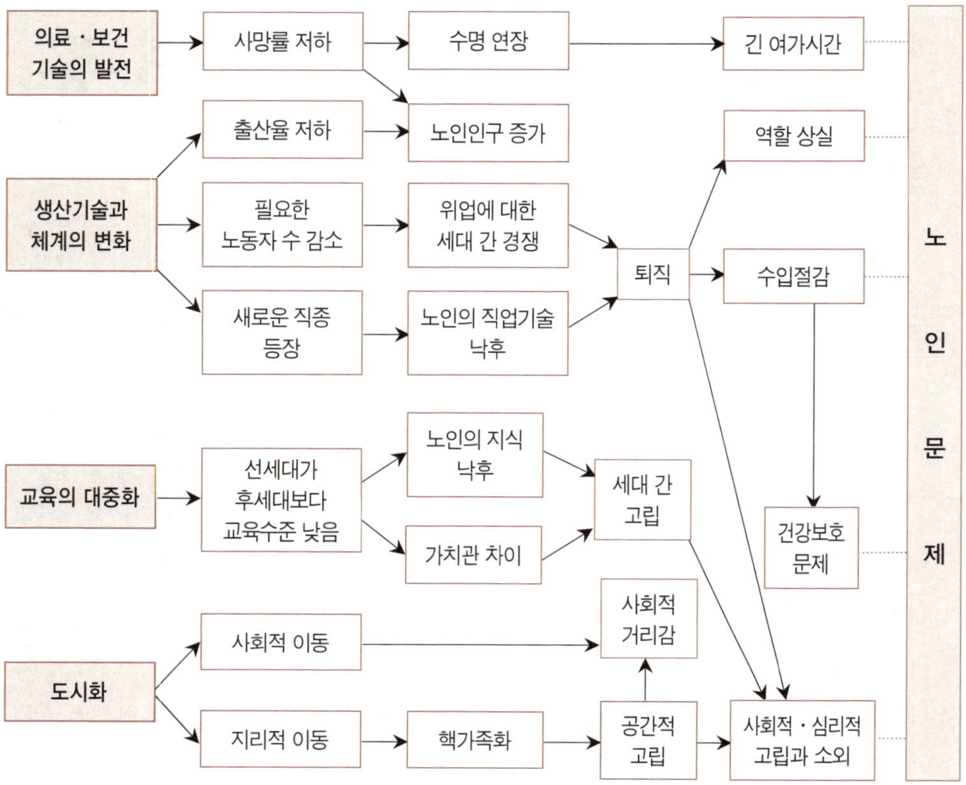

출처 : Choi, Sung-Jae (1966), The family and ageing in Korea: A new concern and challenge.

에 대한 예찬은 젊은이들끼리의 상호작용을 촉진하여 젊은 층과 노인의 분리를 촉진하고, 이는 사회적 분리와 지적 분리를 촉진하여 결국은 노인의 지위를 하락시키게 된다.

이상과 같은 현대화 이론은 상당한 비판을 받고 있어 어느 정도의 수정은 필요하지만[2] 전반적으로 큰 문제는 없는 것 같으며, 사회·문화적인 차이를 넘어 일반화될 수 있는 것으로 본다(Cowgill, 1986). 현대화 이론은 노인의 지위하락의 인과적인 관계를 설명하고 있을 뿐이지 노인문제로의 연결까지 주장하고 있지는 않다. 그러나 이와 같이 노인의 지위가 약화된 것이 오늘날 노인문제의 전반적인 원인으로 볼 수 있으므로 현대화

2. 비판에 대해서는 제5장 노화에 대한 사회적 측면 참조.

이론의 기본적인 설명의 틀을 약간 변경하여 노인문제로 연결시키는 것이 가능하다고 본다. 따라서 이 책에서는 노인문제를 현대화의 요인에 의해 초래된 것으로 보고 노인문제를 현대화 이론의 틀을 이용하여 설명하고자 한다.

(2) 현대화 이론과 노인문제의 연계

우리 사회의 노인문제는 크게 다섯 가지로 볼 수 있는데(그림 2-2), 이러한 다섯 가지 양상이 나타나는 인과관계적 설명과 각각의 노인문제 양상에 대해서 간략히 설명하기로 한다.[3] 앞에서 설명한 현대화 이론에서와 같이 의료·보건 기술의 발전, 생산체계의 변화와 생산기술의 발전, 교육의 대중화, 도시화가 현대화의 핵심적인 요인이 되어 그림 2-2에서와 같은 인과관계의 연결을 통하여 한국 사회에 ① 긴 여가시간, ② 역할 상실, ③ 수입절감, ④ 건강보호, ⑤ 사회적·심리적 고립과 소외로 대별되는 노인문제를 초래하는 것으로 볼 수 있다(Choi, 1996).

2) 고령화 이론의 관점

고령화 이론이라 특별히 이름이 붙여져 정리된 이론적 관점은 없으나 노인문제를 개인 고령화 및 인구 고령화 현상과 연계하여 볼 수 있다는 의미에서 편의상 이 책에서는 '고령화 이론의 관점'이라 부르기로 한다.

그림 2-3에서 보는 바와 같이 고령화의 핵심적 요인은 ① 사망률 저하, ② 평균수명의 연장, ③ 출산율의 저하로 볼 수 있다. 의학이 발전하고 위생상태와 생활수준이 향상되어 특히 유아사망률이 크게 낮아진 반면 평균수명은 크게 연장되고 있다. 또한 출산율은 국가마다 차이는 있지만 전반적으로 하락하는 경향을 나타내고 있으며, 우리나라의 경우는 세계적으로 가장 출산율이 낮은 국가에 속한다. 우리나라의 경우는 특별한 정책적 배려가 없는 한 세계 최저수준의 출산율을 상당한 수준으로 끌어올리기는 어려울 것으로 예측된다. 고령화의 세 가지 요인은 개인 고령화와 인구 고령화를 계속 유발하게 된다. 개인 고령화는 현대화 이론의 관점과 같은 과정을 거쳐 퇴직을 제도화시키고 퇴

---

3. 노인문제의 양상은 제2부에서 더 상세히 다루도록 하고 여기서는 개괄적인 설명에 그치기로 한다.

그림 2-3. 고령화 이론의 관점에서 본 노인문제

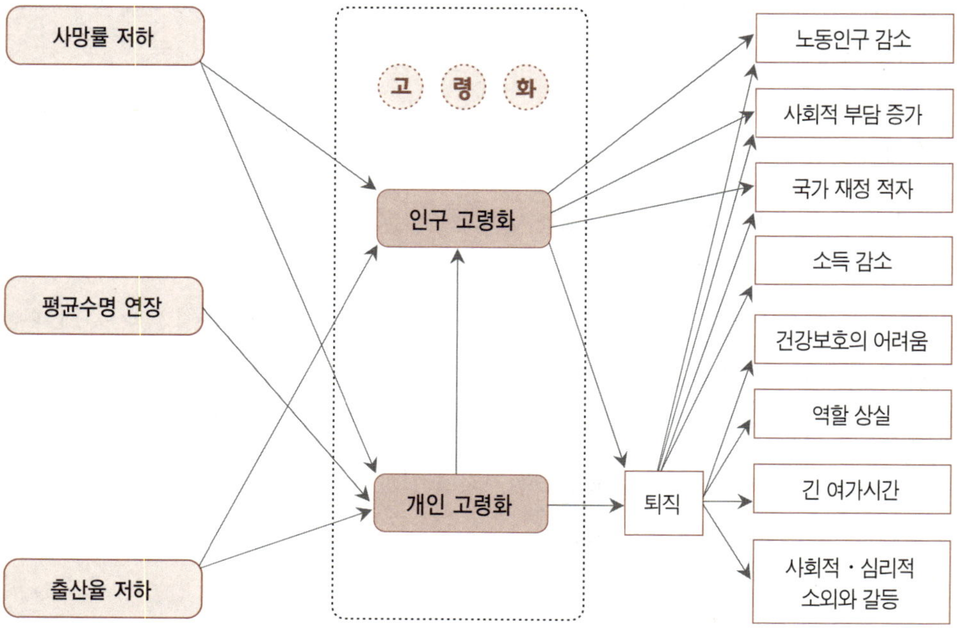

직은 결국 ① 소득의 감소, ② 건강보호의 어려움, ③ 역할 상실, ④ 긴 여가시간, ⑤ 사회적·심리적 고립과 소외라는 노인문제를 유발하게 된다. 또한 개인 고령화에 의해 사회적 차원에서 집합적으로 나타나는 인구 고령화는 직접·간접적으로(정년퇴직으로 인해) ① 노동인구 부족을 초래하고, ② 사회보험·공공부조·사회 서비스 비용 등 사회적 비용을 증가시키며, 이는 ③ 결국 국가재정 적자까지 초래하는 주요 요인으로 작용할 수 있다. 특히 인구 고령화로 인한 사회적 차원의 전반적 문제들은 인구 고령화가 크게 진전된 선진국에서 현재 부분적으로 나타나고 있고 앞으로 더욱 두드러지게 나타날 것으로 크게 우려되고 있다.

5 노인문제의 양상

노인문제의 양상은 개인 고령화로 노인 개인에 직접적으로 나타나는 문제와 인구 고령화로 노인에게 간접적으로 나타나는 문제로 구분할 수 있다. 인구 고령화로 노인에게 간접적으로 나타나는 문제는 일반적인 사회문제로 보는 것이 더 타당하다. 그러나 편의상 노인 개인에게 직접적으로 나타나는 문제를 '직접적 노인문제'라 하고 노인에게 간접적으로 나타나는 문제는 '간접적 노인문제'라 하기로 한다.

1) 직접적 노인문제의 양상

(1) 긴 여가시간

의료·보건 기술의 발전으로 사망률이 저하되고 이로 인하여 인간의 수명이 크게 연장되었다. 따라서 노령기는 점차 연장되었고, 특히 55세의 일률정년제도가 일반적인 우리나라에서는 55세 이후부터 사회적 의미에서 노인이 되어 노령기가 더욱 길어지게 된다. 여가시간과 여가의 문제는 주로 퇴직으로 인하여 사회적인 직업역할을 상실함으로써 생긴다. 따라서 노령기는 Burgess(1950)가 말한 것처럼 역할 없는 역할(roleless role)에 사로잡히는 시간이 되어, 오늘날 산업사회의 많은 노인들은 고령의 축복 속에서 무엇을 하며 지낼 것인가, 또는 어떻게 하면 시간을 잘 보낼 수 있을 것인가를 고민하고 있다. 여가에 대한 사회화의 부족, 여가시설의 부족, 여가 프로그램이 개발되지 않은 상황에서 오늘날 우리 사회의 많은 노인들은 여가문제로 고민을 하고 있다.

(2) 역할 상실

생산체계가 가정 중심에서 공장 중심으로 변모함에 따라 가족 노동력이 필요 없게 되었다. 가족 노동력의 필요성 저하와 다른 요인이 결부되어 출산율이 낮아지고, 이와 같은 현상은 노인인구의 수와 비율을 상대적으로 증가시킨다. 생산기술이 기계화됨으로써 종전에는 손으로 하던 일이 기계로 대치됨으로써 생산에 필요한 노동력이 감소하게 되었다. 따라서 노인인구는 많아지고 노동력은 제한되는 상황에서 젊은 세대와 노인세대 간에 취업과 직업역할 수행에서 경쟁이 생기고, 신체적·정신적 기능이 약화되는 노인은 경쟁에서 뒤처지게 되므로 연령에 제한을 두어 고령자를 생산현장에서 물러나게 하는 퇴직이 제도화되었으며, 이에 따라 노인은 직업적 역할을 상실하게 된다. 많은 경우에 직업적 역할에 수반하여 다른 사회적 역할(예: 회사의 사장이면 다른 경영인협회의 회원이나 간부가 되는 역할도 겸하게 되는 것)도 수행하는데, 퇴직으로 이러한 부수적인 역할까지 상실하는 경우가 허다하다.

직업역할 상실과 더불어 생계유지자로서의 역할도 상실되어 역할 상실은 더욱 심각해진다. 직업적 역할은 자아(self) 또는 사회적 자아(social self)를 지켜주는 지지대였는데, 직업역할의 상실은 자아의 지지기반을 잃게 하여 부정적인 자아상을 형성할 가능성도 커진다.

20세기에 들어서면서 급속히 증가한 노령인구와 퇴직이라는 새로운 제도로 많은 노인이 역할을 상실하게 되는 현상이 나타났다. 선진 산업사회라 할지라도 오늘날과 같이 노령인구가 많은 적이 없었고 이에 대한 준비가 부족했기 때문에, 퇴직 후의 노령기에 있어서 적절한 역할과 규범을 확립하지 못하고 아직도 당황하고 있다. 더욱이 1960년대 이후의 급속한 산업화와 이에 따른 퇴직의 제도화로 정년퇴직한 노인인구를 배출하기 시작한 우리 사회는 노령기의 적절한 역할과 규범이 확립되지 못하고 있는 처지여서 많은 노인들은 역할 상실의 문제를 안고 고민하고 있는 실정이다. 현재 우리나라 노인세대의 대부분이 뚜렷한 정년퇴직을 거쳐 역할을 상실한 사람들은 아니지만 어떠한 이유로든 역할을 상실하고 무엇을 해야 할지 모른 채 방황하고 있다.

생산기술의 발전은 새로운 직종을 만들고 새로운 직종은 대부분 젊은이들이 뛰어들어 개척하고 새로운 기술을 개발하기 때문에, 노인들의 직업적인 기술과 지식은 젊은이들에 비해 뒤지게 되므로 경쟁에서 밀려나 결국은 퇴직으로 직업역할을 상실하게 된다.

(3) 수입감소

퇴직으로 인하여 정기적인 수입원이 단절되고 연금, 퇴직금, 저축, 재산수익 등으로 수입이 대치된다. 노령연금제도가 시행되고 있는 선진 산업사회에서도 퇴직 후의 수입은 퇴직 전의 절반 이하로 줄어드는 현상을 보이고 있는데, 노령연금제도가 아직 성숙되지 못한 우리나라의 경우 퇴직 후의 수입상태는 더욱 악화된다. 많은 경우 퇴직금의 혜택까지 받지 못해 수입이 완전히 단절됨으로써 노후의 경제적 사정은 더욱 악화된다. 수입의 감소는 노인인구를 빈곤상태에 빠뜨리고 생활을 자녀에게 의존하게 만들기 때문에 노인들은 물질적인 어려움과 함께 자존심이 상하는 등 심리적인 고통을 겪게 된다.

(4) 건강보호

생물학적·신체적 노화에 의한 건강의 약화는 어떤 의미에서는 막기 힘들지만, 많은 경우 노인은 수입의 부족으로 적절하게 건강보호비용을 마련하기 어려운 경우가 많고 가족으로부터 적절한 수발을 받을 수 없는 경우도 많아진다.

노인은 젊은이에 비하여 유병률이 2~3배 이상이 되며, 만성적 질병과 합병증도 빈번하여 잦은 의료 진료가 필요하므로 의료비가 많이 든다. 특히 노인질병의 진료는 고액진료가 많기 때문에 공적 의료보험(우리나라의 경우 국민건강보험)이나 의료보호의 제도적 뒷받침 없이 개인이 일시에 진료비를 부담하기란 상당히 어렵다. 또한 현재의 의료보험과 의료보호제도는 노인 질병의 특성을 별로 고려하지 않고 있어 진료비가 큰 부담이 되고 있다.

적절한 건강보호를 받기 위해서는 의료시설에 접근하는 것이 용이해야 하는데, 대부분의 의료시설이 대도시에 편중되어 있어서 특히 농어촌 노인들이 진료를 받는 데 많은 문제가 되고 있다. 노인의 건강상태는 경제적 수준과 상관관계가 있다는 연구가 많이 있는데(Wan, 1985), 이는 경제적 수준이 높을수록 건강보호를 받을 수 있는 여건이 좋기 때문일 것이다. 그러므로 노인의 건강은 일반적으로 신체적 노화로 약화되지만, 적절한 의료 서비스를 받아 건강을 유지하고 노화의 속도를 지연시켜서 기능적으로 활발한 노후생활을 더욱 연장시킬 수 있다는 전제하에서 노인의 건강보호문제는 노인문제의 한 측면으로 중요시되어야 할 것이다.

또한 자녀의 동거 여부와 관계없이 건강의 약화로 자녀가 노부모를 수발해야 하는 경우가 많은데, 핵가족화와 가족 수의 소수화, 여성의 취업 등으로 가족 중에 부모를 보호할 수 있는 사람이 없거나 부족하기 때문에 노인수발 문제가 심각해지고 있다. 이 같은 어려움을 해결하기 위해 우리나라에서는 2008년 7월부터 공적 노인장기요양보험제도가 도입되어 신체적·정신적 허약이나 만성 질병으로 인하여 다른 사람으로부터 수발을 받을 필요가 있을 경우(2010년 현재는 장애 정도가 중증과 중등증까지만 보험에서 지원 가능) 시설이나 재가 요양보호 서비스를 받을 수 있지만, 장애 정도가 경증이거나 본인부담액을 지불할 수 없어 노인장기요양보험을 이용하기 어려운 노인의 경우는 가족이 주로 수발을 담당해야 한다. 이 경우 가족으로부터 적절한 수발 서비스를 받기 어려운 경우가 많고 이로 인하여 부모와 자녀 간의 갈등이 생길 가능성도 많다. 향후 노인장기요양보험제도는 시설 요양 서비스보다는 재가 서비스를 더욱 강화하는 방향으로 나갈 것이므로 가족이 노인을 직접 수발하는 부담은 줄어들더라도 노인 수발과 관련하여 조정해야 할 역할이 더 많아질 수 있고 이로 인하여 노인과 가족 간의 갈등이 커질 수도 있다.

(5) 사회적·심리적 고립과 소외 문제

교육의 대중화로 인하여 일반적으로 자녀세대는 부모세대보다 교육수준이 높게 된다. 자녀의 교육수준이 높아짐으로써 부모세대의 지식수준은 상대적으로 더욱 낮아지게 된다. 공식적 교육은 강력한 사회화의 수단이 되고 교육수준이 다른 세대 간에 사회화의 차이를 가져오며, 이는 부모의 지식수준이 낮고 뒤떨어짐과 더불어 세대 간의 갈등과 고립을 가져오는 데 기여한다. 이러한 세대 간의 고립과 갈등은 가정과 사회에서의 세대 간의 고립과 소외를 낳게 되며, 이로 인하여 부모와의 동거·별거, 부모 부양 등에 대해 심각한 갈등이 나타난다.

현대화의 핵심 요소인 도시화는 사회적 이동과 지리적 이동을 유발한다. 사회적 이동은 사회적 지위의 전도 등을 통하여 사회적 거리감을 크게 만들고, 이는 세대 간의 고립을 초래하게 된다. 한편 지리적 이동은 가치관 또는 사회화의 차이와 더불어 핵가족화를 촉진시키고, 핵가족화는 부모와 자녀 간의 공간적 고립을 가져와서 결국 사회와 노인 간, 젊은 세대와 노인세대 간, 가정 내의 부모와 자녀 간의 사회적·심리적 고립과 소외라는 노인문제를 초래한다는 것이다.

2) 간접적 노인문제의 양상

간접적 노인문제 양상은 어떤 면에서 인구 고령화로 인한 사회의 전반적 문제라고 하는 것이 더 적합할지 모른다. 사실 인구 고령화 문제는 사회체계 전반에 영향을 미치는 문제이기 때문에 간접적 노인문제라 하면 그 문제의 범위와 해결 방법을 노인복지의 관점으로 좁게 보는 경향이 나타날 가능성이 있어 우려되는 면이 없지 않다. 다만 여기서 분명히 하고자 하는 것은 인구 고령화의 문제는 간접적으로 노인문제를 포함하지만 그보다 훨씬 범위가 넓은 국가사회 전체적인 관점에서 봐야 하는 문제라는 것이다.

(1) 노동력 인구 감소

인구 고령화가 진전되고 저출산 현상이 지속될 경우 유소년인구 비율이 줄어들고 유소년 인구가 다시 생산인구(노동력 인구)가 되면 생산인구 수와 비율이 계속 줄어들게 될 것이다. 인구 고령화와 저출산은 세계적인 경향인데, 우리나라의 경우 15세 이상 인구를 100%로 보았을 경우 15~64세의 생산인구는 2010년에는 93.9%인데, 2030년에는 87%로, 2050년에는 82.6%로 하락할 것으로 추정된다(OECD, 2004). 향후 생산인구의 연령적 상한선을 65세 이상으로 올릴 가능성이 있어 생산력 인구가 줄어들지 않을 수도 있지만, 현재의 기준으로는 생산인구를 15~64세로 보는 것을 전제로 하여 노동력 인구를 추정하면 노동력 인구는 크게 줄어들 것이다. 노동력 인구의 감소는 나아가서는 한 국가의 생산 총량을 줄어들게 하여 경제규모를 축소시킬 가능성도 크다.

(2) 사회적 부담 증가

현재와 같은 전통적 사회복지제도나 경제제도 아래서 60~65세에 퇴직하여 연금으로 소득을 대체하게 된다면 노인인구 수와 비율의 증가로 연금 지급액의 비율이 높아지고 연금기금의 축적이 어려워져 결국은 연금의 지속성이 크게 위협받을 것이다. 연금의 지속성을 높이기 위해 연금보험료를 인상할 가능성이 높아지고, 그렇게 되면 생산인구의 조세 부담 외에 사회보장 부담은 더욱 커질 것이다. 그리고 공적 의료보험과 장기요양보험 비용도 노인의 급성·만성 질병 관련 비용의 증가에 따른 보험료 인상으로 더욱 커질 것이다. 또한 노인의 기본적인 욕구 수준이 높아지고 다양해지면 국가사회가 보편적으로 지출해야 할 조세부담액도 증가하여 결국은 사회적 부담은 크게 늘어나는 결과를 초래할 것이다.

OECD 국가의 인구 고령화 관련 비용의 증가를 추계한 보고서(Casey et al., 2003)에 의하면 2000년 기준으로 2050년에는 고령화 관련 사회적 비용은 각국의 GDP 대비 평균

OECD(Organization for Economic Co-operation and Development: 경제협력개발기구)

- 제2차 세계대전 후 미국과 캐나다가 중심이 되어 전후 유럽 국가 재건계획인 마셜플랜(Marshall Plan)을 실천하기 위해 설립된 유럽경제협력기구(Organization for European Economic Co-operation: OEEC)를 개편하여 1961년에 창립하였고, 프랑스 파리에 본부를 두고 있다.
- 세계 200여 개국 가운데 2010년 현재 경제적으로 가장 발전한 30개국이 가입되어 있고, 우리나라는 1996년에 회원국으로 가입하였다. OECD는 정치적 협력기구가 아닌 경제·사회 발전에서 상호 협력하고 정책을 연구하는 싱크탱크 역할을 하며, 고령화와 관련된 많은 연구와 정책보고서를 발간해 회원국의 경제·사회 발전에 중요한 정보를 제공하고 있다.

21.1%에서 5.8% 포인트 증가하여 26.9%가 될 것으로 추정하였다. 한국의 경우는 2000년 GDP의 3.1%에서 2050년에는 GDP의 11.9%가 될 것으로 추정하였다.

(3) 국가 재정 적자

OECD 국가 경우를 보면 1970년대부터 국가재정에 적자가 나타나기 시작했고 GDP 대비 국가부채 비율도 증가하기 시작했는데, 특히 인구 고령화로 국가 부채의 증가는 심각해질 전망이다. 따라서 이에 대한 특별한 정책대안을 마련하지 못한다면 국가의 재정적자는 대단히 심각해질 것으로 전망된다. OECD 30개 회원 국가별로 국가 부채는 적게는 GDP의 20%에서 많게는 120% 정도까지 되고 있다(OECD, 2000). 특히 OECD 선진국의 대부분 국가들에서는 당해 연도에 거두어들인 연금보험료로 연금을 지급하는 방식(부과방식)을 채택하고 있는데, 노인인구가 증가할수록 연금보험료를 계속 인상할 수 없기 때문에 국가재정에서 상당한 부분을 보충해 나갈 수밖에 없다.

따라서 국가는 연금재정을 보충하기 위해 적자예산을 편성하게 되고 노인인구 비율이 증가할수록 그리고 생산인구 비율이 감소할수록 국가재정의 적자는 계속 증가할 것이다. 공적연금뿐만 아니라 공적의료보험이나 장기요양보험도 노인인구가 증가할수록 보험재정을 보충하기 위해 국가가 적자예산을 편성하는 경우도 많다.

제 2 부 노화 관련 현상의 이해

제 3 장

노화의 생물학적 측면

인간은 하나의 유기체로 발생하여 출생하고 성장·발달하며 결국은 죽음으로 그 활동을 정지하게 된다. 이러한 일련의 과정에서 인간은 생물학적 또는 생물·신체적인 변화를 겪게 되는데, 생물학적 퇴화 과정이 재생 과정을 능가하면 유기체의 파괴가 일어나게 된다. 이러한 변화 과정을 '생물학적 노화(biological aging)'라고 한다. 생물학적 노화는 결국은 생명의 종식을 가져오게 된다.

사람은 왜 늙는가, 무엇 때문에 신체에 변화가 생기는가, 이러한 변화를 어떻게 지연시킬 수 있을까 하는 등의 의문은 고래로부터 많은 사람들의 관심사가 되어 왔다. 따라서 이러한 생물학적 노화에 대한 관심은 노년학에서 가장 오래된 연구 대상이 되어 왔다. 여기서는 생물학적 노화의 특성을 검토하고 생물학적 노화의 주요 이론을 간략히 소개한 다음에 노인에게 일어나는 생물학적 변화의 구체적인 현상을 살펴보기로 하겠다.

1 생물학적 노화의 특성

생물학적 노화는 노화의 가장 기본적 개념이고 관찰 가능한 과정이기 때문에 노화라고 하면 생물학적 노화를 떠올리게 된다. 생물학적 노화는 인간의 생명이 시작되는 태아기부터 사망에 이르는 전 생애 동안 신체적·생리적으로 해로운 변화가 축적되어 나타나는 과정을 의미하지만(Hampton, 1991), 더 상세한 개념은 Strehler(1977)가 제시한 다음과 같은 생물학적 노화 판별 기준을 적용하면 이해하는 데에 도움이 될 것이다(Atchley & Barusch, 2004; Hooyman & Kiyak, 2008).

[1] 생물학적 노화는 모든 사람에게 보편적으로 일어나는 것이어야 한다. 예를 들면, 그 시기와 진행 속도에는 어느 정도 차이가 있지만, 신체의 면역체계가 약화되는 것은 모든 사람에게 공통적으로 일어나는 현상이다. 반면에 폐암과 같은 질병은 특정 개인에 일어나는 것이지 결코 모든 사람에게 일어나는 것이 아니므로 노화 현상이 될 수 없다.

[2] 생물학적 노화의 주요 원인은 신체 내적인 데 있어야 한다. 과도하게 방사선에 노출되면 신체적 변화가 생기지만 이것은 신체 외적인 데 원인이 있으므로 이러한 변화는 생물학적 노화 현상이라고 볼 수 없다.

[3] 생물학적 노화는 신체적 기능에 부정적인 영향을 미쳐 생명의 종식에 기여하는 것이어야 한다.

[4] 생물학적 노화는 점진적으로 일어나야 한다. 즉 기능의 상실이 장기간에 걸쳐 서서히 일어나야 한다.

이러한 네 가지 조건이 구비된 신체적 변화 과정이 생물학적 노화이며, 이와 같은 생물학적 노화는 개인마다 차이가 있을 뿐 아니라 개인 내의 신체적 기관 또는 기능 간에도 차이가 있다는 점에 유의해야 한다. 역연령(달력으로 세는 연령)으로 65세가 되었다고 해서 모든 사람이 다 같은 노화 현상을 보이는 것은 아니다. 예를 들면, 한 개인에게 있어서 시력은 큰 문제가 없으나 청력은 상당히 약해지는 경우를 볼 수 있는데, 이는 바로 개인 간 및 개인 내에서도 생물학적 노화의 차이가 있음을 말하는 것이다.

2 생물학적 노화의 주요 이론

생물학적 노화의 원인에 관한 이론은 크게 ① 유전적 이론(genetic theory of aging), ② 비유전적 세포 이론(nongenetic cellular theory of aging), ③ 면역 이론(immunological theory of aging), ④ 생리적 통제 이론(physiological control theory of aging)으로 나눌 수 있으며, 이 분류를 기준으로 생물학적 노화의 주요 이론을 간략히 소개하기로 한다.

1) 유전적 이론

(1) 예정계획론(programmed theory)

DNA 속에 노화의 속성이 미리 프로그래밍되어 있다가 적절한 시간이 경과함에 따라 유기체에 노화의 속성이 나타남으로써 노화 현상이 생긴다는 것이다(Shock, 1977).

(2) DNA 작용과오론(DNA error theory)

DNA가 단백질이나 효소를 결합시키는 과정에서 DNA에 포함되어 있는 유전정보(genetic code)에 맞지 않는 것을 생산하게 되는데, 이러한 단백질이나 효소가 축적되어 노화를 일으킨다는 것이다(Shock, 1977).

2) 비유전적 세포 이론

(1) 사용마모론(wear-and-tear theory)

상식적으로 이해하기 쉬운 가장 오래된 노화 이론이다. 이 이론은 기계를 많이 사용하면 그 부품이 마모되어 그 기능이 약화되고 정지되는 것처럼 신체기관도 오래 활동한 결과 기계처럼 점진적으로 퇴화된다는 것이다(Weismann, 1891).

(2) 노폐물축적론(waste-product theory)

세포 속에 해로운 물질과 제거할 수 없는 폐기물이 생성되어 축적되는데, 이렇게 축적된 물질이 세포의 정상적인 기능을 방해하여 노화 현상이 생긴다는 것이다(Arking, 2006).

(3) 교차연결론(cross-link theory)

세포 내의 단백질 중 가장 많은 교원질(콜라겐: collagen)의 분자들이 서로 교차연결되는데, 이와 같은 교차연결은 교원질 분자를 연결하기 위해 필요한 기제이지만 이러한 작용의 결과로 세포 조직의 유연성이 감소되고 노화가 촉진된다는 것이다(Bjorksten, 1974).

(4) 활성산소론 또는 유해산소론(free radical theory)

세포가 산소를 흡수하여 신진대사를 수행하는 과정에서 짝을 짓지 못한 전자(electron)를 하나 더 가진 불안정적인 분자를 생성하는 경우가 많은데 이러한 불안정한 분자를 '활성산소(free radical)'라 부른다. 이와 같이 신진대사 과정에서 불가피하게 생성되는 활성산소는 DNA 돌연변이, 분자의 교차연결 촉진, 단백질 기능 변화 같은 부작용을 초래한다. 활성산소의 이와 같은 부작용 활동은 다른 분자와 짝을 지어 안정적 분자가 되거나 항산화물질(antioxidant)을 만날 때까지 계속된다.

체내에서 활성산소의 부작용 행동을 제어할 수 있는 효소가 생산되지만 충분하지 못하고 체외에서 항산화물(예 : 비타민 E, 비타민 C, 요산 등)을 투입하는 데도 한계가 있기 때문에 활성산소의 부작용을 제대로 통제하기 어렵게 된다. 이 같은 활성산소의 부작용은 정상적 분자의 기능에 손상을 초래하고, 축적된 손상은 결국 조직의 기능손상인 노화를 촉진하게 된다는 것이다(Harman, 1981). 활성산소론은 노화의 생물학적 이론 가운데 가장 설득력 있는 이론으로 인정되고 있다.

(5) 세포복제 감소론(cellular aging theory)

세포는 생물학적 시계의 프로그램에 따라 일정한 횟수의 복제가 이루어진 후에는 복제가 정지된다. 정상세포가 분열하여 복제되는 횟수는 세포 형태에 따라 다르지만 일정 횟수의 복제가 이루어진 후에는 결국 복제가 정지된다. 세포는 일정량의 DNA를 가지

> **DHEA(dehydroepiandrosterone)**
>
> - 호르몬제 건강식품으로 한때 우리나라에서 유행했던 노화방지 식품이다.
> - 콩팥위샘(adrenal gland: 좌우의 콩팥 위에 있는 내분비샘)에서 분비되어 남성호르몬과 여성호르몬으로 바뀐다.
> - 7~30세에는 분비가 증가하여 안정적인 상태를 이루다가 30세 이후 분비가 감소하여 80세가 되면 최고 분비 수준의 5% 이하로 떨어진다.
> - 동물 실험에서는 DHEA를 투입한 경우 활동과 학습수준이 증가했으나 사람의 경우에는 규칙적 장기 복용의 효과는 불확실하다(Hooyman & Kiyak, 2008).

고 있는데 복제가 거듭될수록 DNA는 줄어들게 되고, 이로 인하여 RNA도 생산이 줄어든다. 이와 같이 세포의 DNA 감소와 이에 따른 RNA 감소는 결국 세포의 소멸을 가져와 노화가 촉진된다는 것이다(Hayflick, 2000).

(6) 신체적 변이론(somatic mutation theory)

세포가 방사선이나 기타 원인에 의하여 상해를 받게 되면 세포의 원래 성질이 변하는데, 이렇게 변이된 세포가 축적되어 노화가 일어난다는 것이다(Medawar, 1946).

3) 면역 이론

(1) 면역반응론(immune reaction theory)

이물질에 대한 항체의 식별능력이 저하되면 이물질을 다 파괴하지 못하게 되는데, 미처 파괴되지 못한 이물질이 계속 체내에 남아 부작용을 일으켜서 노화를 촉진한다는 것이다(Arking, 2006).

(2) 자동면역반응론(autoimmune reaction theory)

체내의 면역체계가 항체를 만들 때 정상세포까지 파괴하는 자동면역항체를 만들게 되고 이러한 자동면역항체가 계속 증가하여 정상세포를 파괴함으로써 노화가 진행된다는

적게 먹는 것이 장수의 비결?

- 현재까지 진행된 여러 동물실험 연구에서 열량을 50~70% 적게 섭취할 경우 수명을 30~50% 정도 연장할 수 있는 것으로 나타났다. 음식을 적게 먹는 것은 열량 섭취를 줄이는 좋은 방법이기는 하지만 열량이 많은 음식물을 적게 먹으면서 영양에는 문제가 없도록 하는 것이 중요하다.
- 영장류(원숭이 종류)를 대상으로 한 실험에서 열량 섭취 감소는 신진대사의 속도를 줄이고 이에 따라 활성산소를 줄임으로써 노화를 지연시킬 수 있다는 것이 밝혀졌다. 또한 칼로리 제한은 DHEA 수준도 잘 유지할 수 있고 고혈압, 당뇨병, 백내장, 녹내장과 암의 유발을 지연시킬 수도 있다. 인간을 대상으로 한 연구에서도 비슷한 효과를 발견할 수 있었으나 일반적으로 적용하기까지는 많은 연구가 필요한 실정이다. 이러한 연구 결과는 적게 먹는 것이 장수에 도움이 된다는 것을 보여 주는 것이라고 할 수 있다 (Hooyman & Kiyak, 2008).

것이다(Atchley & Barusch, 2004).

4) 생리적 통제 이론

유기체 내의 내분비선이나 신경조직 같은 주요 통합 조정 기능의 상실이 노화를 진행시킨다는 것이다(Shock, 1977).

3 생물학적 노화의 구체적인 현상

생물학적 노화가 일어나는 구체적 현상을 신체 구조적인 면과 신체 내부 기능적인 면으로 구분하고, 관련된 다양한 현상 가운데 중요한 것을 중심으로 살펴보겠다.

1) 신체 구조

(1) 신체 구성 성분

신체의 주요 구성 성분은 지방(fat), 조직(tissue), 뼈(bone), 수분(water)이다. 노화에 따라 지방은 크게 늘어나고, 조직은 줄어들며, 뼈는 거의 변화가 없는 반면에 수분은 상당히 감소한다. 그림 3-1은 25세에서 75세 사이에 평균적으로 신체 구성 성분이 어떻게 변화되는가를 잘 보여 준다.

(2) 골격

30대 중반 이후 나이가 들수록 뼈 속의 칼슘이 점차 고갈됨으로써 뼈가 가벼워지고 골 조직이 엉성해진다. 이 같은 현상을 골 상실(bone loss: 뼈의 상실)이라 하는데 골 상실은 골 밀도로 측정된다. 골 상실로 노인들은 뼈의 탄력성이 낮아져 젊은이에 비하여 쉽게 골절상을 입게 된다. 골 밀도는 30대 중반에서 40대부터 낮아지기 시작하는데 여성의 경우는 폐경기 동안에 크게 낮아진다. 폐경기에는 여성호르몬(estrogen) 분비가 감소하

실버산업으로 유망한 노화방지 식품산업

인간의 한결같은 소망은 장수이기 때문에 건강하게 오래 사는 데 기여하는 노화방지약품(anti-aging pill)의 개발과 판매는 앞으로 유망한 산업이 될 것으로 예상된다. 미국에서 현재까지 10개 이상의 바이오테크(biotech) 회사가 있으며 많은 노화방지약품을 개발하기 위해 연구를 진행하거나 지원하고 있다. 현재까지 많은 연구들은 적어도 노화 과정을 지연시킬 수 있는 가능성을 보여 주고 있기 때문에 향후 이런 노화방지약품 연구는 더욱 활기를 띠고 유망한 산업으로 발전할 수 있을 것으로 보인다.

그림 3-1. 노화에 따른 신체 주요 구성 성분의 변화

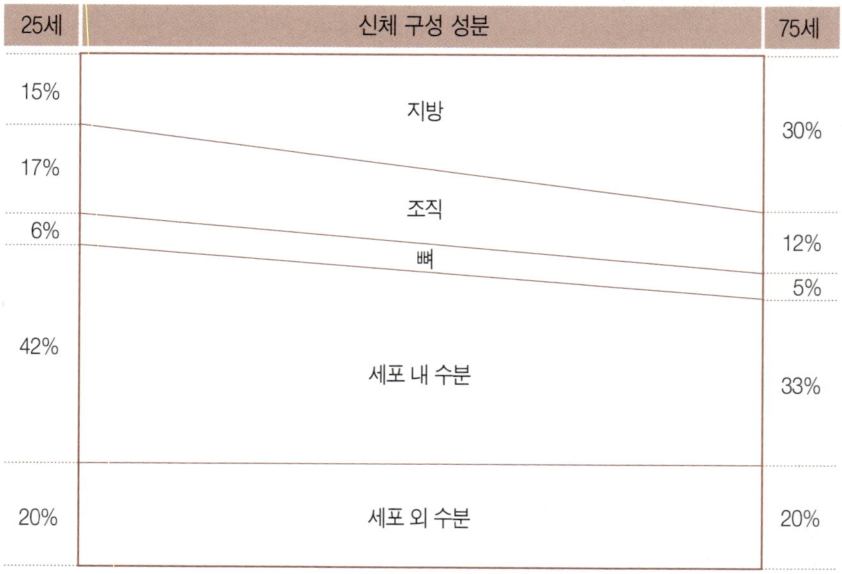

출처: Goldman, R. J. (1970), Speculations on vascular changes with age 〔Hooyman & Kiyak(2008)에서 재인용〕.

그림 3-2. 정상인과 골다공증 환자의 골 구조 비교

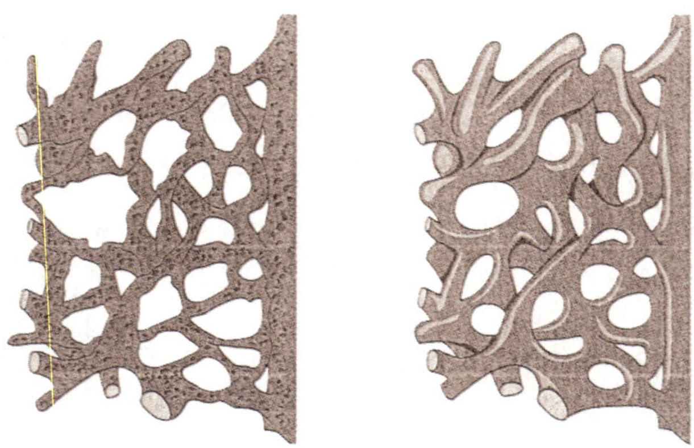

골다공증 환자 정상인

여 뼈 파괴세포의 활동이 증가하고, 이로 인해 뼈의 칼슘 침착도 감소된다. 이처럼 골 상실은 여성에게 더 심하게 나타난다. 골 상실이 심하게 나타나는 현상을 골다공증

(osteoporosis)이라 한다. 골다공증이 나타나는 뼈의 조직을 보면 그림 3-2에서 보는 바와 같이 골 구조가 성글다. 또한 노화에 따라 뼈의 접합 부분의 움직임이 굳어지고 제약을 받게 되어 관절염 같은 골관절 질환이 증가한다.

(3) 피부

피부의 표피는 계속적으로 죽은 세포를 벗어버리고 새로운 세포로 교체하는 작용을 하는데, 연령이 증가함에 따라 이러한 기능이 느려져 표피가 두꺼워진다. 반면에 표피 바로 밑의 층에서 연결조직을 이루는 진피는 점차 얇아지면서 탄력성이 약해져 주름살과 피부 처짐이 증가한다. 또한 피부 밑의 지방과 수분이 줄어들고 혈액순환이 약해짐으로써 온도조절 기능이 제대로 이루어지지 않아서 추위와 더위를 더 민감하게 느끼게 된다. 햇볕(자외선)에 많이 노출될수록 피부가 노화되는데, 피부의 탄력성이 약해짐으로써 주름살이 많이 생기고 피부가 건조해지고 거칠어진다.

(4) 수의근

팔다리와 골격의 일부에 붙어 있는 수의근(隨意筋)은 수축력이 약해져서 뼈에 많은 부담을 주게 된다. 예를 들면, 50세의 이두근의 강도는 25~30세의 절반 수준으로 떨어진다.

(5) 신장

신장(키)은 연령 증가와 더불어 줄어드는데, 30세에서 90세 사이에 남자는 2.25%, 여자는 2.5% 정도 줄어든다(勝沼英字, 1983).

(6) 체중

일반적으로 40~50대에는 체중이 증가하고, 60세 이후에는 체중이 감소한다.

(7) 모발

대개 중년기부터 모발이 회색으로 변하기 시작하여 결국은 흰색이 되며, 남녀 모두 모낭(毛囊)이 약해져 머리털이 빠지게 된다.

(8) 치아

연령증가에 따라 치아가 빠지는데, 45세를 경계로 이러한 경향이 현저하게 증가한다. 일반적으로 치아가 빠지고 남은 수는 60대에 14개, 70대에 11개, 80대에 6개 정도다.

(9) 장기의 무게

장기의 무게는 출생 후 계속 증가하다가 노화 현상이 일어나는 시기부터 감소하는데 일반적으로 40대부터 감소 현상이 나타난다. 심장은 다른 장기와는 달리 노화와 더불어 무게가 늘어나는데 말초혈관의 동맥경화로 심장이 비대해지고 지방이 증가하기 때문이다(大阪府立老人總合センタ-, 1986). 청년과 노인의 주요 장기의 무게를 비교한 표 3-1을 보면 노화에 따른 장기 무게의 변화를 잘 알 수 있다.

표 3-1. 25세 청년과 75세 노인의 주요 장기 무게 비교 (단위 : g)

구분	뇌	심장	비장	간장	신장
25세	1,333	250	140	1,230	130
75세	1,260	350	63	830	105

출처 : 大阪府立老人總合センタ-編(1986), 21世紀の老年學, p.15.

2) 신체 내부 기능

(1) 소화 기능

치아결손, 소화 효소량 감소, 근육 약화에 의한 위의 연동활동 약화 등으로 소화 기능이 감퇴된다. 이에 따라 많은 경우에 변비가 생긴다.

(2) 세포와 장기의 기능

연령의 증가에 따라 세포가 사멸하거나 분열을 정지함으로써 세포 수가 감소하는데, 이는 장기의 기능 저하를 초래하여 노화를 촉진한다.

그림 3-3. 연령에 따른 전폐용량·폐활량·잔기량의 변화

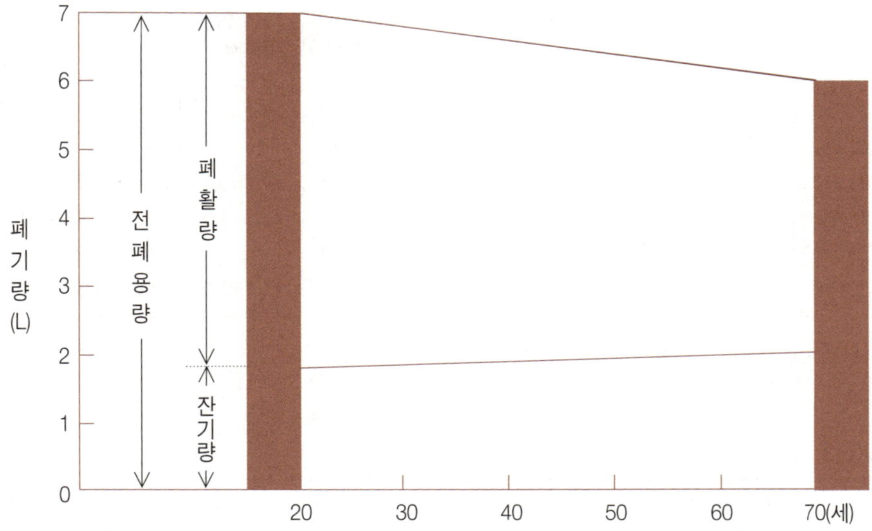

출처 : 勝沼英字(1983), 老人の生理と保健, p. 30.

(3) 호흡

일반적으로 20대 이후부터 호흡 기능이 감퇴되기 시작한다. 그림 3-3에서 보는 바와 같이 20세 이후 전폐용량(공기를 최대한 들이마실 수 있는 양)과 폐활량(흡수한 공기 중에 폐에서 교환하여 밖으로 방출하는 양)은 연령 증가에 따라 감소한다. 반면에 잔기량(들이마신 공기 중 교환하여 방출하지 못하고 폐에 남아 있는 공기량)은 오히려 증가하여 70세에 이르면 35~40% 가까이 된다(勝沼英字, 1983). 그러므로 노인은 젊은이에 비하여 공기 흡입량이 줄어들고 호흡 기능도 감퇴하게 된다. 이에 따라 노인에게는 기관지 질환 같은 호흡기 질환이 많아진다.

(4) 혈액순환

혈액순환은 50대부터 상당히 둔화되는데 표 3-2에서 보는 바와 같이 1회의 심박출량(심장박동 1회에 혈액이 방출되는 양)이 상당히 감소하고, 혈액의 평균순환시간은 더욱 증가한다. 일본인의 통계에 의하면 심박출량은 연령이 증가할수록 매년 평균 0.56%씩 감소하

표 3-2. 연령별 심장 기능

연령	체표면적 (m^2)	맥박수	분시 심박출량 (L/min)	심계수 (L/min/m^2)	1회 박출량 (ml/beat)	1회 박출량/체표면적 (mL/beat/m^2)	평균 순환시간 (sec)
34.1세	1.86±0.06	71.7±3.4	6.57±0.56	3.54±0.30	91.8±7.1	49.4±3.8	21.3±1.8
43.3세	1.81±0.04	69.1±3.0	5.34±0.32	2.96±0.17	78.3±4.7	43.3±2.5	24.0±1.8
54.8세	1.67±0.05	69.8±2.8	4.63±0.21	2.78±0.13	67.2±3.1	40.3±2.2	23.4±1.0
65.4세	1.67±0.06	63.0±3.2	4.29±0.28	2.58±0.15	69.5±4.9	41.5±2.4	25.9±1.2
73.3세	1.61±0.05	65.8±3.6	4.05±0.25	2.54±0.18	63.0±4.7	39.3±3.2	26.4±1.3
82.0세	1.64±0.07	67.0±7.5	3.87±0.39	2.36±0.23	60.1±5.1	36.5±3.3	28.7±5.5

출처 : 勝沼英字(1983), 老人の生理と保健, p.19.

표 3-3. 연령별 정상혈압 (단위 : mmHg)

성별	혈압	20~24세	25~29세	30~34세	35~39세	40~44세	45~49세	50~54세	55~59세	60~64세	65~69세
남	수축기	122.7	124.1	125.3	126.6	129.6	129.7	131.1	130.0	134.0	136.0
	확장기	75.9	77.5	78.7	79.6	79.4	80.7	81.1	81.2	82.4	83.5
여	수축기	117.3	118.5	119.7	119.4	122.0	124.4	127.8	130.3	133.8	137.3
	확장기	72.6	74.1	76.7	76.5	77.9	79.2	80.5	81.9	82.6	82.7

출처 : 아산사회복지사업재단(1985), 노인복지편람, p. 244.

고 혈액의 평균순환은 23.7초인데 매년 평균 0.15초씩 증가하는 현상을 보이고 있다(勝沼英字, 1983).

혈관을 보면 나이를 알 수 있다고 할 정도로 혈관은 연령 증가에 따라 낡아지게 된다. 혈관이 낡아진다는 것은 혈관 벽이 두꺼워지고 딱딱하게 굳어 혈액순환을 방해하는 동맥경화 현상이 생긴다는 것이다. 동맥경화 현상이 심하면 조직의 영양보급이 나빠지고 세포의 기능이 저하되어 노인의 장기 기능이 저하되는 큰 원인이 되기도 한다. 뇌동맥경화증이 심해지면 뇌순환 혈액량을 감소시키고, 따라서 뇌 세포의 대사 기능을 저하시켜 결국은 다발경색성 치매(multi-infarct dementia)를 일으키는 원인이 되기도 한다.

정상혈압은 연령 증가에 따라 상승한다. 한국인의 연령별 정상혈압은 표 3-3과 같은데, 50대 이후부터 혈압이 상승하고 있음을 알 수 있다.

세계보건기구(WHO)에 의하면 고혈압은 수축기혈압 140mmHg 이상, 확장기혈압

표 3-4. 연령별 수면시간

(단위 : 시간)

구분	20~24세	25~29세	30~34세	35~39세	40~44세	45~49세	50~54세	55~59세	60~64세	65~69세
남	7.90	7.54	7.30	7.58	7.80	7.36	7.12	7.20	6.44	5.43
여	7.58	7.66	7.45	7.58	7.58	7.57	7.54	7.04	7.17	6.19

출처 : 아산사회복지사업재단(1985), 노인복지편람, p. 244.

90mmHg 이상인 경우인데, 연령 증가에 따라 수축기와 확장기 혈압이 같이 상승하는 경향이 있다. 노인의 경우는 3회 측정한 결과 평균혈압이 160/90mmHg 이상이면 고혈압으로 정의한다(윤형진·안규리, 1997). 노인은 혈압의 변동이 심하여 하루 동안의 혈압 변동 폭은 수축기압은 평균 40mmHg, 확장기압은 평균 20mmHg 정도다.

(5) 수면

연령 증가와 더불어 수면시간이 줄어든다. 표 3-4와 같이 20세에서 55세까지는 수면시간이 조금씩 줄어들다가 60세 이후에는 급격히 줄어들어 60세 이상 노인은 5~6시간 정도의 수면을 취하게 된다. 수면은 건강을 유지하는 데 중요한 요소인데 노인에게는 불면 현상이 상당히 나타나고 있다. 불면은 감정불안정, 근심걱정, 가족 간의 갈등, 죽음에 대한 공포 등으로도 쉽게 나타나며 우울증, 정신분열증, 신경증의 증상으로 나타나기도 한다. 불면에는 잠을 들지 못하는 것(취면장애), 잠을 깊이 들지 못하는 것(숙면장애), 일찍 잠이 깨는 것(조기각성), 밤낮이 바뀌는 것(주야역행) 등이 있는데 취면장애와 숙면장애의 혼합형이 가장 많고, 밤에 일찍 취침하기 때문에 새벽에 일찍 잠이 깨는 경우와 밤에 화장실에 가기 위해 일어났다가 아침까지 잠을 자지 못하는 경우도 많다.

(6) 야뇨

노화에 따라 오줌을 저장하는 방광의 용량이 줄어들고 소변의 흐름도 약해지며, 충분히 오줌을 배설하지 못해 잔뇨(殘尿)도 증가한다. 그러므로 연령 증가에 따라 밤에 소변을 보는 경우도 증가하게 된다. 표 3-5에서 보는 바와 같이 젊은이는 밤에 소변을 보는 경우가 드물지만 45세 이후는 야뇨(夜尿) 횟수가 현저히 증가하여 60세 이상 노인은 밤에 2~3회씩 소변을 보는 것이 일반적이다.

표 3-5. 연령별 야뇨 횟수 (단위 : 회)

구분	20~24세	25~29세	30~34세	35~39세	40~44세	45~49세	50~54세	55~59세	60~64세	65~69세
남	0.57	0.38	0.85	0.92	0.84	1.00	1.61	2.08	1.88	2.40
여	0.43	0.50	1.20	1.50	1.60	1.37	1.69	1.30	1.40	1.84

출처 : 아산사회복지사업재단(1985), 노인복지편람, p. 244.

노화 과정에 따라 소변을 통제하지 못하는 경우가 생기는데 이를 요실금(尿失禁, urinary incontinence)이라 하며, 대변을 통제하지 못하는 경우를 변실금(便失禁, fecal incontinence)이라 한다. 장기요양보호를 받고 있는 65세 이상 노인을 대상으로 한 조사(이가옥 외, 1999)에 의하면 조사대상 노인의 절반 정도가 실금을 한 적이 있다고 했고, 실금 경험이 있는 노인 중에는 요실금을 한 경우가 28%, 변실금의 경우가 8%, 요실금과 변실금을 모두 한 경우가 64%였다.

(7) 생식기

생식 기능의 변화도 노화 현상과 관련되어 있다. 노화와 관련된 생식 기능의 상실을 전환 또는 갱년기 현상(climacterium)이라 하는데(Kimmel, 1974), 여자의 갱년기 현상을 특히 폐경〔menopause: 멘스(menstruation)가 중지된다는 의미〕이라 한다. 폐경은 일반적으로 46~50세 사이에 일어나며 이로써 월경이 중단되고 생식능력이 중단된다. 폐경은 성욕의 상실을 가져오는 것은 아니며 오히려 갱년기에 성욕이 더 증가하는 경우도 많은데 이는 임신의 공포로부터 벗어나기 때문이다.

남성도 여성처럼 생식능력이 중단되는 현상이 있는 것으로 보며, 그런 현상은 대체로 50대에서 60대 사이에 일어나는 것으로 추정하고 있다(Verwoerdt, 1973). 이와 같이 남성의 생식 기능이 상실되는 현상을 andropause〔남성호르몬인 안드로겐(androgen)의 분비가 중지된다는 의미〕라 부르는 경우도 있지만 이 용어를 사용하는 것에 대해서는 논란이 많다. Andropause 대신에 male menopause라 하는 경우도 많다. 남성의 생식 기능 중지가 성교능력과 성욕의 상실을 가져오는 것은 아니다.

노인의 3분의 2 정도가 70대까지도 성적인 관심과 활동을 계속하고 있다는 연구들

역사상 가장 오래 산 사람은?

소설이나 전설, 동화, 종교 경전 등에는 장수자의 이야기가 많으나(예: 기독교 성경에 의하면 무드셀라는 969세까지 산 것으로 되어 있음) 정확하고 신뢰할 만한 출생기록과 사망기록이 없기 때문에 이런 이야기는 확인이 어렵다. 역사상 정확한 기록이 남아 있는 세계 최고 장수자는 여자의 경우 프랑스의 잔 칼망(Jeanne Calment, 1875~1997)으로 122년 164일을 살았고, 남자는 미국의 크리스천 모어텐슨(Christian Mortensen, 1882~1998)으로 115년 252일을 살았다.

이 많이 있다(Harris & Cole, 최신덕 역, 1985). 노인의 성욕과 성교능력 등은 차후의 노화의 심리적 측면과 노인의 성을 다루는 장에서 더 상세하게 설명할 것이다.

제 4 장

노화의 심리적 측면

인간은 하나의 생물학적 유기체로서 생존하고 변화하고 사멸하는 존재에 그치지 않고 환경 속에서 어떤 사물이나 현상을 감지하고 생각하고 반응을 보이고 목적이 있는 행동을 하는 실체다. 그러므로 노화가 생물학적 면뿐만 아니라 심리적인 면에서 어떠한 변화를 초래하는지를 검토하는 것은 아주 중요하다. 본 장에서는 개인적이고 심리 내적인 것에 해당하는 감각 기능, 지각 기능, 심리근육운동 기능, 정신 기능, 본능적 욕구, 동기, 정서의 변화와 심리 내적 요소와 심리 외적 요소가 상호작용한 결과인 성격 특성에 대하여 살펴본 후 노화와 관련된 심리학적 이론들을 검토해 보겠다.

1 감각 기능

감각 기능은 신체의 내적·외적 변화와 상황에 대한 정보를 수집하여 뇌에 전달하는 기능을 말하며, 이러한 정보수집의 수단은 바로 시각·청각·미각·후각·촉각·통각의 기관들이다.

1) 시각

시각 기관인 눈은 빛의 질을 조절하는 수정체와 빛의 양을 조절하는 홍채의 작용을 통해 망막에 물체의 상을 정확히 맺어 색채, 강도, 거리, 폭 등을 파악하는 일을 한다(그림 4-1 참조). 연령이 증가함에 따라 수정체의 조절능력이 약해져서 근거리에 있는 물체의 상을 명확히 맺을 수 없게 되어 돋보기안경을 쓰게 된다. 또한 노화가 일어나면 수정체의 섬유질이 증가하여 차양처럼 가려져서 시각이 흐려지는 현상인 백내장이 생기는 경우가 많다. 백내장은 세계적으로 실명원인 가운데 가장 큰 비중을 차지하고 있다. 우리나라의 경우 중년과 노년 초기에 백내장 발현율이 높게 나타나고 있다. 김명한(1983)의 백내장에 관한 연구에 의하면 검사안 384안 가운데 66.7%가 노인성 백내장이었으며, 연령대별 백내장 비율은 40대가 33.3%, 50대가 64.4%, 60대가 69.6%, 70대가 92.9%, 80대는 100%였다. 연령 증가와 더불어 안내압이 상승하여 시신경의 기능이 부분적으로 저하되어 실명에 이르는 녹내장 질환도 증가한다.

연령 증가에 따라 색깔 감지능력이 크게 변하는데, 수정체의 색채가 노란색으로 변함에 따라 노랑·주황·빨강 계통의 색은 더 잘 구별할 수 있지만 보라·파랑·초록 계통의 색은 잘 구별할 수 없게 된다(Botwinick, 1978). 따라서 노인의 물리적 환경을 보라·파랑·초록 계통의 색으로 하는 것보다 노랑·주황·빨간색으로 하는 것이 좋다.

연령이 높아짐에 따라 동공의 지름이 줄어들고 이에 따라 눈에 들어오는 빛의 양이 크게 감소한다. 60세의 노인은 20세의 젊은이가 받아들이는 빛의 3분의 1 정도밖에 받아들이지 못한다는 연구는 이를 뒷받침해 준다(Atchley & Barusch, 2004). 따라서 노인은 높은 조명도의 빛을 필요로 한다. 눈이 빛을 받아들이는 능력이 저하됨으로써 어둠에 대한 감지와 적응 능력이 약해져 특히 밤에 운전하는 데 어려움이 많고, 이로 인해 상당한 위험이 따를 수도 있다.

그림 4-1. 눈의 구조

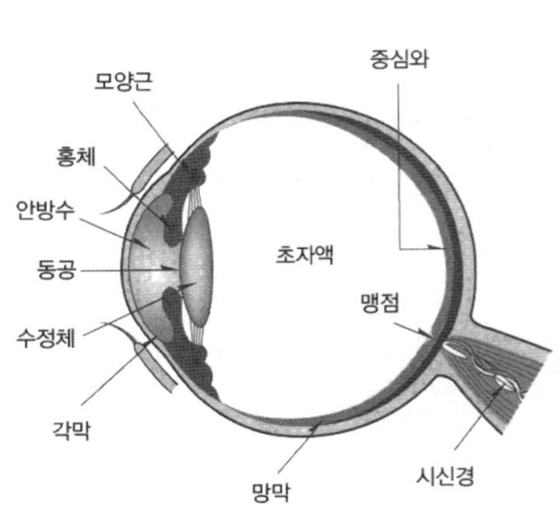

또한 노화가 진행되면 깊이와 거리를 눈

표 4-1. 연령에 따른 시력 변화

구분	20~24세	25~29세	30~34세	35~39세	40~44세	45~49세	50~54세	55~59세	60~64세	65~69세
남	1.15	1.10	0.99	0.99	0.87	0.70	0.81	0.78	0.75	0.50
여	1.09	0.99	0.93	0.85	0.78	0.63	0.52	0.54	0.42	0.26

출처 : 아산사회복지사업재단(1985), 노인복지편람, p. 243.

으로 판단하는 능력이 약해진다. 특히 조명이 약하거나 식별 가능한 표시나 주의를 요하는 말이 없을 경우 잘 식별하지 못해 사고를 당할 가능성이 높다. 그리고 눈동자를 좌우로 돌리지 않은 상태에서 좌우를 보는 시각이 좁아져 옆에서 갑자기 다가오는 물체를 식별하지 못하는 경우가 많아진다. 특히 운전을 하면서 십자로를 지나거나 차선을 변경할 때 사고를 당할 수 있기 때문에 조심해야 한다.

일반적으로 시력은 20세경에 가장 좋은 상태에 이르고 40대까지는 큰 변화가 없다가 그 이후 상당히 약해지기 시작해 70세경이 되면 교정 안경을 쓰고도 정상 시력을 유지할 수 없을 정도가 된다. 연령에 따른 시력 변화는 표 4-1과 같다.

이와 같이 노화가 시력 상실에 분명히 영향을 미친다는 것을 알 수 있는데, 미국의 한 연구에 의하면 조사 대상 시력상실자 중 55%가 65세 이후에 시력이 상실되었다고 하였다(Birren, 1964).

2) 청각

청각 기능은 시각 다음으로 가장 중요한 기능이다. 주로 소리의 높고 낮음을 말하는 '음도(pitch)', 소리의 강약의 정도를 말하는 '음량(tonal strength)', 같은 음도와 음량을 가진 두 소리의 차이를 감각적으로 구별해 내는 요소인 '음색(timbre)'으로 소리를 식별한다. 음도는 다른 말로는 음악에서의 음의 높이(도, 레, 미, 파, 솔, 라, 시, 도로 가면서 음이 높아지고 반대로 가면서 낮아지는 것)와 같은 것인데, 물리적 진동의 빈도인 주파수(진동수)인 헤르츠(Hz)로 나타낸다. 인간의 귀로 들을 수 있는 주파수는 약 20Hz에서 20,000Hz 정도다. 소리의 강약을 의미하는 음량은 라디오나 텔레비전의 볼륨과 같은 것으로, 데시벨(decibel; dB)로 나타낸다. 속삭임은 20dB, 천둥소리는 120dB이며, 130dB 이상의 소리

그림 4-2. 연령에 따른 청력 변화

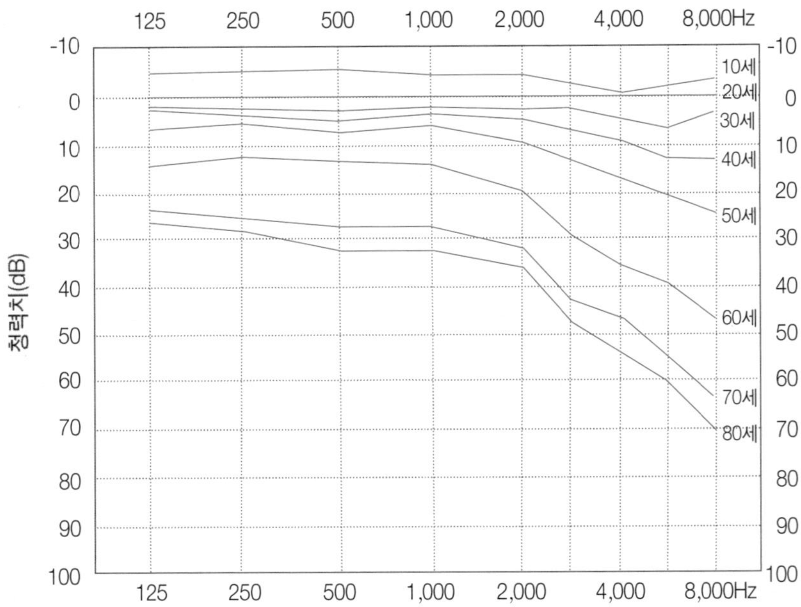

출처 : 아산사회복지사업재단(1985), 노인복지편람, p. 333.

는 매우 고통스럽게 지각된다. 나이가 많아짐에 따라 음도(음의 고저)와 음량(음의 강약)에 대한 반응은 달라지나 음색에서는 큰 변화가 없는 것으로 보고되고 있다(Atchley & Barusch, 2004).

청력손실(hearing loss)은 20세경부터 아주 서서히 진행되다가 50세 이후부터는 청력손실을 자각하기 시작한다. 저음(음 높이가 낮은 것)에 대한 감지능력의 저하는 아주 경미하지만 고음(음 높이가 높은 것)에 대한 감지능력은 상당히 약해진다. 또한 연령이 증가할수록 음량이 약한 소리를 잘 듣지 못하게 된다. 그러므로 노인은 낮고 강한 음일수록 잘 들을 수 있고, 음도가 높고 음량이 약한 음일수록 듣기 힘들어진다(그림 4-2 참조).

그림 4-2에서 청력치인 dB의 수치가 높을수록 강한 소리이고 Hz 수치가 높을수록 높은 소리다. 그림 4-2는 연령에 따라 들을 수 있는 음도와 음량의 역치(threshhold)[1]를 나

---

1. 역치는 문턱 또는 문턱 값이라고도 하며, 자극을 감각적으로 느끼거나 알거나 또는 여러 자극들을 판별하는 데 필요한 최소한의 자극의 양을 나타내는 수치를 말한다.

청력장애가 있는 노인과 대화할 때의 요령

[1] 노인을 똑바로 향하고 눈을 마주치게 할 것
[2] 노인의 눈높이로 옆에 가까이 앉을 것
[3] 말할 때 입을 손이나 물건으로 가리지 말 것
[4] 천천히 분명히 말하되 과장된 목소리를 내지 말 것
[5] 고함을 지르듯 말하지 말 것
[6] 주변을 산만하지 않게 하고 소음이나 잡음이 들리지 않는 조용하고 안온한 장소에서 대화할 것
[7] 좀 낮은 목소리로 말하되 단조로운 목소리로 하지 말 것
[8] 핵심적 사항을 여러 가지 방법으로 되풀이해서 말할 것
[9] 어떤 특별한 지시를 할 때는 그 내용을 분명하고 체계적으로 전달할 것

출처: Hooyman & Kiyak(2008).

타낸 것인데, 나이가 많아질수록 높은 소리와 약한 소리에 대한 감도가 낮아진다. 청력 손실은 성별에 따라서도 차이를 보여서 55세까지는 남녀 간에 차이가 없다가 55세 이후에는 남성의 청력 손실이 더 심한 경향이 있다. 노인은 젊은이에 비해 잡음이 많은 소리를 잘 듣지 못하는 경향도 있다(Botwinick, 1978).

이처럼 연령 증가가 청각 기능을 저하시키는 데 영향을 미친다는 것은 확실하다. 특별히 귓병이나 기타 청력장애를 일으킬 만한 약물중독이나 소음성 자극을 경험하지 않은 건강한 사람에게서 단순히 연령 증가에 따른 신체적 노화 현상으로 청각 기능에 장애가 생기는 것을 '노인성 난청(presbycusis)'이라 하는데, 노인성 난청은 50세 이후에 두드러지게 나타나며 여성보다는 남성에게 더 많이 나타난다. 청력장애인의 80%는 45세 이상이고, 청력장애인의 50% 이상은 65세 이상일 정도로(Atchley & Barusch, 2004) 노화는 청력 손실에 크게 영향을 미친다. 청각기능장애가 언어장애를 유발하는 경우도 많다(Corso, 1977).

노화에 따라 증가하는 증상의 하나인 이명(耳鳴; tinnitus)은 외부에서 어떤 소리가 나서 그런 것이 아니라 귓속에 윙윙거리는 잡음이 들리는 상태를 말한다. 이명은 청년층에 비해 중년층은 3배, 노년층은 4배 이상 증가한다(Hooyman & Kiyak, 2008).

청력 손실과 시력 손실이 동시에 발생하지 않으면 기능을 상호 보완할 수 있지만, 이 둘

이 동시에 일어날 경우 개인생활과 사회생활에서 더욱 곤란을 겪기 때문에 이러한 제한 속에서 다른 능력과 기회를 잘 활용할 수 있도록 하는 것이 노인보호의 중요한 요령이다.

3) 미각

노화와 미각에 대한 과거의 연구는 노화에 따라 혀의 미각 봉오리(taste buds) 수가 감소하여 맛을 제대로 느끼지 못하게 된다는 것이지만, 최근에는 노화에 따른 맛 봉오리의 상실은 맛의 역치(threshhold)에 영향을 줄 정도는 아니라는 주장이 나오고 있다(Hooyman & Kiyak, 2008). 노화에 따라 단맛·신맛·쓴맛·짠맛의 네 가지 기본 맛을 느끼는 정도가 각각 달리 약해지지만 두 가지 이상이 같이 약해지는 경우는 드물고, 개인에 따라 맛의 종류에 따라 미각 기능의 약화가 다르게 나타난다는 것이다. 현재까지의 연구 결과는 아직도 단편적이어서 전반적인 결론을 얻기는 힘들다. 또한 미각은 후각과도 연계되어 있어 음식에 특별히 입맛을 돋우는 냄새가 나게 하거나 냄새를 더 강하게 하는 것도 노인들이 음식 맛을 즐기게 하는 데 크게 영향을 미친다고 할 수 있다.

4) 후각

현재까지의 연구 결과는 노화에 따라 후각이 약화된다는 것이다(Hooyman & Kiyak, 2008). 후각의 약화는 구미를 낮게 만들고 음식 맛을 잘 못 느끼게 하여 식욕 상실과 영양실조까지 초래할 수 있기 때문에 노인의 경우 음식에 향료 등을 넣어 맛을 돋우는 것도 중요하다. 이 외에도 일상생활에서 후각의 약화로 안전이 위협받을 수 있다는 점에 유의해야 한다. 예를 들면, 가스 냄새를 제대로 맡지 못하면 화재를 당하거나 질식하여 사망할 수도 있다.

5) 촉각

신체 부위에 대한 접촉의 민감성은 대체로 45세경까지는 증가하다가 이후에는 현저히 감퇴하는 경향이 있으며(Atchley, 2000), 특히 손끝과 손바닥, 발가락 끝부분의 촉각이 약해지는 경우가 많다(Hooyman & Kiyak, 2008). 그러므로 노인들은 접촉의 강도가 높아야 쉽게 느낄 수 있다.

6) 통각

통각은 신체가 안전을 위협당하는 응급 상황에 있음을 알려주는 주요한 감각 기능이다. 현재까지의 연구 결과는 통증에 대한 민감성이 연령증가에 따라 약화된다는 쪽이 우세하나 확실한 결론을 내리기는 어렵다. 통각은 주관적인 것이어서 개인에 따른 차이가 크고 문화적인 요인에 의해서도 달리 느껴지므로 통각을 측정하는 데 어려움이 많고 연구 결과도 일치하지 않을 가능성이 크다.

2 지각 기능

지각 기능은 감각기관에 의하여 수집된 자료(정보)를 의식적인 수준에서 처리하고 평가하는 기능인데, 지각 기능과 그 과정에 관한 연구는 감각기관에 관한 것보다 훨씬 뒤처져 있는 편이다. 지금까지의 연구 결과에 의하면 노화에 따라 지각 과정의 속도가 저하되고 있다는 것이 일반적이다. 이에 따라 노인의 경우 환경 변화에 즉각적으로 대처하는 행동이 잘 이루어지지 못해 안전사고를 당하는 경우가 많다. 노인은 시간 경과에 대한 지각이 무디어져서 시간을 무감각하게 흘려보내는 수가 많고, 움직이는 물체에 대한 속도의 지각도 둔화된다.

노인이 되어 지각능력이 둔화되는 것은 생물학적 노화로 외부의 자극과 정보를 처리하는 신경체계의 활동속도가 느려지기 때문이라고 설명할 수 있다. 감각과 지각 기능의 저하는 70세 이전까지는 순수한 생물학적 노화에 의한 것보다는 질병이나 기타 특수한 상황의 영향에 의하여 크게 촉진된다고 하는 연구도 있다(Birren, 1964).

3 심리근육운동 기능

감각기관에 의하여 외부 자극에 대한 정보가 투입되면 지각 기능에 의하여 의미가 부여되고, 다른 정보와의 관련 속에서 의미가 부여된 정보들이 통합되어 자극에 대한 반응 행동을 결정하고, 뇌가 그것을 수행할 것을 근육기관에 지시·전달하면 최종적으로 근육기관의 활동이 이루어지게 된다. 이러한 일련의 과정 가운데서 감각기관에 의하여 투입된 정보가 필요한 근육운동으로 종결되어 나타나는 것을 심리근육운동 기능이라고 한다. 심리근육운동은 노화에 따라 느려지는 것이 일반적인데 이는 주로 반응시간이 많이 걸리기 때문이다.

반응시간(reaction time)은 자극이 주어진 이후부터 그 자극에 대한 반응행동이 시작되기까지 걸린 시간을 말한다. 노화에 따라 반응시간이 길어지는데, 주어진 자극이 복잡할수록 반응시간은 더욱 길어진다. 젊은이는 일반적인 운동 속도가 빠르므로 빨리 진행하여 시행착오(trial-and error)의 과정을 반복할 수 있는 여유가 있는 데 반하여 노인은 일반적인 운동 속도가 느려져 시행착오의 과정을 되풀이할 시간적 여유가 없으므로 한 번을 해도 정확하게 하려고 조심하기 때문에 반응시간이 길어지는 것으로 본다. 반응시간의 지연은 노인의 인지능력에는 영향을 미치지 않는 것으로 보인다(Atchley & Barusch, 2004). 이와 관련하여 볼 때 주어진 시간 내에 처리해야 하는 문제나 활동에서는 노인이 젊은이보다 뒤떨어질 가능성이 높지만 시간제약을 크게 받지 않는 일은 노인이 잘 해낼 수 있을 것으로 본다.

4 정신 기능

앞에서 논한 감각 기능, 지각 기능, 심리근육운동 기능은 생물학적 유기체로서 활동하는 데 있어서 충분한 기능이 될 수 있지만 동물과는 다른 인간으로서 기능을 하기에는 충분하지 못하다. 정신 기능은 사람이 사람다운 기능을 하는 특징적인 기능으로 앞에서 언급한 기능들을 기초로 하고 있다. 정신 기능은 지능, 학습능력, 기억력, 사고능력, 문제해결능력, 창의성 등의 다양한 요소로 나눌 수 있다.

1) 지능

지능은 '새로운 것을 학습할 수 있는 능력' 또는 '환경에 적응할 수 있는 인지능력'이라고 할 수도 있지만, Wechsler가 정의한 것처럼 "개체가 목적을 가지고 행동하고 합리적으로 사고하며 환경을 효율적으로 처리해 나가는 종합적이고 총체적인 능력"(Wechsler, 1958)이라고 보는 것이 좋을 것이다. 지능은 Wechsler의 정의처럼 사람의 잠재적인 능력과 현재적인 능력을 모두 포함하는 것으로 정의되지만, 정의된 대로 실제 측정하는 것은 지극히 어려운 일이다. 그래서 실제로는 검사문항에 응답한 점수로 나타난 '측정된 지능(measured intelligence)'을 사용한다.

현재 전 세계적으로 가장 널리 사용되고 있는 지능측정도구는 Wechsler가 개발한 WAIS(Wechsler Adult Intelligence Scale)인데, 우리나라에서는 한국의 실정에 맞도록 수정된 KWIS(Korean Wechsler Intelligence Scale)를 사용하고 있다(전용신·서봉연·이창우, 1963). 이러한 성인용 지능검사척도에 의한 개인별 지능지수의 계산은 연령별 차이를 감안한 표준화점수방안에 의하고 있다. 즉 각 연령별 평균지능지수를 100으로 보고 평균점수에 개인의 점수가 얼마나 떨어져 있는지를 ±50의 범위인 50~150의 범위로 표시하고 있다. 나이가 25세인 젊은이와 75세인 노인의 지능지수가 같다면 실제로는 노인의 검사 성적이 젊은이 성적보다 낮다는 것을 의미하며, Wechsler에 의하면 25세와 75세 사이에는 40점의 차이가 있을 수 있다고 한다.

일반적으로 연령이 증가함에 따라 지능이 쇠퇴한다고 알려져 있는데 이러한 결론에는 상당한 문제가 있다. 첫째, 이러한 결론을 뒷받침하는 자료는 대부분 횡단적 연구(cross-sectional study) 결과에 의한 것이지 종단적 조사(longitudinal study)에 의한 것이 아니라는 것이다. 횡단적 연구는 한 개인이나 집단을 몇십 년에 걸쳐 추적하여 조사한 것이 아니라 어떤 한 시점에서 여러 연령층을 동시에 조사하여 나온 결과를 비교한 것이다. 이러한 횡단적 조사에서는 연령집단 간의 차이(age difference)만을 알 수 있고 연령변화(age change)의 차이인 노화(aging)의 영향은 정확히 알 수 없다. 연령별로 지능지수에 차이가 있다고 해서 그것을 곧 개인의 노화에 의한 차이로 유추 해석하는 것은 상당히 위험한 것이다.

이러한 문제점과 관련하여 14년에 걸쳐 성인의 지능에 대한 종단적 연구와 횡단적 연구를 병행한 Schaie와 Labovie-Vief(1974)의 연구를 간략히 살펴보기로 하자. Schaie와 Labovie-Vief는 1956년에 21~70세의 성인집단을 대상으로 첫 번째 지능검사를 실시하고 그 후 같은 집단을 대상으로 검사를 두 번 더 실시했는데, 두 번째(1963) 검사와 세 번째(1970) 검사 때는 같은 연령의 다른 독립된 집단에 대한 지능검사도 실시하였다. 횡단적 자료에 의한 지능은 연령 증가와 더불어 모든 부문에서 하락하는 현상을 보였으나 종단적 자료에 의한 지능(특히 어휘능력, 추리능력, 공간지각능력)은 연령 증가에 따라 큰 변화를 보이지 않는 것으로 나타났다(Schaie & Labovie-Vief, 1974).

그림 4-3에서 1956년과 1963년, 1970년에 조사한 각 연령집단의 지능점수를 연결한 횡단적 자료(그림 a)에 의하면 지능지수는 연령 증가와 더불어 계속 하락하고 있다. 그러나 같은 대상을 1956년과 1963년, 1970년 세 번에 걸쳐 조사한 지능점수를 연결한 종단적 자료(그림 b)에 의하면 연령 증가에 따른 지능의 하락은 거의 없는 것으로 나타나 있다(Schaie & Labovie-Vief, 1974). 이 조사연구에서는 대부분의 성인기 동안(70대 중반 이전)에 결정적인 지능의 저하는 없다는 결론을 내렸다.

둘째, 성인용 지능검사는 주어진 시간 내에 응답하도록 되어 있으므로 지각속도가 느린 노인에게는 불리하여 젊은이에 비하여 낮은 점수를 받을 가능성이 충분히 있다는 것이다(Atchley, 1980).

셋째, 지능의 내용은 복합적인 것이기 때문에 어느 한 가지 또는 몇 가지 측면만 측정해서는 지능의 복합적인 내용을 포착할 수 없고, 또한 측정되는 내용에 따라 연령에 따른 차이가 없는 경우도 많다는 것이다. Horn과 Cattell(1966)은 지능의 내용을 유동적 지

그림 4-3. 공간지각능력 지능에 대한 횡단적 조사와 종단적 조사 결과 비교

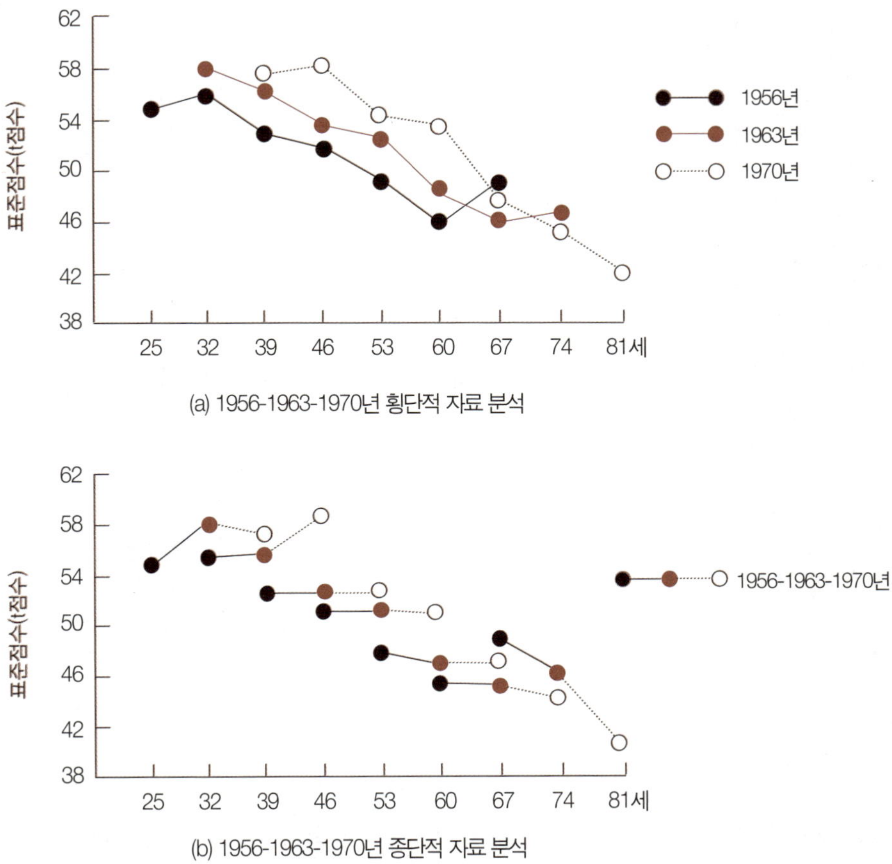

출처: Schaie, K. W. & Labovie-Vief, G. (1974), Generational versus ontogenetic components of change in adult cognitive behavior: A fourteen-year cross-sequential study.

능(流動的 知能, fluid intelligence)과 결정화 지능(結晶化 知能, crystallized intelligence)으로 나누어 두 가지 지능이 연령에 따른 변화에서 다른 양상을 보이고 있음을 지적하였다. 유동적 지능은 타고난 부문으로 추상적 추리력, 귀납적 추리력, 공간지각력, 언어 유창성 등을 포함하고, 결정화 지능은 주로 경험과 교육 · 훈련에 의해 습득된 것으로 언어적 의미, 단어 연상, 사회적 판단, 수리능력 등을 포함한다. 그림 4-4에서 보는 바와 같이 일반적으로 유동적 지능은 연령 증가에 따라 하락하는 반면에 결정화 지능은 오히려 증가한다. 이는 노화가 지능의 내용에 따라 달리 영향을 미친다는 것을 의미하고 있어 연령

그림 4-4. 결정화된 지능·유동적 지능·일반 지능의 연령집단 간의 관계

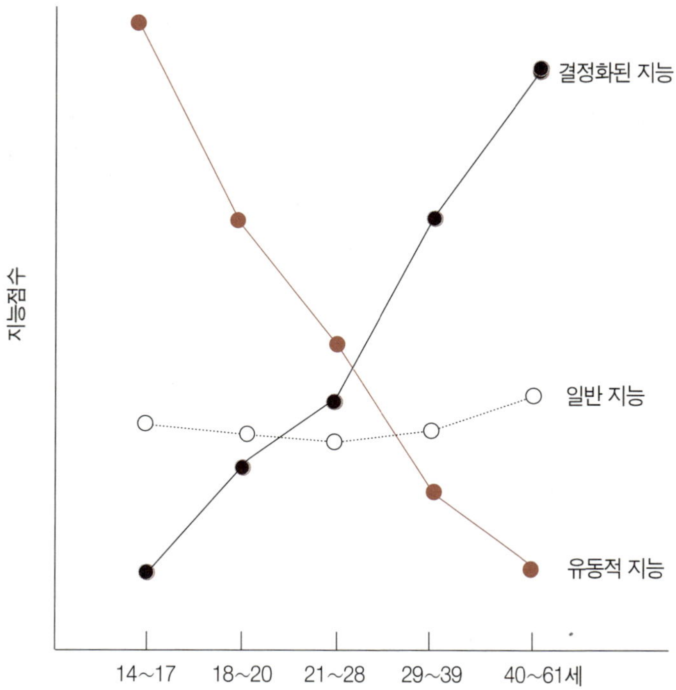

출처 : Horn, J. L. (1970), Organization of data on life-span development of human abilities.

증가에 따라 지능이 저하된다는 결론은 정확하지 못함을 지적하는 것이다. 유동적 지능과 결정화 지능에 관한 Nesselroade, Schaie와 Baltes(1972)의 연구에서도 이와 비슷한 결론을 보이고 있다.

넷째, 지능은 교육수준, 생활경험, 직업, 코호트 효과와 지능검사 당시의 신체적·정신적 건강상태 등에 의해서 크게 영향을 받는다. 이러한 점을 감안한 연구에 의하면 지능검사의 변량 가운데 16~25% 정도만이 연령의 영향이고 나머지 75~84%의 변량은 연령 이외 다른 요인의 영향으로 보고 있다(윤진, 1985). Botwinick(1978)은 연령보다 교육정도가 훨씬 더 큰 영향을 미친다고 주장하고 있다.

2) 학습능력

학습은 연습이나 경험을 통하여 정보나 기술을 습득하는 것을 말하는데 실제로는 과업 수행의 결과로서 측정된다. 과업수행에 관한 제반 연구에 의하면 연령이 증가할수록 학습능력이 저하된다고 한다. 학습능력에는 다른 요인들이 복합적으로 영향을 미치므로 연령적 요인이 어느 정도 학습능력을 약화시키는 데 기여하는지는 불분명하다. 학습능력이 저하된다고 해서 노인은 학습을 할 수 없다는 것은 아니다. 충분한 시간이 주어질수록, 학습과제가 의미가 있고 분명할수록, 학습내용이 구체적이고 잘 조직되어 있을수록, 학습 결과에 대한 환류(feedback)가 있을수록 노인의 학습능력은 향상될 수 있다.

3) 기억력

기억은 감각기관을 통해 받아들인 정보를 부호화하여 저장해 두었다가 다시 인출해 내는 것을 말한다. 즉 정보는 입력 → 저장 → 인출 과정을 거친다. 최근의 연구에 의하면 기억은 감각기억(sensory memory)과 단기기억(short-term memory), 장기기억(long-term memory)으로 이루어진다. 감각기억은 감각기관을 통해 입수된 정보로서 짧은 시간 동안(1초 이내)에 인식되어 머물러 있는 것이고, 그 정보에 의식적으로 관심이나 주의를 기울이면 단기기억에 머물러 있다가 부호화되어 장기기억으로 전환되어 저장된다(그림 4-5 참조).

노화에 따라 감각기억 과정에서 과도한 정보가 주어지거나 방해되는 정보가 주어지

그림 4-5. 기억과정 모델

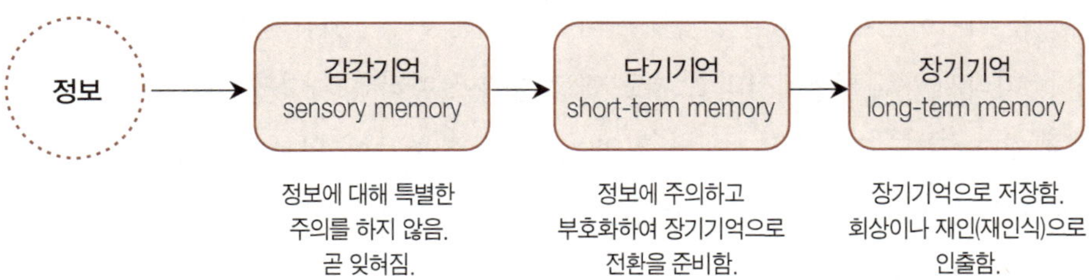

출처 : Folger, J. & Stern, L. (1994), Improving your memory.

면 부호화에 문제가 생기고 짧은 시간 동안에 주어진 정보를 체계적으로 잘 처리할 수 없게 된다. 정보를 체계적으로 잘 조직화하고 부호화하지 못하게 됨으로써 저장이 체계적으로 이루어지지 못하는 경우가 많다. 정보가 체계적으로 저장되지 못한데다 살아오면서 저장된 정보들이 서로 뒤엉켜 간섭하기 때문에 인출이 어려워지므로 기억력이 약화된다고 할 수 있다.

노인들은 옛날 일에 대한 기억은 비교적 생생하지만 최근의 새로운 일들은 잘 기억하지 못한다. 옛날 일은 간혹 장기기억에서 회상하거나 인출하는 절차를 거쳐 문제없이 회상해 낼 수 있지만, 최근 것은 기억 과정에서 부호화 문제나 장기기억체계의 체계적 저장 문제 등으로 인출(회상)을 잘 할 수 없기 때문에 최근 것을 잘 기억하지 못하는 경향이 있다.

4) 사고능력

사고는 학습과 지각에 의하여 받아들인 정보(자료)를 구별하고 분류하여 개념화하는 과정을 말한다. 현재까지 제반 연구 결과에 의하면 연령이 높아질수록 노인의 개념형성능력이 저하됨에 따라서 사고능력이 저하된다는 것이 일반적이다. 이러한 사고능력은 교육수준과 지능의 영향도 크게 받는다. 따라서 노인으로서 높은 사고능력을 유지하는 것은 교육수준이 높고, 추상화 또는 개념화의 경험이 많고, 지능도 높기 때문일 것이다.

5) 문제해결능력

문제해결은 사고 과정을 통하여 형성된 개념들로부터 논리적으로 추리하여 결정을 내리는 것을 의미하는데, 연령의 증가에 따라 문제해결능력이 저하되는 것이 일반적인 현상이다. 따라서 문제해결에서의 오류도 연령 증가에 따라 증가하게 된다. 그러나 이러한 문제해결능력도 교육수준, 지능, 직업, 코호트 효과 등에 의하여 크게 영향을 받는 것으로 보인다. Kesler, Denny 및 Whitely(1976)의 연구에 의하면 교육수준과 비언어적 지능의 수준을 통제했을 때(즉 교육수준과 비언어적 지능수준이 같았을 때) 연령 변화의 영향은 거의 발견할 수 없다고 한다.

6) 창의성

창의성은 개인의 독특하고 발견적인 문제해결능력이라고 할 수 있다. 몇몇 연구에 의하면 노화와 더불어 창의성이 떨어진다는 단순한 결론을 내리기는 어려운 것 같다. Lehman(1953)은 위대한 사람들이 창의적인 업적을 낸 비율을 연령에 따라 계산해서 비교해 본 결과 창의적인 업적은 30대에서 가장 많이 나왔으며 그 후 서서히 하락하여 50대까지 80%, 60대 이후에는 20%밖에 되지 않았다. 그러나 이 연구의 대상자 중 일찍 사망한 사람이 많았고 이로 인하여 위대한 업적을 낸 평균연령이 낮아졌을 뿐 아니라 노인의 능력 감퇴가 과장되고 말았다.

한편 Dennis(1966)는 19세기까지 살았던 인문학·과학·예술 분야에서 창의적인 사람들의 업적(반드시 질 높은 작품만은 아님)을 연령별로 조사해 본 결과 그림 4-6에서 보는 바와 같이 전반적으로 가장 많은 업적을 낸 연령대는 40대였고 그 이후에는 약간 떨어질 뿐이었다. 인문학 분야의 학자를 보면 70대까지도 40대와 별 차이가 없이 활발했고, 과학자의 경우는 60대 이후에 업적이 상당히 떨어졌으며, 예술가의 경우는 40대 이후 70대

그림 4-6. 인문학자·과학자·예술가의 연령별 업적

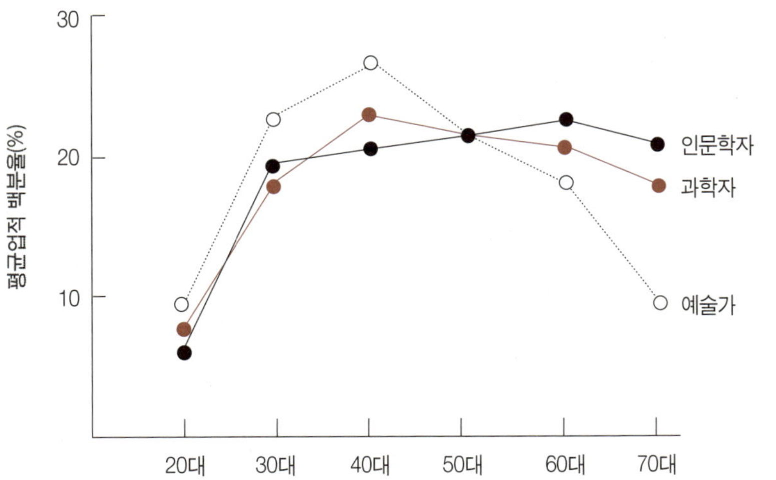

출처: Dennis, W. (1966), Creative productivity between the ages of 20 and 80 years 〔Kimmel(1974)에서 재인용〕.

까지 계속해서 크게 떨어지고 있음을 볼 수 있다.

1901년부터 1950년까지 노벨상 수상자의 수상작품과 그 작품을 창작한 연령의 관계를 연구한 Manniche와 Falk(1957)의 연구에서 보면 의학 분야에서는 40대가 가장 많았고 화학과 물리학 분야에서는 연령에 따른 차이가 뚜렷하지 않았다. 이상의 몇몇 연구에서 보면 연령과 창의력의 관계는 종사하는 분야에 따라 상당한 차이가 있음을 알 수 있고, 창의성은 또한 동기, 압박감, 노력, 보상 등에 의해서 크게 영향을 받기 때문에 개인차가 더욱 다양해질 수 있다.

5 본능적 욕구

본능적 욕구는 학습되지 않은 신체적 에너지로서 사람으로 하여금 어떤 행동을 하고 싶도록 만드는 힘이다. 기본적인 본능적 욕구로는 식욕, 성욕, 활동욕 등이 있다.

1) 식욕

노인은 젊은이에 비하여 배고픔을 오래 참고 식욕이 약한 편이라고 할 수 있지만 식생활 습관에 따라 개인적인 차이가 상당히 크다(Atchley, 1980).

2) 성욕

성욕 자체는 남녀 불문하고 연령에 따라 약화되어 성행위가 줄어들기는 하지만 성욕이 없어지는 것은 아니다. 노령기의 성행위는 성적 쾌감의 극치(orgasm)에 도달할 수 있는 능력, 상대자의 연령, 건강상태와 사회심리적인 요인(파트너에 대한 싫증, 피로, 실패에 대한 불안, 다른 활동에의 정신집중 등)에 의해서 크게 영향을 받는다. 노령기에 정기적으로 성행위를 하는 것이 효과적인 성행위를 유지시키는 데 도움이 된다고 한다.[2]

3) 활동욕

활동을 하고 싶은 욕구는 연령이 증가함에 따라 다소 줄어드는 경향이 있으나 연령 증가의 요인보다는 신체의 에너지가 저하되어 어떤 활동을 즉각적으로 하지 못하게 되는 경우가 더 많은 것 같다.

---

2. 노년기의 성관계에 관한 상세한 논의는 제20장을 참고할 것.

6 동기

동기는 구체적으로 목적추구적인 행위를 하게 만드는 추진력이다. 노화에 따른 동기는 연령 변화보다는 목표의 구체성과 보상의 크기에 따라 크게 좌우된다(Kuhlem, 1964). 특히 성취동기는 노화에 따라 약해지는 경향을 보이지만 성취에 대한 의미가 바뀔 수도 있다. Maehr과 Kleiber(1981)에 의하면 성취의 의미가 경쟁과 비교에서 제휴와 세대 간 연속으로, 개인의 승리에서 집단의 생존으로 바뀔 수도 있다는 점에 유의할 필요가 있다(Atchley & Barusch, 2004에서 재인용). 이 같은 시각은 상당히 의미가 있지만 앞으로 더 많은 연구가 필요하다.

7 정서

감정은 소화기관이나 순환기관의 생리적 변화까지도 때때로 수반하여 동요된 강한 정신적 상태로서, 이는 주로 신체 외적인 상황에 대한 반응으로 야기되며 불안, 격노, 슬픔, 기쁨, 놀라움 등을 포함한다. 노화에 따라 감정적인 표출능력이 저하된다(Dean, 1962)고 하지만 연령 증가에 의한 영향보다는 사회문화적 요인이 더 크게 작용하는 것으로 본다. 즉 감정 표출이 저하되는 요인으로서 감정 표출을 억제하는 것이 사회적·문화적으로 바람직하다는 사회적인 압력 때문인 경우가 많다는 것이다.

8 성격 특성

성격은 한 개인의 정신적 기능과 행동양식의 복합적이고 상호 의존적 체계로서 개인이 다른 사람과 구별되는 고유한 특성이다. 성격은 개인이 자신을 둘러싼 환경과 상호작용을 함으로써 발전한다. 현재까지의 연구에 의하면 성격은 성인기 이후 거의 변화가 없이 연속성·안정성을 유지한다는 주장과 상당한 정도로 변화한다는 주장이 엇갈리고 있어 확실한 결론을 내리기는 어렵다.

Neugarten과 그의 동료들(1964)의 연구에 의하면 성년기 이후에 급격한 생활환경의 변화가 없는 한 성격은 안정성과 계속성을 유지하므로 노화에 의한 영향은 없다고 한다. 이와 같은 주장들은 대개 성격의 적응 측면을 조사·연구한 결과인데, 다음과 같은 두 가지 요인이 크게 작용하여 성격의 안정성이 유지된다고 본다(Atchley & Barusch, 2004). 첫째 요인은 성격의 내면적 고정화(institutionalization)다. 사람은 외부의 자극이나 어떤 현상에 대하여 지금까지 해 왔던 방식대로 반응을 보일 것을 자기 자신에게 기대하고, 이에 따라 반복된 비슷한 반응 양식을 내면적으로 고정화시키게 된다. 둘째 요인은 지금까지의 습관적 방식으로 사회적 현상을 다룰 수 있도록 자신의 사회적 환경을 만드는 것이다. 다시 말해서 성격이 연속성이 있고 안정적으로 유지되는 것은 환경에 대한 반응양식을 습관적인 방식으로 유지하고, 이러한 자신의 습관적인 반응양식이 통

중년기 위기론(midlife crisis)

- 청년기를 지나 노년기를 바라보는 중년기에 들어서면서 자기 자신에 대한 깊은 회의에 빠지고, 막연한 꿈이나 목표를 추구하거나, 목표를 달성하지 못한 것에 대한 깊은 후회에 빠지거나, 젊음의 감정을 추구하거나, 다른 사람과의 접촉을 꺼려하고 혼자 시간을 많이 보내는 경험을 하게 되는 현상을 말한다.
- 이러한 경험을 한 사람들은 음주나 우울증에 빠지거나, 특별한 물건 또는 고가의 물건을 자주 구입하거나, 외모에 과도하게 신경 쓰고 젊은 사람들과 관계를 추구하는 행동을 하는 경우가 많다.
- 중년기 위기는 젊음의 문화를 강조하는 서구사회에서 보다 많이 나타날 수 있고 일본이나 우리나라 같은 동양사회에는 흔하지 않는 것으로 보이는데, 서구사회에서 중년기 위기를 경험하는 사람은 실제로 10~15% 정도밖에 되지 않는다.

할 수 있는 환경을 조성해 왔기 때문에 그렇다는 것이다. 사람은 일생의 과정을 통해 새로운 사회적 역할을 취득하고 새로운 경험을 하면서 그의 습관적인 반응 양태를 변화시킨다. 따라서 큰 틀에서는 성격적 안정성을 유지하면서도 여러 가지 하위 측면에서 성격 특성이 변한다는 것도 인정되고 있다(Cavanaugh & Blanchard-Fields, 2006).

여기서는 노화에 따라 나타날 수 있는 성격 변화 특성을 간략히 제시해 보기로 하겠다.

1) 우울증 경향의 증가

우울증(depression) 경향은 노년기 전반에 걸쳐 증가한다. 신체적 질병, 배우자의 죽음, 경제적 사정의 악화, 사회와 가족들로부터의 소외와 고립, 일상생활에 대한 자기통제의 불가능, 지나온 세월에 대한 회한 등이 원인이 되어 우울증이 증가한다. 이러한 우울증 경향은 많은 경우 불면증, 체중감소, 감정적 무감각, 강박관념, 증오심 같은 구체적인 증상을 유발하기도 한다. 우울증은 개인의 적응능력 수준에 따라 정도가 다르며 우울증 현상을 전혀 보이지 않는 노인도 많다.

2) 내향성과 수동성의 증가

노화에 따라 내향성과 수동성이 증가한다는 주장은 많은 연구에서 뒷받침되고 있다(Woodruff & Birren, 1983; Atchley, 1980; Botwinick, 1978). 노화에 따라 외부의 사물이나 행동보다는 내면적인 자기 자신에게 관심과 주의를 돌리는 경향이 나타난다는 것이다. 즉 외부자극에 대한 반응보다는 자기 자신의 사고나 감정에 의해서 사물을 판단하게 되는 경향이 증가한다. 노화에 따라 모든 문제를 능동적으로 해결하려는 경향이 약해지고 누군가의 도움을 받아 수동적으로 해결하거나 신비적으로 또는 우연히 잘 되도록 내버려 두는 경향이 증가한다.

3) 경직성의 증가

경직성은 융통성과 반대되는 개념으로 어떤 문제를 해결할 때 그 방법이나 행동이 옳지 않거나 이득이 없음에도 불구하고 자기에게 익숙한 습관적인 태도나 방법을 고수하는 행동의 경향을 말한다. 경직성은 노화에 따라 증가하는 경향이 있고(Botwinick, 1978), 이런 경향은 노인의 학습능력과 문제해결능력을 저해하는 요인이 될 수도 있다. 경직성은 노화 이외에도 문화적·경험적 요인에 의해서도 크게 영향을 받기 때문에 오늘날의 젊은 이들이 노인이 될 때는 현재의 노인세대보다 경직성이 훨씬 더 약할 것으로 예상된다.

4) 조심성의 증가

일반적으로 노인이 되면 조심성이 증가하는데, 이를 설명하는 데는 몇 가지 이론이 있다. 첫째 이론은 노인 스스로 정확성을 중요시하여 조심성이 더욱 커진다는 것이다. 둘째 이론은 시각, 청각 등의 감각능력을 비롯하여 신체적·심리적 메커니즘 기능이 쇠퇴한 결과 부득이 조심스럽게 된다는 것이다. 셋째 이론은 노인의 경우 결정에 대한 자신감이 감퇴하기 때문에 확실성을 높여야만 결정이 용이해지기 때문에 확실성을 기하기 위해서 조심성이 요청된다는 것이다. 이러한 이론에는 각각 타당한 면이 있으므로 어느 한 이론의 우위를 주장하기는 어렵다. 조심성이 증가하는 경향에 따라 노인들은 '정답을 말하기'보다는 '오답을 말하지 않기'에 더 신경을 쓰게 되고, 여론조사 등에서 '무응답' 또는 '모르겠다'는 응답에 표시를 하는 경향이 많이 있다.

5) 생에 대한 회상의 경향

노령기에 이르러 생의 시간이 얼마 남지 않았음과 죽음이 가까워 옴을 지각할수록 지나온 생을 뒤돌아보고 회상하는 경향이 있다(Butler, 1975). 가까운 과거부터 시작하여 먼 과거로 거슬러 올라가면서 해결되지 않은 갈등적인 문제를 찾아서 새로운 의미로 해결을 시도하고 남은 시간에 다하지 못한 것을 해 볼 생각을 한다. 해결 안 된 갈등이나 두려움 등을 생의 전 과정과의 연결 속에서 잘 해결하면 생에 대한 새로운 의미를 찾고 죽음에 대한 준비를 잘 할 수 있게 되며, 불안도 해소할 수 있다. 이러한 생에 대한 회상에서 갈등이나 두려움의 문제를 잘 해결하면 Erikson이 말하는 노령기의 발달과업인 자아통합을 잘 이룩할 수 있다.

6) 친근한 사물에 대한 애착

나이가 들수록 오랫동안 사용해 온 물건에 대한 애착이 증가한다. 집, 가재도구, 사진, 골동품, 일용품 등 여러 가지 친숙한 물건들은 노인으로 하여금 지나온 과거를 회상하고 마음의 안락과 만족을 느끼게 하며, 나아가서는 비록 자기의 주변 세상과 세월은 많이 변했지만 자신과 자신의 주변은 변하지 않고 일정한 방향으로 유지되고 있다는 느낌을 갖게 한다(Butler, 1975). 젊은 자녀들은 집안의 고물들을 버렸으면 하지만 노인들은 한사코 남겨두려고 하는 상황을 주위에서 많이 보게 되는데, 이것은 바로 친근한 물건에 대한 애착의 표현이라고 할 수 있다.

7) 시간전망의 변화

사람들은 40세를 넘어 중년기에 들어서게 되면 자기 일생의 시간을 보는 관점이 달라진다. 철학자 Schopenhauer가 말했듯이 중년기의 사람들은 지금까지 살아온 날보다는 앞으로 남은 날을 계산하기 시작한다(Butler, 1975). 노령기에 들어서 이러한 경향은 더욱 증가한다. 그래서 많은 경우 노인들은 연령이 많아질수록 생애는 나날이 짧아지고 있음을 느끼게 된다. 이러한 사실을 심각하게 느끼는 경우 과거로 물러가 과거의 날들을 회상함으로써 시간이 짧게 밖에 남아 있지 않다는 사실을 피하려 하기도 하고 자신의 나이를 부정하고 과도하게 미래지향적으로 되기도 한다.

8) 유산을 남기려는 경향

노인이 되면 죽을 때 무언가를 남기려는 경향을 보인다. 노인들은 자손, 예술·문학 작품, 독특한 기술, 지식, 교훈(영적인 지식), 부동산, 돈, 아름다운 기억 등을 남기고 싶어하는데, 이것은 Erikson(1963)이 장년기 이후에 발달과업으로 말하고 있는 생산성(generativity)의 실질적인 표현이라고 볼 수 있다.

9) 의존성의 증가

노인이 되면 신체적·경제적 능력이 쇠퇴하여 의존성이 증가하는 경향이 있다. Blenkner (1969)에 의하면 노인의 의존적 경향은 병리적인 현상이 아니라 정상적인 노화의 현상으로 보았다. 이 책에서는 Blenkne가 제시한 네 가지의 정상적인 의존성에다 심리적·정서적 의존성을 추가하여 노인의 정상적인 의존성을 다음과 같이 정리하였다.

[1] 임금노동자로서의 역할 상실로 인한 경제적 의존성

[2] 신체적 기능의 약화로 인한 신체적 의존성

[3] 중추신경조직의 퇴화로 인한 정신적 의존성

[4] 생활에서 의미가 있는 중요한 사람을 상실함으로써 생기는 사회적 의존성
(예: 남편의 사별로 인한 가정 내의 힘의 상실, 부인의 사별로 인해 가사에 타인의 도움 필요 등)

[5] 심리적·정서적 의존성

나이가 들수록 심리적·정서적 의존성이 커지는데, 특히 신체적 건강이 좋지 않을수록 이러한 심리적·정서적 의존성은 더 커진다.

9 노화 관련 심리학적 이론

'이론'이란 어떤 현상을 설명하는 데 있어서 두 가지 또는 그 이상의 개념 간의 관계가 연역적 또는 귀납적으로 규명되고 경험적으로 검증되어 일반화된 상태에 있는 서술을 말한다. 개념 간의 관계 서술이 경험적(실증적) 검증을 미처 거치지 못했지만 그럴 수 있는 가능성이 큰 가정적인 서술을 '가설'이라고 한다. 어떤 현상을 설명할 때 이론과 가설은 엄격한 의미에서는 구별이 되지만 실제로는 엄격히 구분되지 않는 경우가 많다. 즉 실제에서는 많은 검증을 거쳐 일반화의 정도가 높은 서술일수록 이론에 가깝고 그렇지 못할수록 가설에 가깝다고 할 수 있다. 그러므로 이론이라고 부르는 많은 것들이 엄격한 의미에서 이론이라기보다는 가설에 그치고 있다.

노화의 심리적 측면에 관한 이론들도 그 이론적인 발전의 역사가 짧고 아직도 경험적 차원에서 검증이 많이 이루어지지 않은 상태여서 엄격한 의미에서 이론이라고 보기에는 문제가 있는 것들이 대부분이다. 노화에 관한 이론이 그 발전의 초기부터 거의 전적으로 노령기의 적응에 관련된 것이었으므로 심리학적 이론도 노령기의 심리적 적응을 다루는 이론이 대부분이다. 여기에서는 중요한 몇 가지 이론을 간략히 검토하기로 한다.

1) Erikson의 심리사회적 발달단계 이론

Erikson(1963)은 Freud의 심리·성적(psycho-sexual)인 발달단계 이론을 수정·확대하여 심리사회적 발달단계 이론을 발전시켰다. Erikson에 의하면 성격의 발달은 개인의 심리 내적 요인이 사회적 접촉을 가짐에 따라 단계적으로 발전된다는 것이다. Erikson의 성격 발달단계는 영아기에서 노년기까지 8~9단계로 구분되고, 각 단계마다 발전시켜야 하는 긍정적인 성격 특성과 긍정적인 특성을 발전시키지 못할 때 형성되는 부정적인 성격 특성이 있으며, 다음 단계로의 발달은 현 단계까지의 축적된 발달에 의존하는데, 특히 현 단계에서의 발달에 크게 의존하게 된다.

Erikson은 처음에 ① 영아기(0~1세), ② 초기아동기(2~3세), ③ 놀이기(3~5세), ④ 학령기(6~12세), ⑤ 청소년기(13~18세), ⑥ 초기 성인기(19~40세), ⑦ 중년기(41~65세), ⑧ 노

에릭슨(Erik Erikson)

발달심리학자이며 정신분석가인 Erik Erikson(1902~1994)은 독일의 프랑크푸르트에서 태어나 비엔나에서 미술을 공부하여 미술교사를 하는 동안 Sigmund Freud의 딸 Anna Freud를 만나서 정신분석학을 공부하게 되었고 비엔나정신분석연구원을 졸업하였다. 그 후 미국으로 건너가서 예일대학 교수와 버클리의 캘리포니아대학 교수를 지냈다.

버클리에서 교수로 있는 동안 아동에 대한 연구를 거듭하여 인생주기 8단계론을 주장한 유명한 책 『아동기와 사회(Childhood and Society)』를 저술하였고 이 외도 많은 이론을 개발하였다. 1982년에 『완성된 인생주기(Life Cycle Completed)』를 발간했는데 그 책에서는 제9단계 이론은 주장하지 못했다. 책 발간 이후 Erik Erikson은 제9단계에 대한 생각을 해 왔으나 완전히 정리하지는 못하고 사망하였고, 이후 발달심리학자이기도 한 그의 부인 Joan Erikson이 그가 완전히 정리하지 못한 인생주기의 제9단계를 정리한 보완판을 1997년에 출판하였다.

년기(65세 이상)의 8단계로 나누었다.

평균수명이 길어짐에 따라 노년기가 연장되어 인생 80이 보편화되고 있기 때문에 노년기가 80대와 90대까지 연장되는 경우가 점차 증가하고 있다. 80대와 90대 초고령 노년기의 발달과업을 Erikson은 '노년초월(gerotranscendence)'이라 하여 인생주기를 9단계로 정리하였다. 사실상 제9단계는 Erik Erikson의 생각을 정리하여 그의 부인 Joan Erikson이 1997년에 주장하였다. Erik이나 Joan도 제9단계에 대한 별다른 명칭을 붙이지는 않았지만 명칭을 붙인다면 gerotranscendence라는 발달과업을 반영하여 '초노년기(超老年期)'(이하 초노년기라 함)라 하는 것이 적합할 것이다.

노년기(8단계)의 발달과업은 자아통합(ego integrity)과 노년초월(老年超越)의 두 가지로 볼 수도 있고, 9단계의 개념을 도입하면 노년기(제8단계)의 발달과업을 '자아통합'으로, 초노년기(제9단계)의 발달과업을 '노년초월'로 볼 수도 있다. 여기서는 일단 인생주기의 9단계를 인정하기로 하겠다.

제8단계 노년기에서 발달시켜야 될 긍정적인 성격특성은 자아통합이다. 긍정적인 자아통합이 발달하지 못하면 절망의 태도가 형성된다. 여기서의 자아통합은 자기의 과거와 현재의 인생을 바라던 대로 살았다고 받아들이고, 만족스럽고 의미 있다고 생각하며, 앞으로 다가올 죽음을 인정하고 기다리는 태도를 갖는 것(Erikson, 1963)을 말한다. 절망은 자기의 과거와 현재의 인생을 후회하고 불만스럽게 생각하여 다시 한 번 기회가 주어진다면 지금과는 다르게 살겠다는 생각이며, 죽음 앞에 남은 시간이 너무 짧아 어떻게 할 수 없기 때문에 불안하고 초조해 하며 절망적인 태도를 갖게 되는 것을 말한다. 노년기 발달과업의 해결은 앞의 일곱 단계의 축적된 발달과업 해결의 성패에 크게 달려 있으며, 특히 전 단계인 중년기의 '생산성(generativity) 대 침체성(stagnation)'이라는 과업의 해결에 크게 좌우된다.

노년초월(gerotranscendence)은 "자신을 이 세상에 현실적으로 살고 있는 육체적 존재가 아니라 이 세상을 뛰어넘는 초월적 존재, 우주와 영원한 시간 속의 존재, 과거와 미래를 연결하는 존재로 생각하고, 세상의 물질적인 것에 대한 관심보다는 정신적이고 영적인 것에 더 많은 관심을 두고, 죽음을 살아 있는 모든 존재의 순리로 받아들이며 죽음에 대한 준비가 되어 있는 상태"를 말한다. 초노년기에 있는 사람들은 죽음을 두려움 없이 받아들이고, 이 세상의 남아 있는 시간에 연연해하거나 물질적·현세적인 것에 얽매이기보다는 영원한 시간 속에서 존재하게 될 자신을 생각하고 영적이고 정신적인 면에 관심을 쏟는 것이 바람직하다.

2) Peck의 발달과업 이론

Peck(1968)은 Erikson의 '자아통합 대 절망'을 노년기의 주요 발달과업으로 인정하면서 Erikson의 7단계와 8단계를 통합하여 7단계 이론을 주장하고 있다. Peck은 제7단계인 중년기 이후의 발달과업을 ① 자아분화(ego-differentiation) 대 직업역할몰두(work role preoccupation), ② 신체초월(body transcendence) 대 신체몰두(body preoccupation), ③ 자아초월(ego transcendence) 대 자아몰두(ego preoccupation)의 세 가지로 보고 있다.

자아의 정체성(identity)과 가치성(feeling of worth)은 자기의 직업역할에 크게 의존한다. 자아가 잘 분화된 경우 자아지지 기반을 직업역할 이외에 여러 가지 역할에 나누어 두고 있는 데 반하여, 자아의 분화가 약한 경우는 거의 전적으로 자아지지 기반을 직업역할에 두고 있다. 따라서 자아분화가 잘 되어 있는 경우는 퇴직으로 인하여 직업역할을 상실하더라도 직업역할 이외의 다른 역할을 통해 자아정체감을 유지할 수 있지만, 자아분화가 잘 되어 있지 않은 경우는 직업역할의 상실로 자아지지 기반을 상실하여 자아정체감을 유지할 수 없게 된다(Bornstein, 1980). 그러므로 중년기 이후 노년기까지의 발달과업 가운데 하나는 자아지지 기반을 직업역할 이외의 다른 역할에도 잘 분배하여 자아분화가 이루어지도록 하는 것인데, 그렇지 못하면 직업역할에만 몰두한 나머지 직업역할을 상실하면 자아정체감을 상실하고 마는 부정적인 현상이 나타나게 된다.

또 하나의 과업은 신체적 기능 쇠퇴의 생물학적 노화 현상을 극복하고 잘 적응함으로써 생활에서 만족을 얻는 것이다. 신체적 기능이 쇠퇴하는 것에만 몰두하여 그것을 극복하지 못하면 생활의 만족을 얻지 못하게 되어 심리적·사회적 기능도 크게 손상된다(Bornstein, 1980).

또 다른 과업은 현실적인 자아를 초월하는 것이다. 즉 불안이나 두려움이 없이 자신의 죽음을 불가피한 것으로 인정하고 긍정적으로 받아들이며 자신을 현재의 생명을 넘어 미래에까지 연결시키는 것이다. 이러한 자아초월의 과업이 잘 해결되지 못하면 현재의 삶이 지나가는 것을 인정하지 못하고 죽음을 두려워하게 되어 불안하고 초조한 태도를 가지게 된다(Bornstein, 1980).

3) Jung의 심리분석론

Jung의 심리분석론에 의하면 자아(ego)는 청년기와 중년기에는 외부세계에 초점을 두는 외향성(extroversion)에서 노년기에는 자신의 내부세계에 초점을 두는 내향성(introversion)으로 바뀐다. 노년기에 들어오면 생활범위를 축소하고 내면적 탐구와 사후세계에서 의미를 찾아야 한다. Jung은 인간이 노화함에 따라 다른 성(性)에 관련된 성격적 특성을 취하게 되는데, 남성은 수동적이며 양육적인 태도를 취하게 되고 여성은 적극적이고 자기주장이 더욱 강해진다고 하였다.

4) Havighurst의 발달과업 이론

Havighurst(1972)에 의하면 생의 발달단계는 생의 주기에 따라 6단계로 구분되는데, 각 발달단계에서 주어진 과업을 완수하면 행복해지고 다음 단계의 발달과업도 잘 수행할 수 있게 된다. 그러나 발달과업을 잘 수행하지 못하면 자신이 불행해질 뿐 아니라 사회에서도 용납되지 않고 다음 단계의 발달과업도 잘 수행할 수 없게 된다.

Havighurst가 제시한 마지막 제6단계인 노령기의 발달과업은 다음과 같다.

① 약화되는 신체적 힘과 건강에 따른 적응
② 퇴직과 경제적 수입 감소에 따른 적응
③ 배우자의 죽음에 대한 적응
④ 동년배 집단과의 유대관계 강화
⑤ 사회적 역할을 융통성 있게 수행하고 적응하는 일
⑥ 생활에 적합한 물리적 생활환경의 조성

5) Clark와 Anderson의 적응발달과업 이론

Clark와 Anderson(1967)은 노령기에 오래 살게 되면 누구나 직면하게 되는 다음과 같은 다섯 가지 적응과업을 제시하고 있다.

① 노화의 현실과 이로 인한 활동·행동에 제약이 오는 것을 자각하는 것
② 신체적·사회적 생활 반경을 재정의하는 것
③ 노화로 인한 제약 때문에 전처럼 만족시킬 수 없는 욕구를 다른 방법으로 만족시키는 것
④ 자아의 평가 기준을 새로이 설정하는 것
⑤ 노령기의 생활에 맞도록 생활의 목표와 가치를 재정립하는 것

6) 한국인의 발달과업 이론

김종서 등(1982)은 전문가들의 평가 과정을 통해 평생교육적 관점에서 한국인의 생의 주기를 7단계로 나누고 각 단계마다 지적·정의적·사회적·신체적 영역에 속하는 과업을 설정하여 제시한다. 제7단계인 노년기의 영역별 발달과업은 다음과 같다.

(1) 지적 영역

① 세대 차와 사회 변화를 이해하기
② 은퇴생활에 필요한 지식과 생활 배우기

③ 정치·경제·사회·문화에 대한 최신 동향 알기

④ 건강증진을 위한 폭넓은 지식 찾기

(2) 정의적 영역

① 적극적으로 일하고 생활하려는 태도 유지하기

② 취미를 계속 살리기

③ 정년퇴직과 수입감소에 적응하기

④ 소외감과 허무감을 극복하고 인생의 의미 찾기

⑤ 배우자 사망 후의 생활에 적응하기

⑥ 동료 또는 자신의 죽음에 대하여 심리적으로 준비하기

(3) 사회적 영역

① 동년배 노인들과 친교 유지하기

② 가정과 직장에서 일과 책임을 합당하게 물려주기

③ 가정이나 사회에서 어른 구실 하기

④ 자녀 또는 손자와 원만한 관계 유지하기

(4) 신체적 영역

① 줄어 가는 체력과 건강에 적응하기

② 노년기에 알맞은 간단한 운동을 규칙적으로 하기

③ 건강 유지에 필요한 알맞은 섭생하기

④ 지병이나 쇠약에 대한 바른 처방하기

7) 정체감 위기 이론

Miller(1965)가 제창한 정체감 위기 이론(identity crisis theory)의 요지는 다음과 같다. 직업적인 역할은 개인의 정체감을 지지하고 유지하는 기반이 되고 다른 부수적인 역할(예 : 사회적 역할, 생계유지자의 역할, 여가활동의 역할 등)을 부여함으로써 직업과 관련된 자기정

체감을 더욱 확고히 한다. 그러나 퇴직은 직업적 역할과 이에 부수되어 있던 다른 역할의 상실까지 가져온다. 더욱이 역할을 수행하는 능력에는 이상이 없음에도 불구하고 강제적이고 비자발적으로 퇴직을 당함으로써 결과적으로는 '역할 수행을 할 수 없는 자'라는 낙인이 찍히고 이러한 낙인은 남아 있는 다른 역할에까지 전가된다. 이리하여 자아지지(自我支持) 기반이 무너지게 되므로 정체성 유지는 위기를 맞게 되고 결국은 와해된다는 것이다(Atchley, 1971).

이러한 의미에서 사회적 규범에 의해 지지를 받지 못하는 단순한 여가활동은 정체감을 다시 고양시킬 수 있는 대체물이 되지 못하기 때문에 Miller는 정체감 와해에 대한 해결책을 다음과 같이 주장하고 있다. 사회체계 속에서 퇴직자가 수행할 수 있는 일이 어떤 것이 있는가를 찾아서 그 일을 통하여 대체적인 만족감을 가질 수 있도록 하든가, 아니면 사회적인 윤리나 규범에 의하여 지지를 받을 수 있는 완전한 여가활동을 개발하여 참여하도록 하는 것이다.

이 이론은 직업적인 역할 수행을 전적으로 만족해하고 이 일에 전력을 집중하고 있는 사람들의 퇴직이나 비자발적 퇴직 관련 현상을 설명하는 데는 유용한 면이 있으나, 직업역할 수행에 만족감을 얻지 못하는 경우나 자발적 퇴직에 관련된 현상을 설명하는 데는 제약이 있다. 그리고 이 이론은 자아정체감의 주 원천은 직업적 역할 수행이라는 가정과 모든 사람들은 계속적으로 자기의 직업적 역할 수행을 만족해하며 계속 수행하려 한다는 가정 위에 서 있는데 이러한 가정의 일반화 정도에도 문제가 있다.

8) 정체감 유지 이론

Atchley(1971)에 의해 제기된 정체감 유지 이론(identity continuity theory)은 위의 정체감 위기 이론과 상반되는 입장에 있는 이론이다. 이 이론은 자기의 정체감을 전적으로 한 가지 역할이 아니라 여러 가지 역할을 통하여 끌어낸다는 전제 아래 사람들은 직업적인 일에만 전념하지 않고 다른 여러 가지 역할이나 활동을 수행하고 있다는 것이다. 그러므로 직업역할 수행만이 정체감 유지의 기반이 아니었으므로 퇴직 후에도 여러 가지 역할에 참여하여 정체감을 유지할 수 있다. 퇴직 후에 참여할 수 있는 여가활동을 통해서도 자아지지 기반을 만들 수 있고, 퇴직 후에 직업적인 역할을 수행하지 않더라도 직업인으로서의 정체감을 가지면서 다른 역할을 통해 자아지지 기반을 만들 수 있으므로 자아정체감은 손상되지 않고 계속 유지된다는 것이다.

이 이론은 직업역할 수행 외의 여러 역할을 많이 하고 있는 경우나 자발적인 퇴직과 관련된 자아의 문제를 설명하는 데는 유용하지만, 직업역할에 만족해하고 전념하고 있는 경우나 비자발적 퇴직의 자아문제를 설명하는 데는 설득력이 약하다고 본다.

9) 사회적 와해 이론

사회적 와해 이론(social breakdown theory)은 Kuypers와 Bengtson(1973)에 의하여 제창된 이론이다. 이 이론에 의하면 사회적·심리적인 면에서 문제가 있는 노인에 대하여 사회적으로 인식된 부정적 환류(feedback)가 부정적인 인식을 강화하는 순환적인 틀이 되어 노인이 그 틀 속에 갇히므로 노인의 사회적 관계와 활동이 더욱 어렵게 된다는 것이다. 그림 4-7은 부정적인 환류의 틀이 어떻게 순환적으로 작용하여 노인의 사회적 활동을 어렵게 만드는지를 잘 보여 준다.

그들은 이와 같은 관계를 개선할 수 있는 개입의 방법은 노인 스스로 능력이 있고 힘이 있다는 확신을 갖게 하고 개인적으로 부정적인 낙인을 극복할 수 있는 기술(coping

그림 4-7. 사회적 와해 이론의 순환적 틀

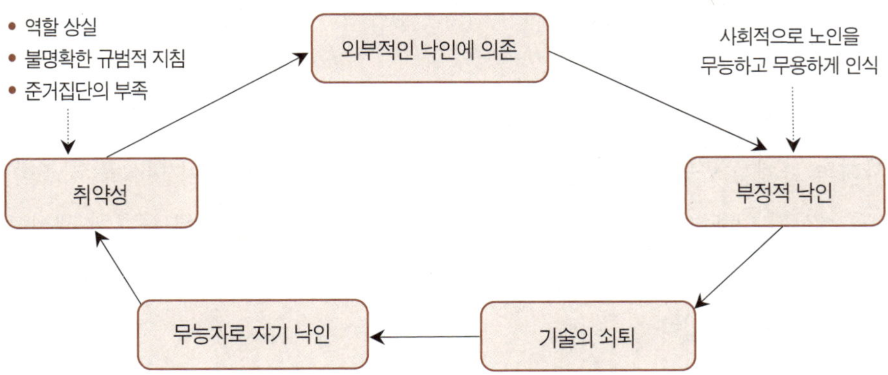

출처 : Kuypers, J. A. & Bengtson, V. L. (1973), Social breakdown and competence: A model of normal aging.

skills)을 개발해 주면서 건강증진, 경제적 원조, 사회 서비스 확대 등의 사회적 환경을 개선하는 것이라고 했다(Kuypers & Bengtson, 1973).

이 이론은 특히 생산성 존중의 가치를 지향하고 있는 사회에서 노인들의 사회적 관계의 문제점을 설명하는 데 상당히 유용하며 산업사회의 전반적인 상황에도 적용할 수 있을 것으로 본다. 이 이론은 특히 노인의 사회적·심리적 문제를 개인적인 차원에서 개입하여 개선할 수 있는 실용적 근거 이론으로서의 가치도 크다(Hendricks & Hendricks, 1980).

10) 사회구성주의 이론

사회구성주의 이론(social constructionist theory)은 상징적 상호작용주의(symbolic interactionism)와 이에 영향을 받은 사회적 와해 이론(social breakdown theory), 현상학, 민속방법론(ethnomethodology), 해석학(hermeneutics)에 근거를 둔 최근의 이론적 시각이다(Bengtson et al., 1997). 사회구성주의 이론에서는 개인의 노화 과정을 사회적인 정의와 사회구조에 의해 그 의미가 형성되는 것으로 이해하거나 설명한다. 또한 연령과 노화에 대한 사회적 구성체(개념)를 검토하여 개인을 사회적·구조적 맥락에 연결시킨다. 예를 들면, 노인에 대한 사회적 태도와 노인에 대한 고정적 사고방식에서 볼 수 있듯이 노인을 의존적이거나 성(sex)에는 관심 없거나 일탈적 존재처럼 사회적으로 정의한다. 이 시각에서는 노화의 특성은 상황적이고 임시적이며 의미 구성적인 것이고, 사회적 현실은 계속 변하며 노화와 성숙의 정도에 따라 생활 상황과 사회적 역할이 달라져야 한다는 것이다.

사회구성주의 이론은 개인과 개인을 둘러싼 미시적 체계와의 상호작용 속에서 노인의 사회적 관계를 규명하고 의미를 찾고 개인의 참여와 상호작용이 현실을 창조하고, 창조된 현실에 의해 개인이 영향을 받는다는 의미에서 노인과 노화를 새롭게 해석하고 설명할 수 있는 시각을 제공하지만 사회의 거시적 체계와 사회구조적 요인을 등한시 하는 면에서 제한점이 있다.

제5장

노화의 사회적 측면

인간은 살아서 움직이는 유기체로서의 생물학적 존재이며 또한 무엇을 감지하고, 판단하고, 배우고, 생각하는 정신적인(심리적인) 존재일 뿐만 아니라 다른 사람들과 상호작용을 하는 사회적인 존재다. "인간은 사회적 동물"이라는 말은 바로 인간의 사회적 측면을 잘 나타내 준다. 인간은 태어나면서부터 개인과 집단 간의 끊임없는 상호관계 속에서 살아간다. 즉 가족, 이웃, 지역사회, 국가사회라는 집단 속에서 성장함에 따라 어떤 지위를 획득하고 그에 따른 역할을 수행하는 사회적 관계를 유지하고 있다. 그러므로 노화 현상이나 노화 과정에 있는 노인도 사회적 관계를 떠나서는 생각할 수 없다.

노화와 노인의 사회적 측면은 앞에서 살펴본 생물학적 측면과 심리적 측면 이외의 다양한 요소를 포함할 수 있지만, 이 장에서는 주로 역할의 취득과 변화를 중심으로 다루고 사회적 측면에 관련된 다른 몇 가지의 주요한 요소들은 제8장 이후에 상세히 다루기로 하겠다. 이 장에서는 기존의 사회체계와 제도 속에서 노인의 사회화 과정은 어떠하며, 사회화 과정을 통하여 취득되는 지위와 역할이 어떻게 변화되고 있으며, 연령규범·생활주기와 관련해서 지위와 역할의 취득과 변화가 어떻게 이루어지고 있는지, 그리고 생활주기상에서 노령기와 관련된 사회적 상황의 변화는 무엇인지를 살펴보고 노인의 사회적 적응, 역할 등에 관련된 사회학적 이론을 간략히 검토하기로 한다.

1 사회화

사회화(socialization)는 개인이 사회에 참여할 수 있는 유능한 사회적인 존재로 발전하는 결과를 가져오는 제반 절차를 의미하는데, 사회화는 개인과 사회의 두 입장에서 접근할 수 있다.

개인의 입장에서 사회화는 개인이 자기가 속한 집단이나 사회에서 차지하고 있는 지위에 적절한 기술, 지식, 가치, 역할 등을 학습하는 것이다. 이러한 의미의 사회화는 기존의 사회체계에 통합되고 적응하기 위한 개인적인 노력의 과정이다. 개인이 가족과 이웃, 지역사회의 사람들과 상호작용을 하면서 자기의 성격과 적응기술을 발전시키고, 공식적·비공식적인 교육기관에 참여하여 지식과 기술을 배우고 사회적인 역할을 수행할 수 있는 준비와 훈련을 하는 것이 바로 개인적 입장에서의 사회화다. 사회는 계속 변화하며 현대에는 변화의 속도가 더욱 빨라지고 있다. 개인이 이렇게 변화하는 사회에 자신을 통합하고 적응하기 위해서는 일생의 전 과정을 통하여 계속적인 사회화가 필요하다. 이러한 의미에서 볼 때 개인으로서의 노인도 노령기 전체를 통하여 새로운 지식과 기술을 배우고, 새로운 가치를 받아들이고 이해하며, 새로운 역할을 배우는 사회화가 필요한 것이다.

사회의 입장에서 사회화는 사회 자체가 목표를 달성하면서 생존·발전하기 위하여 구성원 개개인에게 적절한 기술, 지식, 가치, 역할 등을 학습시키는 것이다. 사회가 하나의 체계로 생존하고 발전하기 위해서는 새로운 참여자를 지속적으로 필요로 하는데, 사회화는 사회가 새로운 참여자를 끌어들이고, 참여를 촉진하며 유지하기 위한 가장 주된 수단이다. 개인을 사회화시키기 위한 노력은 공식적이고 조직화된 제도나 프로그램을 통하여 그 결과에까지 책임을 지는 것에서부터 비공식적이고 비조직적 과정으로서 그 결과에 대해서 개인 자신이 책임을 지는 것에 이르기까지 다양하게 이루어지고 있다. 예를 들면, 공식적인 과정으로 학교는 학생들에게 지식과 기술을 가르치고 일정 수준의 성과를 나타낼 수 있도록 상당한 책임이 주어져 있는 반면에, 비공식적인 과정으로서 성인은 스스로 알맞은 복장을 갖추고 다녀야 하는 것과 같다.

어린 시절의 사회화는 주로 언어, 관습, 규칙 등을 배우는 데 치중하고 성인에 가까울

수록 장래의 사회적 역할을 배우는 데 치중한다. 이와 관련하여 사회화를 아동의 사회화(child socialization)와 성인의 사회화(adult socialization)로 구분하여 그 특성을 살펴볼 필요가 있다.

아동의 사회화는 모방과 동일화의 방법을 통하여 사회에 적응하고 동조하는 것을 배우는 것이고, 생후부터 사회에서 직접 역할 수행을 하기 전인 청소년기 후기 또는 청년기 초기까지 계속되는 과정을 말한다. 아동의 사회화에 대해서는 개인과 사회가 모두 관심을 가지고 그 과정을 지켜보고 여러 가지 지지와 후원을 하는 것이 일반적이다.

청년기 이후 노년기까지 계속적으로 이루어지는 성인의 사회화는 자기 발전을 위한 면이 크고, 역할 취득이 가장 주요한 내용이 되며(Brim, 1966), 자발적이고 자기 주도적인 면이 강하다(Brim, 1968). 이러한 성인의 사회화는 대부분 사회가 크게 관심을 기울이지 않고 있기 때문에 성인기 이후에 새로운 지식과 기술을 계속적으로 습득하여 사회체계의 주요 참여자로 남아 있기는 힘들다(Atchley & Barusch, 2004).

성인의 사회화, 특히 노년기의 사회화는 여러 가지 면에서 문제가 있다.

첫째, 사회적 입장에서 사회는 젊은 새로운 사람들에게 새로운 지식과 기술을 습득케 하여 사회적 역할을 수행하도록 하는 데 관심을 두고 있고, 중년기 이후의 사람들의 사회화는 관심을 거의 두지 못하므로 중년기 이후에 새로운 지식과 기술을 배울 수 있는 기회나 여건이 거의 주어지지 않게 된다. 즉 사회화의 기회와 여건이 부족하여 사회에 통합되어 노년기까지 유능한 참여자로 남아 있기에는 어려움이 많다.

둘째, 성인기 이후의 사회화는 자발적이고 자기 주도적인 면이 강하여 개인적인 특별한 노력 없이 새로운 지식과 기술을 배우기는 힘들기 때문에 노년기까지의 사회화가 어려워진다는 것이다.

셋째, 특히 노년기에 기대되는 역할이나 사회적으로 바람직한 역할이 일반적으로 확립되어 있지 않으므로 새로운 지위와 역할을 알아서 미리 준비하는 예기적 사회화(anticipatory socialization)가 어려워지고, 따라서 노령기로의 전환이 어려워진다. Rosow(1974)에 의하면 사회화는 사회적 역할 규범이 있으므로 쉽게 이루어질 수 있는데 노령기에는 역할에 대한 사회적 규범이 정립되지 않아 노인의 사회화는 어려움이 많고 불안과 무규범의 상태에 빠지게 되는 수가 많다는 것이다.

2 역할

역할(role)은 개인이 집단이나 사회에 참여하는 가장 중요한 수단이며, 역할을 통하여 개인의 사회적 가치가 인정되고, 자아정체감(self identity)을 유지하는 기반이 된다. 이러한 의미에서 역할은 사회적 측면에서 가장 핵심적인 요소가 된다고 할 수 있다.

사회적 역할은 ① 어떤 지위에 있는 사람에게 기대되는 행동, ② 어떤 주어진 지위에 있는 대부분의 사람들이 하는 일, 또는 ③ 어떤 주어진 지위에 있는 특수한 개인이 하는 일 중의 하나에 해당되는 것으로 본다(Atchley & Barusch, 2004). 역할은 권리와 의무의 집합체라 할 수 있는 지위(status)의 동적인 측면인데 지위와는 표리적(表裏的) 관계에 있다.

역할과 지위의 중요성을 지위의 위세도(prestige), 지위의 영향력과 개인이 소유한 부에 의해서 크게 좌우될 수 있는 것으로 보면(Atchley & Barusch, 2004), 오늘날 산업사회에서 노화에 따라 노인의 역할과 지위는 이 세 가지 요소와 관련하여 크게 약화되고 있다.

정년퇴직이 제도화되어 있는 오늘날의 산업사회에서 노인은 현실적으로 가장 중요한 사회적 역할인 직업역할을 상실하고 있으므로 지위로 인한 위세도는 낮다고 하겠다. 현재 직업적 지위가 없고 이에 수반된 역할을 수행하지 않고 있으므로 노인의 지위에 의한 위세도는 높을 수가 없다. 경로의 가치관이 존중되고 있는 우리 사회는 서구의 산업사회에 비해서 사회적 직업역할 상실로 인한 위세도가 덜 떨어진다고 볼 수 있지만, 실제로 이러한 가치관을 유지시키려는 노력은 노인의 지위와 역할을 상징적이고 억지로 밀어 올려진 지위(kicked-up status)로 만들고 있어 사실상 노인의 위세도는 아주 약한 상태라 생각된다.

지위의 영향력은 지위 자체의 권위보다는 실질적인 지식과 기술에 의한 권위에 의해서 나타나게 되는 경우가 더 많다. 앞에서 언급한 대로 성년기 이후 노년기에 이르기까지 성인의 사회화 기회가 부족하기 때문에 새로운 지식과 기술을 계속 습득하여 사회의 유용한 존재로 남아 있기에는 어려움이 크고, 이러한 이유와 관련하여 정년퇴직하여 사회적 지위가 상실된 상태에서 영향력이 큰 경우는 극히 드물다. 상당히 많은 경우 영향력의 상실은 직업적 역할의 상실에 따른 다른 역할의 상실로 더욱 심화된다. 직업역할의 상실은 가정에서 생계 유지자 또는 경제적 공급자로서의 지위도 상실하게 만들어 가족 내에서 노인의 영향력을 약화시키고 있다. 이러한 노인의 영향력 상실 현상은 급속한 산업화 과정에 있는 우리 사회에서도 여실히 나타나고 있다.

노인의 지위가 약화된 주요 원인은 개인의 부(富) 또는 경제적 힘의 약화일 것이다(Rosow, 1965b). 농경사회에서는 토지가 가장 큰 자산이었고 소유권은 일반적으로 노인에게 있었으며 사망 시 상속 또는 자녀에게 분배되었다. 그러므로 농경사회에서는 노인이 재산권을 가지고 자녀들을 통제하는 영향력을 발휘할 수 있었다. 산업사회가 진전됨에 따라 경작 토지의 가치는 저하되고 노동에 의한 임금 수입이 주요한 부의 원천이 되었다. 특히 우리 사회에서는 자녀 양육과 교육뿐 아니라 심지어 결혼에까지 노인의 자산이 과도하게 투입되는 경향이 있어 노후의 경제적 자원이 크게 고갈되고 결핍되는 원인이 되고 있다. 또한 공적연금제도가 실시되고는 있지만 연금으로는 퇴직 전 수입의 절반에도 미치지 못할 것이므로 노년기의 경제적 능력은 크게 약화될 것이다.

이상에서 살펴본 바에 의하면 노년기의 지위와 역할의 중요성은 우리나라뿐만 아니라 산업사회 전반에 있어서 약화되고 있는 것으로 보인다.

생활주기상 노년기로의 전이는 주로 노년기 역할로의 전이에 의하여 이루어지는데, Rosow(1974)는 특별한 통과의례가 없고, 사회적 손실과 역할의 불연속성 때문에 노년기 역할로의 전환이 용이하지 않다고 지적하고 있다. 노년기 이전의 역할전이는 졸업, 취업, 결혼 등의 분명한 통과의식이 있지만 노년기로의 역할 전이에는 통과의례가 분명하지 않다는 것이다. 새로운 지위에 들어서는 사람들은 종종 혼란스러운 변화를 경험하게 되는데, 이때 통과의례는 새로운 지위에 적응하는 것을 도와준다. 직장에서의 은퇴식이 노년기의 역할로 들어감을 의미하는 것이 되지 못하고 우리 사회의 전통적인 회갑도 평균수명이 연장되고 있는 현재는 노령의 역할로 들어간다는 의미를 점차 잃어 가고 있다. 이는 어떤 특별한 통과의례를 거쳐 분명히 노년기로 들어가는 것보다는 "슬그머니 잘 모르는 사이에 노년기에 접어들게 된다"(Rosow, 1974)는 것을 의미한다. 다시 말해서 언제부터 노년기의 역할을 해야 할지 분명하지 않아서 혼란 속에 당황해 하는 가운데 노년기에 들어가고 마는 것이다.

노년기는 사회적으로 얻는 것보다 잃는 것이 많은 시기다. 노년기 이전까지 역할의 전이에는 새로운 역할이 추가되고 책임이 증가되며, 이로 인한 자신의 성장과 발전이 이루어지는 등 사회적 이익이 많이 생긴다. 그러나 노년기에 접어들면 사회화 과정에서 소외와 고립은 증가하고, 수입이 감소함에 따라 의존성은 증가하며, 사기가 저하되는 등 사회적 손실이 훨씬 커진다. 젊은이들은 다음 연령 지위로 옮겨 가기를 고대하지만 대부분의 사람들은 노인의 지위로 옮겨 가는 것을 바라지 않고 있다. 이러한 점이 노년기로의 지위와 역할의 전환을 어렵게 만들고 있다. 이러한 노년기의 사회적 손실은 산업사회의 일반적인 현상이고 우리 사회에서도 점차 그 특성이 뚜렷해지고 있다.

노년기로의 전이에는 확연한 역할의 단절이 생기게 되는데, 남성의 경우가 더욱 그렇다. 남성의 경우는 집안일 등에 비교적 사회화되지 않은 상태에 있고, 퇴직 후 분명한 퇴직자의 역할이 확립되어 있지 않다. 이와 같이 퇴직 후의 생활에 대한 준비 없이 노년기에 들어서게 되므로 역할의 연속성이 단절된다. 여성의 경우 역할 단절성의 문제는 그리 크지 않지만 경제적·신체적 의존 역할의 경우는 남녀 공히 역할의 단절성을 경험할 수 있다. Rosow(1974)는 ① 통과의례 없음, ② 사회적 손실, ③ 역할 불연속성이라는 세 가지 조건이 노령기에 대한 예기적 사회화를 어렵게 만든다고 했다.

노년기의 지위와 역할의 변화를 보다 잘 이해하기 위해 Rosow(1976)가 도전적으로 제시한 역할유형 분류를 생각해 볼 필요가 있다. 사회학에서 일반적으로 지위와 역할의 개념정의와 그 두 개념 간의 관계는 Linton(1936)의 고전적인 주장을 따르고 있다. 즉 지위는 어느 특정한 상호작용 유형에서의 위치이고 역할은 동적인 면으로, 지위와 역할은 불가분의 관계이자 보충적인 관계라고 이해된다. 이러한 주장에 대하여 Rosow(1976)는 두 개념을 표리적·보충적 관계로 이해하면 두 개념 간의 실질적인 구분이 불분명해지고 역할을 이해하는 데 문제가 많다고 지적하고 두 개념을 분리하여 독립적인 것으로 보고 이에 따른 역할유형을 제시하고 있다. 이러한 Rosow의 주장은 특히 생활주기 또는 성장발

표 5-1. 지위와 역할의 조합에 의한 여러 가지 역할유형

역할유형	지위	역할
제도적(institutional) 역할	있음	있음
희박한(tenuous) 역할	있음	없음
비공식적(informal) 역할	없음	있음
무역할(non-role)	없음	없음

출처: Rosow, I. (1976), Status and role change through the life span.

달 과정에서 역할 변화를 보다 명확히 이해하는 데 새로운 개념적 틀이 될 수 있다.

Rosow는 Linton이 제시한 지위와 역할의 정의를 그대로 받아들이면서 그 관계만을 독립적인 것으로 보고 각각이 다른 것에 관계없이 있을 수도 있고 없을 수도 있다고 했다. 여기서 '있다' 또는 '없다'는 의미는 절대적인 것이 아니라 상대적인 것이며 지위와 역할이 있고 없음에 따른 역할 분류는 표 5-1에서 보는 바와 같다.

1) 제도적 역할

지위와 역할이 분명히 있으며 직업계통, 가족, 사회계급, 종교단체 등에서 공적인 지위를 맡고 그 지위에 따른 규범적인 역할 기대가 분명히 있는 경우를 말한다(예: 회사의 부장, 가정에서의 생계유지자, 교회의 남전도회 서기, 새마을 경로회 재정 담당 회원으로서의 역할 등).

2) 희박한 역할

지위는 있는데 역할이 없거나 있더라도 아주 희미해 있는 둥 마는 둥한 역할을 말한다. 이를 더 세분하면 다음과 같다.

(1) 유명무실(titular) 역할

① 명예적(honorific) 역할 : 높은 명예가 공식적으로 주어지지만 실제적으로는 역할이 없는 경우(예: 학술원 원로회원, 명예총장 등)

② 명목적(nominal) 역할 : 체면 유지를 위해 지위는 주어지지만 거의 역할이 없는 경우(예: 고문)

(2) 무정형적(amorphous) 역할

① 사회 규범적으로 지지하기에 애매한 역할

② 일시적으로 지위는 없으나 어떤 일을 해야 할 의무가 있는 역할(예: 실직한 부장)

③ 역할의 구체적 내용이 크게 줄어들고 있는 역할(예 : 중년 자녀에 대한 부모로서의 역할)

④ 제도적 역할 상실에 따른 애매한 역할(예 : 퇴직 가장)

3) 비공식적 역할

공식적 지위는 없고 역할만 있는 형태다. 특정 지위나 위치에 연결되어 있지 않으나 실제적으로는 어떤 행동을 계속하여 행동 그 자체가 유형화된 상태에 있는 역할 행동으로서 영웅, 사기꾼, 멍청이, 듣기만 하는 사람, 비공식적 지도자, 웃기기 잘하는 사람 등이다. 공식적으로 지위가 주어져 있지는 않은데 어떤 행동을 되풀이하여 그러한 행동유형이 인정되고 있는 상태의 역할 행동의 모든 것을 포함한다.

4) 무역할

지위도 역할도 없는 상태인데 이러한 경우는 실제적으로 사회적인 의미가 별로 없다. 여기에 속하는 예는 때때로 하는 이상한 행동, 어떤 성격적 특성에 의한 행동 등으로 어떤 유형화된 행동으로 보기 힘든 제반 행동 등을 포함한다. 그러므로 이러한 행동은 역할행동으로 보기 힘들다.

Rosow(1976)는 위 세 가지 유형의 역할의 중요성이 일생 과정을 통해 어떻게 변화되는가를 그림 5-1과 같이 가설적으로 제시하였다. 그림 5-1에서 보는 바와 같이 제도적 역할의 중요성은 중년기까지 서서히 증가해서 중년기 하반에 정점에 이르고 노년기에 접어들면서 급격하게 떨어지고 있다. 중년기까지 제도적 역할의 중요성이 증가하는 것은 역할의 증가에 따른 사회적 책임과 사회적인 이득이 점차 증가하기 때문이고, 이러한 현상은 직업관계 분야, 가정, 종교활동, 지역사회활동, 자발적인 사회참여활동, 심지어는 여가활동에서도 마찬가지다. 희박한 역할의 중요성은 아동기에서는 높았다가 청년기를 거쳐 중년기 전반기까지 낮아졌다가, 중년기 후반부터 점차 다시 높아지기 시작하여 노년기에 들어오면서 더욱 높아지는 경향을 보이고 있다. 이러한 희박한 역할은 제도적인 역할의 중요성과 상당히 반비례적으로 작용하여 제도적 역할의 중요성이 높아지면 희박한 역할의 중요성은 상대적으로 낮아진다. 비공식적 역할의 중요성은 중년기에 도달할 때까지 점차 증가하다가 중년기에는 큰 변화를 보이지 않으며, 노년기에 들어와 어느 정도 낮아지기 시작하는 경향을 보인다. 이와 같은 비공식적 역할의 중요성은 다른 두 가지 역할의 중요성에 비하여 그 변화가 크지 않은 편이다.

그림 5-1. 일생 과정에 따른 역할 유형의 상대적 중요성

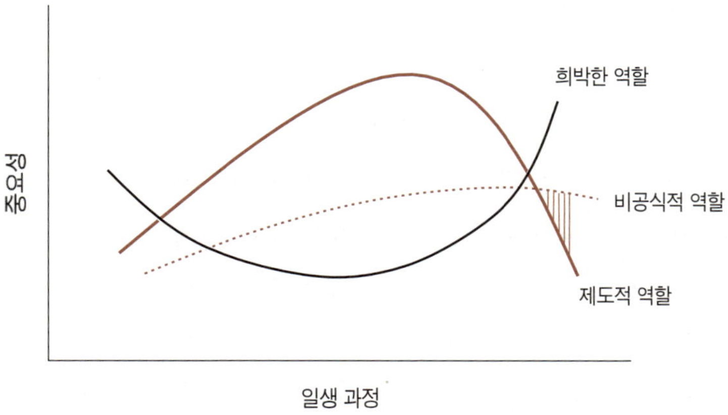

출처: Rosow, I. (1976), Status and role change through the life span.

이러한 가설은 경험적인 차원에서 실증적으로 검토되어야 하겠지만, 이론적인 뒷받침으로 보아 노인의 역할 유지를 목표로 하는 정책적 개입을 한다면 제도적 역할과 희박한 역할에 대한 것보다는 비공식적 역할의 체계를 개발하고 발전시켜 나가는 것이 좋은 방법이 될 것이다(그림 5-1에서 사선 부분의 면적을 넓히는 것이 바로 이러한 개입 방법이다).

이상에서 Rosow가 제시한 지위와 역할의 조합에 의한 역할유형과 그러한 역할의 중요성이 전 생애를 통해 어떻게 변하게 되는가에 대한 가설을 요약해서 살펴보았다. 이러한 가설은 이론적인 발전을 위한 하나의 지침이 될 수 있고 이러한 가설이 검증되면 정책적인 개입을 위한 주요한 기초이론으로서의 가치도 클 것으로 예상된다.

3 연령규범과 생활주기

연령규범(age norm)은 주어진 연령에서 수행하는 것이 바람직한 것으로 사회로부터 기대되는 개인의 역할과 행동을 말한다. 즉 연령규범은 특정 나이에 어떤 행동을 하는 것이 바람직하고 어떤 행동을 하지 않는 것이 바람직한가를 말해 주는 것이다.

생활주기(life cycle)는 출생에서 사망까지의 생활 사건과 주요 역할행동의 연속적 체계를 의미하는데, 특히 자녀시기와 부모시기의 과정을 포함하여 세대를 통하여 반복되는 연속적 체계를 말한다. 많은 경우 생활주기는 일생의 과정(life course)과 같은 의미로 사용된다(Maddox et al., 2001). 연령규범은 생활주기와 밀접한 관련을 갖고 생활주기에 의하여 영향을 받기도 하고 영향을 미치기도 한다. 연령규범은 문화, 성별, 시대에 따라 다를 수도 있다.

우리나라에서는 6~7세가 되면 초등학교에 입학하고 12~13세가 되면 초등학교를 졸업하고 중학교에 입학하는 것이 바람직하고, 여자는 22~25세에, 남자는 25~28세에 결혼하는 것이 적합한 것으로 인식되고 있다. 5~6세 된 아동이 아이스크림을 사달라고 보챈다면 이해가 될 수 있어도 20세 된 청년이 그러한 행동을 한다면 쉽게 이해되지 않을 것이다. 미국 사회에서 조사된 연령규범을 예시하면 표 5-2와 같다.

표 5-2를 보면 연령규범은 1950년대와 1970년대 말 사이에 상당한 차이를 보이고 있음을 알 수 있다. 다시 말해서 각각의 행동에 적합한 연령에 대한 동의 정도가 20여 년이 지난 뒤에는 크게 떨어져 각각의 연령에 적합한 행위 유형을 다양하게 지각하는 경향을 보이고 있다. 이러한 현상을 보면 연령규범은 변하고 있으며 더 유동적이고 덜 제약적으로 되고 있음을 알 수 있다. 이 조사 자료는 미국 사회의 자료지만 한국에서 같은 조사를 했어도 미국과 대체적으로 비슷한 방향으로 나가는 것을 발견할 수 있을 것으로 생각된다.

우리나라에서 2000년대 이후 나타나는 중요한 현상 중의 하나는 결혼 연령이 남녀 모두에서 늦어지고 있는 것이다. 이 같은 현상은 표 5-2에서 나타난 미국 경우처럼 연령규범이 변화하고 있음을 시사하는 것으로 볼 수 있다. 이런 경향은 인간의 평균수명이 연장되고 연령보다는 능력이 더 중요시되는 경향의 변화와도 무관하지 않을 것으로 생

표 5-2. 연령규범에 대한 미국 중류층의 중년 표본이 보이는 동의 수준

구분	적령기(세)	1950년대의 동의 비율(%)		1970년대 후반의 동의 비율(%)	
		남	여	남	여
남자의 결혼 최적령기	20~25	90	80	42	42
여자의 결혼 최적령기	19~24	90	85	36	44
사람들이 조부모가 되는 일반적인 시기	45~50	79	84	57	64
학교를 마치고 직장을 갖는 최적령기	20~22	82	86	38	36
남자들이 직장에서 자리 잡는 시기	24~26	64	74	26	24
남자들이 직장에서 최정상에 오르는 시기	45~50	58	71	31	38
은퇴를 준비해야 하는 시기	60~65	86	83	41	66
젊은 남성	18~22	83	84	22	29
중년 남성	40~50	75	86	47	41
노인(남)	65~75	57	75	37	52
젊은 여성	18~24	88	89	25	41
중년 여성	45~50	87	87	50	49
노인(여)	60~75	87	83	44	50
남성이 가장 책임감을 많이 가지는 시기	35~50	75	79	50	49
남성이 가장 큰 성취를 하는 시기	40~50	71	82	41	46
남성의 활동시기	35~50	80	86	66	59
여성이 가장 책임감을 많이 갖는 시기	25~40	91	93	53	59
여성이 가장 큰 성취를 하는 시기	30~45	92	94	48	57
아름다운 여성	20~35	82	92	24	33

출처: Passuth, P. M., Maines, D. R. & Neugarten, B. L. (1984), Age norms and age constraints twenty years later〔Harris, D. K. & Cole, W. E. (1998), *Sociology of aging*(최덕신·김모란 공역)에서 재인용)〕.

각되며, 앞으로 사회는 연령 구분이 필요 없는 사회(ageless society)로 발전할 가능성을 시사하는 것이기도 하다. 연령규범은 또한 신체적·정신적 성숙도와 기능의 정도를 구별하는 기준이 되기도 한다. 10세 아동이 경찰이 되는 것이 바람직하지 못한 것은 경찰의 역할을 수행할 정도로 성숙하지 않았기 때문이다. 또한 70세 된 노인이 힘든 육체노동을 하는 것이 적합하지 않은 것은 그 나이면 신체적 기능이 힘든 육체적 노동을 감당할 수 있을 정도가 못 되기 때문이다. 연령규범은 또한 사회적·법률적 행위의 자격, 수행의 연령, 금지연령 또는 퇴직연령을 정하는 데까지 크게 작용한다.

사람이 세상에 태어나서 생활하고 죽음에 이르는 긴 시간은 연령규범과 사회적인 역할의 취득이나 변화에 따라 여러 단계로 구분된다. 이와 같이 사회적인 역할에 따라 구분되는 일생의 과정(life course)을 '생활주기'라고 한다. 많은 사람들이 생활주기를 사계절에 비유하고 있다. 봄은 성장과 젊음의 청년기, 여름은 성숙과 왕성한 활동의 청장년기, 가을은 많은 활동을 하여 가족과 사회에 공헌하고 자녀를 양육시켜 자녀들이 독립하는 중년기, 겨울은 쇠퇴하여 죽음에 이르는 노년기로 비유하고 있다. 이렇게 보면 인생주기는 각 단계마다 고유한 특성을 지니고 있고 순서적으로 한 방향으로만 진행되고 있다. 전통적으로 공자의 가르침에 친숙해 있는 우리나라에서도 공자가 학문을 인생의 주기와 연계시키면서 강조한 것을 생활주기의 지표로 삼아 온 경향이 있는 것 같다.

공자는 『논어(論語)』 「위정편(爲政編)」에서 "나는 15세에 학문에 뜻을 두었고, 30세에 모든 기초를 세웠고, 40세에 사물의 이치에 대하여 의문 나는 점이 없었고, 50세에는 천명을 알았고, 60세에는 남의 말을 순순히 받아들일 수 있었고, 70세에는 뜻대로 행하여도에 어긋나지 않았느니라(子曰 吾十有五而志于學 三十而立 四十而不惑 五十而知天命 六十而耳順 七十而從心所欲 不踰矩)"라고 가르쳤다.

인생을 하나의 여정으로 보면 그 여정은 이정표로 구분되고 이정표는 여정의 진행된 위치를 알려 준다. 이정표에 의해서 구분된 여정에 비유할 수 있는 것이 바로 생활주기다(Kimmel, 1974).

여행을 하는 동안 사람에 따라서 주요한 이정표마다 걸리는 시간이 다를 수 있듯이, 사회적으로 어떤 지위와 역할을 취득하는 데 어느 정도 시간차이가 있기 마련이다. 즉 어떤 사람은 대학교를 늦게 졸업하고 직업을 늦게 얻고 따라서 결혼도 늦어질 수 있는가 하면 어떤 사람은 좀 빠를 수도 있다. 인생 여정에서 이정표는 성장발달의 정도, 연령규범, 사회적인 지위와 역할의 취득과 변화에 따라 설정되는데, 청소년기까지는 주로 신체적 성장과 사회적 성숙, 연령규범에 의해 정해지지만 청소년기 이후에는 주로 사회적 요인인 지위와 역할의 취득·변화에 의해서 결정되는 경향이 있다. 그리하여 청년기 이후부터는 연령규범과 생활주기가 상당한 차이를 보이는 경우도 있는데, 이는 이정표마다 개인에 따라 걸리는 시간이 다른 것과 같은 의미다. 많은 경우 특별한 인생의 이정표들, 예를 들면 졸업, 결혼, 퇴직 등은 의식을 가지고 축하하게 되는데 이러한 사건들은 새로운 지위와 역할로의 전환이라는 의미에서 '통과의례(rite of passage)'라 한다.

인생주기에서 특정 나이를 일컫는 말

전통적으로 인생주기에서 특정 나이를 일컫는 말은 다음과 같다.

- 20세 : 약관(弱冠)
- 30세 : 이립(而立)
- 40세 : 불혹(不惑)
- 50세 : 지명(知命)
- 60세 : 이순(耳順)
- 80세 : 산수(傘壽)
- 90세 : 졸수(卒壽)
- 91세 : 망백(望百)
- 99세 : 백수(白壽)
- 100세 : 상수(上壽)

한 개인이 생활주기상 어느 단계에 위치하느냐는 주로 ① 연령규범, ② 직업적 경력 또는 직업생활주기, ③ 가족생활주기, ④ 개인의 선택적 결정, ⑤ 경제생활주기와 같은 요인에 의해 결정된다(Atchley, 2000).

첫째, 연령규범은 앞에서 설명했듯이 어떤 나이에 무엇을 하는 것이 바람직하고 무엇을 하지 않는 것이 바람직한가를 규정해 주므로 언제 교육을 받고, 취업을 하고, 결혼을 하고, 퇴직을 할 것인가를 결정하는 데 크게 작용을 하게 된다. 둘째, 취업 준비를 하고, 교육을 받고, 취업하고, 전직하고, 직업적인 안정을 유지하고, 퇴직하는 직업생활주기가 사회적 지위와 역할을 규정하고 개인의 생활주기를 결정하고 변화시키는 데 크게 작용한다. 셋째, 언제 결혼하고 자녀를 출산하고 양육하고 결혼시킬 것인가를 결정짓는 가족생활주기는 개인의 생활주기를 결정하는 데도 큰 영향을 미칠 수 있다. 넷째는 개인의 선택적 결정이다. 나이가 들어감에 따라 연령규범상 무엇(어떤 역할)을 할 것인가를 요청받게 되는데, 그러한 요청을 받아들이느냐 또는 언제 받아들이느냐의 결정은 결국은 개인이 하므로 이러한 개인의 결정이 개인의 생활주기를 결정하는 주요 요소로 작용하게 된다. 다섯째는 경제적인 의존성과 독립성의 경제생활주기다. 경제적인 의존성을 벗어나기 위해 교육을 받고 취업하게 되는 것과 경제적 의존성을 높일 수 있는 퇴직의 결정은 개인의 생활주기에 영향을 미친다. 이러한 요인들의 상관관계를 그림 5-2와 같이 나타낼 수 있다.

개인의 생활주기를 말할 때는 많은 경우에 단순히 성장발달단계만을 포함시키고 있으나(그림 5-2에서 유년기-아동기-청소년기-중년기-노년기), 앞에서 보았듯이 이러한 성장발달단계에 더하여 직업생활주기와 가족생활주기에 관한 요소들도 포함시키는 것이 보

그림 5-2. 연령과 생활주기

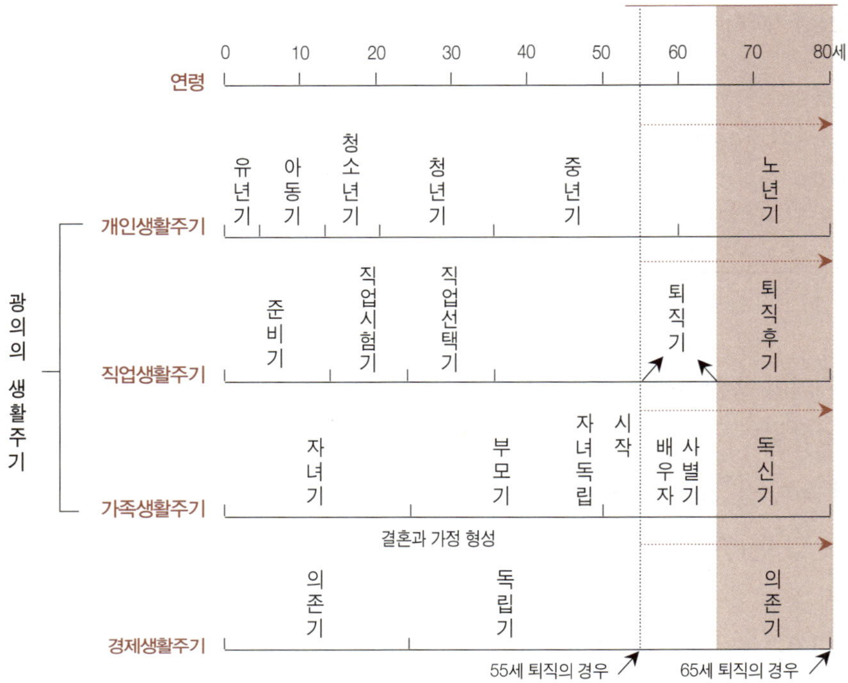

출처: Atchley, R. C. (1980), The Social forces in later life, p. 91의 그림을 한국 사정에 맞게 수정한 것임.

다 명확한 의미의 생활주기가 될 것이다. 이러한 의미에서 그림 5-2에서 발달단계 중심의 개인생활주기, 직업생활주기, 가족생활주기를 포함한 것을 광의의 생활주기라고 할 수 있다.

4 사회적 관련 상황의 변화

생활주기상에서 본 노령기에는 여러 가지 사회적 관련 상황이 변화하는데, 여기서는 주로 어떠한 사회적 관련 상황이 변화하는지를 간략히 살펴보고 관련된 상세한 논의는 제6장 이후에서 할 것이다.

1) 지위와 역할의 변화

노년기에 가장 뚜렷한 변화는 지위와 역할의 변화다. 지위와 역할의 변화에는 ① 상실과 취득, ② 중요성의 변화, ③ 역할활동의 종류와 수의 변화와 ④ 수행방법의 변화로 나누어 볼 수 있다.

첫째, 지위와 역할의 상실과 취득에 있어서 직업적인 면에서는 직업인의 역할을 상실하고 대신에 퇴직인으로서의 역할을 취득한다. 직업적인 역할의 상실은 다른 부수적인 사회적 역할의 상실을 수반하기도 한다. 가족적인 면에서는 생계유지자나 가장으로서의 역할을 상실하고, 배우자가 사망할 경우 남편 또는 아내의 역할도 상실하게 된다. 노년기에 일반적으로 취득되는 역할로는 가족 내에서의 조부모의 지위와 역할, 의존자로서의 지위와 역할 등이 있다.

둘째, 역할의 중요성에서는 (앞에서 언급한 대로) 제도적 역할의 중요성은 급격히 감소하고, 희박한 역할의 중요성은 점차 증가하며, 비공식적인 역할의 중요성은 중년기에 비하여 상당히 감소하는 경향이 있다. 이러한 중요성의 변화는 반드시 역할활동의 수적인 변화와 일치하는 것은 아니지만 상당한 관련이 있다.

셋째, 역할활동의 종류와 수에서 1차 집단과의 관련 역할은 큰 변화가 없으나 2차 집단과의 관련 역할은 줄어들며, 또한 자발적인 참여활동도 일반적으로 줄어드는 경향이 있다. 넷째, 역할수행방법에도 변화가 오는데 지위는 같을지라도 그 역할내용이 달라지는 경향이 있다. 예를 들면, 부모의 역할내용은 중년 자녀에 대한 어느 정도의 충고와 조언 또는 상담자의 역할에 그치게 되는 것이다. 또한 같은 역할도 그 수행방법 면에서 나이에 맞게 또는 노인답게 수행해야 하는 경우도 많다.

2) 자녀의 진수(launching)[1]

사랑과 정성을 쏟아서 양육하고 교육시킨 자녀들은 사회에서 한 독립된 역할을 수행하거나 역할 수행을 준비하기 위해서 부모 곁을 떠나게 된다. 모든 자녀가 다 부모 곁을 떠나느냐 아니면 한 자녀는 계속 동거하느냐는 사회적·문화적 가치와 전통에 따라 다르지만 자녀들의 대부분은 취업, 결혼, 학업 등을 위해서 부모 곁을 떠나는 것이 일반적인 현상이고 핵가족화, 가치관의 변화 등과 더불어 상업화·도시화가 이루어질수록 이러한 현상은 두드러진다. 앞으로는 출산 자녀의 수가 감소함에 따라 자녀가 모두 부모 곁을 떠나는 일이 노년기 전에 일어나고, 자녀는 물론이고 부모가 자녀와의 동거를 원하는 경향은 점점 줄어들 것이다. 게다가 평균수명이 길어져서 자녀를 다 떠나보낸 후에 노부부만 남는 기간이 길어지는 현상이 많이 나타날 것이다. 노부부만 남게 되는 기간이 점차 길어지면 역할 수행, 부모와 자녀의 관계, 노부모 보호 등에서도 중요한 변화가 있게 될 것이고, 이와 관련된 노인문제가 생길 가능성도 높아진다.

자녀가 성장하여 떠나고 부부만 남게 되는 상황을 '빈 둥지(empty nest)'라고 하는데, 이러한 현상이 부모에게 미치는 영향은 부모와 자녀의 애정 밀착 정도, 부모 자신의 자아 발전적인 활동에 대한 관심 정도, 생의 목표 등에 따라 긍정적일 수도 있고 부정적일 수도 있다. 어떤 부모는 자녀의 독립에 대한 상반감정(ambivalence)으로 갈등을 일으키는 경우도 있다. 자녀가 떠난 뒤에 부모가 외로움을 심하게 느끼게 되는 현상을 가리켜 '빈 둥지 증후군(empty nest syndrome)'이라 하며, 특히 자녀에 대한 애착이 심한 경우나 자녀의 모든 것을 관여하고 도와주는 관계(예: 마마보이나 마마걸)를 즐기거나 거기에 익숙한 경우에 이런 현상이 더 많이 나타나는 것으로 보고되고 있다. 외국의 연구를 보면 여성의 경우 빈 둥지 상태를 자기 자신의 일을 위한 보다 큰 기회와 자유로 받아들이는 사람이 있는가 하면, 어머니로서의 역할에 모든 신경을 쏟고 자녀의 보호·양육에만 너무 집착하거나 다른 취미와 흥미가 적은 사람들은 그러한 정도가 약하다고 한다(Atchley, 1980). 남성에 대한 연구는 특별한 것이 없어 빈 둥지의 영향을 구체적으로 알 수 없다.

---

1. 이는 영어 단어 'launch'에 해당하는 말인데 선박을 건조하여 처음 바다에 띄우거나 로켓 같은 것을 제작하여 우주로 발사하는 행동을 말하지만 사람을 독립시켜 떠나보내는 행동을 의미하기도 한다. 적절한 우리말이 없어 배를 띄우는 것에 해당되는 진수(進水)라는 말을 사용한다.

3) 퇴직

퇴직은 사회적 역할의 주축을 이루었던 직업역할의 상실이라는 면에서 보면 이로 인한 다른 역할의 변화가 초래되고 부정적인 자아상을 형성하게 되는 문제점을 유발하는 큰 사건이다. 퇴직은 모든 사람에게 같은 의미로 이해되는 것이 아니라 그 퇴직이 자발적이었는지 또는 강제적이었는지, 우리나라와 같이 조기 정년퇴직이었는지 또는 65세 이후에 충분히 노령이 지각된 이후의 퇴직이었는지, 또는 개인의 인생관, 생활목표 등에 따라서도 다른 의미를 갖는다.

퇴직은 지금까지 해 오던 일에서 물러서는 것(retire from)으로 끝나는 것이 아니라 지금까지 하고 싶어 했지만 하지 못했던 어떤 것을 하기 위해 지금까지 하던 일에서 물러서는 것(retire to)이라는 의미를 갖는 경우도 많을 것이고 이러한 태도는 퇴직 후 활동을 미리 계획하고 준비함으로써 함양될 수 있는 것이기도 하다. 따라서 퇴직을 긍정적으로 예견하고 오랫동안 준비할 수 있도록 직장에서 퇴직준비 교육 프로그램을 시행하는 것이 바람직하다.

4) 경제적 의존성

노년기는 사회적으로 퇴직이라는 사건이 일어난 이후부터 시작되는 것으로 볼 수도 있다. 퇴직 후는 퇴직 전의 노동에 근거한 연금, 퇴직금 등이 수입의 원천이 된다. 외국의 경우를 보더라도 퇴직 후의 수입은 퇴직 전의 절반 이하로 줄어들고, 또한 적절한 직장생활을 못한 사람들은 연금이나 퇴직금의 혜택도 받을 수 없어 자녀들이나 국가의 공적부조에 의존할 수밖에 없다. 우리나라의 경우 연금제도(국민연금)가 시행되고 있지만 연금 수급자 비율이 낮고(2007년 현재 65세 이상 노인의 연금 수급률은 22.4%임), 공공부조제도(국민기초생활보장과 기초노령연금)의 적용대상(2007년 현재 국민기초생활보장 수급률은 65세 이상 노인의 8%임)과 급여비용이 낮아 평균적으로 노인가구 수입의 절반 정도를 자녀들에게 의존하고 있는데(보건복지가족부·계명대학교산학협력단, 2009), 이는 노인의 경제적 의존성을 잘 보여 주는 것이라 할 수 있다. 부모가 자식에게 경제적으로 의존하게 되는 것은 부모와 자녀의 관계를 부드럽지 못하게 만들고 부모의 자존심까지 상하게 할 수 있다.

5) 신체적 의존성

연령이 증가함에 따라 신체적·정신적 건강이 약화되어 자기 몸을 스스로 관리할 수 없게 되는 것이 일반적인 현상이다. 따라서 개인생활은 물론 사회생활을 위해서도 타인의 도움을 받아야 하고 이러한 신체적 의존성이 심해질수록 사회적 역할의 수행은 점점 어렵게 되어 결국은 모든 사회적 역할수행을 중단해야 하는 상태에 이른다. 신체적 의존성은 가족의 보호를 요하게 되는데, 자녀와 동거하는 경우에 계속적인 보호는 자녀들에게 어려움을 주게 되고, 자녀와 별거하는 경우에 보호 문제는 더욱더 심각해져 가족문제가 발생할 가능성이 크다. 신체적 의존성은 자신의 역할수행은 물론 가족의 역할수행에도 많은 영향을 미친다.

6) 생활환경의 변화

퇴직을 기점으로 직장생활을 하던 사람들이 낮 시간을 보내는 장소가 직장에서 가정으로 바뀌게 된다. 가정에 머무는 시간이 많아지므로 가정에서의 역할을 새로 배워야 하는 경우도 있고 가사일에 익숙하지 못한 남자나 성역할의 구별을 고수하는 경우는 역할의 갈등이 생길 수도 있다. 퇴직과 관련하여 우리나라에서 많이 나타나는 현상은 아니지만 이사를 하는 경우도 더러는 있다. 이러한 경우 새로운 주거환경인 이웃과 지역사회에 적응해야 하고 그들과의 관계를 통하여 새로운 역할을 맡게 되는 경우도 있다. 퇴직 후 자녀들이 떠나면 큰 집을 유지할 필요가 없어 규모가 작은 집으로 이사하는 경우도 많아진다.

이상에서 노년기의 사회적 관련 상황을 여섯 가지로 살펴보았다. 지위와 역할의 변화에 관해서는 본 장의 앞부분에서 대부분 상세히 논했으며 관련되는 일부는 제9장(노화와 가족, 이웃, 친구)과 제10장(노화와 여가활동)에서 다루게 될 것이다. 그리고 자녀의 진수와 관련된 문제는 제10장에서, 퇴직에 관해서는 제8장(노화와 퇴직)에서, 경제적 의존성 관계는 제7장(노화의 경제적 측면)에서, 신체적 의존성은 제6장(노화와 건강)에서, 주거 환경의 변화는 제14장(주거보장)에서 좀 더 상세히 다룰 것이다.

5 노화 관련 사회학적 이론

노화는 사회적 관계와 상황 속에서 이루어지므로 노화가 사회적 요소에 어떤 영향을 미치는가에 대한 여러 이론들이 제창되고 있다. 대부분의 이론들은 사회의 구조와 노인 개인, 노인의 역할과 사회적 적응, 노인집단과 사회의 관계 등에 관한 것이다. 또한 그 이론들이 발전된 사회적·문화적인 배경이 서구사회, 특히 미국인 경우가 대부분이므로, 이러한 이론들이 사회 문화적 맥락을 넘어서 적용될 수 있는지의 검토는 충분히 이루어지고 있지 못하며, 특히 한국적 상황 속에서 잘 적용될 수 있을지는 거의 검토되지 못한 상태다. 따라서 소개하는 이론의 대부분이 우리 사회의 실증적 자료가 뒷받침되지 못한 점을 아쉽게 생각하며, 다만 이론을 간략히 이해하는 정도를 통하여 계속적인 연구계기가 될 수 있기를 바란다.

1) 연령계층화 이론

연령계층화 이론(age stratification theory)은 Riley 등(1968)에 의하여 제창된 것으로 연령계층(age strata)과 사회구조, 연령계층 간의 관계와 특성을 다루고 있다. 사회는 기본적으로 연령등급에 의해서 구분되는 연령계층으로 구성되어 있고 서열화되어 있다는 것이다. 한 연령계층에 속하는 사람들은 서로 비슷한 역사적인 경험을 하면서 성장해 왔기 때문에 비슷한 태도, 가치 또는 전망을 가지게 되며, 다른 역사적 경험을 하며 성장해 온 다른 연령집단과는 구별된다. 또한 각각 다른 연령집단에 속해 있는 사람들은 사회적 역할 수행의 능력이나 의지도 다르고 기대되는 사회적 역할도 다르며, 사회에서 부여하는 권리와 특권도 다르다. 따라서 노인연령집단은 어떤 주어진 시기에 있어서 다른 연령집단과 구분되며, 노인은 개인적으로도 다른 젊은이와 구별된다. 그러므로 노인은 다른 젊은 연령층과의 관계에서 그들의 지위와 역할을 찾아야 하고 그 속에서 노인에게 활용 가능한 여러 지위와 역할, 기회 등을 선택하여 이용해야 한다는 것이다(Riley, 1980). 이 이론은 세대차이나 코호트 차이를 이해하는 데는 유용하지만 연령계층에 대한 명목적·조작적 정의가 어려우므로 실증적으로 검증하는 데는 문제가 많다.

2) 노화의 하위문화 이론

노화의 하위문화 이론(subculture of aging theory)은 Rose(1965)에 의해서 제창된 이론인데, 이는 노인들 간의 빈번한 상호작용으로 인하여 노인만의 특유한 하위문화가 생긴다는 이론이다. 한 부류에 속해 있는 사람들은 다른 부류에 속해 있는 사람들보다 자주 상호작용을 하게 되며, 상호작용이 빈번한 같은 부류의 사람들은 그들 나름의 특이한 문화를 형성하게 된다. 노년기에 속해 있다는 공통적인 특성과 사회로부터의 소외와 노인에 대한 사회의 부정적인 반응으로 인하여 노인들끼리만의 상호작용을 하기에 용이한 조건이 형성되며, 이러한 상호작용은 노인만의 특유한 하위노인 문화를 발전시키게 된다는 것이다(Rose, 1965). 이러한 하위문화 현상에는 긍정적인 면과 부정적인 면이 있다. 긍정적인 면은 노인들은 자기들끼리 무슨 일을 같이 하는 것을 좋아하고 이를 통하여 노인이라는 같은 지위의 사람들이 서로 간에 기회를 제공하게 되는 점이다. 부정적인 면은 사회에서 거절당하고 소외되었기 때문에 그들끼리만 모이고 같이 무엇을 하게 되는데 이는 사회적인 통합이라는 측면에서 바람직하지 못하다는 것이다(Rose, 1965).

이 노화의 하위문화 이론은 어떤 특수한 노인 집단의 상호작용 현상을 설명하는 데는 유용할 수 있으나(즉 실버타운이나 노인복지시설에 입주하여 생활하고 있는 노인들의 상호작용), 이러한 현상이 현 사회의 전체적인 현상으로 나타날 수 있는 가능성이 적으므로 일반화하기에는 곤란하다는 문제점이 있다.

3) 노화의 현대화 이론

노화의 현대화 이론(modernization theory of aging)은 Cowgill과 Holmes(1972)에 의해서 제창된 이론으로, 현대화라는 사회적 변화가 노인의 지위를 하락시키고 있다는 것이다. 따라서 현대화의 정도가 높을수록 노인의 지위는 더욱 약해진다는 것이다. 특히 현대화에 핵심적인 요인인 보건기술의 발전, 경제적 생산기술의 발전, 도시화의 촉진, 교육의 대중화가 영향을 미쳐 노인을 노동의 현장에서 퇴직시키고, 사회적·지적·도덕적으로 고립시킴으로써 결국은 노인의 지위를 약화시키고 있다는 것이다. 현대화의 네 가지 핵심 요인들이 어떻게 인과적으로 작용하여 노인의 지위 저하로 연결되는지에 대한 설명은 제2장의 그림 2-1에서 설명한 바 있으므로 여기서는 생략하기로 한다.

현대화 이론은 오늘날 산업사회의 노인문제 원인을 이해하는 데 가장 설득력 있는 이론이고 이 책에서 노인문제의 원인과 양상을 이해하는 기본적인 이론의 바탕으로 이용하고 있기 때문에 이에 대한 몇 가지의 주요한 비판적 견해를 아는 것이 필요하다.

첫째, 현대화 이전에는 노인의 지위가 높았다는 가정 하에 있다. 그러나 인류학적 연구에 의하면 현대화 이전에도 노인의 지위가 낮은 사회가 상당히 많이 있었다는 사실로 이 이론의 일반화에 문제가 있다는 것이다.

둘째, 산업사회에서는 노인의 지위가 낮지만 후기산업사회에서는 오히려 노인의 세력이 커져 지위도 높아질 것이므로 현대화에 따라 계속 하락한다고 보는 데는 문제가 있다.

셋째, 현대화의 부정적인 영향만을 고려했지 가족제도의 유지, 경로의 가치관 유지, 사회복지제도의 발전 등 노인의 지위하락을 막는 요인들은 고려하지 못하고 있으므로 일반화하는 데는 문제가 있다는 것이다.

그러나 이러한 비판은 주로 현대화와 산업화를 혼동하는 데서 온다(Cowgill, 1986). 현대화는 산업화보다 훨씬 넓은 개념이고 보다 긴 역사적(시간적) 발전의 전망을 갖고 있다. 그러므로 보다 넓은 개념으로 긴 시간적 전망(과거와 미래까지의) 속에서 보면 결국 현대화는 노인 지위의 상대적인 하락을 가져오고 있다고 논박할 수 있다(Cowgill, 1986).

이론이 이론으로서의 요건을 갖추려면 시간과 공간을 초월하여 적용할 수 있어야 하지만(Reynolds, 1971), 현실적으로 많은 이론의 발전배경이 어떤 시기의 특정 사회이기 때문에 시간성과 공간성을 초월한 이론은 어떤 의미에서는 이상적일지도 모른다. 이러한 의미에서 산업화가 시작되면서부터 적어도 후기산업사회에 들어가기 전까지로 제한해서 생각해 본다면 현대화 이론의 타당성은 충분히 인정될 수 있을 것이다.

4) 분리 이론

분리 이론(disengagement theory)은 Cumming과 Henry(1961)[2]가 미국의 캔자스 시에 살

2. 최초로 제창된 분리 이론의 이해를 위해 Cumming & Henry(1961)의 Chapter 2(pp. 13-26)를 참고할 것.

고 있는 50~90세 사이 노인으로서 신체적·경제적 자립 상태에 있는 279명을 선정하여 횡단적인 조사(cross-sectional study)를 실시한 자료의 결과에 의하여 제창하였다.

분리 이론의 요지는 다음과 같다. 노인은 젊은이에 비하여 건강이 약화되고 죽음을 맞게 될 확률이 높으므로 개인의 입장에서 최적의 만족과 사회체계의 입장에서의 중단 없는 계속을 위하여 노인과 사회는 상호 간에 분리되기를 원하며 이러한 분리는 정상적이고 피할 수 없는 것이다. 이러한 분리의 결정은 개인이 먼저 취할 수도 있고, 사회에 의해서 먼저 시작될 수도 있다. 즉 개인은 자기의 자아(ego)가 변하여 타인과의 관계를 유지할 수 있는 동기가 약화되는 것을 경험하고서 먼저 사회로부터의 분리를 결정할 수 있다. 또한 사회는 개인이 갖고 있는 기술이 현대적인 조건에 적응하기에는 너무 뒤떨어져 전반적 훈련이 필요하다고 느낄 때 먼저 사회가 노인으로부터의 분리를 결정할 수도 있다는 것이다(Cumming & Henry, 1961). 이와 같이 분리가 사회의 차원에서 먼저 시작되는 경우를 사회적 분리(societal disengagement)라 부르고(Atchley, 1980), 개인적 차원에서 먼저 시작되는 경우를 개인적 분리(individual disengagement)라고 한다(Henry, 1964).

사회적 분리는 사회의 입장에서 노인의 사회에 대한 공헌의 가능성, 특히 지식과 기술이 퇴화되어 노인을 새로이 훈련시키는 것보다는 훈련된 젊은이들로 교체하는 것이 훨씬 유리하다고 판단될 때 일어난다. 이리하여 사회가 노인에게서 분리되는 것(사실은 사회가 노인을 분리시키는 것)이 사회의 기능과 안정을 유지하는 데 유익하게 된다. 이러한 면에서 볼 때 사회적 분리는 기능주의적 관점에 서 있는 것이다. 사회의 유지와 안정을 위해서는 기능적인 요건이 갖추어져야 하는데, 사회는 여러 가지 기능을 중단 없이 수행할 수 있는 개인이 필요하다. 그러므로 사회가 사회적 기능 수행에 필요한 사람들의 자격요건을 제한하는 것이 당연하며, 이렇게 기능적인 면에서 사회적 참여를 제한하게 된 것이 바로 개인이 일정 연령에 도달하면 사회로부터 분리시키는 퇴직제도다. 사회적 분리가 기능적인 요건이면 다른 어떤 면보다도 정치적인 면에서 잘 적용되어야 할 텐데, 정치적인 면에서는 오히려 노인이 더 중요한 위치를 차지하고 있는 것은 사회적 분리를 반증하는 것으로 비판되고 있다.

개인적 분리 이론은 노인은 약화된 건강과 죽음의 가능성이 커짐으로써 노인 스스로 에너지를 보존하고 자신의 내적인 면을 돌볼 수 있는 시간을 갖기 위하여 사회로부터 분리되기를 원할 때 일어나는 것이다. 따라서 사회에서 분리된 노인은 보다 높은 심리적 만족감을 갖게 된다. 즉 노화와 더불어 사회적 활동을 적게 할수록 노인의 심리적 만족도는 높아진다는 것이다. 분리가 심리적인 만족을 가져온다면 퇴직 후에 일을 다시 시작하지 않아야 할 텐데, 일을 다시 시작하는 사람이 많다는 것은 개인적 분리가 심리적 만족감을 가져온다는 가정을 반증하고 있다. 여기서 말하는 개인적인 분리 이론은 다음에 이야기하는 활동 이론과 상반되는 주장을 하고 있어 노령기 노인의 사회적·심리적 적응과 만족을 연구하는 데 중요한 이론적 기반이 되고 있다. 분리 이론이 입증되지 않는 것이 반드시 활동 이론의 입증을 의미하는 것은 아니지만, 많은 경우에 분리 이론의 반증은 활동 이론을 입증하는 결과를 가져온다. 현재까지 이와 관련된 많은 연구는 개인적인 분리가 심리적인 만족을 가져온다는 입장을 저지하지 못하고 있다(Butler & Lewis, 1977).

5) 활동 이론

Havighurst와 그의 동료(Cavan, Burgess, Havighurst & Goldhammer, 1949; Havighurst & Albrecht, 1953)에 의해서 처음으로 주장된 활동 이론(activity theory)은 Lemon 등(Lemon et al., 1972)에 의해서 상징적 상호작용주의 관점에 입각한 이론으로 공식화되었다.

활동 이론은 기본적으로 사회적 활동의 참여 정도와 노인의 생활만족도는 상관관계가 있다는 것이다. 즉 사회적 활동의 참여 정도가 높을수록 노인의 심리적 만족감과 생활만족도가 높다는 것이다. 이와 같은 주장은 "생물학적 측면과 불가피한 건강의 변화를 제외하고는 노인은 근본적으로 중년기와 다름없는 심리적·사회적 욕구를 지니고 있다"(Havighurst et al., 1968)는 가정에서 나온 것이다. 따라서 노인이 다른 사람들과 어울리기를 원하고 집단활동과 지역사회의 일에 참여하는 것은 자연스러운 일이다. 이와 같은 욕구의 충족은 강제적인 퇴직이나 건강의 저하로 인하여 장애를 받게 된다. 자아정체감을 향상시킬 수 있는 사회적 활동 참여가 제약을 받으면 자아평가에 위기를 초래하고 부정적인 자아상을 형성할 가능성이 커진다. 이로 인하여 결국은 노인의 심리적 만족감 또는 사회적 만족감이 낮아지게 된다.

활동 이론은 주창되었을 때부터 상식적인 이론이라 할 정도로 그 내용이 명확하지 않았다. 특히 사회적 활동에 참여하는 것이 어떠한 심리적 기제(psychological mechanism)

를 통하여 생활의 만족도를 가져오는지에 대한 설명이 명확하지 못하였다. 이러한 문제점을 개선하고 사회적 활동의 상징적 상호작용주의 특성을 고려하여 Lemon과 그의 동료들은 다음과 같이 활동 이론을 공식적으로 명료하게 제시하였다.

활동은 개인의 자아개념(self-concept)을 재확인하는 데 필요한 역할지지를 제공한다. 활동이 친밀하고 빈번할수록 역할지지는 더욱 확실해진다. 역할지지는 긍정적인 자아상을 유지하는 데 필요하고, 긍정적인 자아상은 생활만족도를 높게 유지하는 것과 연관되어 있다(Lemon et al., 1972). 여기서 보면 활동 참여 → 역할지지 → 긍정적 자아상 유지 → 높은 생활만족도의 인과적인 심리적 기제가 가정되고 있는 것이다. 상징적 상호작용주의 관점에서 활동은 구체적인 지위에 따른 역할뿐만 아니라 행위자가 의미를 부여하고 타인의 반응을 통해 자신의 입장을 확인할 수 있는 모든 사회적 행위를 포함하는 것으로 볼 수 있다. 즉 우연한 만남이 아닌, 의미 있고 목적이 있는 대인관계의 모든 활동을 포함한다.

이러한 활동 이론에 의하면 활동에 많이 참여하고 친밀한 활동을 할수록 노인의 생활만족도가 높게 유지되므로 노년기에도 많은 사회적 활동에 참여하는 것이 필요하며, 특히 퇴직으로 인하여 상실된 역할활동을 대치할 만한 다른 활동의 참여가 필요하게 된다는 것이다. 이와 같이 활동 이론은 분리 이론과 대립적인 이론으로서 노년사회학에서 가장 많은 논란의 초점이 되고 있다. 이 이론은 노동의 윤리성을 강조하는 미국 사회에서 형성된 이론으로서 다른 사회문화권에서의 적용에 문제가 있다는 비판이 있다. 현재까지의 많은 실증적 연구에 의하면 활동 이론의 입장을 지지하는 편이 우세하다(Larson, 1978). 활동을 전반적으로 보면 활동의 참여와 생활만족도는 상관관계가 있는 것으로 볼 수 있으나, 좀 더 구체적인 면에서 활동의 종류별로 보면 상당히 다른 양상을 보이고 있다. 친구나 이웃방문 등의 비공식적 1차 집단과의 활동과 생활만족도의 상관관계는 대부분의 경우 입증되고 있다. 또한 가족과의 접촉 빈도는 생활만족도와는 별로 상관관계가 없다는 보고도 많다. 공식적인 활동의 참여와 생활만족도의 관계는 상반되는 연구 결과가 많아 일반적인 결론은 내릴 수 없다. 또한 성별에 따라서도 활동 종류와 생활만족도가 다르게 나타나기도 한다(Lemon et al., 1972).

우리나라에서 활동 이론에 근거한 활동 종류와 생활만족도의 관계를 조사 연구한 것을 살펴보자. 홍순혜(1984)는 활동의 종류를 ① 중요한 사람들(significant others)과의 활

표 5-3. 성별에 따른 활동 종류와 생활만족도의 상관관계

활동 종류	구분	생활만족도	
		남	여
중요한 사람들과 활동	빈도 시간	상관관계 있음 상관관계 없음	상관관계 있음 상관관계 없음
자원적 조직체 참여활동	빈도 시간	상관관계 없음 상관관계 없음	상관관계 있음 상관관계 있음
혼자 하는 활동	시간	상관관계 있음	상관관계 없음

주: 상관관계 있음 p 〈.05, 상관관계 없음 p 〉.05. 혼자 하는 활동의 빈도와 생활만족도 상관관계는 분석이 없음.
출처: 홍순혜 (1984), 활동이론에 따른 한국노인의 생활만족도에 관한 실증적 연구, pp.48-64 서술 요약.

동, ② 자원적 조직체(voluntary organizations)에의 참여활동, ③ 혼자 하는 활동으로 나누어 그 활동 빈도·시간과 생활만족도의 관계를 검토했는데, 그 결과는 표 5-3과 같다.

표 5-3을 보면 활동의 종류, 빈도, 시간, 성별에 따른 차이를 볼 수 있는데 중요한 사람들인 가족, 친척, 친구, 이웃 등과의 활동빈도와 생활만족도의 상관관계가 있다는 결과는 외국 연구와 일치한다. 임미숙(1985)의 연구는 노인정 참여 노인과 비참여 노인의 생활만족도를 연구한 것인데, 노인정 참여 노인이 비참여 노인보다 생활만족도가 높은 것으로 나타났다. 우리나라의 노인정에서는 공식적인 프로그램이 없는 경우가 대부분이므로 노인정 활동은 친구와의 비공식적 접촉활동이라 볼 수 있다. 그러므로 이 연구도 비공식적 집단(1차 집단)과의 활동이 생활만족도를 높일 수 있다는 것을 입증하는 것이 된다.

다른 연구에서도 마찬가지겠지만, 개념을 어떻게 실제로 측정하느냐에 따라 같은 이론이나 가설에 근거한 연구라도 다른 결과를 나타낼 가능성이 많다. 우리나라의 경우는 위에서 언급한 두 가지 연구 결과의 일치성은 있지만, 이 외에는 다른 연구가 없으므로 이것만으로 우리 사회에서의 활동 이론의 적용에 대해 결론을 내리는 것은 시기상조라고 생각된다.

앞에서 활동 이론은 생산성과 노동의 가치성을 존중하는 미국 사회에서 발전되어 다른 사회문화권에 적용하는 것은 문제가 있다는 비판이 있다. 그런데 이 같은 비판은 어떤 면으로는 공식적 활동의 참여가 생활만족도를 높일 수 있다는 가정에 중점을 둔 비

판과 같다. 그러나 실제 연구조사에서 나타난 것을 보면 미국과 한국 모두 공식적 활동보다는 비공식적 활동에 참여하는 것이 노인의 생활만족도와 더 관련이 있음을 알 수 있다. 이것은 활동을 상호작용에서 의미를 부여하는 제반 사회적 관계로 보는 상징적 상호작용주의 관점에 의한 활동 이론의 실증적 타당성을 시사하는 것으로 볼 수 있다. 이러한 의미에서 활동의 참여는 반드시 생산성이나 노동을 윤리적인 가치로 지향하고 있는 사회가 아니더라도 어느 사회에서나 보편적으로 생활만족도를 향상시키는 작용을 할 수 있을 것이라고 본다.

현재까지 거의 대부분의 조사 연구는 활동의 빈도와 시간이라는 양적인 면에만 치중한 것이었다. 그러나 활동의 질적인 면을 적절히 측정할 수 있는 척도가 개발되면 활동의 질과 생활만족도의 관계도 잘 규명될 수 있을 것이고 상징적 상호작용주의 관점에 의한 활동이론의 적용가능성은 더욱 높아질 것으로 본다. 그리고 활동도 종류와 중요성을 측정할 수 있는 측정도구가 개발되면 활동과 생활만족도의 관계를 보다 더 정교하게 규명할 수 있을 것이다.

6) 교환 이론

교환 이론(exchange theory)은 Homans(1961)가 『사회적 행동: 그 기초형태(Social behavior: Its elementary forms)』라는 저서를 출간함으로써 공식적인 이론으로 제기되었지만, 그 사상적 기원은 주로 고전경제학, 기능주의적 인류학과 행동주의 심리학으로 볼 수 있다. 교환 이론은 사회현상에 대한 설명력이 큰 것으로 보고 다양한 사회현상에 적용하려는 노력이 증가되고 있다. 이에 따라 노화와 노인문제를 교환 이론을 적용하여 설명할 수 있다고 본다(Dowd, 1975).

교환 이론에서는 사회적 행동을 "적어도 두 사람 사이의 활동의 교환"(Homans, 1961)으로 보고 대인관계는 "사람들 사이에 보상을 반복적으로 교환하는 것"(Homans, 1974)으로 본다. 이러한 사회적 행동 또는 대인관계가 이루어지는 기본조건은 주는 것(투자)보다 받는 것(보상)의 가치가 크게 되는 것인데, 그러한 조건이 갖추어졌을 때 사회적 교환행동이 계속된다는 것이다. 또한 교환관계에 들어가는 행위자는 가능한 한 대등한 입장에서 교환관계를 형성하고 유지하려고 한다. 그러나 교환관계는 교환조건이 동등하지 않은 상태에서 시작되는 경우가 많다. 교환이 불가피하게 이루어져야 하는 관계에서는 교환자원(지식, 기술, 금전, 사회적 승인, 복종, 존경 등)의 가치가 높거나 교환자원이 풍부한 쪽이 교환자원의 가치가 낮거나 부족한 쪽을 지배하게 되며(Archibald, 1976), 불균형적인 교환관계가 반복적으로 이루어지고 이것이 하나의 교환형태로 굳어져서 제도화되는 경향이 있다(Martin, 1971).

불균형화된 교환관계에서 의존성이 커져 결국은 권력적 열세에 처하게 되는 쪽은 가능한 한 교환관계를 균형화시키려 하고, 그렇게 함으로써 교환관계에서 발생하는 손해 또는 비용을 줄이려는 경향이 있다. 권력불균형에 내재된 불균형의 교환관계를 균형화시키는 전략에는 다음과 같은 방법이 있다(Emerson, 1962; Johnson, 1981).

① **동등한 가치의 다른 자원으로 보상 :** 교환관계에서는 같은 것으로 보상하기를 원하지만, 같은 자원을 갖고 있지 않을 경우 받은 보상과 가치적인 면에서 같거나 비슷한 자원을 획득하여 보상하는 것이다.

② **다른 보상의 원천을 개발 :** 필요로 하는 보상을 현재의 교환관계 의존자 이외의 다른 곳에서 일부 또는 전체를 구함으로써 의존적 관계를 줄이고 균형화시킬 수 있다. 이때 보상의 원천을 여러 곳으로 개발하여 한 곳에 지나치게 의존하는 것을 줄이는 방법도 있다.

③ **새로운 자격이나 지위의 획득 :** 상대편에게 매력적인 자원이 될 수 있는 새로운 기술과 지식을 습득하거나, 새로운 사회적 지위를 얻거나, 새로운 지위로 자신을 부상시킴으로써 교환자원의 가치와 교환조건을 향상시킬 수 있다.

④ **강제력의 사용 :** 육체적인 힘, 보상의 철회, 위협, 윤리나 도덕적 면에서 죄책감을 불러일으킴으로써 상대방으로부터 원하는 보상을 이끌어낼 수 있다.

⑤ **연합적 활동 :** 같은 처지의 동료나 다른 집단과 연합함으로써 집단적인 권력을 형성하여 공정교환 또는 배분적 정의에 입각한 교환이 이루어지도록 하는 것이다.

⑥ **원하는 보상이나 욕구충족을 포기하는 것 :** 자기가 원하는 보상이나 서비스를 상대방에게는 받지 않고 참고 견딤으로써 교환관계의 불균형을 개선하거나, 불균형적인 교환관계가 형성될 가능성을 미리 배제한다.

⑦ **소유자원의 질을 향상시킴 :** 현재 소유하고 있는 교환자원을 질적인 면에서 향상시킴으로써 저하된 자원의 가치를 높여 교환관계의 균형화를 기한다.

앞에서 오늘날의 노인문제는 현대화로 인하여 야기된 것이라고 주장하였다. Rosow (1965a)는 산업사회에서 노인의 지위는 노인이 통제할 수 있는 자원, 노인이 수행하는 기능, 사회적 조직상태에 따라 달라질 수 있다고 하면서 ① 재산소유 및 통제권의 약화, ② 노인지식의 낙후, ③ 종교적 전통에의 연결 약화, ④ 핵가족화, ⑤ 노인의 생산성 약화, ⑥ 도시화로 인한 공동체적 유대성 약화, ⑦ 상호의존성의 약화라는 일곱 가지 요인이 노인의 지위를 약화시키고 문제를 초래한다고 제시하고 있다. 이러한 일곱 가지 요소 가운데 ①, ②, ③, ⑤, ⑦의 다섯 가지는 노인의 교환자원의 질과 양의 약화를 의미한다. 이러한 노인의 교환자원의 부족, 가치성의 저하 또는 고갈 등은 노인이 집단으로서 또는 개인으로서 사회적 교환관계를 형성하는 데 있어서 열세를 면치 못하는 지위로 하락시키고 있다. 즉 교환자원의 가치 저하는 의존성을 증가시키고 이는 권력의 약화를 초래하며, 권력의 상대적 약화는 교환관계에서 교환조건의 열세를 초래하여 노인이 결국은 개인 및 사회와의 관계에서 어려움을 당하게 되는 노인문제가 발생하게 된다.

교환 이론은 노화 및 노인에 관련된 모든 문제를 다 설득력 있게 설명할 수는 없지만 많은 부분의 노인문제를 잘 설명할 수 있고, 특히 근린 및 친구관계와 관련된 문제를 설득력 있게 잘 설명할 수 있다(최성재, 1985). 앞에서 언급한 교환관계 균형화 전략은 노인문제를 정책적인 면과 임상적인 면에서 서비스를 제공하는 데도 중요한 이론적 기반이 될 수 있다.[3] 교환 이론에 입각한 노화와 노인문제는 이론적인 차원에서 이제 그 적용을 시도하고 있는 단계이며 구체적·실증적인 조사는 거의 없는 처지여서 그 실제적 적용은 계속적인 연구과제로 남아 있다.

7) 생애과정 이론

생애과정 이론(life course perspective)은 노년학에서 새롭게 형성되고 있는 이론적 관점이지만 아직 이론으로서의 조건이 잘 갖추어진 상태는 아니다. 이 이론은 구조기능주의, 발달심리학적 이론, 연령계층화 이론 등에 근거를 두고 발전되고 있다. 이 이론적 시각은 아직도 종합화된 상태는 아니지만 비슷한 관점에서 전개되고 있는 주장들에서

---

3. 교환관계 균형화 전략을 노인문제 해결에 적용하는 설명은 최성재(1985) 참조.

다음과 같은 몇 가지 흐름을 발견할 수 있다. 생애과정 이론의 요점은 노화 과정 또는 인생과정(생활주기)은 역동적이고 상황적 맥락 속의 과정이고, 연령과 연관되어 생애과정의 단계가 바뀌고, 노화는 사회적 맥락, 문화적 의미, 사회구조상의 위치와 연계되어 이들에 의해 영향을 받으며, 시간, 기간, 코호트도 개인과 사회집단의 노화 과정의 형성에 영향을 미친다는 것이다(Bengtson et al., 1997).

생애과정 이론은 우선 역사적 효과, 사회구조, 개인적 의미를 이론적·분석적 모델에 구현하려 한 점에서 미시적 수준과 거시적 수준의 사회구조적 분석을 연계하려는 시도라 할 수 있고, 또한 학제간(interdisciplinary) 또는 다학문적(multi-disciplinary) 접근의 필요성을 제기한 면에서 의의가 크다. 그러나 이 이론이 설명력 있는 이론으로 발전하기 위해서는 아직도 상당히 어려운 문제가 남아 있다. 특히 관련된 많은 노화 과정과 생애 과정의 상황적·맥락적 개념(변수) 등을 어떻게 하나의 분석에 포함시킬 수 있을지는 가장 어려운 문제라 할 수 있다.

8) 여성주의 이론

여성주의 이론(feminist theory)은 1970년대 이후 사회과학적 연구와 분석에서 여성적 입장이 고려되지 못함을 지적하면서 남녀 차이를 고려하는 것이 중요하다는 것을 강조하기 시작하였다. 이 여성주의 이론은 상징적 상호작용주의, 현상학, 민속방법론, 마르크스주의 이론 등에 근거를 두고 있다. 여성주의 이론은 성별이 일생을 통하여 개인의 사회생활에 지대한 영향을 미치기 때문에 노화와 노인을 이해하는 데는 성별이 일차적으로 고려되어야 한다고 주장하고 있다. 여성주의자들은 현재까지의 노화 관련 이론들은 노화 과정에서 성별 차이와 여성의 경험을 반영하지 못하고 있기 때문에 설명력이 약하고 충분하지 못하다고 주장하고 있다.

여성주의 이론은 미시적·거시적 시각을 같이 취하고 있다. 미시적 차원에서 성별 차이는 사회적으로 형성되고 규정되는 의미의 맥락에서 검토되어야 함을 강조하고, 또한 거시적 차원에서는 남성 노인과 여성 노인의 경제적 관계가 권력관계를 형성하고 있음을 강조한다(Bengtson et al., 1997).

여성주의 이론은 대부분의 노인인구가 여성이기 때문에 여성의 입장과 욕구의 중요성을 강조하는 점, 여성적 입장을 일상생활과 사회 서비스에 반영할 필요가 있다는 점, 미시적 차원과 거시적 차원의 변수를 연계하여 여성 노인과 노화 과정을 분석하려는 점, 역사적 발전 과정에서 일반적 여성주의 이론도 연령 문제를 무시하고 있다고 비판하고 있는 점에서는 의미 있고 합리적인 주장이라 할 수 있다. 그러나 이 이론 역시 생애과정 이론과 마찬가지로 아직도 이론으로서의 조건이 부족하다. 즉 이론적 주장의 범위가 너무 넓고 여성주의 시각 내에서도 차이가 많아 하나의 방향으로 이론화되기가 어려운 면이 문제로 지적된다.

9) 노화의 정치경제학 이론

노화의 정치경제학 이론(political economy of aging)은 마르크스주의, 갈등주의, 비판 이론 등이고 기존의 구조기능주의 이론에 대한 반발적 입장에서 형성된 이론이라 할 수 있다(Bengtson et al., 1997). 정치경제학적 이론에서는 경제적·정치적 힘이 사회적 자원의 배분을 결정하고, 노인의 대우와 지위는 공공정책, 경제적 경향, 사회구조적 요인에 의해서 크게 영향을 받는다는 것이다. 따라서 사회경제적·정치적 제약이 노화의 경험을 형성하고 이러한 과정에서 경험은 노인의 권력과 자율의 상실을 초래한다는 것이다. 또한 경제 및 공공정책에 의해 제도화된 사회구조적 요인은 노후생활의 기회와 선택과 경험을 제한한다는 것이다. 이러한 정치경제학적 시각은 퇴직, 연금, 실버산업의 마케팅, 수발, 지역사회 서비스, 요양원을 위시한 노인보호사업의 현상과 문제점 등을 설명하는 데도 적용되고 있다.

정치경제학 이론은 노화와 노인을 거시적 차원의 변수로 이해하고 분석하려는 대표적 관점이다. 이 이론은 사회구조, 경제정책과 공공정책이 노인 개인에게 지대한 영향을 미치며 이러한 변수들이 노인의 선택을 제한한다는 것을 강조하고 있다는 점이 특징이다. 그러나 한편으로는 노인의 지위를 설명하는 데 사회구조적·경제적 요인의 결정적 중요성을 너무 강조하고 있다는 비판을 받고 있다. 이 이론적 관점은 노인의 사회경제적 지위가 열세하다는 것을 과장하여 노인을 힘없는 존재로 매도하는 경향이 있으며, 노인은 스스로 해결할 수 없는 사회적·경제적 조건하에서 존재할 수밖에 없다는 인상을 주고 있다는 점이 문제점으로 지적되고 있다.

10) 제3기 인생론

지금까지 사람들은 일반적으로 노년기는 별로 길지 못하고 건강상태도 약하기 때문에 직업활동이나 생업을 그만두고 특별히 하는 일 없이 적당히 여가를 보내며 조용히 은퇴생활을 하는 시기로만 생각해 왔다. 그렇기 때문에 노년기를 새롭게 생각하는 경우가 많지 않았다. 그런데 기대여명이 20~30년 연장되고 건강수명도 연장되어 80대, 심지어는 90대까지도 신체적·정신적으로 건강하게 지내는 사람들이 늘고 있기 때문에 60대 이후 20~30년이나 연장된 긴 시간을 단순히 은퇴하여 조용히 지내는 시기로 생각하는 것은 인생주기와 인생과업에 대한 바람직한 생각이 아니라고 생각하는 사람들이 많아지고 있다.

평균수명이 연장되어 인생 80이 보편화되고 90대까지도 건강하게 지낼 수 있기 때문에 60대 이후의 20~30년은 결코 짧은 시간이 아니다. 80년 내지는 90년의 인생에서 마지막의 20~30년의 시간은 전체 인생의 3분의 1, 아니면 4분의 1이나 되는 시간이므로 이제는 인생주기에서 노년기를 새롭게 생각해야 할 필요가 있다.

인생을 크게 4단계로 구분하면서 노년기 또는 중년기와 노년기의 일부를 결합한 의미에서 제3기 인생론을 주장하는 이론이 있다. 하나는 Laslett의 제3기 인생론이고 다른 하나는 Sadler의 제3기 인생론이다.

(1) Laslett의 제3기 인생론

영국의 사회철학자인 Laslett은 그의 저서 『신선한 인생지도(A Fresh Map of Life)』에서 평균수명이 점차 연장되는 고령화사회를 생각하면서 인생주기를 네 단계로 나누어 노년기의 중요성을 강조하고 노년기의 새로운 의미를 제시하였다(Laslett, 1989). 그는 인생주기를 제1기 인생(the first age), 제2기 인생(the second age), 제3기 인생(the third age), 제4기 인생(the fourth age)으로 설명하고 각 시기마다 과제를 제시하였다.

제1기 인생은 출생부터 사회에서 직업을 얻기 위해 교육을 끝내는 때까지의 시기다. 연령으로 말하면 0세에서 대학을 졸업하는 24~25세 정도까지라 할 수 있다. 제1기 인생은 경제적으로 독립하지 못하고 부모에게 의지할 수밖에 없고 교육과 훈련을 받아야 하는 시기이므로 이 시기의 주요 인생과업은 의존과 교육·훈련이다.

제2기 인생은 취업을 위한 교육을 끝마치고 취업을 하며, 경제적으로 독립하여 결혼하고 가정과 직장에 대한 의무를 다하고 퇴직할 때까지의 시기를 말한다. 연령으로는 대체로 25세에서 60~65세까지에 해당된다. 이 시기의 인생과업은 취업과 경제적 독립, 책임과 의무 수행이 된다.

제3기 인생은 퇴직 후 건강하게 지내는 시기로서 퇴직 후 대부분의 시기가 이에 해당되고, 연령으로는 60~65세에서 75~80세 또는 그 이상의 시기까지도 해당된다. 건강을 잘 유지해 온 사람들에게는 80대, 나아가서는 90대까지도 해당될 수 있다. Laslett이 특별히 강조한 것은 바로 제3기 인생인데, 이 시기의 발달과업은 '자기성취(personal achievement)'라고 했다. 자기성취는 자기가 계획하고 원하는 자신의 삶을 살고 그 삶에 만족을 느끼는 것을 말한다.

제2기 인생은 사실 미리 계획하여 선택하기에는 여러 가지로 어려운 점이나 장애가 많다. 긴 인생에 대한 계획을 젊어서부터 충분히 세우기가 어렵고, 자신의 적성을 정확히 발견하기도 어렵고, 자기 적성이라 생각한 것이 과연 자신에게 맞는 것인지 충분히 경험해서 알 수 있는 시간도 부족하며, 많은 경우 경제적 어려움이나 부모 또는 주위사람들의 권유로 자신의 적성과는 무관한 직업을 택할 수도 있다. 그리고 한번 직업을 선택하고 나면 바꾸는 것이 쉽지 않은 경우도 많다. 이러한 이유로 제2기 인생은 자기 적성에도 맞고 자기가 원하는 직업활동을 하는 인생을 만들어 나가는 경우는 그리 많지 않다. 다시 말해서 제2기 인생은 자신이 제대로 계획한 인생이라고 말하기 어렵다.

인생을 상당히 경험해 보고 적성을 충분히 파악하여 자기가 원하는 인생을 계획하여 살아볼 수 있는 시기가 바로 제3기 인생이라 할 수 있다. 제3기 인생은 반드시 자기가 오랫동안 해 오던 일에서 정년퇴직하여 시작하는 인생을 지칭하는 것이 아니라, 해 오던 일을 중년기에라도 과감하게 그만두고 새로운 계획으로 시작한다면 그때부터가 제3기 인생이 될 수 있다. 대부분의 경우 중년기까지 계속 직업활동을 하다가 정년퇴직을 하기 때문에 정년퇴직 이후 건강하게 생활하는 인생기간을 제3기 인생이라 한다.

제4기 인생은 퇴직하여 건강하게 지내다가 신체적 또는 정신적으로 쇠약해지거나 질병으로 건강이 약해져 독립적으로 생활하기 어렵게 되는 시기를 말한다. 이 시기는 반드시 경제적으로 의존의 시기가 되는 것은 아니지만 건강 면에서 다른 사람에게 의존하는 의존시기가 된다. 건강 면에서 의존의 시기가 되는 기간은 개인에 따라 짧을 수도 있고 길 수도 있다.

우리나라의 경우는 현재 평균수명에 비해 건강수명이 10년이나 짧기 때문에 제4기 인생이 평균 10년이 된다는 것이다. 건강수명을 가능하면 연장할 수 있도록 젊은 시절부터 건강 유지와 증진에 노력하는 것이 제일 중요하고, 노년기에 접어들어서도 정기적 신체검사와 의사의 처방에 의한 적절한 운동과 음식섭취 등으로 건강유지와 건강증진을 위해 노력하면 건강수명을 크게 연장할 수 있다. 인생의 4단계 중 노년기에 해당하는 단계는 제3기 인생과 제4기 인생이지만 제4기 인생은 개인적으로 활동하기 어려운 시기이므로 그 기간을 단축하는 것이 바람직하다.

노년기 전체를 제3기 인생으로 생각하는 의미에서 유럽 국가, 미국, 캐나다, 호주 등의 선진국에서는 제3기 인생을 중요하게 생각하고 노인들을 교육하는 기관을 '제3기인생대학(University of the Third Age; U3A)'이라 부르고 대학교에서 제3기인생대학을 시행하는 경우와 지역단위의 퇴직자 모임에서 시행하는 경우가 많다.

제3기인생대학은 일종의 노인대학이라 할 수도 있지만 우리나라의 노인대학과는 다른 점이 많다. 제3기인생대학은 전문가들이 교육기간(학년), 교육내용 등에 대해 미리 계획을 세워놓고 교육내용도 오락이나 흥미 위주가 아니라 노인들의 상식과 교양을 높이고 학생들이 원하는 특별한 관심 사항들을 위주로 하고 있다. 그리고 테마 기획 여행을 포함하고 있는 경우(엘더 호스텔: elder hostel)도 있는데 예를 들면 '실크로드 탐방 여행', '화훼산업 연구 여행' 등이 있다.

(2) Sadler의 제3기 인생론

인생주기와 관련하여 Sadler의 제3기 인생론은 중년기와 노년기를 결합한 시기를 제3기 인생으로 보고 새로운 인생과업을 제2의 성장으로 보고 있다(Sadler, 2000). Sadler는 그의 저서 『제3기 인생: 40이후의 성장과 쇄신을 위한 6원칙(The Third Age: 6 Principles for Growth and Renewal After Forty)』에서 제3기 인생(the third age)을 40대 이후부터 70대 중반까지로 보고 있다.[4] Sadler의 저서는 40대에서 80대에 이르는 200여 명을 인터뷰한

4. 제3기 인생의 끝 부분에 해당한 연령은 정확히 규정하지 않고 있으나 주장하는 내용에서 끝부분의 연령을 70대 중반으로 생각할 수 있다.

후 다시 50명을 12년간 추적 조사한 자료를 정리한 결과다. Sadler는 Laslett처럼 인생을 4단계로 분명히 구분한다는 주장을 하지 않았고, 따라서 제1기 인생, 제2기 인생이나 제4기 인생도 명확히 정하지 않았다. 추측하건대 제1기 인생은 Laslett의 제1기 인생과 같은 것으로 보이고, 제2기 인생은 취업부터 40대 이후 자발적 또는 비자발적으로 퇴직하여 새로운 일을 시작하기 전까지를 말하는 것으로 보이고, 제4기 인생은 Laslett이 정의한 것과 같은 것으로 생각된다.

Sadler는 제3기 인생의 의미 내지는 특징을 제2의 성장(the second growth)으로 보고 있다. 40대 이전의 성장은 어떤 정해진 코스를 따라 순차적이고 체계적으로 그리고 직선적으로 성장하지만 제2의 성장은 우리의 잠재력을 활용하여 복합적으로 성장하기 때문에 쉽게 간과하고 측정하기도 어렵다는 것이다. 제2의 성장에서 중요한 것은 우리의 창의력을 활용하여 생활을 쇄신하고 새로운 방향으로 나가는 것이다. 고령화사회가 아닌 전통적 사회의 인생주기에서는 40대의 어느 시기에 인생의 정점에 도달하여 점차 하향하는 식으로 인생에서 정점이 하나만 있는 것으로 생각했지만 인간의 수명이 계속 연장되는 고령화사회에서는 40대 이후 또 하나의 정점이 있을 수 있다는 것이다.

전통적 사회의 인생주기에서는 50대 이후는 퇴직이라는 비행장에 안전하게 도착하기 위해 속도를 줄이고 안전띠를 매지만, 40대 이후에 우리가 원한다면 한 번 이상 나타나는 인생의 정점을 향해 비행하기 위해 안전띠를 다시 맬 수도 있다는 것이다. Sadler는 제2의 성장을 위한 여섯 가지 원칙으로 ① 습관적 생활 재검토와 생활 변화의 위험 감수, ② 현실적 낙관주의 태도 개발, ③ 긍정적 제3기 인생의 정체성 확립, ④ 일에 대한 재정의와 일과 여가의 조화, ⑤ 개인적 자유와 친밀감의 조화, ⑥ 자기와 타인에 대한 배려의 생활태도 조성을 제시하고 있다.

Sadler가 이야기한 제3기 인생은 중년기를 70대까지 연장한 것으로 보거나 아니면 중년기와 노년기 일부를 결합한 시기로 볼 수 있다. 또한 Sadler의 제3기 인생은 Laslett의 제3기 인생의 시작이 앞당겨진 것이라 볼 수도 있고, Laslett의 제3기 인생을 포함하는 것으로 볼 수도 있다. 여기서는 구체적으로 나이가 중요한 것이 아니라 일단 제2기 인생을 시작한 이후 어떤 계기가 있어 지금까지와는 다른 새로운 인생을 시작하게 되는 시기부터를 제3기 인생의 시작으로 보고 있다. Sadler는 제3기 인생의 특성을 '제2의 성장 시기'로 보고 있는데 이는 Laslett이 제3기 인생의 특성을 자기성취로 보고 있는 것과

외국의 제3기인생대학

프랑스에서 1970년대 초 처음으로 제3기인생대학(University of the Third Age: U3A)이 생겨난 이후 프랑스 전역과 유럽대륙으로 확산되었고, 1980년대 초에 영국에도 제3기인생대학이 소개되었다.

- **프랑스형 제3기인생대학 :** 대학에서 커리큘럼을 짜서 퇴직자를 대상으로 교육하는 형태
- **영국형 제3기인생대학 :** 대학과 관계없이 지역사회의 퇴직자가 클럽을 만들어 회원들끼리 커리큘럼을 짜고 회원이 강사를 맡아 강의하는 형태

비슷한 면이 많다.

Sadler는 중년기 이후 한 번 이상의 새로운 성장이 가능하다는 것을 강조하고 있는 점과 중년기 이후 노년기까지(건강한 시기까지)를 인생에서 제2의 성장을 주요 과업으로 삼고 있다는 점에서 의미가 크다.

이 제3기 인생론은 다분히 철학적이고 가치관적인 측면이 강하며 아직도 경험적 검증이 약한 편이어서 앞으로 계속 경험적 연구로 검증해 봐야 할 것이다. 그러나 이 제3기 인생론은 노년기의 인생 과정의 의미와 발달과업을 규명하고 이것이 노년기의 개인적·사회적 역할과 생활만족도가 어떤 관계를 가지는가를 연구하는 데 중요한 요인이 될 수 있다는 면에서 이론적 의미도 크다고 하겠다.

제6장

노화와 건강

건강은 생물학적 존재로서 우리의 생명을 유지시켜 주는 핵심적 요인이 될 뿐만 아니라 개인적·사회적으로 인간다운 삶을 유지하는 데에도 지대한 영향을 미친다. 즉 건강은 개인이 신체적인 독립을 유지하고 일상생활을 영위하며 스스로 목표를 달성하는 데 있어서 필수적인 요건이 된다. 건강은 결혼생활과 가정생활, 사회생활에서 기대되는 역할수행에도 중요한 요인이다. 사회 심리적인 면에서도 자아상을 긍정적으로 유지하고 인간관계에서 소외되거나 고립되지 않고 사회에서 삶의 주류 속에 자신을 통합하는 데 기여한다(Shanas & Maddox, 1976).

건강은 이렇게 중요하지만 중년기를 지나 연령이 점차 증가함에 따라 신체적·정신적 기능이 퇴화하고 이에 따라 질병에 대한 저항력이 저하되는 등 건강이 점차 약화되기 시작한다. 그러므로 노령기에는 인생의 다른 어떤 시기보다 건강을 유지하기 힘들기 때문에 건강유지에 많은 주의를 기울여야 한다.

본 장에서는 노인의 건강상태와 관련하여 건강의 의미는 무엇이며, 신체적·정신적 건강과 건강의 실태는 어떠하며, 건강보호와 관련된 문제점이 무엇인가를 살펴봄으로써 노화의 한 단면을 이해하고자 한다.

1 건강의 개념

건강의 의미는 다양하며 여러 측면을 포함하고 있다. 이러한 특성을 가장 잘 고려하고 있는 것이 세계보건기구(WHO)의 정의다. 세계보건기구의 정의에 의하면 "건강이란 단순히 질병이나 허약성이 없는 상태가 아니라 신체적·정신적·사회적으로 완전한 복리의 상태"라는 것이다. 이러한 정의는 인간의 전반적인 면에서의 건강을 강조하고 있다. 신체적 질병이 없다는 것만으로는 한 개인이 복리적인 상태에 있다고 볼 수 없다. 비록 신체적 질병이 없다고 할지라도 스트레스, 우울, 불안, 무료함 등으로 인하여 정신적·사회적으로 안정되고 쾌적한 상태에 있지 못하는 경우도 많다. 그리고 신체적 차원과 정신적 차원에 포함시킬 수도 있고 별도로 분리하여 생각할 수도 있는 영적인 면에서도 갈등이 없고 안정되어 있어야만 건강하다고 할 수 있다는 것이다. 또한 불안과 무료한 상태를 벗어나기 위해서 흡연이나 음주를 하게 되고, 음식을 많이 먹는다거나 약물을 습관적으로 복용함으로써 신체적 질병이나 허약성을 가져오는 데 영향을 미치기도 한다.

특히 노화는 신체적인 변화뿐만 아니라 심리적·사회적 변화를 가져오므로 노인의 건강을 폭넓게 다차원적인 면에서 이해하는 것이 필요하다. 이러한 면에서 노인의 건강보호 서비스는 단순히 질병의 원인을 신체적이고 개인 내적인 데서 찾아 그 원인을 제거하는 데 중점을 두는 의료적 모델(medical model)에 의한 것보다 질병의 원인을 신체적·사회환경적인 것에서 찾아 개인을 총체적이고 종합적인 면에서 치료하려는 종합적인 건강보호체계(comprehensive health care system)로 발전되어야 할 것이다. 노인에 대한 종합적인 건강보호체계의 필요성이 미국에서는 1970년대부터 강조되고 있다(Brody, 1976).

세계보건기구의 정의는 건강의 종합적인 면을 강조하고 있는데, 이것은 어떤 의미에서는 건강의 목표를 이상적으로 설정하여 노력하게 하려는 것이지 현실적으로는 그러한 건강상태에 있는 사람은 드물다고 본다. 개인의 건강상태는 그러한 목표수준에 도달하는 어느 단계에 있는 것이라 할 수 있다. 이러한 의미에서 건강은 목표상태에 있느냐 아니냐에 따라 '건강하다', '건강하지 않다'는 식의 이분법적으로 파악되는 개념이라기보다는 목표상태를 향한 계속선상의 정도의 개념으로 보는 것이 더 타당할 것이다.

건강은 개념상으로는 신체적·정신적·사회적인 복리의 상태로 정의될 수 있지만 이러한 상태를 실질적으로 판단하는 데는 어려움이 많기 때문에 주로 두 가지 방법으로 파악하고 있다. 한 방법은 질병의 유무에 의한 판단이고, 다른 방법은 기능의 정도에 의한 판단이다.

질병의 유무에 의한 판단은 주로 의사의 진단에 의해서 이루어지고 있지만, 이것은 신체적·정신적·사회적 기능의 정도를 정확히 잘 나타낼 수는 없다. 기능의 정도에 의한 판단은 주로 개인의 판단에 의해서 이루어지지만(Shanas & Maddox, 1976), 질병의 유무와 관계없이 신체적·정신적·사회적 기능을 어느 정도 발휘할 수 있는지를 잘 나타내 줄 수 있다는 것이다. 의사의 판단에 의한 건강진단은 객관적인 면이 강하고 개인 판단에 의한 것은 주관적인 면이 강하여 두 가지의 일치도가 낮을 것 같지만, 실제 조사를 통해 밝혀진 바에 의하면 이 둘 간의 일치도는 상당히 높은 것으로 나타났다. 따라서 기능의 정도를 주관적인 판단에 의해 측정하는 것도 상당히 신빙성이 있다는 것이다(Maddox & Douglass, 1973).

신체적 질병의 유무에 의한 건강의 정도는 질병의 치료와 예방의 면에서 큰 의미가 있고, 기능적인 면의 건강 정도는 사회적인 면에서 큰 의미가 있다. 따라서 두 가지 면의 건강은 각각의 특성과 실질적 용도가 있으므로 두 가지 모두 유용한 건강의 조작적 정의로 받아들여질 수 있다. 여기서는 편의상 건강을 신체적 건강과 정신적 건강으로 나누고, 건강의 정도는 신체적·정신적 질병에 의해서 주로 영향을 받는 것으로 본다.

2 신체적 건강

노인의 신체적 건강은 생물학적 기능의 쇠퇴와 더불어 약화되는 것이 일반적이다. 기능의 약화는 질병에 대한 저항을 약화시켜 질병으로 발전되는 것으로 보고 신체적 질병의 특징과 영향, 노인에게 흔한 질병, 노인의 주요 사망원인이 되는 질병을 살펴보고, 노인의 기능적인 건강상태도 검토해 보기로 하겠다.

1) 신체적 건강상태

신체적 건강상태는 전반적 건강상태와 기능적 건강상태로 나누어 살펴볼 수 있다.

(1) 전반적 건강상태

전반적 건강상태는 ① 대상자 자신의 주관적인 판단에 의하여 판단하는 방법과 ② 의사를 포함한 의료요원의 건강검진으로 파악하는 방법이 있다. 노인들의 전반적인 건강상태를 주관적으로 판단하는 방법은 표본조사에서 건강상태를 조사대상자 자신이 3점 척도(건강함, 보통, 나쁨)나 5점 척도(매우 좋음, 좋은 편, 보통, 나쁜 편, 매우 나쁨)로 응답하게 한 결과로 판단하는 것이다. 이러한 주관적 판단은 의료요원에 의한 객관적 판단과 상관관

표 6-1. 우리나라 65세 이상 노인의 주관적 판단에 의한 건강상태(2008)

건강상태	전체	성별		연령				
		남성	여성	65~69세	70~74세	75~79세	80~84세	85세 이상
매우 좋음	1.9	4.6	1.6	3.2	1.4	1.1	0.4	1.3
약간 좋음	22.5	36.4	19.3	28.4	22.4	16.1	14.4	17.8
보 통	14.7	14.7	15.1	14.8	15.1	14.6	12.3	16.9
약간 나쁨	46.5	33.7	50.4	43.3	47.3	49.5	54.8	40.6
매우 나쁨	14.4	10.6	13.6	10.3	13.8	18.7	18.1	23.4
계	100.0	100.0	100.0	100.0	100.0	100.0	100.0	100.0

출처: 보건복지가족부·계명대학교산학협력단(2009), 2008년도 전국노인생활실태 및 복지욕구조사, p. 840.

계가 높은 편이어서 사회과학적 조사나 일반적 건강상태 조사에서 널리 이용되고 있다.

2008년 전국의 65세 이상 남녀 1만 767명에 대한 서베이 조사 결과(보건복지가족부·계명대학교산학협력단, 2009)에 의하면 표 6-1에서 보는 바와 같이 약 24%는 건강이 매우 좋거나 좋은 편이었고, 약 15%는 보통이었고, 약 61%는 건강이 약간 나쁘거나 아주 나쁘다고 응답하였다. 주관적 건강상태에 대한 판단은 그 나라의 평균수명과 문화적 특성 등에 따라서 차이를 보이기 때문에 같은 조사도구로 조사를 하더라도 각국의 조사 결과는 상당한 차이를 가져올 수 있다. 5개국(미국, 일본, 태국, 한국, 독일) 노인을 비교·조사한 바에 의하면 한국 노인은 일본이나 미국 노인에 비하여 건강이 나쁜 편이라고 응답하고 있다(일본 총무청장관관방고령사회대책실, 1997).

(2) 기능적 건강상태

노인의 기능적 건강상태는 개인이 지역사회에서 독립적으로 일상생활을 어느 정도 영위할 수 있느냐가 중요한 기준이 된다. 개인의 자기관리와 지역사회 거주에 필요한 일상적 행동의 수행 정도를 가리켜 '일상생활 수행행동(Activities of Daily Living; ADL)'이라 한다(Fillenbaum, 1995).

개인의 일생생활 영역은 좁게는 자신의 주거 공간 내에서의 단순한 이동과 식사하기, 화장실 가기, 옷 갈아입기, 세수하기, 목욕하기 등 자신의 신변관리를 독립적으로 할 수 있는 정도로 한정할 수 있는데, 이런 활동을 독립적으로 할 수 있는 능력을 가리켜 '신체적 일상생활 수행행동(Physical Activities of Daily Living; physical ADL)' 또는 '신체적'이라는 말을 생략하고 '일상생활 수행행동(Activities of Daily Living; ADL)'이라 부른다.

그리고 일상생활 영역을 개인의 주거 공간 내에서 간단한 가사 수행과 전화 걸기, 교통수단을 이용한 외출, 생활용품 구입 등의 활동을 할 수 있는 정도까지, 즉 자신의 신변관리와 더불어 지역사회에서 독립적으로 생활하면서 일상생활의 간단한 목적달성을 위한 행동까지 할 수 있는 정도로 확대하여 생각할 수도 있다. 이와 같이 보다 넓은 영역에서의 활동을 독립적으로 할 수 있는 정도를 가리켜 '수단적 일상생활 수행행동(Instrumental Activities of Daily Living; IADL)'이라 부른다.

수단적 일상생활 수행행동(IADL)을 할 수 있는 경우는 일상생활 수행행동(ADL)에는 문제가 없기 때문에 타인이 옆에 있으면서 도움을 줄 필요는 거의 없다. 그러나 단순한

그림 6-1. 노인의 기능적 건강상태

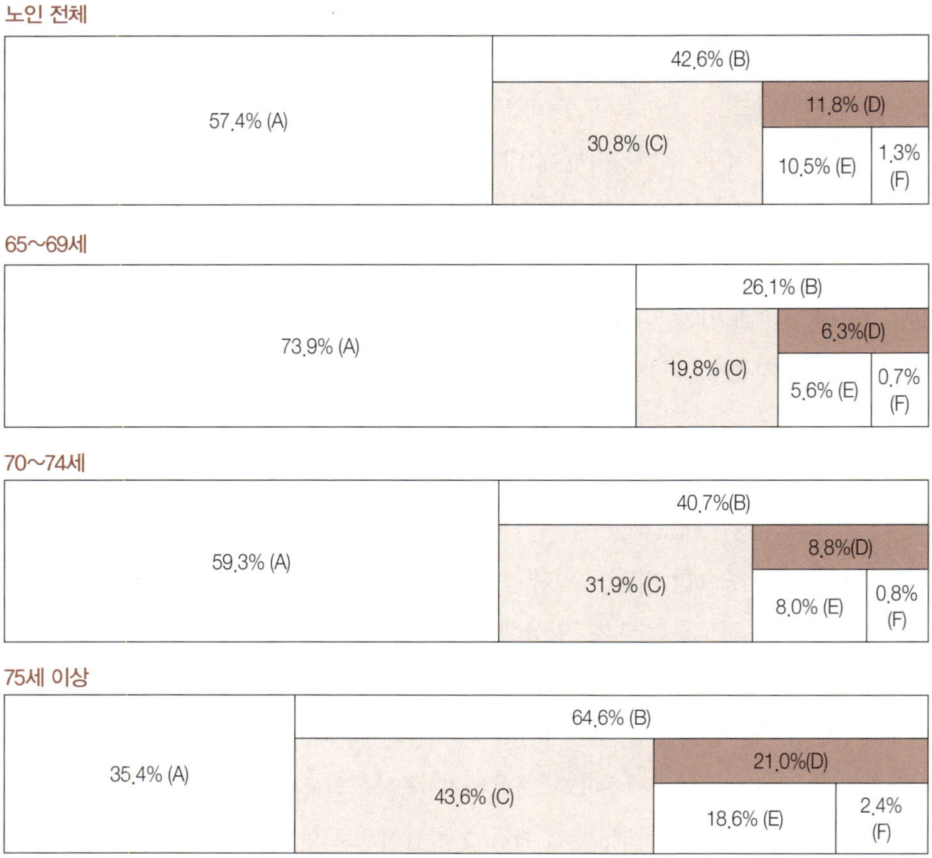

A: 건강하고 독립생활 가능 노인
B: 건강하지 못한 노인
C: IADL 제한 노인
D: ADL 제한 노인
E: ADL 1~6개 제한 노인
F: ADL 7개 모두 제한 노인

출처: 선우덕 외(2001), 노인 장기요양보호 욕구실태조사 및 정책방안, p. 149.

자기 신변관리 행동을 독립적으로 할 수 있는 일상생활 수행행동(ADL)에 제한이 있으면 타인의 도움이 필요하다. ADL 수준, 즉 자신의 신변관리를 위해 필요한 행동을 몇 가지나 할 수 있는지에 따라 타인의 도움이 필요한 정도가 달라진다. ADL이 한두 가지 정도만 제한될 경우는 타인이 옆에 있으면서 필요한 경우 도와주면 되지만, 모든 ADL 행동을 혼자서 할 수 없는 경우(와상상태)에는 옆에서 모든 행동마다 도움을 주어야 한다.[1]

ADL 수준을 측정하는 행동 항목은 통일되어 있지 않아서 측정 척도에 따라 포함되는 행동의 수가 5개에서 10개까지 다양하다. 2001년에 시행된 전국 표본조사(선우덕 외, 2001)에서 ADL을 7개 항목(옷 입기, 세수, 목욕하기, 식사하기, 이동, 화장실 가기, 대소변 조정)으로 측정했는데, 그림 6-1에서 보는 바와 같이 연령이 증가할수록 일상생활을 혼자서 할 수 있는 능력이 떨어지는 것을 알 수 있다(그림에서 ADL 제한 부분인 D의 크기가 증가함).

ADL 수준은 연령의 증가에 따라 저하되는 것이 일반적이며 이는 세계적으로 보편적인 현상이다. 동일한 ADL 척도로 조사하지 않았기 때문에 국제적인 비교는 어렵지만 ADL과 연령의 관계에 관한 공통적 결론은 연령의 증가에 따라 ADL 수준이 떨어진다는 것이다. 따라서 장기요양보호를 요하는 노인은 ADL에 제한이 있거나 ADL 수준이 낮은 노인이라 할 수 있으며, 그 수준에 따라 보호를 요하는 정도가 다르다고 할 수 있다.

2) 신체적 질병의 유병률

노화로 인한 신체적 능력의 약화(자연적 노쇠현상)와 질병으로 인한 건강상태의 약화는 연령이 증가할수록 더 심해진다. 65세 이상 노인의 경우 전체적 유병률은 비노인층의 2~3배나 되고, 연령이 증가할수록 유병률은 크게 증가한다. 특히 60세 이상의 만성 질환 유병률은 질병에 따라 전체 평균의 2~5배까지 되고 있다(표 6-2 참조). 표 6-3에서 보는 바와 같이 노인들에게는 여러 가지 만성적 질병이 독립적 또는 복합적으로 나타나고 있고, 노인들에게 흔한 질병으로 인한 유병률은 평균적인 유병률보다 더욱 높게 나타나며, 이로 인한 일상생활의 장애도 더욱 큰 것을 알 수 있다.

---

1. ADL은 노인에 대한 장기요양보호의 필요성 여부와 정도를 규범적으로 판단하는 기준이 되기도 한다.

표 6-2. 주관적 판단에 의한 연령별 질병 유병률

연령	관절염	고혈압	위염/궤양	요통/좌골통	당뇨	디스크	신경통
20~24세	0.7	0.1	2.7	0.9	0.5	1.3	0.3
25~29세	0.8	0.5	2.9	1.0	0.1	1.1	0.4
30~34세	1.3	0.9	4.6	1.9	0.4	1.6	0.4
35~39세	1.8	1.5	5.8	2.7	1.9	2.1	0.6
40~44세	3.8	3.2	7.2	3.1	1.8	2.8	1.4
45~49세	6.2	7.0	7.5	4.0	3.0	3.1	1.8
50~54세	13.1	13.5	10.1	6.1	6.6	4.7	2.3
55~59세	17.0	18.1	10.6	6.4	8.7	5.7	4.9
60~64세	23.6	22.5	10.9	9.3	10.3	5.7	7.1
65~69세	29.4	26.1	10.3	13.4	10.5	5.0	6.5
70~74세	34.2	28.1	10.0	17.8	11.0	5.4	8.2
75세 이상	32.1	22.7	6.7	16.5	8.3	4.6	9.5
전체	6.4	5.8	4.9	3.5	2.6	2.6	1.7

출처: 통계청(2005), 한국인의 사회지표.

표 6-3. 65세 이상 노인의 주관적 판단에 의한 건강상태(질병 유병률)

질병	1년간 유병률(%)[1]		일상생활 장애 정도(%)[2]	
	남	여	남	여
악성 신생물(암)	3.3	2.3	64.8	81.4
관절염	21.8	89.5	76.1	86.8
요통/좌골통	18.6	38.1	83.8	89.3
디스크	8.0	15.4	76.0	92.7
소화성 궤양	12.0	19.3	58.0	65.5
간염/간경변	1.9	1.9	60.7	80.4
당뇨	12.3	14.8	50.6	69.7
갑상선	0.4	2.5	73.4	62.5
고혈압	34.4	44.8	45.3	59.6
중풍/뇌혈관질환	6.8	5.5	81.8	83.6
협심증	5.6	7.8	66.7	79.1
결핵	1.8	0.4	49.3	100.0
만성 기관지염	9.4	6.7	58.6	74.9
천식	7.0	6.0	66.4	79.1
백내장	11.3	22.4	61.3	77.7
만성 중이염	0.9	1.0	94.6	73.7
만성 신장질환	8.3	20.7	35.0	96.4
골절후유증	9.6	13.8	92.5	87.3

출처 : 1) 선우덕 외(2001), 노인 장기요양보호 욕구실태조사 및 정책방안.
2) 정경희 외(1998), 1998년도 전국노인생활실태 및 복지욕구조사.

3) 신체적 질병의 특성

질병은 속히 치료되거나 회복될 수 있는 급성 질병과 치료나 회복에 오랜 시간이 걸리거나 완치가 힘든 만성 질병으로 나눌 수 있다. 노화에 따라 일반적으로 급성 질병은 줄어들고 만성 질병은 증가하는 경향이 있다(Hendricks & Hendricks, 1981). 연령이 증가할수록 갑자기 발생하여 짧은 기간 동안 치료하여 회복할 수 있는 성질의 병은 줄어들고 천식, 고혈압, 당뇨병, 심장병, 관절염 같은 장기간의 치료와 조심을 요하는 질병이 많이 생긴다는 것이다. 같은 급성 질병이라도 노인은 젊은이에 비하여 회복기간이 더 긴 것이 특징이다. 질병의 발생 빈도와 회복기간은 성별에 따라 차이가 있다. 급성 질병은 남성보다 여성에게서 더 많고 회복기간도 긴 경향이 있으며, 만성 질병은 여성보다 남성에게서 많고 그 질병으로 인하여 영향을 받는 기간도 여성보다 3배 정도나 더 긴 경향이 있다(Atchley & Barusch, 2004).

노인의 건강이 악화되어 결국 죽게 되는 것은 노령 자체로 인한 것이라기보다는 하나 또는 그 이상의 주요 질병 때문이라는 데 대해서 대부분의 과학자들이 동의하고 있다(Hendricks & Hendricks, 1981). 특히 소위 '3대 성인병'이라고 하는 뇌혈관질환, 악성 신생물(암 종류), 심장질환을 어느 정도 제어할 수 있느냐에 따라 노인의 평균여명이 크게 좌우된다. 한 시험적 계산에 의하면 뇌혈관질환을 완전히 제어했을 때 65세에서 평균여명은 남자가 2.89년, 여자가 3.07년 연장된다고 한다. 3대 성인병을 모두 퇴치했을 경우 평균여명은 남자가 5.68년, 여자가 5.79년 연장될 수 있다고 한다(김정근, 1984). 산업사회에서 노인의 주요 사망원인 질병은 이 세 가지 성인병을 포함하여 당뇨병, 만성 하기도 질환(폐질환 종류), 고혈압성 질환, 간질환, 폐렴, 추락사 등이 있다. 이러한 질병을 주요 사망순위별로 정리하면 표 6-4와 같다.

표 6-4. 60세 이상 노인의 주요 사망원인 질병

순위	60~69세	70세 이상
1	암(악성 신생물)	암(악성 신생물)
2	뇌혈관질환	뇌혈관질환
3	심장질환	심장질환
4	당뇨병	당뇨병
5	자살	만성 하기도 질환
6	간질환	고혈압성 질환
7	운수사고	폐렴
8	만성 하기도 질환	자살
9	고혈압성 질환	간질환
10	추락사고	추락사고

출처: 통계청(2005), 사망원인통계연보.

4) 노인에게 흔한 신체적 질병

위에서 언급한 노인의 주요 사망원인 질병과 관련되는 것으로 노인에게 흔한 질병에 대하여 간략히 살펴보기로 한다.[2]

(1) 고혈압증

우리나라 노인의 가장 중요한 사망원인이 되고 있는 뇌혈관·심장 질환 중 가장 큰 빈도를 보이는 질병인 고혈압은 뇌졸중, 관상동맥질환, 울혈성 심부전 등과 관계가 깊다. 세계보건기구에서는 수축기 혈압이 140mmHg, 확장기 혈압이 90mmHg 이상을 고혈압 상태로 규정하고 있지만 일반적으로 노인의 경우 연령으로 인한 혈압상승을 고려하여 160/90mmHg(윤형진·안규리, 1997) 이상이면 고혈압으로 간주한다.

고혈압은 우리 몸의 다른 기관에 많은 나쁜 영향을 준다. 즉 정상보다 높은 압력 하에서 펌프작용을 하기 때문에 심장에 많은 부담을 주어 심장비대가 일어나고 심장 기능이 떨어져서 결국은 호흡곤란을 수반하는 심부전 상태에 들어가게 된다. 이와 병행하여 관상동맥병변이 가속화될 수도 있으며, 커진 심장 때문에 심장 자체의 산소요구량이 증가하여 협심증이나 심근경색이 발생하기도 한다. 통계자료에 의하면 확장기성 고혈압은 수명을 단축시키므로 확장기 혈압이 90mmHg 이상이면 모두 치료의 대상이 된다.

고혈압의 기준

- 혈압은 심장이 피를 공급하기 위해 수축할 때(박동할 때)와 이완될 때(심장이 쉴 때) 동맥에서 수은(Hg)을 몇 밀리미터를 밀어 올리는가로 측정한다. 미국심장학회(American Heart Association: AHA)는 80/120mmHg 이하는 정상혈압, 120~139/80~90mmHg이면 경계선고혈압, 140/90mmHg 이상이면 고혈압으로 진단한다.
- 연령의 증가에 따라 혈압이 증가하는 점을 고려하여 노인의 경우는 고혈압 수치는 160/90mmHg 이상으로 보고 있으나(노화에 따라 수축기 혈압은 올라가나 이완기 혈압은 올라가지 않는 것이 일반적임), 노인이라도 정상혈압의 유지를 목표로 하는 것이 바람직하다.

2. 노인의 신체적 질병에 대한 것은 『노인의학』(서울대학교 의학교육연수원 편, 1997)을 참고하기 바람.

(2) 동맥경화증

동맥경화증은 동맥의 벽에 콜레스테롤이나 중성 지방이 침착되어 혈관 벽이 두꺼워지고 딱딱해지는 상태를 의미하는데, 선진산업사회에서 동맥경화증은 노인의 주요 사망원인 질병이 되고 있다. 혈액순환이 동맥경화에 의해 불완전하게 되어 장기가 장해를 받게 됨에 따라 조직의 영양보충이 불량하게 되어 세포의 기능이 저하됨으로써 질병에 쉽게 걸리게 된다. 특히 뇌동맥경화증이 심해지면 뇌순환 혈류량이 감소하며 뇌세포 대사기능이 감퇴되어 다발경색성 치매를 촉진하기도 한다(塍沼英字, 1983).

(3) 뇌졸중

뇌졸중(腦卒中)은 고혈압증과 동맥경화증이 합병증으로 일어나며 우리나라에는 이로 인한 사망자가 많다. 여기에 속하는 질환으로 뇌출혈(腦出血), 뇌혈전증(腦血栓症), 뇌색전증(腦塞栓症) 등이 있다. 뇌출혈은 혈압이 높은 사람에게 많이 생길 수 있는 질환이며, 뇌의 동맥이 파열되어 혈액이 뇌혈관 밖으로 누출되는 현상으로, 출혈이 계속되거나 출혈량이 많으면 혼수상태에 빠지거나 사망하게 된다. 뇌혈전증은 동맥경화로 인하여 좁아진 뇌혈관에 혈전(血栓: 혈액 일부가 혈관 내에서 굳어져 생긴 혈액 응고)이 생김으로써 뇌로 공급되는 혈액량이 크게 감소되거나 완전히 두절됨으로써 생기는 질환이다. 뇌색전증은 대부분 심장 내의 혈전에서 떨어져 나온 조각이 뇌혈관을 막아서 생기기 때문에 본질적으로 심장질환의 증상이라고 할 수 있다.

(4) 암

암은 악성 종양 또는 악성 신생물이라 부르기도 한다. 인체 내의 여러 장기를 형성하고 있는 세포의 수를 일정 수준으로 유지하고 통제하는 세포의 자율통제 기능이 깨어지면 세포가 무한히 분열·증식하게 되는데, 이렇게 끊임없이 늘어나는 '미친 세포'를 '암세포'라고 부른다. 그러므로 암이라는 것은 통제를 벗어나 제멋대로 자라난 많은 세포들의 덩어리를 말한다. 암은 인종, 성별, 연령에 관계없이 누구에게나 생길 수 있으나 40대 이후에서 전체 암의 60% 이상이 발생하고 있다. 우리나라에서는 남자에게는 위암(30%), 간암(16%), 폐암(11%), 대장암(6%)의 순서로 많이 발생하고, 여자의 경우는 자궁암(28%),

위암(18%), 유방암(9%), 대장암(6%) 순서로 많이 발생하고 있다(통계청, 2005).

(5) 당뇨병

이자에서 분비되는 인슐린이 절대적 또는 상대적으로 부족하거나 조직 세포에 대한 인슐린의 생물학적 효과가 감소하여 혈액 속에 당의 농도가 높아지며 이러한 당이 요(尿) 속에 넘쳐흐르게 되고 이에 수반하여 대사장애가 장기간 지속되는 상태를 당뇨병이라 한다. 인슐린이라는 호르몬은 소화로 흡수되어 혈액 속에 있는 당을 온 몸의 세포 속에 이동시키고 저장시켜 에너지원으로 사용하게 하는데, 인슐린이 부족하게 되면 혈액 속의 당분을 흡수하여 처리하지 못하기 때문에 혈액 속에 당의 농도가 높아지고 결국은 당이 오줌에 섞여 배설된다.

당뇨병은 일종의 체질 질환이라고 볼 수 있는 1차성 당뇨병과 다른 질환이나 어떤 약의 작용으로 생기는 2차성 당뇨병으로 나뉜다. 1차성 당뇨병은 다시 제1형과 제2형으로 나누어지는데, 제1형은 보통 마른 체질에 소아기에서 청년기 사이에 급격히 발생하며, 제2형은 보통 비만형의 체질에 중년기 이후부터 많이 발생한다. 그러므로 노인에게 많이 발생하는 당뇨병은 거의 전부가 제2형이다. 제2형 당뇨병은 발생 초기에 증상이 없는 수가 많고, 또한 병이 있다는 것을 알고도 고통이 없어 그대로 방치되는 수가 많다. 이렇게 방치되어 5~10년 이상이 지나면 실명, 신장파괴, 신경장애, 혼수상태 같은 무서운 합병증이 생긴다.

(6) 관절질환

관절은 뼈와 뼈를 연결시켜 운동을 유연하게 하며 체중을 지탱하는 역할을 한다. 노년기에 이르면 관절을 싸고 있는 조직이 퇴화되고 물렁뼈는 계속되는 마찰로 얇아지면서 굳은 뼈가 자극을 받게 된다. 자극을 받은 뼈끝이 증식하여 뼈의 가장자리가 두툼해지며 통증이 생기는 현상인 골성 관절염이 많이 나타난다. 이 외에도 어깨 관절을 움직이는 힘줄이 퇴화함으로써 생기는 어깨 관절통도 있다.

(7) 신경통

신경이 압박을 받거나 상하여 통증을 유발하는 것을 신경통이라고 하는데, 노년기에 나타나는 신경통 중에 가장 많은 것으로는 목과 어깨로 내려오는 경부통, 허리와 다리로 내려오는 요통과 좌골신경통 등이 있다.

(8) 백내장

백내장(白內障)은 노화에 따라 눈 속의 수정체가 흐려지는 병으로, 정도가 심하면 시력장애를 초래한다(제4장 시각의 설명을 참고할 것).

(9) 녹내장

녹내장(綠內障)은 일반적으로 안 내압이 상승하여 시신경 기능이 부분적으로 저하되고 실명에 이르는 질환인데, 40세 이후에 서서히 많이 나타나기 시작한다.

(10) 치과질환

연령이 증가하면서 점차 치아가 빠지고 치주염(치아 주위 염증)이 많아진다. 우리나라 국민의 80% 이상이 치주염을 앓고 있는데, 치주염은 장년기 이후부터 발병률이 높아져 노년기 치아 상실의 가장 큰 원인이 되고 있다. 노인의 경우 충치는 치아와 잇몸 사이에서 많이 발생한다. 잇몸 부위가 낮아져 치경부가 노출된 곳에 음식찌꺼기가 남아 세균과 뭉쳐져 치즈 같은 상태로 변하는데, 이것을 프라그라고 한다. 프라그는 충치나 치주염의 원인이 된다. 노인은 충치를 등한시하거나 경제적 어려움, 치과에 대한 공포증 등으로 충치를 방치하는 수가 많은데 이런 이유로 결국은 치아를 뽑게 되는 수가 많다.

3 정신적 건강

노년기는 한마디로 상실과 변화의 시기라고 할 수 있을 정도로 개인의 내적·외적 요소에 있어서 많은 상실과 변화를 경험하는 시기다. 이러한 상실과 변화를 좀 더 구체적으로 생각해 보면 다음과 같다.

[1] 환경적 또는 외생적 요소

① 개인적인 상실

· 배우자, 사랑하는 사람 또는 중요한 사람(친구, 자녀 등)의 상실

② 사회적 상실

· 지위와 위세도의 상실

· 경제적 상실(수입의 절감)

· 비자발적 퇴직

· 사회 문화적 상실(노인의 사회적 유용성 상실, 고립, 소외 등)

[2] 내생적 요소

① 성격의 변화

② 신체적 질병

③ 노화에 따른 생물학적 변화(신체기능, 능력, 외모의 변화 등)

④ 시간의 경과와 죽음의 지각

이와 같은 요소들이 노인 개인의 경험, 행동, 사회적·심리적 적응 등에 부정적인 영향을 미쳐 노인의 정신건강, 즉 정서적·심리적 안정과 복리가 위협을 당하고 손상을 입게 된다. 정신건강은 정신장애 현상의 유무와 정도에 의해서 좌우되는 것으로 보고 노령기의 정신장애의 유형과 그 원인을 간단히 살펴보고자 한다.[3]

3. 정신장애의 유형과 그 원인에 대해서는 Butler & Lewis(1977)의 제4장과 제5장을 주로 참고하였다.

1) 정신장애의 분류

노년기의 정신장애(mental disorders)는 원인이 신체적인 것에 있는 기질적 장애(organic disorders)와 성격이나 생활의 경험과 관련되는 정서적인 데에 원인이 있는 기능적 장애(functional disorders)로 크게 나눌 수 있다. 이에 속하는 주요 정신질환은 다음과 같다.[4]

(1) 기능적 정신장애

① 정신병(psychotic disorder)

- 노년기 정신분열증(late life schizophrenia; senile schizophrenia)
- 정동장애(affective disorder)
- 정신우울반응(psychotic depressive reaction)
- 편집장애(paranoid states)

② 신경증(neurosis)

- 불안신경증(anxiety neurosis)
- 강박신경증(obsessive-compulsive neurosis)
- 히스테리성 신경증(hysterical neurosis)
- 공포신경증(phobic neurosis)
- 우울신경증(depressive neurosis)
- 건강염려신경증(hypochondriacal neurosis)

③ 정신신체장애(psychosomatic disorder)

(2) 기질적 정신장애

① 급성 기질성 뇌증후군(reversible (acute) brain syndrome)

② 만성 기질성 뇌증후군(irreversible (chronic) brain syndrome)

- 노인성 정신병(senile psychosis)
- 치매(dementia)

---

4. 이 분류는 Butler & Lewis(1977)에 의한 것으로, American Psychiatric Association의 *Diagnostic and Statistical Manual of Mental Disorders* (DSM-III) (Washington, D.C.: American Psychiatric Association, 1968) 또는 DSM-IV(1994)의 분류와는 다른 것이다.

③ 전노인성 치매(pre-senile dementia)

- 알츠하이머병(Alzheimer's disease: AD)
- 피크씨병(Pick's disease)
- 빈스방거씨병(Binswanger's disease)
- 정상압력뇌수종(normal pressure hydrocephalus)
- 크로이츠펠트-야코브병(Creutzfeldt-Jacob disease)

2) 중요 정신장애의 설명

(1) 기능적 정신장애

① 정신병

정신병(psychotic disorder)의 전반적인 특징은 성격이 분열되고 외부 현실을 정확히 평가할 수 없으며, 부적합한 행동과 태도를 보이고, 충동에 대한 통제가 힘들 뿐만 아니라 망상과 환상에 빠지게 된다.

- **노년기 정신분열증**(senile schizophrenia): 노년기 정신분열증은 사고·감정·행동의 혼란과 같은 심한 정서적 장애를 말하는데 그중에서도 사고의 혼란이 주로 일어난다. 또한 망상과 환상에 빠지고 현실 검토를 제대로 못하게 되는 경우도 많다. 노년기 정신분열증은 청소년기에 발생하여 노년기까지 계속되는 경우가 많고, 만성 기질성 뇌증후군과 같이 나타날 수도 있다.

- **정동장애**(affective disorder): 정동장애는 정신분열증과는 달리 사고의 장애는 없고 감정의 장애만 있는 것이 특징이다. 특히 기분이 아주 고조되거나 아주 침울해지는 어느 한쪽 증상을 보인다. 갱년기 우울증(involutional melancholia)과 조울증(manic-depressive psychosis)이 대표적이다. 조울증은 기분의 고조와 침울이 교차되는 양극적 증세와 침울의 상태만 있다가 없다가 하는 단극적 증세가 있는데, 양극적인 경우는 20~30대에 발생하고 단극적인 경우는 50~60대에서 많이 발생한다.

- **정신우울반응**(psychotic depressive reaction): 정신우울반응은 과거 인생의 어떤 경험과 관련되어 나타나는 심한 우울증 현상인데, 중년기 또는 그 이후에 목표 추구욕이 강하

고, 야심적이고, 지나치게 양심적이거나 강박관념이 강한 사람들이 우울증을 보일 가능성이 크다. 현실감각이 없어지고 심한 실의에 빠지는 증상을 보인다.

• **편집장애**(paranoid states): 편집장애는 주로 피해망상 또는 과대망상을 보이는데 이러한 망상에는 감정, 행동, 사고의 혼란이 따른다. 망상형 장애는 지적인 기능이 손상되지 않는 것이 특징이다. 이러한 망상은 감옥생활, 소리를 듣지 못하거나 보지 못하는 상태, 고립, 갱년기, 감염, 술 취한 상태에서 많이 나타나는 경향이 있다.

② 신경증

신경증(neurosis)은 생각이나 판단의 손상은 있을 수 있지만 현실에 대한 심한 왜곡이나 성격장애는 없다. 신경증은 무의식적인 정서적 갈등을 해결하려는 노력이라 할 수 있는데, 주로 불안의 형태로 나타난다. 노령기에 신경증의 증상을 보이는 노인들 대부분은 과거 젊은 시절에도 비슷한 반응을 보였던 사람들이다. 노년기에 신경증은 아주 흔한 현상이다.

• **불안신경증**(anxiety neurosis): 불안신경증은 분명한 위험성이 없는데도 무서워하고 불안을 느끼거나, 아니면 실제적인 문제나 위험성에 대해서 너무 과장된 반응을 보이는 형태로 나타난다. 노년기의 불안신경증은 노년기에 와서 발생할 수도 있고 종전의 신경증적 경력으로 인해서 발생할 수도 있다. 노년기의 불안신경증은 닥쳐올 신체적 질병이나 새로 나타나기 시작하는 조건 등에 대한 반응으로 나타나는 경우도 많다.

• **강박신경증**(obsessive-compulsive neurosis): 강박신경증은 불안에 대한 반응으로서 받아들일 수 없는 생각이나 행동을 중지하지 못하고 계속하는 현상이다. 예를 들면 숫자를 끊임없이 센다든지 방문, 대문, 수도꼭지 등이 잘 잠겼는지 재삼재사 확인하거나, 손을 지나치게 씻는 경우 등이다. 이러한 강박적 행동을 멈추려고 노력하면 참을 수 없는 불안에 사로잡히게 된다.

• **히스테리성 신경증**(hysterical neurosis): 히스테리성 신경증에는 해리형(解離型)과 전환형(轉換型)이 있다. 해리형은 성격의 분열까지 일으킬 정도로 불안해지는 경우로서 기억상실, 무감각, 건망증, 혼돈, 몽유 현상을 보이며 정신병으로 발전하게 된다. 전환형은 정서적 갈등이 신체적인 증상으로 나타나는 것인데, 예를 들면 신체적인 문제는 없는데도

팔이나 다리를 움직일 수 없는 경우다. 많은 경우 이러한 현상은 다른 목적을 위한 수단으로 이용된다. 노인의 경우 몸이 아픈 증상을 나타내는 것은 더 많은 관심과 도움을 받으려는 수단으로 되는 경우가 많다.

- **공포신경증**(phobic neurosis): 공포신경증은 실제로 아무런 위험이 없는 것에 대해서 강한 두려움을 보이는 것인데, 그렇게 두려워하는 것은 자기가 두려워하는 어떤 현상이 대치된 것이다. 예를 들면 죽음을 두려워하는 것이 실제로는 밀폐된 공간에 대한 두려움으로 나타나는 것이다. 죽음을 밀폐된 공간 속에 갇히는 것으로 보고 죽음에 대한 두려움이 곧 밀폐된 공간에 대한 두려움으로 대치되어 나타난다.

- **우울신경증**(depressive neurosis): 노인에게 많이 나타나는 우울신경증은 무력감, 비애감, 활기의 부족, 죄책감, 고독감, 무료감, 변비, 성적 무관심 등의 증상을 보인다. 심하면 불면증, 조조피로 현상, 식욕 상실 등이 나타난다. 우울신경증은 사랑의 상실, 사랑하는 사람의 상실, 실망, (실제적이든 상상 속에서든 간에) 비판과 위협을 받는 경우에 유발될 수 있다.

- **건강염려신경증**(hypochondriacal neurosis): 건강염려신경증은 자기의 신체적·정신적 건강에 대해서 과도히 염려하는 현상을 말하는데, 이 경우 신체적인 근거가 없는데도 신체적인 현상에 대해서 많은 불만을 수반한다. 많은 경우 우울증과 관련이 있다.

③ 정신신체장애

정신신체장애(psychosomatic disorder)는 정서적인 요인에 의해서 어떤 신체적 증상이 나타나는 현상을 말한다. 이러한 현상은 자율신경조직의 통제를 받고 있는 신체기관에 나타난다. 이처럼 자율신경조직의 관여가 있다는 점에서 앞에서 말한 전환형 히스테리성 신경증과 구별된다. 전환형 히스테리성 신경증은 자율신경조직의 관여가 없다.

(2) 기질적 정신장애

기질적 정신장애(organic mental disorders)는 뇌조직 기능의 손상에 의해서 발생하므로 일반적으로 기질적 뇌증후군(organic brain syndrome: OBS)으로 불린다. 기질적 뇌증후군은 갑자기 발생하여 짧은 기간 증상이 나타나다가 다시 회복될 수 있는 급성 기질적 뇌증후군(reversible or acute organic brain syndrome)과 장기간에 걸쳐 발생해서 오래 계속되고 회복이 힘든 만성 기질적 뇌증후군(chronic organic brain syndrome), 전노인성 치매(pre-senile dementia)로 대별된다. 기질적 뇌증후군은 ① 기억의 장애와 손상, ② 지적 기능 또는 이해력의 손상, ③ 판단력의 손상, ④ 지남력(orientation, 시간이나 방향에 대한 감각)의 손상, ⑤ 감정의 변화가 쉽게 일어난다는 특징이 있다. 이러한 특성은 동시에 나타나지 않을 수도 있고 그 정도가 다를 수도 있다.

① 급성 기질적 뇌증후군

급성 기질적 뇌증후군(acute organic brain syndrome)의 증상은 약한 정신적 혼란에서부터 무감각 또는 현저한 섬망(delirium) 현상까지 나타나는 정도로 그 변이가 심하다. 특히 청각적인 환각보다는 시각적인 환각이 많이 일어날 수 있다. 방향감각을 상실하고, 사람을 구별하지 못하며, 지적 기능도 손상된다. 기억력이 상실되며, 행동이 불안해지고 공격적이 된다.

② 만성 기질적 뇌증후군

만성 기질적 뇌증후군(chronic organic brain syndrome)은 한번 발생하면 정상으로 완전히 회복될 수 없는 것이 특징이다. 완전히 회복되는 것은 불가능하다고 할지라도 치료하면 호전될 수는 있다. 노인에게는 주로 노인성 정신병(senile psychosis)과 뇌동맥경화증과 연결된 다발경색성 치매(multi-infarct dementia)가 많이 발생한다.

- **노인성 정신병**(senile psychosis): 노인성 정신병은 노인(특히 80세 이후의 노인)에게 있어서 정신 기능이 점차 쇠약해져 가는 만성적 정신장애를 말한다. 뇌세포의 와해가 노인성 정신병의 주요 원인이 되는 것으로 보인다. 여성에게서 더 많이 발생하고 기억력 손상도 남성보다 여성에게 더 많다.

- **치매**(dementia): 노인에게 나타나는 대표적 정신장애인 치매는 인구 고령화 및 노인인구의 증가와 더불어 개인, 가족 및 사회에서 가장 큰 관심의 대상이 되는 질병이다. 현재까지 치매 유병률은 1.3~20.3%에 이르기까지 매우 다양하게 보고되고 있다(대한노인정신의학회, 1998). 치매 유병률은 65세 이후 노인인구 중 5~10%를 차지하고 있으며 연령이 5세 증가할 때마다 유병률은 2배씩 증가하는 것으로 나타나고 있다. 우리나라에서

표 6-5. 한국의 치매 유병률

구분	전체	65~69세	70~74세	75~79세	80세 이상
박종한·고효진[1)]	11.3	3.1	7.0	16.2	38.9
서울대학교[2)]	9.5	3.7	6.7	14.9	27.2
배상수 외[3)]	7.0	5.2	12.2	17.0	35.2

주: 1) 박종한·고효진(1991), 경북 영일군 어느 면 지역 노인들에서 치매의 원인적 분류 및 주요 치매의 상대적 유병률.
2) 서울대학교 지역의료체계 시범사업단(1994), 치매관리사업개발.
3) 배상수 외(1999), 지역사회 치매관리모형개발: 광명시의 경우.

표 6-6. 연도별 치매노인 추정

연령	2009	2010	2020	2030	2040	2050
65~69세	59,563	59,310	84,698	124,456	126,471	111,162
70~74세	73,363	75,456	94,984	165,203	178,145	165,290
75~79세	117,215	125,0861	167,825	249,546	377,083	393,002
80~84세	97,597	104,386	185,064	247,080	453,283	510,118
80세 이상	97,540	105,257	217,148	349,156	550,373	947,848
전체	421,387	469,478	749,719	1,135,441	1,685,354	2,127,419
전체 노인 중 치매 노인 비율(%)	8.6	8.8	9.7	9.6	11.2	13.2

출처: 조맹제 외(2008), 치매노인유병률조사.

도 연구에 따라 유병률은 다르지만 연령과 유병률의 증가는 거의 비슷한 경향을 보이고 있다(표 6-5 참조).

현재까지의 치매 유병률을 기초로 하여 우리나라 치매노인 수를 추정한 바에 의하면 2010년에는 약 47만 명 가까이 되고, 2030년에는 111만 3,500여 명, 2050년에는 212만 7,400여 명이 될 것으로 추정된다(표 6-6 참조).

치매의 증상은 크게 인지장애와 행동장애 증상으로 나타난다(대한노인정신의학회, 1998). 인지장애 증상은 기억, 언어, 시각능력과 공간지각능력, 인격, 기타 인지 기능에 장애가 서서히 오게 된다. 흔히 가장 먼저 나타나는 증상은 기억력의 감퇴로 새로운 정보에 대한 학습능력이 떨어지는 현상이다. 초기에는 흔히 약속을 잘 잊어버리고 물건

둔 곳을 기억하지 못하며, 같은 말을 되풀이하다가 결국에 가서는 학습능력을 완전히 상실하게 된다. 언어장애도 아주 서서히 진행된다. 처음에는 사용할 단어를 찾지 못하여 당황하다가, 나중에는 말의 앞뒤가 맞지 않거나 말도 안 되는 소리를 유창하게 빨리 하기도 한다. 결국은 발음이 제대로 되지 않아 마치 벙어리처럼 행동한다. 시간과 공간 지각능력이 떨어져 지남력에 장애가 온다. 일상적으로 잘 하던 집안일이나 직장 업무를 잘 해내지 못하고, 세수나 면도 같은 일상생활동작도 하지 못하게 되며, 심하면 가장 기본적인 일상생활 수행행동(ADL)을 하지 못하게 된다.

행동장애 증상으로는 초기에는 미미한 인격장애만 나타나므로 가족들도 알아차리기 어렵다. 초기에는 기운이 없는 것 같고 의욕이 없으며 외부 일에 관심이 없는 것 같은 우울증과 비슷한 증상이 나타난다. 그러나 치매가 점차 진행되면서 어린애처럼 자기중심적인 행동을 보이고 화를 잘 내는 등 충동적인 행동을 보이며 사회적으로 고립된다. 사람에 따라 의처증과 의부증, 피해망상증이 나타나며 드물게는 환각 증상을 보이기도 한다. 수면장애와 식사장애 그리고 성행위의 장애가 나타나기도 한다.

전형적인 치매의 아홉 가지 경고신호는 ① 작업 수행에 지장을 주는 건망증, ② 일상적인 업무 수행의 어려움, ③ 적절한 언어 사용의 어려움, ④ 시간이나 장소에 대한 지남력 상실, ⑤ 판단력 저하, ⑥ 추상적 사고의 어려움, ⑦ 물건을 올바르게 정돈하는 것의 어려움, ⑧ 기분이나 행동의 부적절한 변화, ⑨ 성격의 변화나 상실 등이다.

치매는 퇴행성 질병이기 때문에 초기에는 고차원적인 능력이 손실되고, 병이 진행되면서 기본적인 자기관리능력이 상실되며, 말기에는 일상생활 수행행동(ADL)을 거의 할 수 없게 된다. 따라서 치매환자의 경우 특히 목욕하기, 계단 오르기, 보행, 대변 가리기 등의 행동을 혼자서 거의 수행할 수 없게 된다(배상수 외, 1999).

현재까지의 연구 결과에 의하면 치매에는 여러 가지 유형이 있으나 알츠하이머형 치매(Alzheimer's type)와 혈관성 치매(vascular type)가 주종을 이룬다. 알츠하이머형 치매 또는 알츠하이머병(Alzheimer's disease;:AD)은 치매환자의 50% 정도를 차지할 만큼 가장 흔하고 원인적 치료가 불가능한 질병이다. 1907년 Alois Alzheimer에 의해 처음 기술된 질병이기에 알츠하이머병이라는 이름이 붙여져 있다. 현재까지 밝혀진 주된 위험인자는 연령, 성별, 치매의 가족력, 두부손상 등이다. 이 병으로 진단된 사람들은 대부분의 경우 65세 이상이지만 40대나 50대에 발생하는 경우도 있다. 혈관성 치매는 두 번째로

DSM-IV에 의한 치매진단분류

290 알츠하이머 치매(dementia of the Alzheimer's type)

A. 다양한 인지기능장애(다 포함)

① 기억력장애(새로운 지식 학습이나 학습된 지식 회상의 장애)

② 다음의 인지기능장애 중의 하나 이상

a. 실어증

b. 실행증

c. 실인증

d. 집행기능의 장애

B. 사회적 직업적 기능의 장애와 이전 기능의 상당한 정도의 하향

C. 위의 인지기능장애는 다음과 같은 질환에 의한 것이 아님

a. 중추신경계 질환(예 : 뇌종양, 뇌졸중, 경막하혈종, 파킨슨씨병 등)

b. 신체 전반적인 질환(예 : 비타민 결핍, 신경매독, HIV감염, 갑상선 기능 저하증 등)

c. 물질에 의한 상태

D. 섬망 상태는 제외

E. 다른 1축 장애(axis I disorder)(예 : 정신분열증, 주요 우울장애 등)에 의한 것이 아님

290.4 혈관성 치매(vascular dementia)

294.9 인간면역결핍 바이러스병에 의한 치매(dementia due to HIV disorder)

294.1 두부외상에 의한 치매(dementia due to head trauma)

294.1 파킨슨씨병에 의한 치매(dementia due to Parkinson's disease)

294.1 헌팅턴병에 의한 치매(dementia due to Huntington's disease)

294.10 피크씨병에 의한 치매(dementia due to Pick's disease)

294.10 크로이츠펠트-야코브병에 의한 치매(dementia due to Creutzfeldt-Jacob disease)

294.1 기타 내과적 상태에 의한 치매(dementia due to other general medical condition)

흔한 치매로서 전체 치매환자의 20% 정도를 차지한다. 혈관성 치매의 위험인자로는 고혈압, 심장질환, 흡연, 당뇨, 비만, 뇌졸중의 기왕력 등이다. 혈관성 치매의 유형으로는 다발경색성 치매, 빈스방거씨병, 대뇌 아밀로이드 혈관증, 다발성 대뇌 색전증, 심장성 치매 등이 있다. 다발경색성 치매는 급성적으로 시작되어 계단식으로 악화된다. 다발경색성 치매를 일으키는 뇌졸중은 큰 동맥보다는 가는 동맥의 폐색으로 인한 뇌졸중이 더 많다(대한노인정신의학회, 1998). 우리나라에서도 치매의 경우 알츠하이머병 유병률은 4.17~5.3%, 혈관성 치매 유병률은 1.05~2.50%로 알츠하이머병이 혈관성 치매보다 2배 이상 많다고 할 수 있다(조맹제, 2007).

(3) 전노인성 치매

전노인성 치매(pre-senile dementia)는 노인성 정신병과 증상이 비슷하나 그 발생시기가 노년기 이전인 40~50대라는 점이 다르다. 노인성 정신병에서와 같이 정신능력의 퇴화와 성격와해 증상을 보인다. 이러한 질병이 중년기에 일어나면 이후의 삶은 비극적인 것이 되고 만다. 알츠하이머병과 피크씨병(Pick's disease)이 가장 전형적인 전노인성 치매에 속하는 질병이다. 이 외에도 빈스방거씨병(Binswanger's disease), 정상압력뇌수종(normal pressure hydrocephalus), 크로이츠펠트-야코브병(Creutzfeldt-Jacob disease) 등이 있으나 흔하게 나타나는 질병은 아니다.

3) 정신질환의 현황

노화에 따라 기능적 정신병과 신경증이 증가한다는 증거는 별로 없으나 기질적 뇌증후군의 정신병은 증가하는 경향이 있다(Atchley, 2000). 기질적 뇌증후군은 신체적 노화에 따른 뇌조직의 손상과 관련이 있으므로, 특히 75세 이상의 고령자가 증가하는 추세를 감안한다면 기질적 뇌증후군은 증가할 것으로 예상된다. 우리나라에서는 연령에 따른 정신질환의 관계를 알 수 있는 정확한 통계는 없지만 지금까지의 몇몇 조사연구에 나타난 현황을 보면 다음과 같다.

노인 정신질환자의 통계는 치료받은 환자를 대상으로 얻어지고 있는데, 전반적으로 보면 전체 정신과 환자 중 노인은 3~5% 정도이며 정신질환 분류에 따른 비율은 다르게 나타나고 있다. 미국의 경우는 대체로 15~25% 정도로 보고 있다. 가장 흔한 치매의 경우는 대체적으로 5~10% 정도 나타나고, 우울장애는 2~20%, 불안장애는 17~21%, 정신분열증은 1% 정도라는 보고가 있다(Atchley & Barusch, 2004; Hooyman & Kiyak, 2008).

우리나라에서는 전체 노인인구 중 정신장애인의 비율이 어느 정도인지에 대한 믿을 만한 통계는 없고 다만 몇몇 주요 정신장애별 통계는 있으나 전국적 통계로 보기는 어렵다. 대체로 치매는 6.26~11.3% 정도, 우울증은 4.2~18%, 알코올 사용 장애는 4.4~13.6%, 불면장애는 11.9~57%, 망상장애는 0.4~3.2%정도 된다(조맹제, 2007).

노인에게 나타나는 정신장애가 다른 만성적 신체 질환에 비하여 잘 발견되지 않거나 진단되지 않는 경우가 많은 이유는 주로 다음과 같다(조맹제, 2007).

첫째, 노인의 정신질환은 겉으로 드러나는 증상이 정신적으로 우울하다거나 불안한 감정적 장애를 호소하는 경우는 드물고 주로 신체적 증상을 호소하는 경우가 많아 정신질환으로 진단할 수 있는 기회와 가능성이 낮기 때문이다.

둘째, 노인의 신체적 질병에 다른 정신질환을 동반하는 경우가 흔하여 정신질환으로 생각하거나 진단하기 어려운 경우가 많기 때문이다.

셋째, 노인들이 많은 종류의 약물을 복용하고 있어 이로 인해 정신질환이 가려지거나 부작용으로 정신질환이 발생하기도 하기 때문에 정신질환을 정확히 판단하거나 진단하기 어렵기 때문이다.

넷째, 가족이나 주위 사람들이 정신질환이 있는 노인을 노화의 정상적인 과정으로 보고 방치하는 경우가 많기 때문이다.

다섯째, 의사들마저도 노인의 정신질환에 대해 잘 관찰하지 않고 신체적 질환에 초점을 두고 질병을 진단하기 때문이다.

여섯째, 개인이나 가족의 관점에서 정신질환에 대해서는 많은 의료비용을 들이려 하지 않기 때문이다.

망상·환각·환상

- **망상**(delusion): 현실에 맞지 않은 잘못된 생각이며 실제 사실과는 다르고, 논리적인 설명으로 시정되지 않고, 교육 정도나 문화적인 환경에 걸맞지 않은 잘못된 믿음 또는 생각.
- **환각**(hallucination): 외부의 자극이 없는데도 불구하고 마치 외부에서 자극이 들어온 것처럼 느끼는 현상. 외부에서 실제로 들어온 자극을 실제와 다르게 지각하거나 생각하는 현상인 착각(illusion)과는 구분됨.
- **환상**(fantasy): 현실적인 기초나 가능성이 없는 헛된 생각이나 공상.

4 노인의 건강보호와 관련된 문제

노인의 건강보호와 관련된 문제는 크게 ① 의료비 부담, ② 와병노인의 간병, ③ 의료시설 접근 등으로 나누어 볼 수 있다.

1) 의료비 부담

노인의 유병률이 전체 인구 평균의 2~3배나 되고 입원치료 기간도 17세 이하의 3배가 되므로 노인의 건강보호에는 많은 의료비가 소요된다. 보건복지부 국민건강보험 수혜자 통계(통계청, 2008)에 의하면 1985년을 기준으로 하면 27년간 전체 진료비는 약 55배 증가했는데 노인 의료비는 330배 증가한 것으로 나타났다. 그리고 1985년에 전체 의료비의 4.7% 정도였던 노인의료비는 2007년에는 28% 정도로 증가하여 노인 의료비의 비중이 급속히 증가하고 있음을 알 수 있다.

특히 고액진료인 경우는 의료보험에서 부담해 주지 않는 본인부담(전체의 20%) 액수가 커지게 되므로 노인 및 노인의 가족에게 큰 부담이 되고 있다. 의료급여의 혜택을 받는 사람도 입원의 경우는 본인이 50~60%를 부담해야 하므로 더욱 큰 부담이 되고 있다. 노인인구의 건강상 특성과 의료비 부담을 고려하여 현재의 국민건강보험 및 의료급여의 경우 노인 의료비에 대한 본인부담률을 낮추는 제도가 마련되지 않는 한 노인들의 의료비 부담은 여전히 큰 부담으로 남아 있게 될 것이다.

2) 와병 노인의 간병

와병 노인의 간호와 수발은 개인과 가족뿐만 아니라 사회적으로도 큰 문제가 되고 있다. 질병이나 불구로 인하여 노인이 스스로 자신을 유지할 수 없을 때 타인의 도움을 받아야 한다. 대부분의 경우 배우자나 자녀가 간호자의 역할을 담당하고 있지만 배우자가 없는 노인과 자녀가 직장생활을 하고 있는 경우(특히 며느리가 취업하고 있는 경우)에는 간호의 어려움이 커진다. 직장과 부모 간호 사이의 갈등, 장기간의 수발로 인한 피로와 스트레스를 겪게 되며, 앞으로는 가족규모가 더욱 줄어들어 간호할 사람이 부족하여 노인의 간병은 더욱 어려운 문제가 될 것이다. 2008년 7월부터 노인장기요양보험제도가 시행되어 장애나 허약 정도가 심한 노인(3등급까지만)은 요양시설과 재가시설에서 보호를 받을 수 있으나 장애나 허약 정도가 경한 경우는 보험의 적용을 받을 수가 없고 가족이 간호하거나 수발할 수밖에 없기 때문에 가족의 수발부담은 아직도 상당히 크다고 할 수 있다. 이러한 노인 보호와 수발에 관련하여 노인은 노인대로 불만과 부담을 주는 것에 대한 죄책감을 느끼게 되고, 가족은 가족대로의 부담감, 갈등, 죄책감 등을 경험할 수 있다. 또한 사회적으로는 수발 서비스를 필요로 하는 노인에 대한 수발 비용을 보험료나 국가재정으로 충당해야 한다면 국민의 사회보험료 부담과 국가의 재정부담 과중이 사회적 이슈가 될 수 있다.

3) 의료시설 접근

우리나라의 경우 의료시설의 약 70% 정도가 도시 지역에 집중되어 있어 특히 농촌 노인들의 의료시설 접근이 큰 문제가 되고 있다. 응급 시 시간이 많이 걸리고 교통이 좋지 않아 의료시설 접근에 어려움이 많다는 것이다. 농어촌 지역 노인의 의료시설 접근도를 높이는 것은 단순히 농어촌 지역의 복지 서비스를 확충하는 것을 넘어 농어업 발전정책의 큰 틀 속에서 같이 고려되는 국가적 과제가 되어야 할 것이다.

제 7 장

노화의 경제적 측면

노년기의 경제적 안정과 보장은 의식주의 기본적 욕구를 충족시키는 것은 물론, 건강을 유지하고 여가활동을 증진시키며 노인의 지위와 자아를 유지시켜 줌으로써 성공적인 노령기의 삶을 영위하는 데 가장 큰 영향력을 미친다. 돈이 모든 것을 다 해결해 주는 것은 아니며 돈으로 행복을 살 수 있는 것은 아니지만 경제적 보장은 노년기에 가장 중요한 생활자원이 되고 있다. 이와 관련하여 1995년 미국의 노화에 관한 백악관 회의에서도 경제적인 보장은 경제적 복리를 도모하고 품위와 독립성을 보장하며, 나아가서는 세대 간의 상호 의존성과 다양성을 보장하는 것으로 강조하고 있다(White House Conference on Aging, 1996).

현대사회에서 노년기에 나타나는 가장 큰 변화 중 하나는 경제적 사정의 악화일 것이다. 오늘날 노인의 지위가 약화되고 이에 따른 여러 측면의 노인문제가 발생하게 된 가장 큰 직접적인 원인은 노인의 경제적 힘이 약해졌기 때문이다. 노년기의 경제적 사정은 어떠하며, 경제적 사정의 이면인 노인의 수입원과 지출처를 알아보고, 한국 노인의 경제적 사정이 악화된 원인을 규명해 보는 것은 노화와 관련된 사회적 상황을 잘 이해하고 이에 대한 개인적·사회적 차원의 대책을 세우는 데 핵심적인 일이다.

1 노인의 경제적 실태

1) 노인의 소득 현황

노인의 소득 현황을 파악하기는 대단히 어렵다. 자녀와 동거하는 경우 가구의 총수입을 노인이 잘 모르는 경우가 대부분이고, 알고 있다고 해도 정확히 답변하는 것을 꺼리는 경우가 많으며, 또한 노인이 자기 앞으로 들어오는 수입이 얼마나 되는지도 정확히 답변하지 않는 경우가 많다. 그리고 자녀와 별거하는 노인단독세대가구(노인부부 또는 독신)의 경우도 수입을 정확히 밝히는 경우가 드물기 때문에 사실상 노인가구(노인이 포함된 가구나 노인단독세대가구)나 노인 개인의 수입을 정확히 파악하기란 거의 불가능하다. 그럼에도 불구하고 노인가구나 노인의 수입을 파악하는 것이 중요하기 때문에 대체적인 소득이라도 파악하려는 의도에서 자기 기입식 조사나 노인에 대한 직접면접조사로 노인의 소득수준을 파악하고 있다.

2008년 65세 이상 노인을 대상으로 한 전국표본조사 자료(보건복지가족부·계명대학교 산학협력단, 2009)에 의하면, 표 7-1에서 보는 바와 같이 노인의 개인소득 수준은 2008년 1인 가구 최저생계비(463,047원)에도 못 미치는 경우가 전체 노인의 60% 정도라는 것을 알 수 있다. 또한 연령이 증가할수록 소득수준이 낮아지고, 개인소득이 60~100만 원인 노인보다는 100만 원 이상인 노인의 비율이 약간 높아 다소 양극화 형태를 이루고 있는

최저생계비(minimum standard of living)

- 최저생계비는 '최저생활비'라고도 하며, 우리나라의 국민기초생활보장법에 의하면 "국민이 건강하고 문화적인 생활을 유지하기 위하여 소요되는 최소한의 비용"으로 정의된다.
- 우리나라의 최저생계비는 전물량방식(market basket method: 인간생활에 필수적인 모든 품목에 대하여 최저한의 수준을 정하고, 이를 화폐가치로 환산[가격 x 최저소비량]한 총합으로 구함)으로 계측한다.
- 우리나라에서는 3년에 한 번씩 계측하고 매년 9월 중앙생활보장위원회의 심의·의결을 거쳐 다음 연도의 최저생계비를 공표하도록 하고 있다.

표 7-1. 65세 이상 노인의 연령별 개인소득 분포

(단위: %)

소득	65~69세	70~74세	75~79세	80~84세	85세 이상	전체
20만 원 미만	30.3	33.5	35.8	46.0	57.3	35.4
20~40만 원	16.6	20.9	23.3	24.5	20.4	20.0
40~60만 원	14.1	15.6	15.4	12.8	11.7	14.5
60~80만 원	9.6	9.1	7.9	3.9	3.8	8.2
80~100만 원	6.9	4.6	5.2	3.0	1.3	5.2
100~105만 원	11.0	7.9	6.2	5.7	3.1	8.2
150만 원 이상	11.5	8.4	6.1	4.1	2.5	8.3
평균소득액(만 원)	79.9	56.5	48.9	42.1	31.5	58.4

출처 : 보건복지가족부· 계명대학교산학협력단(2009), 2008년도 전국노인생활실태조사 및 복지욕구조사.

표 7-2. 60세 이상의 노인가구 형태별 소득 분포

(단위: %)

소득	노인독거가구	노인부부가구	자녀동거가구	기타
20만 원 미만	29.4	32.8	34.8	41.3
20~40만 원	30.6	15.0	15.6	11.9
40~60만 원	18.2	12.7	12.2	11.5
60~80만 원	8.1	9.1	6.4	8.1
80~100만 원	3.8	6.1	5.8	7.5
100~105만 원	6.1	11.0	11.3	9.2
150만 원 이상	4.0	13.3	14.0	10.6
평균소득액(만 원)	46.7	73.6	73.8	70.7

출처 : 보건복지가족부· 계명대학교산학협력단(2009), 2008년도 전국노인생활실태조사 및 복지욕구조사.

것으로 보인다.

표 7-2의 가구 형태별 소득 분포에서 보는 바와 같이 60세 이상 노인의 경우 노인독거가구보다는 노인부부가구나 자녀동거가구의 소득수준이 훨씬 높은 편이지만, 평균소득은 2008년 2인 가구 최저생계비에도 못 미치는 수준이다.

이상의 노인 개인소득과 가구별 소득을 조사한 자료에 의하면 우리나라 노인 중 최소한 절반은 소득이 최저생계비 이하라 해도 과언이 아니다.

2) 노인 빈곤 현황

우리나라의 공식적인 빈곤인구 통계는 소득수준이 최저생계비 이하인 개인이나 가족에 대해 국가의 최저생계비를 보장하는 것을 목적으로 하는 공공부조 프로그램인 국민기초생활보장제도의 수급자 분포를 통해 대체적으로 파악할 수 있다. 세계 여러 나라에서 실제적인 빈곤인구에 비하여 국가로부터 공공부조를 받고 있는 인구는 훨씬 적게 나타나고 있다. 공공부조 수급이 신청주의에 입각하고 있어 빈곤자로 낙인찍히는 것이 싫어 신청을 하지 않는 경우, 정보부족으로 신청하지 못하는 경우, 신청 후의 자산조사 절차에 대한 수치심으로 인해 자산조사를 거부하는 경우, 자산조사의 부정확성으로 인해 수급자격에서 탈락하는 경우, 국가예산 부족으로 불가피하게 수급자 수를 제한하는 경우 등으로 실제 수급자 수는 빈곤인구에 비하여 적게 나타나고 있다. 여기서는 2000년 10월부터 시행된 국민기초생활보장법에 의한 수급자의 연령별 통계를 보고 노인인구의 빈곤상태를 살펴보기로 하겠다. 2008년 현재 국민기초생활보장 수급자 현황은 표 7-3과 같다.

표 7-3에서 보면 65세 이상의 수급자는 2001년부터 2008년까지 8년간 큰 변화 없이 전체 수급자의 약 25%를 차지하고 있는데, 이는 65세 이상 인구가 청년층이나 중년층 인구에 비해 (연령별 수급자 통계를 비교해 보면) 상대적으로 빈곤인구가 많음을 의미한다.

표 7-3. 65세 이상 노인의 국민기초생활보장 수급 현황

연도	국민기초생활 수급자 수(명)	65세 이상 수급자		65세 이상 인구 중 수급자 비율(%)
		수급자 수(명)	비율(%)	
2001	1,345,526	334,272	24.8	9.3
2002	1,275,625	329,251	25.8	8.7
2003	1,292,690	340,527	26.3	8.6
2004	1,337,714	352,384	26.3	8.8
2005	1,425,684	367,658	25.8	8.4
2006	1,449,832	373,595	25.8	8.1
2007	1,463,140	386,157	26.4	8.0
2008	1,444,010	382,050	26.5	7.6

주 : 사용한 자료는 국민기초생활수급자 중 시설 수급자를 제외한 일반 수급자만의 통계임.
출처 : 보건복지가족부(2009), 2008년 국민기초생활보장 수급자 현황.

표 7-4. OECD 국가 노인의 상대적 빈곤율(2000년대 중반) (단위 : %)

국가	노인 개인	노인가구주 가구				
		근로	비근로	독신	부부	전체
한국	45	35	69	77	41	49
아일랜드	31	5	36	65	9	25
멕시코	28	19	39	45	21	23
호주	27	4	32	50	18	27
미국	24	9	34	41	17	24
일본	22	13	30	48	17	21
스페인	17	12	32	39	24	27
영국	10	1	12	17	7	10
독일	10	2	9	15	5	8
스웨덴	8	3	7	13	1	6
프랑스	4	1	9	16	4	9
캐나다	4	2	10	16	4	7
OECD 평균	13	7	17	25	9	14

출처 : OECD(2008), Growing unequal.

노인 빈곤인구 수는 늘어나는 경향이고 65세 이상 노인인구 가운데 빈곤인구 비율은 7.6~9.3%(평균 8.4%)로 다른 인구집단보다 훨씬 높다(보건복지가족부, 2009).

이상의 조사자료에서 밝혀진 바에 의하면 우리나라의 노인들도 다른 산업사회의 노인들과 마찬가지로 다른 성인 연령층에 비하여 훨씬 빈곤하고 경제적인 어려움에 처해 있다는 것을 알 수 있다.

상대적 빈곤 개념에 의한 우리나라 노인의 빈곤율은 OECD 30개 국가 가운데 가장 높게 나타나고 있다. 상대적 빈곤 개념을 중위소득의 50% 미만의 소득으로 보는 경우가 많은데, 이러한 상대적 빈곤 개념으로 OECD 국가의 노인 빈곤율을 분석한 통계는 표 7-4와 같다. 자료는 국가마다 연도가 다른 경우가 있고 2000년대 중반의 자료를 이용하여 국가마다 상대적 빈곤율을 계산한 것이다. 우리나라의 경우 개인소득이 정확히 반영된 것인지는 확인하기 어려우나 통계자료는 각국 정부의 공식적 자료로 보고된 것을 이용한 것이므로 신빙성이 있는 것으로 보인다.

우리나라는 불명예스럽게도 OECD 30개 국가 중 노인 개인의 상대적 빈곤율이 평균 45%로 가장 높고 노인가구의 상대적 빈곤율도 평균 49%로 가장 높다. 일을 하고 있는

절대적 빈곤과 상대적 빈곤

- **절대적 빈곤(absolute poverty):** 사회 구성원이 인간으로서 존엄성과 건강하고 문화적인 최저한의 생활수준을 유지하지 못하는 상황을 말한다. 최저생계비 수준 이하의 생활상태로 계측한다.
- **상대적 빈곤(relative poverty):** 사회 구성원의 중위소득 또는 평균소득보다 일정 비율 이하의 생활수준에 있는 상황을 말한다. 중위소득 또는 평균소득의 일정 비율 이하에서는 그 사회의 대다수 사람이 누리고 있는 생활수준을 누리지 못한다고 보고 빈곤상태로 계측한다. OECD에서는 중위소득의 50% 또는 60% 이하, 영국은 평균소득의 50% 이하, 프랑스는 중위소득의 50% 이하를 상대적 빈곤으로 정의한다.

노인가구와 일을 하지 않고 있는 노인가구 간의 빈곤율 격차도 가장 크고, 독신가구와 부부가구의 차이도 아일랜드 다음으로 가장 크다. 한국의 상대적 빈곤율은 OECD 국가 평균에 비해서는 물론이고, 다른 나라에 비해서 빈곤율 격차가 현저하게 큰 것(2위와의 격차가 대단히 큼)도 하나의 특성이라 할 수 있다.

2 노인의 소득원

현재 우리나라 노인의 소득원은 금품이 직접적으로 들어오는 직접적 소득원과 금품이 직접 들어오지는 않지만 직접적인 지출을 줄임으로써 소득이 되는 간접적인 소득원으로 나눌 수 있다. 직접 소득원에는 노인의 근로수입, 노령연금, 퇴직금, 퇴직연금, 개인연금, 재산수입, 공공부조, 기초노령연금, 자녀와 친척의 보조 등이 있으며, 간접 소득원에는 의료보험·노인장기요양보험·의료급여의 혜택, 경로우대제도에 의한 할인혜택, 사회 서비스 바우처 등이 있다. 먼저 전국적 표본조사 결과를 살펴본 후에 노인의 소득원을 구체적으로 살펴보기로 한다.

65세 이상 노인의 경우는 기타 공적이전(기초노령연금, 기초생활보장 등)이 92.6%로 가장 많고 사적이전(가족 위주의 지원금)(79%), 공적연금(21%), 사업소득(19.1%), 근로소득(9.9%), 금융소득(8.9%), 부동산 소득(8.2%), 개인연금(0.6%)의 순서로 많다(표 7-5 참조). 그러나 연령별로 나누어 보면 각 소득원별 비율과 순위는 다르다.

표 7-6에서 각각의 소득원이 노인 개인 소득에서 차지하는 비율은 사적이전이 46.5%로 가장 많고, 다음이 기타 공적이전(19.5%), 사업소득(11.8%), 공적연금(8.7%), 근로소득(6.5%), 부동산 소득(4.2%), 금융소득(2.7%), 개인연금(0.2%) 순으로 많다.

표 7-5. 60세 이상 노인의 소득원 (단위 : %)

연령	근로	사업	금융	부동산	개인 연금	사적 이전	공적 연금	기타 공적이전
60~64세	22.5	21.9	10.5	9.4	1.4	72.1	38.1	10.5
65~69세	16.2	23.1	9.8	7.9	0.8	75.3	34.3	85.8
70~74세	8.7	21.1	10.0	9.4	0.5	79.4	18.5	96.3
75~79세	5.6	16.9	8.1	8.9	0.6	82.9	10.8	97.7
80~84세	2.3	9.2	6.7	7.6	0.4	83.4	5.2	97.2
85세 이상	0.7	6.2	3.5	4.0	0.3	81.1	4.2	96.3
60세 이상	13.5	19.9	9.3	8.6	0.8	77.0	25.9	69.1
65세 이상	9.9	19.1	8.9	8.2	0.6	79.0	21.0	92.6

출처 : 보건복지가족부·계명대학교산학협력단(2009), 2008년도 전국노인생활실태조사 및 복지욕구조사.

표 7-6. 60세 이상 노인의 소득구성비

(단위 : %)

연령	근로	사업	금융	부동산	개인 연금	사적 이전	공적 연금	기타 공적이전
60~64세	17.9	16.3	2.8	4.6	0.4	39.9	15.1	3.1
65~69세	11.2	14.9	2.9	4.1	0.3	39.0	13.1	14.4
70~74세	5.6	13.0	3.1	4.8	0.2	47.0	8.1	18.2
75~79세	3.1	9.8	2.1	4.3	0.2	50.8	5.6	24.1
80~84세	1.1	4.8	2.2	3.5	0.1	57.9	3.2	27.1
85세 이상	0.3	3.4	1.6	2.1	0.1	59.3	2.6	30.8
60세 이상	9.6	13.0	2.7	4.3	0.3	44.7	10.5	15.0
65세 이상	6.5	11.8	2.7	4.2	0.2	46.5	8.7	19.5

출처 : 보건복지가족부·계명대학교산학협력단(2009), 2008년도 전국노인생활실태조사 및 복지욕구조사.

표 7-7. 연령계층별 취업인구 추이

(단위 : 천 명, %)

연도	55~59세		60세 이상		60~64세		65세 이상	
	취업인구	비율	취업인구	비율	취업인구	비율	취업인구	비율
2000	1,247	62.2	1,963	37.7	963	53.0	1,000	29.4
2001	1,256	62.5	2,071	38.0	1,000	53.7	1,070	29.9
2002	1,303	63.7	2,204	38.7	1,049	55.0	1,155	30.5
2003	1,339	63.2	2,142	36.2	1,001	51.8	1,141	28.6
2004	1,405	63.4	2,257	36.9	1,014	52.7	1,243	29.6
2005	1,469	63.1	2,381	36.9	1,030	53.4	1,351	29.8
2006	1,522	63.2	2,503	37.4	1,068	54.5	1,435	30.3
2007	1,611	65.2	2,618	38.1	1,104	55.0	1,514	31.1
2008	1,670	65.9	2,636	37.2	1,107	54.1	1,529	30.3
2009	1,742	65.6	2,690	36.7	1,144	53.8	1,546	29.7

출처: 통계청(2010), 국가통계 포털.

표 7-8. 60세 이상 취업자의 연령별 직종 분포

(단위 : %)

연령	관리직	전문직	사무직	서비스	판매직	농림어업 숙련직	기능직	장치기계 조작직	단순 노무직
60~64세	3.9	2.5	1.6	8.2	8.1	35.8	4.7	5.9	29.3
65~69세	3.0	1.6	0.5	3.3	7.3	53.1	2.1	1.8	27.3
70~74세	1.3	1.0	0.1	2.4	4.2	66.9	1.4	0.8	21.9
75~79세	0.5	1.0	1.3	1.1	4.7	69.7	1.0	1.0	19.9
80~84세	1.3	0.0	0.0	2.1	3.6	67.6	0.0	0.0	25.5
85세 이상	0.0	0.0	0.0	5.9	0.6	80.2	0.0	0.0	13.4
60세 이상	2.7	1.7	0.9	4.8	6.6	51.2	2.8	3.1	26.2
65세 이상	2.0	1.2	0.5	2.7	5.7	60.6	1.3	1.6	24.4

출처 : 보건복지가족부·계명대학교산학협력단(2009), 2008년도 전국노인생활실태조사 및 복지욕구조사.

1) 직접 소득원

(1) 자신의 근로

표 7-6에서 보는 바와 같이 노인 전체 소득 가운데 본인의 근로소득 비중은 평균 6.5%이며, 표 7-7에서 보는 바와 같이 2000년부터 2009년까지 65세 이상 노인 중 약 30% 정도가 취업을 하고 있음을 알 수 있다. 표 7-8에서 보면 노인들은 주로 농림어업직과 단순노무직에 종사하고 있으며 관리직이나 전문직, 특히 사무직에 종사하는 경우는 아주 적은 편이다. 농림어업직은 연령이 증가할수록 종사 비율이 더 높아지고 있는데 이는 농어촌의 고령화 현상을 반영하고 있는 것으로 보인다.

65세 이상 노인은 주로 자영자(58%)로 일하는 형태가 가장 많고, 그 다음으로 무급 가족노동(20.4%), 일용직(10.2%), 상용근로자(5.6%), 임시근로자(5.1%) 순이다(표 7-9 참조).

표 7-9. 60세 이상 취업자의 연령별 고용형태 (단위 : %)

연령	자영자	고용주	무급 가족노동	상용근로자	임시근로자	일용직
60~64세	47.7	1.1	17.8	16.3	7.0	10.2
65~69세	52.4	1.1	20.3	8.6	6.8	10.8
70~74세	61.3	0.5	21.7	3.2	4.1	9.3
75~79세	66.4	0.0	17.7	1.8	3.1	10.9
80~84세	68.0	0.0	17.7	1.6	1.1	11.7
85세 이상	74.6	0.0	24.3	0.0	0.0	1.1
60세 이상	54.1	0.8	19.4	9.7	5.8	10.2
65세 이상	58.0	0.7	20.4	5.6	5.1	10.2

출처 : 보건복지가족부·계명대학교산학협력단(2009), 2008년도 전국노인생활실태조사 및 복지욕구조사.

(2) 노령연금

퇴직 이후의 노후 소득보장을 위한 공적연금제도가 실시되고 있는 산업사회에서는 노령연금이 노후의 가장 큰 수입원이 되고 있다. 우리나라에서는 공무원, 군인, 사립학교 교직원에 대한 노령연금은 비교적 일찍이(1960년대와 1970년대) 도입되었으나, 일반 국민을 위한 노령연금(국민연금)은 1988년부터 실시되었다. 가입한 사람이 1993년부터 최소한의 연금(특례노령연금: 가입 5년 후 60세에 도달한 자가 수급자격이 있음)을 받기 시작했으나 대상자와 연금액이 적어 실제로 생활이 큰 도움이 되지 못하고 있고, 제대로 된 완전노령연금은 가입 20년 후인 2008년부터 지급되기 시작했으므로 국민연금은 2008년까지는 노후생활의 주요 수입원이 되지는 못했다.

현재의 국민연금법(2007년 개정)에 의하면 40년 가입을 기준으로 했을 때, 연금액은 가입기간 40년간 평균월급의 40% 정도밖에 되지 않을 것이다. 2007년에 개정된 국민연금법은 60%였던 소득대체율(퇴직 1년 전과 비교한 퇴직 후 1년간의 소득의 비율)을 2008년부터 매년 점진적으로 하향조정하여 2028년에는 40%가 되게 할 것이다. 사실상 40년간 계속 일을 하는 경우(20세에 취업하여 60세에 퇴직하는 경우에 해당함)는 드물고, 대체로 30년 정도가 일반적이라면 30년간 가입기간의 국민연금 소득대체율은 더욱 낮아지게 된다. 따라서 노령연금이 산업사회에서 노후의 가장 큰 수입원이 되고 있지만, 수입의 적절성은 그리 높지 못한 것으로 나타나고 있다.

(3) 퇴직금

2005년 근로자퇴직급여보장법을 제정하여 2005년 12월부터 시행함으로써 퇴직연금제도가 새로 도입되었지만, 앞으로도 직장 근로자는 퇴직금제도와 퇴직연금제도 중 하나 이상을 선택하도록 하고 있기 때문에[1] 앞으로도 퇴직금제도가 가장 중요한 노후 소득보장 방안 중의 하나가 될 것이다. 퇴직금제도는 2005년 개정 이전의 근로기준법 제10조와 제34조에 의거하여 5인 이상의 사업장에 종사하는 노동자가 퇴직하였을 때 근속연수 1년에 대해서 평균임금 30일분 이상에 해당되는 액수를 사용자가 일시금으로 지급하는 제도였는데, 2005년에 제정된 근로퇴직급여보장법에 포함되었다.

(4) 퇴직연금

퇴직연금제도는 종전의 퇴직금제도의 문제점을 개선하기 위해 2005년에 근로자퇴직급여보장법으로 도입된 제도다. 퇴직연금제도는 퇴직과 같이 퇴직급여를 일시에 받지 않고 퇴직 후 5년 이상 연금 형식으로 받도록 하여 노후 소득보장의 의미를 강화한 것이

1. 종전과 같은 퇴직금제도나 새로운 퇴직연금제도 중 하나를 선택하는 경우가 가장 많다.

다. 그러나 직장단위로 퇴직금제도와 퇴직연금제도 중 한 가지 이상을 택하도록 하고 있어 퇴직연금 가입률은 2009년 현재 5인 이상 사업장 상용근로자의 32.5% 정도에 그치고 있다. 퇴직금제도와 비교하여 퇴직연금제도의 상대적 우위성이 잘 인식되지 못하고 있어 퇴직연금 가입률이 높아지는 데는 상당한 시간이 걸릴 것으로 보인다. 그러나 퇴직연금은 퇴직금보다 노후 소득보장의 역할을 더 잘 할 수 있을 것이기 때문에 퇴직연금은 향후 공적노령연금을 보완하는 중요한 노후소득보장제도가 될 것이다.

(5) 개인연금

선진 외국의 경우는 개인연금이 주요 노후 수입원이 되고 있으나 우리나라의 경우 개인연금 수입은 미미한 실정이다. 표 7-5에서 보듯이 개인연금을 소득원으로 삼고 있는 65세 이상 노인은 0.6%뿐이며, 표 7-6에서 보듯이 개인연금이 노인 전체 소득에서 차지하는 정도는 0.2%에 불과하다. 개인연금제도는 공적연금에 의한 노후소득을 보충적으로 보장하는 방법으로 활용되고 있는데, 연금보험액에 세금감면 혜택을 제공하여 가입을 촉진하고 있는 것이 일반적이다. 우리나라에서는 1994년부터 '개인연금저축'이라는 이름으로 시행되고 있으나 아직도 알고 있는 사람이 많지 않고, 저축 불입금에 대한 세제감면 혜택이 낮으며, 최소 가입기간이 짧아 노후까지 저축할 수 있는 인센티브가 약하여 노후 소득보장책으로서의 의미가 아주 약한 편이다.

그러나 향후 공적연금의 소득대체율이 40% 수준까지 낮아지게 되면 개인연금으로 노후 소득보장의 부족한 부분을 보완하게 될 것이다. 선진국에서는 공적연금에 의한 노후 소득보장이 불충분함을 국민에게 널리 알리고 공적연금을 1층, 직장연금인 퇴직연금을 2층으로, 그리고 개인연금을 3층으로 하는 다층적 소득보장을 강화하고 있다. 우리나라도 공적연금의 소득대체율이 크게 낮아질 것에 대비하여 개인연금 가입에 대한 인센티브를 현재보다 더 많이 제공하여 개인연금이 다층적 노후 소득보장에 중요한 기능을 하도록 해야 할 것이다.

(6) 재산수입

재산은 사적인 성격이 강하여 정확히 파악하기 어렵지만 조사자료에서 나타난 바에 의하면(표 7-5와 표 7-6 참조), 금융자산과 부동산이 소득원이 되고 있다. 65세 이상 노인 중

금융자산이 있는 경우가 8.9%, 부동산이 있는 경우가 8.2%이지만 실제로 이들이 전체소득에서 차지하는 비율은 각각 2.7%와 4.2%밖에 되지 않는다. 9억 원 이하의 주택을 담보로 하여 노후 생활비를 금융기관에서 매월 연금식으로 받을 수 있는 주택연금제도(역모기지제도라고도 함)가 2007년부터 도입되었지만 여러 가지 이유로 아직도 이용자가 적어 부동산인 주택이 노후 소득원으로서의 기능을 거의 하지 못하고 있다. 그러나 주택연금제도가 활성화되는 것이 바람직하므로 향후에는 주택연금이 노후의 중요한 소득원이 될 것으로 보인다.

(7) 공공부조

우리나라에서 최저한도의 생계보호를 위한 공공부조제도는 기초생활보장제도에 의해서 시행되고 있다. 노인이 공공부조를 받는 경우는 65세 이상의 노인으로서 부양의무자가 없거나, 있더라도 부양능력이 없는 경우인데, 자기가 현재 살고 있는 곳에서 현금을 지급받거나(거택보호) 시설에서 보조를 받게 된다(시설보호). 2017년 현재 65세 이상 노인 가운데 공공부조를 받고 있는 노인은 약 5.9%인 43만 1,000여 명이다. 향후 소득수준의 향상과 기초노령연금액의 증대 등으로 65세 이상 노인 가운데 공공부조 수급자의 비율은 점차 줄어들 것으로 예상된다. 표 7-5에서 보듯이 공적연금 이외의 기타 공적이전이 65세 이상 노인들의 소득원이 되는 경우는 92.6%나 되고, 기타 공적이전이 노인 전체 소득의 19.5%를 차지하고 있다. 기타 공적연금은 주로 기초노령연금과 국민기초생활보장 프로그램이지만 국민기초생활보장은 65세 이상 노인의 5.9%에만 해당되기 때문에 노인들의 보편적 수입원으로 보기는 어렵다.

(8) 기초노령연금

기초노령연금은 1991년에 도입된 노령수당이 1998년 7월부터 '경로연금'이라는 이름으로 확대 실시되었다가(노인인구 약 13% 정도까지 적용되었음), 2007년에 기초노령연금법이 제정되어 경로연금 대신에 2008년 7월부터 시행된 제도다. 기초노령연금제도는 공공부조적 성격이 강한 국가의 공적 노후생활 보장 보충제도라 할 수 있다. 기초노령연금은 2008년 7월 시행 당시 노인 소득의 하위 60%에까지 적용되었다가 2009년부터는 하위 70%에까지 적용되는 보편적 소득보장 프로그램이 되었다. 기초노령연금의 연금

액수는 2020년 3월까지 소득인정액 정도에 따라 최저 25,375원에서 최고 300,000원 정도 되어 노인의 전체 소득에 기여하는 정도는 크게 높지는 못한 편이다. 그러나 70%의 노인에게 적용되고 있고 2017년 현재 노인 소득에 대한 기여도는 국민기초생활보장을 포함하여 17.6%가 되고 있다. 국민기초생활보장이 전체 노인의 5.9%에게만 적용되는 것에 비해 기초노령연금은 70%에게 적용되므로 기타 공적이전이 노인소득에 기여하는 정도의 대부분은 기초노령연금의 기여 때문이라 생각된다.

(9) 자녀와 친척의 보조

2017년 현재 노인들은 자녀 양육비와 결혼비용 등에 과다하게 지출함으로써 노후에 대한 준비를 거의 할 수 없고, 공적연금의 수급률은 아직도 전체 노인의 45% 정도에 그치고 있기 때문에 소득을 자녀와 친척의 보조(사적이전)에 상당한 정도 의존하지 않을 수 없다. 2017년의 전국표본조사에서 나타난 결과에 의하면 65세 이상 노인의 소득 중 사적 이전이 차지하는 비중은 15.2%에 이른다. 향후 공적연금의 수급 비율이 점차 증가할 것이므로 노인 소득에 대한 사적이전의 기여도는 점차 낮아질 것이고 사적이전을 받는 노인의 비율도 점차 줄어들 것이다. 그러나 2017년 이후 적어도 10년 동안은 노인 소득에 대한 사적이전의 기여도는 크게 줄어들지 않을 것으로 보인다.

2) 간접 소득원

(1) 의료보험 · 노인장기요양보험 · 의료급여의 혜택

노령기에는 건강의 약화로 빈번한 의료진료가 요청되고 진료비도 고액인 경우가 많은데 의료보험(국민건강보험)과 노인장기요양보험, 의료급여로 의료비 부담이 크게 경감된다. 이러한 의료비의 해결은 보험료나 국가의 보조금이 본인에게 지급되었다가 다시 지출되는 것과 같은 효과를 가져오므로 간접적인 수입으로 볼 수 있다. 2017년 현재 65세 이상 노인의 93%가 의료보험 혜택을 받고 있고 7%가 의료급여의 혜택을 받고 있기 때문에 65세 이상 노인인구 전체가 의료보장에 의해 간접적 수입을 얻는다고 볼 수 있다.

표 7-10. 경로우대시설의 종류와 할인율

종류	일반요금에 대한 할인율
1. 철도	
가. KTX, 새마을호, 무궁화호	100분의 30
나. 통근열차	100분의 50
다. 수도권 전철	100분의 100
2. 도시철도(구간 안의 국유 전기 철도 포함)	100분의 100
3. 고궁	
4. 능원	100분의 100
5. 국 · 공립 박물관	100분의 100
6. 국 · 공립 공원	100분의 100
7. 국 · 공립 미술관	100분의 100
8. 국 · 공립 국악원	100분의 100
9. 국가 · 지방자치단체 또는 국가나 지방자치단체가 출연하거나	100분의 50 이상
경비를 지원하는 법이 설치 · 운영하거나 그 운영을 위탁한 공연장	100분의 50

주: 1) 철도 및 도시철도의 경우에는 운임에 한한다.
2) 공연장의 경우 공연장의 운영자가 자체 기획한 공연의 관람료에 한한다.
3) KTX와 새마을호의 경우 토요일과 공휴일에는 할인율을 적용하지 아니한다.

(2) 경로우대제도에 의한 할인혜택

경로우대제도는 1981년 노인복지법 제정으로 제도화되어 1982년부터 실시되었다. 공공 교통시설을 이용하거나 공원·고궁 등에 입장할 때 50~100%의 할인혜택이 주어져 이 또한 지출을 줄여 주는 간접수입이 되고 있다. 경로우대시설의 종류와 할인율은 표 7-10과 같다.

(3) 사회 서비스 바우처

바우처(voucher)는 서비스 비용의 지불증서 또는 현금교환권을 말하는데, 정부에서 노인들에게 민간 비영리·영리 단체에서 일정 서비스를 받게 하고 그 비용의 전부 또는 일부를 바우처로 지급하는 제도다. 노인돌봄 종합 서비스는 혼자의 힘으로 일상생활을 하기 어려운 노인에게 가사·활동 지원 서비스를 제공하고 비용의 일부를 바우처로 지급하는 제도다. 2019년 현재 노인장기요양보험의 등급판정 기준에 의하여 요양등급 점수가 등급 외의 A와 B(40~51점)인 경우(경증인 경우)에 소득수준

(기준중위소득 100% 이상 160% 미만)과 월 희망하는 서비스 시간(27~36시간)에 따라 정부의 바우처 지급 부분과 본인의 부담 부분이 달라진다. 월평균소득이 기준중위소득의 120% 미만인 경우는 서비스 비용의 대부분을 정부가 바우처로 부담하고 이용자가 월 41,000원에서 72,000원을 부담하며, 기준중위소득의 140% 미만인 경우는 이용자가 57,000원에서 102,000원을 부담하고, 기준중위소득의 160% 미만인 경우는 73,000원에서 130,000원을 부담한다. 이 같은 노인돌봄 종합 서비스도 노인이 지출해야 할 일부 비용을 정부가 바우처로 부담해 줌으로써 노인의 부담을 줄여주는 의미가 있으므로 간접수입이 될 수 있다.

3 노년기의 생활비 지출 현황

생활주기와 퇴직을 연관시켜 살펴보면 현재 우리나라에서 50세 이상의 거의 절반 정도는 노년기가 사실상 55세부터 시작된다고 볼 수 있다. 대부분의 근로자가 민간기업의 임금노동에 종사하고 있고 거의 많은 민간기업이 퇴직정년을 55세로 정하고 있는 현실에서 많은 사람들은 55세부터 사회적 직업역할을 상실하므로 소위 '사회적 노인'(제2장 노인의 정의 참조)이 된다. 이러한 점을 감안하여 중년기(40세 이후)부터 노년기까지의 수입 상태와 지출 현황을 연결시켜 보면 노년기의 경제적 어려움을 더욱 잘 알 수 있을 것이다. 한국노인문제연구소의 중·고령기 연령별 취업상태와 가계수지 추이에 관한 조사보고서에서 나타난 바를 정리한 표 7-11을 참고로 하여 수입과 지출의 추이를 생각해 보기로 하자.

표 7-11을 참고하여 수입상태를 보면, 우리나라의 봉급생활자들은 40세부터 점진적으로 봉급이 증가하여 퇴직 전인 54세경에는 생활주기상 가장 많은 수입을 올리게 된다. 55세 정년퇴직이 일반화되어 있으므로 대부분의 봉급생활자들은 직장에서 물러나게 되고 그중 일부는 재취업을 하지만 수입이 종전보다 격감되는 경향이 있다. 그러나 대부분은 재취업을 할 수 없어 근로수입은 전혀 없어지고 퇴직금이 주된 수입원이 된다. 65세 이상이 되면 취업은 거의 불가능해지고 수입이 격감되거나 전혀 없는 상태에서 대부분 자녀에게 의존하게 된다. 지출상태를 보면 반취로기로 되어 있는 55~64세는

표 7-11. 중·고령기 연령별 취업상태와 가계수지 현황

구분	현역기(40~54세)	반취로기(55~64세)	취로불능기(65세 이상)
수입상태	• 수입이 점진적으로 증가 • 최고수입을 올릴 수 있는 시기	• 퇴직 후 고용형태의 변경으로 인한 수입 격감 • 재취업 기회의 상실로 인한 무수입	• 취업 불능으로 인한 무수입 • 자녀의 부양에 의존
생활비 지출 현황	• 일상생활비 • 자녀양육비 또는 교육비 • 주택 구입비	• 일상생활비 • 자녀 교육비 • 자녀결혼 및 독립 원조비	• 일상생활비

출처 : 대한노인회(1992), 노인복지지도원 연수용 교재.

수입이 격감되거나 전혀 없는 상태인데도 지출은 현역기와 비슷하거나 더 많아지게 된다. 생활주기상 이 시기는 특히 자녀의 결혼과 독립을 위해서 큰 지출을 하는 경우가 많으므로, 노후를 위해 준비해 놓은 재산이 있다고 해도 이 시기에 거의 소비해 버리는 등 가계지출이 가장 많은 시기다. 65세 이후의 노년기에는 여가활동 경비 등을 포함한 생활비는 계속 필요하지만 수입이 고갈된 상태에서 대부분 자녀에게 의존하게 된다.

이상과 같은 생활주기와 이에 따른 수입과 지출의 상태는 정년퇴직 연령이 상향조정되지 않은 상태에서 국민연금 수급연령만 상향조정되면 상당 기간 동안 큰 변화 없이 계속될 것으로 예상된다. 앞으로 자녀 수가 줄어들어 자녀가 결혼하고 독립하는 시기도 50대 초반으로 당겨지게 되고, 정년 연장과 노후 소득보장제도의 개선이 이루어지면 생활주기에 따른 수입과 지출의 실태는 상당히 달라질 것으로 예상된다.

특히 노년기 생활에서 가장 중요한 지출항목 중의 하나는 용돈이다. 2008년 전국적 표본조사에서 나타난 60세 이상 노인들의 월 용돈의 규모와 용돈지출 항목을 살펴보면 표 7-12, 표 7-13과 같다. 2008년 현재 60세 이상 노인의 월 평균 용돈의 규모는 156,000원 정도이고 65세 이상 노인의 월 평균 용돈의 규모는 139,000원이다. 10만 원 이하가 거의 절반(47.5%)가까이 되고 20만 원 이하가 3분의 2 정도(76.8%) 된다. 그리고 연령이 증가할수록 용돈의 규모는 줄어들고 있다. 용돈의 지출항목으로 비중이 큰 것을 살펴보면 60세 이상 노인과 65세 이상 노인 모두에서 여가/오락비, 교통/통신비, 경조사 비용,

표 7-12. 60세 이상 노인의 월 평균 용돈 분포 (단위: %)

연령	5만 원 미만	5~10 만 원	10~20 만 원	20~30 만 원	30~50 만 원	50~100 만 원	100만 원 이상	평균
60~64세	10.1	20.3	30.9	16.2	13.0	7.6	1.9	19.8
65~69세	13.9	24.2	32.2	13.5	9.6	4.8	1.8	16.7
70~74세	17.3	27.5	31.6	11.3	8.2	3.4	0.7	14.2
75~79세	23.2	31.2	26.8	9.7	6.2	2.5	0.5	11.7
80~84세	32.5	32.4	22.7	6.7	3.2	1.5	1.1	9.8
85세 이상	38.7	33.0	19.5	4.7	2.9	0.6	0.6	8.0
60세 이상	17.1	25.6	29.8	12.5	9.1	4.6	1.3	15.6
65세 이상	19.8	27.7	29.3	11.0	7.6	3.4	1.1	13.9

출처 : 보건복지가족부·계명대학교산학협력단(2009), 2008년도 전국노인생활실태조사 및 복지욕구조사.

표 7-13. 60세 이상 노인의 용돈 지출 항목 (단위: %)

연령	부모 용돈	경조사 비용	여가/오락비	현금/기부금	손자녀 용돈	교통/통신비	기타
60~64세	0.8	28.0	37.5	6.1	3.4	22.0	2.3
65~69세	0.5	25.4	35.5	5.7	4.0	25.0	4.0
70~74세	0.5	21.5	33.8	7.0	4.5	27.5	5.4
75~79세	0.1	17.2	32.8	9.3	5.2	28.4	7.1
80~84세	0.1	14.0	29.7	11.6	5.8	30.1	8.8
85세 이상	0.0	12.6	33.2	9.9	9.7	24.2	10.4
60세 이상	0.5	23.0	34.9	7.1	4.4	25.4	4.7
65세 이상	0.4	21.0	33.8	7.5	4.8	26.7	5.7

출처 : 보건복지가족부·계명대학교산학협력단(2009), 2008년도 전국노인생활실태조사 및 복지욕구조사.

표 7-14. 60세 이상 노인의 생활비·용돈 부담 주체 (단위: %)

연령	본인	배우자	동거 자녀/배우자	비동거 자녀/배우자	동거 형제/자매/친척	비동거 형제/자매/ 친척	정부/사회단체	기타
60~64세	53.4	25.0	9.0	9.0	0.1	0.4	3.1	0.1
65~69세	45.5	21.0	9.3	17.9	0.1	0.2	5.9	0.0
70~74세	37.5	14.7	12.1	27.8	0.1	0.2	7.5	0.2
75~79세	28.6	9.5	17.8	32.9	0.1	0.5	10.6	0.1
80~84세	19.3	4.2	26.5	36.4	0.0	1.0	12.3	0.3
85세 이상	12.2	3.2	37.4	34.3	0.8	0.1	11.9	0.2
60세 이상	40.7	17.5	13.3	21.3	0.1	0.3	6.7	0.1
65세 이상	35.6	14.4	15.0	26.2	0.1	0.3	8.2	0.1

출처 : 보건복지가족부·계명대학교산학협력단(2009), 2008년도 전국노인생활실태조사 및 복지욕구조사.

현금/기부금, 손자녀 용돈 순으로 나타났다.

2008년 같은 조사에서 용돈을 부담하는 주체를 알아 본 결과는 표 7-14와 같다. 용돈 부담주체로서 가장 많은 것부터 살펴보면 60세 이상의 경우는 본인, 비동거 자녀나 자녀의 배우자, 본인 배우자, 동거 자녀 및 자녀의 배우자 순이지만 65세 노인의 경우는 본인, 비동거 자녀 및 자녀의 배우자, 동거 자녀 및 자녀의 배우자, 본인 배우자 순이다.

4 노년기의 경제적 사정 악화 원인

현재 우리나라 노인세대가 경제적 사정이 좋지 못한 주요 원인을 살펴보면 다음과 같다.

1) 퇴직으로 인한 수입의 격감

퇴직은 산업사회의 제도적 특징인 만큼 피할 수 없는 생의 사건이다. 퇴직한다는 것은 일정한 임금수입을 얻을 수 있는 기회를 상실하는 것을 의미한다. 퇴직 후에는 임금노동에 의한 수입이 중단되므로 퇴직으로 인한 수입 감소가 노후 경제적 사정 악화의 가장 중요한 이유가 된다.

2) 공적연금 수급자 수의 제한과 소득대체율 저하

공무원, 군인, 사립학교 교직원을 위한 공적연금제도는 1960~1970년대에 시행되었지만, 일반국민을 위한 국민연금제도는 1988년에야 시행되었기 때문에 공적연금은 연금가입기간이 20년이 되는 2008년까지 노후의 중요한 수입원 역할을 하기가 어려웠다. 그리고 2010년 현재 65세 이상 연금 수급자 비율도 25% 정도밖에 되지 않아 사실상 연금은 아직도 우리나라 노인들에게 보편적인 중요 소득원이 되지 못하고 있다. 향후 연금 수급자 수는 점차 늘어나겠지만 연금의 소득대체율이 낮아져 연금으로 노후생활을 여유 있게 하기는 어려울 것으로 예상된다. 선진국의 경우도 공적노령연금의 소득대체율이 낮아 직장연금(퇴직연금)과 개인연금으로 노후 소득보장을 보완하는 정책 방향으로 나가고 있음을 고려할 때 우리나라의 경우도 공적연금에 의한 노후 소득보장은 한계가 있을 것으로 예상된다.

3) 자녀에 대한 과다한 지원

우리 사회의 부모들은 자녀에 대한 지원이 자녀의 독립성을 해칠 정도로 과다하다. 교육열이 높아 교육에 많은 투자를 할 뿐만 아니라 결혼하고 분가하는 데도 사회의 허세적이고 체면유지적인 풍습을 좇아 과다한 지출을 하기 때문에 노후를 위해 저축해 둔 재산까지 다 써버리는 사람이 많다. 이러한 사회적 풍습이나 경향으로 인하여 우리 사회의 부모들이 노후를 준비하지 못하고 있는 것은 반드시 지양되어야 할 것이다.

2000년 한 결혼정보업체가 신혼부부 150쌍을 대상으로 조사한 결혼비용을 보면 1쌍당 평균 7,600만 원이 들었다는 보고가 있는가 하면(매일경제, 2000), 신혼부부 500쌍을 대상으로 한 조사(이기춘, 2000)에 의하면 1쌍당 평균 6,327만 원이 들었다는 보고가 있다. 신혼부부 1쌍당 결혼비용이 6,300~7,600만 원이라면, 결혼하는 부부 한 편당 적어도 평균 3,150~3,800만 원이 소요되는 셈이다. 2009년에 유성열과 결혼정보회사 선우가 신혼부부 356쌍을 대상으로 결혼비용을 조사한 바에 의하면 2000년에 1쌍당 평균 8,278만 원이던 결혼비용은 2009년에는 1억 7,245만 원으로 2배 이상 오른 것으로 나타났다. 이처럼 결혼비용이 10년 사이에 2배나 증가한 가장 큰 이유는 주택마련 비용이 오른 것 때문인데, 주택마련비용이 전체 결혼비용에서 차지하는 비율은 2000년 55.9%에서 2009년 72.1%로 크게 올랐다. 신혼부부는 주택마련비용 중 약 44% 정도를 부모의 도움을 받는 것으로 나타났다(조선일보, 2010. 1. 21). 이 외에도 예물 및 결혼식 관련 비용이 아직도 큰 부분(10% 정도)을 차지하고 있다.

이 가운데에는 결혼 당사자가 신혼생활에 꼭 필요해서 준비하는 비용 외에 체면치레와 허례 허식적 사고방식이 아직도 크게 작용하고 있어 부모의 부담이 대단히 큼을 부정하기 어렵다.

4) 고령자 취업 및 재취업 곤란 또는 불능

아직도 대다수 민간기업은 비교적 이른 나이인 55세를 퇴직 정년으로 하고 있다. 사실상 55세는 신체적·정신적으로 성숙하여 창의적인 일을 할 수 있고 기술과 능력을 효과적이고 효율적으로 발휘할 수 있는 시기다. 또한 55세로 거의 고정되어 있는 정년퇴직 연령은 계속적으로 연장되고 있는 평균수명, 특히 건강평균수명의 추세를 고려하지 못한 반복지적 사회 관행이 아닐 수 없다. 개인적인 면에서 능력 발휘의 필요성은 물론이고 가계의 수입을 위해서도 재취업이 필요한데, 일단 퇴직한 후에는 재취업이 힘들거나 거의 불가능한 것이 우리 사회의 실정이다.

5) 저임금과 직업 불안정

상당수 노인들은 과거 직장의 임금수준이 낮았고 직업이 안정적이지 못해서 노후를 위한 저축을 할 수 없는 경우가 많았을 것이고, 급속한 도시화에 따라 도시로 이주한 중년층 또는 노인들은 농·어업 기술 외에 특별한 직업기술이 없어 취업이 어렵고 직업이 불안정한 상태인 경우도 많다.

6) 질병 · 사고로 인한 취업장애

질병이나 산업재해 등으로 일을 할 수 없어 수입을 얻을 수 있는 기회가 일찍 박탈된 것도 노후를 준비하지 못한 이유가 되고 있다.

제 8 장

노화와 퇴직

퇴직은 산업화의 산물이다. 퇴직이 제도화되고 보편화되기 시작한 것은 노령인구가 많아지고 산업화가 가속화된 20세기에 들어서다. 산업화 이전의 사회에서 사람들은 신체적·정신적 능력이 있는 한 일을 계속했기 때문에 오늘날처럼 연령제한을 두고 퇴직한 예는 거의 없었다. 우리나라에도 지난 30~40년 사이에 급속한 산업화가 이루어졌고, 1960년대부터 민간기업에 정년제가 도입되어 보편화되기 시작함에 따라 정년퇴직은 이제 개인생활주기의 중요한 사건이 되었다.

개인에 따라 또한 개인 내의 여러 가지 신체적 · 정신적 기능에 따라 노화의 정도에 차이가 있기 때문에 일률적으로 노년기를 규정짓는 것은 어려운 일이기 때문에 편의상 직업활동에서의 퇴직 연령을 노년기가 시작되는 연령으로 보고 있다. 즉 퇴직 연령 = 노년기 시작 연령 = 노령연금 수급자격 연령으로 되고 있는 것이 산업사회의 일반적인 경향이다. 퇴직은 개인의 사회적 역할에 커다란 변화를 가져오는 전기(轉機)가 되고 한 개인의 생활주기상 중년기와 노년기를 가르는 분기점이 된다. 퇴직은 적어도 사회적인 면에서 노년기의 시작을 의미하고 노년기의 삶은 퇴직 전의 사전준비, 퇴직에 대한 태도, 퇴직생활의 적응에 의해서 크게 영향을 받게 된다. 즉 퇴직은 노화 과정에서 개인이 겪는 가장 큰 사건이자 노년기의 삶에 가장 큰 영향을 미치는 현상이므로 여기서는 퇴직과 관련된 문제를 살펴보고 정년퇴직제도의 현황과 문제점을 아울러 검토해 보기로 하겠다.

1 퇴직의 개념과 의미

1) 퇴직의 개념

퇴직은 일반적으로 전임제(full time) 고용상태에서 시간제(part time) 고용상태로 전환하거나 고용상태를 완전히 끝내는 것을 말한다. 또한 퇴직은 직위에 관련된 역할수행을 일부 또는 완전히 중단하는 것을 의미한다. 퇴직은 자원봉사자, 교회의 집사 등과 같은 무급의 직위에서 물러나는 현상보다는 유급고용의 직위에서 물러나는 현상을 가리킨다. 이 책에서는 퇴직을 유급의 직업적인 지위와 역할에서 물러나는 것으로 한정하여 정의하기로 한다. 실제적으로 어떤 사람을 퇴직자로 규정한다면 그 사람은 ① 지난 1년간 보수를 받는 피고용활동에 참여하지 못한 사람, ② 노령연금을 받고 있는 사람, ③ 연간 전임으로 고용되어 있지 않은 사람 중의 한 경우가 될 수 있을 것이다. 우리나라의 경우 퇴직자는 '노령연금(국민연금, 공무원연금, 사립학교 교직원 연금, 군인연금)을 받고 있거나, 55세 이상의 자로서 지난 1년간 전임제(full time)로 고용되어 있지 않은 상태에 있는 사람'이라고 정의할 수 있다.

2) 퇴직 현상의 의미

퇴직 현상은 ① 생활주기상 하나의 사건으로서의 퇴직, ② 퇴직자라는 지위로의 퇴직, ③ 과정으로서의 퇴직 등 여러 가지 의미를 가질 수 있다(Kimmel, 1974).

퇴직은 한 개인의 생활주기에서 통과의례적인 사건이다. 즉 퇴직은 직업적인 일을 중단하고 특별한 직업이 없는 생활을 시작하는 전환점이 된다. 퇴직은 또한 한 역할에서 다른 역할로의 전이를 의미하고 이와 관련하여 중년기에서 노년기로의 전환점이 되는 사건이라고 할 수 있다. 정년퇴직을 노년기의 새로운 역할과 새로운 생활을 위한 도전의 시작으로 보면 정년퇴직은 청년기나 중년기의 졸업식이나 결혼식처럼 축하해야 될 통과의례가 될 것이다. 정년퇴임식은 산업사회에서 퇴직이 보편화되면서 나타나는 새로운 의례가 되고 있지만 정년 후 생활의 긍정적인 면보다는 부정적인 면을 더 많이 고려하여 아직까지는 큰 축하의 의미를 부여하고 있지 못하는 경우가 훨씬 많다. 그러나 평균수명 또는 평균여명의 연장과 노년기 건강상태의 향상으로 퇴직한 후에도 20~30년의 긴 시간이 남아 있고 이에 따라 노년기에 대한 새로운 의미가 형성되고 있는 만큼, 향후 정년퇴직은 새로운 역할로의 전환이라는 의미에서 정년퇴임식은 인생에서 축하해야 할 의식으로 발전할 가능성이 크다.

퇴직은 '퇴직자(retired person)'라는 새로운 지위를 얻게 되는 의미가 있다. 많은 학자들이 퇴직자로서의 지위를 얻게 된다는 데는 동의를 하고 있으나 퇴직자의 역할(retirement role)이 있느냐에 대해서는 의견이 분분하다(Atchley & Barusch, 2004). Rosow(1974)가 주장하듯이 노인의 역할이 사회적으로 인정되고 그 역할에 대한 사회화 또는 예기적 사회화가 가능하기 위해서는 새로운 규범이 형성되어야 한다. 그런데 노년기 문제를 가지고 일찍이 씨름해 온 선진 산업사회에서도 아직 노년기의 역할규범이 뚜렷이 형성되지 못한 상태이고, 급속한 사회 변화로 전통적 가치와 규범이 현대적인 것과 혼재해 있는 우리나라의 경우에는 노년기의 역할규범 형성에 더 긴 시간이 걸릴 수도 있다. 그럼에도 불구하고 우리 사회에서는 새로운 노인문화의 필요성이 빈번하게 제기되고 있고 실제로 새로운 노인문화라 할 수 있는 단초들이 미약하게나마 나타나고 있는 것을 볼 때 새로운 노인문화와 더불어 퇴직자로서의 새로운 역할규범이 의외로 급속히 형성될 가능성도 배제할 수 없다.

현재까지 우리나라에서 퇴직인의 역할은 시간은 많은데 할 일 없이 지내는 '역할 없는 역할(roleless role)'이었다고 해도 과언이 아니다. 앞으로는 노년기의 중요성이 크게 인식되고 경제적 수준도 향상되고 노년기의 역할규범이 새롭게 형성되면 퇴직자에게 노년기 특유의 기대와 책임도 주어지고 긍정적이고 도전적인 지위와 역할도 주어질 것이다.

또한 퇴직은 하나의 과정으로도 볼 수 있다. 퇴직은 기대했던 새로운 지위와 역할로의 전이 과정으로, 종전의 역할을 버리고 새로운 역할로의 사회화가 이루어지는 과정이라고 볼 수 있다. 이러한 전이 과정이 어느 정도 성공적이냐 하는 것은 개인의 생물학적·심리적·사회적 특성과 새로 취득하게 되는 지위와 역할의 성격에 크게 좌우된다(Beaver, 1983).

2 퇴직의 제도화 배경

퇴직은 산업화의 산물이므로 퇴직이 제도화된 배경은 산업화와 관련된 요인들이 작용하고 있다. 퇴직의 제도화에 관련된 몇 가지 중요한 요인들을 들어보면 다음과 같다.

첫째, **생산기술과 지식의 급속한 발전**이다. 노화의 현대화 이론(modernization theory of aging)에서 주장하는 바와 같이 젊은이들은 새로운 교육과 더 높은 교육수준에 의한 지식과 기술을 가지고 생산현장에 들어오는 반면, 기존의 고령 노동자는 새로운 지식과 기술을 습득할 기회가 거의 없었기 때문에 고령자의 지식과 기술은 유용성이 없어지거나 줄어들게 된다. 따라서 생산기술과 지식 면에서 고령자들이 젊은이들보다 뒤지게 되어 생산현장에서 밀려나는 현상이 퇴직을 제도화시키는 요인으로 작용하게 된 것이다.

둘째, **노동력 수요의 감소**다. 노화의 현대화 이론에서 주장하는 바와 같이 생산기술과 지식의 급속한 발전으로 기계화와 자동화가 이루어져 노동자 수요가 감소하게 되었다. 이에 따라 제한된 일자리를 놓고 젊은 노동자와 고령 노동자 간에 경쟁이 이루어져 경쟁조건에서 불리한 고령자가 생산현장에서 밀려나게 되는 현상이 퇴직을 제도화시키는 요인으로 작용하게 된 것이다.

셋째, **생산조직의 관료화**다. 산업화와 더불어 업무의 분업화와 전문화가 이루어짐에 따라 비대해진 조직을 효율적으로 유지하기 위해 획일적인 규정에 의한 경영관리가 이루어지는 관료체제가 강화되었다. 이에 따라 개인의 능력 차이에 관계없이 조직에서 획일적으로 퇴직연령을 규정하게 된 것이다(Woodruff & Birren, 1983).

넷째, **노후 경제적 보장제도의 발전**이다. 산업화의 진전에 따라 국가의 노령연금제도와 사적인 연금 또는 퇴직금제도에 의한 노후의 경제적 보장책이 마련된 이후에 퇴직제도의 보편화가 이루어진 경우가 많다. 즉 노후의 경제적 안정과 보장이 이루어짐으로써 퇴직의 제도화가 촉진된 것이다. 다시 말해서 개인의 생애주기와 관련해 보면 퇴직 전에는 노동을 통해 임금으로 경제적 문제와 욕구를 해결해 왔는데 퇴직하게 되면 노동을 통해 수입을 얻을 수 없기 때문에 퇴직 후 노후의 경제적 보장을 위한 대책이 마련되어야 했다. 이리하여 퇴직 후의 경제적 보장책으로 노령연금이 제도화되기 시작했고 이러한 노령연금제도의 발전과 더불어 퇴직이 제도화된 것이다.

3 퇴직에 대한 태도

미국에서는 1967년에 제정된 연령차별금지법에 의하여 정년퇴직 연령이 1978년까지 70세 이후로 되어 있다가, 1986년에 그 법이 개정되어 나이를 조건으로 하는 퇴직(정년퇴직)제도가 사실상 폐지되었다. 미국의 경우 퇴직을 앞두고 있는 사람들이 퇴직에 대해 보이는 태도는 일반적으로 긍정적인 경향이 있다. 즉 미국인들은 일반적으로 퇴직을 원하는 것으로 나타나고 있다(Atchley & Barusch, 2004). 미국 사회는 정년퇴직제도가 폐지되어 나이 때문에 강제로 퇴직을 당하는 사람은 없으며, 62세부터 노령연금(old age pension, 많은 경우 일반적으로 social security로 알려져 있음)을 수급할 수 있기 때문에 62세 이후 어느 시기를 택하여 자발적으로 퇴직하고 있다(Woodruff & Birren, 1983).

이렇게 퇴직 연령이 폐지되고 있는 사회와 보편적 퇴직 연령이 55세로 되어 있는 우리 사회의 퇴직에 대한 태도는 차이가 있을 것으로 추정된다. 최성재(1989)의 조사에 의하면 우리 사회의 경우 퇴직을 상당히 부정적으로 보고 있는 것으로 나타났는데, 1989년 이후 사회적으로 관행이 되어 있는 정년퇴직 연령이 크게 달라진 바 없기 때문에 퇴직에 대한 우리나라 사람들의 태도는 여전히 부정적일 것으로 생각된다.

미국 사회에서는 퇴직에 대해서 전반적으로 긍정적인 편이지만 여러 가지 조건에 따라 다른 태도를 보이고 있다. 즉 퇴직 후에 예상되는 경제적 사정, 노동에 대한 가치관, 퇴직의 자의성 여부, 직업에 대한 헌신과 사명감의 정도, 퇴직 후 생활 목표의 다양성 등에 따라 그 태도가 다르게 나타나고 있다(Atchley & Barusch, 2004)(표 8-1 참조).

퇴직에 대한 태도에 가장 큰 영향을 미치는 요소로는 퇴직 후에 예상되는 경제적 보장의 정도를 들 수 있다. 경제적 보장의 정도가 높을수록 퇴직에 대한 태도는 긍정적인 경향이 있는 반면에, 퇴직 후의 경제적인 사정이 좋지 않을 것으로 예상되는 사람은 퇴직하기를 원치 않는 것으로 나타나고 있다.

일할 수 있는 한 일을 해야 하고 일을 통해 자신의 가치를 발휘해야 한다는 생각을 가진 사람은 일반적으로 퇴직을 원치 않는 경향이 있다. 정년 때문에 할 수 없이 퇴직하는 강제적 퇴직(mandatory retirement: 비자발적 퇴직)이라고 생각하는 사람도 퇴직을 원치 않는 것으로 나타났다(Woodruff & Birren, 1983). 또한 자기가 하는 일에 헌신적으로 사명감을

표 8-1. 미국 사회에서 퇴직에 대한 태도에 영향을 미치는 요인

퇴직에 대한 태도에 영향을 미치는 요인	퇴직에 대한 태도
정년 연령이 높을수록	긍정적
퇴직 후 경제적 보장 정도가 확실할수록	긍정적
노동에 대한 가치지향의 정도가 높을수록	부정적
퇴직의 자의성이 클수록	긍정적
자기 직업군의 태도와 자신의 태도가 일치할수록	긍정적
퇴직 후 생활목표의 확실성이 높을수록	긍정적

출처: 최성재(1989), 퇴직예정자의 퇴직에 대한 태도와 퇴직 후의 생활전망 인식에 관한 연구.

표 8-2. 한국 사회에서 퇴직에 대한 태도에 영향을 미치는 요인

퇴직에 대한 태도에 영향을 미치는 요인	퇴직에 대한 태도
원하는 퇴직 연령과 실제 퇴직 연령의 차이가 클수록	부정적
퇴직 후 예상되는 경제적 사정이 좋을수록	긍정적
여가활동에 대한 지향 정도가 확실할수록	긍정적
퇴직 후의 생활계획 정도가 확실할수록	긍정적

출처: 최성재(1989), 퇴직예정자의 퇴직에 대한 태도와 퇴직 후의 생활전망 인식에 관한 연구.

가지고 있는 사람일수록 퇴직을 원치 않는 경향을 보이고 있다(Woodruff & Birren, 1983).

자기가 속해 있는 직업집단의 사람들이 갖고 있는 퇴직에 대한 태도가 개인의 퇴직에 대한 태도에 영향을 미치기도 한다. 예를 들면, 힘든 육체노동을 하는 직업군의 사람들은 가능하면 빨리 퇴직하기를 원하는 반면에 전문직업군의 사람들(변호사, 의사, 교수 등)은 계속해서 일하는 것을 일반적인 규범으로 삼고 있어 일반인들의 퇴직정년에 맞춰 퇴직하는 것을 원치 않고 더 오랫동안 일하기를 원한다. 또한 퇴직 후 할 일과 생활 목표가 분명할수록 퇴직에 대한 태도가 긍정적이다(Woodruff & Birren, 1983).

퇴직에 대해 영향을 미치는 요인은 표 8-1의 미국에서의 조사와 표 8-2의 우리 사회의 조사 연구(최성재, 1989)가 상당히 다른 결과를 보이고 있지만, 공통적인 결과로는 퇴직 후의 경제적 사정이 좋고, 퇴직 후의 생활목표나 생활계획이 확실할수록 퇴직에 대한 태도가 긍정적인 경향을 보인다는 점을 들 수 있다.

4 퇴직준비

퇴직은 개인의 생활주기상 대단히 중요한 전환점이 되므로 퇴직 후 생활은 어느 정도 계획을 세워 미리 준비했느냐에 따라서 크게 달라질 수 있다. 따라서 기업이나 적절한 사회단체에서 제공하는 퇴직준비 프로그램에 참여하여 체계적으로 퇴직을 준비하는 것이 바람직하다. 퇴직준비는 개인이 자기 나름대로 하는 것으로만 알고 있지만, 퇴직과 퇴직 후 생활의 중요성을 인식하여 외국에서는 오래전부터 퇴직준비 교육 프로그램을 제공하고 있으며 퇴직을 앞두고 있는 사람들은 이러한 프로그램에 참여하여 퇴직을 준비하고 있다. 우리나라에서도 1980년대부터 퇴직준비 프로그램이 제공되기 시작하였다.

1) 퇴직준비 프로그램의 목표

퇴직준비 프로그램은 교육기간, 교육을 시작하는 시기, 참여자의 특별한 관심 등에 따라 다양한 목표를 설정할 수 있지만 대체로 다음과 같은 것을 포함할 필요가 있다.

[1] 노년기 인생에 대한 새로운 의미 부여
[2] 퇴직에 대한 불안 해소와 새로운 의미 부여
[3] 퇴직 후에 하고 싶은 일에 대한 체계적 접근과 결정 방법 습득
[4] 퇴직 후 여생의 목표 설정과 목표 성취 방법에 대한 지식과 기술 습득
[5] 퇴직 후 여생의 시간관리 방법에 관한 지식과 기술 습득
[6] 퇴직 후 생활의 구체적 준비사항과 방법 습득
[7] 퇴직 후 생활에 대한 성공적 적응 방법 습득
[8] 퇴직 후 생활계획과 목표에 대한 퇴직자와 배우자의 검토 및 구체화 기회 제공

2) 퇴직준비 프로그램의 내용

퇴직준비 프로그램(퇴직준비 교육)은 위에서 제시한 목표의 범위에 따라 다양한 내용을

표 8-3. 노후생활 준비교육에 필요한 교육과목

건강한 삶을 위한 교육	여유 있는 삶을 위한 교육	보람 있는 삶을 위한 교육	당당한 삶을 위한 교육
노화과정의 이해	노화와 취미·특기 활동	노화와 퇴직	노년기를 위한 재무설계
노화와 신체 질환	노화와 학습	노화와 부부 관계	노년기의 소비생활
노화와 정신적 변화	노화와 디지털 시대	노화와 자녀·손자녀 관계	재취업과 창업활동
노화와 구강관리	노화와 신노인문화	노화와 친구·이웃 관계	노화와 심리적 변화
노화와 약물	노화와 시간관리	노화와 자원봉사활동	노화와 사회복지제도
노화와 스포츠·운동	노화와 적성 발견	노화와 생산성	제3기 인생과 성공적 노화
노화와 성생활	노화와 예술활동	노화와 리더십	삶의 회고와 자서전 쓰기
노화와 음식과 영양	노화와 문학활동	노화와 의사소통기술	노화와 종교활동
노화와 의복 및 주거 생활	노화와 역사의 이해	고령화사회의 이해	죽음의 이해와 준비
노화와 돌봄 및 안전			

출처: 박상철·최성재·곽충실(2009), 한국형 노후생활설계 교육 프로그램 개발연구.

포함할 수 있다. 외국과 우리나라 공통적으로 퇴직준비 프로그램은 주로 경제적 준비와 건강문제에 비중을 많이 두고 있다.

선진 외국의 경우 우리나라보다 훨씬 먼저 퇴직준비 프로그램의 중요성과 필요성을 인식하고 사회단체나 기업, 전문교육기관에서 다양한 프로그램을 제공하고 있지만 교육내용이 체계적이고 구체적으로 구성되어 있는 경우는 찾아보기 어렵고, 퇴직준비 교육에 대한 다양한 방법, 실시 시기, 효과, 시행방법 등에 대해서 포괄적으로 안내하는 책자나 체계적 정보도 찾기 어렵다. 어떤 면에서는 너무 다양한 방법과 내용으로 인해 혼란을 야기할 경우가 많다.

이러한 상황에서 보건복지부가 노후생활 준비교육을 위해 필요한 교육과목으로 연구하여 제시한 것은 표 8-3과 같다.

3) 실시 방법

(1) 실시 형태

퇴직준비 교육은 개인 단위와 집단 단위로 이루어질 수 있다. 개인 단위의 교육(주로 상담)은 퇴직 5~10년 전부터 이루어질 수 있는데, 개인 단위 교육은 개인적인 관심과 문제를 해결하는 데는 도움이 되지만 종합적으로 많은 내용을 다루기는 힘들다. 많은 경우에 기업체, 훈련기관, 대학교 등에서 20~30명 단위로 집단적인 프로그램을 제공하고 있다. 개인 단위든 집단 단위든 간에 배우자를 같이 참여시키는 것이 바람직하며, 집단 구성원 간의 동질성(연령, 직업, 교육수준, 결혼상태, 사회경제적 지위 등에 있어서)이 높을수록 더 효과적인 교육이 될 수 있다(Hunter, 1973; Choi, 2000).

(2) 실시 시기

언제부터 퇴직준비 교육을 실시하는 것이 좋으냐에 대해서 여러 가지 의견이 있다. 빠르면 빠를수록 좋지만(Little, 1993), 대체적으로 퇴직 3~5년 전부터 실시하는 것이 좋고 늦어도 퇴직 1년 전부터는 실시되어야 한다.

(3) 퇴직준비 프로그램 실시의 이점

퇴직준비 프로그램, 특히 집단적 교육 프로그램을 실시하면 퇴직 예정자 개인은 물론 프로그램을 제공하는 고용주에게도 여러 가지 이점이 있다(O'Neal, 1982; Life Academy, 2009).

① 퇴직 예정자 개인에게 주어지는 이점

- 미래 시간을 계산해 보고 생각하는 기회가 된다.
- 퇴직 후 생활에 대한 긍정적인 태도를 기를 수 있다.
- 개인의 목표와 관련하여 장·단기적 우선순위를 결정하는 틀을 설정할 수 있다.
- 여생계획을 세울 수 있는 의지를 다질 수 있다.
- 여생계획에 대한 적절한 정보를 얻을 수 있다.
- 제3기 인생에 동원·이용할 수 있는 기술과 지원을 확인할 수 있다.

- 퇴직 예정자와 그 배우자에게(참가하는 경우) 퇴직에 대한 감정과 의미를 생각할 수 있는 기회가 된다.
- 같은 인생단계에 있는 다른 사람들과 경험과 의견을 나눌 수 있는 기회가 된다.
- 퇴직과 관련하여 예상되는 두려움과 문제를 확인하고 그 해결책을 찾을 수 있다.

② 고용주에게 주어지는 이익

- 퇴직 예정자의 사기를 진작시킴으로써 생산성을 증대시킨다.
- 조직에 대한 좋은 이미지를 갖게 한다.
- 조직에 대한 불만을 해소시킨다.
- 퇴직 후에도 퇴직자들과 좋은 관계를 유지하게 해 준다.
- 집단 교육 프로그램은 많은 비용을 들이지 않고 퇴직 예정자의 퇴직 후 생활계획 수립에 도움을 줄 수 있다.

4) 우리나라의 퇴직준비 교육의 실태와 전망

우리나라의 퇴직준비 교육은 한국전력에서 퇴직을 6개월 앞둔 직원들을 대상으로 1985년 8월에 2주간 실시한 것이 최초의 것으로 보인다. 이후 POSCO, 한국타이어 등 국영기업체와 민간기업에서 퇴직준비 교육을 시행해 오고 있으나 퇴직준비에 대한 전반적 이해가 부족한 상태에서 형식적으로 시행되고 있는 면이 강한 실정이다.

특히 우리나라의 경우는 퇴직 연령이 낮아 퇴직과 관련된 문제가 많고 앞으로 더 많은 사람들이 퇴직이라는 불가피한 상황에 직면하게 될 것이다. 따라서 기업 측에서는 퇴직준비 교육 프로그램을 마련하여 퇴직 예정자가 퇴직을 잘 준비하고 퇴직 후의 노령기 생활에 잘 적응할 수 있도록 도와주는 일에 관심을 쏟아야 한다. 프로그램은 체계적으로 계획되어 퇴직을 앞둔 사람들이 적어도 퇴직 2~3년 전부터 참여할 수 있도록 해야 할 것이다. 기업 측에서 볼 때 이러한 프로그램 실시에 어느 정도의 비용이 드는 것 외에는 큰 제약이 없으므로 기업가가 퇴직준비 교육의 중요성을 인식하고 결정만 내리면 큰 어려움 없이 시행할 수 있을 것이다.

공공부문에도 퇴직준비 프로그램이 시행되는 곳이 있기는 하지만 아직도 그 중요성

표 8-4. 우리나라의 기관별 퇴직준비 교육 현황(2009)

분류	기관	프로그램	교육목적	대상	비용	기간 (총시간)	커리큘럼 (과목과 주요 내용)	교육 이수조건 (관리, 출석 수료증 등)	교육 후 전망	비고
기업	포스코	그린라이프	재취업과 은퇴준비	정년퇴직 예정자	회사에서 전액 지원	10주	관심 분야별 소그룹 프로그램, 개별 상담	개별 과정으로 진행	재취업	
	대한생명	골드에이지 플랜(직원용)	노후설계 전문가 양성	FP	회사에서 전액 지원		노후설계 지도에 관한 사이버교육과 집합교육		FP 고객상담	
		골드에이지 플랜(고객용)	은퇴준비	대한생명 고객	회사에서 전액 지원		은퇴준비 기본서 『골드에이지 플랜』과 워크북 형태의 『보울지도』로 구성	자기주도학습 (단선형)		
	DBM 코리아	OPC	재취업과 은퇴준비	퇴직예정자와 퇴직자	회사에서 전액 지원	일반 3개월, 임원 6개월	기본과정(변화관리, 요구분석), 선택과정(재취업, 창업, 정년 프로그램)	기본과정 → 선택과정	재취업, 창업, 은퇴 등 개인 선택에 따름	
종교 기관	남서울은혜교회	새롬평생대학	노후준비	40세 이상, 기타 연령 참여 가능	교회 지원, 본인부담은 1인당 3만 원	학기제 (12주, 주당 2시간)	노후생활 관련 다양한 내용(자원봉사, 여가, 정보화 교육, 인생설계 등), 학기마다 구성이 바뀜			
	천주교 서울대교구 노인대학연합회	시니어 아카데미	노후설계	55~64세, 고졸 이상	입학금 5만 원, 학기당 18만 원	2년 4학기제	노후생활 전반에 대한 이해와 두레활동 (영화, 음악, 컴퓨터, 미술 등)	80% 이상 출석, 졸업장, 자격증	노인대학 강사	
산학 협동	서울대-MetLife	은퇴설계전문가 과정 교육	은퇴설계 전문가 양성	MetLife FSR	MetLife 부담	총 30시간	고령화와 노화에 대한 이해, 은퇴설계, 상속, 장기 간병 등 생애알기 설계, 컨설팅 기술, 은퇴설계 직업윤리 등	이수 후 평가	은퇴설계 전문가로 고객 상담	
복지 기관	한국노인복지관 협회	실버플래너	노후설계 전문가 양성과 재취업	60세 이상, 대졸 이상 우선	사회복지 공동모금회 전액 지원	3개월 (총 80시간)	건강, 인간관계, 봉사와 일자리, 죽음, 노후설계 등	사전, 사후 평가	실버플래너로 활동	노인일자리 사업의 하나로 확대할 계획
공공 기관	국민연금관리공단	CSA(직원용)	노후설계 전문가 양성	공단 직원	전액 무료 (공단 지원)		노후생애설계, 노화에 대한 이해, 재무설계, 연금 및 자산 운용	과정이수 시 3급 자격, 시험합격 시 2급 자격, 1급 자격 개발 중	고객상담	서울사이버 대학에 위탁교육
		CSA(고객용)	노후설계 서비스 제공	고객	전액 무료 (연금상담과 병행)	상시	노후소득과 노후생활 상담	5단계 (부족자금 산출–재무상담–일자리 연계–생활정보 제공–연계 서비스)	해당 없음	

표 8–4. (계속)

분류	기관	프로그램	교육목적	대상	비용	기간 (총시간)	커리큘럼 (과목과 주요 내용)	교육 이수조건 (관리, 출석 수료증 등)	교육 후 전망	비고
공공 기관	한국노인인력개발원	PBL (Program for Beautiful Life, 은퇴전후 준비교육)	노후설계 서비스 제공	50대 이상 퇴직 예정자, 퇴직자	본인 부담금 월 2만 원 (복지부와 지자체 지원)	4개월 (80시간)	고령기 맞춤 생애설계 지원(14시간), 은퇴 컨설턴트(31시간), 생애설계 전문상담 서비스(6시간), 지역사회적응 실습훈련(29시간)	수료증 발급	일자리 창출 연계 (노인 일자리 사업, 소규모 창업 지원)	지역사회 서비스혁신 사업, 해당 지역 거주자만 참여 가능 (2008년 부산, 광주, 대전 시행)
		SLCA (Senior Life Career Advisor, 노인생애 경력 조언자)	노후설계 전문가 양성	만 20세 이상 교육 희망자	본인 부담금 월 4만 원 (복지부와 자자체 지원)	입문, 전문 과정 각각 4개월 (80시간)씩	노후의 이해, 생애변화 관리, 생애경력 개발, 생애경력 조언, 은퇴 컨설팅, 경력 개발, 여가 설계, 재무 설계, 지역사회 활동	수료증 발급	일자리 연계	
	고용정보원	성실 프로그램	재취업	55~65세 구직자, 이직 희망자	전액 무료 (노동부 지원)	6시간씩 5일 (30시간)	구직 자신감 고취, 일자리 정보 탐색, 이력서 작성, 면접기술과 효과적인 대화법, 감정조절법 익히기	구직자의 경우 1회 구직활동으로 인정	재취업	
민간 기관	희망제작소	해피시니어	재취업	40~60대	5만 원 (자료집, 점심식사, 실습비용)	기본교육 (40시간), NPO 실습 (80시간)	NPO 기본교육과 실습 기본교육–상담–실습–참여(NPO)	단선형 (회기마다 내용 바뀜)	NPO 상담과 참여 지원	
대학	건국대학교	은퇴설계 전문가 과정	노후설계 전문가 양성	연령 제한 없음	45만 원	6주	은퇴설계 이론과 방법			
	한국대학 평생교육 협의회	노인교육 지도자 과정	노후설계 전문가 양성	연령 제한 없음	54만 원	135시간	노인교육 이해와 관련 실천방법	80% 이상 출석	자격증 발급	
	서울사이버 대학교	e-노후설계 프로그램	은퇴 준비	연령 제한 없음	무료	40차시 8주	노후생활 전반에 대한 이해	75% 이상 출석	수료증 발급	

출처: 박상철·최성재·곽충실(2009), 한국형 노후생활설계 교육 프로그램 개발연구.

이 잘 인식되지 못하고 있으며, 퇴직에 임박하여 시행되어 효과가 충분히 나타나기 어려운 상황이다. 공공부문에서 선도적이고 모범적으로 퇴직준비 교육을 실시한다면 민간업체나 일반 사회단체의 적극적인 시행을 유도할 수 있을 것이다. 이러한 퇴직준비 교육 프로그램은 산업노년학(industrial gerontology)의 주요 연구·실천 분야가 될 수 있고 사회사업적인 서비스가 연결될 수 있는 유망한 분야가 될 것이다. 점차 여러 단체에서 퇴직준비 교육이 이루어지고 있으나 대부분의 경우 교육내용이 체계적이지 못하고, 경제적 대책이나 건강대책에 치우쳐 있으며, 전반적으로 볼 때 퇴직준비 교육의 중요성과 체계적으로 실시할 필요성에 대한 인식은 약한 편이며 일반화되어 있지 못하다.

현재 우리나라 퇴직준비 교육의 대상은 회사나 사회단체의 퇴직 예정자, 사회 일반인, 업무수행상의 필요로 인한 퇴직 예정자가 아닌 직원, 그리고 퇴직준비 상담 전문인력이다. 현재 기관별로 시행하고 있는 퇴직준비 교육 프로그램을 간단히 소개하면 표 8-4와 같다. 우리나라에서 퇴직준비 교육 내지는 노후준비 교육을 시행하고 있는 기관은 크게 기업, 종교기관, 산학협동기관, 복지기관, 공공기관, 민간기관, 대학으로 분류할 수 있다. 그리고 교육내용은 아주 비체계적인 것에서부터 상당히 체계적인 것까지 다양하지만 거의 대부분의 경우는 목표가 불분명하고 같은 과목이라도 내용이 실시기관과 강사에 따라 천차만별이다.

현재 퇴직준비 교육 또는 노후생활준비 교육기관에서 시행하고 있는 교육 과목에는 ① 성공적 노화, ② 노년 이해, ③ 노인복지 이해, ④ 노후 인간관계, ⑤ 재산(재무)관리, ⑥ 공적연금, ⑦ 사적연금, ⑧ 비연금 소득, ⑨ 노후 심리, ⑩ 노인 교육, ⑪ 노인 상담, ⑫ 노후 주거, ⑬ 노후 여가, ⑭ 노후 건강, ⑮ 노후(생애) 설계, ⑯ 취업 및 재취업, ⑰ 창업 및 경영, ⑱ 노후 사회활동, ⑲ 은퇴의 이해, ⑳ 노인관련법, ㉑ 고령친화산업(실버산업), ㉒ 노인 돌봄, ㉓ 죽음 준비 등이 있다.

5 퇴직의 영향

퇴직은 퇴직자 개인에게 여러 가지 면에서 부정적인 영향을 미친다고 이해되고 있으나, 미국 사회에서 조사된 바에 의하면 퇴직 자체가 직접적으로 부정적인 영향을 미치는 정도는 약하거나, 부정적인 영향이 거의 없는 것으로 보고되고 있다(Atchley & Barusch, 2004). 우리나라에서는 퇴직의 영향에 관한 연구가 이루어져 있지 않아 어떤 결론을 내릴 수 있는 근거가 없지만, 우리 사회에서의 조기퇴직(55세)이고 강제적 퇴직인 경우가 대부분이므로 미국 사회와는 달리 퇴직 자체가 상당히 부정적인 영향을 미칠 가능성이 높다. 퇴직의 영향은 임의적 퇴직이냐 강제적 퇴직이냐, 그리고 강제적 퇴직이라도 연령상 조기퇴직(65세 미만)이냐 적기퇴직(65세 이상)이냐에 따라 다르게 나타날 가능성이 있다. 여기서는 미국 사회에서 연구된 결과에 의하여 퇴직이 다음과 같은 아홉 가지 측면에 어떠한 영향을 미치는가를 간략히 살펴보겠다.

연령분절 일생과정 모델에서 연령통합 일생과정 모델로

평균수명이 연장되고, 노년기의 건강과 생산성이 증가하며, 남녀 간 생활시간사용 형태가 변화함에 따라서 연령이 일생과정과 역할을 엄격하게 규제·통제하지 못하게 되는 현상이 점차 나타나고 있다. 연령별로 청소년기에는 교육, 청년기와 중년기에는 일, 노년기에는 여가활동이 주된 역할인 연령분절적 일생과정(age-differentiated life course) 모델이 보편적이었다. 그러나 점차 연령의 통제력이 약화되어 개인에 따라 연령에 별로 관계없이 교육과 일과 여가활동을 어느 시기에 해도 이상하지 않은 연령통합 일생과정(age-integrated life course) 모델이 새롭게 등장하고 있다(O'Rand, 1996에서 재인용).

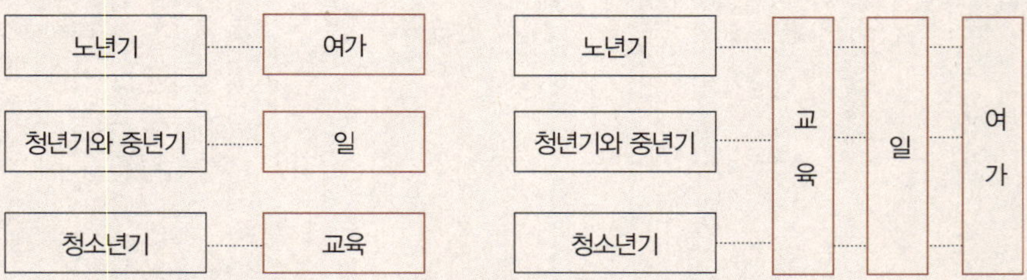

〈연령분절 일생과정 모델〉 〈연령통합 일생과정 모델〉

1) 수입

퇴직으로 수입이 가장 큰 영향을 받는데, 수입은 퇴직 전에 비하여 절반 또는 그 이하로 떨어지는 것이 일반적이다(Atchley & Barusch, 2004).

2) 신체적 건강

일반적으로 퇴직은 신체적 건강에 부정적인 영향을 미친다고 이해되고 있으나 미국 사회에서 행해진 많은 연구 결과는 퇴직 자체가 신체적 건강 약화에 영향을 미쳤다는 증거는 찾기 힘들다는 것이다(Atchley & Barusch, 2004). 퇴직과 건강약화가 관계있는 것처럼 보이는 경우가 많으나 퇴직 전의 건강상태를 통제하면(퇴직 전의 건강상태가 같다면) 퇴직과 건강 약화는 관계가 없다는 것이다. 즉 퇴직 후에 건강이 약화되는 것은 퇴직 전에 건강이 좋지 않았기 때문이지, 퇴직 때문에 약화되었다고는 할 수 없다는 것이다. 신체적 건강의 약화는 경제적 사정이 좋지 않은 것과 관계가 깊은 것 같다. 퇴직으로 인한 수입감소로 적절한 영양상태를 유지하거나 건강을 유지하기 위해 적절한 의료 서비스를 받는 데 어려움이 생기므로 퇴직이 신체 건강에 부정적인 영향을 미친다고 할 수 있다. 그러나 퇴직했더라도 경제적 사정만 좋다면 건강이 약화되지 않을 수도 있다는 것이다. 우리나라의 경우 조기퇴직이고 비자발적인 퇴직이어서 퇴직이 주는 심리적인 스트레스로 인해 신체 건강이 약화될 가능성이 있으나 이러한 가설은 경험적 연구로 검증해 봐야 할 것이다.

3) 정신적 건강

일반적으로 퇴직은 정신건강에도 나쁜 영향을 미친다고 이해되고 있으나 연구 결과는 퇴직 자체의 직접적인 영향은 거의 없는 것으로 나타나고 있다. 퇴직하지 않은 노인들보다 퇴직한 노인에게서 정신장애가 많이 발생하고 있다는 연구도 있으나(Nadelson, 1969), 이러한 결과는 퇴직 자체의 영향이라기보다는 노화에 의한 신체 건강의 약화, 사회활동 참여의 약화, 주거조건의 악화 등의 영향 때문이라고 볼 수 있다(Lowenthal &

Berkman, 1967).

4) 생활만족도

생활만족도는 '사기' 또는 '행복감'과 같은 뜻으로 쓰이고 있으나 그 개념은 일치하지 않고 있다. 실제조사에서 어떤 개념규정으로 생활만족도를 측정했느냐에 따라 결과가 달라질 수 있다. 생활만족도를 일단 사기, 행복감 등을 포함하는 포괄적인 개념으로 보고(최성재, 1986), 생활만족도와 퇴직의 관계를 보면 퇴직 자체는 생활만족에 별다른 영향을 미치지 않는다. 즉 부정적인 영향을 미친다는 것이 아니라 영향을 거의 미치지 않는다는 것이다(Atchley & Barusch, 2004).

5) 자아개념

퇴직을 역할 상실로 보고 역할 상실감을 심하게 느낄수록 자아상을 긍정적으로 보는 정도가 약한 경향이 있다. 그러나 이것도 퇴직의 직접적인 영향이라기보다는 간접적인 영향이라고 볼 수 있다.

6) 자기 가치성

퇴직 자체를 자기 가치성의 상실로 볼 수 있으므로 퇴직은 자기 가치성을 낮게 만드는 원인으로 보고 있으나 미국 사회의 조사 결과에 의하면 그 영향은 큰 편이 아닌 것으로 나타났다(Atchley & Barusch, 2004).

7) 사회적 활동 참여

많은 경우 직업적인 역할의 상실과 더불어 사회적 활동이 상실되거나 그 범위가 줄어들게 되므로 퇴직은 사회적 활동의 참여도를 낮게 만드는 경향이 있다.

8) 여가활동 참여

퇴직으로 여가활동을 할 수 있는 시간은 늘어나지만 반드시 여가활동을 증가시키지는 않는 것 같다. 개인의 사회적·경제적 사정과 여가활동 참여에 대한 사회의 일반적 인식, 그리고 여가활동의 종류에 따라 여가활동에 참여하는 정도가 다르게 나타날 수 있다. 특히 우리나라의 경우는 여가활동의 사회화가 부족하고 여가활동 참여를 위한 경제적 여유가 없는 경우가 대부분이므로 여가활동의 참여가 크게 증가하지 못하고 있는 것 같다. 이처럼 여가활동의 참여는 개인적 요인과 사회적 요인이 결부되어 있어 퇴직 자체로 여가활동이 증가한다는 결론을 내리기는 힘들다.

9) 가사활동 참여

미국 사회에서는 퇴직 후 일반적으로 가사활동 참여도가 높아지는 경향이 있다. 중산층 이상의 가정에서는 부인이 남편의 가사 참여를 환영하는 반면 저소득층에서는 부인이 남편의 가사 참여를 원치 않는 경향이 있다. 이와 같은 부인의 태도 때문에 저소득층 가정에서의 남편의 역할에 상당한 갈등이 초래되고 있다. 우리나라에서는 남성의 가사 역할에 대해서 사회화가 되어 있지 않고 아직도 엄격한 성역할 가치관이 작용하여 남성의 가사 참여를 어렵게 만들고 있다. 노부부가 자녀와 따로 사는 상황에서는 남편의 가사 참여가 부인에게 도움이 될 수 있지만 우리나라의 문화적 특성 때문에 남편의 가사 참여가 별로 늘고 있는 것 같지는 않다. 그러나 앞으로는 남편의 가사 참여에 대한 인식이 점차 바뀔 것이고, 따라서 노년기 남성의 가사 참여도 자연스러운 현상으로 발전할 가능성이 있다.

이상 아홉 가지 측면에서 퇴직의 영향을 간략히 검토해 보았다. 이 같은 내용은 주로 미국 사회의 현상을 위주로 한 것이어서 우리의 사회·문화적 상황에 직접 적용하기에는 무리가 있겠지만, 이를 토대로 우리 사회에서 퇴직의 영향을 연구하는 데는 도움이 될 것이다.

여기서는 퇴직의 직접적인 영향만을 주로 다루었으나 간접적인 영향까지 포함시킨다면 퇴직의 영향은 긍정적인 면보다는 부정적인 면이 더 크다고 볼 수 있다. 그러나 간접적인 영향을 살펴볼 때 유의할 점은 퇴직으로 인하여 생길 수도 있고 다른 이유로도 생길 수 있는 현상인데, 그것이 반드시 퇴직의 간접적 영향이라고 결론을 내릴 수 없다는 점이다. 많은 연구에서 퇴직의 영향을 직접적인 영향에 한정하고 있는 것은 바로 이러한 문제점을 고려한 것으로 볼 수 있다. 퇴직의 영향은 아주 중요한 문제이므로 앞으로 우리의 사회문화적 맥락 속에서 많이 연구되어야 할 것이며 종단적 연구로 진행하면 더욱 바람직할 것이다.

6 퇴직생활 적응에 영향을 미치는 요인

퇴직생활에 적응하는 것은 노년기의 생활을 성공적으로 이끄는 출발점이 된다. 퇴직을 기점으로 역할과 지위, 수입, 환경, 사회적 관계 등에서 생기는 많은 변화를 수용하면서 조화를 이루어나가는 것은 노년기의 발달과업이기도 하다. 그러면 퇴직생활에 적응하는 데 영향을 미치는 요인에는 어떤 것이 있는지를 검토해 보겠다.

1) 퇴직을 앞둔 사람의 퇴직에 대한 태도

퇴직생활의 적응은 퇴직 전에 퇴직에 대해서 가졌던 태도의 영향을 받는다. 퇴직에 대한 부정적인 태도는 퇴직 후의 적응을 어렵게 만든다(Hendricks & Hendricks, 1981). 퇴직 후의 경제적 문제, 건강과 심리적 문제 등에 대한 지식이 부족하여 퇴직에 대한 부정적인 태도를 형성하는 경우가 많다. 퇴직생활에 대한 허(虛)와 실(實)을 정확히 알고 준비할 수 있는 기회와 여건이 주어진다면 퇴직에 대한 부정적인 태도는 긍정적인 것으로 바뀔 수 있고, 이로써 퇴직생활에 더 잘 적응할 수 있을 것이다. 이러한 의미에서 퇴직 준비 프로그램이 제공되어야 하고 여기에 참여하는 것은 아주 중요한 일이다.

2) 여가에 대한 사회화

노년기를 의무적이고 시간 제약적인 직업활동에서 해방되어 자유로이 여가활동을 즐길 수 있는 기간으로 보면, 여가를 어떻게 보내는가에 따라 노년기 생활은 달라질 것이다. 시간과 기회가 주어졌다고 누구나 여가활동에 참여하여 즐길 수 있는 것은 아니다. 여가활동에 참여한 경험과 지식이 없으면 여가활동을 제대로 즐길 수 없다. 중년기, 아니 청년기부터 여가활동을 건전하게 즐길 수 있는 경험과 지식을 쌓아 두면 노년기 여가활동을 위한 예기적 사회화(anticipatory socialization)의 수단이 되어 노년기에는 여가를 더 조직적으로 가치 있고 의미 있게 보낼 수 있다. 그러므로 여가에 대한 사회화의 정도는 퇴직생활의 적응을 크게 좌우하게 된다.

3) 교육수준

교육수준이 높은 사람들은 여가시간을 잘 이용할 수 있고 새로운 직업활동에 참여하는 것(재취업)도 가능하므로 퇴직생활에 더 쉽게 적응할 수 있다(Hendricks & Hendricks, 1981).

4) 퇴직 전 직업의 종류

전문직이나 사무·관리직에 종사했던 사람들이 퇴직 후 생활에 잘 적응하는 경향이 있다. 이들은 자기 생활을 더 잘 통제할 수 있고 경제적 사정도 좋은 경우가 많기 때문일 것이다.

5) 경제적 사정

경제적 사정은 퇴직에 대한 태도에 영향을 미칠 뿐 아니라 퇴직 후 생활에 적응하는 데도 영향을 미친다. 즉 경제적 사정이 좋으면 물질적인 안락감을 느낄 수 있고 건강을 잘 유지할 수 있으며 여가활동의 기회도 많이 가질 수 있기 때문에 경제적 사정은 다른 어떤 요인보다도 퇴직생활의 적응에 큰 영향을 미친다.

6) 건강상태

건강은 사회적 관계와 활동을 위한 기본적인 조건이고, 개인의 신체적 독립성과 긍정적인 자아상을 유지할 수 있도록 해 주기 때문에 퇴직생활의 적응에 중요한 요인이 된다.

7) 퇴직의 형태

강제적인 퇴직이었는지 자발적인 퇴직이었는지에 따라, 그리고 강제적 퇴직이라 하더라도 퇴직 연령이 낮으냐 높으냐에 따라 퇴직생활의 적응에 영향을 미친다. 강제적인 퇴직을 한 사람은 역할 상실감, 경제적 어려움, 일에 대한 사명감과 헌신적인 투입의 좌절 등을 경험하는 수가 많으므로 자발적으로 퇴직한 사람보다 퇴직생활에 적응하는 데 어려움을 더 많이 겪을 수 있다.

7 퇴직생활의 단계

Atchley와 Barusch(2004)는 퇴직생활을 하나의 과정으로 보고 다음과 같은 7단계로 구분하고 있다(그림 8-1 참조).

1) 퇴직 전 단계(preretirement)

퇴직을 멀리 앞두고 있는 원격 단계에서는 퇴직을 언젠가에 일어날 막연한 것으로 인식하고 이에 대한 구체적인 생각을 하지 않다가, 근접 단계에 와서야 정해진 퇴직 일자를 의식하고 자신의 태도를 나타낸다. 근접 단계에서는 주로 두 가지 현상이 나타나는데 많은 경우 '곧 그만둘 사람의 태도(short-timer's attitude)'를 보이거나 퇴직 후 생활에 대한 환상에 빠지게 된다. 현실적인 환상은 퇴직생활의 전이(轉移)를 용이하게 하지만, 비현실적인 환상은 퇴직생활의 전이를 어렵게 하고 많은 환멸을 경험하게 할 수 있다.

2) 밀월 단계(honeymoon)

퇴직자는 의무적이고 시간 제약적인 직업활동에서 벗어나 이완되고 자유로운 상태에

그림 8-1. 퇴직생활의 단계

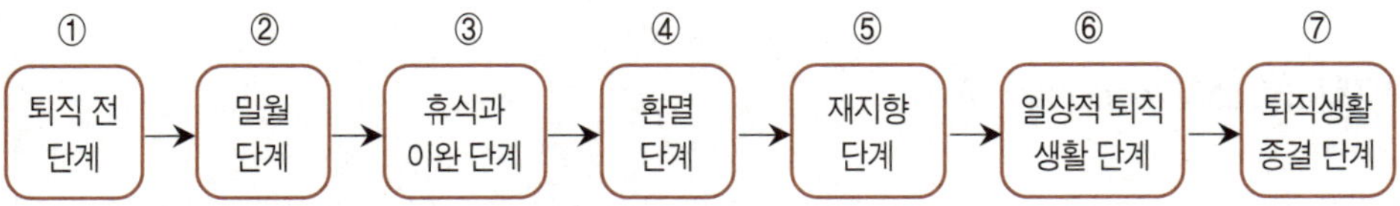

* 진행단계 모형 (A) : ① – ② – ③ – ④ – ⑤ – ⑥ – ⑦
* 진행단계 모형 (B) : ① – ③ – ④ – ⑤ – ⑥ – ⑦
* 진행단계 모형 (C) : ① – ③ – ⑤ – ⑥ – ⑦
* 진행단계 모형 (D) : ① – ⑥ – ⑦

출처: Atchley, R. C. & Barusch, A. S. (2004), *Social forces and aging* (10th ed.), pp. 258-260의 Phases of Retirement를 그림으로 제시한 것임.

도취된 단계를 맞게 된다. 이 단계에서는 그동안 하고 싶어도 시간이 없어서 못했던 일을 하고 싶어 하고, 늘 관심을 갖고 있던 쉬운 일부터 하면서 여가활동에 대부분의 시간을 소비하게 된다. 이 단계에서는 상당한 경제적 지출이 요구되므로 경제적 사정이 좋지 못한 사람들은 밀월 단계를 갖지 못한다. 밀월 단계를 거치지 못한 사람들은 바로 일상적 퇴직생활 단계로 들어가게 될 것이다. 밀월 단계는 경제적 사정에 따라 수 주일에서 수년간 계속될 수 있으나 대부분의 사람들은 곧 밀월 단계를 벗어나 일상적 퇴직생활 단계로 들어가게 된다.

3) 휴식과 이완 단계(rest and relaxation)

퇴직 후에 밀월 단계를 거치는 것과 대조적으로, 활동을 줄이고 휴식과 이완 단계를 거치는 경우가 있다. 충분한 휴식과 이완의 시기를 거친 후에 사전에 계획했던 활동을 시작하게 된다.

4) 환멸 단계(disenchantment)

밀월 단계를 벗어난 상당수의 사람들은 안정적인 적응의 단계에 들어가지 못하고 생활이 침체되고 환멸을 느끼거나 우울한 상태에 빠지게 된다. 얼마나 많은 사람들이 이러한 환멸의 상태에 빠지게 되는지는 알려져 있지 않으나 한 연구에 의하면 미국의 경우 10% 이하가 그러한 상태에 있다고 한다.

5) 재지향 단계(reorientation)

환멸을 느끼거나 휴식과 이완의 단계를 거친 사람들은 그들의 재정상태, 한계성, 어떤 특정한 일의 실천가능성 등을 검토하면서 현실을 비교적 정확히 인식하게 된다. 멀어졌던 인간관계를 새로이 하여 자기 주변 사람들과의 관계 속에서 자신을 정립하기 시작하며 이렇게 함으로써 일상적인 퇴직생활 구조와 유형을 발전시켜 나간다.

6) 일상적 퇴직생활 단계(retirement routine)

퇴직자가 변화를 일상적으로 잘 처리할 수 있는 기준을 확립했을 때 안정 단계에 들어가게 된다. 이 단계에 도달한 사람은 생활이 예측 가능해지고 일상적이 되어서 변화를 적절히 처리할 수 있게 된다. 많은 사람들은 밀월 단계를 어느 정도 거친 후 바로 이 단계로 들어오게 된다. 안정 단계는 퇴직에 대한 적응이 이루어진 일반적인 현상으로 볼 수 있으며 퇴직생활 단계 중 가장 오래 계속된다.

7) 퇴직생활 종결 단계(termination of retirement)

이 단계는 여러 가지 이유로 퇴직자의 역할이 중단되는 단계다. 어떤 사람들은 재취업을 함으로써 퇴직자의 역할이 중단되지만 대부분의 경우 질병이나 장애 등으로 퇴직자의 역할이 중단된다. 질병이나 장애로 퇴직자의 역할이 환자 또는 장애인의 역할로 바뀜에 따라 독립성이 상실되고 의존성이 계속 증가하게 된다.

퇴직에 대한 심리적 반응 단계

퇴직에 대한 심리적 반응 단계는 전형적으로 다음과 같은 4단계를 거친다는 주장이 있다(The Everyday Psychologist, 1999).

[1] **거부 단계(denial):** 퇴직이 일생에서 대단히 중요한 변화를 가져오는 사건임에도 불구하고 퇴직이 신체적·정서적·사회적으로 큰 변화를 가져올 것이라는 것을 부정하려 하는 단계다. 퇴직의 긍정적 측면을 부정하려 하고 분노나 두려움 같은 감정을 내면적으로 억누른다.

[2] **우울 단계(depression):** 직업 역할의 상실에 대해 비애를 느끼고 의기소침해지는 단계다. 지금까지 별로 이루어 놓은 게 없다고 후회하고 앞으로 닥칠 여러 가지 문제에 압도되어 우울증에 빠진다.

[3] **분노 단계(anger):** 주위의 다른 사람을 비난하거나 일한 회사나 조직이 자기가 퇴직하는 데 잘 도와주지 않았다고 하거나, 상사였던 사람을 비난하기도 한다. 배우자가 직업이 있는 경우 집안일을 도와달라는 요청에 대해 화를 내고 거부할 수도 있고, 퇴직한 자신에게 동정심을 가져주고 심리적으로 지지해 주지 않는다거나 가족이 퇴직한 자신에게 맞춰주지 않는다고 불만을 토로하기도 한다.

[4] **수용 단계(acceptance):** 퇴직의 현실과 새로운 계획을 생각하고 퇴직으로 인한 새로운 도전을 받아들이고 퇴직에 적응된 일상적인 활동을 시작하는 단계다.

8 정년퇴직제도의 현황과 문제점

1) 정년퇴직제도의 도입 배경

퇴직하는 나이를 규정하는 정년제는 일률정년제, 계급정년제(직급정년제), 직종정년제, 성별정년제로 대별할 수 있다. 일률정년제는 직급이나 직종, 성별에 관계없이 일률적으로 일정 연령에 도달하면 퇴직하는 제도이고, 계급정년제는 서열적 직급에 따라 그 직종에 머무를 수 있는 상한 연령을 정하여 그 연령에 도달하면 퇴직하게 하는 제도다. 직종정년제는 직종별로 각기 다른 퇴직 연령을 규정하고 있는 것이다. 실제로는 어느 한 가지 종류만 적용되는 경우도 있으나 두 가지 이상이 혼합되어 적용되는 경우도 많다.

일률정년제는 공적·사적 부문에 모두 1960년대 초반 공업화가 본격적으로 추진되던 때부터 도입되었다. 공무원의 일률정년제도는 1963년 국가공무원법이 개정되면서 6급 이하에 대한 55세 일률정년제가 도입되었다. 기업의 경우는 일본의 경영가족주의 인사제도인 연공서열형 직급제를 받아들이면서 1960년대 초 공급과잉의 노동시장을 배경으로 이루어졌다(탁희준, 1984). 일률정년제도는 연공서열형 계급제 아래서 저임금의 신진 노동자를 대량으로 받아들이고 제도 내의 고용안정을 유지하기 위해 고임금의 중고령자를 규칙적으로 내보내는 제도적 장치였다. 특히 일률정년제도 도입 당시 노동시장은 저기능-저임금-공급과잉형이었으므로 기업에서는 고임금 고령자를 가능하면 많이 내보내 노동력의 신진대사를 원활히 하는 의미에서 정년연령을 55세로 낮게 정하는 경향이 있었다.

계급정년제는 특정직 공무원(군인, 경찰, 의무직 등)의 중·상급 간부를 대상으로 1960년대에 도입되었고, 일반기업의 중·상급 관리자를 대상으로는 1970년대에 도입되었다. 기업의 계급정년이 공식 제도화된 예는 적지만 하급자에게 승진의 길을 터주기 위한 하나의 인사 관례였다(탁희준, 1984). 특히 일반 기업의 계급정년제는 1970년대에 노동시장이 수요 과잉형으로 바뀌게 되고 대외경쟁을 위한 기업의 활력이 요구되는 가운데서 노동력의 양적·질적 확보를 위해 기업이 능력주의 인사관리원칙을 채택함으로써 도입되었다. 이러한 기업의 능력주의에 입각한 계급정년제 실시는 오히려 능력 있는 사람이 정년이 되기 전에 실직을 하게 되는 모순된 현상까지 빚고 있다. 기업의 고위관리직인 임원의 경우 연임을 하지 않는다거나 후진에게 자리를 물려주어야 한다는 등의 풍조가 일어나 젊은 중년층이 퇴직을 하는 현상이 나타나고 있다. 예를 들면, 어느 기업체에 공개채용으로 입사한 사람이 능력을 인정받아 일찍 부장이 되고 입사 10년 후에 임원(이사 등)으로 승진하여 임기 2년의 임원직을 2회 연임한 결과, 관행에 따라 45세에 퇴직하지 않을 수 없게 되었다는 것이다(윤능선, 1984). 동기 입사자 중에는 아직도 부장으로 있는 사람이 있는데 탁월한 능력으로 고속 승진한 사람은 오히려 퇴직 아닌 퇴직을 하여 제2의 인생을 선택해야 하는 고민과 부담을 안게 된 것이다.

직종정년제는 공무원에 적용되는 것이 일반적이고, 성별정년제는 과거에는 공무원의 일부와 일반기업에서 상당히 많이 적용되었으나 1988년에 도입된 남녀고용평등법에 의해 폐지되었다. 성별정년제의 도입 배경에 대한 상세한 논의는 생략하기로 한다.[1]

2) 정년퇴직제도의 실시 현황

정년퇴직제도의 실시 현황을 공무원과 일반기업의 경우로 나누어 살펴보고 외국의 경우와 비교해 보기로 한다.

(1) 공무원의 정년 현황

1949년 최초로 제정된 국가공무원법에는 정년에 관한 규정이 없었는데, 1963년 국가공무원법이 개정되면서 6급 이하 일반직 공무원과 기능직 공무원은 55세로, 5급 이상 일반직 공무원은 61세로 정년이 규정되었다. 1978년에 법이 개정되어 6급 이하 일반직과 기능직 공무원은 3년 범위 내에서 정년 연장이 가능하게 되었고, 다시 1982년 개정된 법에서 5급 이상 기능직 공무원에 대해서도 직종별로 3년 범위 내에서 연장 가능하도록 했다. 그 후 1986년 법의 개정에서 6급 이하 일반직 공무원의 정년이 2년 더 연장되어 일반직 6급 이하는 57세, 기능직 6급 이하도 대체적으로 3년 연장되어 57~59세로

---

1. 성별정년제에 대한 상세한 논의는 배경숙의 「여성과 정년제도(I): 우리나라 여성의 정년제도에 관한 소고」와 이시형의 「여성과 정년제도(II): 여성의 정년-정신의학적 측면에서」(아산사회복지사업재단 편, 『산업사회와 정년』, 아산사회복지사업재단, 1984, pp. 245-269)를 참고할 것.

표 8-5. 우리나라 공무원 정년 현황

직종	정년	관련 법
일반직	• 60세(다른 법률의 특별 규정이 있는 경우는 제외됨)	국가공무원법 제74조
외무직	• 직급에 관계없이 60세 (재외 공관의 장으로 재직 중인 자는 64세까지 가능)	외무공무원법 제27조
교원	• 대학 이외 교육공무원 : 62세 • 대학 교직원 : 65세	교육공무원법 제47조
법률직	• 대법원장 : 70세 • 검찰총장 : 65세 • 대법관: 65세 • 검사 : 63세 • 판사 : 63세	법원조직법 제45조 검찰청법 제41조
경찰, 소방	• 연령정년 : 60세 • 계급정년 : 치안감/소방감 4년, 경무관/소방준감 6년, 총경/소방정 11년, 경정/소방령 14년	경찰공무원법 제24조 소방공무원법 제20조
군인	• 원수 : 종신 • 위관급 : 43세 • 장성급 : 58~63세 • 준사관 이하 : 40~55세 • 영관급 : 45~56세 * 연령정년 외 근속정년과 계급정년 적용	군인사법 제8조

되었다. 2008년 6월에 다시 법이 개정(2009년 1월부터 시행)되어 일반직 공무원은 직급 구분 없이 60세가 정년이 되었다. 공무원의 정년 현황은 표 8-5와 같다. 일반직, 교육공무원과 외무직 공무원은 연령정년제만을, 군인은 연령정년 · 계급정년 · 근속정년제, 경찰 및 소방직 공무원은 연령정년제와 계급정년제, 그 외의 고용직 공무원에 대해서는 근무상한제가 적용되고 있다.

(2) 일반기업의 정년 현황

2013년 5월까지는 기업이나 사회단체의 정년 연령은 사업체 자체 정관이나 경영방침에 따라 정해졌고 법으로 규정하지는 않았다. 고용상 연령차별금지 및 고령자고용촉진에 관한 법률(약칭 고령자고용촉진법)에서는 다만 사업주가 근로자의 정년을

고용상 연령차별금지 및 고령자고용촉진에 관한 법률

[시행 2020. 5. 1.] [법률 제16411호, 2019. 4. 30., 일부개정]

• 개정 이유

우리나라는 세계에서 유례없이 빠른 고령화를 경험하고 있는바, 초고령사회에 대비하여 사업주가 정년퇴직 등의 사유로 이직 예정인 근로자에게 경력·적성 등의 진단 및 향후 진로설계, 취업알선, 재취업 또는 창업에 관한 교육 등의 재취업지원서비스를 제공하기 위하여 노력하도록 하되, 일정 수 이상의 근로자를 사용하는 사업주에 대해서는 정년 등 비자발적 사유로 이직 예정인 준고령자 및 고령자에게 재취업지원서비스를 제공하도록 하려는 것임.

• 개정 조항

제21조의 3(퇴직예정자 등에 대한 재취업지원서비스 지원) ① 사업주는 정년퇴직 등의 사유로 이직예정인 근로자에게 경력·적성 등의 진단 및 향후 진로설계, 취업알선, 재취업 또는 창업에 관한 교육 등 재취업에 필요한 서비스(이하 "재취업지원서비스"라 한다)를 제공하도록 노력하여야 한다. ② 제1항에도 불구하고 대통령령으로 정하는 수 이상의 근로자를 사용하는 사업주는 정년 등 대통령령으로 정하는 비자발적인 사유로 이직예정인 준고령자 및 고령자에게 재취업지원서비스를 제공하여야 한다. ③ 사업주는 재취업지원서비스를 대통령령으로 정하는 바에 따라 다음 각 호의 어느 하나에 해당하는 단체 또는 기관에 위탁하여 실시할 수 있다.

1. 「직업안정법」 제18조에 따라 무료직업소개사업을 하는 비영리법인이나 공익단체
2. 「직업안정법」 제19조에 따라 유료직업소개사업을 하는 법인
3. 「근로자직업능력 개발법」 제16조 제1항에 따라 직업능력개발훈련을 위탁받을 수 있는 대상이 되는 기관

④ 고용노동부장관은 사업주가 소속 근로자에게 재취업지원서비스를 제공하는 경우에 예산의 범위에서 필요한 지원을 할 수 있다. ⑤ 제1항 및 제2항에 따른 재취업지원서비스의 대상, 내용 및 방법 등에 필요한 사항은 대통령령으로 정한다.

정하는 경우에는 그 정년이 60세 이상이 되도록 노력하여야 한다고 규정하고 있어 단일 정년제를 운영하는 근로자 300인 이상 사업장의 평균 정년은 57.2세에 그치고 있었다.

이에 고령화의 영향, 사회적 의식 변화 및 대통령선거 공약 등에 따라 근로능력이 있는 근로자의 일할 기회를 보장하기 위해 2013년 5월에 고령자고용촉진법을 개정하여 사업주로 하여금 정년을 60세 이상으로 정하도록 의무화하고, 정년 연장에 따른 임금체계 개편 등의 조치를 하도록 했다. 그리고 사업장 규모에 따라 300인 이상 근로자 사업장은 2016년부터, 300명 미만 근로자 사업장은 2017년부터 정

년을 60세 이상으로 정하도록 하였다. 정년을 60세 이상으로 연장하는 대신 임금체계를 개편하여 사업체 자체적으로 55세부터 60세까지 연령 증가에 따라 일정 비율의 임금을 삭감하는 임금 피크제를 시행하고 있다.

이로써 2017년부터 민간 부문의 정년도 법으로 60세 이상으로 규정함에 따라 우리나라는 공공 부문과 민간 부문 공히 정년 60세를 법적으로 보장받게 되었다. 60세 이상 정년이 2017년부터 모든 민간기업에 시행된 것은 바람직한 사회적 변화라 할 수 있으나 60세 정년 이후 20~30년을 경제적 영역을 포함한 다양한 생활 영역에 대한 뚜렷한 대책과 준비 없이 살아가야 하는 것은 근로자 개인과 가족에게는 물론 사회적으로도 큰 문제가 아닐 수 없다. 퇴직 이후 생활의 준비를 위해 1980년대부터 민간기업에서는 자발적으로 퇴직(은퇴)준비 또는 노후(은퇴)설계의 명목으로 퇴직 예정자들을 위한 서비스를 제공해 오고 있다. 그러나 이는 자발적 서비스여서 기업의 의지와 규모에 따라 차이가 많았다.

이에 정부는 정년 연장의 추가 대책으로 정년퇴직 등의 사유로 이직 예정인 근로자에게 경력, 적성 등의 진단 및 향후 진로설계, 취업알선, 재취업 또는 창업에 관한 교육 등의 재취업지원서비스를 적극 제공하도록 2019년에 고령자고용촉진법을 개정하여 2020년 5월부터 시행하기로 하였다. 그리고 일정 수 이상의 근로자를 사용하는 기업에서는 의무적으로 제공하도록 하였다.

3) 노화와 직업능력

퇴직이 제도화된 가장 핵심적 요인은 연령이 증가하면 생산성이 감퇴한다는 판단이다. 그러므로 정년제도 도입, 정년의 연장과 폐지 등과 관련한 논의를 위해서는 노화와 생산성의 관계에 대한 과학적 근거를 살펴보는 것이 필요하다.

생산성은 단순히 어떤 직업적 업무능력만을 의미하는 경우가 많지만 사회적으로 가치 있는 활동을 할 수 있는 능력까지 포함하는 경우도 있다. 여기서는 생산성을 직업능력으로만 한정해서 생각하기로 한다. 노화(나이 들어감)에 따라 생산성이 하락하는가, 별 차이가 없는가, 아니면 증가하는가는 이론적으로 신체적·심리적·사회적 기능의 세 가지 차원에서 설명할 수 있다.

신체적 기능, 특히 신체적 힘을 요하는 기능 면에서 노화에 따라 신체적 능력이 하락하는 것은 이론적으로 명백하다. 신체 구조적 측면에서 수의근(隨意筋)의 수축력이 약해져 물건을 들거나 나르는 능력이 점차 약해질 수밖에 없다. 그리고 몸무게도 가벼워지고 골격의 무게도 가벼워진다. 신체 내부 기능적 측면에서 노화에 따라 소화 기능, 세포 및 장기 기능과 호흡 기능이 감퇴하기 때문에 신체적 능력 발휘가 점차 어려워지고 건강유지에도 장애를 받게 된다.

사회적 기능 면에서 타인과 협력하고, 타협하고, 조직을 만들고, 리더십을 발휘하는 능력은 일반적으로 사회적 경험이 크게 영향을 미친다. 일반적으로 나이가 증가함에 따라 사회적 관계 경험도 증가한다고 볼 수 있기 때문에 사회적 관계가 중요시되는 직업활동능력은 노화에 따라 오히려 증진되거나 큰 변화 없이 유지될 수 있다(Butler et al., 1990).

심리적 기능 측면에서는 성격적으로 안정성과 성숙성이 증가하여 사회적 관계 유지에 긍정적인 영향을 미칠 수 있다. 특히 지능 면에서 유동적 지능(fluid intelligence: 생래적 지능으로 추리능력, 기억용량, 도형지각능력 등)은 노화에 따라 하락하지만 결정화 지능(crystallized intelligence: 생후의 경험, 교육, 훈련 등에 의해 획득되는 능력)은 오히려 증가한다(Horn & Cattell, 1966). 따라서 직업적 특성과 업무에 따라 결정화 지능이 더 중요시되는 경우는 노화에 따라 직업능력이 떨어진다고 하기 어렵다.

이와 같이 모든 직업이나 업무에서 노화에 따라 개인의 능력이 하락한다고 판단하기는 어렵다. 즉 직업이나 업무의 종류에 따라 신체적·사회적·심리적 능력이 중시되는 정도가 다르고, 직업활동은 신체적·사회적·심리적 능력의 결합으로 이루어지며 많은 경우 타인과의 사회적 관계 속(조직의 맥락)에서 수행되기 때문에 신체적 능력의 하락만으로 직업능력이 하락한다고 판단하기 어려운 경우가 많다(Birren & Perlmutter, 1990).

노화는 신체적 노화로 대표되는 경향이 있으나 노화 과정은 신체적·심리적·사회적 면에서 상호 영향을 주고받기 때문에 적어도 세 가지 측면의 노화를 같이 살펴보아야 한다. 일반적으로 노화에 따른 활동능력은 생산성으로 파악할 수 있는데 노화에 따른 생산성에 대한 연구는 의외로 드물고(Glass et al., 1995), 노화와 노인에 대한 부정적 고정관념에 의해 노화에 따른 생산성 약화가 크게 과장되어 이해되고 있다. 현재까지의 몇몇 주요 연구를 중심으로 노화에 따른 노인의 신체적·정신적(심리적 한 측면)·사회적 능력의 변화를 검토해 보기로 하겠다.

노화에 따른 활동능력의 변화를 알아볼 수 있는 연구가 거의 이루어지지 못한 상태에서 소수의 기존 연구로 일반화하기는 어렵지만, 노화에 따라 활동능력이 약화되긴 해도 그 하락 정도가 70대 말까지 크지 않다는 연구도 있기 때문에 신체적 노화에 따라 능력이 떨어진다고 단언하기는 어렵다. Guralnik(1985)이 1920년 출생자를 대상으로 조사한 바에 의하면 힘든 집안일, 큰 물건 이동, 10파운드가 넘는 물건을 들어 올리거나 운반하는 활동은 65세 이상 노인의 62%가 할 수 있었고, 79세까지 노인의 65~70%가 이런 행동을 할 수 있는 신체적 조건을 갖추고 있었으며, 80세 이후부터는 크게 낮아져 21% 정도만이 이런 활동이 가능했다. 같은 조사에서 정원 손질, 캠핑, 사냥, 낚시, 수영, 달리기, 에어로빅, 자전거 타기, 테니스 등의 운동은 79세까지 90%의 노인이 한 가지 이상을 할 수 있었고, 85세까지도 61%나 가능했다.

Glass 등의 연구(1995)에 의하면 노화에 따라 일의 종류별로 참여 빈도가 감소하는 경우도 있고, 변화가 없거나 오히려 증가하는 경우도 있다는 것이다. 별다른 변화가 없는 경우가 제일 많았고, 참여 빈도가 감소하는 경우와 증가하는 경우는 상대적으로 적었다.

생산적 노화와 관련한 심리적 노화의 측면은 노인의 정신적 능력의 중요한 요소가 된다. 인간 뇌의 기억용량은 고정되어 있지 않으며, 실제로 사용되는 부분보다는 그렇지 않은 부분이 훨씬 더 많다. 언어능력인 어휘력도 나이를 먹으면서 크게 증가하는 것이 일반적인데, 대학을 졸업할 때 22,000단어 정도인 어휘력을 계속 개발하면 45,000단어까지도 가능하게 된다(Birren & Perlmutter, 1990). 그리고 다른 연구에서는 노화에 따라 신체적 능력은 약해지지만 정신적으로는 오히려 강해지는 경향을 보인다고 했다(Ilmarinen, 2001). 유럽연합 11개국 41개 조직의 사례연구에서 강도 높은 수작업, 과거의 지식이 도움 안 될 정도로 빠르게 배워야 하는 일, 시간제약이 상당히 많은 일은 연령이 증가함에 따라 어려움이 많지만 시간제약이 비교적 적은 가운데 상당한 지식을 바탕으로 한 판단이 요청되고 사회적 기술과 능력이 필요한 일은 경험이 많은 사람에게 유리한 것으로 나타났다(Warwick Institute for

Employment Research, University of Warwick and Economic Research & Consulting, 2006).

인지적 능력의 저하는 사회적·문화적 특성으로 인해 능력 발휘가 제한되는 경우도 있을 수 있고, 노인에게 생산적이 될 수 있는 기회가 제공되지 않아서 노인이 능력을 발휘할 수 있는 기회가 없어지는 경우도 있다(Birren & Perlmutter, 1990). 또한 창의력도 종사하는 직업과 수행하는 활동에 따라 노화에 따른 변화의 정도가 다르다는 것도 연구를 통해 밝혀지고 있다. 김선자와 윤진(1992)의 지능 변화 연구는 결정화 지능이 노화에 따라 쇠퇴하지 않는다는 것을 시사하고 있다.

생산적 노화와 관련한 사회적 능력의 중요한 일면은 직업능력으로 판단할 수 있다. 직업수행능력은 신체근육운동, 인지·사회적 기술의 결합이라 할 수 있는데, 노화에 따라 신체적·생리적 능력이 제한되더라도 인지·사회적 기술을 활용하여 일을 효율적·효과적으로 수행하고 유연하게 할 수 있기 때문에 노인의 능력을 특히 속도나 힘, 지구력의 평가나 조직기관의 기능 평가로 단순화하는 것은 문제가 있다(Habib, 1990).

Lindauer 등(1997)이 60대, 70대 및 80대 그래픽 아티스트의 생산성을 측정한 결과 작품의 양과 질에서 고령층일수록 생산성이 더 증가하는 경향을 보였고, Oster와 Hamermesh(1998)가 경제학자들의 주요 학술지 제출논문 게재율을 비교한 결과를 보면 연령 증가가 게재율 하락에 별로 영향을 미치지 못하는 것으로 나타났다. Costa와 Sartori(2007)의 연구에 의하면 직업의 종류에 따라 직업능력이 하락하는 정도가 다른데 사무원, 의사, 생물학자는 직업능력에 차이가 거의 없지만 간호사나 노동자의 경우는 능력이 상당히 하락하는 것으로 나타났다. 직업능력에 관한 Chan 등의 연

미국의 연령차별금지법(Age Discrimination in Employment Act: ADEA)

1967년에 처음으로 미국에서 이 법을 제정하여 40~65세의 사람들에 대해 연령만을 이유로 고용을 제한하거나 해직하는 등의 연령차별을 금하였다. 즉 40~65세를 고용에서의 보호 연령으로 설정하였다. 1978년에 다시 법을 개정하여 보호 연령을 70세까지 상향조정하였고, 1986년에 다시 법을 개정하여 보호 연령의 상한선을 아예 폐지하였다. 보호 연령의 상한선을 폐지한 것은 나이를 이유로 고용금지를 하거나 퇴직시킬 수 없게 된 것이므로 사실상 정년이 폐지된 것이라 할 수 있다.

구(2000)에 의하면 노인은 젊은이보다 일하는 속도와 의사결정이 좀 느리지만 일을 보다 정확히 하고 의사결정도 더 정확한 것으로 보고되고 있다.

이상의 이론적 근거와 경험적 연구 결과에 의하면 신체 능력을 제외하고는 노화에 따른 능력이나 생산성에 대해서는 명확한 결론을 내리기 어렵다고 할 수 있으며, 많은 정교한 과학적 연구가 이루어진 후에 평가하는 것이 바람직하다고 본다.

4) 우리나라 정년퇴직제도의 문제점과 개선책

공무원의 경우는 1963년 국가공무원법 개정 이후 정년퇴직제도가 정착되었고 일반기업의 경우는 지난 30~40년 사이 급속한 산업화 과정을 겪으면서 정년퇴직제도가 정착되었다. 2019년 현재 공공 부문과 민간 부문에 공히 60세 이상 정년이 보장되고 있지만 여러 가지 문제점이 드러나고 있어 이에 대한 개선책이 요청되고 있다. 먼저 정년퇴직제도와 관련된 주요 문제점을 검토한 후 개선방안을 제시해 보겠다.

(1) 정년퇴직제도의 문제점

첫째, 정년 연령의 절대수준이 낮은 것이 문제다. 우리나라도 산업사회로 성숙해 감에 따라 전반적인 인력수요가 늘어날 뿐 아니라 풍부한 경험과 고도의 기술을 축적한 인력을 필요로 하게 될 것이며, 육체적 노동보다는 정신적 노동을 더욱 필요로 할 것이므로, 60세 정년퇴직은 풍부한 경험과 고도의 기술이 축적되어 원숙한 상태에 있다고 볼 수 있는 인력을 사장시키는 결과를 초래한다. 60대 이후에도 인지적·심리적·신체적 기능이 건전하게 발휘될 수 있는 시기이므로 60세 정년은 노화를 과장되고 왜곡되게 이해한 결과라 할 수 있다. 한국인의 평균수명은 급격히 연장되어 정년제 도입 당시인 1960년대 초반의 평균수명은 남녀 각각 51세와 54세였는데, 2019년 현재 80세와 86세로 연장되었다. 정년제 도입 당시에 비해 2019년 현재 평균수명이 30년 가까이 연장되었고 앞으로 20년 사이에 약 10년 정도는 더 연장될 것이 확실한데, 정년 60세는 우리나라의 급속한 고령화 추세와 의식 변화 및 건강 수준의 향상을 거의 고려하지 못하고 있다.

현재와 같이 낮은 정년 60세는 평균수명이 연장되는 현상에 역행하는 것이며,

인구 전체의 고령화와 고령인구가 급증하는 현상에도 역행하는 것이다. 우리나라의 임금노동자들 대부분은 60세 이후 퇴직하여 재취업의 기회마저 거의 주어지지 않은 상태에서 '사회적 노인'이 되어 더욱 길어진 노년기를 하는 일 없이 보내야 하는, 장수의 축복과 시간 보내기라는 고민을 같이 안고 있다. 60세 퇴직은 사람들을 60세부터 노인 아닌 노인이 되게 하고 피부양자가 되게 하여 노인인구 부양비를 실제로 40% 가까이 높이고 있다. 다시 말해서 15~59세의 사람 10명이 60세 이상의 사람 4명을 부양해야 하는 결과를 낳게 된다. 60세의 퇴직 연령이 앞으로도 큰 변동 없이 고수된다면 경제활동인구(15~59세)의 사회적 부담은 더욱 커질 것이다.

둘째, 정년 연령은 정년 후의 경제적 사정을 고려하지 못하고 있는 것이 문제다. 우리나라의 경우 50대 중반에서 60대 중반이 가계지출이 가장 많은 시기인데, 이때에 퇴직함으로써 수입이 격감되는 어려움에 처하게 된다. 노령연금(국민연금 등)이 도입된 지 20여 년이 지났지만 연금 수급자는 노인인구의 45% 정도에 그치고 있기 때문에 퇴직 후의 경제적 어려움은 아직도 대부분의 노인들의 가장 큰 문제가 되고 있다. 이와 같이 낮은 정년 연령은 정년 후 경제적 사정을 거의 고려하지 않는 반복지적 현상이라 할 수 있다.

셋째, 60세 정년은 연금수급 연령과의 괴리로 퇴직 후에 즉각적으로 연금 수급이 어렵다는 것이 문제다. 예를 들어, 60세에 퇴직하는 경우 2019년 이후 국민연금을 수급하려면 2~5년을 기다려야 한다. 정년의 제도화는 노령연금제도와의 연계성에 큰 의의를 두고 있는데, 이 같은 퇴직 연령과 연금수급 연령의 괴리는 사회제도와 복지제도의 불일치를 초래하고 이로 인해 국민의 경제적 어려움을 초래하고 있다. 향후 평균수명이 연장됨에 따라 연금수급 연령을 상향조정할 필요가 생길 것이고 정년도 연장되어야 하겠지만, 정년이 연금수급 연령의 상향조정에 맞춰 가기 어려울 것을 예상하면 이러한 괴리 현상은 계속적으로 문제가 될 수 있다. 고령화 추세를 고려하여 국민연금 수급연령을 2013년부터 5년 단위로 1세씩 올려 2033년에는 65세가 되도록 법이 개정되었다.

이상에서 보면 우리나라 정년퇴직제도의 주요 문제점은 ① 낮은 정년 연령, ② 이로 인한 퇴직 후의 경제적 곤란, ③ 정년 연령과 연금수급 연령의 괴리로 요약할 수 있다.

(2) 개선책

첫째, 민간 부문과 공공 부문의 법정 정년은 일단 65세까지로 연장해야 한다. 앞으로 산업화의 진행과 더불어 인구 고령화와 노인인구 증가가 가속화될 것이므로 정년은 선진산업사회 수준인 65세 또는 그 이상으로 연장하는 것이 바람직하다. 65세로 정년을 연장하는 타당성은 다음과 같다. ① 우리 사회에서 연령에 의해 노인을 규정할 때 65세 이상으로 일반화되어 있고, ② 생활주기상 65세까지는 아직도 많은 가계의 지출이 필요하며, ③ 고령화사회에 대비한 장치로서 필요하고, ④ 경제활동인구의 노인에 대한 부양부담(노령인구 부양비)을 줄이며, ⑤ 다른 나라와의 비교에서도(표 8-6 참조) 적절한 수준으로 판단되기 때문이다.

둘째, 아직도 일반화되어 있는 연공가급제 임금체계를 능력급으로 개편해야 한다. 시간이 경과함에 따라 봉급이 올라가는 연공가급제는 능력 발휘를 등한히 하고 무사안일주의에 빠질 가능성이 크다. 이러한 연공가급제 임금체계 위에 정년을 계속 연장하는 것은 큰 문제점이 있지만, 능력급제 임금체계 위에서 일률정년제를 확대하는 것은 노동의 동기유발요인이 되어 바람직한 결과를 가져올 수 있다. 즉 현재 정년퇴직제도의 문제점 개선 방안의 하나로 연공가급의 임금체계를 능률급제의 임금체계로 변경하여 그 위에 일률정년제를 실시하는 것이다.

표 8-6. 세계 각국의 공식적 정상 퇴직 연령 (단위 : 세)

국가	퇴직 연령		국가	퇴직 연령	
	남	여		남	여
노르웨이	67	67	호주	65	62
미국	정년 없음	정년 없음	그리스	58	58
스웨덴	65	65	핀란드	65	65
캐나다	65	65	덴마크	67	67
스페인	65	65	오스트리아	65	60
스위스	65	63	일본	60	60
프랑스	60	60	이탈리아	65	60
멕시코	65	65	헝가리	62	58
영국	65	60	네덜란드	65	65
독일	65	65	한국	57	57

출처 : OECD(2005), Society at a glance.

셋째, 현재의 55~60세의 임금 피크제는 조속히 폐지되어야 한다. 능력급제 임금체계가 도입되면 임금 피크제를 유지할 필요가 없다. 연령이 높다고 생산성이 떨어진다는 것은 아직도 과학적 근거가 부족하고, 개인적 특성이 생산성에 더 크게 작용하므로 능력급제 임금체계를 속히 확산하고 임금 피크제를 폐지하는 것이 합리적이다.

넷째, 정년퇴직 후의 시간제 고용제도는 정년제도의 개선책과 보완책으로서 유용한 대안이 될 것이다. 정년 후의 시간제 고용은 일종의 점진적 퇴직제도라 할 수 있다. 이 제도는 퇴직 후 일정 기간 동안(예: 5년간) 퇴직자의 경험, 지식 등에 맞는 업무에 반일근무(주 5일 = 20시간), 격일근무(주 3일 = 24시간), 주 4일 근무(주 4일 = 32시간) 등으로 일하게 함으로써 정년퇴직으로 인한 충격을 줄이고 서서히 퇴직생활에 적응할 수 있게 하는 제도다. 60세 이후 재취업의 기회가 거의 주어지지 않고 있는 우리 사회에서 자기가 근무했던 직장에 재취업할 수 있는 기회가 주어지는 것이기 때문에 바람직한 제도라 할 수 있다.

제 9 장

노화와 가족, 이웃, 친구

개인의 사회적 관계는 친밀성 정도에 따라 친밀성이 높은 1차적 관계와 친밀성이 낮은 2차적 관계로 나눌 수 있다. 1차적 관계는 가족, 이웃, 친구와 같은 1차 집단(primary group)에 속하는 사람들과 형성되는 관계이며, 2차적 관계는 직업활동 관련 집단, 공식적 집단, 정치적 집단 같은 2차 집단(secondary group)에 속하는 사람들과 형성되는 관계를 말한다.

산업사회에서는 노인이 되면서 2차 관계 활동의 참여도와 중요성은 줄어드는 반면에 1차 관계 활동의 참여도와 중요성은 증가하여(Rosow, 1965a), 노년기에는 1차 집단과의 관계가 사회적 관계의 중심이 되는 것이 일반적인 현상이다. 이와 같은 1차 집단과의 관계는 노인의 사회적 통합의 주요 통로가 되고(Rosow, 1974), 또한 노년기의 사회적 적응과 생활만족도에 영향을 미치는 주요 요인이 된다(Liang et al., 1980). 그러므로 본 장에서는 노년기의 사회적 관계에서 중심이 되는 1차 집단과의 관계, 즉 가족·근린·친구와의 관계가 어떤 특성을 가지는지를 검토하고자 한다. 먼저 가족유형과 가족관계에 대해서 살펴보고 이웃·친구와의 관계를 살펴보기로 하겠다.

1 가족

가족은 사회의 가장 기본적인 단위다. 모든 사람은 가족의 일원으로 태어나고 대부분의 사람들은 가족과 관계를 가지며 생활한다. 노년기에는 개인의 관심과 접촉의 범위가 줄어들어 사회나 직업과 관련된 사람들보다는 가족과 자녀에게로 관심이 집중되기 때문에 가족은 노인들의 사회적 관계의 중심이 되고 그들의 가치체계에서 가장 중요한 우선순위를 갖는다. 1997년 일본 정부에서 5개국 노인을 비교 조사한 것(일본 총무청장관관방 고령사회대책실, 1997)에 의하면 5개국(한국, 일본, 타일랜드, 미국, 독일)의 노인 대다수(80% 이상)가 가장 중요한 관심사는 가족과 자녀라고 응답했다는 것은 노년기에 가족의 중요성을 잘 입증해 주는 것이라 할 수 있다. 여기서는 가족과 관련하여 노인가족의 정의와 형태, 노인가족의 현재와 미래, 가족생활주기상의 노인가족의 특성, 가족 간의 관계, 노인의 가족에로의 사회적 통합을 검토해 보기로 한다.

1) 노인가족의 정의와 형태

가족은 성관계를 허용받은 최소한의 성인 남녀와 그들에게서 출생했거나 양자가 된 자녀로 구성되어 같은 주거에 살면서 경제적으로 협력하고 자녀를 생산하는 것을 특징으로 하는 사회집단이다(Murdock, 1949). 가족은 동거하는 자녀를 중심으로 분류하면 ① 부부가족(conjugal family), ② 직계가족(stem family), ③ 확대가족(extended family), ④ 공동가족(joint family)의 형태가 있다(이광규, 1982).

부부가족은 부부와 미혼자녀 2세대로 구성된 가족으로 '핵가족(nuclear family)'이라고도 하는데, 현대 산업사회의 가장 전형적인 가족 형태이고 우리나라에서도 전통적으로 가장 많았던 가족 형태다.

직계가족은 자녀 중 1인이 결혼한 후에 부모와 동거하는 가족으로 2세대나 3세대(자녀가 출산한 경우) 또는 4세대가 될 수도 있다. 직계가족은 부부가족과 더불어 우리나라의 전통적이고 전형적인 가족 형태다.

확대가족은 동거하는 자녀가 기혼자녀 1인에 한하지 않고 모든 자녀가 결혼 후 동거하는 가족으로, 중국 등이나 재산이 많은 가문에서 볼 수 있는 가족 형태이며, 오늘날 이와 같은 가족 형태는 아주 드물다. 3세대 이상의 가족구성원이 있는 점에서는 직계가족과 같지만 확대가족은 둘 이상의 핵가족으로 구성된다는 점에서 직계가족과는 다르다. 그러나 가족을 핵가족과 확대가족으로 나누면 확대가족은 직계가족의 의미로 사용되는 경우가 많다.

공동가족은 확대가족에서 부모가 사망한 후에도 형제들이 가족을 해체하지 않고 동거생활을 계속하는 가족 형태로, 모계사회에서 주로 볼 수 있다.

이 가운데서 오늘날 다른 산업사회와 우리나라에서 가장 전형적인 가족 형태는 부부가족(핵가족)과 직계가족 형태다. 산업화로 인하여 직계가족·확대가족에서 부부가족·핵가족으로 변하고 있는 것이 일반적인 현상인데(Goode, 1963), 이는 부부가족이 산업사회에 기능적으로 더 잘 적응할 수 있기 때문일 것이다(Parsons, 1943).

산업화와 더불어 부부가족이 증가하게 된 원인은 직계가족의 제1세대와 제2세대의 분리 현상에서 찾을 수 있다. 즉 직계가족에서 자녀 측이나 노부부 측의 사정에 의해서, 또는 서로 간의 편의를 위한 합의에 의해서 노부부세대와 자녀세대가 분리되었기 때문이다. 이렇게 분리되면 3세대의 직계가족이 노인 단독세대 가족(노인독신 또는 노인 부부가족), 노인 부부가족(노인 + 미혼자녀), 기혼자녀 부부가족(기혼자녀 부부 + 손자녀)의 형태로 될 수 있다.

현대사회에서 전형적인 가족 형태인 부부가족과 직계가족은 노인을 중심으로 한 가족형태로 적용하기는 어렵기 때문에 다른 분류를 생각해 볼 필요가 있다. 윤종주(1980)는 세대수, 고전적인 가족 형태의 기본개념, 가족주기의 변천 과정을 고려하여 ① 1세대 핵가족, ② 2세대 핵가족, ③ 팽창된 2세대 핵가족, ④ 2세대 복합가족, ⑤ 3세대 직계가족, ⑥ 3세대 복합가족, ⑦ 2세대 늙은 핵가족(2세대 노인핵가족에 해당), ⑧ 1세대 늙은 핵가족(1세대 노인핵가족에 해당) 등 여덟 가지 형태를 제시하였다. 이 가운데 ④~⑧은 노인이 포함된 가족 형태로 볼 수 있다. 윤종주가 분류한 가족 형태 중 노인이 포함된 다섯 가지 형태에 '1세대 노인독신가족'을 추가하여 노인가족 형태를 표 9-1과 같이 여섯 가지로 분류하는 것이 적합할 것이다.

여기서 노인가족 형태와 관련하여 나타나는 '고립된 핵가족(isolated nuclear family)'과 '수정확대가족(modified extended family)'에 관한 논의를 잠시 살펴볼 필요가 있다.

표 9-1. 노인가족 형태

노인가족 형태	가족구성원
2세대 복합가족	노부부 + 기혼자녀 + 미혼자녀
3세대 직계가족	노부부 + 기혼자녀 + 손자녀 + (미혼자녀)
3세대 복합가족	노부부 + 2명 이상의 기혼자녀 + 손자녀 + (미혼자녀)
2세대 노인핵가족	노부부 + 미혼자녀
1세대 노인핵가족	노부부
1세대 노인독신가족	노인 독신

Parsons(1942)는 미국 사회에서 산업화에 따라 발전한 부부가족은 친족집단, 특히 노인으로부터 고립되었으며 이러한 현상이 노인문제의 주요 원인이 된다고 주장하였다. Parsons가 '고립된 핵가족'의 특성을 주장한 것은 특히 경제적인 면에서의 노인과의 고립을 의미한 것이지(Parsons, 1943; Rosenberg & Anspach, 1973), 다른 심리적·사회적 관계면의 고립을 의미한 것은 아니었는데, 심리적·사회적 면에서의 고립으로까지 확대 해석되어 많은 논란이 제기되었다.

1950년대와 1960년대에 이루어진 핵가족과 노인의 관계에 관한 많은 실증적 연구에 의하면 핵가족은 노인과 물리적으로 분리되어 생활하고 있지만 친밀하고 빈번한 접촉을 유지하고 있는 것이 일반적이었다(Cowgill, 1986). 생활은 공간적으로 분리되어 있으면서도 빈번한 접촉과 긴밀한 관계를 유지하고 있는 핵가족을 가리켜 Litwak(1959~1960)은 '수정확대가족'이라고 하였다. 수정확대가족은 주거장소 간의 거리에 관계없이 자녀부부 중심의 핵가족과 노인부부 중심의 핵가족 간에 친밀하고 상호 원조적인 관계가 유지되는 가족 형태를 말한다. 이와 관련하여 Rosenmayr와 Köckeis(1963)는 오스트리아, 독일, 미국 3개국 노인의 가족관계를 연구한 결과 노인들은 자녀와의 별거를 원하지만 가까이 살면서 친밀한 관계를 유지하기를 원한다는 것을 발견하고 이러한 태도를 가리켜 '거리를 둔 친밀(intimacy at a distance)'이라고 하였다.

Kerckhoff(1966)는 가족형태는 가족생활에 대한 가치가 반영된 것이라고 보고 자녀와의 거리와 관계를 중심으로 ① 확대가족, ② 핵가족, ③ 수정확대가족으로 분류하였다. 확대가족은 노인이 자녀와 가까운 거리에 살면서 상호 원조하며 애정적인 관계를 유지하는 것이고, 핵가족은 자녀와 가까이 살거나 상호 간의 원조도 기대하지 않는 것이며, 수정확대가족은 자녀와 가까이 사는 것을 기대하지는 않지만 상호 원조와 애정적인 관계 유지를 기대하는 것이다. Kerckhoff가 이와 같이 가족생활 가치관 기준에 의해서 미국 가족을 분류해 본 결과 확대가족이 20%, 핵가족이 20%, 수정확대가족이 60% 정도였다.

이상의 논의에서 보면 '확대가족'은 앞에서 정의한 바와 같이 기혼자녀 전부가 부모와 동거하는 것으로 정의하기보다는 기혼자녀가 부모와 동거하지 않더라도 가까운 거리에 살면서 부모의 권위에 의한 간섭과 통제를 받거나, 부모와 빈번한 연락과 접촉을 하는 가족으로 정의하는 경향이 있다. 이러한 의미에서 보면, 직계가족은 확대가족에 포함될 수도 있다. 확대가족의 폭넓은 개념과는 달리, 수정확대가족은 부모와 기혼자녀의 주거지 간의 거리에 관계없이 서로 친밀하고 빈번한 관계를 유지하는 가족으로 정의하는 경향이 있다. 다시 말하면 수정확대가족은 자녀와 부모가 물리적으로 별거하는 원칙 아래 상호관계에만 중점을 둔 개념이다.

표 9-1에서 노인가족을 여섯 가지 형태로 구분했는데 이에 따른 연도별 인구조사 통계가 없어 구체적으로 각 형태의 전체 노인가족에 대한 비율이 얼마이며 어떻게 변화되고 있는지를 정확히 알 수는 없다. 그러나 표 9-2에서 보는 바와 같이 핵가족이 전체 가족 중에서 차지하는 비율이 증가하고 있다는 것은 노인이 자녀와 동거하는 비율이 감소하고 있음을 간접적으로 가리키고 있는 것이라 할 수 있다. 다시 말해서 앞의 여섯 가지 노인가족 형태 가운데 3세대 복합가족과 직계가족은 점차 줄어들고, 특히 자녀와 동거하지 않는 노인독신가족과 노인부부가족(1세대 노인핵가족)이 늘고 있다는 것을 의미한

표 9-2. 전국 핵가족 가구의 변화 추이 (단위: 천 가구)

구분	1975	1980	1985	1990	1995	2000	2005
전국 가구 수(혈연가구 수)	6,948	7,969	9,571	11,355	11,133	11,928	12,487
핵가족 가구 수	4,499	5,444	6,807	7,922	8,886	9,781	11,324
핵가족 가구 비율(%)	64.7	68.3	71.1	69.8	79.8	82.0	90.7

주 : 전국 가구 수는 2인 이상의 혈연세대만 포함시킴. 따라서 1인세대 및 비혈연세대는 제외되었음.
출처 : 경제기획원 및 통계청 각 연도 인구 및 주택센서스 보고서.

표 9-3. 노인가족 형태의 변화 (단위: %)

가족 형태	1981[1]	1985[2]	1990[3]	1995[4]	2000[5]	2005[6]	2010[7]
독신	19.7	20.5	8.3	13.3	16.2	18.1	20.2
배우자와 동거			17.2	23.3	28.7	33.0	35.0
자녀와 동거	80.3	78.3	72.4	62.7	54.7	48.3	44.4
비혈연자와 동거	0.0	1.2	1.2	0.8	0.4	0.5	0.4
계	100.0	100.0	100.0	100.0	100.0	100.0	100.0

출처: 1) 김태현(1981), 한국에 있어서의 노인부양에 관한 연구.
2) 임종권 외(1985), 한국 노인의 생활실태.
3)~7) 통계청(1990, 1997, 2001, 2006, 2011).

표 9-4. 일본의 65세 이상 노인의 자녀와 별거율 (단위: %)

구분	1960	1965	1970	1975	1980	1985	1990	1995	1997	2000	2006
별거율	12.7	15.2	20.0	26.1	31.0	35.4	40.3	45.7	47.8	59.0	63.4

출처: 일본 후생성(각 연도), 후생백서 및 후생노동백서.

다. 그리하여 2010년 현재 자녀와 동거하지 않는 노인가족(노인독신가족, 노인부부가족)은 전체 노인가구의 55.2%에 이르고 있다(표 9-3 참조).

노인가족 형태, 즉 노인과의 동거가족 변화를 잘 알기 위해서는 핵가족 비율을 살펴보는 것보다는 노인의 동거 형태별 비율과 노인 개인별 자녀와 동거율(또는 별거율)이 어떻게 변해 가는가를 살펴보는 것이 더 정확할 것으로 생각된다. 표 9-3에서 보듯이 노인단독세대가족(1세대 노인핵가족, 1세대 노인독신가족)의 비율이 커진 반면, 노인과 자녀가 동거하는 가족(2세대 복합가족, 3세대 복합가족, 3세대 직계가족, 1세대 노인핵가족)은 크게 줄어드는 경향을 보이고 있다. 특히 1990년 이후 노인단독세대가족은 급속히 증가하는 추세를 보이고 있는데, 이는 자녀와의 별거가 일본(표 9-4 참조)보다도 훨씬 빠른 속도로 진행되고 있음(적어도 노인인구 비율에 따른 별거율 면에서 비교해 본다면)을 의미하는 것이다. 노인 개인별 자녀와의 별거율은 2007년 현재 우리나라에서는 61.8%에 이르고 있으나 향후 계속 증가할 것으로 예상된다(표 9-5 참조).

2007년 통계청 조사에서 나타난 65세 이상 노인의 자녀와의 동거 여부와 향후 동거

표 9-5. 65세 이상 노인의 자녀와 동거 여부와 별거 사유 (단위: %)

구분	자녀와 동거 여부		자녀와 따로 사는 이유					
	같이 살고 있음	같이 살고 있지 않음	독립생활이 가능해서	자녀에게 부담이 될까봐	따로 사는 것이 편해서	자녀의 직장이나 학업 때문에	자녀와의 불화 때문에	기타
2005	39.9	60.1	17.0	18.1	40.8	19.1	1.7	3.2
2011	31.4	68.6	18.8	24.0	34.7	18.3	1.4	2.8
도시	44.5	55.5	23.2	24.5	37.1	10.3	2.3	2.7
농어촌	25.6	74.4	23.2	21.1	33.5	19.7	0.8	1.7

출처: 통계청(각 연도), 사회통계조사.

표 9-6. 65세 이상 노인의 향후 자녀와 동거 의향 (단위: %)

구분	자녀와 동거 의향		(자녀와 동거하고 싶지 않은 경우) 살고 싶은 곳			
	같이 살고 싶음	같이 살고 싶지 않음	자기 집	무료 양로원 또는 요양원	유료 양로원 또는 요양원	기타
2005	50.6	49.4	85.0	9.6	3.9	1.4
2009	39.4	60.6	75.7	15.9	6.3	2.1
남	35.5	64.5	87.7	8.1	4.0	0.2
여	48.0	52.0	81.4	12.8	5.1	0.8
65~69세	36.5	63.5	85.2	9.3	5.1	0.4
70~79세	43.6	56.4	84.8	10.6	4.0	0.6
80세 이상	58.9	41.1	77.7	16.5	5.2	0.6

출처: 통계청(각 연도), 사회통계조사.

의향을 보면 표 9-5와 표 9-6과 같다. 2011년 현재 약 68.6%가 별거하고 있는데, 별거 이유는 ① '따로 사는 것이 편해서', ② '독립생활이 가능해서', ③ '자녀에게 부담이 될까봐', ④ '자녀의 직장과 학업 때문에' 순으로 많았다. 그리고 농어촌의 경우에는 도시에 비해 별거율이 훨씬 높아서 약 75%가 별거하는 것으로 나타나고 있다.

향후 자녀와의 동거 의향을 보면 2009년 현재 노인의 약 61%가 동거를 원하지 않는 것으로 나타나고 있다. 나이가 많을수록 자녀와 따로 살고 싶다고 응답한 비율은 낮아지고, 살고 싶은 곳으로 양로시설이나 요양시설을 생각하고 있는 비율도 16% 정도나 된다.

이상의 통계로 미루어 보면 연령별·지역별 차이는 있겠지만 전반적으로는 향후 노인과 자녀의 별거율은 계속 빠르게 증가할 것이고, 시설에서의 생활을 선호하는 비율도 서서히 증가할 것으로 예상된다.

2) 가족생활주기상의 노년기

한 가족이 형성, 확장, 축소 및 소멸되는 변화 과정을 가족생활주기(family life cycle)라고 한다. 가족생활주기의 단계에 대한 분류체계는 간단한 것부터 복잡한 것까지 많이 있으나 Duvall(1971)의 분류체계가 많이 이용되고 있다. Duvall은 가족생활주기를 그림 9-1과 같이 8단계로 구분한다. 그림 9-1에서 보면 노년기에 해당되는 단계는 마지막 3단계인 자녀진수기(6단계)부터 노부부 중 한편의 사망까지다. 가족은 개인의 사망으로 중단되는 것이라기보다는 자녀와 손자녀에 의해서 시작되는 가족으로 이어져 비슷한 변화 과정을 되풀이하는 것이 일반적이다.

그림 9-1. Duvall의 가족생활주기 8단계

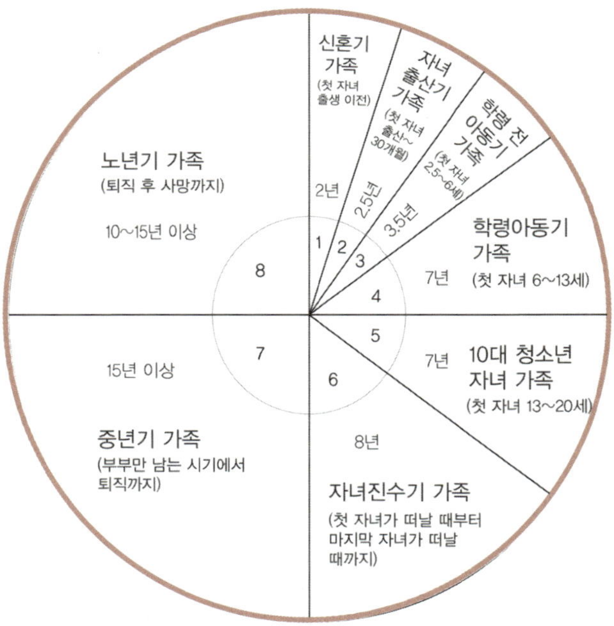

주: 가운데 원 안의 숫자는 단계표시를 나타내며, 가족의 한 생애를 원 전체로 보고 각 단계마다 차지하는 기간에 따라 원을 분할한 것임.
출처: Duvall, E. (1971), Family development.

표 9-7. 부인의 출생 코호트별 가족생활주기와 가족 형태

가족 생활 주요 사건	가족생활주기[2]	1925~1929년생 연령(세)		1945~1949년생 연령(세)		가족 형태	가족 형태별 지속 연수(년)	
		부인	남편	부인	남편		1925~1929년생	1945~1949년생
결혼(초혼)	신혼기 가족	17.0	23.8	21.7	27.7	1세대 젊은 핵가족	3.0	2.2
초아 출생		20.0	26.8	23.9	29.9			
2아 출생	자녀출산기 가족	23.0	29.8	26.1	32.1			
3아 출생	학령전 아동기 가족	26.2	33.0	28.3	34.3	2세대 젊은 핵가족	14.4	4.0
4아 출생	학령아동기 가족	29.2	36.0	-	-			
5아 출생		32.2	39.0	-	-			
(최종아 출생)	10대 청소년 자녀	(34.4)	(41.2)	(27.9)	(33.9)			
초아 최종학교 졸업	가족	?[3]	?[3]	?[3]	?[3]			
초아 취업		?[3]	?[3]	?[3]	?[3]	2세대 팽창 핵가족	11.8	22.6
초아(여) 결혼	(자녀진수기 가족)	41.8	48.6	46.6	52.6			
초아(남) 결혼		46.2	53.0	50.5	56.5	2세대 복합가족		
초손 출생		48.4	55.2	52.7	58.7	3세대 직계가족	2.2	2.2
2손 출생		50.6	57.4	54.9	60.9	(3세대 직계가족)		
3손 출생	자녀진수기 가족	52.8	59.6	57.1	63.1	(3세대 직계가족)	15.0	19.3
최종아(여) 결혼		57.1	63.9	60.6	56.5	(3세대 직계가족)		
최종아(남) 결혼		61.0	67.8	64.4	60.5	(3세대 직계가족)		
노부부만 남은 시기[1]	중년기 가족	?[3]	?[3]	?[3]	?[3]	1세대 노인핵가족		
남편 사망	노년기 가족	(54.2)[4]	61.0	(61.3)[4]	67.3	(1세대 노인핵가족, 독신)	9.2	10.7
부인 사망		63.4	-	72.0	-			

주: 1) 이 기간을 가지는 가족은 현재로서는 그리 많지 않음(약 15%로 추정됨).
2) 가족생활주기는 Duvall의 8단계를 적용하였음.
3) 연구자(윤종주)가 제시한 도표에 나타나 있지 않아 추정이 곤란함.
4) 괄호 안은 남편 사망 시 부인 연령임.
출처: 윤종주(1983), 우리나라 노인문제에 대한 사회인구학적 고찰, p. 116의 표 4-9를 일부 수정하였음.

사람은 가족을 형성하고 생활하는 세 가지 가족망 속에서 지위와 역할을 획득하고 수행하면서 사회적 관계를 형성한다. 첫 번째 가족망은 '생식가족(family of procreation)'으로 자신이 결혼하여 형성하는 가족이다. 생식가족으로부터 남편 또는 부인, 부모, 조부모, 증조부모 등의 지위와 역할을 획득하고 수행한다. 두 번째 가족망은 '방위가족(family of orientation)'으로 자신이 태어나거나 입양된 가족이다. 방위가족으로부터 아들, 딸, 형제자매의 지위와 역할을 획득하고 수행한다. 세 번째 가족망은 '확대가족'인데, 주

로 형제자매의 가족과 결혼으로 연결된 가족이 확대가족에 해당된다. 확대가족으로부터 사촌 형제자매, 숙부, 조카, 매형(자형), 사위, 며느리의 지위와 역할이 획득된다.

가족생활주기는 사회와 시대에 따라 다를 뿐 아니라 개인에 따라 차이가 나는데, 특히 그것을 역연령(曆年齡)과 결부시키면 상당한 차이를 발견할 수 있다. 표 9-7에서 출생연도를 달리하는 두 부인집단(1925~1929년생 부인집단과 1945~1949년생 부인집단)의 가족생활주기와 연령을 관련시켜 비교해 봄으로써(윤종주, 1983), 현재 우리나라의 보편적인 가족생활주기상의 특징을 살펴보고자 한다.

1925~1929년생 부인집단(전집단)과 1945~1949년생 부인집단(후집단)을 비교해 보면 다음과 같은 특성을 보이고 있다: ① 초혼에서 초아 혼인까지는 24.8년과 24.9년으로 두 집단이 거의 같으나, ② 전집단에서 후집단으로 올수록 초혼 연령은 높아지고(17세 → 21.7세), ③ 출산기간과 출생자녀 수는 줄어들며(14.4년 동안 5.8명 출산 → 6.2년 동안 2.8명 출산), ④ 최종아 출생 후 장남 혼인까지 2세대 팽창가족의 지속기간이 길어지고(11.8년 → 22.6년), ⑤ 3세대 직계가족의 기간은 짧아지며(12.6년 → 11.7년), ⑥ 남편 사망 후 부인의 생존기간은 길어지고 있다(9.2년 → 10.7년).

55세가 아직도 우리나라의 보편적인 정년퇴직 연령이므로 55세 이후에 사실상 노년기에 들어가게 된다. 따라서 남자의 노년기는 6년에서 12년으로 연장되었고 여자의 노년기(남편 퇴직 시부터 사망까지)는 15년에서 23년으로 연장되고 있다. 두 집단에서 보면 초아(남)의 결혼 시 남편의 연령이 53세와 57세 정도, 최종아 결혼 시 남편과 부인의 연령이 68세와 61세 정도에서 61세와 54세 정도로 낮아졌다.

3) 노인가족의 유형과 기능

한 가족이 건전하게 유지·발전하려면 가족으로서의 규범적이고 전통적인 기능을 잘 수행할 수 있어야 한다(Epstein, 1982). 그러므로 노인가족의 유형에 따라 가족의 기능이 어느 정도 잘 발휘될 수 있는지를 검토해 보는 것은 노인가족 유형의 특성을 이해하는 데 도움이 되고, 노인복지 차원에서도 중요한 관점이 될 것이다.

여러 학자들의 견해를 종합해 볼 때 가족의 기능은 ① 경제적 공급, ② 양육, ③ 교육, ④ 사회화, ⑤ 보호, ⑥ 정서적 지지, ⑦ 치료, ⑧ 휴식·오락, ⑨ 종교, ⑩ 생식으로 볼 수

> **코호트(cohort)**
>
> - 동일한 연령이나 비슷한 연령대(일정 연령, 5년 또는 10년까지 간격의 연령대)에 출생하여 같은 역사적 사건을 경험한 인구집단을 말한다.
> - 일반적으로는 연령 코호트(age cohort: 동년배집단)가 가장 대표적이며, 코호트라 할 경우 연령 코호트를 가리키는 경우가 대부분이다. 예를 들면 1945년생 집단, 1945~1949년생 집단, 베이비부머(baby boomer) 집단 등이 연령 코호트에 해당된다.
> - 역사적 경험을 함께 했다는 의미에서, 연령으로는 상당한 차이가 있어도 같은 시기에 회사나 학교에 들어갔거나, 어떤 시험에 합격하여 임명된 사람들의 집단을 의미하는 경우도 있다(예: 입사 동기, 대학원 입학 동기).

있는데, 노인가족에서는 생식 기능은 중단되어 있는 것으로 보고 아홉 가지 기능을 중심으로 검토해 보겠다. 가족을 현대가족과 미래가족으로 구분하고 이에 따라 구조적인 면에서 주류적으로 나타나는 노인가족을 3세대 직계가족, 2세대 노인핵가족(부부가족), 1세대 노인핵가족(부부가족)으로 나누어 아홉 가지 기능을 살펴보기로 한다. 구조적인 면에서 이상이 없는 가족(intact family)이 반드시 기능적으로 이상이 없는 가족(well-functioning family)이라고 볼 수는 없지만, 여기서는 구조적인 면에서 문제가 없으면 기능적으로 잘 적응할 수 있다는 것을 전제로 하고 있다. 그러므로 여기서의 기능적 분석은 지극히 규범적이라는 것에 유의해야 할 것이다.

(1) 현대의 노인가족

사회 변동과 관련된 여러 가지 요인의 변화로 인하여 노부모가 자녀와 동거하는 경향이 줄어들고 자녀와 동거하더라도 장남과의 동거는 줄고 차남 이하의 다른 자녀와 동거하는 경향이 점차 늘어나고 있다. 형태상으로 부부가족인 핵가족의 비율이 점차 늘어나고 3세대 이상의 직계가족 형태는 점차 줄어들고 있으며, 전통사회에서는 거의 없었던 노인세대만의 가족이 새로운 형태로 나타나고 그 비율이 상당한 속도로 증가하고 있다.

2007년 현재 노인이 자녀와 동거하는 비율은 크게 줄어들고 있고(38.2%), 자녀에게 관계적 측면에 영향을 미칠 수 있는 수단인 전통적인 의식과 가치 지향성은 상당히 약해지고 있는 것 같다. 그러나 가족의 의례적인 행사를 중심으로 한 관계는 아직도 강하게 유지되고 있는 것을 볼 수 있다. 일반적으로 말하면, 우리 사회의 현대가족은 아직도 여러 면에서 기능적으로는 전통적인 요소를 많이 지니고 있으므로 전통적인 부부가족이 물리적으로 생활공간을 확장한 데 지나지 않는다고 할 수도 있다(이광규, 1984). 이러한 현상과 관련하여 현대의 많은 가족문제는 노인과 자녀가 따로 살고 있지만 의식적으로는 전통적인 기능을 유지하고 있는 데서 비롯된 갈등과 부작용 등에 연유하고 있다(송성자, 1985).

현대 우리 사회의 노인가족은 크게 ① 노부부와 기혼자녀·손자녀가 동거하는 3세대 직계가족, ② 노부부와 미혼자녀가 동거하는 2세대 노인핵가족, ③ 노부부만이 생활하는 1세대 노인핵가족으로 나눌 수 있다(배우자가 사망한 후의 독신노인도 1세대 노인핵가족에 포함될 수 있다). 다음에 각 형태별 기능을 살펴보기로 한다.

① 3세대 직계가족

- **경제적 공급 기능**: 현대가족은 대부분의 경우 소비경제체계이고, 사회제도의 변화와 인간욕구의 다양화로 인하여 지출 항목이 전통사회보다 크게 늘어났으나 다양한 욕구를 충족하기 위한 경제적 공급능력은 제한되어 있다. 특히 아동·청소년을 위한 교육비와 주택 구입비에 대한 지출 때문에 많은 경우에 상대적으로 노인에 대한 용돈 지원이 충분하지 못한 실정이다. 특히 노후에 연금이나 퇴직금의 혜택을 받지 못하고 있는 경우에는 생활비와 용돈을 거의 전적으로 자녀에게 의존해야 하므로 용돈 마련에는 어려움이 크게 된다. 자녀와 동거하는 경우 생활비는 큰 문제가 없으나 용돈이 문제이고, 특히 저소득층의 가정에 속한 노인의 경우 용돈이 크게 부족한 것을 볼 수 있다(제7장 참조).
- **양육과 교육 기능**: 가족 수의 소수화, 주부의 취업과 사회활동의 참여 기회 확대 등으로 우선 아동을 양육할 시간과 인력이 부족해진 것을 노모가 어느 정도 해결해 줄 수 있으나 지식교육은 가족이 수행하기에는 능력이 부족하여 부모나 노부모가 큰 도움을 주지 못한다. 한편 생활교육은 가정에서 수행되어야 할 필요성이 더욱 절실해지고 있으므로 노부모의 역할과 기능이 큰 효과를 볼 수 있다. 아동의 양육방법에서 노부모와 자녀 간의 의견 차이가 있어 갈등이 생기는 경우가 있으나 대부분의 경우는 노부모의 도움으로 잘 수행되고 있다.

• **사회화 기능** : 현재 대부분의 가정에서는 아버지가 가족 부양 책임과 사회적 성취를 위해서 직장에서 많은 시간을 보내기 때문에 가족과 접촉할 기회가 줄어들면서 남자 아동과 청소년은 남성의 모델과 남편의 역할에 대한 사회화 기회를 박탈당하여 문제가 되고 있다(최신덕, 1986; 이광규, 1984). 3세대가족의 경우는 조부가 아버지의 모델을 대신하여 사회화의 문제를 어느 정도 해결해 줄 수 있고, 조부모는 가정의례와 여러 가지 기회를 통하여 가족과 사회의 문화를 전수하는 사회화 역할을 할 수 있는 장점이 있다. 이러한 의미에서 3세대가족은 현대의 다른 가족 형태에 비하여 사회화 기능이 비교적 잘 수행된다고 할 수 있다.

• **보호 기능** : 보호 기능은 전통가족보다 약화되었지만 현대의 다른 가족 유형보다는 잘 이루어지고 있다. 보호 대상을 아동과 노인으로 본다면 조부모가 부모의 역할을 보충하거나 대신할 수 있어 다른 핵가족 형태보다는 아동보호가 잘 이루어질 수 있으나 노인보호에는 상당한 어려움이 있다. 전통가족에서는 가족 수가 많아 수발(시중)을 분담하거나 자녀가 전담할 수 있었으나, 현대에는 자녀가 생계를 위해 직장생활을 해야 하고 주부도 취업하는 경우가 많아져 노인의 수발(시중)이 문제가 된다. 앞으로 노인보호문제는 계속 심각해질 것이며, 이로 인해 많은 가족문제가 파생될 수도 있다.

• **정서적 지지와 치료 기능** : 현대는 사회생활의 복잡성과 스트레스 등으로 정서적·심리적 불안, 고민, 불만이 많아짐에 따라 이를 해소할 수 있는 가족의 기능이 점점 더 중요시되고 있다. 현대적 가족 내의 인간관계는 전통가족에서보다 표현적이고 애정적인 관계이므로(최신덕, 1986), 정서적 지지의 기능은 더 잘 이루어지고 있다고 볼 수 있다. 그러나 이는 가족의 성격적 특성과 관계에 따라 크게 달라질 수 있으므로 일반적인 결론으로 보기는 어렵다. 특히 노인은 퇴직으로 인하여 잃어버린 자아의 지지기반을 자녀들의 정서적 지지로 유지할 수 있다는 이점이 있다. 많은 경우 부부 간의 불화와 갈등도 노부모의 중재로 해소될 수 있다. 한편 우리나라에서 전통적으로 불편한 가족관계로 인식되어 온 고부관계가 문제로 표출되어 가족문제로 발전할 가능성이 크다. 한 조사연구(김한초 외, 1986)에 의하면 시부모와 동거한 적이 있거나 현재 동거하고 있는 주부들의 대다수가 노후에 자녀와 동거하는 것을 원치 않는다고 답했고, 현재 시부모와 함께 사는 이유도 자식의 도리나 윤리적 당위성 때문이라고 응답한 것

을 보면 현대가족에서도 고부 동거는 갈등과 문제를 일으킬 가능성이 큰 것으로 볼 수 있다.

- **휴식과 오락 기능**: 여러 가지 다른 요인의 변화에 따라 달라질 수 있지만 전통가족보다는 이러한 기능은 잘 수행되고 있는 것으로 보인다(최신덕, 1986). 3세대가족의 경우는 조부모가 집을 지켜주거나 자녀를 돌보아 줌으로써 부부나 자녀들이 휴식과 오락의 기회를 갖는 데 도움이 될 수 있으므로 어떤 면에서 현대의 3세대가족은 휴식과 오락의 기능을 발휘하는 데 좋은 조건이 될 수 있다.
- **종교적 기능**: 종교적 기능은 외부적인 종교단체로 크게 이전되고 있으나 아직 종교가 생활 속에 적극적으로 작용하여 가족의 정신적 지주가 되는 경우가 많다. 그러나 전반적으로 종교적 주체가 되었던 전통가족에서보다는 종교적 기능이 약화되었다고 볼 수 있다.

② 2세대 노인핵가족

- **경제적 공급 기능**: 결혼한 자녀가 분가한 후에 미혼인 자녀와 동거하는 2세대 노인핵가족은 55세를 전후하여 나타나게 된다. 이러한 가족 형태는 5~15년 정도 계속되며 이 시기는 주로 55~65세에 해당된다. 이 시기는 아직 학업을 끝내지 못한 자녀나 미혼의 자녀가 있으므로 가족생활주기상 경제적 지출이 가장 많은 시기에 해당된다. 임금노동생활을 하던 사람들은 퇴직하여 수입이 전혀 없거나 줄어든 가운데 훨씬 많은 지출을 해야 하므로 경제적인 어려움에 처하게 되는 경우가 많다. 퇴직금이나 연금의 혜택을 받지 못하는 경우는 노부부가 자녀에게 완전히 의존해야 한다. 미혼자녀의 수입으로 일상생활을 영위하는 데는 큰 문제가 없겠지만, 자녀들에게 경제적인 도움을 주는 기능은 거의 발휘하지 못한다.
- **양육과 교육 기능**: 이 시기는 자녀가 성인이 된 경우가 대부분이므로 양육이나 교육 기능은 거의 필요 없게 된다. 학업을 끝내지 못한 자녀의 교육비를 지원함으로써 교육 기능을 간접적으로 발휘할 수는 있지만, 직접 양육하고 교육하는 기능은 필요가 없어지거나 필요하더라도 거의 발휘할 수 없게 된다.
- **사회화 기능**: 가족원에 대한 사회화 기능은 상당히 약화된다. 자녀들에게 생활교육을

시키고 문화적 유산을 전승하는 기능 외에는 사회화 기능은 거의 필요가 없어지거나 약해지고 있다.

- **보호 기능**: 노부부에 의한 자녀 보호 기능은 거의 필요가 없어지고 자녀에 의한 노부부 보호 기능의 필요성은 점차 증대된다. 노화에 따라 건강이 약화되므로 병간호나 수발의 필요성이 커진다. 자녀들은 학교를 다니거나 직장생활을 하므로 간호나 수발의 필요에 응할 수 없는 경우가 많고, 결국 배우자가 그러한 역할을 담당해야 하는 경우가 대부분이다. 자녀들은 부모 어느 한편의 보호 역할을 보충해 줄 수 있으므로 보호 기능은 큰 문제 없이 발휘될 수 있을 것이다.
- **정서적 지지와 치료 기능**: 노부모의 퇴직으로 인해 사회적 자아지지 기반을 상실하지만 동거 자녀나 배우자가 이를 상당 부분 보상해 줄 수 있고, 신체적·정신적 건강이 약화되어 요구되는 정서적 지지를 자녀나 배우자로부터 받을 수 있다. 이러한 의미에서 가족의 정서적 지지와 치료의 기능은 상당히 잘 발휘될 수 있다.
- **휴식과 오락 기능**: 가정은 큰 휴식의 장소가 되며 자녀와 배우자의 정서적 지지로 휴식의 기능은 잘 이루어질 수 있다. 자녀들이 다 성장한 경우가 대부분이므로 부모와 자녀 간의 대화 시간이 부족하고 같이 시간을 보내는 경우가 크게 줄어들어 가정 내의 오락 기능이 약화될 수 있다.
- **종교적 기능**: 자녀가 성장한 후이므로 외부에서 종교적 활동을 하기는 편하지만 가족 내에서 자녀들과 함께 종교적 활동을 하는 데는 어려움이 있을 수 있다. 자녀들이 각기 다른 종교를 가질 수 있고, 부모와 종교적인 신조나 생활에서 갈등을 일으키는 경우도 있다. 경우에 따라서 종교적 기능은 다른 요인의 영향이 많이 작용하므로 2세대 노인핵가족의 종교적 기능에 대한 영향을 말하기는 어렵다.

③ 1세대 노인핵가족

- **경제적 공급 기능**: 앞으로 공적연금 수급자 수가 점차 증가함으로써 노년기의 경제적 사정이 현재보다는 전반적으로 향상될 것이다. 국민연금제도가 시행된 지 2008년으로 20년이 되어 정착 단계에 접어들었지만 국민연금을 포함한 공적연금 수급 노인은 2008년 현재 25%에 지나지 않아서(통계청, 2009a), 아직도 대부분의 노인들은 경제적

으로 어려운 상황에 처해 있다. 노인들의 경제적 어려움은 공적연금 수급이 일반화되기까지 조금씩 개선은 되겠지만 적어도 2010부터 향후 10여 년 이상은 경제적으로 어려운 노인들이 상당히 많이 있을 것이고 자녀에게 의존하게 되는 경우도 많을 것이다. 퇴직연금(또는 퇴직금)이나 공적연금의 혜택을 받지 못하는 경우에는 자녀들에게 전적으로 의존해야 한다. 일부 노인들은 퇴직금이나 공적연금의 일시금을 자신의 노후생활비로 사용하지 못하고 자녀의 학비, 결혼비용, 사업비용 등으로 써버려서 자녀에게 의존하게 되는 경우도 있다.

- **양육과 교육 기능** : 노인세대만의 가족에서는 이러한 기능은 거의 필요 없게 된다.
- **사회화 기능** : 가족원 자체에 대한 사회화 기능은 없어지고 별거 자녀와 손자녀에 대한 문화적 전수를 위한 사회화 기능은 어느 정도 유지된다. 이 기능은 특히 노인의 역할로 인정되고 중요시되고 있으며 가족이나 친척의 생일, 관혼상제, 특별행사, 비규칙적인 접촉을 통해서 이루어질 것이라고 볼 수 있다.
- **보호 기능** : 보호 기능이 요청되는 상황은 질병이나 사고로 노부부 중 한쪽 또는 노부부 모두 신체적·정신적으로 자신을 독립적으로 유지할 수 없게 되는 경우다. 여자가 남자를 돌보는 경우보다 남자가 여자를 돌보아야 하는 경우에 어려움이 더 크다. 한쪽 배우자가 계속 돌보더라도 때로는 교대가 필요하고, 자녀들이 와서 돌보는 것도 거리와 시간이 부담스럽거나 자녀의 생업에 지장을 초래할 정도면 문제가 된다. 그러므로 1세대 노인가족은 보호 기능에서 가장 취약하다. 노인의 건강은 75세 이상의 후기 노년기에 급격히 약화되므로 보호가 절실히 요청되는 시기다. 노부부 가족은 건강상 응급조치를 요하는 상황이 발생했을 때도 보호 기능을 다 할 수 없게 된다.
- **정서적 지지와 치료 기능** : 노년기는 퇴직으로 인하여 사회적 자아지지 기반이 상실되어 동거가족으로부터 정서적 지지와 격려, 사회적 유용성을 계속적으로 인정받을 필요가 있는데, 신체적·정신적 건강이 약화되면 정서적 지지가 더욱 필요하게 된다. 노부부가족은 자신과 배우자로만 구성되어 있으므로 이러한 역할을 감당하는 것은 힘에 벅차고 제대로 할 수도 없게 되어 정서적 지지 기능을 잘 발휘할 수 없게 된다.
- **휴식과 오락 기능** : 휴식과 오락 기능은 노년기에서 가장 큰 활동 영역을 차지하는데, 노부부가 건강할 때는 비교적 잘 수행될 수 있으나 건강이 약화되면 이러한 기능을

발휘하기가 어렵게 된다. 경제적인 사정이 휴식과 오락 기능에 크게 영향을 미치는데 경제적 사정이 좋고 건강할수록 휴식과 오락 기능이 잘 발휘될 수 있다.

- **종교적 기능**: 노년기에 종교는 극히 중요한 의미를 지니며 어떤 의미에서는 필수불가결한 것으로 볼 수 있다(아산사회복지사업재단, 1985). 노인부부나 독신노인은 종교적 활동에 쉽게 참여할 수 있고 시간적 여유가 있어 적극적인 활동을 할 수도 있다. 이러한 의미에서 노인부부가족이나 독신노인가족의 경우 어떤 종교를 받아들이거나 종교생활을 할 수 있는 조건에서는 다른 형태의 가족보다 낫다고 볼 수 있다.

(2) 미래의 노인가족

① 미래의 가족 유형에 영향을 미치는 요인의 변화

광범위하고 가속적인 사회 변동에 수반하여 가족생활과 가족 유형에 영향을 미치는 요인들의 변화 양상을 예견해 보는 것은 앞으로 가족 유형의 변화에 따른 사회정책적 개입을 위해서 필요할 것으로 생각되므로 주요 요인을 간략히 살펴보겠다.

- 가족의 전통적이고 규범적인 기능들, 특히 보호·교육·사회화 기능은 축소되거나 사회의 다른 제도로 이전될 것이며, 이와 같은 기능을 보충하거나 대신하는 보건복지 서비스가 발전할 것이다. 경제적 기능은 기본적으로 가정에서 수행되지만 그 중요성은 줄어들고 정서적 지지와 치료의 기능, 휴식·오락의 기능의 중요성은 더욱 커질 것이다(이광규, 1984; 鴨脚清 外, 1984).
- 저출산 현상의 지속, 가족의 경제적 이유, 여성의 취업과 사회활동 참여의 증대, 개인주의적 가치 지양 등의 이유로 자녀를 1~2명 이상 갖지 않으려고 할 것이므로 평균 가족원 수는 계속 줄어들 것이다.
- 전통적인 성역할의 엄격성이 완화되고 역할의 융통성은 증가할 것이므로 상황에 따른 역할의 융통성은 더욱 크게 증가할 것이다.
- 가족생활에 대한 가치관으로서 가족주의 지향성과 개인주의적 지향성은 커지고 가정에서 사생활 자유 지향성이 커질 것이다.
- 자녀에 대한 노인이 경제적 의존성은 점차 줄어들고 경제적 독립성은 점차 증가할 것이다. 국민연금제도가 시행된 지 20년이 되는 2008년 이후에는 공적연금 수급자 비

율이 상당히 빠른 속도로 늘어나 향후 노인의 경제적 사정은 점차 향상될 것이다.

- 저출산 추세로 자녀양육 기간은 줄어들고, 평균수명의 연장으로 노년기는 더욱 연장될 것이다.
- 여성의 권리보장과 지위향상으로 여성의 취업과 사회적 참여는 계속 증가할 것이다.

② 미래 가족 유형의 전망

전통사회의 가족 유형은 3세대 직계가족과 2세대 부부가족으로 대별될 수 있고, 현대사회에서는 3세대 직계가족, 2세대 부부가족, 2세대 노인핵가족, 그리고 1세대 노인핵가족으로 대별될 수 있다. 전통사회에서는 노인이 자녀가 있는 경우는 3세대 직계가족의 형태에서만 생활했는데, 현대사회에서는 노인과 자녀가 따로 사는 1세대 노인핵가족이 새로 나타났고 이러한 1세대 노인핵가족은 앞으로 점차 늘어날 것으로 전망된다.

앞에서 언급한 몇 가지 주요 요인의 변화 방향을 감안할 때 가족의 형태는 점차 다양해질 것이다. 노인가족의 증가와 형태의 변화는 현재의 3세대 직계가족의 유형 내에서 상당한 변화가 있을 것으로 예상된다. 전반적으로 자녀와 동거하는 비율은 줄어들 것이지만, 동거하더라도 자녀가 장남인 경우는 줄어들고 차남 이하의 아들이나 출가한 딸과 동거하는 경우가 늘어날 것으로 본다. 이와 같은 미래의 가족 유형을 정리하면 그림 9-2와 같다.

그림 9-2. 미래의 주류 가족 유형

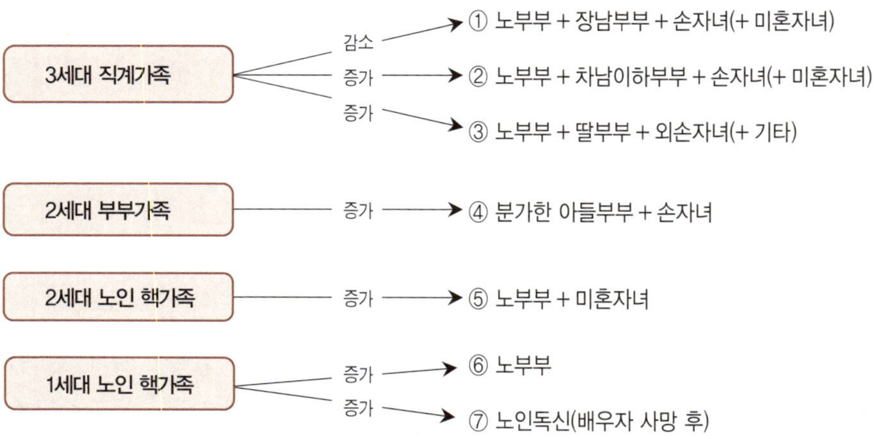

(3) 가족정책상의 미래 가족 유형의 제시

① 가족정책의 개념과 필요성

가족정책(family policy)을 '가족의 구조, 기능, 역할 등에 대해 바람직한 방향으로 영향을 미치도록 하는 지침이 되는 국가적 원칙'(Padberg, 1979)이라고 한다면, 우리나라에서는 현재까지 뚜렷한 가족정책이 없었다고 할 수 있다. 가족정책은 주로 가족 형태와 구조의 변화, 가족의 기능과 역할의 변화에 부응하여 가족이 사회의 가장 기본적인 단위체계와 제도로서 발전해 나갈 수 있도록 하는 면에서 필요성이 강조되고 있다(Kamerman & Kahn, 1978).

우리 사회는 지난 20~30년간 가족에 대한 많은 변화를 경험해 왔고 앞으로 더 크고 많은 변화가 예상되므로, 이러한 변화에 무력한 반응만 보이거나 변화로 야기되는 문제의 뒤처리에만 급급해 하는 피동적인 입장에서 벗어나 가족을 사회의 가장 기본적이고 인간적인 삶의 단위로서 건전하게 기능하도록 하기 위해 의도적이고 적극적인 노력을 기울여야 한다. 그러므로 2000년대 이후 더욱 빠르게 진전되고 있는 지식정보화사회에 대비하여 우리의 전통적 가치와 생활양식을 살리는 동시에 개성과 자유에 입각한 다양성을 추구한다는 의미에서 표준적인 가정의 구조적 모형을 제시하고 그 가운데 특별히 바람직한 모형을 취하도록 권장·유도하는 정책적인 조치가 따라야 할 것이다.

② 미래 노인가족의 구조적 모형 제시

앞에서 언급한 전통가족과 현대가족이 공존하는 가운데 변화가 예상되는 여러 가족관계 요인을 고려하면 그림 9-3과 같은 네 가지가 노인가족의 주류적 형태가 될 것으로 본다.

3세대 직계가족의 개방형은 노부모가 자녀부부와 동거하며 자녀세대가 가사를 주관하고 생활공간이 개방된 가운데 상호 독립성과 프라이버시를 존중할 수 있는 방법을 강구하는 유형이다. 이러한 형태는 현재의 3세대 직계가족 유형과 큰 차이가 없지만, 노부부와 자녀세대 간의 대립이나 갈등을 가져오는 요인을 상호 독립성과 프라이버시를 존중한다는 원칙으로 해결하려는 것이다. 이를 위해서는 노인과 성인 자녀에 대한 성인교육 프로그램 등이 지역사회의 사회 서비스로 제공되어야 할 것이다. 또한 노인보호에 대한 어려움도 일부는 사회 서비스의 보충으로 해결될 수 있을 것으로 본다.

그림 9-3. 미래 노인가족의 구조적 모형

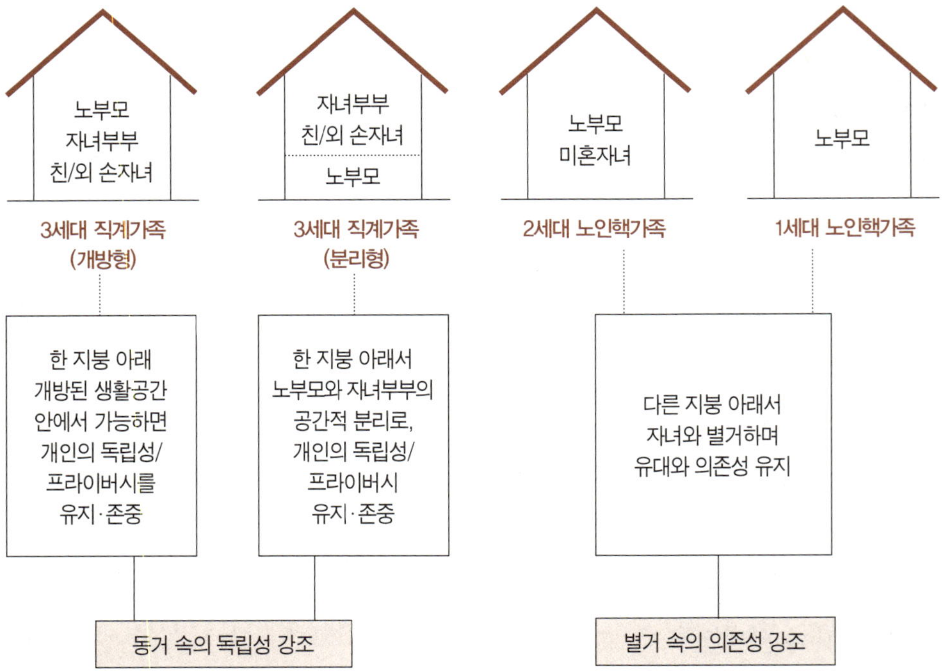

3세대 직계가족의 분리형은 한 지붕 밑에 살면서도 아래위층의 구조, 또는 같은 층에서 벽으로 분리된 주거시설에 노부부세대와 자녀세대가 생활하는 구조적 형태다. 이와 같은 구상은 바람직한 한국의 3대 가족동거 모형에 현대적인 변화 요소를 절충한 것으로, 핵가족 기능의 단점과 노인세대가족 기능의 단점이 상호 보완될 수 있는 형태다. 또한 주택의 절대적 부족문제가 크게 호전될 전망이 없다고 보면, 노인이나 자녀가 따로 주택을 보유하는 어려움과 경제적 부담도 줄일 수 있다는 의미에서 바람직한 구조적 모형이라고 본다. 이러한 모형의 가족구조를 선호할 수 있도록, 새로 건설하는 주택은 물론 기존 주택도 이와 같이 구조 변경을 하는 데 대한 정책적인 배려 등 여러 측면의 정책적 지지가 있어야 할 것이다.

2세대 노인핵가족은 일부 자녀가 결혼하여 분가하고 미혼자녀와 동거하는 가족인데, 앞으로 이러한 가족 형태는 서서히 증가할 것으로 예상되며, 1세대 노인핵가족으로 나아가는 과도기적 형태라고 볼 수 있다. 앞에서 보았듯이 자녀들뿐 아니라 부모도 별거

표 9-8. 미래 노인가족 모형의 기능 비교

가족 기능	3세대 직계가족 (개방형)	3세대 직계가족 (분리형)	2세대 노인핵가족	1세대 노인핵가족
경제적 공급(보호)	강	강	약	강/약
양육	강	강	해당 없음	해당 없음
교육	강	강	해당 없음	해당 없음
사회화	강	강	강/약	약
보호	강	강	강/약	약
정서적 지지	강/약	강	강	약
치료	강/약	강	강	약
휴식·오락	강/약	강	강/약	강/약
종교	강	강	강/약	강

주 : 강/약은 상대적 개념이고 경우에 따라 강점과 약점을 모두 지니고 있음을 의미한다.

를 원하는 경향이 점차 증가할 것이며, 장남이 결혼을 해도 부모와 동거하지 않고 분가하는 경향이 상당히 많이 나타나고 있다. 따라서 부모와 미혼자녀로만 구성된 이러한 형태의 가족이 앞으로 노인가족의 한 형태로 상당히 많이 나타날 것이다.

1세대 노인핵가족은 기능상으로는 약점이 많지만 자녀가족과의 공간적 분리 간격을 좁히고 사회 서비스를 개발함으로써 약점을 많이 보완할 수 있을 것이다. 앞에서 언급한 것처럼 향후에는 자녀뿐만 아니라 노인세대도 별거를 원하기 때문에 노부부만의 1세대 노인핵가족이 점차 증가할 것이 확실하다. 따라서 1세대 노인핵가족이 미래에는 주류적 가족 형태로서 노인들에게 선호되는 가족 모형이 될 것이 분명하기 때문에 노인가족의 기능적인 약점을 보완하여 2000년대의 지식정보화사회의 가족 유형으로 발전할 수 있도록 사회적인 배려가 필요하다.

이 네 가지 가족 유형에 대한 기능적 강점과 약점을 정리하면 표 9-8과 같다. 이 표에 표시된 여러 가지 기능에 대한 구체적인 논의는 앞의 현대가족의 기능과 비슷하기 때문에 생략하기로 한다.

(4) 가족 유형의 선택에 영향을 미칠 요인

앞에서 제시한 주류적인 가족 유형 중에서 어떠한 유형을 택할 것인가는 여러 가지 요인이 관련되어 있겠지만, 여기서는 일본의 가족 변화 가운데서 나타났던 현상과 앞으로 나타날 현상에 관련된 요인들을 고려하여 다음과 같은 몇 가지의 주요 요인을 제시하고자 한다.

① 노부모의 건강상태

노부모가 건강하고 특히 일상생활에서 역할수행과 자신의 독립을 유지하는 데 문제가 없으면 노부부만의 독립적인 생활을 원하는 경향이 있다. 건강은 연령과 상관관계가 높은 것이 일반적이다. 그러므로 초기 노년기(55~64세)는 건강이 좋은 편이어서 별거를 원하는 경우가 많고, 중기 노년기(65~74세)에는 건강이 상당히 약화되므로 동거가 더 유리할 것이며, 후기 노년기(75세 이상)에는 건강이 급격히 약화되므로 노인의 대부분은 동거를 원하게 될 것이다(鴨脚清, 1984).

② 노인과 자녀의 경제적 사정

노인과 자녀의 경제적 사정이 두 가구의 가계를 유지하는 데 큰 어려움이 없으면 별거하려는 경향이 높게 나타나는 것 같다. 현재 우리 사회에서 보면 동거 이유로 경제적인 어려움이 가장 크게 부상하고 있다. 일본에서 경기가 전반적으로 좋았을 때는 노인과 자녀의 별거율이 높았고 경기가 나빴을 때는 별거율이 낮았던 것을 볼 수 있다(鴨脚清 外, 1984). 따라서 앞으로 우리 사회의 노인들은 경제적 사정이 전반적으로 향상될 것이므로 독립을 원하는 노인이 더 많아질 것으로 보인다.

③ 노인과 자녀의 가치관

노인과 자녀의 독립성과 프라이버시의 존중, 합리성을 강조하는 방향으로 가치관이 일치하면 서로 별거를 원하게 될 것이고, 어느 한쪽이라도 독립성과 프라이버시 존중, 합리성 지향적일 경우도 별거를 원하는 경향으로 나타날 것이다. 여러 가지 조사에서도 밝혀지고 있는 바와 같이, 개인적인 가치관 때문에 노후에 자녀와 동거를 원치 않는 사람들이 점차 늘어나고 있는 것(표 9-6 참조)은 개인적인 가치관이 동거/별거의 선택에 큰 영향을 미치고 있는 것이 아닌가 생각된다. 또한 전통적인 경로효친(敬老孝親)의 가치관을 존중하는 가족일수록 동거를 자연스럽고 당연한 것으로 여길 가능성이 크다.

④ 노인과 자녀 간의 상호 교환적 이득

합리주의적 가치관이 점점 존중되고 있으므로 노인과 자녀가 동거하는 것이 서로 간에 이득이 된다고 생각되면 동거형을 택하게 될 것이다. 특히 오늘날의 핵가족 하에서는 주부가 취업이나 사회활동을 할 때 아동·청소년 자녀의 보호·감독이 제대로 이루어지지 않고 있다. 노인은 손자녀를 돌보고 자식들로부터는 정서적 지지와 의식주를 제공받게 되므로 서로 유용하게 여겨 동거를 원하는 경우가 많다. 이러한 현상은 특히 자녀의 결혼 초기에 맞벌이 부부 가족에서 많이 발견된다. 일본이 산업사회로서 서구와 같은 수준이지만 노인의 자녀와의 동거율이 현격히 높은 이유 중의 하나로 노인과 자녀 간에 상호 교환적 이익을 들기도 한다(Morgan & Hirosima, 1983). 이와 같은 상호 교환적 이득은 노인가족과 핵가족의 기능상의 결함을 보충한다는 측면으로 볼 수 있으므로 동거/별거를 결정하는 상당히 유용한 요인이 될 수 있다.

⑤ 사회 서비스의 정도

핵가족과 노인가족의 기능적 결함을 보충해 줄 수 있는 비물질적인 사회 서비스(예: 방문요양 서비스, 주야간 보호 서비스, 단기보호 서비스, 방문간호 서비스 등)는 별거를 촉진하는 요인으로 작용하기도 하며 동거를 촉진하는 요인으로도 작용할 것이다. 가족의 부족한 기능을 사회 서비스가 보충해 줌으로써 별거를 타당화하고 동거의 이점을 상쇄시켜 별거를 촉진하는 요인이 되며, 동거에서도 부족한 기능을 보충해 주기 때문에 동거의 이점이 더욱 부각되어 동거를 촉진하는 요인이 될 수도 있다는 것이다.

⑥ 동거에 관한 사회정책적 유인(incentive)

단순히 사회적 가치관 유지나 윤리적 차원에서 부모와의 동거를 강조하는 것보다는 자녀가 노부모와 동거함으로써 실제로 정책적 혜택을 받을 수 있는 제도가 있다면(예: 노인부양수당, 세제감면, 주택분양 특혜 등) 동거의 선호도는 높아질 것이다.

동거/별거의 선택에는 적어도 이상의 여섯 가지 요인이 관련되어 있으므로 이러한 요인들의 상호 관련과 중요성 정도에 따라 각각 다양한 가족 유형이 선택될 수 있다.

4) 노인과 가족의 관계

2008년도 전국표본조사(보건복지가족부·계명대학교산학협력단, 2009)에 의하면 우리나라 노인들은 2008년 현재 64% 정도가 배우자와 같이 살고 있고, 생존 자녀 수는 평균 4명, 생존 손자녀 수는 평균 6.8명, 생존 형제자매 수는 평균 2.8명, 친한 친구 수는 평균 3.8명이다. 여기서는 가족관계 중에 부부관계, 부모-자녀 관계, 조부모-손자녀 관계, 노인-형제자매 관계, 근린(이웃)·친구와의 관계를 살펴보기로 하겠다.

(1) 부부관계

부부는 결혼하여 가족을 형성하면서 일생을 통하여 가장 오랫동안 함께 살아온 사람들이다. 배우자는 가장 친한 친구, 도움 제공자, 대화 상대, 정서적 지지자로서 일생에서 가장 중요한 파트너다. 노년기에 들어서 배우자가 사망하면 형성된 가족이 소멸되고 부부관계도 종결된다. 2005년 인구조사에서 나타난 65세 이상의 결혼관계를 보면 표 9-9와 같이 남자의 경우는 85% 정도가 배우자가 생존해 있는 반면에 여자의 경우는 36% 정도만이 배우자가 생존해 있다. 연령이 높아질수록 배우자 생존율은 낮아지고 남자보다는 여자의 배우자 생존율이 훨씬 낮아진다. 이와 같이 남녀 간의 배우자 생존율이 큰 차이를 보이는 것은 남자의 평균수명이 여자보다 5~6세 정도 짧기 때문이다.

표 9-9. 65세 이상 노인의 결혼관계 (단위 : 천 명)

구분	남	비율(%)	여	비율(%)	전체	비율(%)
유배우자	1,476	85.0	943	35.9	2,419	55.5
사별	231	13.3	1,644	62.6	1,875	42.9
이혼	22	1.3	27	1.0	49	1.1
미혼	8	0.4	14	0.5	22	0.5
계	1,737	100.0	2,628	100.0	4,365	100.0

출처 : 통계청(2006), 2005년 인구주택총조사보고서(전수조사결과).

평균수명의 연장과 자녀양육기간의 단축으로 자녀가 성장하거나 독립하여 부모를 떠난 후 부부가 같이 생활하는 기간이 점차 길어지고 있다. 특히 자녀가 다 떠나고 부부만 남게 되는 경우 부부가 같이 하는 일이 더욱 많아지고 이로 인하여 결혼생활의 만족도도 높아질 수 있다. 정년 퇴직자를 대상으로 한 조사에 의하면 배우자만 있는 경우가 자녀들과 있는 경우보다 부부 간에 더 가까움을 느낀다고 했다(하상락·김성이, 1986).

노년기에 결혼생활 만족도가 더 높아지는지 또는 낮아지는지에 대해서는 현재까지 연구로서는 확실한 결론을 내리기는 어렵다. 더구나 대부분의 연구가 횡단적 연구(cross-sectional study)로 이루어진 것이기 때문에 어떤 결론을 내리기가 힘들다고 본다. 가족생활주기를 통하여 결혼생활 만족도가 ① 계속 낮아지는 경향, ② 처음에는 높다가 낮아져서 다시 높아지는 U자형의 경향, ③ 무변화 또는 높아지는 경향 등 서로 엇갈리는 결론이 나오고 있다(Ade-Ridder & Brubaker, 1983). 그러나 이 가운데서 결혼생활 만족도가 U자형으로 변한다는 결론을 내린 연구가 훨씬 많다(Atchley & Barusch, 2004). 결혼생활 만족도가 U자형으로 변화된다는 것은 결혼 초기에는 높다가, 자녀를 출산하여 양육하고 자녀문제 등으로 고민과 갈등을 일으키는 동안 결혼생활 만족도가 낮아졌다가, 자녀들이 성장한 후에 다시 부부가 같이 있는 시간이 많아지고 같이 활동을 하게 됨에 따라 결혼생활 만족도가 높아진다는 것이다. 이러한 연구는 단순히 젊은 연령층으로부터 노년층에 이르는 사람들을 동시에 조사한 횡단적 조사의 결과이므로, 앞으로 종단적 조사(longitudinal study)를 통해 재검토되어야 할 것이다.

아직까지는 노년기의 결혼생활에 관한 체계적인 국내 연구를 찾아보기는 어렵다. 그러나 노년기의 결혼생활을 간접적으로 볼 수 있는 연구 하나가 있는데, 퇴직자 460명을 대상으로 조사한 연구(하상락·김성이, 1986)에 의하면 퇴직 후 부부관계가 더 가깝게 느껴진다고 생각하는 사람들이 전체 응답자의 57.2%, 모르겠다가 21.1%, 아니라고 응답한 사람이 16.7%, 무응답이 5.0%로 나타났다. 이는 노년기 결혼생활의 만족도가 향상되고 있음을 간접적으로 시사하는 것이 아닌가 생각된다.

외국의 연구에 의하면 노년기 결혼생활에 영향을 미치는 요인은 노년기 이전의 결혼생활, 부부 간의 평등성과 역할분담의 융통성, 퇴직으로 인한 역할 변화(Atchley & Barusch, 2004), 퇴직자의 자아상에 대한 배우자의 지지 정도(Ade-Ridder & Brubaker, 1983), 배우자의 개인 생활주기상 전이에 따른 문제해결능력, 사회경제적 지위 등이다(Giordano

& Beckham, 1985).

행복한 결혼을 하고 중년기까지 결혼생활이 만족스러웠던 부부는 노년기에도 만족스러운 결혼생활을 하게 되는 경향이 있다. 부부 간의 상호 적응 및 생활 패턴은 오랫동안에 형성되어 온 것이므로 중년기까지 만족스러웠던 관계는 노년기에도 계속적으로 유지되어 더욱 향상될 수 있다. 반면에 그렇지 못한 경우 노년기에 와서 새로운 적응 패턴을 발전시키고 생활양식을 바꿔야 하는데, 이러한 새로운 변화는 쉽지 않기 때문에 노년기에 결혼생활 만족도는 향상되기 어렵다.

부부 간의 평등성은 역할분담을 융통성 있게 만든다. 노년기의 주된 생활장소가 가정으로 바뀜에 따라 가정일에 관여가 많아지므로 성역할에 얽매이지 않고 남녀 간에 융통성 있게 집안일을 분담하고 공동으로 수행하면 부부관계는 더욱더 향상될 수 있다. 노년기에는 부부 간에 역할의 한계를 설정해야 할 부분도 있지만 그 외에는 역할의 한계를 허물고 융통성을 최대한 발휘하여 변화가 요청되는 새로운 역할을 배우고 적응하는 것이 대단히 중요하다(Hooyman & Kiyak, 2008).

퇴직하기 전에는 남성은 생계 유지자로서의 수단적 역할(instrumental role)을 주로 하고 여성은 가정에서 자녀와 남편에게 부드럽고 애정적인 표현적 역할(expressive role)을 주로 담당해 왔다. 그러나 퇴직을 하게 되면 남편의 수단적 역할의 정도와 중요성이 줄어들고 가정에서 사랑과 애정을 보이고 동반자적인 태도를 취하는 표현적 역할에 많이 관여하게 되므로 결혼생활의 만족도가 높아지게 된다는 것이다.

퇴직자가 스스로 규정하는 자아개념(self-concept)이 배우자에 의해서 어느 정도 지지되는가에 따라 노년기의 결혼생활 만족도가 크게 달라진다. 퇴직은 일반적으로 자아개념에 대한 지지를 받을 수 있는 사회적 기반을 상실하게 만들기 때문에 가족 내의 배우자와 자녀들은 퇴직자의 자아개념을 확인하고 지지해 줄 수 있는 주요 기반이 된다. 퇴직자가 긍정적인 자아개념을 가지고 있고 이것이 배우자에 의해서 확인되고 지지를 받으면 결혼생활 만족도는 향상된다. 또한 퇴직자의 자아개념이 긍정적이지만 이것이 가족 외의 다른 사람에 의해서 지지를 받지 못하고 배우자로부터만 지지를 받는 경우도 결혼생활 만족도가 향상될 수 있다. 퇴직자가 때로는 부정적인 자아개념을 형성할 수 있는데, 부정적인 자아개념을 긍정적인 것으로 바꿀 수 있도록 배우자가 긍정적인 면을 확인시켜 주는 것이 필요하다. 특히 퇴직으로 인해 배우자와 같이 있는 시간이 증가하

퇴직남편재가증후군(retired husband syndrome)

- 퇴직남편재가증후군은 남편은 밖에 나가 돈벌이를 하고 부인은 가정에서 살림을 하여 같이 있을 시간이 별로 없다가 퇴직한 후 남편이 주로 집에만 있으면서 아내에게 일일이 요청하는 것이 많아져, 아내가 심리적 압박감을 갖게 되는 데서 생겨난 말이다.
- 1991년 일본인 의사 노부오 구로카와가 처음 만들어 낸 말로 알려져 있는데, 일본어로는 주인재택스트레스증후군(主人在宅ストレス症候群)이라고 한다.
- 우리나라에도 남편은 생계유지자로서 아내는 가사 관리자로서 역할관계를 형성하고 있으므로 일본과 마찬가지로 퇴직남편재가증후군이 나타날 수 있을 것으로 보인다.

고 개인적 생활시간이 줄어들어 문제가 될 수도 있지만, 부부가 더 많은 시간을 함께 함으로써 부부관계를 증진하고 결혼생활 만족도를 높일 수도 있다(Hooyman & Kiyak, 2008).

생활주기상 청소년기에서 청년기로, 청년기에서 중년기로의 전이 과정에서 나타나는 문제점을 잘 해결하지 못하고 어려움을 겪었던 사람들은 중년기에서 노년기로의 전이 과정에서도 어려움을 겪는 경향이 있다(Giordano & Beckham, 1985). 이러한 전이 과정에서 문제해결능력의 부족은 전반적으로 노년기의 적응을 어렵게 만들고, 특히 결혼생활의 어려움을 초래한다.

사회경제적 지위, 특히 경제적 사정이 좋을수록 결혼생활 만족도가 높아지는 경향이 있다. 경제적인 여유는 물질적인 만족감을 주고 부부의 여가활동을 더욱 증진시키며, 자녀와의 관계에서도 독립심과 자존심을 유지할 수 있게 하므로 결국은 결혼생활 만족도를 높여 줄 것으로 본다.

우리나라 전통가족에서는 부부관계보다는 부자관계가 중요시되었지만 실질적인 면에서는 부부관계의 중요성이 크게 인정되고 있었다. "열두 효자가 악처만 못하다", "이 복 저 복 해도 처복이 제일이다", "이 방 저 방 해도 서방이 제일이다"라는 속담이 가리키듯이 부부는 서로가 서로에게 중요한 존재였다. 그러나 당시의 부부관계는 평등한 관계가 아니라 수직적인 관계로서, 남편은 처를 통제하고 처는 남편의 통제에 복종하는 것이 이상적인 부부관계로 인식되었다. 그리고 남편은 가정을 대표하여 대외적인 일을 하고 부인은 주로 가사를 담당하는 성역할이 분명하였다. 이러한 부부관계는 지난 40~50년간 민주주의 제도의 시행, 교육의 대중화, 여성의 취업 등의 영향으로 현대가족에서는 성역할의 엄격성에서 벗어나 역할의 융통성도 크게 증가하고 있다. 앞에서 언급한 바와 같이 부부 간의 평등과 역할분담의 융통성이 결혼생활 만족도를 향상시킬 수 있듯이 우리 사회에서도 앞으로 노인세대에게는 이러한 요인이 결혼생활 만족도에 영향을 미치는 요인으로 중요성이 점점 더해 갈 것으로 예상된다.

흔히들 성적 관심을 보이고 성관계를 가지며 즐기는 것은 젊은이들에게나 적합한 것이고 노인에게는 바람직하지 못하다고 생각한다. 그러나 노인에게 성관계도 부부관계의 한 중요한 면이 된다. 성적 관심과 성행위는 노년기에도 계속되며 80이 넘어서까지도 계속된다. 다만 노년기에는 생리적인 변화에 따라 성적 관심의 표현과 성행위의 조정이 필요할 뿐이다. 이러한 생리적 변화와 이에 따른 성적인 적응을 잘하지 못하면 노년기에 성 문제가 발생할 수도 있다. 노년기에 남자는 성기의 발기가 늦어지고, 사정량(射精量)이 적어지고 사정하는 힘이 약해지며, 여자는 자극에 대한 성기의 반응이 늦어지고 극치(orgasm)의 강도가 약해지며 흥분된 상태에서 옥문의 윤활화가 약해진다(Cleveland, 1976). 이런 생리적 변화를 잘 이해하고 부부 간에 성관계를 적절히 조정하는 것은 노년기에 만족스런 성생활을 유지하는 방법이 될 것이다. 노년기의 성관계에 관해서는 이 책의 제20장 '노인과 성'에서 보다 상세히 다루기로 한다.

결혼생활의 불만과 갈등은 노년기에 이혼으로 연결되기도 한다. 노년기 이혼율은 젊은 층에 비해서는 크게 낮지만 점차 증가하는 추세다. 선진 외국에서는 물론 우리나라에서도 이혼은 사회적으로 받아들여지고 있으며, 여성의 경제적 활동이 증가하고 분할연금(배우자와의 연금 수급액 중 배우자와의 결혼기간을 계산하여 이혼한 배우자가 분할 수급함)이 법제화된 것과 관련하여 노년기 이혼('황혼이혼'이라 부르기도 함)이 크게 증가하는 추세다. 1997년부터 10년간 노인의 이혼 건수는 남자 기준으로는 4.2배, 여자 기준으로는 5.8배나 증가하였다(표 9-10 참조). 이러한 경향으로 미루어 보면 향후 노인세대의 이혼율은 더욱 크게 증가할 것으로 예상된다.

노년기에서 재혼은 우리 사회에서도 노인들의 주요 관심사로 부각되고 있다. 표 9-10에서 보듯이 1997년부터 10년간 노인의 재혼 건수도 점차 증가하고 있다. 남자 노인의 경우는 2.3배 정도 증가했고, 여자 노인의 경우는 3.7배 정도 증가했다.

표 9-10. 노인의 이혼 및 재혼 건수 (단위 : 건, %)

구분	남					여				
	1997	2000	2005	2006	2007	1997	2000	2005	2006	2007
이혼 건수	91,159	119,982	128,468	125,032	124,590	91,159	111,982	128,486	125,032	124,590
65세 이상	869	1,354	2,612	3,087	3,622	245	430	922	1,251	1,427
비율(%)	1.0	1.1	2.0	2.5	2.9	0.3	0.4	0.7	1.0	1.1
재혼 건수	41,347	43,617	59,772	55,688	57,282	43,735	48,324	66,666	59,751	61,964
65세 이상	885	1,002	1,573	1,761	2,004	163	209	414	509	610
비율(%)	2.1	2.3	2.6	3.2	3.5	0.4	0.4	0.6	0.9	1.0

출처: 통계청(각 연도), 인구동태통계.

표 9-11. 재혼에 대한 의사와 이유 (단위: 명)

구분	이유	남	비율(%)	여	비율(%)	전체	비율(%)
재혼 원함	외로움을 달래기 위해서	10	38.5	13	15.5	23	21.0
	몸시중을 들어주니까	4	15.4	0	0.0	4	3.6
	경제적으로 보탬이 되니까	0	0.0	1	1.2	1	0.9
	성적 만족을 위해서	2	7.7	2	2.4	4	3.6
	기타	0	0.0	3	3.6	3	2.7
재혼 원치 않음	체면 때문에	5	19.2	11	13.1	16	14.6
	가족의 이해가 없어서	2	7.7	3	3.6	5	4.5
	시중드는 것이 귀찮다	0	0.0	27	32.0	27	24.6
	몸이 말을 듣지 않아서	2	7.7	11	13.1	13	11.8
	의사로부터 금지되어 있다	0	0.0	0	0.0	0	0.0
	경제적 이유 때문에	1	3.8	0	0.0	1	0.9
	기타	0	0.0	13	15.5	13	11.8
합계		26	100.0	84	100.0	110	100.0

출처: 이윤숙(1983), 노인과 성.

배우자가 없는 노인 110명을 조사한 이윤숙(1983)의 연구에 의하면 남자 응답자의 61.6%, 여자 응답자의 22.7%가 재혼을 원하고 있었다(표 9-11 참조). "효부는 시부(媤父)에게 과부를 짝지어 드린다", "제 아무리 효자라도 악처보다 나은 것 없다" 등의 우리 속담은 노년기에 있어서 배우자의 중요성과 재혼의 필요성을 보여 주는 말이다.

재혼을 원하는 이유에는 ① 생의 동반자를 얻고 싶은 것(외롭지 않게 되기 위함), ② 애정적인 관계를 유지하고 싶은 것, ③ 자기에게 관심을 갖는 사람을 갖고 싶은 것, ④ 건강이 좋지 않을 때 돌보아 줄 사람이 필요한 것, ⑤ 성관계를 갖고 싶은 것 등이 있다(Atchley & Barusch, 2004; 이윤숙, 1983). 위에서 말한 이윤숙의 조사에서 재혼을 원하는 이유로서 남자의 경우는 '외로움을 달래기 위해서'(38.5%), '몸시중을 위해서'(15.4%), '성적 만족을 위해서'(7.7%)가 주된 이유였고, 여자의 경우는 '외로움을 달래기 위해서'(15.5%)라는 응답이 가장 많았고 '성적인 만족을 위해서'라는 응답은 2.4%밖에 되지 않았다(표 9-11 참조).

노인의 재혼에 제약이 되는 조건은 ① 체면, ② 가족들의 부정적인 태도, ③ 친구들의 부정적인 태도, ④ 재산상속 문제, ⑤ 재혼 후 예상되는 경제적인 어려움 등으로 나타났다(Atchley & Barusch, 2004; 이윤숙, 1983). 우리나라에서는 표 9-11에서 보는 바와 같이 재혼을 원치 않는 이유로 남성의 경우는 체면(19.2%)과 가족의 이해부족(7.7%)이 많고, 여성의 경우는 시중드는 것이 귀찮은 것(32.0%)과 체면(13.1%)이 높게 나타났다.

노년기에 재혼은 배우자를 상실한 노인이 노년기에 잘 적응하여 만족스런 삶을 살 수 있는 하나의 조건이 될 수 있다는 면에서 이해되어야 하고, 노혼에 대한 부정적 태도나 경시하는 태도는 지양해야 할 것이다.

(2) 부모-자녀 관계

노년기에 대부분의 노인에게는 자녀가 그들의 가장 큰 관심사가 되고 있다. 즉 부모와 자녀의 관계는 노년기 사회적 관계의 중심이 된다고 볼 수 있다. 특히 우리 사회는 전통적으로 가족관계에서 부자관계를 가장 중시해 왔고 자녀를 양육하고 교육시키고 결혼·독립시키기 위해 부모의 모든 것을 희생할 정도로 자녀에게 강한 애착을 갖고 있다. 그러므로 우리 사회에서 부모-자녀 관계는 많은 의미가 있으며 가족문제와 노인문제가 여기에 관련되어 있다. 부모-자녀 관계를 동거/별거, 상호 원조와 부양, 관계의 질 측면에서 살펴보기로 하겠다.

① 동거/별거 측면

2007년 현재 전체 노인의 약 38%만 자녀와 동거하고 있고 62%는 별거하고 있는 것으로 나타났다(표 9-5 참조). 앞으로 노인의 자녀와 동거/별거의 형태는 앞에서 언급했듯이 주로 노인의 건강상태, 경제적 사정, 노인과 자녀의 가치관, 노인과 자녀 간의 상호 교환적 이득, 사회 서비스의 제공 정도, 동거에 대한 가족정책적 유인에 따라 결정 또는 선택될 것이다. 따라서 가족정책적으로 노인과 부모의 동거에 실질적인 혜택(예: 주택분양 우선권, 각종 세제 감면, 노인가족수당 등)이 주어지지 않는 한 일반적으로 부모와 자녀의 동거율은 계속 줄어들 것으로 예상된다. 노인이 자녀와 동거하는 것이 좋으냐, 별거하는 것이 좋으냐는 선택의 문제이지 경로효친의 가치나 윤리의 문제로 보는 것은 바람직하지 못하다. 동거와 별거는 각각 장단점이 있으므로 위에서 언급한 여섯 가지의 변수를 종합적으로 고려하여 선택할 문제다.

동거나 별거를 원하는 이유를 조사한 결과를 보면 다음과 같다(정경희 외, 2005). 자녀와 별거하는 이유를 보면 ① 거주지 문제(노인의 의지와 상관없이 지역적으로 멀리 떨어져 살아왔음: 40.0%), ② 사생활/사회생활 제한(23.3%), ③ 생활양식 차이(10.7%), ④ 미혼자녀 동거(6.8%), ⑤ 경제적 부담(4.7%), ⑥ 건강하기 때문(3.3%) 순으로 높은 응답 비율을 보였다. 1976년 현두일의 연구에서는 별거 이유로 ① 자식들이 불편해 하니까(37.5%), ② 서로 불편해서 불화하기 쉬우므로(35.0%), ③ 노인 자신이 불편해서(25.0%), ④ 생업상 사정 때문에(25.0%), ⑤ 주택 사정 때문에(5.0%) 순으로 많았다. 거의 30년 전의 조사와 비교해도 거주지 문제를 제외하고 별거 이유로 독립과 사생활 자유가 가장 두드러진 것으로 나타났다. 특히 과거에는 자녀가 불편해 하는 것이 주요 별거 사유 중의 하나였는데 요즘에는 자녀뿐만 아니라 노인들 자신이 불편해하기 때문에 별거하는 경향을 보이고 있다.

정경희 등(2005)의 조사에서 자녀와 동거하고 있는 노인의 동거 이유는 ① 자녀와 사는 것이 당연함(30.2%), ② 경제적 능력 부족(20.4%), ③ 가사/양육의 도움 제공(20.4%), ④ 자녀에게 경제적 도움 제공(9.0%), ⑤ 건강문제(7.4%) 순이었다. 1976년 현두일의 조사연구에서는 ① 생계비 사정 때문에(50.5%), ② 적적해서(46.8%), ③ 몸시중을 받기 위해(27.3%), ④ 가사를 돕기 위해(20.0%), ⑤ 주택 사정 때문에(10.5%), ⑥ 생업상 필요 때문에(10.5%)로 나타났는데 약 30년의 격차를 둔 조사 결과이지만 두 조사 모두에서 경제적 사정이 중요한 이유가 되고 있음을 알 수 있다. 이는 경제적 여유만 있다면 별거할 의사가 많음을 시사하는 것으로 볼 수 있다. 또한 두 조사에서 모두 경제적으로 도움을 주고받기 위해서와 건강상의 이유도 상당히 있음을 알 수 있다.

표 9-12. 노인과 별거 자녀의 주거지 거리 (단위 : %)

걸어서 10분 미만	걸어서 10~30분	차로 1시간 미만	차로 1~2시간	차로 2~3시간	차로 3시간 이상	해외 거주
9.9	9.7	40.6	17.7	7.2	14.0	0.9

출처: 정경희 외(2005), 2004년도 전국노인생활실태 및 복지욕구조사.

우리나라의 노인들이 자녀와 별거하는 경우 실제로 자녀와 어느 정도의 거리에 살고 있는지를 조사한 연구에 의하면(정경희 외, 2005), 표 9-12에서와 같이 1시간 이내가 60.2%로 가장 많고, 1~2시간이 17.7%, 2~3시간이 7.2%, 3시간 이상이 14.9% 순으로 나타났다. 우리나라의 경우는 자녀와 아주 가까운 거리(예: 걸어서 또는 차로 10분 이내의 거리)에 사는 경우는 외국에 비해서 적은 편이다. 외국의 경우를 보면 대부분의 노인들은 자녀와 가까운 거리에 따로 살고 있다(Shanas, 1979).

자녀와 별거하는 경우 얼마나 자주 접촉을 가지는가는 일반적으로 별거하는 거리와 관계가 있는데 거리가 멀수록 방문하거나 전화하는 횟수가 줄어들고 있다(Adams, 1983; 정경희 외, 2005). 외국의 경우 Shanas와 Maddox(1976)의 연구에 의하면, 노인의 62%가 지난 24시간 이내에 자녀 등을 만났고 75%가 지난 일주일 동안에 자기 자녀를 만났다고 응답했다. 정경희 등의 연구(2005)에 의하면 자녀와의 접촉 횟수가 주 1회 이상이 41.1%, 월 1~2회가 36.2%, 3개월에 1회 정도 16.6%, 1년에 1~2회 정도가 5.1%로 나타났다. 연락하는 정도는 접촉 빈도보다 훨씬 높게 나타났다.

자녀와의 동거가 노인의 생활만족도에 어떤 영향을 미치는가를 검토해 보면 서구사회, 특히 미국의 경우 노인의 생활만족도에 영향을 거의 미치지 않거나 부정적인 영향을 미치는 경우가 많다(Adams, 1971; Larson, 1978). 그리고 자녀들이 독립한 후에 오히려 노인의 생활만족도가 더 높아진 경우도 많았다(Glenn & McLanahan, 1981).

우리나라의 경우 김종숙(1987)의 연구에 의하면 동거/별거는 생활만족도에 영향을 미치지 않는 것으로 나타났다. 김태현(1981)의 연구와 최성재(1984)의 연구도 자녀와의 동거 여부가 노인의 생활만족도에 영향을 미치지 않음을 간접적으로 시사해 주고 있다. 김태현에 의하면 정서적 부양에 대한 노인의 만족도는 노인의 동거가족 형태에 따라 차이가 없었으며, 최성재의 연구에서도 노인의 가족에로의 사회적 통합은 노인의 가족 형

표 9-13. 독거노인의 증가 추이 (단위: 천 명, %)

구분	2007	2008	2009	2010	2019
전체 노인 수	4,810	5,016	5,193	5,357	7,693
독거노인 수	883	931	976	1,021	1,471
전체 노인 중 독거노인 비율	18.4	18.6	18.8	19.1	19.1

출처: 통계청(2019), 추계인구·가구자료.

태에 따라 차이가 없었다. 사실상 동거/별거라는 물리적 접촉 빈도보다는 접촉에 의한 관계의 질이 더 중요하기 때문에 물리적인 동거 여부는 노인의 생활만족도를 향상시키는 요인이 되지는 못하는 것 같다.

2000년 이후 독거노인의 수가 급속하게 늘어나는 현상을 보이고 있다. 노인이 독거하는 원인으로는 주로 자녀와의 별거와 배우자의 사망을 들 수 있다. 특히 노인과 자녀의 별거율이 증가함에 따라 독거노인 수도 크게 늘고 있다. 표 9-13에서 보는 바와 같이 독거노인 수는 2007년 88만 3,000명에서 2019년에는 약 150만 명에 이르렀으며 앞으로도 계속 증가할 것으로 예측된다. 독거노인은 자녀가 없는 경우와 친척도 없는 경우가 많고 자녀·형제자매·친구·이웃과의 접촉 빈도도 일반 노인에 비하여 낮은 것으로 나타났다(정경희 외, 2005; 권중돈, 2008).

② 상호 원조와 부양 측면

노년기에 부모와 자녀의 관계는 자녀가 부모에게 일방적으로 원조하는 것이 아니라 상호 도움을 주고받는 경우가 많고 부모가 자녀에게 일방적으로 원조를 제공하는 경우도 있다. 원조의 내용은 정서적 원조, 서비스 원조 또는 경제적 원조일 수도 있으며(Bromberg, 1983), 부모세대와 자녀세대의 성별, 배우자 유무, 사회경제적 지위, 건강상태, 생활주기상의 시기 등에 따라 원조의 형태가 달라진다(Giordano & Beckham, 1985).

저소득층의 경우는 주로 자녀가 부모에게 일방적으로 경제적 원조를 제공하는 경우가 많지만, 중산층 이상인 경우는 오히려 부모가 자녀에게 경제적 원조를 제공하는 경우가 많다. 또한 경제적 원조는 노년기 초기에는 부모 → 자녀 형태가 많고 노년기 중반 이후에는 자녀 → 부모 형태가 많다. 정서적 지지는 노년기 초기에는 자녀와 부모가 서

표 9-14. 원조 내용에 따른 세대 간의 원조 형태 (단위 : %)

구분	경제적 원조		정서적 만족		가사 관리		아동 양육·보호		병간호	
	줌	받음	줌	받음	줌	받음	줌	받음	줌	받음
조부모	26	34	23	42	21	52	16	0	32	61
부모	40	17	47	37	47	23	50	23	21	21
기혼자녀	34	49	31	21	33	25	34	78	47	18
계	100	100	100	100	100	100	100	100	100	100

출처: Hill, R. (1965), Decision making and the family life cycle.

로 주고받는 형태가 많지만, 노년기 후반에는 자녀가 부모에게 정서적 지지를 제공하는 경향이 있다. 맞벌이 자녀 부부가 부모와 동거하는 경우 자녀 ↔ 부모의 상호 원조적 형태가 되는 경우가 많은데, 예를 들면 맞벌이 자녀들은 부모에게 정서적 지지와 경제적 도움을 주고 부모로부터 자녀의 보호·양육 및 이와 관련된 경제적 도움을 받는 것이다(Morgan & Hirosima, 1983).

원조의 내용에 따라 부모와 자녀 간 원조 형태가 어떻게 다른가에 대한 미국의 한 연구의 결과를 소개하면 표 9-14와 같다. 표에서 보면 조부모의 경우는 아동의 양육과 보호를 제외한 분야에서는 주는 것보다 받는 것이 많았고, 중간층인 부모의 경우는 병간호를 제외한 모든 분야에서 주로 주는 편이다. 기혼자녀의 경우는 정서적 만족, 가사 관리 및 병간호 분야에서 주는 것이 많았으며 경제적 원조와 아동 양육·보호 분야에서는 받는 것이 더 많았다. 상호 교환적 형태는 사회경제적 조건에 따라 다른 형태를 보일 수 있다는 것임에 유의해야 한다. 그러나 이 예는 부모-자녀 간이나 가족 내 세대 간의 원조는 일방적이기보다는 오히려 상호 쌍방적인 것임을 나타내는 것이라는 면에서 그 의미를 부여해야 할 것이다.

우리나라의 부모와 성인자녀 간에도 역시 도움을 주고받는 것이 일반적이며 도움의 종류에 따라 주는 정도와 받는 정도가 다른 것으로 나타났다. 그러나 도움의 종류별로 보면 대체로 경제적 도움의 경우는 노인이 주는 것보다 받는 것이 훨씬 많고, 신체적 활동 도움은 노인이 받는 경우가 많지만 구체적인 것에 따라 노인이 주는 것이 많은 경우도 있으며, 정서적 도움의 경우는 서로 주고받는 정도가 상당히 많고 차이도 그리 크지 않다(정경희 외, 2005; 정병은, 2007; 김진, 2008). 정경희 등의 연구(2005)에서 부모와 자녀

표 9-15. 노부모가 자녀와 도움을 주고받는 경우 (단위 : %)

구분	경제적 지원	간병 수발	손자녀 돌보기	청소, 세탁, 조리	시장보기	교통편의	걱정/ 문제점 청취
도움 줌	21.7	11.2	18.2	51.7	39.1	6.9	59.2
도움 받음	78.1	25.1	1.0	75.7	71.6	41.4	76.1

출처: 정경희 외(2005), 2004년 전국노인생활실태 및 복지욕구조사.

표 9-16. 가족의 원조(부양) 내용에 따른 노인의 만족도

구분	경제적 부양	정서적 부양	서비스 부양
성별	차이 없음	남 〉 여	남 〉 여
연령	연령 ↑ – 만족도 ↓	연령 ↑ – 만족도 ↓	연령 ↑ – 만족도 ↑
거주지역(도시 · 농촌)	도시 〉 농촌	농촌 〉 도시	농촌 〉 도시
생활 정도	생활 정도 ↑ – 만족도 ↑	중류층이 높음	중류층이 높음
교육 정도	교육 정도 ↑ – 만족도 ↑	중졸 정도가 높음	중졸 정도가 높음
동거 형태	차이 없음	차이 없음	동거 〉 별거
노인 자신의 수입 유무	차이 없음	유 〉 무	유 〈 무
경제적 자립 여부	차이 없음	자립 〉 의존	자립 〉 의존
배우자 동거 여부	차이 없음	동거 〉 별거	동거 〉 별거

출처: 김태현(1981), 한국에 있어서의 노인부양에 관한 연구, p. 92의 〈표 4-106〉을 수정한 것임.

간에 도움을 주고받은 적이 있는 경우를 비교한 것을 보면 표 9-15와 같다.

김태현(1981)은 원조의 형태를 경제적 부양, 정서적 부양, 서비스 부양으로 나누어 노인이 가족으로부터 받는 부양에 어느 정도 만족하고 있는지를 검토하였는데 그 결과는 표 9-16과 같다.

노년기에 자녀와 부모의 관계는 부모가 자녀로부터 받기만 하는 의존적인 관계만이 아니라 호혜적 관계인 경우가 많다. 그러므로 노년기의 부모-자녀 관계를 교환론적 입장에서 이해하는 것은 부모가 과거에 투자한 것에 대한 보상일 수도 있고, 부모가 현재 무엇인가를 주고 있는 것에 대한 보상일 수도 있다. 부모의 입장에서 과거 자신들이 투자한 것에 대한 보상으로 자녀로부터 일방적인 원조를 받는 것보다는 현재 자녀를 위해 무엇인가를 해 줄 수 있다는 것을 자각해서 교환적 입장에서 부모-자녀 관계를 갖는 것이 더 바람직할 것이다(최신덕, 1983; Boyd, 1982).

父慈子孝의 고전적 근거

- 효도(孝道)란 자녀가 부모에게 해야 하는 도리와 행위로 생각되지만 여기에는 자녀에 대한 부모의 사랑은 당연한 것으로 여기는 것이 전제되어 있다.
- 『대학(大學)』(傳第三章)에서 남의 아들이 되려면 효(孝)에 머무르고 남의 아비가 되려면 자(慈)에 머물러야 함을 말하고 있고(爲人子止於孝 爲人父止於慈), 『소학(小學)』(稽古)에서도 여섯 가지 순리(順理) 중 두 가지는 아버지는 자애하고 아들은 효도할 것(父慈子孝)을 말하고 있다.
- 이 외에도 이를 뒷받침하는 여러 가지 유교적 윤리나 사상이 있는데, 이 같은 고전의 의미를 생각해 보면 아버지는 자애하고(父慈) 자녀는 그 아버지의 자애에 보답하는 도리로서 효도하는 것(子孝)이 마땅하다고 할 수 있다. 그런 의미에서 효의 윤리나 가치관도 부모와 자녀 간의 호혜적 관계로 볼 수 있다.

위에서 본 부모-자녀 관계에서 원조의 내용을 경제적 원조, 가족 간의 유대감, 대화 등을 포함하는 심리적·감정적 지지의 정서적 원조, 여러 가지의 수발을 포함한 서비스 원조로 나누어 볼 수 있다. 우리나라의 전통적인 가치관인 효는 봉양(奉養)과 공경(恭敬)이 자녀 → 부모로 일방적으로 주어지는 것인데(김한초·한남제·최성재·유인희, 1986), 이는 다시 말해서 자녀가 부모에게 경제적 원조, 정서적 원조, 서비스 원조를 일방적으로 제공하는 것이라고 할 수 있다. 부모에 대한 자녀의 원조나 지원이 효(孝)라면 자녀에 대한 부모의 원조는 자(慈)였다. 자(慈)는 양육을 포함하는 애(愛)가 부모로부터 자녀에게로 주어지는 것인데(김한초·한남제·최성재·유인희, 1986), 이는 부모가 위의 세 가지 원조를 자녀에게 제공하는 것으로 볼 수 있다. 공경(恭敬)이 따르지 않는 봉양(奉養)은 효라고 할 수 없는데(論語), 공경을 포함하는 효도(孝道)는 일방적인 강요나 윤리적인 도리로서 생겨나는 것이 아니라 부모가 자녀에게 베푼 자애(慈愛)에 대한 반응이라고 볼 수 있다. 즉 부모가 자식에게 자애를 베풀면 자녀는 부모에게 효를 하게 된다는 부자자효(父慈子孝)라 할 수 있다(大學과 小學). 그러므로 효도 결국은 가족생활주기상의 긴 시간을 두고 형성된 상호 호혜적 원조나 지원으로 볼 수 있다.

③ 관계의 질 측면

부모와 자녀의 관계에서 가장 중요한 것은 관계의 질이라고 할 수 있다. 많은 연구에서 밝혀진 바에 의하면 가족관계의 질은 양적인 요인과 거의 관계가 없다는 것이다. 예를 들면 부모와 자녀 간의 주거의 근접성, 접촉의 빈도, 원조의 상호 교환 등은 실제로 관계의 질적인 면과 거의 관련이 없다는 것이다(Quinn, 1983). 따라서 부모와 자녀의 관계에서 노인의 심리적인 만족감은 양적인 변인보다는 질적인 변수에 의해서 영향을 받는다고 본다.

Quinn(1983)의 연구에 의하면 노인의 심리적 만족감은 ① 건강상태, ② 가족관계의 질, ③ 가족으로서의 도리에 대한 기대(filial expectation), ④ 결혼상태(배우자 유무), ⑤ 주거환경, ⑥ 가족원 외의 사람과의 접촉, ⑦ 경제적 사정 등에 의해서 영향을 받게 된다. 이 가운데 건강상태의 영향이 가장 큰데 건강상태가 좋을수록 노인의 심리적 만족도가 높아진다. 건강 다음으로 가장 큰 영향을 미치는 것은 가족관계의 질인데 가족관계의 질이 좋을수록 노인의 심리적 만족감이 높다.

가족관계의 질은 애정, 가치나 관심사의 일치성, 대화 등에 의해서 크게 좌우된다. 애정은 신뢰와 존경, 이해, 공평성으로 형성될 수 있는 것이므로 이는 오랜 시간 동안 발전되어 온 것이다. 따라서 지금까지의 부모-자녀 관계가 어떠했느냐가 현재의 부모-자녀 관계에 영향을 미친다는 것이다. 부모-자녀 관계의 질에 있어서 주요 변수로는 가치관이나 관심사의 일치성 및 대화와 관련된 것으로 세대차가 있다. 부모와 자녀가 세대차를 인식하는 정도에 따라 관심사의 일치성과 대화가 촉진될 수도 있고 저해될 수도 있다.

세대차는 두 가지 차원에서 생각해 볼 수 있다(Bengtson & Cutler, 1976). 한 차원은 노부모와 같은 연령 코호트(cohort)의 일반 사회인과 자녀들과 같은 연령 코호트의 일반 사회인과의 차이다. 이 두 코호트에 속하는 사람들은 생활주기상에서 성숙의 정도가 다르고 역사적·사회적으로 다른 사회화 과정을 통해서 성장했기 때문에 가치관이나 관심사나 사고방식이 달라짐에 따라서 세대차가 생기게 된다. 이를 가리켜 '코호트 간 세대차(cohort gap)'라고 한다. 다른 하나의 차원은 가족 내의 부모세대와 자녀세대 간의 세대차다. 이는 부모가 자녀를 양육하면서 자녀들에게 일정한 방향으로 기대하고 사회화시킨 가치관이나 신념, 사고방식이 자녀들에 의해서 수용되는 정도에 따라 차이를 보이게 되는 것이다. 이러한 가족 내에서의 세대 간의 차이를 '직계가족 내 세대차(lineage gap)'라 한다.

Bengtson(1971)의 연구에 의하면 ① 가족원들은 직계가족 내 세대 차보다는 연령 코호트 간 세대차를 크게 느끼고 있고, ② 직계가족 내 세대차의 경우 손자세대가 그 차이를 가장 크게 느끼고 조부모세대가 가장 적게 느낀다고 한다. 이리하여 노인들은 가족 외에서는 세대차를 크게 느끼지만 가족 내에서는 크게 못 느끼는 경우가 많다.

세대 간 이해관계 가설(intergenerational stake hypothesis)에 의하면 나이 많은 세대는 젊은 세대에게 그들의 가치를 고취하고 젊은 세대와의 관계 증진에 노력하는 데 관심이 많지만, 젊은 세대는 나이 많은 세대로부터의 독립과 자율을 더 중요하게 생각하고 세대 간의 유대 증진에는 관심이 낮다는 것이다(Bengtson & Kuypers, 1971). 이 가설은 코호트 간, 직계가족 내 세대차를 설명하는 이론으로 상당한 설명력이 있다고 생각된다.

이러한 세대차는 코호트 차이 때문에(제5장의 연령계층화 이론 참조) 불가피하게 나타나는 것이므로 이것이 일반사회에서 젊은 세대와 노인세대의 가치갈등 원인이 되고 가족 내에서도 자녀세대와 부모세대 간 갈등의 원인이 된다. 여기서 유의할 점은 다른 것(차이)을 옳지 않은 것(나쁜 것)으로 생각해서는 곤란하다는 점이다. 다른 것과 옳지 않은 것이 반드시 같은 것이 아니므로 노인세대와 젊은 세대는 이 점에 유의하여 다른 것을 이해하고 수용함으로써 세대차를 줄일 수 있어야 한다.

가족으로서의 도리나 의무에 대한 기대가 클수록 노인의 심리적 만족도는 낮아진다는 것은 유의할 점이다. 가족의 의무적인 관계는 진정한 존경이나 애정이 결여된 관계이므로 이를 통해서 심리적 만족도가 향상되기는 어렵다고 본다. 이러한 의무적인 관계는 접촉이나 원조를 형식적으로 만들고 이로 인한 양적인 변수는 질적인 관계를 향상시키지 못할 것이다. 이러한 자녀로서의 도리와 의무(filial responsibility)는 Blenkner(1965)가 말한 것처럼, 자녀로서의 도리의 성숙성(filial maturity)으로 발전하는 것이 바람직하며, 이렇게 성숙성으로 발전한 도리와 의무를 노인 측에서 기대할 때 노인의 심리적 만족도는 높아질 수 있을 것이다. 이는 우리 사회의 전통적인 가치관인 효(孝)와 자(慈)의 실천과 맥을 같이하는 것이라 본다. 즉 앞에서 언급한 바와 같이 효(孝)가 봉양(奉養)만을 강조하고 공경(恭敬)이 결여되면 효는 의무적인 차원으로 떨어져 결국은 부모-자녀 관계를 향상시키는 데 기여하지 못하고 오히려 그 관계를 형식적으로 만들 수 있다.

가족 간의 관계의 질은 가족원 간에 '가깝다/멀다'라고 느끼는 거리 지각에 의해서 어느 정도 파악될 수 있다. 김재은(1974)은 가족원 간에 느끼는 '가깝다/멀다'의 7점 척도에 나타난 점수를 의미공간 내의 직선거리로 표시하여 그림 9-4와 같이 나타내었다. 그

그림 9-4. 거리 지각에 따른 가족성원 간의 거리공간

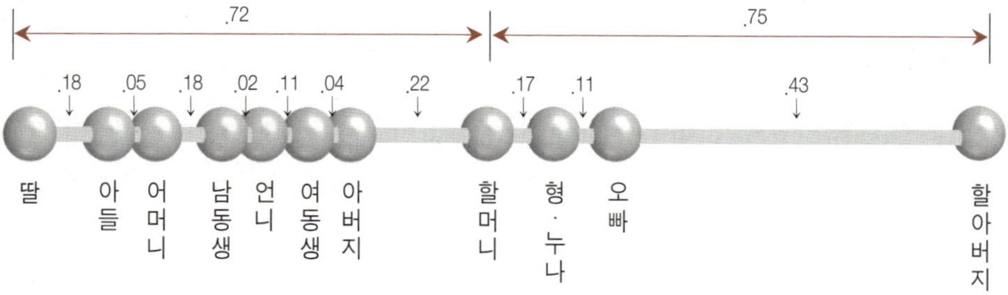

출처 : 김재은(1974), 한국가족의 심리.

그림 9-5. 가족성원 간의 상호 거리 도표

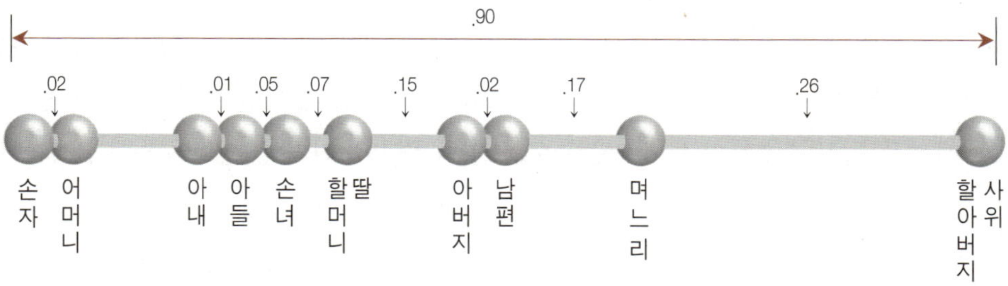

출처 : 윤진·조석미(1980), 가족구성원에 대한 노인의 심리적 거리.

림의 거리공간에서 보면 딸과 할아버지가 가장 먼 거리에 있고 할머니는 중간에 위치하고 할아버지가 따로 고립되어 있다. 할아버지가 특히 가족들로부터 멀게 느껴지는 것은 전통적 효의 가치 속에서 존경은 받지만 애정(사랑)은 약하게 느껴지는 때문일 수도 있다(Harrell, 1981). 이에 반하여 할머니가 비교적 가족들과 가까운 거리에 있는 것은 어머니로서의 표현적 역할 속에서 애정과 사랑을 보여 왔던 특성 때문일 수 있다. 딸이 멀리 느껴지는 것은 대부분 노인의 경우 딸은 출가외인으로 지각하기 때문일 것이다.

윤진·조석미(1980)가 '가깝다/멀다'의 7점 척도에 나타난 점수를 의미미분법(semantic differential)으로 계산하여 가족성원 상호 간의 거리를 직선상에 표시한 결과는 그림 9-5와 같다. 그림 9-5에서 보면 손자와 어머니가 가장 가까운 거리에 있고, 할머니는 대체적으로 중간 위치에 있으며, 할아버지와 사위가 가장 먼 거리에 있다. 어머니와 더불어

손자가 가장 가까운 거리로 느껴지는 것은 가계의 계승에 대한 기대와 역할, 남아선호 사상 등을 나타내는 것으로 볼 수 있다(윤진·조석미, 1980). 며느리가 멀리 떨어져 있는 것은 우리의 전통적인 고부관계의 미묘함과 혈연이 아닌 외부에서 들어온 가족구성원이라는 점이 크게 작용하는 것으로 볼 수 있다. 할아버지가 멀게 느껴지는 것은 앞의 김재은 연구에서와 같이 할아버지는 역시 효의 가치관 위에서 주로 존경과 권위의 대상으로 여겨지고 있기 때문일 것이다.

부모-자녀 관계의 질적인 면에서 나타나는 주요 문제나 갈등으로는 고부 간의 불화나 갈등, 부모의 간병에서 생기는 갈등, 부모의 기대에 대한 자녀 처우의 불만족 등이 있다. 고부간의 갈등은 전통사회에서는 며느리가 가족 내에서 가장 낮은 지위에서 시부모 봉양과 전 가족에 대한 봉사, 시집식의 음식과 살림살이, 가계를 이을 아들 출산 의무 등을 시어머니가 원하는 수준으로 수행할 수 없기 때문에 생기는 갈등이었다. 그러나 현대사회에서 고부간의 갈등은 가치적 갈등이나 역할갈등으로 볼 수 있는데(이창기, 1986), 이는 특히 고부간의 세대차에서 오는 갈등, 즉 며느리의 높은 교육수준과 시어머니의 낮은 교육수준 때문에 생기는 가치갈등으로 볼 수 있다(한남제, 1986).

가족의 수가 점차 줄어들고 여성의 사회적 참여가 늘어나고 있는 상황에서 부모의 간병은 우선 간병할 수 있는 사람의 부족, 한 사람이 간병을 담당함에 따른 피로와 긴장, 간병의 역할을 보충해 줄 수 있는 사람의 부족 등이 자녀들에게 불효(不孝)의 죄책감과 갈등을 불러일으킨다. 게다가 저소득으로 인하여 제대로 봉양할 수 없거나 의료혜택을 줄 수 없을 때 죄책감과 갈등은 더욱 클 수 있다. 자녀에 대한 부모의 기대가 자녀에 의해 충족되지 못했을 경우에도 갈등이 생길 수 있다. 특히 현대의 노인세대는 자녀를 위해서 거의 모든 것을 희생하다시피 한 경우가 많은데, 이들은 주로 자녀에 대한 기대가 클 것이므로 자녀들의 보상적 행동이 기대 수준 이하일 때 실망과 갈등을 느낄 수 있다. 이런 문제와 관련하여 우리 사회 부모들의 효 가치관은 재정립되어야 할 것으로 보인다.

(3) 조부모-손자녀 관계

종전에 비하여 자녀양육기간이 빨리 끝나고 평균수명이 연장됨으로써 대부분의 노인이 손자녀를 가지고, 조부모의 지위를 유지하는 기간도 길어지고 있다. 현재 우리나라의 경우 노인들 중 20.1%는 주 1회 이상, 26.7%는 1개월에 1~2회 정도 손자녀와 접촉하고 있는 것으로 나타났다(정경희 외, 2005). 그리고 부모의 사정에 의하여 조부모가 자녀를 장기간 양육하는 조손가정도 점차 늘고 있어 조부모와 손자녀의 관계가 중요한 가족관계이자 가족과 관련한 중요한 서비스 대상으로 부각되고 있다.

현재까지 조부모와 손자녀의 관계에 관한 연구가 없어 현대 우리 사회의 조부모-손자녀 관계를 잘 알 수 없지만 미국 사회에서 연구된 것을 소개하여 우리 사회에서의 현상을 이해하는 데 도움이 되고자 한다.

중류계층의 노부부 70쌍을 연구한 Neugarten과 Weinstein(1964)의 연구에 의하면, 응답자의 64% 정도는 조부모의 역할에 대해서 편안하고 만족스럽게 느끼는 반면에 나머지는 조부모의 역할이 불편하고 보상도 없을뿐더러 실망스러운 것이라고 응답했다. 조부모 자신들이 조부모의 역할을 몇 가지로 다르게 인식하고 있었는데 어떤 사람들은 조부모의 역할을 통하여 자신이 새로 태어났으며 자신이 미래로 영속됨을 느끼게 되고, 다른 사람들은 정서적인 만족감을 느끼고, 또 어떤 경우는 손자녀에게 지혜의 원천이 되어 역사와 기술을 가르치고 전수하게도 된다는 것이다. Neugarten과 Weinstein은 같은 연구에서 조부모의 역할 유형을 다음과 같이 다섯 가지로 구분하고 있다.

[1] **공식형 :** 손자녀에게 선물을 주고 열중하기도 하지만 부모의 권위나 책임을 침해하지 않음

[2] **재미추구형 :** 손자를 여가활동의 원천으로 삼고 손자와 조부모 상호 간에 만족을 얻음

[3] **대리부모형 :** 부모를 대신하여 육아와 교육을 담당함

[4] **가족지혜 저장형 :** 가족 내의 권위적인 위치를 유지하면서 지식과 특별한 기술을 가르치며 전수함

[5] **원거리형 :** 휴일 또는 가족의 특별한 의식 외에는 별로 접촉을 하지 않음

조부모들은 청소년기 이상의 손자녀보다는 어린 손자녀를 더 좋아하는 경향이 있다. 손자녀들은 나이가 많아질수록 조부모를 좋아하지 않게 되는 경향이 있는데, 이는 나이가 들수록 경외의 인물로 여기던 할아버지에 대한 초기의 태도가 점차 사라져 조부모와 같이 있는 것을 싫어하게 되는 것인지도 모른다(Harris & Cole, 최신덕 역, 1985). 노인에 대

한 어린이의 태도는 가족 내에서 경험한 것에 의해 크게 영향을 받게 된다. 즉 자기 부모가 할아버지에게 하는 것을 보고 성인이 되었을 때 자기 부모에게도 비슷하게 행하게 된다(Harris & Cole, 최신덕 역, 1985). Bekker와 Taylor(1966)의 연구에 의하면 조부모 또는 증조부모와 같이 생활하고 있는 젊은이들이 그렇지 못한 젊은이들보다 노인에 대한 편견이 적다는 것을 발견하였다.

(4) 노인과 형제자매 관계

형제자매는 평생 동안 가족의 유대관계를 유지시켜 줄 수 있는 관계다. 평균수명의 연장에 따라 형제자매가 노년기까지 같이 생존할 확률이 계속 높아지고 있다. 형제자매는 거의 같은 연령 코호트로서 역사적 경험을 같이 하고 자라났고 혈육으로서의 친근감과 애정을 느끼는 사람들이다. 특히 여자들 간에는 이러한 특징이 더 두드러지게 나타나는 것 같다.

형제자매는 나이 들어감에 따라 과거의 갈등과 경쟁의식에서 벗어나서 젊은 시절이나 중년기보다도 더 친근한 관계를 만들어 갈 수 있다. 이혼하거나, 배우자를 사별하거나, 결혼하지 않고 독신으로 생활해 오거나, 결혼해서 자녀가 없는 노인들에게 형제자매는 중요한 사회적 지지 기반이 될 수 있다. 형제자매는 부모-자녀 관계와 같은 수발자의 역할을 하지는 못하더라도 부모-자녀의 수발관계를 보완해 줄 수는 있다. 형제자매가 있다는 것 자체가 많은 경우 심리적으로 가능한 도움처가 되기도 한다(Hooyman & Kiyak, 2008).

노인과 형제자매의 관계에 대한 연구는 외국에서도 아직 많이 이루어지지 못한 상태이고 우리나라에서는 연구가 거의 이루어지지 않아서 다만 접촉 빈도의 연구에 그치고 있는 수준이다. 따라서 향후 이 부분에 대한 심도 있는 연구가 필요하다.

(5) 노인의 가족에게로의 통합

한 개인이 자기가 속한 사회적 조직망의 다른 구성원을 전체로 보고, 그 전체와 공통적인 의미를 나누면서 상호작용을 하고 있는 상태를 '사회적 통합(social integration)'이라고 한다(최성재, 1984). 자기가 속한 사회적 조직망에로의 통합은 인간의 기본적인 사회심리적인 욕구다(Nisbet, 1970). 노년기에 사회적 조직망이 축소되고 가족이 중심적인 조직망이 되고 있는 상태에서 가족에게로의 사회적 통합은 노인의 가장 큰 사회심리적 과제이며 생활만족도를 향상시키는 주요 요소가 된다(Liang et al., 1980).

최성재(1984)는 현대화가 우리나라 노인들의 가족에게로의 사회적 통합을 저해하고 있음을 확인하고 어떤 요인들이 노인이 가족에 통합되는 데 영향을 미치고 있는지를 검토하였다. 일반적으로 한국 노인의 가족에게로의 사회적 통합에 영향을 미치는 요인은 ① 직업적 역할의 수행 여부, ② 노인세대와 자녀세대 간의 교육수준 차이, ③ 세대 간의 가치지향 차이, ④ 사회경제적 지위, ⑤ 건강상태로 볼 수 있다. 노인 전체로 보면 ① 직업을 갖고 있는 노인일수록(일을 하고 있는 노인일수록), ② 세대 간의 교육수준 차이가 적을수록, ③ 세대 간의 가치지향 차이가 적을수록, ④ 사회경제적 지위가 높을수록, ⑤ 건강상태가 좋을수록 가족에게로 더 잘 통합되어 있다는 것이다.

노인의 성별에 따라 관련되는 요인이 다르게 나타나고 있다. 남자의 경우 직업을 갖고, 교육수준에서 자녀와 차이가 적고, 생활수준이 높고, 건강상태가 좋은 노인일수록 가족에게로의 통합 정도가 높았다. 여자의 경우 교육수준과 가치지향에서 자녀와 차이가 적고, 건강상태가 좋을수록 가족에게로의 통합 정도가 높았다. 자녀와의 동거 여부는 노인의 가족에게로의 사회적 통합에 차이를 가져오지 않는다는 것도 특기할 만한 것이다.

2 이웃과 친구

노년기에 친구와 이웃은 1차적 관계의 중요한 대상이 된다. 자녀를 양육하고 직장생활을 하고 다른 할 일이 많을 때는 친구의 중요성은 크지 않지만 이러한 의무적인 가정일과 사회적인 일에서 떠나게 되면서 친구는 생활만족의 주요 원천이 된다. 친구는 대부분의 경우 생활주기상 비슷한 시기에 있으면서 공통된 관심사를 많이 갖고 있으므로 노년기의 적응에 주요한 영향을 미친다.

친한 친구는 노년기에 자아개념을 재정립하는 데 있어서 준거 틀을 제공할 수 있고 가족 이외의 주요한 자아지지 기반이 된다. 자기의 생각과 관심과 문제점을 같이 나눌 수 있는 몇 명 또는 한 명의 친구라도 가질 수 있다면 노인은 노년기로의 전환과 더불어 야기되는 여러 가지 상실과 변화, 그리고 사회로부터 받는 부정적인 낙인으로부터 상당히 보호받을 수 있다. 이러한 맥락에서 친구는 인생이라는 바다를 항해하는 배에 동승한 사회적 지지 제공자 중 가장 중요한 부분이 될 수 있기 때문에 친한 친구가 많을수록 인생 항해에서 호위대 수가 많아짐으로 이런 친구들은 성공적 노화의 중요한 기여 요소가 된다고 할 수 있다(Rowe & Kahn, 1998).

노년기에 있어서 대부분의 친한 친구들은 적어도 중년기 이후부터 관계를 유지해 온 사람들이다. 친구의 수는 나이가 많아짐에 따라 줄어드는 것이 일반적이며 새로운 친구를 사귀는 일은 다른 연령기에 비하여 쉽지 않다. Riley, Forner와 Johnson(1968)의 연구에 의하면 노령기에 많은 친구관계를 유지할 수 있는 것은 ① 사회경제적 지위가 높고, ② 건강상태가 좋고, ③ 이웃에 노인이 많고, ④ 한 곳에 오래 살고, ⑤ 도시보다는 소읍에 사는 것과 관련이 있다고 했다. 이 외에도 노인들을 위한 레크리에이션 프로그램(노인복지회관, 노인정 등)에 많이 참여하는 것과 개인의 사교적인 성격 등과도 관련이 있다.

노년기에 친구를 사귀는 조건은 연령과 사회경제적 지위와 크게 관련이 있다. 이것은 앞의 사회학적 이론 부분에서 언급한 교환 이론에 의하여 설명될 수 있다. 같은 시대에 태어나 같은 역사적 상황을 경험한 연령 코호트(age cohort)는 일반적으로 비슷한 교환자원을 갖게 되는 경우가 많으므로 동년배끼리 대등한 입장에서 빈번한 상호작용을 갖기를 바라는 경향이 있다(Dowd, 1980). 특히 연령 자체가 권력자원으로 이용될 수 있고,

연령등급화(age grading)의 규범이 아직도 강하게 유지되고 있는 우리 사회에서 노인이 동년배 집단의 범위를 넘어서 친구관계를 새로 형성하는 데는 어려움이 많을 것이다. 그러므로 동년배 노인집단 가운데서 친구를 사귈 수 있는 기회가 없을 때는 노인들이 사회심리적인 면에서 소외와 고독을 느끼게 될 가능성이 높다고 할 수 있다.

사회정서적 선택 이론(socio-emotional selectivity theory)에 의하면 사람은 일생을 살면서 사회적 지지를 상호 교환할 수 있는 가족과 친구, 이웃 등의 비공식 조직망에 둘러싸여 있다. 나이와 시간제한으로 비공식적 연결망을 좁혀서 이에 속한 사람들 중에 불가피하게 자기의 시간과 에너지를 좀 더 많이 할애할 수 있고 가장 관심 있는 소수의 사람들을 선택하게 된다는 것이다. 친구도 결국 이렇게 하여 선택된 소수의 사람들이 되는 것이고 노인들은 그들의 사회정서적 욕구를 가장 잘 충족시켜줄 수 있는 사람들과 계속 친구관계를 유지하게 된다고 할 수 있다(Hooyman & Kiyak, 2008).

노인들이 얼마나 많은 친구들을 갖고 있느냐는 각자가 이해하는 친구의 개념과 개인의 여러 가지 조건에 따라 다르다. 친구는 항상 상호 이해와 관심을 가지고 가깝고 친밀하게 그리고 계속적으로 상호작용을 하는 사람으로 볼 수 있다(Atchley & Barusch, 2004).

퇴직자를 대상으로 한 조사 연구(하상락·김성이, 1986)에 나타난 친구관계의 특성을 보면 다음과 같다. 이들 친구의 대부분(70% 정도)은 학창시설과 직장시절 친구들이었고 퇴직 후 사귄 친구는 24% 정도였다. 이는 노년기에 있어서 친구는 중년기 이후부터 사귀어 온 친구들이 많음을 의미하는 것이다. 퇴직 후에 사귄 친구의 수는 퇴직한 기간이 길수록 더 많아지는 경향을 보였고 특히 학창시절 친구는 크게 줄어드는 경향을 보였다.

제 10 장

노화와 여가활동

사람이 태어나서 일생을 살아가는 동안 청소년기까지는 교육을 받는 것이 주된 일이고, 청년기부터 중년기까지는 직업적인 활동과 가사, 육아활동이 주된 일이 되고 있다. 즉 중년기까지 대부분의 활동은 학업·직업·가사와 관련된 의무적인 일(근로, 노동)이고, 여가활동의 비중은 일에 비하여 상대적으로 적은 편이다. 그래서 중년기까지 대부분의 사람들은 의무적이고 시간 제약적인 일에서 벗어나 즐거움과 자기실현을 위한 여가와 여가활동을 할 수 있는 시간을 가지기 원한다.

노년기를 의무적인 일(대부분의 경우 직업적 활동)에서 벗어난 시기로 본다면 노인의 대부분의 시간은 여가시간이다. 노년기는 여가의 시기로서 극단적으로는 하루 중 식사와 취침을 제외한 모든 시간이 여가시간일 수 있다. 그러므로 풍부하게 주어져 있는 자유시간을 무엇을 하며 어떻게 보내야 할 것인가는 노년기 생활에서 큰 과제가 되고 있다. 전례 없이 노인인구가 빠른 속도로 증가하고 있고 노년기도 연장되고 있는 현대 산업사회에서 여가라는 과제는 많은 노인들에게 고민거리가 되고 있다. 그러므로 여가 문제를 잘 해결하느냐 못하느냐는 노년기 삶을 성공적으로 영위할 수 있는가를 결정하는 중요한 요인이 될 수 있다.

이 장에서는 우선 활동과 여가의 개념을 정의하고 노화에 따라 여가활동이 어떻게 변화되는가를 살펴본 후, 노년기 여가활동에 영향을 미치는 요인과 우리나라 노인들의 여가활동 현황과 문제점을 검토해 보기로 하겠다.

1 활동과 여가의 개념

1) 활동의 개념

의식적인 사고작용을 하고 있는 한 모든 형태의 행위와 사고를 활동이라 할 수 있는데, 모든 사람은 잠자는 시간을 제외하고는 어떤 형태로든 활동을 하고 있다. 활동은 크게 일(work)과 여가로 구분할 수 있다(Atchley & Barusch, 2004).

일은 하기로 동의했거나 하도록 부여된 활동으로서, 의무적이고 시간 제약적이다. 대부분의 경우 일은 자발적으로 수행하지만 일단 일이 주어진 이상 마음대로 그만두거나 언제든지 그만둘 수 있는 것이 아니고 의무적으로 정해진 시간 내에 수행해야 한다. 반대로, 여가활동은 시간적인 면에서 자유롭고 임의적이다. 즉 해도 되고 안 해도 될 뿐 아니라 마음대로 그리고 언제든지 그만둘 수도 있는 활동이다.

일과 여가의 구분은 활동의 의무성과 임의성을 기준으로 하고 있지만, 그렇다고 일이 의무성만 있고 임의성이 전혀 없는 것은 아니다. 의무성이 임의성보다 강하거나 임의성이 의무성보다 강하다는 상대적 의미에서 구분되는 것으로 보아야 할 것이다. 노년기는 대부분의 사람들에게 있어 직업적인 활동의 의무적인 일에서 벗어난 자유로운 활동의 시기이므로 노년기 활동의 대부분은 여가활동이라고 볼 수 있다.

활동을 수단적/표현적 활동, 공식적/비공식적 활동, 1차 집단/2차 집단 참여활동, 대인관계/단독 활동, 유상/무상 활동(자원활동)으로 구분할 수도 있다.

- **수단적 활동**(instrumental activity)은 어떤 목표달성을 위한 수단이 되는 활동으로 목표달성에 시간이 걸리는 활동이다. 수단적 활동은 규범적이고 만족하는 데 시간이 걸리는데 예를 들면 직업적 활동과 그 준비활동, 부모의 역할 등이 이에 속한다. **표현적 활동**(expressive activity)은 목표달성을 위한 수단이라기보다는 활동 자체가 목표가 되고 목표달성이 바로 이루어지고 따라서 즉각적으로 만족을 얻게 되는 것이다. 예를 들면 긴장을 푸는 활동, 기분전환활동, 감각적 쾌락활동 등이 이에 해당된다.

- **공식적 활동**(formal activity)은 공식적 규칙과 형식의 지배를 받는 활동으로 직업활동,

사회단체 참여활동 등이 이에 속한다. **비공식적 활동**(informal activity)은 공식적 규칙과 형식의 지배를 받지 않는 활동으로, 가족·친척·이웃·친구들과의 접촉활동 등이 이에 속한다.

- **1차 집단 참여활동**(primary group activity)은 1차 집단에 속하는 가족, 친척, 이웃 및 친구들과의 접촉활동으로 위의 비공식적 활동과 거의 같은 의미이고, **2차 집단 참여활동**(secondary group activity)은 공식적 활동인 경우가 대부분이다.

- **대인관계활동**(interpersonal activity)은 자신 이외에 1인 이상의 참여와 접촉 속에 이루어지는 활동으로 대화, 집단참여활동, 스포츠 게임 참여 등이 이에 속한다. **단독활동**(solitary activity)은 자기 혼자만으로 이루어지는 활동으로 텔레비전 시청, 라디오 청취, 명상, 개인취미활동 등이 이에 속한다.

- **유상활동**(paid activity)은 경제적 대가를 받는 활동으로 직업활동이 가장 대표적인 것이다. **무상활동**(unpaid activity)은 활동에 대해서 경제적인 대가를 받지 않는 활동으로 자원봉사활동(volunteer activity)이 대표적이다.

여가활동은 대부분의 경우 표현적 활동이며 공식적 또는 비공식적 활동일 수 있고, 대인관계활동이나 단독활동일 수도 있으며 무상활동이라 볼 수 있다.

활동은 그것이 일이건 여가활동이건 간에 그 활동을 하는 주체에게 다양한 의미를 부여하고 있고, 같은 활동이라도 개인에 따라 다른 의미를 부여하고 있다. 앞에서 언급했듯이 일과 여가활동은 엄격하게 구분될 수 없는 경우가 많기 때문에 일과 여가활동의 의미를 구분하는 것은 힘들다. 활동의 의미를 Atchley와 Barusch(2004)가 제시한 것을 중심으로 살펴보면 다음과 같다.

① 자신의 정체감을 확인한다(자기가 행하는 것으로 자신을 나타낸다).
② 타인과의 정당한 상호작용의 원천이 된다.
③ 생활에 관여하고 있다는 느낌을 준다.
④ 위세도나 지위를 부여한다.

⑤ 새로운 경험의 원천이 된다.

⑥ 타인에 대한 봉사가 된다.

⑦ 시간을 보내는 것이 된다.

⑧ 기대하던(기다리던) 어떤 일을 하는 것이다.

⑨ 생활의 다양성의 원천이 된다.

⑩ 능력을 발휘하는 것이 된다.

⑪ 평화와 조용함을 느낀다.

⑫ 도피의 수단이 된다.

⑬ 어떤 일을 성취했다는 느낌을 준다.

⑭ 순수한 재미를 맛보는 것이 된다.

2) 여가의 개념

여가는 일에 대치되는 개념으로, 일에 비하여 임의적인 면이 강한데 크게 세 가지로 구분할 수 있다(Parker, 1979). 첫 번째 정의는 시간을 중심으로 한 정의로서 여가는 24시간 중에서 일하는 시간과 수면이나 식사 등 신체적·생리적 기본욕구충족의 시간을 제외한 나머지 시간을 의미한다. 두 번째 정의는 활동의 질을 중심으로 한 개념으로, 여가는 주관적인 판단에 의하여 자유와 평화를 느끼는 활동을 의미한다. 이것은 전적으로 주관적인 것으로 무엇이 여가이고 무엇이 여가가 아닌지에 대해서 각각 다른 판단을 할 수 있어 여가를 규범적으로 정의하기는 힘들다. 세 번째 정의는 첫 번째와 두 번째 정의를 결합한 것으로 휴식, 기분전환, 사회적 성취, 개인적인 발전을 위해 사용되는 활동의 시간을 의미한다. 이렇게 볼 때 여가를 시간 개념으로 생각할 때는 '여가시간(leisure time)'으로, 활동 개념으로 생각할 때는 '여가활동(leisure activity)'으로 말하는 것이 더 정확한 의미가 될 것이다.

이 가운데 두 번째와 세 번째 정의는 여전히 명확하지 못하다. 그러므로 여가활동의 기본적 속성이 무엇인지를 검토해 보는 것은 여가활동을 구체적으로 이해하는 데 도움이 될 것으로 생각된다. Kaplan(1960)은 여가활동의 기본적 속성을 다음의 일곱 가지로 설명하고 있다: ① 원칙적으로 경제적 기능을 하는 일과 반대되는 것, ② 즐거움을 가지

표 10-1. 표현적 관여 정도에 따른 여가활동의 분류

표현적 관여 정도	여가활동 형태	구체적인 활동
아주 높음	감각적 쾌락 추구 활동	성교, 심리 활동적 약물(마약 등) 사용, 무아경의 종교적 체험, 공격적 행동, 경쟁이 심한 게임이나 운동경기, 격정적인 춤
상당히 높음	창의적 활동	창작활동, 양육활동, 심각한 토론, 악기 연구
중간 정도	발전적 활동	체조, 개인적인 스포츠, 인지적 획득(심각한 독서, 학습활동), 심미적 활동, 단체활동참여(클럽 등), 관광, 여행, 학습을 위한 게임 및 장난감 놀이
상당히 낮음	기분전환활동	사교적 활동, 경기 관람, 게임, 놀이, 가벼운 대화, 취미활동, 독서, 대중매체 이용(텔레비전 및 라디오 시청 등)
아주 낮음	긴장해소활동	혼자 있음, 조용한 휴식, 수면

출처: Gordon, C., Gaitz, C. M., & Scott, J. (1976), Leisure and lives: Personal expressivity across the life span, p. 314, 도표 1.

고 기대되고 즐거운 것으로 회상될 수 있는 것, ③ 비자발적으로 사회적 역할을 수행해야 하는 의무성이 최소한인 것, ④ 심리적으로 자유를 느낄 수 있는 것, ⑤ 문화적 가치에 위배되지 않는 것, ⑥ 중요성과 심각성의 정도가 다양한 것, ⑦ 반드시는 아니지만 가끔 놀이의 요소를 포함하고 있는 것.

여가활동과 관련되는 개념으로 놀이(play)와 레크리에이션(recreation)이 있는데, 놀이는 여가활동의 한 형태이고 레크리에이션은 여가활동 기능의 하나인 재창조 면에서 본 여가활동이다(Parker, 1979).

Gordon 등(1976)은 인지적·정서적·신체적 면에서 표현적 관여 정도에 따라 여가활동을 표 10-1에서 보는 바와 같이 ① 감각적 쾌락 추구 활동, ② 창의적 활동, ③ 발전적 활동, ④ 기분전환활동, ⑤ 긴장해소활동의 다섯 가지로 구분하고 있다.

이상의 개념과 정의를 반영하여 여가를 재정의해 본다면 “경제적 보상과 개인, 가족 및 사회적 의무감에서 하는 활동이 아니면서 자발적으로 선택하여 자유와 평화의 감정을 느낄 수 있는 활동”이라 할 수 있다. 경제적 보상을 위한 일에서 은퇴한 노인의 경우 여가는 일과 일 사이의 짬이나 그 짬에 하는 활동이 아니라 보다 본질적인 의미로 이해되어야 할 것이다. 퇴직 후의 노후생활은 일반적으로 일을 하지 않는 기간이므로 시간

개념으로 보면 생리적 활동을 하는 시간을 제외한 하루의 모든 시간이 여가라 할 수 있다. 이러한 의미에서 여가의 의미는 일을 하고 있는 비노인계층과는 상당히 다른 의미를 가질 수 있다.

노인의 다양한 욕구를 충족시켜 준다는 데서 여가활동의 의의를 찾을 수 있다. Kaplan(1960)은 여가활동이 다음과 같은 노인의 욕구를 충족시켜 줄 수 있다고 하였다.

[1] 사회적으로 유용한 서비스를 제공하려는 욕구
[2] 자신이 지역사회의 한 부분으로 느껴지고 싶은 욕구
[3] 여가시간을 만족스러운 방법으로 사용하려는 욕구
[4] 정상적인 동반자 관계를 즐기려는 욕구
[5] 개인으로 인정받고 싶은 욕구
[6] 자기표현과 성취감의 기회를 가지려는 욕구
[7] 건강을 유지하고 보호하려는 욕구
[8] 적절한 정신적 자극을 가지려는 욕구
[9] 적절한 주거 조건과 가족관계를 가지려는 욕구
[10] 영적인 만족감을 얻으려는 욕구

2 노화에 따른 여가활동의 변화

여가활동에 관한 주요한 연구 결과에 따르면, 연령이 증가할수록 여가시간은 많아지지만 여가활동의 범위는 좁아지고, 움직이는 활동보다는 앉아서 하는 활동이 증가하며, 가정 외적인 활동보다는 가정 내적인 활동이 증가하는 경향이 있다(Gordon, Gaitz & Scott, 1976). 20~94세의 미국인 1,441명을 대상으로 연구한 Gordon 등(1976)의 연구에 나타난 연령별, 성별, 여가활동 유형별로 여가활동 참여 빈도를 보면 다음과 같다.

전반적으로 연령이 증가함에 따라 여가활동의 참여 빈도는 낮아지는 경향을 보이고 있다. 그림 10-1에서 보는 바와 같이 '높은 참여도'(전체 응답자의 평균 참여빈도수보다 높은 참여 빈도를 보인 경우)를 보인 사람들의 비율은 연령이 증가할수록 줄어들어 75세 이상 연령집단의 참여 정도는 20~29세 연령집단의 약 4분의 1 정도밖에 되지 않는다는 것을 알 수 있다.

그림 10-1. 높은 여가활동 참여도의 성별·연령집단별 비율

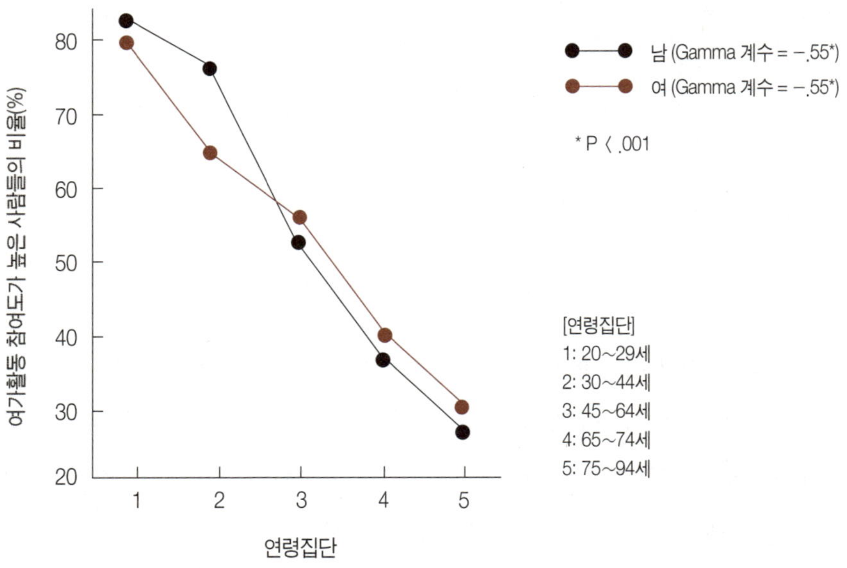

출처: Gordon, C., Gaitz, C. M., & Scott, J. (1976), Leisure and lives: Personal expressivity across the life span, p. 326, 그림 4.

그림 10-2. 성별·연령별 여가활동 참여 빈도

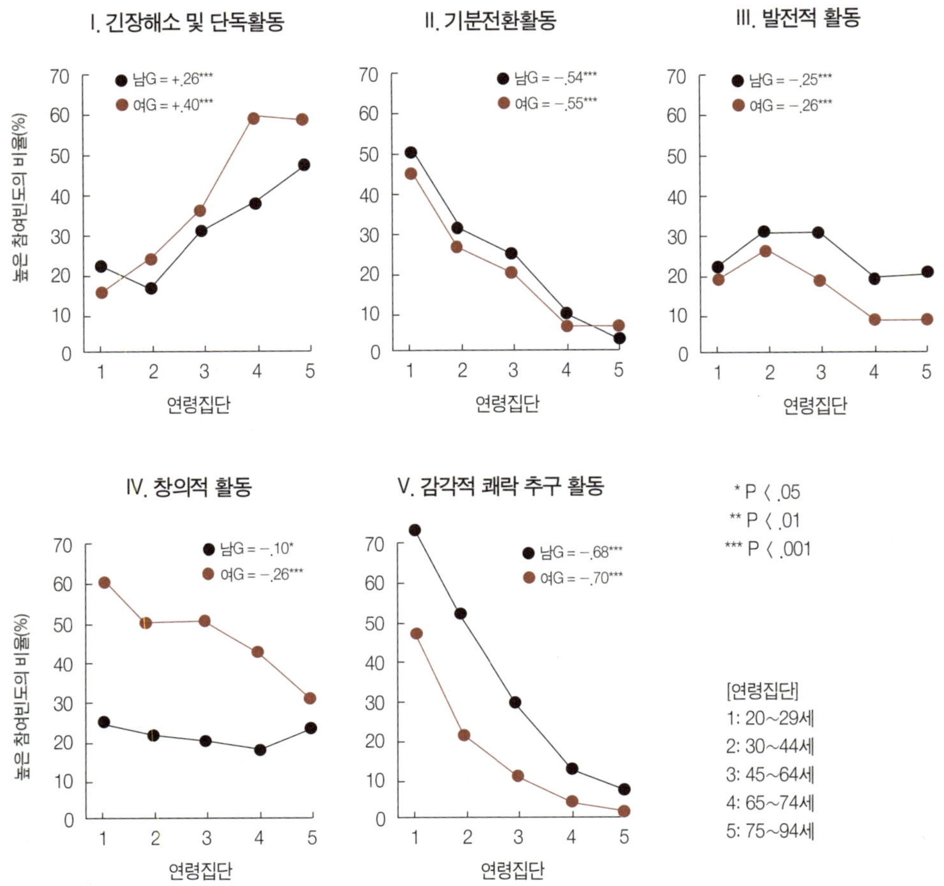

출처: Gordon, C., Gaitz, C. M., & Scott, J. (1976), Leisure and lives: Personal expressivity across the life span, p. 330, 그림 8.

연령이 증가함에 따라 여가활동 참여 빈도는 전반적으로 낮아지는 경향이 있지만 여가활동 종류별로 보면 참여 빈도가 낮아지는 경우, 별 변동이 없는 경우, 높아지는 경우가 있다. 표현적 관여 정도에 따라 분류된 다섯 가지 종류의 여가활동이 연령과 성별에 따라 어떻게 변화되고 있는지를 그림 10-2에서 볼 수 있다.

긴장해소 및 단독활동(I)의 참여 빈도는 연령이 증가함에 따라 상당히 증가하는 경향을 보였고, 기분전환활동(II)의 참여 빈도는 연령 증가에 따라 상당히 감소하는 경향을

보였으며, 발전적(발달적) 활동(III)의 참여 빈도는 연령 증가에 따라 약간씩 감소하는 경향을 보였다. 성별에 따른 참여 빈도의 차이도 볼 수 있는데 기분전환활동(II), 발전적 활동(III), 감각적 쾌락 추구활동(V)에서는 남성의 참여 빈도가 높은 경향을 보였고, 긴장 해소 및 단독활동(I)과 창의적 활동(IV)에서는 여성의 참여 빈도가 높은 경향을 보였다.

여가활동으로부터 얻는 즐거움의 정도는 전반적으로 연령의 증가에 따라 하락하는 경향을 나타내고 있으나 구체적인 여가활동에 따라 다른 경향을 보인다는 연구가 있다(Gordon, Gaitz, & Scott, 1976). 연령 증가에 따라 즐거움이 계속적으로 줄어드는 여가활동은 춤을 추거나 술 마시는 일, 영화관람, 스포츠 참여, 옥외활동, 여행, 예술활동, 독서 등이다. 중년기에 가장 많은 즐거움을 얻을 수 있는 여가활동은 운동경기 관람, 주요 이슈에 대한 토론, 단체활동 참여와 집안 장식·수리 등이다. 연령 증가에 따라 즐거움이 증가하는 여가활동은 긴장을 풀고 쉬거나 혼자 있는 것과 요리(남성에게 국한됨)다. 연령 증가에 따라 즐거움에 큰 차이가 없는 활동은 친구 방문, 요리, 텔레비전 시청 등인데 이들은 가정 내 또는 가족·친구와 관련된 활동이라고 할 수 있다.

이상에서 언급한 연령 변화에 따른 여가활동의 변화에 대한 연구는 미국의 사회문화적 상황에서 이루어진 것이지만 우리 사회에서도 비슷한 경향을 보일 가능성이 크다고 생각된다. 우리 사회에서도 앞으로 노년기 연장에 따른 여가활동의 유형과 규범을 발전시킬 필요성이 점차 증가하고 있으므로 여가활동의 유형과 연령·성별에 따른 차이와 여가활동에 영향을 미치는 요인 등은 주요한 연구과제로서 계속적으로 연구·검토되어야 할 것이다.

3 여가활동 참여의 이점

여가활동은 종류가 다양하기 때문에 구체적인 활동에 따라 각각 다른 이점이나 효과가 있겠지만 운동, 스포츠, 춤, 음악, 예술, 사회활동, 여행, 교육 같은 활동은 일반적으로 다음과 같은 신체적·생리적 면의 이점과 사회적·심리적·정서적 면의 이점이 있다 (Leitner & Leitner, 2004).

신체적 · 생리적 측면의 이점	사회적 · 심리적 · 정서적 측면의 이점
① 신진대사를 증진시킨다.	① 심리적 안녕감을 증대시킨다.
② 호흡작용을 증진시킨다.	② 삶의 질을 높인다.
③ 신체적 유연성을 증대시킨다.	③ 사기와 생활만족감을 증대시킨다.
④ 신체적 힘을 증대시킨다.	④ 자존감, 자아개념, 자기효능감을 증대시킨다.
⑤ 인내심을 키워 준다.	⑤ 정신활동을 민첩하게 한다.
⑥ 에너지를 증대시킨다.	⑥ 성취감을 느끼게 한다.
⑦ 혈압을 낮춰 준다.	⑦ 낙관적인 생각을 증대시킨다.
⑧ 콜레스테롤을 낮춰 준다.	⑧ 다른 사람과의 상호작용을 증대시킨다.
⑨ 이동성을 증대시킨다.	⑨ 많이 웃을 수 있다.
⑩ 신체적 독립성을 키워 준다.	⑩ 불안과 적대감을 감소시킨다.
⑪ 수명을 연장시켜 준다.	⑪ 외로움과 우울증에 빠질 가능성을 줄여준다.
⑫ 건강을 증진시킨다.	⑫ 건강이 증진된 느낌을 갖는다.
⑬ 골다공증으로 인한 골절 위험을 감소시킨다.	⑬ 낙상의 두려움을 감소시킨다.
⑭ 낙상의 위험을 감소시킨다.	

4 여가활동능력

아무리 많은 여가시간이 주어진다 하더라도 실제로 그 시간을 이용할 수 있는 기술과 지식이 없으면 유용한 여가활동을 할 수 없게 되는 경우가 많다. 여가활동은 아무런 준비 없이 참여할 수 있는 것도 있지만 많은 경우 기술과 지식을 필요로 한다. 다시 말하면 여가활동의 능력(competence)을 길러야 한다는 것이다. 여가활동에 계속 참여하여 익숙해진 기술과 지식이 있어야만 여가활동에 효과적으로 참여하고 많은 즐거움을 끌어 낼 수 있다. 예를 들면 미술, 음악, 공작, 회의, 토론, 운동경기 등에 참여하는 것을 꺼리는 노인들이 많은데 그 이유 중의 하나는 그러한 활동에 참여할 능력이 부족하다고 느끼기 때문일 것이다. 다시 말해서 어떻게 하는지를 몰라서 여가를 즐기지 못하는 사람들이 많다는 것이다.

여가활동에 대한 기술과 지식은 적어도 중년기까지 사회화를 통하여 습득되어야만 노년기에 이르러서도 별 문제 없이 잘 이용될 수 있다. 선진사회도 마찬가지지만 특히 우리 사회에서는 공식교육은 직업활동 수행에 필요한 지식과 기술을 가르치는 데 치중하고 있고 여가활동에 대한 지식과 기술을 가르치는 데는 등한히 해 왔기 때문에 거의 대부분의 사람들은 여가에 대한 올바른 사회화의 기회를 갖지 못하고 있다. 공식교육이 여가활동에 대한 교육을 등한히 하고 있는 데 대해 Cousins(1968)는 "과학은 생명을 연장하고 있지만 교육은 오히려 생명을 단축시키고 있다"고 비판하였다. 과학에 의하여 연장된 노년기의 생명, 즉 여가시간을 잘 이용할 수 있는 능력을 교육이 키워 주지 못함으로써 여가시간은 쓸모없게 되고 결국은 연장된 생명의 시간은 무의미하게 되고 만다는 것이다. 이와 같은 비판은 여가활동의 범위를 넓히기 위해 여가활동에 대한 훈련과 경험이 필요함을 지적하는 것으로 볼 수 있다.

여가활동에 필요한 학습은 가능하면 일찍부터 이루어지는 것이 바람직하다. 많은 노년학자들은 노년기에 새로운 생활을 영위하도록 노인을 완전히 재사회화하는 것은 아주 힘든 일로 생각하고 있다(Atchley & Barusch, 2004). 연령이 증가함에 따라 학습의 속도가 느려지고, 대부분의 노인들은 새로운 것을 배우려는 것을 꺼리며 또한 활동유형이 중년기 이후 큰 변화 없이 안정성을 유지하기 때문에 새로운 활동을 위한 재사회화는 대단히 어렵다고 보는 것이다. 그러므로 여가활동능력은 가능하면 일찍 발전시키는 것이 필요하며, 청년기부터 여가시간을 적극적이고 창의적으로 이용하는 경험을 가지는 것이 노년기에도 비슷한 활동 유형을 유지하는 확실한 길이 된다(Atchley & Barusch, 2004). 노년기의 여가활동을 풍부하고 유용하게 하려면 늦어도 중년기까지는 적절한 여가활동 유형을 개발해야 할 것이다.

여가활동능력은 사회화를 통하여 획득되지만 성격적인 요인도 영향을 미친다. 즉 낙관적 태도, 자신감, 자신의 환경에 대한 통제의 감정을 갖는 등의 성격적 요인은 여가활동능력을 발전시키는 주요 요인이 된다.

5 노년기의 여가활동에 영향을 미치는 요인

노화 및 이에 관련된 변화는 여가활동의 형태와 양에 변화를 가져온다. 우리 사회에서 노년기의 여가활동의 형태와 양에 변화를 가져올 수 있는 요인으로 ① 자녀의 성장 또는 독립상태, ② 퇴직, ③ 경제적 사정, ④ 건강상태, ⑤ 활동에 대한 사회화 정도, ⑥ 개인 생활목표의 다양성, ⑦ 주거환경의 변화를 들 수 있다.

(1) 자녀의 성장 또는 독립 상태

자녀를 다 독립시킨 후의 빈 둥지(empty nest) 상태에서는 부모의 역할이 거의 필요 없게 되므로 새로운 역할이나 활동에 관심을 갖거나 지금까지 시간적 여유가 없어서 거의 하지 못했던 활동에 관심을 갖고 적극적으로 참여할 수 있게 된다. 자녀들이 부모 곁을 떠난 상태가 아니고 동거하고 있는 상태라도 자녀들이 성장하여 부모의 역할이 거의 필요 없어지므로 빈 둥지 상태와 마찬가지로 부모의 역할이나 활동에 변화가 올 수 있다.

(2) 퇴직

퇴직은 사회적으로 노년기의 시작을 의미하고 의무적인 일에서 벗어나 자유롭게 활동할 수 있는 시간을 제공해 주므로 여가활동의 형태와 양에 가장 큰 영향을 미치는 요인이 된다. 퇴직 이후를 노년기로 본다면 퇴직은 여가활동에 영향을 미치는 요인이라기보다는 전제조건이 된다. 그러나 노년기를 연령으로 규정하는 경우는 퇴직이 하나의 주요 영향 요인이 되는 것이다.

(3) 경제적 사정

경제적 사정은 노년기의 여가활동 형태와 양에 지대한 영향을 미치는 요인이 된다. 최성재(1986)가 60세 이상의 도시 및 농촌 노인 200명을 조사한 결과에 의하면 경제적 사정이 어려워서 여가를 즐기지 못하는 사람이 응답자 전체의 35%나 되었다. 여가활동에 참여하기 위해서는 교통비, 참가비(회비), 준비비, 용돈 등의 비용이 드는 경우가 많기 때문에 경제적 사정이 좋은 노인은 더 다양하고 많은 여가활동을 즐길 수 있다.

(4) 건강상태

건강상태도 노년기의 여가활동에 지대한 영향을 미치는 요인이다. 좋은 건강상태와 이에 따른 가동력은 여가활동의 폭을 넓게 유지하고 여가활동의 참여 빈도도 높게 유지할 수 있게 한다(Parker, 1979).

(5) 여가활동에 대한 사회화 정도

여가활동에 대한 사회화는 여가활동능력을 향상시켜 노년기에도 중년기와 마찬가지로 다양한 여가활동을 유지할 수 있게 하며, 여가활동으로부터 얻는 즐거움을 더하여 여가시간을 유용하게 이용할 수 있게 해 준다.

(6) 개인 생활목표의 다양성

개인의 생활목표가 많을수록 여가활동의 수가 많아지게 된다. 하나의 목표를 가진 사람보다는 둘 이상의 목표를 가진 사람이 목표 달성을 위해서 더 많은 활동에 참여하게 되기 때문이다. Atchley와 Barusch(2004)의 연구에 의하면 노년기 활동의 다양성은 목표가 다양할수록, 사회적 지위가 높을수록, 건강상태가 좋을수록, 그리고 경제적 사정이 좋을수록 높았고, 이 가운데 생활목표의 다양성이 가장 큰 영향을 미치는 것으로 나타났다.

(7) 주거환경의 변화

주거환경의 변화는 이사로 인한 변화와 시설(예: 양로시설, 요양시설, 병원 등) 입소로 인한 변화로 나누어 볼 수 있다. 이웃에 노인이 많거나 노인복지시설이 있는 곳으로 이사하게 되면 노인의 여가활동 참여 범위는 확대될 가능성이 커지고 시설에 입소할 경우 활동의 범위는 좁아지게 된다. 반면에 이웃에 노인이 없거나 적은 곳으로 이사하게 되면 노인과의 접촉의 기회와 빈도가 줄어들고 따라서 활동의 범위와 빈도도 줄어들 가능성이 크다.

6 노인의 여가활동 현황

노인의 여가활동을 13개 종류로 나누어 60세 이상 노인을 대상으로 조사한 연구(김익기 외, 1999)에 의하면 노인의 여가활동 참여 빈도는 표 10-2와 같다. 노인들이 월 1회 이상 참여하는 여가활동 중 라디오 청취와 텔레비전 시청이 96.6%로 가장 큰 비중을 차지하였다. 그 다음으로 많이 참여하는 여가활동으로 친구·친척과의 만남과 친목 동창회 모임 같은 모임활동이 58.6%, 경로당이나 노인회관 참여가 55.2%, 술이나 차 마시기가 42.8%, 장기·바둑·화투 등 놀이·오락이 41.3%로 나타났다. 그 밖에 종교활동(32.9%)이나 스포츠활동(20.6%), 취미활동(15.3%)에 참여하는 빈도는 높은 반면 학습(5.8%), 여행(5.6%), 사회봉사활동(4.5%), 문화활동(1.6%)은 참여비율은 아주 낮은 편이다.[1]

같은 조사에서 여가활동 수를 살펴보면(표로 제시되지 않음), 1인당 평균 4.1개이며 여가활동에 참여하지 않는 노인(0.4%)은 거의 없었다. 지역별로나 성별로는 큰 차이가 없

표 10-2. 노인의 여가활동 참여 빈도 현황(N=1,200) (단위: %)

여가활동	전혀 안 함	3~4개월에 1~2회	월 1~2회	주 1~2회	거의 매일	계
라디오/텔레비전 시청	3.1	0.3	0.5	5.4	90.7	100.0
놀이/오락	55.9	2.8	5.6	14.0	21.7	100.0
시장 가기/쇼핑	57.6	4.0	16.3	16.8	5.3	100.0
음주/차 마시기	55.6	1.6	7.3	13.1	22.4	100.0
취미활동	84.0	0.7	2.8	3.2	9.3	100.0
문화활동	97.4	1.0	1.0	0.4	0.2	100.0
학습활동	93.1	1.1	2.1	2.3	1.4	100.0
스포츠활동	77.8	1.8	3.2	4.1	13.3	100.0
여행	68.8	25.6	5.3	0.3	0.0	100.0
모임활동	31.2	10.2	17.3	11.2	30.1	100.0
경로당/노인회관 참여	43.3	1.5	5.9	9.4	39.9	100.0
종교활동	50.5	16.6	11.3	18.2	3.4	100.0
사회봉사활동	93.3	2.2	2.2	1.6	0.7	100.0

출처: 김익기 외(1999), 한국노인의 삶: 진단과 전망.

1. 노인의 여가활동을 명확히 조사한 신뢰할 만한 연구가 없어 1999년 조사 자료를 이용하였다.

표 10-3. 성별·연령별 월 1회 이상 여가활동에 참여하는 노인 비율 (단위: %)

여가활동	전체	성별		연령			
		남	여	60~64세	65~69세	70~74세	75세 이상
텔레비전/라디오 시청	94.6	95.5	94.0	97.1	97.3	94.5	86.5
친구/친척 모임	41.0	49.1	35.8	50.7	44.8	34.5	25.5
종교생활	33.6	23.4	40.3	33.0	34.6	39.1	27.5
신문/책 읽기	27.6	48.6	13.8	36.1	29.5	24.1	15.4
화투/장기/바둑	20.0	30.5	13.1	19.0	21.9	24.4	14.3
운동/등산/낚시	16.1	26.7	9.1	19.6	20.0	14.6	5.9
정원 손질	15.3	14.5	15.8	18.5	18.1	12.1	8.8
외식/영화 관람/전시회	8.4	11.0	6.7	9.8	8.4	9.6	4.6
뜨개질/수예/바느질	4.2	0.5	6.7	3.3	6.9	4.1	2.0
운동경기 관람	1.3	2.4	0.6	1.7	1.6	1.3	0.1
서예/악기연주/합창/그림 그리기	2.6	4.7	1.2	2.4	3.6	2.0	2.1
우표/골동품 수집	0.4	0.6	0.2	0.2	0.3	0.2	0.1
평균 참여 여가활동(개)	2.6	3.1	2.4	2.9	2.9	2.6	1.9

출처: 이가옥 외(1994), 노인생활실태 분석 및 정책과제.

었는데 도시 노인은 평균 4.4개, 농어촌 노인은 3.8개로 도시 노인이 다소 그 수가 많았다. 성별로는 남자가 4.4개, 여자가 3.8개로 남자가 여자보다 약간 수가 많은 편이었다. 그리고 연령과 결혼상태에 따른 차이는 별로 없었다.

이 조사에서 노인들이 중요하게 생각하는 여가활동을 빈도가 높은 것부터 차례로 말하면 ① 라디오/텔레비전 시청(18.8%), ② 모임활동(16.9%), ③ 경로당/노인회관 참여(16.1%), ④ 종교활동(13.4%), ⑤ 스포츠활동(8.9%), ⑥ 놀이/오락(5.6%), ⑦ 취미활동(4.6%), ⑧ 음주/차 마시기(3.9%), ⑨ 사회봉사활동(1.2%), ⑩ 학습활동(0.8%)으로 나타났다.

전체적으로 볼 때 우리 나라 노인들의 대다수는 라디오와 텔레비전 시청을 여가수단으로 삼고 있으며 또한 중요한 여가활동으로 인지하고 있다. 그리고 모임활동, 경로당/노인회관 참여활동과 종교활동도 중요시하고 있다. 반면에 문화, 학습, 여행, 사회봉사 등에 대한 참여와 중요성 인지도는 아주 낮은 편이다.

노인들의 여가활동 참여 정도가 성별에 따라서도 다르게 나타나고 있는데, 표 10-3에서 보는 바와 같이 종교활동, 뜨개질, 정원 손질을 제외한 모든 여가활동 참여율이 남자가 여자보다 높게 나타나고 있다. 또한 연령의 증가에 따라 여가활동 참여율이 감소하며 특히 75세 이후는 급격히 감소하는 현상을 보이고 있다.

표 10-4. 노인이 참여하는 사회단체 종류 (단위: %)

구분		전체 참여율	친목 단체	종교 단체	문화 단체	레저 스포츠 단체	시민 사회 단체	이익 정치 단체	봉사 단체	학습 단체
지역	도시	77.6	57.2	48.7	1.5	4.5	1.3	0.7	4.0	5.5
	농어촌	77.9	65.0	38.9	0.5	3.0	1.9	0.2	2.4	4.6
성별	남	78.1	67.8	32.4	1.0	6.8	2.8	1.1	4.1	3.9
	여	77.4	53.5	55.4	1.3	2.0	0.6	0.1	2.9	6.1
연령	65~69세	78.6	61.9	44.4	0.7	4.5	1.3	0.4	3.3	4.9
	70~74세	77.4	57.7	46.6	1.1	3.0	2.2	0.4	3.0	7.2
	75~79세	72.9	51.1	44.6	0.4	1.4	2.1	0.3	1.7	7.4
	80~84세	66.3	40.8	42.6	0.5	0.3	0.8	0.3	1.1	6.3
	85세 이상	53.6	32.2	34.7	0.5	0.4	0.4	0.0	0.2	2.6
	65세 이상	74.5	54.9	44.3	0.7	2.9	1.6	0.4	2.6	6.0

출처: 보건복지가족부·계명대학교산학협력단(2009), 2008년도 전국노인생활실태 및 복지욕구조사.

표 10-5. 노인의 사회단체 참여 빈도 (단위: %)

사회단체	주 4회 이상	주 1~2회	월 1~2회	3개월 1~2회	연 1~2회
친목단체	6.1	7.3	45.3	7.3	6.1
종교단체	11.0	44.5	11.5	10.9	22.0
문화단체	6.8	50.7	17.9	16.1	8.5
스포츠레저단체	17.6	29.3	43.3	6.0	3.8
시민사회단체	17.3	18.1	39.0	11.9	13.7
이익정치단체	0.0	11.3	50.8	14.4	23.5
봉사단체	7.3	29.9	44.3	9.6	8.9
학습단체	14.3	53.6	20.4	3.9	7.9

출처: 보건복지가족부·계명대학교산학협력단(2009), 2008년도 전국노인생활실태 및 복지욕구조사.

여가활동 참여에 장애가 되는 요인으로 ① 건강문제(41.6%), ② 비용 부족(20.6%), ③ 장소나 시설 부족(16.8%), ④ 정보나 지식의 부족(4.8%)을 지적하고 있다. 향후 이용하고 싶은 여가 프로그램으로는 ① 운동이나 건강관리(25.0%), ② 노래/오락(19.9%), ③ 여행/관광/등산/낚시(8.9%), ④ 사교(7.8%), ⑤ 새로운 지식이나 교양/교육(5.9%), ⑥ 노인상담/노인복지(4.0%), ⑦ 사회봉사활동(3.5%), ⑧ 기술교육(2.3%)을 들었다(이가옥 외, 1994).

노인들이 참여하는 사회단체 종류로는 친목단체와 종교단체가 주를 이루고 다른 사회단체는 아주 적은 편이다(표 10-4 참조). 사회단체에 참여하는 빈도를 살펴보면 표 10-5와 같다. 노인들의 사회단체 참여 빈도는 참여하는 단체별로 주 1회 이상 참여하는 경우를 기준으로 학습단체 67.9%, 문화단체 57.5%, 종교단체 55.5%, 스포츠레저단체 46.9%, 봉사단체 37.2%, 시민사회단체는 35.4%, 친목단체 13.4% 정도다(보건복지가족부·계명대학교 산학협력단, 2009). 종교단체를 제외하고 친목단체에는 노인들의 참여 비율은 높지만 실제 참여 빈도는 아주 낮은 반면, 참여 비율이 낮은 단체의 경우는 오히려 참여 빈도는 높은 편이라 할 수 있다.

7 노인여가시설 현황

노인여가시설은 노인이 여가활동을 즐길 수 있는 모든 시설로서 일반 성인이 이용하는 시설(공원, 고궁, 능원, 박물관, 사찰, 영화관, 스포츠시설, 사설 유흥장 등)을 포함하여 경로당(노인정), 노인교실, 노인학교 또는 노인대학, 노인복지회관, 노인휴양소 등을 총칭하지만, 여기서는 참여자나 이용대상자가 노인이 되는 경로당(노인정), 노인교실, 노인복지회관을 노인여가시설로 한정하여 설명하기로 한다. 현재 노인복지법에서도 노인여가복지시설을 ① 경로당, ② 노인복지관, ③ 노인교실의 세 가지로 분류하고 있다.

1) 경로당(노인정)

경로당은 1950년대 초부터 도시와 농촌에 건립되기 시작하여 현재는 동네나 아파트 단지마다 하나씩 있을 정도가 되었다. 2018년 12월 현재 전국에 6만 6,286개소의 경로당이 있고, 60세 이상 노인 중 약 150만 명 이상이 이용하고 있는 것으로 추정된다. 2018년 현재의 현황도 1997년과 큰 차이가 없을 것으로 생각하여 1997년 한국노인문제연구소(박재간, 1997)에서 전국의 1,800개 경로당을 표본으로 추출하여 조사한 경로당 실태를 살펴보고자 한다.

경로당은 회원제로 운영되며, 이용자의 월 회비는 주로 2~3만 원 정도다. 건물 규모는 20평 미만이 전체의 31.6%, 20~29평이 31.1%, 30평 이상은 37.3% 정도로 상당히 협소한 편이다. 경로당 운영비의 수입처(복수응답)는 정부보조(80.5%), 회비(72.4%), 찬조금(42.9%), 자체수익사업(24.1%)이었다. 운영비의 지출처(복수응답)는 연료비(90.5%), 회원관리비(55.9%), 공공요금(48.2%), 건물 수리비(27.8%)였다.

이용자는 65~69세가 29.0%, 70~74세가 40.1%, 75~79세가 22.6%였다. 이용자의 교육수준은 초등학교 이하가 46.2%, 중·고등학교가 42.1%였다. 경로당의 1일 이용자 수는 규모에 따라 다르지만 10명 내외가 40.0%로 가장 많았고, 20명 내외가 32.4%, 30명 내외 또는 그 이상이 28.5%였다. 상당 수(14.7%)의 경로당에는 기숙하

표 10-6. 경로당 프로그램 (단위 : %)

프로그램	제공 경로당 비율	프로그램	제공 경로당 비율
용돈 벌이(공동작업)	24.5	노인건강관리	10.0
사회봉사활동 참여	73.8	서예/꽃꽂이	2.4
바둑/장기/화투	85.5	여행/소풍	54.2
라디오/텔레비전 시청	73.8	기타	3.0
게이트볼	11.1	없음	3.4

출처: 박재간(1997), 경로당 운영의 실태 및 정책 방향.

표 10-7. 경로당 활성화 프로그램

분야	내용
자원봉사활동	경로당 이용 노인을 중심으로 지역사회 청소와 재활용품 수집, 청소년 안전지킴이 등의 봉사활동 수행
공동작업장 운영	경로당을 중심으로 지역 특성에 맞는 일거리를 확보하여 공동으로 생산활동에 참여
노후생활교육	노후생활, 정보통신 등 다양한 교육을 실시하여 노인들에게 건전한 여가선용 기회 제공
레크리에이션 활동	노래교실 등 각종 레크리에이션 활동
건강운동 활성화	노인들의 신체적·정서적 건강 유지 및 증진을 위한 건강운동 프로그램
노인복지관 연계 프로그램 운영	노인복지관을 경로당과 연계시켜 경로당 이용 노인들에게 필요한 건강관리, 사회활동 서비스, 교양·오락 프로그램, 경로당 개·보수 등 환경개선사업 등을 수행
기타	지역 특성에 맞는 각종 활동

출처: 보건복지가족부(2010), 2010년 노인보건복지사업안내.

고 있는 노인이 1~4명 정도 있었다. 경로당에서 제공되고 있는 프로그램을 표 10-6에 나타난 것으로 판단하면 조직적으로 기획하여 제공되는 프로그램은 전무한 실정인 것 같다.

이상의 경로당 조사 현황으로 미루어 보면 경로당은 지역사회에서 노인들이 가장 쉽게 접근할 수 있는 노인여가시설이지만 ① 시설의 협소·미비, ② 운영재원의 부족, ③ 조직적 프로그램의 전무, ④ 지역사회 주민들의 지원과 관심 결여 등으로 지역사회의 노인여가시설로서 제구실을 못하고 있는 것으로 보인다. 표 10-7과 같이 정부에서 2000년부터 경로당과 지역사회 노인복지관이나 사회복지관을 연계하여 경로당에서 조직적인 프로그램이 제공되도록 하고 있으나 아직도 극히 일부 경로당에만 한정되고 있을 뿐이다.

2) 노인복지관

노인복지관은 노인복지법에서 노인여가시설로 규정되어 있는 시설로서 무료나 저렴한 요금으로 노인에 대한 각종 상담에 응하고, 건강 증진, 교양, 오락 등 기타 노인복지 증진에 필요한 편의를 제공하고 있다. 노인복지법에 규정된 노인복지관은 중앙정부로부터 재정지원을 받는 경우도 있지만 주로 지방자치단체(광역 및 기초 자치단체)의 재정지원으로 건립·운영되고 있다. 2005년부터는 중앙정부의 분권교부세로 노인복지관 신축비용을 지원하고 있다. 2018년 12월 현재 노인복지관은 전국에 385개가 있다. 특히 도시지역에는 시 또는 구 단위마다 거의 1개의 노인복지관이 설치되어 있다. 우리나라의 노인복지관은 많게는 40~50개 정도의 다양한 프로그램을 시행하고 있는데(표 10-8 참조), 이는 선진국보다도 앞선 특이한 모형이라 할 수 있다. 복지관 이용회원으로 등록된 노인은 복지관당 평균 6,000명이 넘는다.

3) 노인교실(노인학교 또는 노인대학)

1972년 서울평생교육원이 우리나라 최초의 노인학교로 설립된 이후에 1970년대 중반부터 전국적으로 노인학교 설립 붐이 일어나기 시작하여(정지웅·김동일, 1984), 2018년 12월 현재 전국에 1,342개(보건복지가족부에 등록된 수치임)의 노인교실이 설립되어 있다. 현재 보건복지부에 등록된 노인교실보다 등록되지 않은 노인교실이 더 많을 것으로 추정된다. 노인교실은 ① 사회복지관 및 노인복지관, ② 대한노인회, ③ 대학 및 대학부설 평생교육원, ④ 종교단체, ⑤ 평생학습관, ⑥ 기타 시설(지방자치단체, 농촌진흥청, 농업협동조합 등)이 설립·운영하고 있다(한정란 외, 2008).

노인교실은 대체로 교양교육, 건강문제, 재산관리, 여가활동, 노후 적응, 노후 준비 등에 관한 내용을 제공하고 있으나 운영주체에 따라 그 내용과 질에 격차가 크다. 대학이나 대학부설 평생교육원에서 제공하는 프로그램의 질이 가장 높은 편이

표 10-8. 노인복지관의 주요 사업과 프로그램

대상	사업		세부 프로그램
노인	1. 평생교육 지원		한글교실, 외국어교실, 교양교실, 정보화교육, 역사교실 등
	2. 취미여가 지원		음악(노래교실, 민요·풍물교실, 댄스교실 등), 미술(서예, 수공예, 풍선아트), 원예, 다도교실, 연극, 레크리에이션, 운동, 바둑, 장기, 당구, 탁구 등
	3. 고용 지원		노인일자리사업, 고령자 취업 알선, 취업자 사후 관리, 공동작업장, 은퇴준비교육 등
	4. 소득 지원		후원금 연결, 은퇴 후 경제생활 적응, 경제교육 등
	5. 건강생활 지원	건강증진 지원	건강교육, 건강상담, 건강교실(건강체조, 기체조, 요가 등), 독거노인지원사업(기존 재가사업), 이미용, 특수목욕, 노인건강운동 등
		급식 지원	경로식당(중식 서비스), 밑반찬·도시락 배달, 푸드뱅크 등
		기능회복 지원	물리치료, 양방·한방 진료, 작업치료, 운동재활, ADL 훈련 등
		요양 서비스	치매·중풍 환자 프로그램, 주·야간 보호, 단기보호, 그룹홈, 장제 서비스 등
	6. 정서생활 지원		노인문제 상담, 복지정보 및 상담, 전문상담(경제, 법률, 성 등), 종교행사, 죽음준비교육 등
	7. 사회참여 지원		노인자원봉사 활성화사업, 지역봉사활동, 교통안전봉사, 동아리 지원, 교통편의 서비스
	8. 경로당 혁신 프로그램		경로당활성화사업, 경로당 임원 리더십 강화사업, 경로당 주거환경 개선사업 등
	9. 주거 지원		주택수리사업, 주거환경 개선사업(도배 등)
가족	10. 가족기능 지원		가정봉사원 파견, 방문간호, 돌보미바우처, 독거노인생활지도사 파견 사업 등
	11. 가족통합 지원		가족상담, 가족관계 프로그램, 가족캠프, 세대 통합 프로그램 등
지역사회	12. 지역자원 개발		자원봉사자 발굴·관리, 후원자 개발, 외부 재정지원기관 사업 수탁 등
	13. 지역복지 연계		지역 복지기관 연계, 지역협력사업(경로행사, 나들이) 등
	14. 노인권익증진사업		정책건의, 노인인권 옹호, 노인인식개선사업, 편의시설 설치 등
노인복지관 조직	15. 운영 관리		인사·재정·시설 관리 등
	16. 사업 관리		프로그램 개발, 실행, 점검, 평가, 보완 등
	17. 연구개발		사업기획, 조사연구, 실습지도, 출판, 홍보, 자문(운영)위원회 등

주 : 기타 제시되지 않은 사업은 자체 수행 가능.
출처 : 보건복지가족부(2010), 2010년 노인보건복지사업안내.

고, 사회복지관과 노인복지관 및 평생학습관, 기타 기관도 상당한 수준이지만 대한노인회나 종교기관의 경우는 수준이 낮은 편이다.

노인교육에 대한 개념이 사회 전반적으로 정립되지 못한 상태에다 노인교실에 대한 정부지원이 부족하고 체계적인 학습 프로그램이 개발되지 못하여 교육목표, 교과목, 교육시간, 교육기간 등이 체계적인 경우는 많지 않은 실정이다.

8 여가 프로그램 증진방안

우리나라 노인의 여가활동과 여가시설의 실태로 살펴본 ① 경제적 여유 부족, ② 여가시설의 부족, ③ 여가시설의 조직적 프로그램 미비, ④ 여가에 대한 사회화의 부족, ⑤ 노인 여가활동의 모델 부재 등의 문제점을 개선하여 노인들의 여가 프로그램 참여를 증진시킬 수 있는 방안은 정부, 지역사회, 가족·개인 차원에서 접근해야 할 것이다.

1) 정부 차원의 접근방안

① 노년기에 대한 국가와 국민의 시각이 변화되어야 한다. 인생 80년이 보편화되고 있고 노인의 경제적 여유가 향상되고 있으므로 국가는 개인으로 하여금 노후의 여가활동에 대한 준비를 학교교육과 사회교육을 통하여 의식화시키는 것이 필요하다.

② 2005년부터 중앙정부가 노인복지관 건립을 지원하고 있으나 노인복지관이 적어도 전국 230여 개 시·군·구 단위에 하나 이상 설립되도록 중앙정부와 지방정부의 재정 지원이 이루어져야 한다. 노인복지관은 지역사회의 노인을 위한 가장 중요하고 인기 있는 다목적 서비스 기관으로 자리매김하고 있기 때문에 지역이 넓고 교통이 불편한 경우는 노인복지관 분관을 건립하고 운영비용을 지원하는 것도 바람직하다.

③ 노인복지법상 노인여가복지시설로 규정되어 있는 노인교실의 프로그램 개발에 정부의 지원이 있어야 하며, 특히 국가에서 노인학교 교육과정과 교재를 개발해 저렴한 가격으로 제공하는 것이 바람직하다. 우리의 전통적인 경로의 가치관을 살리는 의미에서, 지역사회의 일반 노인을 위한 대표적인 복지시설인 경로당과 노인교실이 지역사회 속에 뿌리를 내리고 발전할 수 있도록 정부의 법적·행정적 지원이 있어야 한다.

④ 사회복지와 사회교육을 전공한 유능한 인재를 지방 공무원으로 채용하여 사회복지적인 전문인력을 확보하고 노인복지 프로그램을 계획·지도할 수 있도록 하는 것이 필요하다.

⑤ 사회복지 시설과 기관의 기부금에 대한 면세 범위를 확대하도록 세제를 개정해 지역사회 노인여가시설(특히 경로당과 노인교실)에 대한 지원을 활성화하는 것이 바람직하다.

⑥ 국가 차원의 자원봉사활동 조직화 기구를 설치하고 그 기구 아래에 노인 자원봉사활동 조직화 기구를 설치하여 자원봉사에 대한 체계적이고 사회운동 차원에서 접근이 이루어질 수 있도록 하는 것도 시급하다.

2) 지역사회 차원의 접근방법

① 지역사회복지를 위한 활동에 공헌할 수 있는 종교기관(특히 교회나 사찰), 일반 사회단체나 기업체 등이 노인복지활동을 위해서 장소 제공, 인적·물적 지원 등을 할 수 있도록 유도되고 고무되어야 할 것이다.

② 지역사회의 여가시설과 노인교육시설은 전체 프로그램이 노인을 위한 유용한 사회화 도구가 되는 점을 감안하여 산업사회의 변천에 맞는 새로운 노인활동과 역할규범을 개발하는 면에도 큰 의의를 두어야 할 것이다.

③ 지역사회의 노인복지활동을 활성화하기 위하여 지역의 영향력 있는 노인과 일반 국민들의 적극적인 참여로 지도력이 향상되어야 한다. 지도력은 지역사회 내의 여러 가지 자원을 동원하는 것과 직결되기 때문에 이 점에 특별히 유의해야 할 것이다.

④ 대중매체(특히 신문, 텔레비전, 라디오 등)는 노인복지에 관심을 가지고 노인에게 필요한 새로운 역할상의 정립을 계몽하고 각종 복지활동과 프로그램을 소개하는 것을 주요한 사회적 기능으로 인식하여 협조할 수 있어야 한다.

⑤ 노인교육 및 여러 시설 프로그램의 일부를 저녁 또는 밤에 실시하면 자원봉사자를 포함한 인적 자원을 훨씬 더 쉽게 지원받을 수 있을 것이다.

3) 가족 · 개인 차원의 접근방법

① 노인 자신이 적극적으로 지역사회의 노인 여가 프로그램에 참여해야 할 것이다. 노인의 학습능력은 약화되고 있지만 학습이 불가능한 것은 아니므로 프로그램의 참여를 통하여 여가시간 활용 방법을 배우는 것이 중요하다.

② 가족들은 노인의 교육·여가의 욕구 등을 잘 파악하여 노인이 그러한 욕구를 경제적으로 큰 부담 없이 즐길 수 있도록 정보와 기회를 제공하고 참여를 격려해야 한다.

9 노인의 자원봉사활동

자원봉사활동(volunteer activity)은 다른 사람을 도우려는 목적으로 자발적으로 금전적 이득을 취하지 않고 오락이나 기분전환과는 다른 어떤 활동을 하는 것을 말한다(Sharpe, 2005). 노인들이 자원봉사활동에 참여하도록 동기부여를 하고 자원봉사활동을 조직화하고 자원봉사활동의 기회를 제공하는 것은 선진국의 경험에서 얻을 수 있는 가장 현명한 인구 고령화 대처방안의 하나다. 선진국에서 고령화사회 대처방안으로 제시하는 가장 효과적인 방법은 일하기를 원하는 노인에게는 일할 기회와 여건을 마련해 주고 일하기를 원치 않는 노인에게는 일생을 통해 연마해 온 지식과 기술을 활용하여 자원봉사를 할 수 있는 기회와 여건을 제공함으로써 활동적 노화(active aging)와 성공적 노화(successful aging)를 추구하면서 삶의 의미와 보람을 느끼게 하는 것이다.

노인들이 자원봉사활동에 참여하도록 동기를 부여하고 참여 기회를 부여하고 참여 여건을 만들어 주는 것은 고령화사회의 중요한 국가적·사회적 과제이고 이는 한 사회가 성숙한 시민사회로 발전하기 위한 중요한 조건이 된다.

우리나라는 전반적으로 자원봉사활동 참여가 점차 활성화되고는 있으나 선진국에 비하면 참여율과 사회적 인식과 제도 등이 상당히 뒤처져 있다. 인생 80년이 보편화되면서 연장되고 있는 노년기를 개인적으로 의미 있고 보람차게 보내고, 또한 사회적으로는 평생을 통해 쌓아 온 노인들의 지식과 기술과 경험을 사회적 자원으로 활용하고, 나아가 노인을 사회 속에 계속 통합시켜 나가는 중요한 방법으로서 노인의 자원봉사활동 참여는 중요한 의미를 갖는다.

우리나라 노인들의 자원봉사활동 참여율은 4% 정도에 그치고 있어(정경희 외, 2005), 노인 자원봉사활동을 개인·지역사회·국가사회 차원에서 활성화시키는 것은 대단히 중요한 과제라 할 수 있다.

중년기 이후 자원봉사활동 참여를 활성화하는 의미에서 노인 자원봉사활동 참여 현황, 노인 자원봉사활동의 이점과 참여 분야, 노인 자원봉사활동 활성화 과제를 제시해 보고자 한다.

1) 노인의 자원봉사활동 활용 시간과 자원봉사활동 참여 의지

노인이 실제로 일상생활에서 봉사활동에 하루에 평균 1분 정도 사용하고 있는 것으로 나타났는데(통계청, 2004), 이는 다른 활동에 비하여 대단히 적은 시간이며 노인들의 자원봉사활동 참여 정도가 아주 낮다는 것을 의미한다. 2009년 사회조사 결과에 의하면 65세 이상으로 자원봉사에 참여 경험이 없는 노인 중 향후 기회가 주어지면 자원봉사활동을 하겠다는 노인은 4.8%에 불과하였다(통계청, 2009b). 이는 노인들이 자원봉사활동의 가치를 잘 이해하지 못하거나 동기화되어 있지 않거나 사회적 여건의 부족 등 여러 가지 요인 때문에 자원봉사활동으로 여가시간을 보내고 싶다는 비율이 극히 저조한 것으로 판단된다.

2) 노인의 자원봉사활동 참여 현황

2004년의 전국표본조사(정경희 외, 2005)에 의하면 65세 이상 노인 중 자원봉사활동에 참여하고 있는 노인은 4.0%에 불과했고 과거에 참여한 경험이 있는 경우는 10.7%로 노인들의 자원봉사 참여율은 대단히 저조한 편이다(표 10-9 참조). 그리고 65세 이상 노인 중 향후 자원봉사활동에 참여하겠다는 사람은 13.0%로 향후 자원봉사활동 참여가 약간 증

표 10-9. 노인의 자원봉사활동 참여 현황 (단위 : %)

구분		자원봉사활동 참여 여부			
		현재 하고 있음	과거에 참여했음	참여 않(았)음	계
지역	도시	4.3	12.3	83.4	100.0
	읍면	3.3	7.4	89.3	
성별	남	5.8	13.4	80.8	100.0
	여	2.8	9.0	88.2	
연령	65~69세	4.8	13.7	81.5	100.0
	70~74세	4.0	10.2	85.8	
	75세 이상	3.0	7.2	89.8	
계		4.0	10.7	85.3	100.0

출처: 정경희 외(2005), 2004년도 전국노인생활실태 및 복지욕구조사.

표 10-10. 노인의 자원봉사활동 참여 희망 정도와 빈도 (단위 : %)

구분		참여 희망률	자원봉사활동 희망 참여 빈도						
			주 5회 이상	주 3~4회	주 1~2회	월 2~3회	월 1회	기타	계
지역	도시	13.8	8.2	5.7	40.0	12.8	31.9	1.4	100.0
	읍면	11.2	4.6	1.8	26.6	19.3	44.0	3.7	100.0
성별	남	19.6	7.0	6.1	35.3	18.8	30.6	2.2	100.0
	여	8.8	6.8	2.5	37.8	8.1	43.0	1.9	100.0
연령	65~69세	19.1	4.8	5.6	39.4	14.7	33.3	2.2	100.0
	70~74세	12.3	6.3	3.6	30.6	13.5	44.2	1.8	100.0
	75세 이상	5.5	17.6	3.9	35.3	15.7	25.5	2.0	100.0
계		13.0	7.0	4.6	36.4	14.4	35.5	2.1	100.0

출처: 정경희 외(2005), 2004년도 전국노인생활실태 및 복지욕구조사.

표 10-11. 노인의 향후 자원봉사활동 참여 희망 분야 (단위 : %)

구분		사회 복지	지역사회 봉사	교통/ 환경	스포츠/ 레크리에이션	교육/ 문화예술	보건 의료	국제 협력	계
지역	도시	24.2	51.4	9.9	3.2	5.6	3.9	1.8	100.0
	읍면	23.9	56.0	7.3	2.8	6.4	3.7	-	100.0
성별	남	14.0	55.7	14.5	2.6	7.5	3.5	2.2	100.0
	여	38.7	49.1	1.8	3.1	3.7	3.7	-	100.0
연령	65~69세	26.3	48.3	9.5	3.4	6.5	4.3	1.7	100.0
	70~74세	22.7	62.7	7.3	0.9	1.8	3.6	0.9	100.0
	75세 이상	18.0	52.0	12.0	4.0	12.0	2.0	-	100.0
계		24.2	52.9	9.2	2.9	5.8	3.7	1.3	100.0

출처: 정경희 외(2005), 2004년도 전국노인생활실태 및 복지욕구조사.

가할 것으로 보인다. 향후 자원봉사활동 참여 희망자의 참여 빈도를 보면 주 1~2회 36.4%, 월 1회 35.5%, 월 2~3회 14.4%, 주 5회 이상 7.0%의 순으로 많았다(표 10-10 참조).

2004년의 같은 조사에서 향후 노인들이 자원봉사를 하고자 할 경우 희망하는 봉사활동 분야를 알아 본 결과 지역사회 봉사 분야 52.9%, 사회복지 분야 24.2%, 교통·환경 분야 9.2%, 교육·문화·예술 분야 5.8%, 보건의료 분야 3.7% 순으로 많았다(표 10-11 참조).

노인들이 자원봉사활동에 참여하지 않는 이유는 2005년 조사에서 나타난 바에 의하

표 10-12. 노인이 자원봉사 참여를 희망하지 않는 이유 (단위 : %)

구분		시간 부족	건강 나쁨	원치 않음	필요성 못 느낌	심리적 부담	봉사할 곳 모름	봉사할 곳 멈	할 활동 없음	기타	계
지역	도시	16.1	47.1	26.2	3.4	4.9	0.6	-	1.3	0.4	100.0
	읍면	19.5	43.2	27.8	3.5	3.5	0.8	0.2	0.9	0.6	100.0
성별	남	23.0	33.7	31.0	4.3	4.8	0.9	-	2.0	0.3	100.0
	여	14.0	52.6	24.3	2.9	4.2	0.6	0.1	0.7	0.6	100.0
연령	65~69세	27.0	38.1	23.0	3.7	5.1	0.8	0.1	1.6	0.6	100.0
	70~74세	15.4	46.3	28.2	3.3	5.1	0.4	-	0.9	0.4	100.0
	75세 이상	7.7	54.2	29.7	3.1	3.0	0.8	0.1	0.9	0.5	100.0
계		17.2	45.8	26.7	3.4	4.4	0.7	0.1	1.2	0.5	100.0

출처: 정경희 외(2005), 2004년도 전국노인생활실태 및 복지욕구조사.

표 10-13. 미국의 55세 이상 자원봉사활동 참여 현황

구분	55세 이상	55~64세	65~74세	75세 이상
자원봉사 참여자 비율(%)	47.5	50.3	46.6	43.0
자원봉사자 수(백만 명)	27.7	11.9	8.5	7.1
주당 평균 자원봉사시간(시간)	3.3	3.3	3.6	3.1
연간 총자원봉사시간(시간)	48억	20억	16억	11억
봉사시간의 환산 가치(달러)	712억	297억	237억	163억

출처 : Independent Sector(2000), Giving and volunteering in the United States.

면 건강문제 45.8%, 본인이 원치 않음 26.7%, 시간부족 17.2%, 심리적 부담감 4.4%, 필요성 못 느낌 3.4% 순으로 많았다(표 10-12 참조).

참고로 미국 노인의 자원봉사활동 참여 현황을 살펴보면, 표 10-13과 같이 55세 이상인 미국인 중 절반 가까이(47.5%)가 자원봉사활동에 참여하고 있음을 알 수 있다. 55~64세는 약 50%, 65~74세는 약 47%, 75세 이상도 43%나 자원봉사활동에 참여하고 있다. 55세 이상 봉사자는 주당 평균 3.3시간 봉사하고 이들의 연간 봉사시간의 가치를 현금으로 환산하면 712억 달러(71조 2천억 원; 달러와 원을 1 : 1000으로 환산함)에 해당된다.

표 10-14. 연간 자원봉사활동 시간과 가치

구분	1999	2002	2005	2008
1개월 자원봉사자 1인의 주간 평균 자원봉사시간	3.6시간	3.24시간	1.95시간[1)]	2.91시간[1)]
조사대상 자원봉사자 1인의 주간 평균 자원봉사시간	2.1시간	1.9시간	1.02시간[2)]	1.73시간[2)]
총자원봉사자의 연간 총자원봉사시간	4억 9,892만 시간	5억 3,237만 6,609시간	3억 8756만 3699시간[3)]	6억 6518만 7645시간[3)]
총자원봉사자의 연간 자원봉사활동의 금전적 가치	2조 7,141억 원	3조 6,196억 원	3조 1,710억 원[4)]	7조 3,896억 원[4)]
GDP(국내총생산) 대비 비율	0.56% (487.184조 원 –1998년)	0.6% (600.866조 원 –2001년)	0.46% (693.995조 원 –2004년)	0.93% (798.057조 원 –2007년)

주: 〈2008년도 환산액 계산방법〉
1) 1개월 자원봉사자 237명의 월간 총자원봉사시간=2,993시간
2) 1개월 자원봉사자 1인당 주간 평균자원봉사시간=2,993시간÷237명×12개월÷52.14주=2.91시간
3) 1년 자원봉사자 1인당 주간 평균자원봉사시간=(2.91시간×11.9%)÷20%=1.73(약 1.7시간)
1.73시간×7,374,406명(연간 자원봉사자 추정치)×52.14주(1년)= 665,187,645시간
4) 전산업 남녀 시간당 평균임금(11,109원)×665,187,645시간=7,389,569,548,300원
전산업 남녀 시간당 평균임금=월평균임금(2,127,430원)/191.5시간(월평균 근로시간 수)=11,109원
※ 월평균임금은 노동부(2007), 임금구조 기본통계 조사보고서 참조.
출처: 볼런티어21(2008), 2008 전국자원봉사활동 실태조사.

우리나라의 경우 2008년 볼런티어21의 조사에서 자원봉사활동을 화폐가치로 환산한 것을 보면 그 가치가 대단히 큰 것을 알 수 있다. 2008년도 조사 결과를 바탕으로 전국 자원봉사활동 참여자 수를 추정하여 이를 화폐가치로 환산한 결과는 7조 3,896억 원에 이르렀고 2007년도 국내총생산(GDP)의 0.93%에 해당하는 것으로 계산되었다(표 10-14 참조).

3) 자원봉사활동 참여 이유

우리나라 노인들이 자원봉사활동에 참여하는 이유에 대한 조사가 없어 미국 노인들에 대한 조사에서 나타난 바를 소개하면 다음과 같다(Sharpe, 2005). 문화에 따라 약간의 차

이가 있기는 하겠지만 큰 차이는 없을 것으로 본다.

① 퇴직 전에는 주로 받는 활동(예 : 봉급)을 했다면 퇴직 후 활동은 주는 것이 되어야 한다.
② 도움을 필요로 하는 사람들에 대한 연민의 감정을 높여 준다.
③ 자신이 다른 사람에게 쓸모 있고, 남을 돕고, 좋은 일을 하는 방법이 된다.
④ 봉사활동이 즐겁고 자기가 필요한 사람으로 느끼게 하고 감사하는 느낌을 받는다.
⑤ 자신과는 달리 어렵고 불행한 사람을 도울 수 있다.
⑥ 봉사활동에 대한 깊은 개인적 흥미를 느끼기 때문이다.
⑦ 인생에 대한 새로운 시각을 얻을 수 있다.
⑧ 자신의 개인적 성장이 이루어진다.
⑨ 자존감과 자신감을 키워 준다.
⑩ 자신이 능력이 있음을 느끼게 해 준다.
⑪ 자기 성취와 만족감을 발견한다.
⑫ 자기 문제를 해결하는 능력을 발전시켜 준다.
⑬ 대인관계 기술을 얻음으로써 인생을 풍부하게 해 준다.
⑭ 리더십과 문제해결능력을 발휘하게 해 준다.
⑮ 새로운 사람들을 만나고 사람에 대한 오해와 불신과 두려움을 없애 준다.
⑯ 자신을 지역사회에 계속 연결시켜 준다.
⑰ 자신의 경험과 전문성과 지혜를 끌어내어 새로운 방향으로 연결시키고 어려운 처지에 있는 다른 사람들과 나눈다.
⑱ 창의력을 발휘하고, 새로운 기술을 배우고, 인생의 활력과 열정을 새롭게 한다.

4) 자원봉사활동 참여의 이점

55세의 이른 나이에 직업활동에서 물러선다는 사실이 많은 아쉬움과 불안을 안겨 줄지 모르나, 정년퇴직은 엄연한 현실인 만큼 시간제약과 의무의 속박인 일에서 벗어나 새로운 일을 위해 물러나는 것이라는 긍정적인 태도를 갖고 자원봉사활동에 참여하는 것이 바람직하다. 노년기에 주어진 여가시간의 일부 또는 전부를 자원봉사활동에 참여하여

미국 노인을 위한 자원봉사 프로그램

미국민은 연간 평균 52시간을 자원봉사에 활용하고 있으며, 2007년 현재 16세 이상 인구 중 26.2%가 자원봉사활동에 참여하고 있어 참여자 비율도 세계에서 가장 높다. 노인들은 전 국민을 대상으로 하는 다양한 자원봉사단체에 참여할 수 있지만, 특히 노인을 대상으로 하는 자원봉사단체에 참여하여 활발하게 활동하고 있다. 미국의 노인 자원봉사 조직화 기관으로 가장 큰 조직은 Senior Corps(시니어군단)다. 미국에서 가장 큰 자원봉사단체인 National & Community Service의 산하기관 또는 협력기관이라 할 수 있는 Senior Corps에는 55세 이상 50여만 명이 참여하고 있고, 다음과 같은 세 가지 중요한 자원봉사 프로그램을 운영하고 있다.

[1] 조부모 양연 프로그램(Foster Grandparent Program)

60세 이상의 시니어를 경제적 도움 이외 여러 가지로 도움이 필요한 아동과 청소년과 연결시켜 이들의 멘토(mentor)가 되기도 하고 여러 가지 문제를 해결하는 데 적극적으로 도움을 주고 있다.

[2] 지역사회 시니어 동반자 프로그램(Senior Companion Program)

60세 이상의 시니어를 지역사회에 거주하고 있는 같은 시니어와 연결하여 일상생활에 여러 가지로 불편을 겪고 있는 사항을 도와주고 있다(예 : 시장보기와 병원방문 동행, 의사와의 접촉 도움, 말벗 등으로 도와주는 활동).

[3] 은퇴 시니어 자원봉사 프로그램(Retired and Senior Volunteer Program)

55세 이상의 시니어들이 자신들의 지식과 경험을 살려 지역사회의 다양한 서비스 조직에 도움을 제공하고 있다(예 : 병원, 레크리에이션 센터, 경찰서, 학교 등에 필요한 자원봉사활동).

보내는 것이 자기 자신과 사회에 어떠한 이익과 의의가 있는가를 살펴보기로 한다.

(1) 개인에게 주는 이익

① **상실된 사회적 지위와 역할 보충 :** 퇴직으로 상실한 사회적 지위와 역할을 보충해 준다. 자원봉사활동에 참여함으로써 사회의 일원이라는 지위와 그러한 활동의 구체적 조직 속에서 새로운 지위(예: 회장, 부회장, 봉사부장, 연구위원, 섭외위원 등)와 함께 맡겨진 일을 더 자발적이고 기쁜 마음으로 할 수 있게 된다.

② **자신의 사회적 가치성 회복·유지 :** 자원봉사활동 참여는 사회의 일선에서 물러나 자칫하면 상실되기 쉬운 자신의 사회적 가치성을 회복하거나 유지할 수 있게 해 주어서 아직도 자신이 사회에 유용하고 중요한 존재가 되고 있다는 느낌을 갖게 한다. 아직도 신

체적·정신적으로 건강하고 능력도 있는데 사회의 일선에서 물러서야 한다는 데 대한 아쉬움이 컸던 사람들에게는 자원봉사활동 참여는 심리적으로 큰 유익을 가져오게 될 것이다. 심리학자 Erikson은 중년기의 중요한 발달과업으로 생산성(generativity)과 침체성(stagnation)을 말하고 있는데, 이는 비단 중년기뿐만 아니라 다음 단계인 노년기까지 연결되는 발달과업으로 보고 있다. 생산성은 생산적이고 창의적이 되고, 생의 의미를 찾고, 세대를 넘어 다른 사람과 연결되는 것을 말하는데 자원봉사활동은 바로 이런 발달과업의 달성에 크게 도움을 줄 수 있다는 것이다(Fisher & Shaffer, 1993).

③ **긍정적 자아상 유지**: 자원봉사활동 참여는 노년기의 자아상을 긍정적으로 유지시켜 주고 자존심을 유지·향상시켜 줄 수 있다. 퇴직은 직업상의 지위뿐 아니라 직업과 관련되어 가졌던 여러 가지 지위마저도 상실하고 가정에서는 생계유지자로서의 지위도 잃어버리므로 자칫하면 자기 자신을 부정적으로 평가하고 자존심이 크게 손상당하게 되는데 사회봉사활동의 참여는 자아상과 자존심을 유지하는 데 큰 도움을 줄 수 있다.

④ **자기효능감 확인**: 자원봉사활동 참여는 노인이 아닌 다른 사람들이 노인을 보는 인상을 새롭게 하는 데 도움이 되는 것은 물론 노인 스스로 노인을 보는 인상도 새롭게 긍정적으로 만든다. 많은 경우에 노인은 자기 자신이 늙었다고 스스로 낙인을 찍음으로써 자신의 능력과 활동을 과소평가하여 "늙은 것이 무엇을 하겠느냐", "다 늙어서 무엇을 하겠느냐", "늙은이가 젊은이보다 나을 게 뭐가 있느냐" 등 자신에 대한 부정적 인상을 가지고 있다. 외국 노인들, 특히 서구의 노인들은 젊은이에 비해서 못할 바 없다고 생각하는 노인들이 훨씬 많지만 우리나라의 경우에는 그렇게 생각하는 노인들은 아주 적은 편이다. 자원봉사활동의 적극적인 참여는 자신들의 능력을 확인하고 사회의 뒷전에 물러서서 의기소침해 있는 많은 노인들을 활발한 사회생활의 물결 속으로 끌어들일 수도 있다.

⑤ **소외감 극복**: 자원봉사활동의 참여는 소외감을 극복하는 데 유익하다. 퇴직은 어떤 의미로는 사회에서 노인을 퇴장시키는 것으로 볼 수 있으므로 많은 경우에 사회로부터 소외당하는 느낌을 받기 쉽다. 사회봉사활동의 참여는 자신을 다시 사회 속에 참여시키므로 사회로부터의 소외감을 극복할 수 있게 해 준다.

자원봉사활동 참여 동기에 관한 이론

자원봉사활동 참여 동기를 설명하는 이론에는 대체로 다음의 여덟 가지가 있다(Fisher & Shaffer, 1993).

[1] **이타주의 동기(altruistic motivation)**
단순히 다른 사람을 돕고자 하는 동기에서 자원봉사활동을 하고자 함

[2] **이념적 동기(ideological motivation)**
특별한 이데올로기나 가치나 신념에 의해서 자원봉사활동을 하고자 함

[3] **이기적 동기(egoistic motivation)**
자신의 내적 갈등 해결수단으로나 다른 사람의 인정을 받기 위해 자원봉사활동을 하고자 함

[4] **물질적 보상 동기(material reward motivation)**
자신, 가족 및 이웃에 대한 선물, 세제감면, 자신보호, 주거환경 보호 등을 받기 위해 자원봉사활동에 참여하고자 함

[5] **지위 보상 동기(status reward motivation)**
어떤 직업을 얻기 위한 수단으로, 다른 사업이나 직업을 위한 훈련으로, 직위를 통한 개인 홍보 및 기관 및 단체 홍보, 개인적 영향력 행사 등을 위해 자원봉사활동에 참여하려 함

[6] **사회적 관계 동기(social relationship)**
다른 사람들을 만나고 알고 사귀고 친구가 되기 위해 자원봉사활동에 참여하려 함

[7] **여가시간 동기(leisure time motivation)**
단순히 여가시간이 나기 때문에 또는 여가시간을 보내기 위해 자원봉사활동에 참여하려 함

[8] **자기 성장 동기(personal growth motivation)**
개인적으로 무언가를 배우고 의미와 보람을 찾고 성장하기 위해 자원봉사활동에 참여하려 함

⑥ **자기성취와 자아실현 :** 자원봉사활동의 참여는 자기성장과 자아실현을 돕고 창의성과 책임성을 발휘할 수 있는 기회를 제공해 준다. 노년기는 인생의 마지막 단계지만 인생의 또 하나의 기간으로 인격적으로 성장하고 자신의 욕구를 더욱 크게 충족시킬 수 있는 시기다. 노년기에도 자기성취와 자아실현의 욕구를 가지며 이 욕구가 계속 충족되기를 바라고 있으므로 자원봉사활동의 참여는 어떤 의미에서는 지금까지 하지 못했던 일들을 자기의 계획 속에서 수행할 수 있게 해 준다.

⑦ **건강유지 :** 자원봉사활동 참여는 건강유지에도 도움이 될 수 있다. 미국의 여러 가지 연구결과에 의하면 노인 자원봉사자들은 비참여 노인들보다 일반적으로 더 좋은 건

강상태를 유지하고 있는 것으로 나타났다(Fisher & Shaffer, 1993).

⑧ **창의성과 책임감 발휘의 기회:** 자원봉사활동의 참여는 일의 수행을 위한 창의성을 발휘할 수 있는 기회를 제공하고, 일을 책임감 있게 수행할 수 있는 계기도 만들어 주어 자신을 옛날처럼 책임감 있는 존재로 느끼게 해 줄 수 있다.

⑨ **생활만족도 제고:** 노인의 자원봉사활동 참여는 노인의 생활만족도와 삶의 의욕을 높여 주는 결과를 가져올 수 있다(Fisher & Shaffer, 1993).

(2) 사회에 주는 이익

① **노인과 노화에 대한 긍정적 인상:** 자원봉사활동의 참여는 노화 또는 노인에 대한 인상을 긍정적으로 바꾸어 놓는다. 노화 과정은 개인에 따라 차이가 많고 또한 한 개인에게 있어서도 신체의 어떤 기능은 빨리 퇴화되는가 하면 어떤 기능은 아직도 건전한 상태에 있는 경우가 많다(예: 눈이 먼저 잘 보이지 않게 되지만 귀로 듣는 것은 문제가 없는 것 등). 그러므로 60세 또는 65세 이상이 되면 다 같은 정도의 노화의 상태에 있는 것이 아니라는 것을 사회에 보여 줄 수 있다. 또한 나이가 많아짐에 따라 모든 신체적·정신적 능력과 기능이 반드시 약화되거나 갑자기 약화되는 것이 아니어서 노령에도 불구하고 별 지장 없이 중년기 때나 다름없이 사회를 위해 일할 수 있다는 것을 사회 일반인들에게 보여 줌으로써 노화의 사실과 노인에 대해 긍정적으로 생각할 수 있는 계기가 될 수 있다.

② **사회에 대한 봉사와 발전에 기여:** 자원봉사활동 참여는 무엇보다도 사회에 봉사하고 사회를 발전시키는 데 공헌하게 된다. 긴 세월 동안 사회에서 생산적으로 활동해 온 경험과 그 가운데서 연마한 지식과 기술은 실로 가치 있는 것이 많으므로 특히 각자의 경험과 기술을 살릴 수 있는 사회봉사활동은 사회복지에 큰 공헌을 하고 나아가서 사회의 개선과 발전에 큰 기여를 하게 된다. 노인들의 이와 같은 사회봉사활동은 사회의 많은 젊은이들을 자극하여 젊은 시절부터 사회봉사활동에 참여할 수 있도록 하는 데도 도움을 줄 것이다. 노인이 사회복지를 위한 봉사활동에 자원봉사자로서 참여하는 것은 사회의 부족한 복지요원을 보충하는 데도 큰 의의가 있다. 특히 노인 스스로 노인을 돕는 일은 노인을 더 잘 이해할 수 있어 적절한 도움을 줄 수 있고, 도

움을 받는 노인의 입장에서도 친근감과 심리적 안정감을 가지고 도움을 받을 수 있어 크게 장려되어야 할 일이라고 생각된다. 노인이 노인을 돕는 일은 선진국에서 크게 인기 있는 봉사활동으로 인정되고 많은 노인들이 참여하고 있다.

③ **고령화사회의 대응책 :** 노인의 자원봉사활동 참여는 급속한 고령화로 증가되는 노인과 노년기의 연장에 따른 여러 가지 부정적 요인을 해결해 줄 수 있기 때문에 서구사회의 인구 고령화 경험의 귀중한 교훈으로 그리고 UN에서도 고령화사회의 대응책으로 널리 제안하고 있다(UN, 2002).

5) 인터넷을 이용한 가상 자원봉사활동(virtual volunteering)

자원봉사활동이라 하면 구체적으로 어떤 장소에서 일정한 시간에 봉사하는 것으로 알고 있다. 그런데 지난 20년간 정보화사회로의 급속한 진전에 따라 인터넷이 사람들의 생활을 지배하다시피 하고 있다. 다른 한편 현대사회는 다양한 사회제도가 생겨나고 개인의 생활도 복잡해지고 일정한 시기에 일정한 시간을 할애하여 특정한 장소에 모이는 것이 점차 어려워지고 있다. 이러한 상황에서 자원봉사활동을 필요로 하는 분야도 다양해지고 또한 자원봉사자들의 자원봉사활동 참여 욕구도 강해지고 있기 때문에 이러한 현상을 감안하여 인터넷을 이용한 가상 자원봉사활동(이하 '가상 자원봉사활동'이라 함)의 아이디어가 1996년경 미국에서 처음으로 나오게 되었다.

가상 자원봉사활동이란 인터넷을 이용하여 자원봉사자가 24시간 중 편리한 시간에 자원봉사 대상자나 대상기관이 필요로 하는 다양한 전문적·비전문적 활동을 하는 것을 말한다. 예를 들면, 자원봉사 대상자를 e-mail로 상담하거나 아이디어나 요청사항을 조리 있게 정리해 주는 일, 회계 처리를 해 주는 일, 보고서를 검토하고 교정을 보는 일, 뉴스레터를 만들어 주는 일 등을 하는 것이다.

요즈음은 많은 일들이 워드 프로세서, 통계 패키지, 특별한 분석 프로그램을 통해 이루어지고 이 결과들을 인터넷을 이용하여 전달하는 일이 비일비재하다. 워드 프로세서, 통계 패키지, 특별한 분석 프로그램을 잘 다루는 사람들이나 아니면 간단히 워드 프로세서를 다루는 기술만 있으면 할 수 있는 일은 얼마든지 많다.

이러한 가상 자원봉사활동은 자원봉사자가 모이거나 활동할 수 있는 별도의 공간이 필요 없고 자원봉사자들이 24시간 중 개인적으로 편리한 시간에 활동을 할 수 있기 때문에 외국에서는 점차 인기를 얻으면서 크게 확대되고 있다. 이 가상 자원봉사활동은 나라도 뛰어넘어 국제적으로 봉사할 수도 있다.

노인 자원봉사자의 경우 물론 워드 프로세서, e-mail, 통계분석 등을 할 수 있는 사람들로 제한되어 있지만 앞으로 활용할 가능성이 점점 커질 것이기 때문에 가상 자원봉사도 한번 생각해 볼 필요 있다.

6) 자원봉사활동 조직화 및 관리의 필요성

자원봉사활동조직이란 자원봉사활동을 하고자 하는 사람들이나 자원봉사에 대한 동기부여가 안 된 사람들에게 동기부여를 하여 모집한 후 자원봉사에 대한 기초교육과 특정분야 업무에 대한 교육을 시켜 적절한 일에 배치하는 것을 말하고, 자원봉사자 관리는 특정한 업무에 배치된 자원봉사자가 그 일을 계속하면서 만족을 얻을 수 있도록 하는 활동을 말한다.

많은 경우 자원봉사활동을 조직하고 관리하는 것을 단순하게 생각하고 상식적 수준에서 생각함으로써 자원봉사활동이 활성화되지 못하고 있다. 자원봉사 조직과 관리에 어떤 표준절차가 있는 것은 아니지만 자원봉사활동의 경험과 행정적 지식을 활용하여 공통적으로 적용될 수 있는 절차를 생각할 수 있다. 시민사회가 성숙해짐에 따라 자원봉사에 참여하려는 사람들이 크게 늘어나고 있고 이를 잘 조직하고 관리하는 것은 자원봉사활동을 활성화하는 효과적인 방법이 될 수 있다. 현재 대부분의 자원봉사자 훈련 및 공급기관이나 자체 활용기관도 이러한 자원봉사활동 조직화에 대한 의식이 부족하여 자원봉사자 관리를 잘 하지 못하고 있는 실정이다.

7) 자원봉사활동 참여 활성화의 과제

노인 자원봉사활동의 참여를 어떻게 활성화할 수 있는가를 노인 개인의 입장과 사회의 입장에서 한 번 생각해 보기로 하겠다.

(1) 개인 입장에서의 과제

① 우선 정기적인 단체활동에 참여하여 무슨 일이든 같이 할 수 있는 경험을 쌓자는 것이다. 봉사활동은 개인적으로도 물론 할 수 있지만 집단적으로 계획하여 수행하는 것이 특히 노인에게는 효과적이다. 사실은 집단활동을 통한 자원봉사활동의 참여는 청년기와 중년기를 통하여 경험하는 것이 바람직했지만 현재의 노인세대는 사회적으로 역사적으로 어려운 가운데서 생업에만 쫓겼을 뿐이지 여가를 단체적 봉사활동으로 보낼 수 있는 기회와 여유가 없었던 것 같다. 그러므로 노후에라도 단체활동의 경험을 하면서 자원봉사활동에 참여하는 기회를 열심히 찾자는 것이다.

② 특히 지도층에 있는 노인들은 단체적 자원봉사활동의 유효성을 인식하고 자원봉사활동에 소극적인 많은 노인들을 격려하여 단체활동을 통해 자원봉사활동의 현장에 참여할 수 있도록 노력해야 할 것이다. 노년기에 있어서 적절한 노인상과 역할을 찾지 못하여 방황하면서 오늘을 살고 있는 노인들은 또 하나의 어려운 짐을 지고 있는데 그것은 바로 노인 스스로 연장된 노년기에 맞는 노인상을 정립하고 역할 모델을 개발하는 데 앞장서는 일이다. 사회가 이를 위해서 최대한의 노력을 해야겠지만 현 단계에서는 노인들 스스로의 노력이 더욱 필요한 것으로 본다. 그러므로 특히 지도층에 있는 노인들의 역할이 자원봉사활동을 하는 노인상을 정립하는 데 크게 기여할 수 있을 것이다.

(2) 사회 입장에서의 과제

① 지역사회 내에 있는 노인복지 시설과 기관, 경로당, 노인복지관, 노인교실(노인대학), 종교기관 등에서 계획적이고 조직적인 자원봉사활동 프로그램을 개발하고 자원봉사자를 관리할 수 있어야 할 것이다.

② 지역사회 내의 노인복지 시설과 기관, 경로당, 노인복지관, 노인교실(노인대학), 종교기관 등에서 전담직원(또는 자원봉사 조직화 전담 자원봉사자)을 지정하여 이들이 자원봉사자 조직화 과정에 대해 훈련을 받고 해당 기관에서 자원봉사활동을 조직화할 수 있도록 해야 할 것이다.

우리나라의 노인 자원봉사 관련 법령

우리나라에는 노인을 포함한 일반 국민의 자원봉사 참여를 위한 법으로 자원봉사활동지원법이 있고, 사회복지 분야 자원봉사를 위한 사회복지사업법, 노인의 자원봉사 참여 관련 법으로는 노인복지법이 있다.

[1] 자원봉사활동지원법

2006년 2월부터 시행되었고, 다양한 분야의 자원봉사활동을 규정하고 있다. 자원봉사활동에 관한 주요 정책을 심의하기 위한 기구로 자원봉사진흥위원회를 설치하고, 자원봉사단체의 전국 단위 협의회로 한국자원봉사협의회 설립, 시·도 단위 및 시·군·구 단위의 자원봉사센터 설치를 규정하고 있다.

[2] 사회복지사업법

제9조에 국가 및 지방자치단체는 사회복지분야의 자원봉사활동을 홍보, 교육, 프로그램 개발 및 보급, 자원봉사활동 중에 당하는 사고나 재해에 대비한 시책 개발 등을 지원하도록 규정하고 있다. 이러한 사업을 사회복지법인, 비영리법인 및 단체에 위임할 수 있도록 하고 있다.

[3] 노인복지법

제23조에 국가 또는 지방자치단체가 노인의 지역봉사활동 기회와 보급을 위한 시책을 강구하고 지원할 수 있도록 규정하고 있고, 제24조에 사회적 신망과 경험이 있는 노인 중에 지역봉사지도원을 위촉할 수 있도록 규정하고 있다.

③ 지역사회의 복지기관 및 사회단체 등은 노인을 자원봉사의 자원으로 활용하는 방안을 연구하고 노인들의 자원봉사욕구를 지역사회기관에 연결시킬 수 있어야 하며, 적어도 교통의 편의 또는 점심식사를 제공받을 수 있는 자원봉사활동이 마련되면 더욱 의의 있는 일이 될 것이다.

④ 정부나 사회단체(사회복지재단 등) 등은 노인들이 자원봉사조직을 만들고 필요한 훈련을 시킬 수 있는 재정적 지원을 할 수 있어야 한다. 이러한 일을 전면적으로 실시하기 힘들면 몇몇 시범 프로그램을 개발하여 실시하면서 발전시킬 수도 있을 것이라 본다. 사실 노인 자원봉사자를 모집하며 훈련하고 배치하고 관리하는 과정에 대한 모형을 개발하는 것도 노인 자원봉사활동의 활성화를 위한 주요 과제라 할 수 있다.

현재 노인 자원봉사활동이나 노인을 포함하는 일반인의 자원봉사활동이 산발적으로 다양하게 운영되고 있다. 따라서 자원봉사활동을 지역단위(시·군·구 단위, 시·도 단위 그리

미국 백악관의 자원봉사관리기구 자유군단(USA Freedom Corps)

- 미국 자유군단(USA Freedom Corps)은 2001년 9월 11일 미국 뉴욕의 세계무역센터가 테러리스트의 비행기 공격을 받아 무너진 이후 부시 대통령이 2002년 연두교서에서 시민들로 하여금 국가에 봉사하고 바람직한 시민, 책임 및 봉사 문화를 증진하기 위하여 창설된 미국민의 자원봉사 총괄조정관리기구다. 백악관에서 책임자를 지정하여 미국의 모든 자원봉사활동을 연계 조정하고 자원봉사활동 참여를 촉진하는 활동을 전개해 왔다.
- 부시 대통령은 자유군단 창설에 즈음하여 미국민은 생애 2년간의 시간을 미국 내와 외국에서 자원봉사활동에 사용할 것을 촉구한 바 있다. 자유군단은 백악관에서 관장했으나 오바마 정부의 백악관에서는 그 업무를 더 이상 관장하지 않게 되어 지역사회 서비스 재단(National and Community Service)으로 이관되었다.

고 전국 단위)로 연계하고, 자원봉사활동의 수요와 공급을 조정하고 자원봉사 프로그램 개발과 조직화 교육 등을 실시하는 등 자원봉사활동이 조직적이고 체계적으로 지역 단위에서 이루어져야 한다. 미국은 100여 년 이상 되는 자원봉사활동의 역사를 가지고 있고 실로 수많은 다양한 자원봉사 프로그램과 자원봉사 조직화 및 관리 조직이 있는데, 미국 백악관에서 이를 전국적으로 연계하여 관리하고 있다. 특히 2002년에 백악관에서 '자유군단(Freedom Corps)'이라는 이름으로 자원봉사조직 연계관리 프로그램을 만든 것은 우리도 벤치마킹할 필요가 있다.

제 3 부 고령화사회의 노인복지 정책과 서비스

제 11 장

노인복지 정책과 서비스의 기초

지금까지 인구 고령화, 노화의 여러 측면과 노화 과정의 결과로 나타나는 문제를 살펴보면서 노인문제의 대부분이 현대화와 고령화라는 사회적 변화의 큰 틀 속에서 야기되고 있는 사회문제라는 것을 확인할 수 있었다. 노인문제가 사회문제인 만큼 개인이나 가족 차원이 아니라 지역사회와 국가사회 차원에서 계획적·조직적으로 접근함으로써 개선되고 해결될 수 있다. 노인문제가 사회문제라 해서 개인과 가족 차원의 책임과 노력이 필요 없는 것이 아니라 지역사회나 국가사회 차원에서 문제의 근본적인 해결이 이루어져야 한다는 것이다.

현재 우리나라는 국민의 평균수명이 100년 전에 비하여 4배 가까이 연장되어 인생 80년이 보편화되는 고령화사회에 접어들었다. 이에 따라 노인인구의 절대적 숫자가 늘어나고, 노인인구의 증가 속도는 다른 인구의 증가 속도를 훨씬 앞지르고 있으며, 이와 동시에 문제를 가진 노인의 수도 크게 증가하고 있을 뿐만 아니라 노인문제의 종류도 다양해지고 있다.

사회복지는 넓게는 현대화, 좁게는 산업화의 과정에서 생긴 사회문제를 해결하고 개인과 집단, 지역사회의 다양해진 욕구를 충족시키는 기능을 하는 사회적 제도다. 노인복지는 노인 개인과 집단의 문제를 해결하기 위한 사회복지의 한 분야다. 사회복지는 단순히 자선적(慈善的) 노력이나 임기응변적인 활동이 아니라 인간과 사회에 대한 기본적인 지식과 계획, 조직 및 서비스 전달에 관한 전문적인 지식과 기술을 바탕으로 이루어지는 계획적이고 조직적인 활동이다. 그러므로 노인을 위한 사회복지라 할 수 있는 노인복지를 계획하고 실천하는 데 있어서 기초 지식이 필요하다.

이 장에서는 우선 노인복지의 개념, 노인복지의 타당성, 노인복지 정책과 서비스의 목표를 검토한 후에 목표 달성을 위한 노인복지 정책과 서비스의 기본 원칙을 검토하기로 한다. 그리고 사회복지의 영역을 크게는 사회복지정책과 사회복지 서비스로 나눌 수 있듯이 노인복지도 노인복지정책과 노인복지 서비스로 나누어 정책 계획의 과정과 기본영역 그리고 서비스 접근의 기본적 틀을 제시하기로 한다. 마지막으로 노인복지 급여의 전달체계와 노인복지정책과 노인복지 서비스의 근거가 되는 관련 법률을 간략히 살펴보기로 하겠다.

1 노인복지의 개념

노인복지(social welfare for older persons)는 한마디로 노인이 복리적인 상태를 유지하도록 하는 사회적 활동으로 사회복지 정책과 서비스의 한 분야다. 더 구체적으로 정의하면 노인복지는 "노인이 인간다운 생활을 영위하면서 자기가 속한 가족과 사회에 적응하고 통합될 수 있도록 필요한 자원과 서비스를 제공하는 데 관련된 공적·사적 차원에서의 계획과 서비스 제공 활동"이라 할 수 있다.

- **인간다운 생활**: 노인이 속한 국가사회 발전의 수준에 비추어 의식주의 기본적인 욕구를 충족하고 건강하고 문화적인 삶을 사는 것을 의미한다.
- **가족과 사회에 적응하고 통합되는 것**: 노인이 사회적 조직망에서 참여하여 역할을 담당하고 사회적·심리적으로 소외감을 느끼지 않게 되는 것을 의미한다.
- **자원과 서비스의 제공**: 이용 가능한 인적·물적 자원을 찾아 연결시켜 주거나 보충해 주며, 사회적 적응 문제를 해결해 주고, 나아가 개인의 발전을 위한 욕구 충족에 필요

노인복지 용어

- 복지(welfare)라는 말은 '잘(well) 지내다(fare)'라는 어원을 갖는 용어다. 복지는 개인이 잘 지내도록 한다는 의미에서 그 개인이 노인이면 노인복지라 할 수 있고, 아동이면 아동복지라 할 수 있다. 그런데 도움을 주는 주체는 개인인 경우도 있고 사회인 경우도 있다.
- 노인에게 도움을 주는 주체가 개인이 아닌 사회(집단)인 경우가 노인복지이지만 '복지'라는 용어가 너무 일반화되어 사회가 도움을 주는 주체라는 의미가 분명하지 못한 경우가 있다. 따라서 노인복지를 영어로 'elderly welfare'로 부르기도 하지만 도움의 주체를 분명히 하는 의미에서 'elderly social welfare'라고 하는 경우도 있다.
- 노인복지를 social welfare for older persons, social welfare of older persons 또는 gerontological social welfare라 할 수도 있다. 특히 gerontological social welfare라는 말은 영어에서는 거의 사용되지 않고 사회복지의 전문적 상담의 측면을 강조하는 의미에서 gerontological social work라는 말이 많이 사용되고 있다. 또한 gerontological social work라는 말을 사용하고 있기 때문에 gerontological social welfare라는 말도 사용할 수 있으며, 이 말은 노인을 위한 사회복지의 정책과 서비스를 포괄하는 의미가 강하다고 할 수 있다.

한 서비스까지 제공해 주는 것을 의미한다.

- **공적·사적 차원에서의 활동**: 노인복지활동이 공적 차원뿐 아니라 사적 차원(민간 비영리·영리 차원)에서의 활동도 포함하는 것을 의미한다.
- **계획과 서비스 활동**: 우연히 무계획적으로 이루어지는 것이 아니라 계획적이고 조직적·전문적으로 이루어지는 활동을 의미한다.

이와 같은 개념적 정의에 의하여 노인복지의 범위를 ① 활동 주체, ② 다루어지는 욕구나 문제의 영역, ③ 활동 방법 면에서 살펴볼 수 있다.

첫째, 활동 주체의 범위에는 사적(비영리·영리) 조직과 공적 조직이 다 포함된다. 노인을 도와주기 위한 활동이 계획에 의하여 조직적적·체계적으로 이루어지면 공적 차원에서건 사적 차원에서건 모두 노인복지활동에 포함될 수 있다는 것이다.

둘째, 노인의 욕구나 문제의 범위는 시대와 사회에 따라 다를 수 있다. 현재 산업사회에서 다루어지는 노인의 욕구와 문제의 영역은 ① 생물학적·생리적, ② 경제적, ③ 건강, ④ 심리적, ⑤ 사회적, ⑥ 활동, ⑦ 여가, ⑧ 문화적, ⑨ 정치적, ⑩ 영적인 측면으로 생각할 수 있다(Lowy, 1979).

셋째, 활동 방법에는 ① 정책과 행정, ② 사회복지 임상 서비스(소셜워크 또는 임상소셜워크)가 포함된다. 즉 노인복지의 방법에는 지역사회나 국가사회적 차원에서 노인을 위한 프로그램이나 서비스를 정책적으로 결정하는 활동과 노인 개인 및 집단의 문제나 욕구를 전문적 기술을 동원하여 해결하는 서비스 활동이 포함된다.

2 노인복지의 타당성

노인복지활동이 개인이나 가족이 아닌 지역사회나 국가사회의 차원에서 수행되어야 하는 타당한 이유는 무엇일까? 노인복지의 타당성은 크게 ① 사회적 가치관의 구현, ② 인간다운 생활의 보장, ③ 사회적 불이익에 대한 보상(補償),[1] ④ 사회적 공헌에 대한 보상(報償), ⑤ 세대 간 호혜체계(互惠體系)의 유지 등 다섯 가지로 생각해 볼 수 있다.

1) 사회적 가치관의 구현

노인복지는 사회복지의 한 분야이므로 노인복지 가치관은 전반적으로 사회복지 가치관을 공유하며 경로효친이라는 가치관을 추가로 포함하고 있다. 우리의 노인복지 정책과 서비스는 우리의 고유한 전통적 가치를 계승하는 동시에 현대화되고 있는 사회적 상황과 여건에 적절한 새로운 가치를 수용하는 것이어야 한다(전남진, 1987; 장인협, 1986). 따라서 우리 사회에 적절한 노인복지의 가치관으로 ① 인도주의, ② 상부상조, ③ 평등주의, ④ 경로효친의 네 가지를 생각할 수 있다.

(1) 인도주의

인도주의(humanitarianism)는 인간을 만물의 영장으로 무엇보다도 존귀하게 여기는 인간존중사상과 모든 인간에 대하여 동등한 인간으로서의 사랑을 나타내는 박애사상(博愛思想)을 바탕으로 하는 인류의 가장 보편적인 가치관이다. 인간은 태어날 때부터 인간으로서의 존엄과 가치, 기본적인 권리를 갖는다. 노인도 한 인간이기 때문에 존엄과 가치가 무시되고 기본적인 권리가 침해되었을 때는 인도주의적 입장에서 도움을 주어야 한다.

(2) 상부상조

상부상조의 가치관은 공동체의식(sense of community)에 입각하여 공동체에 속한 사람들

1. 보상의 의미에는 남에게 끼친 손해에 대하여 그 손해에 해당하는 만큼 갚아주는 것을 말하는 補償(compensation)과 희생이나 잘 한 일에 대해 상을 주는 것을 말하는 報償(reward)이 있다.

이 재해나 불행을 당했을 때 물질과 서비스로 상호 도움을 주고받으려는 의식을 말한다. 이는 곧 공동체에 속한 개인과 집단, 지역사회의 욕구나 문제 해결을 위하여 공동체 전체가 책임을 지고 개인·집단·지역사회도 공동체 전체에 대한 의무를 다하여 책임을 지는 사회연대의식을 말한다.

인간은 혼자서는 살 수 없고 공동체 속에서 삶을 영위하는 사회적 동물인데, 사회의 분업화와 전문화에 따라 개인은 더욱 기능적인 인간으로 되어 전체 사회에 대한 의존성이 증대되고 있다. 인간복지 구성요소의 많은 부분에 대해서 점차 개인이 통제할 수 없게 되고 그 원인도 사회적 요인에 의한 것이 많아지게 되었다. 따라서 빈곤과 여러 가지의 불행은 개인이나 가족의 힘으로는 해결이 어려워지고 국가사회의 연대책임에 의해서만 해결할 수 있게 되었다. 그러므로 공동체의식에 입각한 연대책임과 상부상조는 현대사회에서 인간다운 삶을 유지하는 데 매우 중요한 기반이 되고 있다(전남진, 1987). 이와 같은 상부상조 가치관은 노인세대에 대하여 비노인세대인 노동세대(생산인구에 속하는 세대)가 연대적으로 책임을 지고 도움을 주는 것이라는 의미에서 노인복지를 뒷받침하는 중요한 가치관이 된다.

(3) 평등주의

평등주의는 천부적인 존엄성과 가치를 가지기 때문에 모든 인간은 평등하다는 신념이다. 평등은 기회의 평등, 처우의 평등, 결과의 평등으로 나눌 수 있다(Gans, 1973). 우리 사회는 자유민주주의와 자본주의라는 정치적·사회적·경제적 체제를 전제로 하고 있으므로 모든 국민은 인간으로서의 존엄성과 가치를 가지며, 기회의 평등과 처우의 평등이 보장되고 결과의 평등도 일정 한도까지 보장되기를 바란다. 결과의 평등이란 모든 사람이 능력과 노력에 관계없이 똑같이 나누어 갖는다는 절대적인 평등을 말하는데, 이는 개인의 능력과 노력에 따른 차이를 무시함으로써 노동 동기유발(work incentive), 창의성과 자발적인 노력의 의지를 파괴하는 결과를 가져오게 되므로 바람직하지 못하다. 따라서 결과의 평등은 절대적인 평등이 아니라 형평성을 고려하면서 기회와 처우의 평등이 초래할 수 있는 결과의 불평등 폭을 좁혀서 '더 평등하게(more equality)' 만든다는 의미로 구현되어야 할 것이다(Gans, 1973). 따라서 모든 국민은 평등한 교육과 근로의 기회가 보장되어야 하고 법 앞에서의 평등한 대우가 보장되어야 한다. 기회와 처우의 평등이

평등(equality)의 의미

- **수적 평등**(numerical equality): 모든 사람에게 동등한 처우와 분배를 하는 것인데, 그 한 예로 65세 이상의 모든 노인에게 지하철을 무료로 이용하게 하는 경로우대를 들 수 있다.
- **비례적 평등**(proportional equality): 속성, 특성, 능력, 성과 등이 같은 사람을 같게 처우하여 분배하고, 다른 사람은 다르게 처우하여 분배하는 것을 말한다. 비례적 평등의 예는 우리나라의 국민기초생활보장제도에서와 같이 소득수준이 높은 사람에게는 적게 배분하고 소득수준에 낮은 사람에게는 많이 배분하는 것을 들 수 있다.
- 두 가지 평등의 의미를 구분하기 위해 수적 평등은 그대로 '평등'으로 비례적 평등은 '형평성(equity)'이라는 말로 표현하기도 한다. 그러나 쓰이는 맥락에 따라 평등을 수적 평등(평등)인지 비례적 평등(형평성)인지를 구분할 필요가 있다. 더구나 우리말에는 '형평성'도 수적 평등과 같은 의미로 사용되는 경우가 있기 때문에 정확한 의미를 말이나 글의 맥락에 따라 구분할 필요가 있다.

반드시 결과의 평등을 보장하지는 않기 때문에 기회와 처우의 평등이 결과의 불평등을 초래할 수도 있다. 평등주의의 가치는 개인의 능력과 노력의 정도를 상당한 정도 보장하면서 사회의 각종 과업과 역할에 따른 결과의 지나친 격차를 줄일 수 있도록 실천되어야 한다.

(4) 경로효친사상

경로효친 사상은 현대적인 노인복지를 뒷받침할 수 있는 우리의 전통적인 가치관으로, 가족 내에서 부모를 존경하고 부양하는 것은 물론 이웃과 지역사회, 사회 일반의 웃어른이나 노인을 존경하는 것까지 포함하는 윤리적 가치관이다. 경로효친의 가치관은 가족적 차원에서 부모의 은혜에 대한 보답과 신분질서 의식의 표현으로 강조되어 왔지만 사회적 차원에서 노인의 은혜에 보답하는 것, 즉 노인의 사회적·역사적 공헌에 보답한다는 의미에서 그 의의가 크다. 노인 부양을 가족의 책임으로만 받아들이기보다는 사회 전체의 연대책임으로 받아들이는 것이야말로 전통적인 경로효친의 가치관을 현대적 상황에 맞게 변용하여 노인복지의 가치관으로 계승하는 것이다. 이러한 의미로 보면 국가사회 차원에서 경료효친을 실천하는 것이 노인복지제도라 할 수 있다.

2) 인간다운 생활의 보장

개인에 따라 차이는 있지만 모든 인간은 노화에 따라 신체적·정신적 기능이 저하되어 결국은 경제적 보상을 얻을 수 있는 일을 할 수 없게 된다. 노화 과정은 어느 누구도 피할 수 없는 인간의 한계다. 산업화 이전의 농경사회나 유목사회에서는 노인은 신체적 능력이 있는 한 일을 계속했고, 정신적 능력이 있는 한 축적된 경험과 지혜를 전수하는 지도적·교육적 역할을 할 수 있었다. 그러나 산업화로 인하여 노인은 노동시장에서 비노인층, 특히 젊은이들에 비하여 불리한 입장에 처하여 퇴직을 하게 되고 취업과 재취업의 기회마저도 줄어들어 경제적인 독립을 유지하기 어려워진다. 그래서 오늘날 산업사회에서 빈곤인구 가운데 노인층이 가장 높은 비율을 차지하기에 이른 것이다.

인간이 인간으로서의 가치와 존엄성을 유지하기 위한 가장 기본적인 요소는 경제적 욕구의 충족이다(Sadurski, 1986). 인간은 연령, 성별, 인종, 계급, 생산성 등에 관계없이 인간으로서의 고유한 가치와 존엄성을 가지므로 노인은 나이가 많다거나 생산성이 약화되었다고 해서 인간으로서의 가치와 존엄성이 무시되어서는 안 된다. 노인은 전반적으로 비노인층에 비하여 유병률이 2~3배 정도 높고, 고액의 진료비용을 필요로 하는 경우가 많아서 의료비용의 상승은 노인이 스스로 그 비용을 부담하기 어렵게 만든다.

이와 같이 노인은 불가피한 신체적·정신적 노화와 사회적 요인의 변화로 인하여 경제적 능력이 약화되거나 없어지게 되므로 국가사회는 스스로나 가족에 의하여 삶을 유지할 수 없는 노인에 대해서 경제적 원조를 포함한 제반 원조를 제공하는 것이 타당하다. 이러한 의미에서 노인복지의 타당성은 현대 복지국가의 가장 기본적인 원칙으로 받아들여지고 있다(Sadurski, 1986).

3) 사회적 불이익에 대한 보상

노화의 현대화 이론에서 주장하듯이 사회는 현대화 과정을 거치면서 강제적 퇴직을 제도화하여 노인이 직업역할을 상실하게 했으며, 지리적 이동과 핵가족화 현상을 유발하여 노인의 가족적 역할도 상실하게 만들고 있다. 역할 상실은 현대화 과정에서 불가피하게 노인에게 적용된 면도 있지만 더 많은 면에서 사회가 인위적으로 노인으로 하여금 직업적 역할과 가족적 역할을 상실케 하는 불이익과 불공평을 초래했다고 볼 수 있다(Kutza, 1981). 보상(補償; compensation)은 사회복지에서 사회의 공적 재화와 서비스를 공평하게 분배하는 기본 원칙이 되고 있다(Gilbert & Specht, 1986; Kutza, 1981).

따라서 사회가 구성원 개인의 잘못 때문이 아니라 사회의 구조와 제도의 변화와 같은 사회적 요인(societal factors)에 의하여 부당한 처우를 당한 사람들에게 국가사회가 보상을 해 주는 것은 사회적 정의를 실현하는 원칙이라 할 수 있다(Rawls, 1979). 그러므로 노인에 대한 사회(또는 국가)의 원조는 사회가 부당하게 노인에게 가한 불이익을 보상해 주는 의미에서 타당하다고 본다.

4) 사회적 공헌에 대한 보상

오늘날의 사회는 현재의 노인세대가 직접적으로 제공한 사회적 활동과 노동의 결과이며, 노인들이 출산한 자녀들에 의하여 유지되고 있다. 좀 더 구체적으로 말하면 오늘의 노인들은 집단적으로 과학적 지식과 기술 같은 사회적 재화와 물리적 시설 같은 경제적 재화, 그리고 문화를 창조하고 축적하고 발전시킴으로써 오늘의 사회를 만들었다 할 수 있다. 또한 노인들이 자녀를 출산하고 이들을 성장·교육시킨 결과 현재의 사회는 이들 자녀들에 의하여 유지되고 있는 것이므로 오늘의 노인세대는 자녀의 출산과 양육을 통하여 사회에 공헌해 왔다고 할 수 있다.

노인은 (개인적으로는 모두가 그렇지 않을 수도 있지만) 노인세대 전체적으로 보면 사회적·경제적 재화와 문화를 창조하고 축적·발전하는 데에 직접 또는 간접으로 참여하여 공헌해 왔다. 노인의 사회적 공헌에 대한 보답으로 사회가 노인들을 위하여 적절한 복지제도를 마련하는 것은 타당하고 정당한 일이다.

노인들의 공헌에 대한 사회적 차원의 보상은 경로효친이라는 우리의 전통적인 가치관을 현대 복지국가의 사회복지, 특히 노인복지의 가치관으로 재조명하고 이를 구현하는 것과 직접적인 연관이 있다. 상세한 논의는 피하고 사회적 공헌에 대한 보상과 경로효친의 관련성을 간략히 언급하기로 하겠다.

우리의 전통적 가치관인 경로효친은 보은(報恩)을 실천의 주요 원칙으로 삼고 있다. 경로효친의 가치관에서는 전통적으로 노인에 대한 개인이나 가족으로서의 보은을 강조해 왔지만 사회적 차원에서 노인들의 공헌에 보답하는 것은 별로 고려하지 못하였다. 경로효친의 가치관은 가족 차원에서의 부모와 노인에 대한 보은만 아니라 부모세대나 노인세대가 집단적으로 사회에 공헌한 것에 대한 사회 차원의 보은 내지는 보상의 가치관으로 볼 수도 있다. 이런 의미에서 사회적 차원에서 효나 경로효친을 '효의 사회화' 또는 '경로효친의 사회화'라 말하는 경우도 있다.

5) 세대 간 호혜체계의 유지

호혜체계(reciprocity system)는 개인 또는 집단이 재화나 서비스를 그것을 제공받은 사람이나 그 대표자로부터 상응하는 만큼을 돌려받을 수 있다는 기대를 가지고 그러한 제공하는 일련의 관례 또는 가치의 체계를 말한다(Wynne, 1980). 다시 말해서 호혜체계는 주는 사람이 받는 사람으로부터 후에 그에 상응하는 만큼을 돌려받을 수 있다는 기대를 가지고 이루어지는 상호교환 체계다. 호혜체계에는 두 가지 형태가 있다. 하나는 쌍방 간에 받은 것을 직접 돌려주는 방식(A↔B)이고,[2] 다른 하나는 받은 것을 준 사람에게 직접 돌려주지 않고 다른 사람에게 돌려주거나, 다른 사람을 도와주면 제3의 다른 사람이 자기를 도와줄 것이라는 기대를 가지고 다른 사람을 도와주는 방식(A → B → C)이다(이 책에서는 '순차적 호혜체계'라 하겠다).[3]

사회의 세대 간 호혜체계에도 '쌍방적 호혜체계'와 '순차적 호혜체계'가 있다. 우선 쌍방적 호혜체계는 노인의 사회적 공헌(생산활동 참여를 통한 사회발전에 대한 기여와 자녀 생산과 양육을 통한 사회 발전에 대한 기여)에 대해 사회적으로 보상해 주는 것으로 자산조사에 의한 공공부조, 자산조사를 하지 않는 각종 서비스(예: 노인복지관 서비스, 바우처 서비스, 노인학대 해결 서비스 등) 등을 들 수 있다. 순차적 호혜체계는 노동시장에 참여하고 있는 노동세대가 노동시장에서 물러난 노인세대를 도와주면, 후에 자신들이 노인세대가 되었을 때도 노동시장에 참여하고 있는 젊은 노동세대가 노인세대가 된 자신들을 도와

2. A가 B에게 주면 B도 A에게 상응하는 만큼을 돌려주는 방식을 말한다.

3. B는 A로부터 받았지만 A가 아닌 C에게 돌려주거나, B가 C에게 주면 A도 B에게 줄 것이라는 기대를 가지고 B가 C에게 주는 방식을 말한다.

바우처 제도

- 바우처(voucher)는 지불약속증서, 지불보증증서, 상품구매증서라 할 수 있는데, 우리말로 정확히 표현하기 어렵기 때문에 영어 발음 그대로 사용하고 있다.
- 정부가 현금을 주는 대신 현금과 같은 기능을 하는 서류나 전자카드(신용카드 같은 것)를 지급하고 그 증서를 복지 급여(물품 또는 서비스)의 제공자(공급자)에게 제시하면 급여를 제공한 후에 그 비용의 일부 또는 전부를 지급한 것으로 처리하는 제도를 말한다. 이 경우 복지급여 수급자가 일정한 한도액이 정해진 증서(우리나라에서는 전자카드로 제공)를 정부로부터 받아 복지급여 공급자에게 제시하면 공급자는 카드로 결제한 후 그 비용을 정부기관으로부터 받게 된다.
- 바우처 제도는 선진국에서 복지급여의 한 형태로 오래전부터 활용해 온 제도이며〔예: 미국의 식품교환권(food stamp) 제도〕, 우리나라에서는 2006년부터 사회 서비스의 대상을 빈곤층에서 중산층에까지(전국 가구 월평균소득의 150% 이내 해당자) 확대하고, 사회 서비스 전달의 효과성과 효율성을 제고하고, 사회복지 서비스 제공 주체의 일부를 영리기관에도 확대하여 넓은 의미에서 사회 서비스 시장을 활성화하려는 의도에서 시작되었다.
- 현재 우리나라에서는 노인, 장애인, 가사, 간병, 산모신생아, 아동 비만 및 인지능력 향상 등을 위한 사회 서비스에 바우처 제도를 적용하고 있다. 노인에게 적용하는 구체적 바우처 제도로는 노인돌봄종합 서비스 바우처 제도가 있다. 이는 국민기초생활보장 대상자가 아닌 노인으로 전국 가구 월평균소득의 150% 이내에 속하고, 장기요양보험 대상자가 아닌 경우 월 일정 시간(27~36시간) 돌봄 서비스를 이용하고 비용 중 일부(85%)는 바우처로 지급하고 나머지 비용(18,000~48,000원)은 본인이 부담하게 하는 것이다.

줄 것이라는 암묵적 약속 아래 선세대인 노인세대를 도와주는 것으로 볼 수 있다. 이러한 순차적 호혜체계가 적용되는 예로는 부과방식(pay-as-you-go system: 당해 연도 노인들의 연금을 현재의 노동세대가 낸 연금 기여금으로 지급하는 제도)의 노령연금제도를 들 수 있다. 노인복지 프로그램은 쌍방적 호혜체계 또는 순차적 호혜체계 중 어느 한 가지로 볼 수 있는 경우도 있지만 두 가지 모두에 해당되는 경우도 있다.

세대 간 호혜체계는 세대 간의 암묵적 약속이며 국가가 중재자가 되어 보장하고 있는 것이다. 이러한 세대 간 호혜체계는 그것이 쌍방적 호혜체계든 순차적 호혜체계든 간에 세대 간의 암묵적 약속에 의해 국가가 보증하는 중재자가 되어 세대를 통합시키고 사회를 유지·발전시키는 체계라는 의미에서 바람직하고, 사회보장체계의 근본적 윤리체계(또는 논리체계)도 될 수 있기 때문에 사회의 노인복지체계는 세대 간 호혜적 체계에 의해 유지되어야 할 것이다.

3 사회복지로서의 노인복지

노인복지는 사회복지체계의 일부이기 때문에 기본적으로 사회복지의 기본 틀 속에서 그 영역을 구분할 수 있다. 사회복지학은 응용사회과학이기 때문에 학문적인 측면과 실용적 측면의 구분이 분명하지 못하고, 학문과 학문의 실천 제도와 실천현장인 사회복지활동이 많은 경우 상호 뒤섞여 있어 여러 가지 기준으로 영역이 분류되고 있다. 여기서는 사회복지 학문과 사회복지실천 현장에서 같이 사용할 수 있는 사회복지활동을 중심으로 가장 많이 사용되는 세 가지 분류기준을 살펴보고 이에 따라 노인복지의 영역도 구분해 보겠다.

1) 사회복지의 주요 영역 분류 기준

사회복지 영역을 구분하는 중요한 세 가지 기준은 다음과 같다(그림 11-1 참조).

① 생애주기와 실천현장을 기준으로 한 영역 : 아동, 청소년, 노인, 장애인, 여성, 가족, 의료, 정신보건, 학교, 산업, 군 복지 등의 영역

② 문제나 욕구를 기준으로 한 영역 : 소득보장, 의료보장, 주거보장, 사회 서비스 보장, 교육보장 등의 영역

③ 적용하는 지식과 기술을 기준으로 한 영역 : 사회복지정책, 사회복지행정, 사회복지 서비스[4]

적용하는 지식과 기술 기준에 의한 영역은 크게 ① 사회복지정책과 ② 사회복지행정, ③ 사회복지 서비스로 구분될 수 있는데, 이를 좀 더 상세히 설명할 필요가 있다.

정책이라는 말은 '분명한 행동노선', '특정 목적을 달성하기 위해 필요한 행동노선'이라는 의미를 갖는다. 사회복지정책은 국가사회 수준에서 사회복지문제에 대한 계획은

---

4. 보다 상세히 사회복지정책, 사회복지행정, 공동체복지, 사회복지조사 및 임상소셜워크로 나누고 있으나 공동체 복지(지역사회복지)와 임상소셜워크를 사회복지 서비스로 묶고, 사회복지조사는 모든 영역에 필요한 도구적 지식이라는 의미에서 이를 제외하면 세 가지로 나눌 수 있다.

그림 11-1. 세 가지 기준에 의한 사회복지의 주요 영역

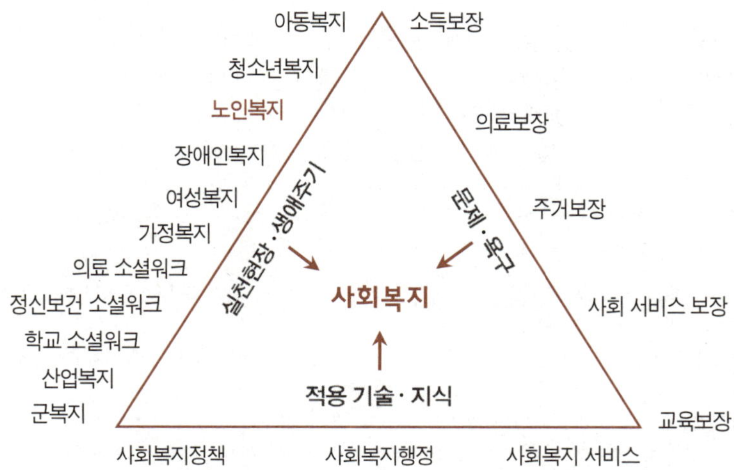

물론이고 국가사회의 하위체계인 지방자체단체 또는 공동체 차원의 사회복지문제를 해결하기 위한 계획도 포함할 수 있다.

사회복지행정은 사회복지정책에서 계획된 급여(benefits)를 공적·사적인 조직체계를 통하여 그것을 필요로 하거나 당연히 수급할 권리가 있는 국민에게 효과적이며 효율적으로 전달하는 활동을 말한다. 사회복지행정은 사회복지정책에서 계획된 것을 실제로 수행하는 조직적 체계에 관한 것이기 때문에 사회복지정책에 포함시키는 경우도 있고(Gilbert & Terrell, 2004), 사회복지정책을 사회행정이라는 의미로 보는 측면도 있기 때문에(Baldock, Manning & Vickerstaff, 2007) 사회복지정책과 사회복지행정은 상당히 중복되는 면이 있다.

사회복지정책은 계획이라는 의미에서 계획의 주요 내용을 ① 급여 수급 자격, ② 급여의 종류와 수준, ③ 급여의 전달체계 구축과 유지·관리, ④ 급여 전달과 전달체계 구축 및 유지를 위한 재정 방식으로 보는 견해(Gilbert & Terrell, 2004)에 의하면, 급여의 전달체계 구축과 유지·관리는 바로 '사회복지행정'을 의미하는 것으로 볼 수 있다. 또한 사회복지정책(social welfare policy)과 사회정책(social policy)을 거의 같은 것으로 보고 사회정책을 사회행정이라는 의미로 사용하는 경우도 있기 때문에(Baldock, Manning &

> **사회 서비스 개념의 확대**
>
> - **사회 서비스(social service)**라는 용어는 원래 사회복지에서 주로 쓰이던 것인데, 1990년대 이후 그 개념이 확대되어 공공행정(일반행정, 환경, 안전), 보건의료(간병, 간호), 교육(방과후활동, 특수교육), 문화(도서관, 박물관 운영 등), 예술, 스포츠까지 포괄하는 개념이 되었다.
> - 사회 서비스는 성격상 물질적 급여를 제외하고 집합적 대응이 필요하다고 사회적으로 인정되고 개인과 국가가 공동으로 책임지는 국가사회와 지역사회의 서비스를 말한다. 사회 서비스라는 용어는 사회복지에서 전통적으로 사용되어 오면서도 사회복지 서비스(social welfare service), 개인 사회 서비스(personal social service)와도 구분이 안 되는 경우도 많다.
> - Kahn(1979)은 사회 서비스를 기능면에서 다음과 같이 세 가지로 구분하여 그러한 기능을 하는 사회복지 영역의 서비스를 사회 서비스로 정의하였다.
>   ① 당면문제 해결 기능(예: 사회적 부적응, 정신장애 등, 가사일 처리, 물건 구매, 신체적 의존성 같은 문제의 해결)
>   ② 개인의 발전 욕구 충족 기능(예: 교육, 종교, 오락, 스포츠, 여행 같은 문제의 해결)
>   ③ 정보제공, 안내 및 권익보장 기능(예: 일상생활 편의를 위한 정보 부족, 각종 행정적 사항 처리 정보 부족, 소비자 피해, 인권 침해, 법률적 대응부족 같은 문제의 해결)
> - **사회복지 임상 서비스** 또는 **임상소셜워크(clinical social work)**는 개인과 가족, 집단을 대상으로 하는 전통적 사회 서비스 중 가장 전문적인 서비스라 할 수 있다. 사회 서비스는 전통적 사회복지학이나 사회복지활동 내에서도 그 의미가 불분명하고, 사회복지의 전통적 영역 외에서도 널리 사용되는 경향이 나타나고 있기 때문에 말이나 글이 쓰이는 맥락에 따라 그 의미를 해석하는 것이 중요하다.

Vickerstaff, 2007), 결국 사회복지행정을 사회복지정책의 일부로 볼 수도 있다. 따라서 사회복지정책과 행정은 구분되는 측면도 많지만 중복되는 부분도 상당히 있기 때문에 사회복지행정을 사회복지정책에 포함시키는 경우도 있다.

사회복지 서비스(social welfare service)는 개인 사회 서비스(personal social service) 또는 사회 서비스(social service)와 동의어로 사용되기도 하고 때로는 구별하여 사용되기도 하여 세 가지를 구분하기란 어렵다. 사회복지 서비스는 사회복지에서 전달되는 급여(benefits)를 통칭하는 의미로 사용되는 경우도 있으나, 주로 사회복지의 제도적 틀 안에서 전달되는 개인 사회 서비스(personal social service)를 의미하며 우리나라와 일본에서 많이 사용되고 있다(김상균 외, 2007). 사회복지 서비스는 급여 중 소득보장, 의료보장 및 주거보장을 제외한 주로 비물질적 서비스, 즉 사회 서비스(social service)의 의미로 사용되기도 하고, 사회복지의 임상적 서비스인 소셜워크(social work)를 포함한 전문적·비전문적·비물질적 급여제공 서비스를 의미하는 경우도 있다.

이상의 논의에 의하면 사회복지는 크게 사회복지정책과 사회복지 서비스로 나누거나, 사회복지정책과 사회복지행정 및 사회복지 서비스로 나눌 수도 있다.

세 가지 기준에 의한 분류 영역 중 두 가지 또는 세 가지 기준이 결합되어 사용될 수 있다. 예를 들면 아동복지정책·아동복지행정·아동복지 서비스와 노인복지정책·노인복지행정·노인복지 서비스로 구분될 수 있고, 아동소득보장·아동의료보장과 노인소득보장·노인의료보장 등으로 구분될 수 있다. 또한 아동소득보장정책·아동의료보장정책·아동소득보장행정·아동의료보장행정과 노인소득보장정책·노인의료보장정책·노인소득보장행정·노인의료보장행정으로도 말할 수 있다.

2) 노인복지의 주요 영역

위에서 말한 사회복지의 세 가지 영역 분류 기준 중 생애주기와 실천현장별 대상의 기준에는 노인이 포함되어 있고 노인이 대상이 되기 때문에 노인복지 영역 분류에는 생애주기와 실천현장 기준은 적용할 수 없다. 따라서 노인복지의 영역 분류 기준은 적용 지식과 기술의 기준과 문제(욕구)별 기준을 적용하는 것이 적합하다.

두 가지 기준을 이용하여 표 11-1과 같이 노인복지 영역을 세부적으로 구분할 수 있지만 이 책에서는 노인복지정책은 좀 더 상세히 다루고, 노인복지행정은 노인복지 전달체계만을 다루고, 소득보장·의료보장·주거보장 서비스는 서비스의 일부만, 서비스보장에서는 사회 서비스를 중심으로 다루기로 한다.

표 11-1. 사회복지 분류 기준에 따른 노인복지의 세부 영역

노인문제(욕구)	적용 지식과 기술		
	정책	행정	서비스
소득보장	소득보장정책	소득보장행정	소득보장 서비스
의료보장	의료보장정책	의료보장행정	의료보장 서비스
주거보장	주거보장정책	주거보장행정	주거보장 서비스
서비스보장	서비스보장정책	서비스보장행정	사회 서비스

4 노인복지 정책과 서비스의 목표

일반적으로 사회복지 프로그램을 계획하고 실시할 때는 그 프로그램을 통해 달성하고자 하는 목표를 설정한다. 일반적인 사회복지 프로그램의 목표에 포함되고 합치되는 노인복지 프로그램의 목표로는 국민적 최저수준의 생활유지, 사회적 통합의 유지, 개인의 성장욕구 충족이라는 세 가지가 설정되어야 할 것으로 본다.

1) 국민적 최저수준의 생활유지

노인도 국민의 한 사람으로서 국가의 경제적·사회적 여건에 맞는 인간다운 생활을 유지할 수 있도록 최저한의 경제적 보장을 받아야 한다. 최저한의 수준은 경제적인 조건, 정치적 상황, 과학적 지식의 상태, 정치적 압력단체의 활동 정도 등의 영향에 따라 달라지는 상대적인 성격을 띠고 있다(George, 1983). 최저생활수준을 설정하는 기준에 대한 합의된 이론은 없지만 적어도 건강하고 문화적인 생활을 영위할 수 있는 정도에서 기준이 설정되어야 할 것이다. 구체적으로 이러한 최저생활수준은 '빈곤선(poverty line)'이라는 개념으로 설정되고 있다.

2) 사회적 통합의 유지

사회적 통합은 개인이 자기가 속한 사회체계인 가족, 이웃, 집단, 조직, 지역사회 및 국

빈곤선(poverty line)

- 최저생계비 또는 최저생활비의 수준이냐 아니냐를 구분하는 한계선으로 그 선 이하이면 빈곤상태가 된다. 이런 의미에서 빈곤선은 최저생계비 수준과 같은 의미로도 사용된다.
- 빈곤선이라는 말은 1800년대 말 영국의 빈민가를 조사한 Charles Booth가 처음 사용하여 이후 최저생계비 수준 또는 빈곤상태를 가늠하는 지표로 사용되고 있다.

가사회 등에 참여하여 적절한 역할을 수행하거나 사회 심리적으로 유대감을 가지고 적응하고 있는 상태를 말한다. 노인은 일반적으로 퇴직으로 인하여 사회적 역할을 상실함으로써 사회로부터 소외와 고립의 감정을 느낄 수 있고, 가정에서도 경제적 역할의 상실, 지적·가치적 갈등으로 소외와 고립감을 느끼기 쉽다. 그러므로 노인복지의 모든 프로그램은 가능하면 노인이 가정과 이웃, 사회에 참여하여 적절한 역할을 수행하도록 하고, 소외되고 있다는 감정을 덜 느끼면서 사회체계 속에 연결되어 삶의 주류 속에 같이 흐르고 있다는 느낌을 줄 수 있어야 한다(Lowy, 1980).

3) 개인의 성장욕구 충족

노년기는 인간의 성장발달단계의 마지막 단계로서, 이 시기에 있는 개인은 개인으로서 특수한 발전의 욕구가 있고, 성공적인 노년기 삶을 위한 발달과업이 있다(제4장 참조). 그러므로 노인복지 프로그램은 노인이 개인으로서 자신의 고유하고 특수한 욕구를 충족시키고 노년기의 발달과업을 잘 수행할 수 있도록 하는 데 목표를 두어야 할 것이다. 평균수명의 연장으로 노년기는 점차 길어지고 있으며 2010년 현재 60세까지 생존한 사람은 평균 20년 이상을 더 살 수 있으므로 이 기간은 노화의 부정적 영향을 잘 수용하면서 심리적·사회적으로 더욱 성숙하고 성장하는 시기가 되어야 할 것이다.

5 노인복지 정책과 서비스의 계획 및 전달 원칙

앞에서 제시한 노인복지 정책과 서비스의 목표를 달성하기 위해서는 사회복지의 기본적인 가치관을 전반적으로 반영하는 다음과 같은 원칙들이 준수되어야 할 것이다.

1) 존엄성과 개인존중의 원칙

인간은 신분, 직업, 연령, 신체적·정신적 건강, 경제적 지위 등 어떤 면에서도 차별받지 않는 권리로서 존엄성이 존중되어야 하며, 이와 관련하여 개인은 다른 개인과 구별되는 특성과 욕구를 지니고 있는 개성 있는 존재로 인정되어야 한다. 특히 생산성의 저하로 노인의 존엄성이 무시되어서는 안 된다. 이와 같은 원칙은 대한민국 헌법의 규정(제10조)에 "모든 국민은 인간으로서의 존엄과 가치를 지니며"라는 것으로 보장되고 있다.

2) 개별화의 원칙

인간은 타인과 구별되는 고유한 특성이 있으므로 개성이 존중될 수 있도록 개별적으로 다루어져야 한다. 일반적으로 노인을 역연령(曆年齡)에 의해 60세 또는 65세 이상을 동일한 하나의 집단으로 다루는 경우가 많다. 노인을 역연령으로 정의할 경우 그 연령의 폭은 60세에서 120세까지 대단히 넓다. 그러므로 60세 노인과 80세 노인, 100세 노인이 같을 수는 없기 때문에 "노인들은 이러이러하다", "노인들은 다 그래" 등으로 일반화하거나 고정관념적 편견(stereotype)을 가지는 것은 노인복지에서는 피해야 한다.

3) 자기결정의 원칙

노인도 인간으로서의 존엄성과 개성을 가지고 있으므로, 가능하면 노인 자신의 복리에 영향을 미치는 어떠한 결정도 노인 자신의 선택에 의하여 이루어지도록 해야 한다. 이 과정에서 노인이 판단능력이 없거나 부족한 경우를 제외하고는 서비스 제공자는 여러 가지 선택 대안을 제시하고 각각의 장단점을 설명하여 노인이 스스로 한 가지를 선택하도록 하는 것이 중요하다.

4) 권리와 책임의 원칙

모든 노인에게는 권리와 책임이 수반되어야 한다는 것이다. 이러한 원칙은 노인복지법 제2조에 다음과 같이 잘 명시되고 있다.

① 노인은 후손의 양육과 국가 및 사회의 발전에 기여하여 온 자로서 존경받으며, 건전하고 안정된 생활을 보장받는다.
② 노인은 능력에 따라 적당한 일에 종사하고 사회적 활동에 참여할 기회를 보장받는다.
③ 노인은 노령에 따르는 심신의 변화를 자각하여 항상 심신의 건강을 유지하고, 그 지식과 경험을 활용하여 사회의 발전에 기여하도록 노력해야 한다.

위의 조문 중 ①과 ②는 노인의 권리를 보장해야 함을 나타내고 있고 ③은 노인으로서의 책임 이행을 권장하고 있다. 물론 법조문에 '권리'라는 표현은 없으나 ①과 ②는 대한민국헌법 제10조(기본적 인권의 보장) 및 제34조(사회보장)에 의해서 뒷받침되는 것으로 받아들여 노인의 권리로 인정되고 보장받는 것은 당연하다.

특히 노인은 산업사회에서 은거나 은퇴로 무위도식하며 비생산적인 존재로서 낮은 자아상을 갖게 되거나 아무런 책임도 없는 무료한 존재로서 간주되어서는 안 된다. 이러한 의미에서 위의 ③항은 노인의 개인적·사회적 책임을 촉구하는 것이라고 본다. 노인들도 가족이나 사회 또는 국가의 정당한 기대나 합리적인 여망을 받아들이고 책임감을 가져야 하고, 사회봉사활동 등에 자발적으로 참여해야 하며, 자신의 발전에 도움이 되는 기회를 적극적으로 활용하는 등 책임의식을 명확히 할 필요가 있다.

5) 보편성과 선별성의 원칙

선별적 프로그램은 급여의 자격요건이 잠재적인 클라이언트의 재정상태를 평가하는 자산조사나 소득조사의 결과에 의하여 결정되는 데 반하여, 보편적 프로그램은 경제상태에 관계없이 어떤 계층이나 범주에 속하는 모든 사람에게 급여를 제공하는 것이다. 노인은 경제적 상태에 관계없이 공통적인 욕구(예: 사회적·심리적 욕구 등)와 발달과업을 가지고 있으므로, 이를 해결하기 위해서는 65세 이상의 노인 전체에게 공통적으로 주어지는 서비스가 필요하다. 그러나 개인의 경제적 사정이 다르므로 경제적인 욕구의 정도도 다른데, 사회적인 입장에서 비용의 절감과 비용의 효과성을 위해서 경제적 소득이 일정 수준 이하인 노인에게 한정하여 선별적으로 혜택을 줄 필요성이 있다. 따라서 노인복지 사업은 정부의 주어진 재정적·사회적 여건 속에서 노인의 욕구에 따라 선별적 원칙과 보편적 원칙을 적절히 대치하거나 병행하여 적용해야 한다.

6) 개발적 기능의 원칙

개발적 기능의 원칙은 노인의 개별성이나 주체성을 인정하는 데서 비롯된다. 문제를 가진 노인이 자발적으로 문제를 해결하도록 도움을 주어야 한다. 즉 노인을 문제해결의 주체로 보고 노인이 스스로 문제를 해결하도록 도와주는 것이 되어야 한다. 따라서 이러한 경우 노인복지 서비스의 과제는 노인에게 내재되어 있는 능력을 발견하여 개발하는 것으로, 개인뿐 아니라 소집단과 지역사회를 대상으로 하여 실행할 수 있다.

7) 전체성의 원칙

노인복지 정책과 서비스의 계획 및 실천에서 노인을 하나의 전체성을 띤 인간으로 받아들여야 한다는 것이다. 노인은 신체적·정서적·지적·사회적·심리적·영적 모든 측면의 총체로서 인정해야 하며 어느 한 측면만을 강조하여 원조를 하는 것은 바람직하지 못한 것이다. 특히 노화는 신체적·심리적·사회적 측면에서 각각 다르게 나타나고, 이러한 측면들이 상호 관련을 갖고 있으므로 노인을 신체적·지적·정서적·사회적·심리적·영적 측면을 포함해 전체적으로 이해하고 이를 기반으로 서비스를 제공하는 것은 아주 중요하다. 특히 최근 노인복지 서비스의 접근방법으로 생물심리사회적 접근방법(biopsychosocial approach)이 중요하게 부각되는 추세도 이러한 전체성 원칙을 반영한 것으로 볼 수 있다.

8) 전문성의 원칙

노인복지사업은 전문적 지식과 기술을 기반으로 하여 실시되어야 한다는 원리다. 흔히 노인복지라고 하면 자선이나 연민의 차원에서 자발적으로 상식적인 도움을 주는 행동으로 간주하는 경향이 아직도 농후하다. 경로(敬老)와 봉사라는 마음만 있으면 노인의 제반 사회생활상의 문제를 해결할 수 있으리라는 생각은 잘못된 것이다. 노인복지사업이 그 목표를 달성하기 위해서는 전문적인 사회복지조직이나 기구, 전문적인 훈련을 받은 인력이 도움을 주어야 한다. 사회복지 발달사적인 면에서 볼 때 자선적·상식적 차원의 자원봉사자만으로는 인간의 제반 생활상의 문제를 잘 해결할 수 없음이 밝혀져서 전문적인 교육에 의한 사회복지 전문가의 참여가 필요하다. 오늘날 노년학의 제반 응용분야인 노인의학, 노인간호학, 노인사회복지학 등의 등장은 노인문제를 전문적인 지식과 기술 위에서 해결하려는 필요성을 반영한 것으로 볼 수 있다.

9) 노인의 시대적 욕구 반영 원칙

노인은 연령에 관계없이 동질적인 사람이 아니며 시대에 따라 각각 다르게 이해되어야 한다. 즉 오늘의 노인과 내일의 노인은 같지 않다는 것이다(Lowy, 1980). 노인을 연령 코호트로 보면 이들은 각각 다른 사회적·역사적 경험을 하고 다른 사회화 과정을 거쳐서 노년기에 이르게 되었기 때문에 노인들의 욕구는 시대에 관계없이 동일하다고 할 수는 없다. 노인복지사업은 시대적으로 다른 노인들의 욕구를 잘 파악하여 이를 적절히 반영해야 한다. 그러므로 수시로 욕구조사를 하고 새로운 프로그램을 계획하는 것은 노인복지정책과 노인복지 서비스를 발전시키는 주요 요소이자 효과적인 노인복지 서비스의 원칙이 된다.

6 노인복지정책의 형성 과정

정책은 '행동의 과정 또는 계획'(Gilbert & Terrell, 2005)이라 할 수 있다. 그러므로 노인복지정책은 노인의 복지를 위한 행동(활동)계획으로서 국가사회적 차원, 지역사회적 차원, 사회복지기관의 차원에서 형성될 수 있고, 공적·사적 차원에서도 형성될 수 있다.

노인복지정책도 사회복지정책의 한 분야로서 사회복지정책 형성에 관한 일반적인 절차에 의하여 형성된다. 정책형성 과정에 대해서는 여러 가지 모델이 제시되고 있고 모델에 따라 단계도 다양하다. 그러나 각각의 모델을 언급하고 비교하는 것은 이 책의 범위 밖의 것이므로 여기서는 Gilbert와 Terrell(2005)이 제시한 정책형성과정 모델과 Kingdon이 제시한 쓰레기통 모형을 소개하기로 하겠다. 이 두 모델은 국가사회 및 지역사회의 차원에서뿐만 아니라 구체적인 사회복지기관의 차원에서도 적용될 수 있는 적합한 모델이라고 생각된다.

Gilbert와 Terrell은 사회복지정책의 형성 과정을 표 11-2에서 보는 바와 같이 ① 문제 확인, ② 문제 분석, ③ 공중에 대한 홍보, ④ 정책목표 개발, ⑤ 공중의 지지와 합법성 확보, ⑥ 정책 프로그램 설계, ⑦ 정책 수행, ⑧ 평가와 사정의 8단계로 구분하고 있다. 각 단계마다 수행되어야 하는 과업의 내용과 이러한 과업을 수행하기 위한 전문가의 역할이 있는데, 전문가의 역할은 극단적으로는 한 사람에 의해서 수행될 수도 있고 각각 다른 사람에 의해서 수행될 수도 있다. 표에 제시된 전문가의 역할은 각 단계에서 가장 주된 전문가적 역할을 나타낸 것이며, 다른 역할들이 각 단계에서 복합적으로 수행될 경우도 많음을 유의해야 한다.

정책형성과정 모델로 쓰레기통 모형(garbage can model)은 Cohen 등(1972)이 처음 제안하고 Kingdon(1995)이 수정한 것으로 미국의 정치적 상황에서 제안된 모형이지만 우리나라에도 적용가능성이 높은 모형이다. 이 모형에서 정책결정은 합리성이나 협상과 타협 등을 통해서 이루어지는 것이 아니라 쓰레기통과 같은 비조직화된 무정부적 상태 속에서 나타나는 몇 가지 흐름에 의해서 결정된다. 정책결정의 틀 속에는 ① 정치인, 이익집단 등이 참여하는 정치의 흐름, ② 언론, 클라이언트 등이 참여하는 문제의 흐름과 ③ 관료, 연구자 등이 참여하는 정책의 흐름이 쓰레기통 속의 쓰레기들처럼 서로 독립

표 11-2. Gilbert와 Terrell의 정책형성과정 모형

절차	내용	전문가의 역할
1. 문제 확인	• 노화 및 노인에 관련된 문제로 사회 전체 또는 지역사회의 문제가 되는 것 확인 • 해결되지 못한 노인의 공통적 기본욕구와 발달욕구 확인 • 기존 정책 수행상의 문제점 확인	• 직접 서비스 전달자
2. 문제 분석	• 문제와 관련된 자료 수집 • 문제의 실태 분석 • 문제의 원인 규명	• 사회조사자
3. 공중에 대한 홍보	• 사회 전체, 지역사회 또는 사회복지기관의 구성원에게 문제의 실태를 알리고 관심을 불러일으킴	• 공동체 조직가
4. 정책목표 개발	• 문제 및 욕구에 대한 다양한 해결책 연구 • 해결책을 종합 분석하여 정책목표 설정	• 계획가
5. 공중의 지지와 합법성 확보	• 일반 공중 및 조직 성원으로부터의 문제해결 대책수립의 지지 확보 • 관련 집단(정당, 전문가집단, 시민집단, 사회복지조직, 클라이언트 집단 등)으로부터 지지 확보	• 공동체 조직가
6. 정책 프로그램 설계	• 정책목표 달성을 위한 프로그램에 대한 입법 또는 사회복지기관 차원에서의 구체적 프로그램의 계획 • 프로그램 설계에는 급여자격, 급여내용, 전달체계, 재정, 수행 책임자, 시행절차 등 고려	• 계획가
7. 정책 수행	• 설계된 정책 프로그램 수행	• 행정가 • 직접 서비스 전달자
8. 평가와 사정	• 프로그램의 효율성·효과성·영향 평가 • 평가 결과를 프로그램 설계와 수행에 반영	• 사회 조사자 • 직접 서비스 전달자

출처 : Gilbert, N. & Terrell, P. (2005), *Dimensions of social welfare policies* (6th ed.).

적으로 떠돌아다니다가 정치적 흐름과 문제의 흐름이 우연히 결합하여 정책 아젠다(agenda)가 형성된다. 정책 아젠다가 형성되면 그 해결책으로 정책대안을 찾게 되는데, 정책의 흐름 속(Kingdon은 이를 policy soup이라 함)에 떠다니던 정책대안이 정책 아젠다와 연결되면 정책의 창문(policy window)이 열리면서 정책결정의 기회가 생긴다는 것이다. 정책대안들이 정책의 흐름을 형성하고 있다가 정치와 문제의 흐름에 의하여 정책 아젠다가 형성될 때 이들과 재빨리 결합함으로써 정책결정으로 연결된다는 것이 쓰레기통 모형 이론이다.

7 노인복지정책 프로그램의 기본적 선택 차원

노인복지정책은 구체적으로 하나 또는 그 이상의 프로그램으로 나타나게 되는데, 이와 같이 노인복지정책에 의하여 계획된 프로그램이 노인복지(서비스) 프로그램이다. 앞에서 제시한 노인복지정책의 형성 과정에서 제6단계인 정책 프로그램의 설계에서 고려되어야 할 기본적 요소에 대해서는 여러 학자들의 의견이 있는데, Gilbert와 Terrell(2005)은 여러 학자들의 의견에서 공통적인 요소를 뽑아 네 가지로 제시하고 있다.

Gilbert와 Terrell(2005)은 사회복지정책을 경제적 시장 밖에서 작용하는 급여-배분의 체제(benefit-allocation mechanism)로 보고 사회복지정책 프로그램의 기본적인 요소를 ① 배분(allocation), ② 급여(benefit), ③ 전달(delivery), ④ 재정(finance)으로 설정하고 있다. 이 네 가지 요소를 '선택 차원(dimensions of choice)'이라고 부르고 각 차원에서 선택적 대안의 범위, 선택적 대안을 지지하는 사회적 가치, 선택적 대안에 암시되어 있는 이론(또는 가정)과의 관련 속에서 구체적인 선택이 이루어진다는 것이다(표 11-3 참조).

네 가지 선택의 차원에서 ① 배분은 배분의 근거, 즉 급여를 받을 수 있는 자격요건을 의미하고, ② 급여는 배분될 급여의 형태를 의미하고, ③ 전달은 급여를 전달하는 전략 또는 체계를 의미하며, ④ 재정은 급여를 뒷받침하는 자금조달 형태를 의미한다. 이러한 네 가지 선택 차원과 구체적 선택에 영향을 미치는 요인이라 할 수 있는 선택적 대안의 범위(수), 관련된 사회적 가치와 이론의 관계를 간략히 정리하면 표 11-3과 같다. 노인복지 정책 프로그램 설계에도 기본적 선택 차원이 그대로 적용될 수 있다. 이 표를 중심으로 네 가지 선택 차원을 좀 더 상세히 설명하기로 하겠다.

1) 배분(allocation)

배분은 급여를 받을 사람이 누구인가를 결정하는 것, 즉 수혜 대상자의 자격을 결정하는 것이다. 여기에서는 표 11-3과 같이 네 가지의 원칙 중의 하나 또는 몇 가지가 결합된 원칙에 의해 결정된다.

귀속적 욕구(ascribed needs)에 의한 원칙은 기존의 시장체계 하에서 만족될 수 없는

표 11-3. 사회복지 프로그램 설계의 기본적 선택 차원

구분	내용	선택적 대안	관련 가치관	관련 이론
배분	• 급여를 받을 수 있는 자격요건 (어떤 사람이 급여를 받을 수 있는가?)	• 귀속적 욕구(특정 인구집단의 공통적 욕구) • 사회적 공헌 또는 사회적으로 부당하게 손해를 입은 것에 대한 보상 • 심신상태에 대한 전문가의 판단 • 개인 또는 가족의 자산 상태에 따른 욕구	• 평등 대 공평 • 선별주의 대 보편주의 • 비용효과성 대 사회적 효과성	• 적절한 이론들 (예: 모든 노인은 사회의 발전에 공헌했으므로 사회로부터 보상받아야 한다)
급여	• 급여의 구체적 형태 (어떠한 형태의 급여를 제공할 것인가?)	• 기회 • 권력(power) • 사회 서비스 • 물품 • 신용(credit) • 바우처(물품/서비스 교환권) • 현금	• 평등 대 공평 • 적절성 • 소비의 선택 자유 대 사회적 통제	• 적절한 이론들 (예: 빈곤의 주요 원인은 성격적 결함이다)
전달	• 급여를 전달하기 위한 전략 (어떠한 방법으로 전달할 것인가?)	• 행정적 중앙집권/지역분산 • 단독 서비스/복수 서비스 • 같은 건물/다른 건물 • 상호 협조/협조 결여 • 전문가 이용/비전문가 이용 • 전문가에 의한 의사결정, 지역사회에 의한 의사결정 등 다양한 전략	• 평등 대 공평 • 중앙집권 대 지방자치 • 관료중심행정 대 시민참여행정	• 적절한 이론들 (예: 사회 서비스는 자발적인 클라이언트에게만 주어져야 한다)
재정	• 급여를 위한 재원 마련 방법 (급여를 뒷받침할 재원을 어떻게 마련할 것인가?)	• 사용자 부담 • 민간모금 • 사회보험 • 과세(국세, 지방세, 특별세, 목적세 등)	• 평등 대 공평 • 적절성 • 중앙집권 대 지방분권	• 적절한 이론들 (예: 지역사회의 참여와 관심은 모금으로 활성화될 수 있다)

출처: Gilbert, N. & Terrell, P. (2005), Dimensions of social welfare policy (6th ed.)의 내용 일부를 필자가 정리한 것임.

공통적인 욕구를 가진 어떤 특정 부류나 인구집단에 속하는 사람이 수혜대상이 되는 원칙이다. 이 원칙에 의한 프로그램을 '데모그란트(demogrant)'라고도 한다(Burns, 1965). 예를 들면, 65세 이상 노인의 경제적 욕구와 의료보호 욕구를 노인의 공통적인 욕구로 인정하여 65세 이상 노인에게 다른 조건에 관계없이 일률적으로 일정한 액수의 무갹출

제 연금(noncontributory pension)을 지급하거나 무상 의료 서비스를 제공하는 것 등이다.

사회적 공헌에 대해 보상하는 원칙은 군복무, 사회보험 가입에 의한 보험금 납입, 사회적·경제적 공헌 때문에 수급권을 주는 것인데, 예를 들면 노령연금 수급권이 이에 해당된다고 할 수 있다. 그리고 사회적 피해나 손실에 대한 보상은 사회적 상황의 변화로 인한 실직, 인종적 차별, 도시재개발 등으로 인하여 부당하게 손해를 입었을 경우 이를 보상해 주는 원칙에 의해서 수급권을 주는 것이다. 예를 들면 실업보험과 산업재해보상보험 수급권이 이에 해당된다.

심신상태에 대한 전문가의 판단에 의한 원칙은 심신의 장애로 자기 스스로 경제적·사회적·심리적으로 정상적인 삶을 영위할 수 없는 상황일 때 전문가가 판단하여 급여를 제공하는 것인데, 예를 들면 무갹출제 장애연금 등이 여기에 해당된다.

자산조사에 의한 원칙은 개인이 정상적인 시장에서 필요한 상품이나 서비스를 구입할 수 없을 정도로 경제적 수준이 낮다는 사실을 개인이나 가족의 자산상태 조사를 통하여 그렇다고 판단되는 사람이 수혜대상자가 되는 것이다. 이러한 예로 65세 이상의 노인으로 자산상태가 최저생활유지 수준에 미달될 경우 현재의 자산상태 수준과 최저생활유지 수준의 차액을 보충해 주는 공공부조 프로그램(예: 우리나라의 국민기초생활보장)이 있다.

이와 같은 원칙의 배분은 가치관의 지배를 크게 받게 되는데, 일정한 부류의 인구집단 전체에게 혜택을 줄 것인가(보편주의), 또는 개인의 필요를 조사하여 선택적으로 줄 것인가(선별주의), 꼭 필요한 사람에게 혜택을 주어 비용효과성(cost effectiveness)을 높일 것인가, 또는 어떤 부류의 인구집단 전체에게 같은 혜택을 주어 모든 사람을 동등하게 취급하는 사회적 효과성(social effectiveness)을 높일 것인가에 따라 적용하는 원칙이 다를 수 있다.

2) 급여(benefit)

구체적으로 어떤 형태의 급여를 줄 것인가를 선택하는 것인데, 급여의 형태에는 ① 기회, ② 권력(power), ③ 사회 서비스, ④ 물품, ⑤ 신용(credit), ⑥ 바우처(voucher), ⑦ 현금 등이 있다. 어떠한 형태의 혜택을 줄 것인가는 소비자 선택의 자유라는 가치를 더 강조할수록 현금의 형태를 취하게 되고, 소비자에 대한 사회적 통제를 강조하는 편일수록 물품의 형태를 취하게 될 것이다. 또한 주어지는 혜택은 최소한도의 신체적·정신적인 복리를 보장할 수 있어야 하며, 모든 사람에게 똑같은 양의 혜택을 줄 것인가(균등 또는 평등분배), 개인이 사회에 공헌한 정도나 능력에 따라 각각 다른 양의 혜택을 줄 것인가(공평분배), 또는 두 가지를 같이 고려할 것인가도 중요한 선택이 될 것이다.

3) 전달(delivery)

급여(혜택)를 효율적으로 전달하기 위하여 어떠한 조직적 전략을 택할 것인가 하는 것이다. 전달의 조직체계는 지방자치와 중앙통제, 관료중심행정과 시민참여행정, 어디에 가치의 역점을 두는가에 따라 조직체계의 수립에서 선택이 달라진다.

4) 재정(finance)

급여가 현금으로 주어지든지 물품으로 주어지든지 간에 그러한 급여 자체를 위한 경비가 필요한데 이러한 경비를 마련하기 위한 원칙은 ① 사용자 부담, ② 민간모금, ③ 사회보험, ④ 과세 등이 있고, 이 가운데 어느 한 가지 또는 둘 이상의 결합 형태를 취할 수 있다. 여기에도 평등 대 공평의 가치, 중앙집권 대 지방분권의 가치에 따라 실질적인 재정 원천과 부담률이 정해지게 된다. 사회복지 또는 노인복지의 급여는 국가가 무료로 제공하는 경우도 많지만 비용의 일부 또는 전부를 받고 제공하는 경우도 있다. 노인복지 대상자나 이용자는 다음과 같은 세 가지 방법으로 서비스 비용을 지불할 수 있다.

(1) 무료

사회복지 서비스를 무료로 제공하는 대상은 빈곤층(또는 저소득층)과 국민 전체로 나누어 볼 수 있다. 빈곤층은 지불할 능력이 없으므로 이들에게는 무료로 서비스를 제공할 수밖에 없다. 예를 들면, 빈곤층이 의료 서비스를 받는 경우(의료급여), 서비스 비용은 무료다. 일반국민들에게 무료로 서비스를 제공하는 경우는 국민들의 공통적인 문제를 해결하거나 욕구를 충족시켜 주기 위한 것이다. 예를 들면, 영국의 경우 모든 국민에게 의료 서비스를 무료로 제공하고 있다. 우리나라의 경우 노인복지관의 서비스는 원칙적으로 무료다.

(2) 비용 일부 부담

실제로 서비스를 받는 사람들이 경제적 사정에 따라 이용 비용의 일부 또는 전부를 부담하게 하는 경우가 있다. 서비스 비용을 국가가 전부 부담하기에는 한계가 있고, 또한 완전 무료로 하는 경우 서비스 이용이 크게 증가하여(과도하게 이용하는 경우도 많음) 정부의 부담이 커지게 되면 정부로서도 감당하기 어려우므로 비용의 일부를 이용자에게 부담하게 하는 것이다. 예를 들면, 병원 진료 시 진료비의 일부를 이용자가 부담하게 하는 경우다. 비용의 일부를 부담하는 경우는 경제적 형편에 관계없이 일률적으로 같은 액수나 비율로 부담하게 하는 경우와 경제적 형편에 따라 차등적으로 부담하는 경우(소득이 낮으면 적게 부담시키고, 소득이 높으면 많이 부담하게 하는 경우)가 있다. 2006년부터 시작된 노인돌봄 종합 서비스 바우처 제도도 비용의 일부를 차등적으로 부담하게 하는 제도라 할 수 있다.

(3) 비용 전부 부담

국민들에게 공통적으로 필요한 서비스이지만 국가가 이를 무료로 제공하기에 부담이 큰 경우는 실제의 비용 전액을 이용자로부터 받을 수 있다. 이 경우 서비스 비용은 영리를 취하지 않기 때문에 시장에서 서비스를 사는 경우보다 싼 것이 일반적이다. 예를 들면, 2008년 7월부터 시행된 노인장기요양보험에서 월 사용한도액이 정해져 있어 한도액을 초과하여 필요한 서비스를 더 받게 되는 경우 한도액 초과분의 서비스 비용을 이용자가 전부 부담하게 하는 것과 같다.

8 노인복지 서비스 접근방법

노인복지 서비스는 넓게는 노인복지의 급여 중 비물질적 무형의 서비스인 사회복지 임상 서비스(임상소셜워크 서비스: 주로 개인·가족·소집단을 대상으로 함), 정보 제공, 자원 연결, 말벗, 거동 부축 같은 것을 말하는 경우가 대부분이지만 좁게는 전문상담 서비스(사회복지 임상 서비스 또는 임상소셜워크 서비스)로 한정하는 경우도 있다. 임상소셜워크 서비스는 개인을 대상으로 하는 경우가 제일 많고 가족과 집단을 대상으로 하는 경우도 많다. 그러나 임상소셜워크에서 공동체(community)를 대상으로 하는 경우는 거의 없다. 전통적 소셜워크에서는 개인, 가족, 소집단, 공동체 모두를 대상으로 했으나 임상소셜워크에서는 공동체가 대상에서 거의 제외되고 있다.

여기서의 노인복지 서비스는 사회복지 임상 서비스, 즉 임상소셜워크에 한정하기로 하겠다. 사실 노인복지 서비스는 정보 제공, 말벗, 거동 부축, 단순한 수발 등과 같은 비전문적인 서비스의 경우도 이 장에서는 노인복지의 전문적 영역인 임상소셜워크에 한정하여 서비스 접근방법을 설명하기로 하겠다.

사회사업과 소셜워크(social work)

- 사회사업(社會事業)이라는 용어는 미국에서 사용되어 온 social work을 일제 강점기에 일본인들이 영어 단어 그대로 번역하여 사용한 데서 유래한다. 그러나 지난 100년 동안 사회사업이라는 말이 사용되어 오면서 사회사업은 자선사업과 같은 의미로 사용되어 개인·가족·소집단(그리고 때로는 공동체)에 대한 전문적 변화를 유도하는 개입방법이라는 의미를 전달하지 못하였다.
- 우리나라에서는 사회사업이 전문적 요소를 반영하지 못하고, 거시적이며 제도적인 의미를 담지 못하는 등의 문제가 있다고 판단하여 1980년 이후에는 '사회복지'라는 말을 쓰고 있지만 사회복지도 정확히 social work을 대치하는 의미는 되지 못한다. 따라서 사회사업이라는 말 대신에 원어 그대로 소셜워크라 하는 것이 더 적합하다는 판단 아래 사회복지의 전문적 임상 서비스 또는 사회복지의 전문적 개입 서비스를 '소셜워크'로 부르기로 하였다(김상균 외, 2007).
- 일본에서도 social work을 社會事業으로 부르는 경우도 있지만 원어대로 발음하여 ソーシャルワーク(소시아루와구)로 부르는 경우가 많다.

1) 생물심리사회적 접근방법

이 책의 앞부분에서 노화의 생물학적·심리적·사회적 측면을 살펴보았다. 이 세 가지 측면의 노화 과정은 상호 연계되어 있기 때문에 노인과 노화에 관련된 현상을 적어도 생물학적·심리적·사회적 측면에서 종합적으로 접근하여 문제를 사정하고 해결방안을 찾아야 한다. 사회적 측면은 넓게는 경제적 측면과 환경적 측면까지 포함하는 것으로 볼 수 있다. 그래서 노인과 노화에 대한 생물학적·심리적·사회적·경제적·환경적 측면을 종합적으로 고려한 접근을 '생물심리사회적 접근(biopsychosocial approach)'으로 부르기로 한다.

사회복지의 전문적 접근에는 심리사회적 접근이나 환경 속의 인간을 중시하는 생태체계적 접근 방법이 있어 왔지만 상대적으로 생물학적 측면이나 신체적 측면은 무시되어 왔다. 그러나 노인의 경우는 생물학적 노화와 관련된 심리·사회적 요소가 많고, 심리적 노화와 사회적 노화가 신체적 노화에도 크게 영향을 미치기 때문에 생물학적 측면을 고려하지 않고는 노인문제와 노화와 관련된 현상을 제대로 이해하기 어렵다고 할 수 있다. 그래서 노인과 노화에 대해 종합적으로 접근하는 것이 대단히 중요하고 바람직하다고 생각하기 때문에 이 책에서는 생물심리사회적 접근을 노인복지 서비스의 기본적 접근 방법으로 삼는 것이 바람직하다(McInnis-Dittrich, 2005).

2) 생물심리사회적 사정의 목적

사회복지 전문 상담(임상소셜워크 개입)에서 가장 중요한 첫 번째 절차는 문제를 확인하고 전문적 관계를 형성하는 것이고 그 다음 절차는 사정의 절차를 거치게 된다. 사정(assessment)은 문제와 관련된 자료를 수집하여 해석하고 자료로부터 문제의 원인과 개입방법 등을 추론하는 논리적 과정이다. 생물심리사회적 접근방법에 의한 사정은 다른 말로는 '종합적 사정'이라 할 수도 있는데 노인문제에 대한 생물심리사회적 사정의 목적을 다음의 네 가지로 말할 수 있다(McInnis-Dittrich, 2005).

① **강점의 발견과 활용 :** 사람은 적어도 강점을 한 가지 이상은 갖고 있다. 노인문제와 연관되어 있는 사항으로 문제해결에 도움이 될 수 있는 강점을 발견하여 문제해결에

활용하기 위한 것이다.

② **잔존 기능의 유지방법 모색 :** 현재 노인에게 남아 있는 독립적 기능(신체적·정신적 기능)을 계속 유지하도록 도와주기 위한 방법을 찾아내기 위한 것이다.

③ **상실 기능의 회복을 위한 개입방법 모색 :** 상실된 기능을 조금이라도 회복하여 독립적으로 생활하기 위해 어떤 개입방법이 필요한가를 알기 위한 것이다.

④ **상실 기능의 대체방법 모색 :** 상실된 기능을 회복하기 어려운 경우는 그 기능을 대체할 수 있는 방법이 무엇인지를 알기 위한 것이다.

3) 생물심리사회적 사정의 요소

다음과 같은 영역에서 정보를 최대한 정확하고 자세하게 수집하여 문제의 원인과 개입방법을 찾아내는 것이 바람직하다.

① **인구학적 정보 :** 성명, 주소, 생년월일, 결혼상태, 가족관계(형제자매·손자녀 포함), 고용상태, 교육배경, 군복무, 취미, 특기 등

② **신체적 건강 :** 신체적 질병, 시력, 청각, 후각, 노인의 주관적 건강 평가, 사회복지사의 주관적 건강 평가, 질병 진료 경력, 약물 복용 상태 등

③ **심리적 기능 :** 성격, 지능, 기억력, 치매 유무 및 정도, 다른 정신적 장애 등

④ **정서적 복지상태 :** 우울증, 자살 충동, 불안, 걱정 등

⑤ **성적 기능 :** 성적 관심과 성생활 욕구 등(노인이 관심을 보이는 경우 성 문제를 다루는 것이 바람직함)

⑥ **사회적 기능 :** 생활양식, 사회적 고립 여부와 정도, 정서적 지지와 정도 등

⑦ **재정상태 :** 수입원과 지출 상황, 소득보장급여 수급자격, 민간기관으로부터의 급여, 기타 친인척으로부터의 지원 등

⑧ **환경적 문제 :** 주택구조, 가재도구의 수리 여부, 위험 부재 공간, 안전문제

⑨ **사정자의 전문가적 직관에 의한 인상 :** 전문가의 직관으로 느끼는 인상과 수집한 정보에 대한 충분성과 신뢰도 등

9 노인복지급여의 전달체계

노인복지정책에 의해서 설계되어 실제적으로 수혜자에게 주어질 급여(benefit)를 효율적이고 효과적으로 전달하는 조직적 체계는 대단히 중요하다. 사회복지의 급여에는 물질적인 것(현금과 현물)과 비물질적인 것(무형의 상담 등과 같은 것)이 있다. 노인복지 서비스라 할 경우 비물질적이고 형체가 없는 것으로 사회복지 임상 서비스(임상소셜워크), 정보제공, 자원 연결, 말벗, 거동 부축 같은 것을 말하는 경우가 대부분이지만 넓게는 물질적인 급여를 포함하는 경우도 있다.

노인복지정책은 행동방침이라 하는 추상적인 것인데 전달체계를 통하여 구체적인 급여 형태(예: 금품, 현금, 무형의 서비스 등)로 전환되고 수혜자 또는 클라이언트에게 전달된다. 노인복지급여는 조직적 체계(organizational system)를 통하여 전달되는데, 노인복지급여가 전달되는 데 관련되는 조직적인 체계를 노인복지전달체계라고 한다.

노인복지급여는 전반적인 사회복지 서비스와 마찬가지로 ① 공적인 정부조직, ② 사적 비영리조직(민간 비영리 복지조직), ③ 사적 영리조직(시장 조직)을 통하여 전달된다. 공적인 정부조직의 경우는 사회복지 전달조직이 일반행정조직에 병합되어 있는 경우와 일반행정조직과 분리되어 있는 경우가 있다. 정부조직은 국가사회나 지역사회(지방자치단체) 차원에서 계획된 정책에 의한 서비스(예: 공공부조, 노령연금 등) 전달을 위해서 필요하다. 사적 비영리 민간조직은 주로 사적 차원의 민간 사회복지기관에서 수립된 정책에 의한 서비스가 전달되는 체계다. 그러나 경우에 따라서는 공적 차원의 서비스도 사적 민간조직을 통하여 전달되기도 한다.

이와 같은 전달체계는 정부가 민간조직에 위탁하여 전달하는 것이라 할 수 있다. 예를 들면, 우리나라에서 정부가 노인복지관을 건립하여 그 운영을 민간기관에 위탁하는 경우라 할 수 있다. 미국 같은 경우도 정부가 정책적으로 계획한 서비스를 많은 민간조직을 통해 전달하고 있는데, 이는 정부가 민간조직에서 전달하는 서비스를 구입하여 전달하는 것으로 볼 수 있다. 예를 들면, 미국사회보장법의 Title XX의 사회 서비스 같은 경우 민간기관들이 정책에 맞는 서비스 전달계획을 연방정부의 보건복지성(Department of Health and Human Services)에 제출하면 정부는 여러 기관의 계획서를 검토하여 적절한

그림 11-2. 노인복지 공적전달체계(2010년 5월 현재)

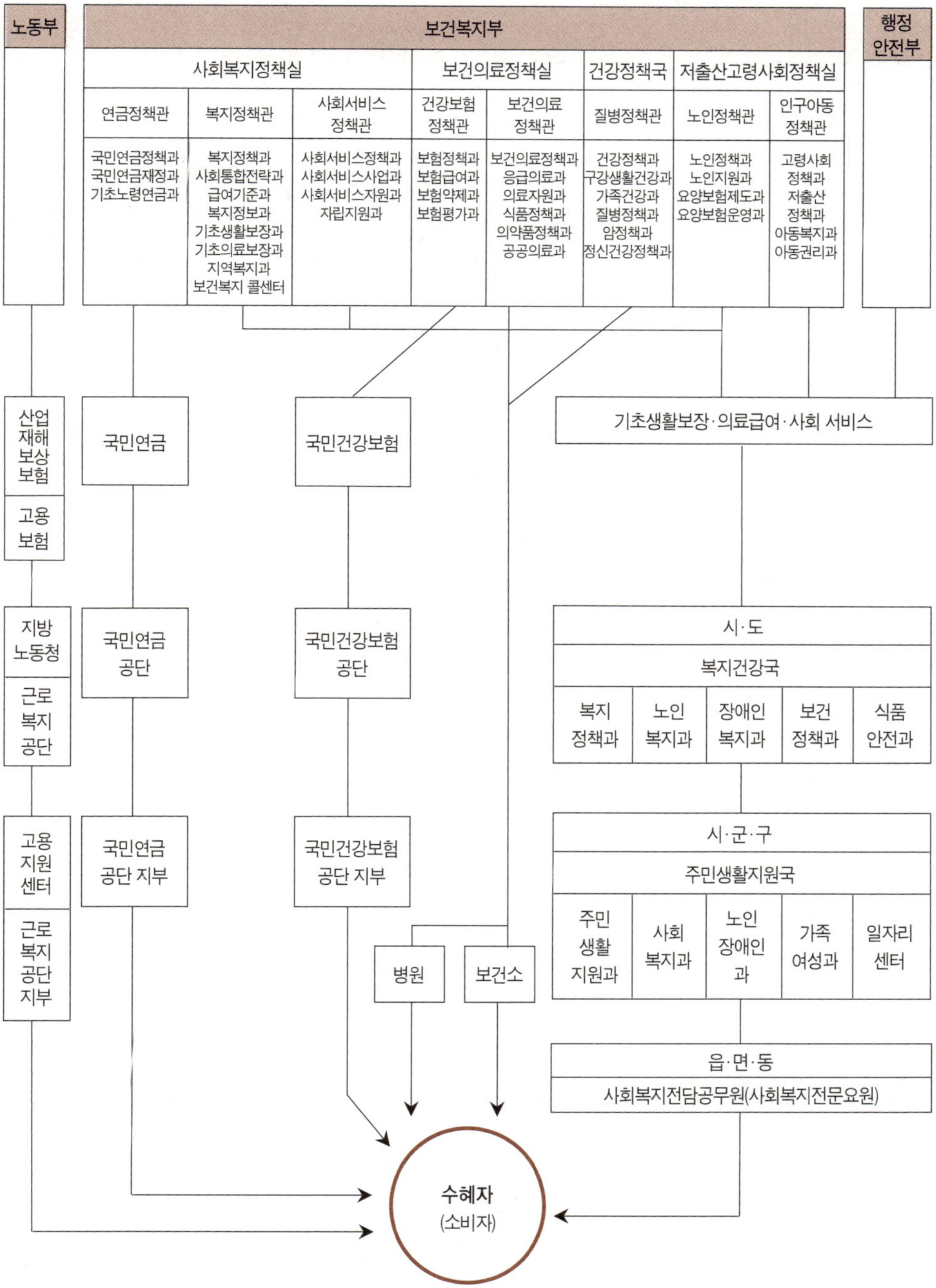

주: 광역 및 기초자치단체의 전달체계는 각각 다른 경우가 많은데, 이 그림에서 시·도는 경기도의 경우, 시·군·구는 수원시의 경우를 제시하였음.

그림 11-3. 노인복지 민간전달체계

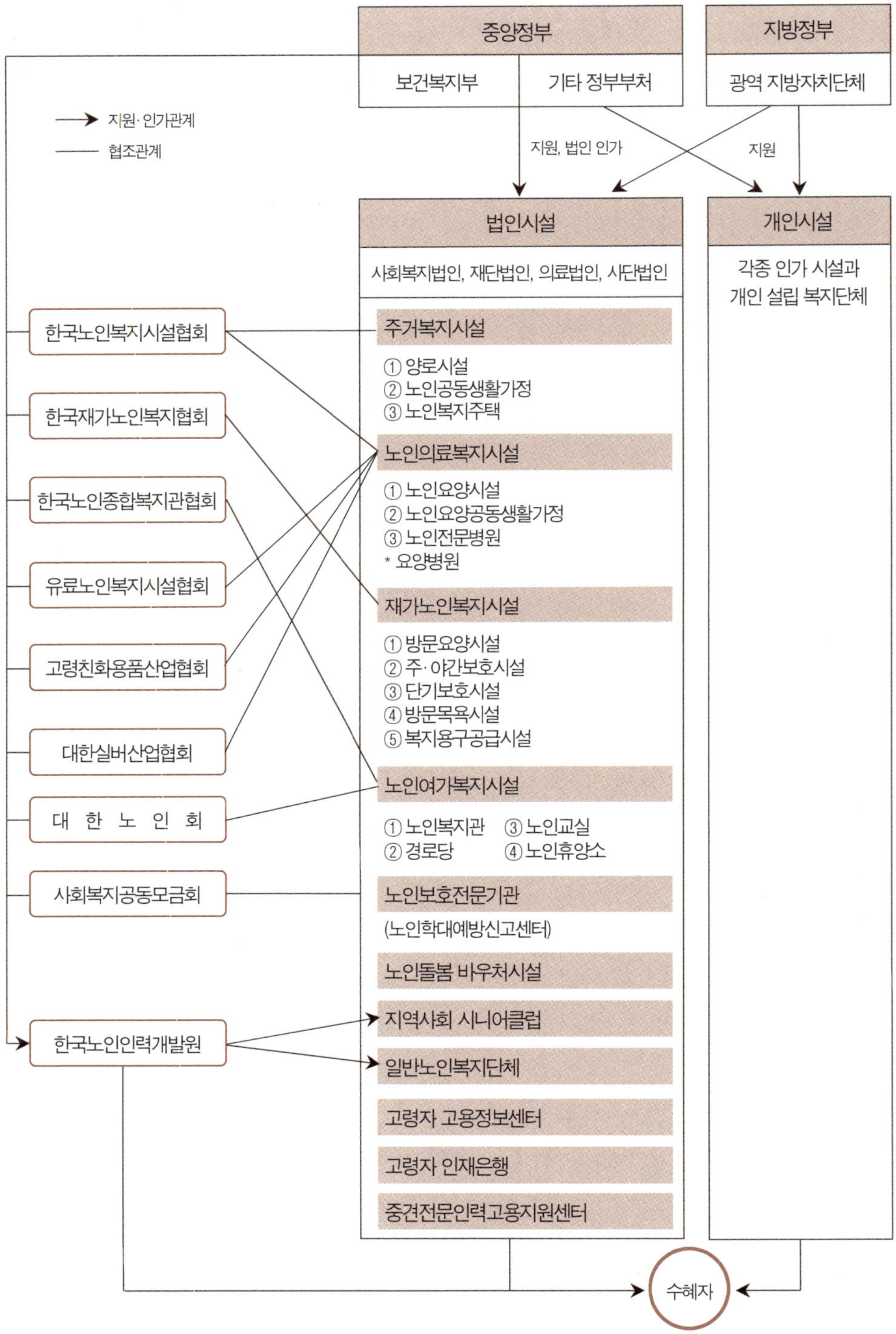

기관과 계획을 택하여 민간기관이 수행하도록 재정지원을 해 주는 것이다.

노인복지의 전달체계는 ① 전문성, ② 적절성, ③ 포괄성, ④ 지속성, ⑤ 통합성, ⑥ 평등성, ⑦ 책임성, ⑧ 접근용이성과 같은 기준에 적합하도록 조직되어야 할 것이다.[5] 우리나라 노인복지의 공적전달체계와 민간전달체계는 그림 11-2, 그림 11-3과 같으며 이러한 노인복지전달체계는 사회복지전달체계 구축의 기준에 비추어 볼 때 많은 문제점을 드러내고 있다.

노인복지전달체계를 구축하는 것이 노인복지행정에서 가장 중요한 첫 번째 과제이지만 구축된 노인복지전달체계를 어떻게 관리하고 운영할 것인가도 대단히 중요하다. 노인복지행정도 사회복지행정의 틀 속에서 다루어져야 할 것이기 때문에 사회복지행정에서 중요하게 다루는 지식과 기술을 갖출 필요가 있다.

사회복지활동의 여러 대상 영역 가운데 노인복지급여가 가장 종류가 다양하고 그 급여도 전문성이 가장 낮은 것부터 가장 높은 것까지 범위가 넓기 때문에 노인복지전달체계를 한마디로 평가하기는 어렵지만 전반적으로 다른 대상 영역에 비하여 전문성, 효율성과 효과성이 떨어지는 편이라 할 수 있다. 특히 노인복지 민간전달체계(시설이나 기관)에 속한 급여 전달자는 사회복지행정의 중요한 과정(욕구조사, 기획과 의사결정, 인사관리, 재정관리, 정보관리, 사업평가, 의사소통 등)에 대한 지식과 기술을 갖추도록 노력해야 할 것이다.

참고로 노인복지 업무를 포함한 사회복지 업무의 대부분을 관장하는 중앙정부 부서의 명칭이 여러 번 변경되었는데, 정부 수립 이후 2010년 현재까지 부서 명칭은 다음과 같이 변경되어 왔다 : 사회부(1948~1955)와 보건부(1949~1955) → 보건사회부(사회부와 보건부 통합, 1955~1994) → 보건복지부(1994~2008) → 보건복지가족부(2008. 2~2010. 3) → 보건복지부(2010. 3~현재).[6]

---

5. 상세한 설명은 최성재 · 남기민(2006)의 사회복지행정론 제4장을 참고할 것.

6. 이에 따라 부서 명칭과 부서에서 발간하는 정책자료, 통계자료, 보고서 등의 작성자(저자) 명칭에 혼란이 초래되고 있다. 특히 2008년 2월부터 2010년 3월까지의 사회복지 관련 문서의 명칭에 보건복지가족부 또는 보건복지부로 혼돈이 초래되고 있으므로 유의할 필요가 있다.

10 노인복지 관련 법률

노인복지 정책과 서비스가 구체적으로 국가사회와 지역사회의 제도로 나타나는 근거는 바로 노인복지 관련 법률의 제정과 시행이라 할 수 있다. 어떤 의미에서는 노인복지 정책과 서비스는 국가사회나 지역사회의 구체적인 노인복지활동으로 나타나도록 규정하는 것이 바로 노인복지 관련 법률이기 때문에 이를 간략히 살펴보는 것은 노인복지활동의 틀을 이해하는 데 중요하므로 간략히 정리하여 제시하면 11-4와 같다.

표 11-4. 노인복지 관련 법률

영역	법률	시행 시기	주요 내용
소득 보장	국민연금법	1988. 1	• 국민의 노령, 폐질 또는 사망에 대하여 연금급여를 실시하여 국민의 생활 안정과 복지증진에 기여함 • 사업장 근로자와 자영업자, 연금 보험료 납부가 가능한 자를 대상으로 함 • 10년 이상 가입하면 연금 수급 가능
	공무원연금법 사립학교교직원연금법 군인연금법	1960. 1 1975. 1 1963. 1	• 공무원과 사립학교 교직원, 군인은 별도의 연금법을 제정하여 적용함 • 20년 이상 가입한 경우 연금을 지급함
	기초노령연금법	2008. 1	• 생활이 어려운 노인에게 기초노령연금을 지급하여 노인의 생활안정을 지원하고 복지를 증진함 • 65세 이상 노인 중 하위 소득 70%까지 월 일정액의 기초노령연금을 지급함
	국민기초생활보장법	(1961. 1 최초 시행) 2000. 10 전면 개정 시행	• 생활이 어려운 자에게 필요한 급여를 행하여 이들의 최저생활을 보장하고 자활을 조성함 • 노인으로서 부양의무자가 없거나 부양의무자가 있다 하더라도 부양능력이 없는 경우에 국가가 최저생계비에서 부족한 부분을 현금으로 지급함
	긴급복지지원법	2006. 3	• 생계곤란 등 위기상황에 처하여 도움이 필요한 자를 신속하게 지원하여 위기상황에서 벗어나 건강하고 인간다운 생활을 하도록 함 • 1~2개월 정도 지원 가능함
	근로자퇴직급여보장법	2005. 12	• 근로자의 퇴직연금제도 설정과 운영에 필요한 사항을 정하여 근로자의 안정적 노후생활을 조장함 • 퇴직금제도와 퇴직연금제도 중 하나 이상의 제도를 정하여 근로자가 가입하도록 함

표 11-4. 계속

영역	법률	시행 시기	주요 내용
소득 보장	고용상 연령차별금지 및 고령자고용촉진에 관한 법률	1992. 7 (고령자고용 촉진법으로 시행) 명칭 변경 및 개정(2008. 3) 2009. 3 시행	• 고령자(55세 이상)가 그 능력에 적합한 직업에 취업하는 것을 촉진, 지원함 • 근로자 모집, 채용, 임금, 복리후생, 교육·훈련, 배치, 전보, 승진·퇴직·해고 등 고용의 단계에서 연령차별 금지 • 고령자 직업능력개발훈련, 사업주의 고령자 교육, 훈련 및 작업환경 개선지원, 고령자 고용정보센터, 고령자인재은행, 중견전문인력고용지원센터 지정, 고령자 우선고용 직종 선정 등 규정
	고용보험법	1995. 1	• 고용보험의 시행을 통하여 실업의 예방, 고용촉진 및 근로자의 직업능력 개발과 향상을 꾀하고, 국가의 직업지도와 직업소개 기능을 강화하며, 근로자가 실업한 경우에 생활에 필요한 급여를 실시하여 근로자의 생활안정과 구직활동을 촉진함으로써 경제·사회 발전에 기여함
의료 보장	국민건강보험	(1976. 7 최초 시행) 2000. 7 전면 개정 시행	• 국민의 질병 부상에 대한 예방, 진단, 치료, 재활과 출산, 사망, 건강증진에 대한 보험 급여를 실시하여 국민보건을 향상하고 사회보장을 증진함 • 소득이 있는 국민은 직장 또는 지역 가입자로 가입하여 보험료를 납입하고 필요한 의료 서비스를 보험금과 본인부담금으로 지급하도록 함
	노인장기요양보험법	2008. 7	• 고령이나 노인성 질병 등으로 일상생활을 혼자서 수행하기 어려운 노인 등에게 신체활동이나 가사활동 지원 등의 장기요양급여에 관한 사항을 규정하여 노후의 건강증진과 생활안정을 도모하고 가족의 부담을 덜어주도록 함 • 국민건강보험 가입자는 국민건강보험료의 일정 비율을 노인 장기요양보험료로 추가 납입하도록 하여 시설 및 재가 장기요양보호 서비스를 받도록 함
	의료급여법	(1978. 1 최초 시행) 2000. 10 전면 개정 시행	• 생활이 어려운 자에게 무료 진료 또는 일부 비용을 부담하게 하여 의료비용 부담을 완화시킴 • 의료급여 수급권자, 의료급여증, 의료급여기관, 의료급여 비용부담 등 규정
	치매관리법	2012. 2	• 치매환자 등록 관리 • 국가치매관리위원회 설립/중앙치매센터 설립 • 치매관리종합5개년개획 수립 • 치매검진사업지원 및 치매연구개발사업
주거 보장	노인복지법	1981. 6	• 실비 및 유료 노인복지주택 건설, 공급 및 운영에 관한 규정 신설
	주택공급에 관한 규칙	1978. 5	• 영구임대주택(임대주택법에 의한 연구임대 목적 주택)의 경우 65세 이상 직계존속을 동거 부양하는 국민기초생활 수급자는 입주신청 자격을 가짐(2002. 9 개정)

표 11-4. 계속

영역	법률	시행 시기	주요 내용
			• 세대주의 나이가 50세 이상인 경우와 65세 이상 직계존속을 1년 이상 동거부양하는 경우 공급에 유리한 점수를 받을 수 있음(2000. 5 개정)
	한국주택금융공사법	2004. 3	• 주택담보노후연금제도 도입
사회 서비스 보장	노인복지법	1981. 6	• 노인의 질환을 사전에 예방 또는 조기 발견하고 질환상태에 따른 적절한 치료 요양으로 심신의 건강을 유지하고 안정된 노후생활을 위하여 필요한 조치를 강구하도록 함 • 노인실태조사, 노인복지시설, 요양보호사, 노인의 날, 노인의 사회참여 지원, 노인일자리 전담기관 설치·운영, 지역 봉사 지도원 위촉, 경로우대, 건강진단, 치매관리사업, 노인학대 등에 관한 사항 규정
	장애인·노인·임산부 등의 편의증진보장에 관한 법률	1998. 4	• 장애인, 노인, 임산부 등이 안전하고 편리하게 시설 및 설비를 이용하고 정보에 접근하도록 보장함 • 노인, 장애인 등이 공공건물과 공중이용시설을 이용하는 경우 가능한 최단 거리이동이 가능한 편의시설 설치 의무화
	효행 장려 및 지원에 관한 법률	2008. 8	• 효를 국가 차원에서 장려함으로써 효행을 통해 고령화사회가 처한 문제를 해결할 뿐만 아니라 국가 발전의 원동력을 얻고 나아가서는 세계문화 발전에 기여하게 함 • 효 장려 기본계획을 5년마다 수립하고 유치원, 초·중·고등학교, 평생교육원 등에 효행교육, 효문화진흥원 설치 등 규정
	대한노인회 지원에 관한 법률	2011. 3	• 노인의 권익 신장, 복리 증진 및 사회참여 촉진을 위하여 설립된 대한노인회 발전을 지원함 • 국가 및 지방자치단체의 대한노인회에 관한 편의 제공, 협조, 지원 및 비용 보조
노인 복지 총괄	저출산·고령사회기본법	2005. 5	• 저출산 및 인구 고령화에 따른 변화에 대응하는 저출산·고령사회정책의 기본 방향과 그 수립 및 추진체계에 관한 사항 규정 • 보건복지부장관 직속 저출산·고령사회위원회 운영 • 5년마다 저출산·고령사회 기본계획 수립
산업	고령친화산업진흥법	2007. 7	• 고령친화산업을 지원 육성하고 그 발전 기반을 조성하는 것에 관한 규정 • 저출산·고령사회기본계획에 고령친화산업발전계획 포함, 소비자 권익보호, 고령친화산업 표준화, 고령친화사업지원센터 설립, 고령친화 우수제품 지정 및 표시 등 규정

제12장

소득보장

현대산업사회에서 인간다운 최저한의 생활을 영위하기 위해서는 의식주의 욕구, 건강보호의 욕구와 문화적 욕구를 기본적으로 충족시킬 수 있는 소득이 필요하다. 노년기에 적절한 소득은 최소한의 계속적인 생존을 가능케 할 뿐 아니라 여가문제, 사회적·심리적 고립과 소외 같은 문제도 크게 해결할 수 있으며, 나아가서는 자존심을 유지시켜 줌으로써 성공적인 노화를 가능하게 한다.

피할 수 없는 생물학적 노화와 사회적으로 가해진 제약 등으로 노년기에 수입이 크게 줄어들거나 중단되어 최저한의 생활을 위한 경제적 수입을 확보하지 못하는 사람들이 많다. 이러한 문제에 대해서 현대국가는 사회 구성원인 노인에게 최저생활을 위한 수입을 보장해 주는 소득보장제도를 마련하고 있다. 소득보장은 다른 노인문제에도 직접·간접으로 영향을 미치므로 노인문제의 가장 중심적인 해결책이 되고 있다. 이 장에서는 소득보장의 필요성, 소득보장의 방법, 우리나라의 소득보장 프로그램의 현황과 문제점, 그 개선 방안을 검토해 보기로 한다.

1 소득보장의 필요성

노인에 대한 소득보장은 노인빈곤에 대한 사회적 차원의 대책으로서 국가사회가 노인이 빈곤상태를 벗어날 수 있도록 최소한의 소득을 확보해 주는 활동이다. 현대산업사회에서 노인들은 자신들의 실수, 나태, 도덕적 해이, 성격적 결함 등 개인적 책임 요인이 없이도 누구에게나 보편적인 피할 수 없는 생물학적인 노화와 사회의 구조적·제도적 제약으로 빈곤에 처하는 경우가 많기 때문에 사회적 차원의 대책이 필요한 것이다. 현대 산업사회에서 노인빈곤의 원인을 다음과 같이 요약해 볼 수 있다.

1) 생물학적 노화

생물학적인 노화는 누구나 피할 수 없는 현상이지만 농경사회에서는 노인은 노화에 따라 능력이 있는 한 일을 계속하여 자기의 생존을 위한 경제적 자원을 얻을 수 있었다. 그러나 현대산업사회에서는 생물학적 노화로 인한 신체적인 약화로 많은 직업활동이 제한됨에 따라 수입이 중단되게 된다. 생물학적 노화에 따른 노동능력의 상실은 개인적인 책임이 아니라 인간의 공통적인 현상이고 이로 인한 수입의 상실도 공통적인 현상이다.

2) 노동시장에서의 경쟁력 상실

급속히 발전하는 현대사회는 근로자들로 하여금 새로운 지식과 기술뿐만 아니라 강인한 체력과 고도의 기민성을 갖추도록 요구하고 있다. 노인은 중년기를 통한 교육 기회의 부족과 학습능력의 저하 등으로 청년에 비하여 노동능력이 떨어지므로 노동시장에서 경쟁력이 떨어지게 되며, 특히 노인의 재취업 기회는 제한되고 재취업을 하더라도 임금이 줄어들게 된다. 따라서 재취업 기회의 결여·제한, 저임금 등으로 노인의 빈곤 위험성은 더욱 커진다.

3) 정년퇴직제도

산업사회 이전의 농경사회나 가내수공업사회에서는 노인의 경험과 지식이 중시되었고 이에 따라 신체적 능력이 있는 한 일을 계속했고 퇴직제도는 없었다. 산업사회에서는 능력의 개인차나 노화의 개인차를 무시하고 일정한 나이가 되면 본인의 의사와 관계없이 강제적으로 직업활동을 그만두게 하는 정년퇴직이 제도화되어 수입이 줄어들거나 단절된다. 이리하여 노인은 본인의 개인적 책임 요인과 큰 관계없이 사회의 제도적 요인에 의해 빈곤상태에 처하는 경우가 많아진다.

4) 소득 불충분으로 인한 노년기 경제생활에 대한 준비 부족

산업사회에서 대부분의 경우 임금은 근로자의 노동능력을 현상 유지하는 데 필요한 수준을 크게 능가하지 못했고, 특히 육체노동이나 단순 기술노동의 경우는 최저생활급 또는 그 이하의 저임금이 많기 때문에 노후생활을 대비한 저축이나 사적(민간 또는 상업적) 보험에 가입할 만큼 소득의 여유가 없는 경우가 대부분이다. 강제적인 성격을 띠고 있는 공적노령연금이나 퇴직연금에 가입하여 연금을 받는다고 해도 그러한 연금에 의한 수입은 퇴직 전 수입에 크게 못 미치는 경우가 대부분이므로 연금만으로 최저생활을 유지하기 어려운 경우가 선진산업사회에서도 상당히 많다. 미국의 경우 공적노령연금을 받고 있는 사람들 가운데 공공부조를 받는 노인들이 상당히 많은 것은 노령연금에 의한 최저생활 유지가 불가능한 경우가 많음을 입증하는 것이다.

이상에서 보는 바와 같이 노인빈곤의 원인은 개인의 성격적 결함이나 도덕적 결함에 의한 것이라기보다는 생물학적·사회적인 요인에 의한 면이 더 크기 때문에 사회적 차원에서 노인에 대한 소득보장대책을 마련하는 것이 필요하다.

2 소득보장의 방법

소득보장의 방법에는 현금을 직접 급여하는 방법과 현금 지출을 절약해 주는 효과가 있는 간접급여 방법이 있다. 직접급여 방법에는 ① 데모그란트(demogrant), ② 사회보험(social insurance), ③ 공공부조(public assistance), ④ 사적 퇴직연금(직업연금)이 있고, 간접급여 방법에는 ① 세금감면, ② 할인혜택, ③ 고용증진(취업알선)이 있다.

1) 직접급여

(1) 데모그란트(demogrant)

① 개념

개인이나 가족의 고용상태나 경제적 수준에 관계없이 한 나라의 국민 전체 또는 어떤 일정한 부류에 속하는 사람 전체에게 국가가 일정한 액수의 금품이나 서비스를 제공하는 것이다(Ozawa, 1978). '어떤 일정한 부류'란 인구학적 특성(주로 연령)에 의해서 정해지는데(Burns, 1965), 예를 들면 급여 대상자를 '65세 이상의 노인'으로 규정하는 것이다. 가장 일반적인 복지 급여 수급의 조건인 개인이나 가족의 경제적 사정에 관계없이 국민의 공통적인 욕구를 국가가 책임지고 해결해 준다는 의미에서 국민에게 급여를 제공하는 것이라 할 수 있다.

데모그란트(demogrant)

- 1960년대 중반부터 James Tobin, Everlyn Burns 등에 의해 사용되기 시작한 demogrant는 사회복지나 사회정책 등에서 쓰이는 전문용어로, 우리말로 정확히 번역하기 어렵기 때문에 영어 발음 그대로 사용하고 있다.
- Demographic(인구학적, 인구와 관련한, 인구적 특성의)과 grant(주다, 지급하다)가 결합된 말로, (다른 특성이 아닌) '인구적 특성에 의하여 급여를 지급한다'라는 의미다. 다시 말해서 사회복지급여의 가장 중요한 수급 조건인 수급자의 경제적 사정(소득이나 자산 정도)에 의하지 않고 다만 인구적 조건만을 고려하여 급여를 지급한다는 것이다. 다른 말로 '보편적 급여'라 할 수도 있다.

② 수급자격

노인의 경제적 수준에 관계없이 노년기에는 일반적으로 경제적 어려움을 겪기 때문에 경제적 욕구(노인인구의 공통적이고 귀속적 욕구)를 충족시켜 주거나 오늘의 사회발전에 노인세대가 기여한 공헌에 대해 보상(報償)해 주는 조건으로 일정 연령 이상(65세 또는 70세 이상 등)의 노인 전체에게 지급하는 것이다.

③ 급여의 형태와 수준

급여의 형태는 현금 또는 물품이고, 급여 수준은 어떤 공통적 욕구를 최저한으로 만족시켜 주는 정도가 되어야 한다.

④ 재정방법

데모그란트의 비용은 전액 국고(대부분 과세에 의하여 충당)에서 충당된다.

⑤ 특성

- 국민에 대한 복지권(right to welfare)을 보장하는 의미로 주어지는 것이므로 데모그란트 급여를 받는 모든 노인은 국가로부터 도움을 받는 것에 대해 수치심이나 치욕감을 느끼지 않거나 느낄 필요가 없다.
- 재정은 국고로 충당되므로 소득이전에 의한 소득재분배의 효과를 가져온다. 소득재분배는 세대 간(주로 젊은 세대에서 노인세대로) 및 소득계층 간(고소득층에서 저소득층으로)에 이루어진다. 그러나 데모그란트의 소득이전의 효과는 다른 두 가지 소득보장의 방법인 사회보험과 공공부조보다는 약한 편이다.
- 모든 노인에게 보편적으로 적용되므로 모든 노인을 평등하게 취급하여 노인을 사회적으로 통합시키는 사회적 효과성(social effectiveness)을 발휘할 수 있지만 도움이 꼭 필요한 사람 이외의 다른 사람에게도 비용이 배분되므로 비용의 경제성 또는 비용효과성(cost effectiveness)은 달성할 수 없게 된다.
- 경제발전의 수준이 높고 복지국가의 이념이나 가치관을 지향하는 나라일수록 데모그란트에 의한 소득보장 프로그램이 증가하는 경향이 있다. 데모그란트에 의한 소득

보장 프로그램이 증가하는 것은 바람직하지만 무한정 증가하는 것은 사실상 불가능하며, 국가의 재정능력과 사회복지에 관련된 가치관을 고려하여 다른 방법과 적절히 조화되어 시행해야 할 것이다. 특히 노인인구의 급속한 증가는 사회적 부담을 과중시키기 때문에 노인을 위한 데모그란트는 신중하게 고려되어야 한다.

⑥ 적용 실례

영국의 노령연금 중 기초연금이나 호주의 비기여제 노령연금 등을 사례로 들 수 있다. 많은 선진산업사회에서는 노령연금을 데모그란트에 의한 기초연금(비기여제 또는 균일기여제)과 개인의 기여에 비례하는 비례연금을 혼합한 형태로 발전시키고 있다(Ozawa, 1978). 우리나라의 경우는 현재 데모그란트에 의한 소득보장 프로그램이라고 할 수 있는 것은 없고, 1990년부터 2008년까지 있었던 노인교통수당이 데모그란트에 해당한다.

(2) 사회보험(social insurance)

① 개념

국가 또는 공익단체가 보험의 운영 주체가 되어 노동자가 일정한 기간 이상 일을 하면서 고용주·국가의 공동 부담 또는 고용주와의 공동 부담으로 납입한 보험료(기여금)에 따라 일정한 조건에 해당되거나 지급 사유가 생겼을 때마다 급여를 지급해 주는 제도다. 사회보험은 예측되는 경제적 부담의 위험성을 시간적·공간적으로 분산시키는 점에서는 기본적으로 사보험(私保險)과 같은 원리다. 사보험은 사설 영리단체(보험회사)가 보험 운영 주체가 되는 데 반하여 사회보험은 사회를 대표하는 국가 또는 공익단체가 운영 주체가 된다는 의미에서 '사회'보험이라 한다.

사회보험은 운영 주체뿐 아니라 몇 가지 특성에서 사보험과 구별된다.

사회보험은 ① 가입이 강제적이고, ② 보험료는 임금의 일정률이기 때문에 개인마다 보험료가 다르며, ③ 받게 되는 보험금은 보험료에 반드시 비례하지 않고(최저액과 최고액이 정해진 범위 내에서 상당한 정도 비례하고는 있지만 정비례하지는 않음), ④ 노령연금 같은 경우는 물가상승에 따라 보험금이 조정되기도 한다.

사보험은 ① 가입이 임의적이고, ② 보험료는 일정액으로 동일하며, ③ 보험금은 보험료에 비례하고, ④ 물가상승에 따라 조정되는 경우는 드물다.

기여제 연금과 비기여제 연금

- **기여제 연금(contributory pension):** 연금 수급자가 연금을 받기 위해 일정 기간 동안 정기적으로 기여금을 납입한 연금으로, 사회보험 방식의 연금제가 되는 것이 일반적이다. 사회보험 방식의 기여제 연금에서 기여금은 연금보험료 또는 갹출금이라고도 한다.
- **비기여제 연금(non-contributory pension):** 연금 수급자가 기여금을 전혀 납입하지 않고 받는 연금을 말하며, 소득조사나 자산조사에 의하여 일정 자산 이하인 자에게 국가가 국고에서 지급하는 것이 일반적이다(공공부조적 성격을 갖고 있는 경우가 많음).

사회보험에 의한 소득보장법은 기여제 노령연금이다. 기여제 노령연금은 보험료로 납입한 것을 보험금으로 돌려받는 것이라 할 수 있으므로 보험 가입자는 보험금을 받을 당연한 법률적 권리를 가지게 되는데, 이러한 권리는 일종의 재산권이고 노동자 자신이 노력하여 획득한 권리(earned right)이기도 하다. 그러므로 기여제 연금 수급권은 복지권이라기보다는 재산권으로서의 의미가 더 크다.

② 급여 수급자격

사회보험은 법에 의하여 강제적으로 가입하여 일정 기간 동안 보험료를 납입한 사람에게만 지급되는 것이다. 사회보험의 가입은 고용주나 피고용자의 경우는 강제적이지만 자기고용자(자영자)의 경우는 임의적인 경우도 있다. 소득보장을 위한 사회보험 방법은 피고용이든 자기고용이든 일정 연령(주로 법정 퇴직연령) 이전에 고정적인 소득이 있는 사람을 대상으로 한 소득보장 방법이 된다. 사회보험의 급여는 보험료를 납입하여 공헌한 데 대한 반대급부적 보상이라 할 수도 있다.

③ 급여의 형태·종류·수준

소득보장에서 급여의 형태는 현금이고 노령, 장해(애), 상해, 사망의 경우에 급여가 주어진다. 급여수준은 연금보험료(기여금)에 따라 다르며, 최저급여액과 최고급여액이 정해진 범위 내에서 보험료에 어느 정도 비례하는 것이 일반적이다.

④ 재정방법

사회보험의 재정은 피용자·사용자·국가의 3자 공동 부담, 이들 중 2자 공동 부담이나 단독 부담으로 이루어진다.

- **3자 공동 부담 :** 피용자·사용자·국가의 3자가 공동 부담(예: 우리나라 사립학교교직원연금)
- **2자 공동 부담**
  - **피용자·사용자의 공동 부담 :** 가장 보편적 형태로 일반적으로 보험료를 반씩 공동 부담(예 : 우리나라에서 피용자가 가입한 국민연금)
  - **피용자·국가의 공동 부담 :** 공무원인 경우는 피용자가 공무원이고 사용자가 국가이므로 피용자와 국가가 공동 부담
  - **사용자·국가 공동 부담 :** 연금보험에는 실례가 없지만 산업재해보상보험의 경우는 사용자가 부담하고 국가는 운영비 일부를 부담
- **단독 부담 :** 자영자(자기고용)의 경우는 사용자(고용자)와 피용자(피고용자)가 동일인이므로 한 사람이 부담(예 : 자영자가 국민연금에 가입하는 경우)

연금보험료(기여금)는 일반적으로 임금의 일정률(예 : 9%)에 해당하는 금액을 공동 부담하는 측과 같은 비율 또는 다른 비율로 분담한다. 분담비율은 보험의 종류와 국가사회의 경제적 사정, 관련 가치관 또는 이론에 따라 달라진다. 가장 흔한 예는 사용자와 피용자가 반씩 부담하고 국가는 운영비 일부만 부담하는 식이다.

일반적으로 적립재정 방식의 연금보험은 적어도 20년 정도가 지나야 성숙 단계에 들어서는데, 도입 초기부터 성숙 시까지는 수급자 수와 연금 지급액은 적은 반면에 연금기금은 계속 적립되어 증가된다. 사회보험식 연금에서 연금급여 비용을 마련하는 재정방식에는 부과방식(pay-as-you-go system)과 적립방식([pre]funded system)이 있다. 부과방식은 당해 연도의 연금급여 비용을 당해 연도의 가입자 보험료(기여금)를 걷어 조달하는 방식인데, 현재의 노동세대가 낸 기여금이 바로 당해 연도 연금급여 비용으로 이전되어 충당되는 것이다. 이러한 재정방식에 의하면 사회보험은 세대 간 소득이전의 효과를 가지게 된다. 적립식은 장래에 대한 보험료의 부담을 평준화시켜 징수한 보험료를 적립하여 충당하는 것이다.

적립식 연금제도는 도입 후 상당 기간 동안 보험료로 연금급여(연금 보험금)를 충당할

수 있지만, 연금 수급자의 수명 연장 등으로 시간이 흐름에 따라 적립 기금이 감소하여 연금급여가 충분하지 못하게 되고 결국에는 연금기금이 고갈될 수도 있다. 따라서 적립식도 부과방식을 혼용하거나 결국에는 부과방식을 택하게 된다. 연금제도가 성숙한 선진국의 경우 실제 부과방식과 적립방식이 혼합되어 있고 부과방식에 의한 연금재정 충당 부분이 적립방식에 의한 부분보다 훨씬 크다. 예를 들면, 1973년 미국의 50%의 연금수급자의 연금에 있어서 세대 간 이전분(부과방식 재정)이 자기 적립분의 평균 2.9배가 되었다(Ozawa, 1974). 따라서 사회보험에 의한 연금제도는 결국 노동세대의 기여금으로 노년세대에게 연금을 지급하게 되므로 사회보험에 의한 연금제도는 세대 간 소득이전 효과가 가장 큰 소득보장방법이라고 할 수 있다.

또한 적립식 연금재정 방식도 인구 고령화로 연금 가입자 수는 줄어들고 연금 수급자 수는 상대적으로 증가하여 당해 연도 가입자의 기여금으로 연금급여 비용을 충당하기 어려워져 국고로 충당하게 됨으로써 국가의 채무를 증가시키는 문제점이 나타날 수 있다. 이리하여 연금제도 역사가 오래된(50~60년 이상) OECD 국가에서는 연금기금 재정방식을 부과방식에서 출발한 경우는 적립방식으로 보완하고, 적립방식의 경우는 부과방식으로 보완하는 방향으로 정책을 수정하고 있다.

⑤ 특성

- 자신의 기여로 얻어진 권리이므로 연금의 수급과 관련하여 수치심이나 치욕감, 오명(stigma)을 전혀 느끼지 않는다.
- 재정은 소득의 일정률의 납입으로 이루어지므로 소득 이전에 의한 소득재분배 효과가 가장 크다. 즉 사회보험에 의한 소득재분배는 세대 간 및 소득계층 간에 넓게 이루어지므로 그 효과는 데모그란트나 공공부조보다 훨씬 크다고 할 수 있다(Kutza, 1981).
- 국가의 입장에서 비용을 가장 적게 들이고 가장 효과적으로 소득보장을 할 수 있는 방법이라 할 수 있다.
- 일정 기간 이상의 노동과 더불어 노동수입이 있는 자에게만 적용되고 자영업자에게는 임의 적용되는 경우가 있으므로 사회보험은 그 적용에 한계가 있고 사회보장 또는 소득보장을 사회보험방식으로 처음 시작하는 과정에서 저소득층과 비근로계층이 제외되어 소득보장의 의의가 약화되는 문제점이 있다.

⑥ 적용 실례

사회보험에 의한 기여제 노령연금의 최초는 독일에서 1889년에 제정되어 1891년에 시행된 폐질 및 노령보험이다. 독일의 영향을 받아 1890년 오스트리아도 기여제 노령연금제도를 도입하였다. 프랑스는 1910년에, 영국은 1908년에 도입된 비기여제 노령연금에 추가하여 1925년에 기여제 연금제도를 실시하게 되었고, 호주도 1909년에 비기여제로 시작했다가 후에 기여제로 전환하였다. 미국에서는 1935년에 기여제 연금제도가 실시되었고, 일본에서는 1941년에 기여제 연금제도가 시작되었다. 세계적인 추세를 보면 비기여제 연금제도를 처음부터 실시한 나라들도 연금재정의 압박 때문에 기여제로 전환하거나, 비기여제와 기여제를 혼합하는 방향으로 나아가고 있다. 우리나라의 경우는 1973년에 기여제 노령연금제도를 실시하기 위해 국민복지연금법을 제정했으나 그동안 여러 가지 사정으로 실시되지 못하다가 1986년에 대폭 개정되어 1988년부터 '국민연금법'이라는 이름으로 시행되었다.

(3) 공공부조(public assistance)

① 개념

공공부조는 '사회부조(social assistance)' 또는 '국가부조(national assistance)'라고도 하는데, 국가가 국고에서 일정 소득수준 이하(최저생활비 이하)의 국민에게 경제적·의료적 서비스와 사회 서비스 보장을 위해 가구별 또는 개인별로 필요한 비용의 전부 또는 일부를 지급해 주는 제도다.

소득보장을 위한 공공부조는 사회보험에 의한 연금혜택을 받을 수 없거나, 사회보험에 의한 연금혜택을 받더라도 수입이 국가에서 정한 최저생활수준(빈곤선)에 못 미치는 개인 또는 가족에게 금품을 똑같이 지급하거나 최저생활수입 미달분(최저생활수준 수입기준에서 자기 수입 부분을 제한 부분)을 국고에서 보조해 주는 방법이다. 이는 국가가 국민으로서 인간다운 최저한의 생활을 유지할 수 있도록 보장해 주는 방법으로서 현대 국가의 기본적인 의무와 책임이 되어 왔다. 이러한 의미에서 공공부조를 받는 것은 국민의 복지권으로 인정되고 있다.

공공부조는 사회보장 또는 소득보장의 방법 중에 가장 먼저 발달한 방법으로 사회보험과 더불어 사회보장의 핵심적인 방법이다. 공공부조는 소득 보완을 목적으로 하는 경우도 있고, 의료비나 사회 서비스 비용 보완을 목적으로 하는 경우도 있다.

② 급여 수급자격

개인이나 가족이 현재의 자산(동산·부동산)으로 최저한의 생활을 유지할 수 없다는 것이 객관적으로 증명된 경우에 한해 급여가 주어진다. 자산평가는 자산조사(means test)를 통해 이루어지는데, 자산조사는 잠재적인 수급자(또는 신청인)에게 수치심과 혐오감을 불러일으키고, 때로는 빈곤자나 부적합한 자로 낙인을 찍는 결과를 초래할 수도 있다.

공공부조는 당사자 측에서 직접 신청하는 것을 원칙(신청주의)으로 하고, 보조를 신청하면 자산조사를 거쳐 객관적으로 빈곤상태가 증명된 사람이나 가족에게 보조금이 지급된다. 당사자 측에서 직접 신청하지 않고 담당 공무원이 당사자의 동의를 얻어 신청할 수도 있으나(직권신청) 신청이 없으면 급여가 주어질 수 없다. 데모그란트에서 급여가 신청에 의하여 주어지는 것이 아니라 자동적으로 주어지며, 자산조사 없이 이루어지는 것과는 대조적이다.

③ 급여의 형태·종류·수준

급여의 형태는 현금, 물품 또는 현금과 물품의 결합의 세 가지가 있다. 급여의 종류는 보호의 장소에 따라 재가보호(수혜자를 현 주거지에서 보호하는 것)와 시설보호(재가보호가 불가능하거나 부적합할 때 생활시설에 입주시켜 보호하는 것)로 구분된다. 노인의 경우는 생계급여, 의료급여, 주거급여, 장제급여 등이 지급되며 국민적 최저생활수준 유지가 목표로 되어 있다.

④ 재정방법

공공부조의 재정은 국고에서 충당된다. 국고의 대부분은 과세로 충당되는 것이므로 공공부조는 소득 이전을 통한 소득재분배의 효과를 갖는다.

⑤ 특성

- 공공부조를 받게 된다는 것은 자신의 무능력, 가족이나 친지에 의존함 및 자신의 빈곤한 처지를 드러내는 것이므로 공공부조 수급자는 수치감과 치욕감을 느끼고 빈곤

자나 부적합한 자 등으로 낙인찍히는 결과를 초래할 수도 있다.

- 공공부조에 의한 소득보장도 세대 간, 소득계층 간의 소득재분배 효과를 가져오는데, 그 효과는 일반적으로 데모그란트보다는 크고 사회보험보다는 적다.
- 공공부조는 사회보험에 의한 소득보장을 보충하는 제도로서 의의와 효과가 있다.
- 공공부조는 경제적 필요성이 증명된 사람들에게만 주어지므로 비용의 경제성, 즉 비용효과성을 높일 수 있다.

⑥ 적용의 실례

대부분의 나라에서는 노인의 소득을 보완하기 위한 공공부조 프로그램이 마련되어 있다. 미국의 경우는 보충적 보장소득(SSI: supplemental security income), 영국에서는 보충급여(supplementary benefits), 독일에서는 연방사회부조, 일본에서는 생활보호로 행해지고 있으며, 우리나라에서도 '국민기초생활보장'이라는 이름으로 공공부조가 행해지고 있다.

(4) 사적 퇴직연금(직업연금)

① 개념

사적 퇴직연금(retirement pension) 또는 직업연금(occupational pension)은 원칙적으로 국가가 공적으로 운영하는 제도가 아니기 때문에 '사적'이라는 말을 앞에 붙여 쓰는 경우가 많다(이하 편의상 '사적'이라는 말은 생략하고 퇴직연금이라 함). 퇴직연금은 사기업체 또는 사회단체의 사용자(고용주)의 일방적 부담으로 피용자의 보수 중 일정률을 적립하여 퇴직 후에 연금이나 일시금으로 지급하는 제도로서 공적연금제도에 의한 소득을 보충하는 데 의의가 있다. 퇴직연금제도는 국가가 직접 개입하여 운영하지는 않지만 많은 나라에서는 제도의 발전과 연금 지급을 보장하려는 목적으로 이에 대한 법률을 제정하여 관리하고 감독하는 추세를 보이고 있다. 서구사회의 경우 퇴직연금이 보편화되어 있고, 우리나라에도 근로기준법에 의해 시행되던 퇴직금제도를 분리하여 2005년 12월부터 퇴직연금제도로 전환하여 시행하고 있다.

② 급여 수급자격

피용자가 일정 기간 이상을 일하고 퇴직하거나 다른 직장으로 전직하여 퇴직연금에 가입하는 통산제도(다른 직장으로 옮겼을 때 지금까지의 퇴직연금 적립금을 새 직장의 퇴직연금 기금에 통합·적립하는 제도)로 계속 가입하여 정년퇴직함으로써 급여자격을 얻게 되는 경우가 일반적이다.

③ 급여의 형태·종류·수준

급여는 현금으로 주어지며 일반적으로 퇴직연금, 장해연금, 유족연금의 형태가 있다. 급여수준은 근로 연수, 봉급수준, 피용자의 기여금 부담 여부 등에 따라 달라지는데, 특히 기업 측 부담금이 연금에 가산되는 정도는 피용자의 근무 연한에 따라 달라지는 경우도 있다.

④ 전달체계

기업체나 사회단체에서 퇴직연금 기금을 외부 금융기관에 위탁하여 운영하는 것이 일반적이다. 우리나라의 경우 근로자퇴직급여보장법에 의해 사용자가 퇴직연금사업자(금융기관)와 계약을 체결하여 퇴직기여금을 외부 금융기관에서 관리하게 하고 있다.

⑤ 특성

- 공적연금을 개인적 차원에서 보충하는 제도로 주요 소득보장 방법이 된다.
- 사용자 측에서의 피용자에 대한 사회적 윤리의 표현이자 복지적인 대책이 된다.
- 공적연금은 보험원리가 적용되지만 사적연금에는 보험원리가 적용되지 않고 연금급여의 수급 기간은 한정된다.
- 국가가 법으로 통제하고는 있으나 운영에 직접 개입하지는 않고 사용자와 사적 금융기관이 계약하여 연금 기여금을 운영하도록 하는 점에서 연금기금의 관리와 연금급여 수급권 보장의 확실성이 공적연금에 비해 약한 편이다.

⑥ 적용 실례

퇴직연금제도는 공적연금제도보다 훨씬 앞선 제도로서, 프랑스에서는 일찍이 1682년에 노령 퇴직자를 위한 선원폐질연금금고가 설치되어 운영된 바 있다(민재성, 1985a). 선진 산업사회의 많은 사기업들이 이 제도를 채택하기 시작했고 퇴직 후 공적연금제도에 의한 수입이 충분치 못한 점을 감안하여 소득보장의 보충적 방법으로 점점 확대되고 있다. 미국의 경우는 1950년에 사기업 노동자의 10% 정도만 퇴직연금에 가입해 있었는데 1960년에는 19%, 1990년대에는 60%로 늘어났다. 영국에서는 제2차 세계대전 후에 크게 번창하기 시작한 직업복지 프로그램의 일환으로 직업연금(occupational pension)이 확대되었으며(김상균, 1986), 1980년에는 피용자의 절반 정도가 사적연금인 직업연금에 가입하고 있었다(민재성, 1985b).

2) 간접급여

(1) 세제감면 및 할인

실제로 현금이나 물품을 지급하는 것은 아니지만 지출을 감소시켜 주는 의미인 간접급여의 방법으로 재산세의 감면, 신용(credit),[1] 공공시설과 교통시설 이용 및 생활필수품 구입 시 할인혜택을 주는 것 등이 있다. 재산세 감면은 노인이 소유한 일정 한도의 재산에 대해서는 재산세를 감면해 주거나 노인과 동거하는 가족의 재산세를 감면해 주는 것이 있을 수 있다. 할인혜택은 노인이 공공편익시설(공원, 농원, 박물관, 미술관 등)과 대중교통 수단(시내버스, 지하철 등)을 이용하거나 생활필수품(특히 식품)을 구입할 때 주어지는 것 등이 있다.

(2) 고용 증진(취업 알선)

퇴직한 노인이나 저소득층 노인에게 취업의 기회를 마련해 줌으로써 소득 유지에 도움을 주는 방법이다. 노인은 오랜 경험과 훈련을 통해 쌓아 온 지식과 기술이 있고 노인의 신체적·정신적 능력이 일시에 쇠퇴하거나 전반적으로 다 쇠퇴하는 것이 아니므로 적절한 직종에서 계속하여 능력을 발휘할 수 있다. 노인을 고용하는 것은 유휴인력을 적절히 활용하면서 그들의 경제적 욕구도 충족시켜 주기 때문에 지속적인 연구를 통해서 노인고용 증진방안을 모색할 필요가 있다. 노인고용의 방법에는 다음과 같은 것들

---

1. 현금처럼 사용할 수 있는 것으로, 특정 급여의 공급자 측에서 인정해 주는 금전적 혜택, 예를 들면 미국에서 빈곤층이 취업하는 경우 국가에서 지급해 주는 일정액의 현금(work credit)과 같은 것이다.

이 있다.

① 직접고용

정부기관에서는 시간제로 고용할 수 있고 일반기업이나 단체에서는 일정 기간 동안 전일제 또는 시간제로 고용할 수 있다.

② 노인복지사업체(사회적 기업) 설치·운영

기업체 부설로 또는 독자적으로 노인이 모여 노인의 능력에 맞는 일을 할 수 있는 시설을 갖추고, 기업체 등과 연결하여 일거리를 하청받아 노인들이 일하게 하는 것이다. 최근에는 노인인력을 주로 활용하여 사회적으로 바람직한 상품이나 서비스를 생산·공급하여 기업의 이익금 대부분을 사회공헌에 사용하는 사회적 기업체를 만드는 경우가 증가하고 있다.

③ 취업 안내 및 알선

- 노인취업알선센터, 고령자인재은행, 고령자고용정보센터, 노인일자리사업 등의 제도로서 노인의 기술, 기능, 원하는 직업 등에 대한 정보관리를 통해 노인인력 수요와 공급을 연결시킨다.
- 공공직업안내소, 노인복지 서비스 기관, 노인단체 등이 직업 안내·알선 업무를 수행한다.

④ 직업훈련

노인인력이 필요한 직종에 대한 직업훈련을 받게 하여 취업에 도움이 되도록 하는 것이다.

⑤ 노인(고령자) 우선고용 직종 선정

노인은 신체적·정신적으로 젊은이들과 경쟁하는 데 불리하므로 노인 또는 고령자에게 보다 적합한 직종을 선정하여 이러한 직종에 노인 또는 고령자를 우선 고용하도록 하는 것이다.

3 소득보장 프로그램

우리나라의 노인 소득보장 프로그램에는 표 12-1과 같이 정책으로 현금 수입으로 소득을 보장해 주는 '직접급여 프로그램'과 현금 지출을 절약해 주거나 고용을 통해 소득을 증대하게 해 주는 '간접급여 프로그램'이 있다. 표 12-1에서 제시된 노인 소득보장 프로그램에 대해 ① 급여 수급자격, ② 급여의 형태·종류·수준, ③ 전달체계, ④ 재정방법의 네 가지 차원으로 간략히 살펴보고,[2] 사적 소득보장 방법인 주택연금과 개인연금에 대해서도 알아보겠다.

1) 직접급여 프로그램

(1) 국민연금

국민연금 프로그램은 1973년에 국민복지연금법의 제정으로 계획되어 1974년부터 시행할 예정이었으나 여러 가지 이유로 그 시행이 여러 차례 연기되었다. 정부는 국민연금제도를 1988년부터 전면 시행하기 위해 종전의 근거법인 '국민복지연금법'을 '국민연금법'으로 명칭을 바꾸고 시행에 관련된 많은 사항을 개정하였다.

① 급여 수급자격

- 가입자격: 국내에 거주하는 18세 이상 60세 미만의 국민으로서 공무원연금법·군인연금법·사립학교교직원연금법의 적용을 받지 않는 자이면 가입이 가능하다.
  - ⓐ 사업장가입자: 18세 이상 60세 미만의 근로자와 사용자
  - ⓑ 지역가입자: 사업장 가입자가 아닌 자로서 정기적 소득이 있는 18세 이상 60세 미만의 자
  - ⓒ 임의가입자: 사업장 가입자나 지역 가입자가 아닌 자로서 보건복지부령이 정하는 바에 의해 가입신청을 한 자

---

2. 제11장에서 제시된 노인복지 프로그램 설계의 기본적 선택 차원은 노인복지 프로그램을 분석하는 데 있어서도 유용한 준거 틀이 되므로 이후의 노인복지 프로그램을 분석하는 데에도 이용하기로 하겠다.

표 12-1. 우리나라의 소득보장 프로그램

구분	종류	해당 프로그램
직접급여	사회보험	국민연금, 공무원연금, 사립학교교직원연금, 군인연금
	공공부조	국민기초생활보장, 기초연금, 긴급복지지원
	사적연금/퇴직금	퇴직연금제도, 주택연금제도, 농지연금제도
간접급여	세제감면	상속세 공제, 소득세 공제, 양도소득세 면제, 소득세 공제
	할인	경로우대제도
	고용증진	노인일자리사업, 지역사회 시니어클럽, 대한노인회 취업지원센터, 공동작업장, 고령자인재은행, 고령자고용정보센터, 중견전문인력고용지원센터, 고령자고용장려금, 고령자 적합직종 우선고용 등

ⓓ 임의 계속가입자 : 국민연금 가입기간이 20년 미만인 가입자가 60세에 달할 때 가입기간이 부족하여 연금을 받지 못하거나 가입기간을 연장하여 더 많은 연금을 받고자 하는 경우 보건복지부령이 정하는 바에 따라 65세에 달할 때까지 계속가입자가 될 수 있는 자

- **급여 수급자격** : 연금 가입자격이 있는 사람이 연금에 가입하여 급여의 종류(표 12-2)에 따라 급여자격이 갖추어졌을 때 급여를 받을 수 있다. 연금수급액에는 최고한도가 정해져 있으며, 최고한도는 가입기간 최종 5년간의 기준소득월액의 평균과 가입기간 중의 기준소득월액의 평균을 연금수급 전년도를 기준으로 물가 사정을 고려하여 조정한 액수 중 많은 금액을 초과하지 못하도록 되어 있다. 또한 연금은 매월 지급하도록 되어 있다.

평균수명의 연장과 노인인구의 증가에 따른 인구 고령화로 연금기금이 고갈되는 것을 막기 위해 급여수급 연령을 2012년까지는 60세, 2013~2017년까지는 61세, 2018~2022년까지는 62세, 2023~2027년까지 63세, 2028~2032년까지는 64세, 2033년 이후는 65세로 하도록 규정되어 있다.

2007년 국민연금법을 개정할 때 인구 고령화에 대한 대책의 하나로 출산 크레디트(childbirth credit) 제도를 도입해 2008년 이후 자녀를 2명 이상 출산하는 경우 연금가

표 12-2. 국민연금의 급여 종류와 수준

구분		급여액	수급요건
노령연금	완전 노령연금	• 기본연금(1.00 + 0.05n) + 부양가족연금 n : 20년 초과 가입 연수	• 가입기간 20년 • 60세 이상인 자
	감액 노령연금	• 기본연금(0.5 + 0.05m) + 부양가족연금 m : 가입기간 10년 초과 연수	• 가입기간 10년 이상 20년 미만 • 60세 이상인 자
	조기 노령연금	• 기본연금(0.7+0.06p)+부양가족연금 (완전노령연금을 받을 수 있는 경우) • 기본연금(0.5+0.05m)(0.7+0.06p)+부양가족연금 (감액노령연금을 받을 수 있는 경우) p: 수급시작 연령이 55~59세 사이에서 55세를 초과하는 연수	• 가입기간 10년 이상 • 55~59세인 자 • 소득활동 비종사자
	재직자 노령연금	• 기본연금액(1.00+0.1k) + 부양가족연금 (완전노령연금을 받을 수 있는 경우) • 기본연금액(0.5+0.05m)(1.00+0.1k) + 부양가족연금 (감액노령연금을 받을 수 있는 경우) k: 수급시작 연령이 61~65세 사이에서 60세를 초과하는 연수	• 가입기간 10년 이상 (완전노령연금이나 감액노령연금을 받을 수도 있음) • 60~64세인 자 • 소득활동 종사자
	특례 노령연금	• 기본연금(0.25+0.05r) + 부양가족연금 r: 가입기간 5년을 초과하는 연수	• 1988년 현재 45~60세 미만 • 가입기간 5년 이상 • 60세 이상인 자
분할연금	배우자 노령연금액 중 혼인기간의 연금액 균분		• 혼인기간 5년 이상 • 배우자가 국민연금 수급자
장애연금	장애 1~4등급에 따른 상이한 기본연금 + 부양가족연금		• 가입기간 중 발생한 질병 또는 부상으로 인하여 신체 또는 정신상의 장애가 있는 자
유족연금	가입기간에 따른 상이한 기본연금액+부양가족연금		• 노령연금 수급권자 • 가입기간이 10년 이상인 가입자였던 자 • 가입자 • 장애등급 2급 이상의 장애연금 수급권자의 사망 시
반환 일시금	연금보험료 + 이자 + 가산금		• 가입기간 10년 미만인 자가 60세 도달 시 • 가입자 또는 가입자였던 자의 사망 시 • 가입기간 10년 미만자의 국적 상실 및 해외 이주 시
사망 일시금	반환일시금 상당		• 가입자 또는 가입자였던 자가 사망한 때 유족/비유족에게 지급

입기간을 추가 산입해 주기로 했다. 즉 2명의 자녀를 출산한 경우 12개월, 3자녀 경우 36개월, 4자녀 경우 48개월, 5자녀 이상은 50개월의 연금가입기간 추가 혜택을 준다. 또한 2007년 국민연금법 개정에서 군 복무 크레디트 제도를 도입하여 군 복무 의무를 완수한 사람에게도 6개월의 연금가입기간 추가 혜택을 주기로 하였다.

② 급여의 형태·종류·수준

연금의 급여형태는 현금이고 급여의 종류는 표 12-2에서 보는 바와 같이 노령연금, 분할연금, 장애연금, 유족연금, 반환일시금, 사망일시금의 여섯 가지가 있다. 급여의 수준은 급여의 종류, 가입기간, 연령 등에 따라 다르다.

연금액이 통상적 소득액을 대체하는 정도를 '연금의 소득대체율(income replacement rate)'이라 하는데 연금액을 퇴직 직전 1년간의 통상적 소득액으로 나눈 값으로 계산한다(〔퇴직 직후 1년간의 연금수급액〕÷〔퇴직 전 1년간의 통상적 소득〕). 국민연금제도가 1988년에 처음 시작되었을 당시 소득대체율은 40년간 가입한 경우 70%가 되도록 설계되었다. 이 같은 소득대체율은 연금보험료(기여금)에 비해 너무 높기 때문에 연금기금의 지속성을 심하게 위협하게 될 것이라는 판단 아래 1998년에 소득대체율을 60%로 낮추는 것으로 국민연금법을 개정하였다. 그러나 60%의 소득대체율도 연금보험료에 비해 여전히 높을 뿐 아니라 급속하게 진행되는 인구 고령화 추세를 고려하면 2030년대 중반부터 연금기금의 적자가 시작되어 2040년대 중반에는 연금기금이 완전히 고갈될 것으로

노령연금액의 구성과 연금액 산출공식

- **노령연금액의 구성 :** 기본연금액 + 부양가족연금액
- **기본연금액 산출공식 :** 소득대체율 비례상수(A+B)(1+0.05n)

  비례상수 : 2008년 1.5에서 2028년 1.2로 낮아짐(2008년부터 매년 0.015씩 감소)
  A : 연금 수급 직전 3년간 가입자 전원의 평균소득월액의 평균치(소득재분배 기능)
  B : 가입자 개인의 가입기간 중 기준소득월액의 평균치(소득비례 기능)
  n : 20년 초과 가입 연수
  0.05 : 가입 연수 20년 초과 시 매 1년의 연금수준을 결정하는 비례상수
- **부양가족연금액 :** 배우자 214,860원; 자녀/부모 143,220원(2009. 4~2010. 3; 매년 변경됨)

그림 12-1. 국민연금 적립기금 추이(2008년 7월 이전의 기존법과 개정법에 의한 추

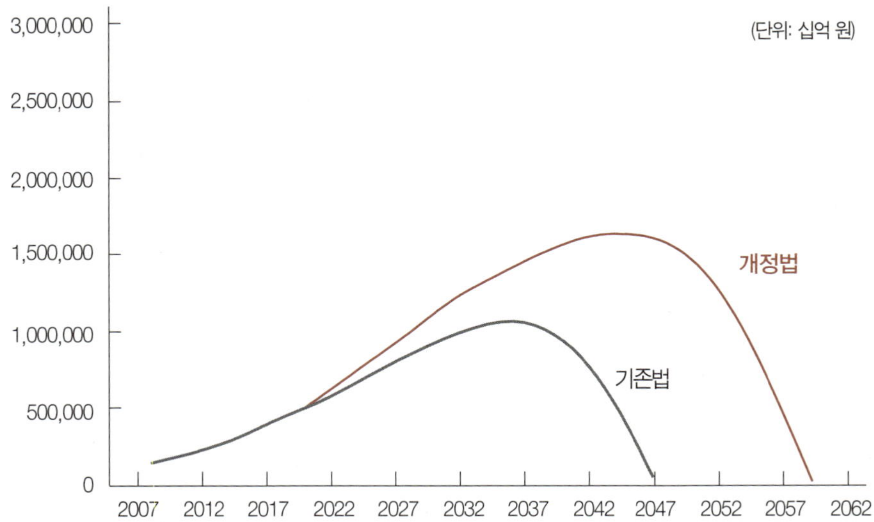

출처: 대한민국정부(2008), 제1차 저출산고령사회 기본계획(보완판).

예측되었다(그림 12-1 참조). 이러한 상황에서 2003년부터 소득대체율을 낮추거나 연금보험료를 높이는 방안이 전문가들과 정부에서 논의되기 시작하였다. 약 4년간의 논의를 거쳐 2007년 7월에 연금보험료는 현재수준으로 유지하면서 2009년부터 매년 소득대체율 비례상수를 0.5씩 인하하여 2028년에 소득대체율이 40%가 되도록 연금법을 개정하였다(그림 12-1 참조).

소득대체율을 40%까지 낮추는 방법으로 국민연금 기금의 재정 안정화를 상당한 정도 이룩하는 데는 성공했지만, 이러한 소득대체율의 하향 조치는 연금기금의 고갈시기를 10여 년 연장했을 뿐 인구 고령화에 따른 장기적 재정 안정화와 연금제도의 지속성 문제를 근본적으로 해결하지는 못하고 있다. 향후 국민연금의 재정 안정화 문제는 계속적으로 중요한 사회적 과제가 될 것이다. 다른 한편 소득대체율을 40%까지 낮추면 연금액이 크게 줄어들게 되어 국민연금이 연금으로서 과연 최저한도의 노후생활이 보장될 수 있을 것인지에 대한 의문이 제기된다. 연금제도 본래의 목표는 노후 소득보장인데 연금제도가 그 본래의 목표를 달성하지 못하고 재정 안정화로 제도 유지에만 급급하게 된다면 이는 목표와 수단이 뒤바뀐 결과를 초래할 우려도 있다.

표 12-3. 국민연금의 소득월액 평균과 가입기간에 따른 연금액수 (단위 : 원)

가입기간 중 소득월액 평균값(B)	연금보험료 (9%)	가입기간				
		20년	25년	30년	35년	40년
280,000	25,200	250,170	280,000	280,000	280,000	280,000
1,000,000	90,000	325,680	403,320	480,960	558,590	636,230
2,000,000	180,000	430,560	533,190	635,830	738,470	841,110
3,000,000	270,000	535,430	663,070	790,710	918,340	1,045,980
4,000,000	360,000	640,310	792,940	945,580	1,098,220	1,250,860
4,340,000	390,600	675,620	836,760	997,900	1,159,040	1,320,180

주: 이 표의 계산은 2016년 1월에 연금에 가입한 것으로 가정하고 2016년도 A값=2,105,482원으로 계산하였고, 연금수급액은 현재 가격으로 재평가한 것임.
출처: 국민연금공단(2016), 알기 쉬운 국민연금 사업장 실무 안내.

또한 연금제도의 재정 안정화의 중요성을 주장하는 논리에 차세대에게 큰 부담을 주어서는 곤란하다는 주장도 포함되어 있다. 세대 간의 형평성은 세대 간에 내는 것과 받는 것이 같아야 한다는 주장인데 이는 제11장에서 언급한 노인복지의 타당성에 상당히 배치될 수도 있다. 세대 간의 형평성 문제는 연금제도 개혁에서 반드시 짚고 넘어가야 할 가치의 이슈이고 이에 대한 합의는 쉽사리 도달하기 어려울 수도 있다. 하여튼 소득대체율과 기여금의 비율은 서로 맞물려 있고 여기에 세대 간의 형평성 문제도 내재되어 있기 때문에 국민연금제도의 개혁방향 설정과 구체적 방법 발견은 대단히 어려운 국민적 과제가 될 것으로 생각된다.

40년간 가입으로 소득 대체율이 40%가 되는 국민연금의 연금액을 계산해 보면 표 12-3과 같다. 연금보험료(기여금)는 소득(월 소득액의 평균값)의 최소액 28만 원부터 최고액 434만 원까지 45등급으로 나누어 각 등급에 따라 보험료와 연금액을 산정하였다. 표 12-3은 소득 45등급 가운데 최고소득 28만 원과 최고소득 434만 원 사이의 6개 등급만 선택하여 제시한 것이다. 현재 월 소득 434만 원이 가장 높은 등급인데도 40년 가입한 경우 월 연금액수는 132만 원 정도밖에 되지 않는다. 실제로는 40년간 일하는 경우가 그리 많지 않고 평균은 30년 정도다. 가입기간이 30년 정도라면 연

표 12-4. 국민연금 가입자별 기여율(보험료)

가입자별		기여율(보험료)
사업장가입자	가입자 기여금	표준소득월액의 4.5%
	사용자 부담금	표준소득월액의 4.5%
지역가입자, 임의가입자 및 임의 계속가입자		1999. 4 ~ 2000. 6 : 3% 2000. 7 ~ 2001. 6 : 4% 2001. 7 ~ 2002. 6 : 5% 2002. 7 ~ 2003. 6 : 6% 2003. 7 ~ 2004. 6 : 7% 2004. 7 ~ 2005. 6 : 8% 2005. 7월 이후 : 9% (2005년 7월까지 표준소득월액의 9%가 되도록 연차적으로 상향조정함)

금 액수는 997,900원(현재 가치로 환산한 액수)밖에 되지 않아 다른 소득이 거의 없다면 국민연금만으로 최저생활이 가능할지는 의문스럽다.

③ 전달체계

국민연금은 일반 행정조직과는 별도로 설립된 국민연금공단과 그 지부에서 운영된다. 연금보험료는 2011년 1월부터 국민건강보험공단이 사회보험료를 통합 징수하게 됨에 따라 국민건강보험공단에서 징수하여 국민연금공단으로 이관하게 된다. 따라서 국민연금공단은 보험료 징수의 관리·운영 업무를 담당한다.

④ 재정방법

국민연금에 소요되는 비용은 표 12-4에서 보는 바와 같이 가입자의 기여금(보험료)과 사용자의 부담금으로 충당된다. 사업장가입자는 사용자와 피용자가 각각 4.5%씩 분담하여 총 9%가 되도록 하고 있다. 1999년 4월부터 국민연금이 소득이 있는 모든 국민에게 강제 확대 적용됨에 따라 지역가입자, 임의가입자 및 임의 계속가입자의 경우는 처음부터 9%를 본인들이 모두 부담하는 것이 부담이 된다는 점을 감안하여 1999년 4월부터 2005년 7월까지 매년 1%씩 상향조정하여 2005년 7월에 9%가 되도록 하고 있다. 지역

가입자는 농어촌 거주자와 자영업자들인데, 특히 농어촌 거주자의 경우는 보험료 부담이 큰 것을 감안하여 보험료의 반을 국가가 지원하도록 하고 있다.

(2) 특수직역연금

① 공무원연금

공무원연금제도는 사회보험방식의 연금으로 우리나라에서 제일 먼저 실시된 제도이며, 1960년에 제정된 공무원연금법에 의하여 실시되고 있다. 이후 공무원연금법은 2016년 현재까지 40회에 걸친 개정을 통해 보완되어 오늘에 이르고 있다.

- **급여의 수급자격과 종류** : 공무원연금제도의 적용을 받는 사람은 국가공무원법·지방공무원법·교육공무원법에 의한 공무원 및 대통령이 정하는 국가 또는 지방자치단체의 기타 직원이다. 다만 군인과 선거에 의하여 취임하는 공무원은 제외된다. 급여 수급자격은 급여의 종류에 따라 다르다. 급여의 종류는 단기급여 4종(공무상요양비, 공무상요양일시금, 재해부조금, 사망조위금)과 장기급여 13종(퇴직급여, 장해급여, 유족급여, 퇴직수당에 해당하는 다양한 급여)이 있다. 여기서는 다양한 급여의 종류와 수급자격 등에 대한 설명은 생략하기로 한다.[3] 공무원연금은 특정 직업에 종사하는 사람들에 대한 연금이어서[4] 국민연금과는 달리 급여의 종류도 많고, 그 직무상에 관련된 상해, 질병, 사망에 대하여 요양급여 및 보상을 하고 있다. 공무원은 일반인들처럼 산업재해보상보험과 고용보험에 별도로 가입하지 못하기 때문에 공무원연금에 재해와 고용 등에 관한 사항도 포함하고 있어서 공무원연금의 보험료는 국민연금 보험료 9%보다 훨씬 높다(14%).
- **전달체계** : 연금급여를 전달하는 업무, 연금비용을 위한 기여금, 부담금 및 기타 내용의 징수 업무, 연금기금관리 업무 등은 공무원연금법에 의하여 설립된 공무원연금관리공단을 통하여 이루어지고 있다. 관리공단은 본부 및 지부 사무실을 두고(특별시, 직할시, 도 단위까지) 이러한 업무를 수행하고 있으며, 특히 기여금 징수 업무는 공공관서

3. 공무원연금법 제34조, 제42조, 제2절과 제3절 참조.
4. 공무원연금, 사립학교교직원연금, 군인연금 세 가지를 묶어 '특수직역연금'이라 부르는 경우가 많다.

에 위탁하여 처리하고 있다. 연금급여의 전달 과정은 연금관리공단의 지부에서 관할 지역 내의 수급자에게 우송하거나 직접 전달하고 있다.

- **재정방법** : 연금비용은 공무원의 기여금(보험료)과 국가 또는 지방자치단체의 부담금 및 공탁운영을 위한 보조금으로 충당된다. 기여금과 부담금은 가입자 기준소득월액의 일정 비율로 하며, 이 비율은 계속 몇 년마다 인상되고 있다. 공무원의 기여금과 국가 또는 지방자치단체의 부담금은 같은 비율로 되어 있으며, 2015년 현재 기여금의 금액은 기준소득월액의 7.0%로 하도록 되어 있다(기여금 비율은 법률로 개정 가능함). 2016년부터 기준소득월액의 7.0%에서 2020년까지 단계적으로 9%까지 인상하고,[5] 그리고 가입기간이 36년을 초과한 사람은 기여금을 납부하지 않도록 되어 있다.

② 사립학교교직원연금

사립학교교직원연금제도는 1973년 12월에 제정된 사립학교교원연금법에 의해 1975년부터 교원에게 적용되었고, 1978년부터는 사무직원까지 확대 실시되었다. 2000년 1월에 사립학교교직원연금법으로 개칭되었으며, 2016년 현재까지 30회에 걸쳐 개정이 이루어졌다.

- **급여의 수급자격과 종류** : 사립학교 교직원연금제도의 적용 대상자는 사립학교법 제3조에서 규정하는 각급 학교에 근무하는 교직원과 기타 교육과학기술부장관이 지정하는 사립학교의 교직원이다. 급여의 수급요건과 종류, 급여의 수준은 공무원연금법이 준용되고 있으므로 앞에서 설명한 공무원연금의 경우와 동일하다.
- **전달체계** : 연금급여의 전달 업무, 기여금, 부담금, 기타 비용의 징수 업무 등은 사립학교교직원연금법에 의하여 설립된 사립학교 교직원연금관리공단을 통하여 이루어지고 있다. 관리공단은 업무의 편의와 효율성을 위해 본부와 전국지역별 지부(특별시, 직할시, 도 단위까지)를 두고 있으며, 교직원 개인의 기여금 징수 업무를 각종 학교에 위탁하고 있다. 연금급여는 공단지부의 사무실에서 수급자에게 우송하거나 또는 직접 전달하고 있다.

---

5. 실제로는 공무원 개인이 7.0%, 정부가 7.0%씩 분담하므로 공무원연금의 총부담금은 기준소득월액의 14%다.

표 12-5. 사립학교교직원연금의 부담 비율(2015년)

구분	부담 비율
개인 부담금	기준소득월액의 70/1,000 (7%)
학교법인 부담금	개인 부담금의 4,117/7,000 (4.117%)
국가 부담금	개인 부담금의 2,883/7,000 (2.883%)

- **재정방법**: 연금비용은 교직원의 개인 부담금(기여금), 학교법인 부담금, 국가 부담금, 운영수익금으로 충당된다. 교원 및 사무원의 부담금, 학교법인 부담금, 국가 부담금은 교원 및 직원의 기준소득월액의 7%를 기준으로 하고 있다. 2015년 현재 개인부담금은 기준소득월액의 7%이고, 학교법인과 국가의 부담금 7%로 총 14%다(표 12-5 참조). 2016년부터 2020년까지 기준소득월액의 7%인 개인부담금은 9%까지 인상될 예정이고, 이에 따라 학교법인과 국가의 부담금도 같은 비율로 인상될 것이다.

③ 군인연금

군인연금제도는 1963년에 제정된 군인연금법에 의해 설립되었으며, 2010년 현재까지 33회에 걸친 법 개정을 통해 보완·발전되어 왔다.

- **급여의 수급자격과 종류**: 군인연금제도는 중사 이상의 현역 또는 소집되어 실역에 복무하는 군인에게 적용된다. 군인연금에 가입한 사람은 퇴역연금, 상이연금, 유족연금, 재해보상금, 공무상 요양비 등 15개 급여를 제공하고 있다.[6]
- **전달체계**: 군인연금 업무는 군인연금법에 의해 국방부 내에 설치된 군인연금 특별회계에 의해 수행되며, 연금의 전달은 우체국이나 금융기관을 통해 이루어지고 있다.
- **재정방법**: 군인연금의 비용은 군인의 기여금, 국가의 부담금 및 그 이자로 충당된다. 군인은 매월 보수월액의 7.5%의 범위 내에서 대통령이 정하는 비율을 곱한 금액을 국고에 납부해야 하고 납부기간이 36년을 초과한 경우는 기여금을 납부하지 않는다. 군인연금은 군인의 특수한 입장을 고려해야 하기 때문에 특수직

6. 자세한 급여의 종류는 군인연금법 제6조 및 제2절에서 제6절 참조.

표 12-6. 특수직역연금과 국민연금의 비교

구분		특수직역연금	국민연금
취지		• 노후생계보장을 위한 사회보장 성격 외에 20년 이상 재직한 자에 대한 퇴직금 및 산재보험적 성격 포함	• 기본적인 노후 생활보장을 위한 사회보장 성격
기여율(보험료율)		• 국가 7.0%, 가입자 7.0% (사학연금: 국가 2.9%, 법인 4.1%, 가입자 7.0%)	• 사업장 가입자: 사용자 4.5%, 가입자 4.5% • 지역, 임의, 임의계속가입자: 9%
급여	산정 기준	• 전 가입기간의 평균기준소득월액 • 기준소득 : 과세표준의 65%	• 전체 가입자의 평균 소득월액 + 가입자 본인의 평균 소득월액 •기준소득월액 : 과세표준의 100%
	급여 수준	• 퇴직연금: 최대(36년 이상 근무) 평균기준소득월액의 62.7% – 가입 1년당 1.9%씩 가산 • 유족연금 : 퇴직연금 × 60%	• 노령연금 : 40년 가입 시 전 가입기간 평균소득의 50% – 가입 1년당 1.25%씩 가산 • 유족연금 : 20년 기준 노령연금 × 40~60%
	수급 요건	• 퇴직연금 : 20년 이상 가입 • 장애연금 : 공무상 장애 시 • 유족연금 : 가입기간 20년 이상	• 노령연금 : 10년 이상 가입 • 장애연금 : 가입 중 장애발생 시 • 유족연금 : 가입기간 1개월 이상
	지급 방식	• 연금과 일시금 중 선택 가능	• 연금
	지급 시기	• 퇴직 직후부터 지급 (단, 2001년부터 단계적으로 51세에서 60세 또는 정년 도달 시)	• 60세 도달 시 지급 (2013년에 61세, 5년마다 1세씩 상향조정하여, 2033년 이후 65세에 지급)

출처 : 대한민국정부(2008), 제1차 저출산고령사회 기본계획(보완판), p. 158의 표 일부 수정.

역연금이기는 하지만 국민연금과 비교하기는 곤란하다고 생각된다. 따라서 군인연금을 제외한 특수직역연금(공무원연금과 사립학교교직원연금)과 국민연금을 비교해 보면 표 12-6과 같다.

(3) 국민기초생활보장

국민기초생활보장 프로그램은 공공부조 방법에 의한 소득보장제도다. 이 제도는 종전의 생활보호제도가 2001년 10월부터 개편되어 시행된 제도다. 공공부조제도는 1960년까지는 일제시대 말기인 1944년에 제정된 조선구호령과 해방 후의 미군정훈령 등에 준하여 실시되어 오다가 1961년 생활보호법을 제정함으로써 공공부조제도가 확립되었다. 그러나 생활보호법은 보호대상을 범주화하여 개인이나 가족의 능력으로 최저생계 유지가 곤란한 많은 사람들이 수급대상에서 제외되었고 법 내용이 생활보호 수급을 분명한 국민의 권리로 규정하지 못하여 국가의 시혜적 성격이 상당히 남아 있었다. 1999년 이러한 문제점을 개선하여 모든 국민에게 최저생계 유지를 국민의 사회적 권리로 확보해 준다는 의미에서 '생활보호법'을 '국민기초생활보장법'으로 개정하여 2000년 10월부터 실시하였다.

① 급여 수급자격

국민기초생활보장의 급여는 연령에 관계없이 부양의무자 조건과 소득조건을 구비하면 수급이 가능하다. 부양의무자 조건은 부양의무자가 없거나 부양의무자가 있더라도 부양능력이 없어야 한다. 부양의무자는 ① 수급권자의 직계혈족 및 그 배우자(수급권자의 배우자 및 수급권자의 직계혈족[부모, 아들, 딸 등], 수급권자의 직계혈족의 배우자[며느리, 사위 등])와 ② 수급권자와 생계를 같이하는 2촌 이내의 혈족(세대별 주민등록표에 함께 기재되어 있거나 생계 및 주거를 같이하는 수급권자의 형제·자매)을 말한다. 소득조건에서 2015년 6월까지는 생계급여 수급조건에 해당하면 다른 급여수급이 가능했고, 생계급여 수급조건에 해당되지 않으면 다른 급여도 수급이 불가능했다. 소득조건에서 2015년 7월부터는 생계급여 수급이라는 단일 수급조건에서 급여마다 수급조건을 달리 규정한 개별급여로 전환했고, 급여 수급기준도 최저생계비에서 기준중위소득의 30~50% 범위 내로 전환하였다. 개별급여 조건으로 생계급여는 기준중위소득의 30%, 의료급여는 40%, 주거급여는 43%, 교육급여는 50%로 규정되어 있다.

수급자격은 신청을 전제로 하고 있으며 읍·면·동사무소에 신청하면 사회복지 전담공무원이 신청자의 가정을 방문하여 자산조사를 실시하고 14일 이내에 수급 여부를 통지하도록 되어 있다.

2003년부터는 수급 자격을 소득평가액과 재산을 현금기준으로 합산한 금액인 '소득인정액'이라는 단일한 기준에 의해 판단하도록 되었고, 그 이전인 2000년 10월부터 2002년까지는 종전의 생활보호법에서와 같이 소득기준과 재산기준 두 가지를 모두 충족한 경우 수급자로 선정되었다. 소득인정액이 급여수급조건 해당 여부는 전년도 8월 1일까지 중앙생활보장위원회의 의결을 거쳐 결정하는 기준중위소득액에

국민기초생활보장제도에서 소득인정액을 산출하는 방식

소득인정액 = 소득평가액 + 재산의 소득환산액

→ 재산의 소득환산액 = (재산 − 기본재산액 − 부채) x 소득환산율

→ 소득평가액 = 실제소득 − 가구 특성별 지출비용 − 근로소득 공제

※소득평가액과 재산의 소득환산액이 (−)인 경우는 소득이 없는 것(0원)으로 처리함.

의해 판단하게 된다.

국민기초생활보장법에서 현재 일곱 가지 급여를 규정하고 있는데 그중 가장 중요하고 핵심적인 생계급여는 수급자의 주거에서 행하는 것을 원칙으로 하고 있다. 자기 주거가 없거나 주거가 있어도 그곳에서 보호할 수 없는 경우는 보장시설이나 타인의 가정에 위탁하여 보호받도록 하고 있다. 노인의 경우는 위탁보호가 사실상 어려우므로 자기 주거에서 보호(재가보호)받거나 아니면 보장시설에서 보호(시설보호)받게 된다.

공공부조의 수급자격은 수급받고자 하는 당사자 측(본인, 친척, 이웃)이 신청을 해야 하며(신청주의 원칙), 당사자가 제도를 잘 모르거나 신청절차를 취할 수 없는 경우 본인의 허락을 얻어 사회복지 전담공무원이 대신 신청할 수도 있다(직권신청). 그러나 신청하지 않으면 급여가 이루어질 수 없다는 신청주의 원칙을 기본으로 하고 있다.

② 급여의 형태·종류·수준

과거 생활보호법 하에서는 1990년 초반까지 현금(부식비, 피복비 등)과 물품(양곡)을 같이 지급하다가 이후 현금으로 환산하여 지급하기 시작했으며, 국민기초생활보장제도에서 의료급여를 제외한 모든 급여는 현금으로 이루어지고 있다. 급여수준은 건강하고 문화적인 최저 생활을 유지할 수 있는 정도가 되도록 하고, 급여기준은 수급자의 개별 욕구를 고려하여 개인별 및 급여종류별로 결정하게 된다(2015년 7월부터). 국민기초생활보장 급여의 종류는 다음과 같이 일곱 가지가 있는데, 이 가운데 노인의 경우 교육급여와 해산급여는 해당되지 않는다.

- **생계급여(기준중위소득 30% 이하):** 의복, 음식물, 주거에 필요한 금품을 지급하고 거택보호를 원칙으로 하고 필요한 경우 위탁보호와 시설보호를 한다. 생계급여는 수급자의 소득평가액과 최저생계비의 차액을 지급한다. 실제 생계급여 현금지급액은 최저생계비에서 가구소득평가액, 주거급여, 의료비, 교육비, 타법 지원액(주민세, 교육세, 텔레비전 수신료 등)을 제외한 금액이 된다. 예를 들면, 소득이 전혀 없는 1인 가구의 생계급여는 2017년 현재 495,879원이다.
- **의료급여(기준중위소득 40% 이하):** 의료급여법에 의한 보호(진찰, 수술, 치료, 약제급여, 입원, 간호, 이송 등)인데 무료(의료급여 1종) 또는 일부 부담(의료급여 2종)으로 이루어지고 있어 실제로 진료비가 지급되는 것은 아니다.
- **자활급여 :** 자활에 필요한 금품 지급, 기능 습득, 취업 알선, 자활에 필요한 시설·장비 대여, 공공근로 등 자활을 위한 근로 기회의 제공이 추가된다. 자활급여의 경우 근로능력이 있는 수급자는 자활에 필요한 사업에 참가하는 조건으로 생계급여를 수급할 수 있다.
- **교육급여(기준중위소득 50% 이하):** 중·고등학교 입학금, 수업료, 교과서 대금을 지급한다.
- **해산급여 :** 조산 및 분만 전후의 필요한 조치와 보호를 하며 2017년 해산 여성 1인당 60만 원을 지급하고 있다.
- **장제급여 :** 보호대상자 사망 시 사체의 검안, 운반, 화장/매장 조치에 관한 비용을 지급하는 것인데 2017년 현재 1구당 75만 원을 지급하고 있다.
- **주거급여(기준중위소득 43% 이하):** 수급자의 주거안정에 필요한 임차료, 유지수선비, 기타 수급품을 지급한다. 주거급여는 수급자 자신이 주거를 마련하여 생활하는 자가, 전세, 월세 가구 거주자에게만 지급되고 시설 거주자에게는 지급되지 않는다. 2017년 현재 임차가구의 경우는 기준임대료를 상한으로 실제 임차료를 지급하고, 자가의 경우는 주택의 노후도를 평가하여 최대 950만 원까지 종합적인 주택개량비를 지급한다.

③ 전달체계

거택보호의 경우 보건복지부 → 특별시·직할시·도 → 시·군·구 → 읍·면·동을 통하여 수급자에게 급여가 전달되고, 시설보호의 경우 시·군·구 또는 읍·면에서 시설로 직접

급여가 전달된다.

④ 재정 충당

국민기초생활보장 비용은 국비와 지방비에서 충당된다. 보장 급여를 중앙정부와 광역자치단체가 직접 제공하는 경우는 당해 국가와 지방자치단체가 전액 부담하고, 시·군·구가 행할 경우는 중앙정부와 자치단체가 각각 50~80%와 20~50%를 부담하도록 되어 있다.

⑤ 국민기초생활보장 실태

국민기초생활보장 수급자 수는 2000년대에도 증가하는 추세이며(표 12-7 참조), 표 12-8에서 보듯이 수급자 중 65세 이상의 노인층이 차지하는 비율(27.6%)이 다른 연령층에 비해 훨씬 높은 편이다. 또한 수급자를 성별로 보면 여성(55%)이 남성(45%)

표 12-7. 연도별 국민기초생활보장 수급자 추이

연도	일반수급자		시설수급자	계	
	가구	인원		가구	인원
2001	698,075	1,345,526	74,469	698,075	1,419,995
2002	691,018	1,275,625	75,560	691,018	1,351,185
2003	717,861	1,292,690	81,715	717,861	1,374,405
2004	753,681	1,337,714	86,374	753,681	1,424,088
2005	809,745	1,425,684	87,668	809,745	1,513,352
2006	831,692	1,449,832	85,118	831,692	1,534,950
2007	852,420	1,463,140	86,708	852,420	1,549,848
2008	854,205	1,444,010	85,929	854,205	1,529,939
2015	1,014,177	1,554,484	91,879	1,106,056	1,646,363

출처: 보건복지가족부(2016), 2015년 국민기초생활보장 수급자 현황.

표 12-8. 생애주기별 국민기초생활보장 수급자 비율 (단위: %)

구분	영유아기 (0~4세)	학령기 (5~9세)	청소년기 (10~19세)	청년기 (20~30세)	중년기 (40~64세)	노년기 (65세 이상)	계
수급자 비율	2.2	7.0	19.4	10.4	33.3	27.6	100.0
총인구 대비 비율	1.3	4.2	6.6	1.2	2.7	6.7	3.2

출처: 보건복지가족부(2016), 2015년 국민기초생활보장 수급자 현황.

표 12-9. 국민기초생활보장 수급자의 가구별 비율 (단위 : %)

일반세대	취약계층세대						기타	계
	노인	장애인	모자	부자	소년소녀	소계		
31.9	25.8	18.9	12.2	3.4	0.5	60.8	7.3	100.0

출처: 보건복지가족부(2016), 2015년 국민기초생활보장 수급자 현황.

보다 많고, 65세 이상의 경우는 여성(68.2%)이 남성(31.8%)에 비해 훨씬 많은 편이다.

또한 국민기초생활보장 수급자 세대별로 보아도 취약계층세대가 전체 수급자 세대의 61.2%를 차지하고, 취약계층세대 중에서도 노인세대(28.5%)가 다른 취약계층세대보다 훨씬 더 많다. 이와 같은 통계자료는 노인세대일수록 빈곤계층에 속할 확률이 훨씬 높다는 것을 의미한다.

(4) 기초연금

1988년부터 일반국민을 대상으로 하는 공적노령연금인 국민연금제도가 시행됨에 따라 당시 이미 55세 이상이 된 사람은 연금에 가입해도 일시금만 받을 수 있고 연금을 받을 수 없게 되었고, 60세 이상이 된 사람들은 국민연금에 가입할 수가 없어 연금제도의 혜택을 전혀 볼 수 없게 되었다. 1988년과 1989년에 55세 이상인 사람에 대한 불이익을 보상하는 제도적 장치가 있어야 한다는 주장이 크게 대두되었다. 이에 대한 조치로 정부에서는 국민연금 시행에 따라 연금혜택을 보지 못하는 노인층을 위한 보상적 조치로 1991년부터 저소득층을 대상으로 노령수당제도를 시행하게 되었다. 그러나 노령수당은 연금제도 비혜택자에 대한 보상적 프로그램의 성격은 거의 없고 저소득 노인에 대한 공공부조적 성격으로 시행되고 있어 문제점이 제기되었다.

1995년부터 노령수당의 문제점과 이를 대신하는 무갹출(비기여)노령연금제도를 도입하여 저소득층 노인과 그 이상의 소득계층 노인에게도 무갹출연금을 지급해야 한다는 주장이 대두되었다. 그리하여 1997년에 무갹출노령연금제도 도입에 대한 주장이 국회에 반영되어 의원입법으로 노인복지법을 개정하여 노령수당제도를 폐지하고 경로연금제도를 도입하여 1998년 7월부터 시행하기에 이르렀다.

그런데 2003년부터 4년간 끌어온 국민연금법을 소득대체율 인하 방향으로 개정하면서 그 보완책으로 기초노령연금법을 제정하였다. 그 제정 취지는 연금액 인하에 대한 보완책으로 기존의 경로연금 급여 대상자를 크게 확대하고 액수도 인상하여 노인들 대부분에게 지급하는 기초적 연금으로 확대 발전시키자는 것이었다. 기초노령연금법은 2008년 1월부터 시행되었고, 노인 빈곤을 더욱 완화하기 위하여 2014년에 기초노령연금법을 기초연금법으로 개정하여 2014년 7월부터 시행하게 되었다.

① 급여 수급자격

65세 이상인 자로서 소득인정액이 대통령령으로 정하는 금액(선정기준액) 이하면 기초연금을 수급할 수 있다(실제로는 노인의 소득 하위 70%가 대상이 됨). 2019년 현재 단독가구의 경우 일반수급자는 소득인정액이 1,370,000원, 저소득 수급자는 50,000원 이하, 부부가구의 경우 일반수급자는 소득인정액이 2,192,000원, 저소득수급자는 80,000원 이하이다.

② 급여의 형태·종류·수준

현금으로 지급되며 기초연금액은 국민연금제도의 기본연금액 계산(소득대체율 비례상수〔A+B〕(1+0.05n))에서 연금수급 3년부터 가입자 전체 3년간 평균소득월액의 평균(A값)의 10%에 해당하는 금액으로 한다. 이렇게 계산된 실제 연금 액수는 2019년 현재 대체로 25,375원에서 30만 원 정도가 된다. 월소득인정액이 소득 하위 70%인 경우는 기초연금을 수급할 수 있으며, 국민연금을 수급하는 경우는 A값의 10%에서 국민연금수급액을 제한 액수를 기초연금으로 받게 된다. 부부가 같이 기초연금을 받는 경우는 노인 개인 연금액에서 20%를 감하여 받게 된다.

기초연금제도에서의 소득인정액 산출공식

월소득인정액 = 월소득평가액 + 재산의 월소득환산액

※ 재산의 월소득환산액
= 〔(일반재산 − 기본재산) + (금융자산 − 2,000만 원) − 부채〕 x 재산의 소득환산율(5%) ÷ 12월

※ 소득평가액과 재산의 소득환산액은 월 기준이며 (−)인 경우는 0원으로 처리함

③ 전달체계

연금지급 신청은 국민연금공단(지부)이나 자방자치단체장에게 할 수 있으며 신청을 받은 후 연금신청인에 대해 조사하여 수급 여부를 결정한다.

④ 재정방법

국가와 지방자치단체가 연금기금을 분담하며 국가는 기금의 40~90% 범위에서 대통령령이 정하는 비율을 부담한다. 2017년 현재 국가의 연금비용 부담 비율은 표 12-10과 같다.

표 12-10. 지자체의 재정자립도와 노인인구 비율에 따른 국가의 기초연금 비용부담 비율 (단위: %)

지방자치단체의 재정자립도	특별 자치도 시·군·구 노인인구 비율		
	14% 미만	14% 이상 20% 미만	20% 이상
90% 이상	40	50	60
80% 이상 90% 미만	50	60	70
80% 미만	70	80	90

(5) 긴급복지지원제도

경제 양극화, 이혼 증가 같은 사회 변화 속에서 소득 상실, 질병과 같이 갑작스러운 위기상황이 발생한 경우 누구든지 손쉽게 도움을 청하고 필요한 지원을 받을 수 있는 제도가 필요하였다. 이를 위하여 지역사회의 각종 복지지원을 활용하여 위기상황에 처한 자를 조기에 찾을 수 있는 체계를 갖추고 이들에게 필요한 지원을 신속하게 실시하며 기존의 공공부조제도나 사회복지 서비스와 연계되도록 하기 위해 긴급복지지원법을 2005년 12월에 제정하여 2006년 3월부터 시행하였다. 이 제도는 노인에 대한 제3의 공공부조라 할 수 있는데, 노인을 직접적인 대상으로 한 법은 아니지만 노인이 포함된 가족이 적용대상이 될 수 있기 때문에 노인소득보장 프로그램으로 간주할 수 있다.

① 급여 수급자격

노인을 포함한 모든 개인과 그 개인과 주거를 같이 하는 가구 구성원이 ⓐ 주소득자의 사망·가출·행방불명·구금시설 수용 등으로 소득을 상실하고 다른 소득이 없을 때, ⓑ 중한 부상과 질병을 당한 때, ⓒ 가구 구성원으로부터 방임, 유기, 학대 등을 당한 경우, ⓓ 가정폭력이나 성폭력을 당한 때, ⓔ 화재 등으로 주택 또는 건물에서 생활이 곤란한 때, ⓕ 그 밖의 긴급한 사유가 발생하면 지원을 요청할 수 있다.

② 급여의 형태 · 종류 · 수준

국가나 지방자치단체의 구호, 보호 또는 지원, 민간기관 및 단체와 연계한 지원을 받을 수 있다. 지원의 구체적 종류는 ① 현금, 현물 등의 직접지원과 ② 민간기관 및 단체와의 연계지원(대한적십자사, 사회복지공동모금회 등의 사회복지기관·단체와의 연계, 상담, 정보제공 등 그 밖의 지원)이 있다.

③ 전달체계

국가와 지방자치단체는 위기상황에 처한 자를 찾아내어 신속하게 필요한 지원을 할 수 있고 긴급지원 대상자가 시장·군수·구청장에게 지원을 신청할 수도 있다.

④ 재정방법

국가와 지방자치단체가 비용을 분담한다.

(6) 퇴직연금제도

근로기준법에 의해 시행되어 오던 퇴직금제도는 퇴직할 때 퇴직금 전액을 받게 되어 목돈을 받는 이점이 있으나 퇴직 후 여생 동안 퇴직금을 관리하기 어려운 문제점도 있고 일시에 사용하는 경우 노후 소득보장에 크게 도움이 되지 않기 때문에 연금형태로 지급할 수 있는 방안을 찾아낸 것이 퇴직연금제도다. 종전 근로기준법에 규정되어 있던 퇴직금 관련 조항을 따로 분리하여 퇴직연금제도로 전환하는 새로운 제도를 만들게 되었는데 이 새로운 제도가 2005년 12월부터 시행된 근로자퇴직급여보장법이다. 이 법에 의하면 사업장(직장)에서는 근로자의 합의에 의해 퇴직금제도와 퇴직연금제도 중 적어도 한 가지 이상을 택하도록 하고 있다. 퇴직연금제도를 택하는 경우는 10년 이상을 가입하고 55세 이상부터 5년 이상을 연금으로 받을 수 있도록 하고 있다.

퇴직금제도나 퇴직연금제도는 근로자와 사업주 간의 사적 문제이지만 국가가 그 관리·운영에 관한 사항을 법으로 정하여 근로자에게 피해가 없도록 한다는 의미에서 공

그림 12-2. 퇴직연금제도 운용방법

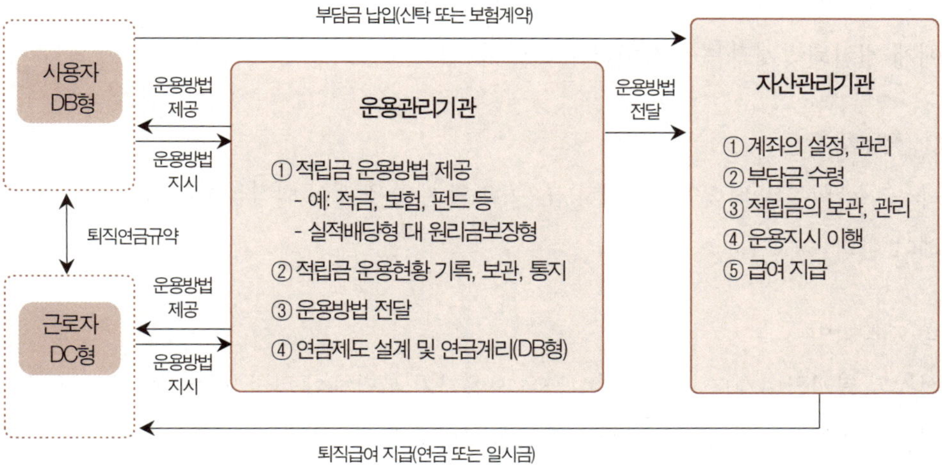

적으로 보장해 주는 의미가 있기 때문에 완전히 공적은 아니지만 준공적(準公的)이라 할 수 있다. 퇴직연금제도 운용방법을 그림으로 설명하면 그림 12-2와 같다.

① 가입자격과 적용조건

근로자를 사용하는 모든 사업장에 적용되고 1년 이상 근무하는 모든 근로자는 퇴직급여 가입자가 된다. 다만 4인 이하 사업장은 2008~2010년 사이에 적용하도록 하고 있다.

② 급여의 형태·종류·수준

퇴직급여에는 퇴직금제도와 퇴직연금제도가 있으며 사용자는 근로자 과반수가 동의하는 조건으로 두 가지 퇴직급여제도 중 하나 이상을 선택하여 설정해야 한다. 퇴직금제도에서는 1년 이상 근속하는 경우 근속기간 1년에 대해 30일간의 임금을 퇴직금으로 설정해야 하고, 퇴직연금제도에서는 확정기여연금제도(defined contribution system: DC제도)와 확정급여연금제도(defined benefit system: DB제도) 중 하나를 선택해야 한다. DC에서는 사용자는 최소한 가입자의 연간 임금총액의 12분의 1을 현금으로 부담해야 하고 가입자는 선택하여 추가적 본인부담을 낼 수도 있으며 적립금 운용방법을 스스로 택할 수도 있다. DB에서는 퇴직일 기준으로 산정한 일시금의 금액이 계속 근로기간 1년에 대하여 30일분의 평균임금 이상이 되도록 설정되어야 한다. 연금은 10년 이상 가입하여

55세 이상부터 5년 이상 지급하도록 해야 하고, 10년 미만인 경우는 퇴직 일시금을 수령하게 되며 퇴직 일시금을 수령하여 직장을 옮기는 경우는 퇴직연금사업자(금융기관)에게 개인퇴직계좌를 설정하여 관리할 수 있다.

③ 전달체계

사용자는 외부의 퇴직연금사업자(금융기관)와 계약을 맺어 퇴직급여를 관리·운영하게 해야 한다.

④ 재정방법

설정된 퇴직급여제도에 대한 기여금은 사용자가 부담해야 한다. 다만 DC 방식의 퇴직연금을 택하고 가입자가 추가적으로 본인 부담을 늘리고자 하는 경우는 가입자 추가분을 부담해야 한다.

2) 간접급여 프로그램

(1) 세제감면

세제감면은 대체로 노인 부양의식 제고를 위한 부양가족에 대한 간접적 소득보장 방안이라 할 수 있다. 세제 프로그램과 감면 규정은 수시로 변경되는데, 2010년 현재 다음과 같은 프로그램이 있다.

① **상속세 공제 :** 60세 이상인 자에 대하여 연간 1인당 3,000만 원을 공제해 주고 있다.

② **소득세 공제 :** 60세(여: 55세) 이상 생계를 같이하는 직계존속을 부양하는 경우 연간 100만 원을 소득세 과세액에서 공제하고, 부양가족 중 65세 이상 노인과 생계를 같이하는 자에 대하여는 연간 1인당 50만 원을 과세액에서 공제해 주고 있다.

③ **양도소득세 면제 :** 60세 이상 부 또는 55세 이상인 모와 자녀가 각각 주택을 소유하고 따로 살다가 세대를 합침으로써 한 주택을 매매하는 경우 먼저 매매하는 주택에서 3년 이상 거주했거나 세대를 합친 후 2년 이내에 한 주택을 매매하는 경우 양도소득세를 면제해 주고 있다.

④ **생계형 저축 비과세 :** 60세 이상 노인 1인당 3,000만 원 이하의 생계형 저축에 가입하

는 경우 이자소득 또는 배당소득에 대해 면세해 주고 있다.

(2) 경로우대제도

경로우대제도는 사실상 1981년 노인복지법 제정 1년 전부터 시행되었고 1981년에 제정된 노인복지법에 반영된 제도다. 65세 이상 노인이 공공 및 민영시설인 교통시설, 고궁, 능원, 공원, 국공립 박물관, 미술관, 국악원을 이용하는 경우 50~100% 할인 혜택을 제공하는 것이다. 이와 같은 할인 혜택은 노인의 지출을 절약해 주기 때문에 간접적인 소득보장 방법이라 할 수 있다. 공공 교통시설이나 공공시설이 아닌 민영시설로서 자발적으로 경로우대를 시행하고 있는 시설은 항공기(10% 할인), 국내 여객선(20% 할인), 목욕, 이발 등(자율적으로 다른 할인율 적용)이 있다.[7]

(3) 고용증진

① 고령자 우선고용 직종 지정과 고용

노인을 포함한 고령자에 대한 고용정책이 고용촉진정책에 치중되었으나 앞으로는 고용에서 연령을 이유로 차별하는 관행을 해소하기 위한 연령차별금지정책을 병행하여 추진하기로 함에 따라 1992년에 제정된 고령자고용촉진법을 '고용상 연령차별금지 및 고령자고용촉진에 관한 법률'로 변경하고 내용도 개정하였다. 2008년에 개칭·개정된 '고용상 연령차별금지 및 고령자고용촉진에 관한 법률'(2009년 3월 22일 시행)에 모집·채용부터 퇴직·해고까지 고용의 모든 단계에서 연령차별을 금지하며 고용상 연령차별 행위로 피해를 입은 자에 대한 구제방법으로 국가인권위원회에 진정 및 이에 따른 권고, 권고 불이행에 대한 시정명령제도를 도입하고 있다.

'고용상 연령차별금지 및 고령자고용촉진에 관한 법률'에 의해 노동부장관은 고령자(55세 이상)와 준고령자(50~54세)에게 적합한 직종(우선고용 직종)을 선정하여 발표하고, 정부와 공공기관은 우선고용 직종에 고령자와 준고령자를 우선고용해야 하며, 이 외의 기관은 우선고용하도록 노력해야 한다고 규정하고 있으나 제대로 이행되지 않고 있다. 표 12-11에서 보는 바와 같이 2009년 현재 7개의 선정기준에 의해 공공부문 47개 직종

---

7. 2010년 현재 노인복지법(제26조)과 노인복지법시행령(제19조)에 의한 경로우대 할인율은 표 7-10 참조.

표 12-11. 노인(고령자) 우선고용 직종 선정기준과 해당 직종

선정기준	정의	통계자료	해당 직종(예시)
신체적 적합 직종	신체적·정신적 한계로 인해 다른 연령계층에 비해 생산성이 떨어지지 않거나 산업재해의 위험이 낮은 직종	한국고용정보원 네트워크(KNOW) 상의 직업에 대한 업무수행능력 중에서 고령자 업무환경 영역을 기준	상점판매원, 매장계산원, 요금정산원
고령 종사자 규모가 큰 직종	현재 노동시장에서 고령 취업자 규모가 큰 직종	한국고용정보원의 2006년 〈산업·직업별 고용구조 조사〉	환경미화원, 주방보조원, 운전원
빈 일자리 직종	다른 연령계층의 취업 기피나 회피 등으로 인하여, 다른 직종에 비해 고령자가 진입할 수 있는 빈 일자리가 많은 직종	노동부의 2007년 〈노동력수요동향조사보고서〉의 직업별 부족인원	금형원, 용접원
일자리 증가 직종	미래 일자리 증가가 예상되며, 일자리 증가에 있어 고령자가 진입할 여지가 큰 직종	한국고용정보원의 2007년 〈직업별 인력수급전망〉 결과	사회복지사, 보육교사
기능보유 직종	일정 기간 훈련 이수와 자격취득을 통해 특정 기능을 보유함으로써 고령자가 취업 경쟁력을 확보할 수 있는 직종	해당 직업의 자격, 훈련과정 존재 여부 확인	건축마감 관련 기능 종사원, 산업안전 및 위험관리원
경력보존 직종	고도의 기술과 지식에 대한 노하우를 보유하여, 충분히 직업능력을 발휘할 수 있는 직종	한국고용직업분류에서의 해당 직업의 숙련 정도	건축가 및 건축공학기술자, 기계공학기술자 및 연구원
단순노무 직종	특정 지식이나 기술이 필요하지 않아, 일자리만 있다면 단기간 내에 취업이 가능한 직종	한국고용직업분류에서의 해당 직업의 숙련 정도	포장원 및 제조, 농림어업 관련 단순 종사원

과 민간부문 83개 직종을 개발하여 준고령자와 고령자의 우선고용을 권장하고 있다.

② 고령자 등 고용차별금지

'고용상 연령차별금지 및 고령자고용촉진에 관한 법률'에 의하여 사업주는 근로자를 모집, 채용 및 해고함에 있어서 정당한 이유 없이 고령자 또는 준고령자라는 이유로 차별하지 못하도록 하고 있다.

③ 고령자 취업지원

'고용상 연령차별금지 및 고령자고용촉진에 관한 법률'에 의해 고용주는 고령자의 고용

을 촉진하고 직업능력 개발을 위해 고령자에 대한 직업능력 개발훈련을 실시해야 하고, 이 경우 정부는 비용의 전부 또는 일부를 지원할 수 있다. 또한 고령자의 취업지도와 직업알선 등의 업무를 효율적으로 수행하기 위해 필요한 지역에 고령자고용정보센터를 두고, 고령자의 취업지도와 취업알선 등에 필요한 전문인력과 시설을 갖춘 무료직업소개소를 고령자인재은행으로 지정할 수 있다. 또한 퇴직한 고령자의 전문지식과 기술을 활용하기 위해 노동부령이 정하는 자의 취업지도와 취업알선 등을 전문적으로 지원하는 중견전문인력고용지원센터를 지정할 수도 있다.

④ 고령자의 고용촉진 및 고용안정

300인 이상의 근로자를 사용하는 사업주는 기준 고용률 이상의 고령자를 고용하도록 노력해야 하고, 사업주는 고용노동부령으로 정하는 바에 따라 매년 고령자 고용현황을 고용노동부장관에게 제출하도록 하고 있다. 그리고 사업주가 기준 고용률을 초과하여 고령자를 추가로 고용하는 경우에는 조세를 감면하도록 하고 있다.

⑤ 정년연장

정부는 '고용상연령차별금지및고령자고용촉진에관한법률'을 2013년에 개정하여 사업주는 근로자의 정년을 60세 이상으로 정하도록 하고, 상시 300명 이상의 근로자를 사용하는 사업 또는 사업장, 및 공공기관에 대해서는 2016년부터, 상시 300명 미만의 근로자를 사용하는 사업 또는 사업장, 국가 및 지방자치단체는 2017년부터 정년을 60세 이상으로 조정 시행하도록 하고 있다.

⑥ 노인일자리사업

- **한국노인인력개발원을 통한 일자리사업 :** 정부는 노인복지법에 의거하여 노인에게 적합한 일자리를 개발하고 교육·훈련을 전담하는 기관으로 한국노인인력개발원을 설립하여 표 12-12에서 보는 바와 같이 노인들에게 ⓐ 공익활동, ⓑ 재능나눔 활동, ⓒ 시장형 사업단, ⓓ 인력파견 사업단, ⓔ 고령자 친화기업(창업) 지원, ⓕ 기업연계 취업 일자리를 개발하여 보급하고 있다. 한국노인인력개발원은 보건복지부의 전적인 예산지원을 받는 준공공기관으로 보건복지부의 노인일자리사업 정책을 실천하는 기관이며 그림 12-3에서 보는 바와 같이 전국의 지방자

표 12-12. 한국노인인력개발원에서 개발·보급하는 일자리

구분	유형	일자리 내용
공익 활동	노노 케어	독거노인, 조손가정 노인, 거동불편 노인, 경증치매 노인 등 취약노인 가정을 방문하여 일상생활을 안정적으로 유지할 수 있도록 안부확인, 말벗 및 생활 안전 점검 등
	취약계층 지원	장애인, 다문화 가정, 한 부모 가족, 청소년 선도, 생활시설 이용자 지원
	공공시설 봉사	보육시설, 지역아동센터, 도서관, 공원, 놀이터, 공공시설, 문화재시설, 공공의료 및 복지시설 봉사
	경륜 전수	노인의 경험과 지식, 삶의 지혜를 동세대, 아동·청소년 세대 등 지역공동체 구성원들과 공유하는 활동(건강체조, 취미생활지도, 문화공연활동, 체험 활동지원 등)
재능 나눔 활동	노인안전 예방	취약 노인에 대한 교육·상담 등 정서적 지원, 경로당, 쉼터 등에 대한 안전을 확인하는 활동
	상담안내	노인학대를 예방을 위한 캠페인, 교육, 상담 등
	학습지도	동년배를 대상으로 다양한 교육 및 학습지도 등
	문화예술	노인이용시설 노인을 대상으로 하는 다양한 문화 공연(노래, 댄스 등) 등
	건강증진	금연, 치매, 고혈압 등 예방 캠페인 및 체육 활동
	권익증진	다양한 노인 권익증진 활동
시장형 사업단	공동작업장	공동작업장 운영사업, 지역영농사업, 기타 공동작업형 사업
	제조판매	식품제조 및 판매, 공산품제작/판매, 매장운영, 아파트택배, 지하철택배, 세차 및 세탁, 기타 제조 및 판매 사업
	전문 서비스	노인일자리 및 사회활동지원 모니터링, 주정차질서 계도, 초등학교 급식도우미, CCTV 상시관제, 스쿨존 교통지원, 폐현수막 재활용, 자전거 보관관리 및 수리 지원, 지역사회 환경개선, 기타 전문 서비스
인력 파견형 사업단	관리/사무직	경영, 영업, 판매 및 운송관련 관리자, 기타 사무직
	공공/전문직	교육 관련 종사자, 기타 전문직
	서비스 종사자	예식 및 보건·의료 서비스, 운송 및 여가 서비스, 조리 및 음식 서비스, 배달원
	판매종사자	계산원 및 매표원, 판매원 및 판매 단순종사자
	농림어업 종사자	농림, 어업, 작물재배 종사자
	기능원 종사자	식품가공관련 종사자, 기타 기능 관련직
	단순 노무직	생산/제조업의 단순 노무직, 기타
고령자 친화기업	시장형사업형	식품제조 및 판매사업, 세차 및 세탁사업, 가사 및 돌봄서비스 사업, 택배 및 배달사업 등
	모기업연계형	
	시니어직능형	
기업연계 취업	노인고용기업 지원	기업의 설비자금 및 환경 개선자금을 지원하여 노인고용을 촉진함

그림 12-3. 한국노인인력개발원의 노인일자리사업 추진체계

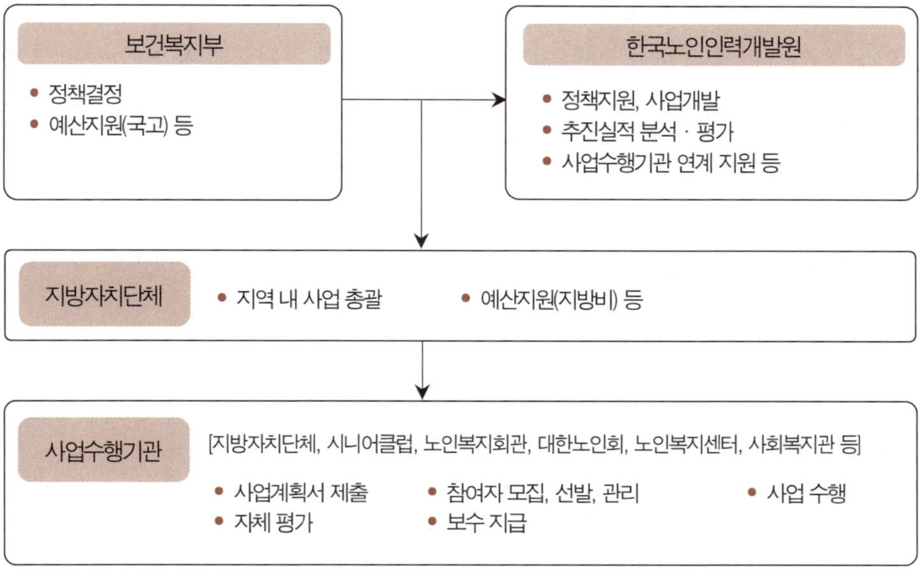

치단체와 전국 5개 지역 사무소를 통해 노인일자리사업 수행기관과 연계하여 서비스를 제공하고 있다.

- **시니어클럽(Senior Club):** 시니어 클럽은 노인복지법 제23조(노인사회참여 지원)와 제23조의 2(노인일자리 전담기관의 설치·운영 등), 노인복지법시행령 제17조의 3 및 4(노인일자리 전담기관 운영위탁 등)에 의하여 노인의 사회적 경험과 지식을 활용할 수 있는 다양한 일자리를 개발하고 이에 참여할 수 있는 여건을 조성하여 노인의 삶의 질 향상을 위해 지역사회 내에서 일정한 시설과 전문인력을 갖추고 지역의 자원을 활용하여 노인일자리를 창출하여 제공하는 노인일자리 전담기관으로 2001년부터 시작되었다. 시니어클럽은 지역사회의 노인일자리 전담기관으로서 지역 특성에 적합한 시장형 노인일자리사업을 개발하고, 지역사회 노인인력 활용을 위해 교육·훈련을 실시하며, 사후관리를 하고, 일하는 노인을 위한 지역연대를 결성하며 기타 관련 사업 등을 수행한다.
- **대한노인회 취업지원센터 :** 노인복지법(제23조)에 의하여 지역사회 구직희망 노인

의 취업상담·알선 등을 통하여 노인의 소득보장과 사회참여 기회 확대를 위해 대한노인회 중앙회와 시·도 지부에 설치되어 있다. 주로 65세 이상 취업희망 노인(우선)과 지역사정에 따라 60세 이상 노인을 위해 구직희망 노인을 상담·알선, 취업, 연계·조정과 사후관리를 하고, 지역사회 업체 및 기관(단체) 대상으로 노인 구인처를 개발하고, 노인의 능력과 적성에 맞는 직업교육을 실시하고, 경로당 공동작업장 운영 활성화를 지원하고, 구직희망 노인을 자원봉사 등 사회참여활동에 연계하고, 구인 및 구직자에 대한 지속적인 홍보활동을 추진하며, 지역사회 내 노인취업정보 네트워크를 구축하는 역할을 하고 있다.

3) 노인 소득 관련 사적(민간) 프로그램

노인복지는 법률에 의하거나 정부 부처의 결정에 의해 노인복지 증진을 위한 정책과 서비스를 계획하여 실천하는 활동인데, 그러한 활동이 노인복지에 관련되어 있으나 정부가 직접적으로 감독하지 않는 활동이 있다. 그런 활동 중 소득보장에 관련된 것으로 주택연금과 개인연금이 있다.

(1) 주택연금(주택담보노후연금 또는 역모기지 제도)

주택연금은 주택 소유자가 주택에 대해 저당권을 설정하고 금융기관으로부터 노후생활자금을 연금 형식으로 대출받는 제도인데 이는 미국의 역모기지 제도(reverse mortgage system)를 모방한 것이다. 모기지(mortgage) 제도는 개인이 주택을 구입하는 경우 금융기관이 주택을 담보로 주택구입 자금을 구입자에게 융자해 주고 장기간에 걸쳐 그 융자금을 갚도록 하는 것인데 반해, 역모기지제도는 개인이 소유한 주택을 금융기관에 담보로 맡기고 일정한 금액을 은행이 정기적으로 대출해(연금으로) 주는 방식이다.[8] 주택을 소유한 노인이 주택을 금융기관에 저당 잡히고 매월 일정액의 금액을 대출 형식으로 지급받는 방식을 '주택연금' 또는 '주택담보노후연금'이라 한다.

---

8. 모기지 제도에서 주택을 담보로 '개인이 융자금을 매월 은행에 지불하는 것'과는 반대로 역모기지 제도에서는 주택을 담보로 '개인이 매월 대출금(연금형식으로)을 받는 것'이라는 의미에서 '역모기지(reverse mortgage)'라는 말을 사용한다.

우리나라에서는 주택연금제도가 1995년에 시작되었으나 노인들의 부동산 소유개념이 강한 점과 은행 측의 저당주택에 대한 우려 등으로 활성화되지 못하였는데 2007년 이후 한국주택금융공사법을 개정하여 주택담보노후연금보증서를 발행하게 하고, 주택가격도 감정평가액 6억 원 한도를 9억 원까지 올리고 이용자 연령도 65세에서 60세로 낮추는 등 활성화 방안을 마련하였다.

주택을 저당 잡는 금융기관에서는 주택가격이 하락하여 원래 약정한 연금액을 계속 지불하게 되면 손실을 초래할 위험문제로 주택을 담보로 하는 연금제도를 적극 시행하려 하지 않았다. 정부에서는 이 문제를 해결하기 위해 한국주택금융공사로 하여금 노후연금을 지급하여 생기는 손실을 보완해 주는 보증서를 발급하여 금융기관에 제출하고 연금을 받도록 하였다.

이용자는 60세 이상 노인(배우자가 있는 경우는 배우자도 60세 이상이 되어야 함)으로 소유하고 있는 주택(보증신청일 현재 소유자와 배우자가 주택 한 채만을 소유하고 있어야 함)의 한국감정원 감정평가액이 9억 원 이하여야 한다.

주택연금의 지급방식은 크게 종신지급방식(평생 매월 일정한 금액을 나누어 지급받는 방식)과 종신혼합방식(처음 대출한도의 30% 이내의 일정액을 인출한도로 설정하고 나머지 금액을 매월 일정하게 나누어 지급받는 방식)의 두 가지인데, 실제로는 각각 증가옵션이 있는 경우와 없는 경우 두 가지가 있으므로 네 가지 방식이 된다. 60세 이후 가입 연령이 높아질수록 지급액이 커진다(표 12-13 참조). 감정가격 6억 원의 주택에 대한 네 가지 방식의 주택연금은 표 12-14와 같다.

표 12-13. 감정가격 3억 원인 주택의 종신지급방식 주택연금 가입 연령에 따른 연금액(단위: 천 원)

가입 연령	월지급액(증가옵션 없음)	월지급액(증가옵션 있음)				
		가입 시	5년 후	10년 후	15년 후	20년 후
65세	864	646	749	868	1,006	1,167
70세	1,064	821	952	1,104	1,280	1,484
75세	1,330	1,061	1,231	1,427	1,654	1,918
80세	1,688	1,398	1,621	1,879	2,179	2,526

표 12-14. 감정가격 6억 원인 주택의 네 가지 방식의 주택연금액(65세 가입 시) (단위: 천 원)

가입 방식		월지급액	인출한도액 설정금액	월지급액				
				65세	70세	75세	80세	85세
종신 지급	증가옵션 없음	1,729						
	증가옵션 있음			1,293	1,499	1,737	2,014	2,334
종신 혼합	증가옵션 없음	1,211	76,860 (공시가격 30%)					
	증가옵션 있음		80,460 (공시가격 30%)	905	1,049	1,216	1,410	1,634

(2) 개인연금

개인연금제도는 국민연금·특수직역연금과 같은 공적연금과 퇴직연금으로 노후에 충분한 소득보장을 할 수 없게 될 가능성에 대비하는 의미에서 1994년에 도입되었다. 만 20세 이상이면 분기당 300만 원까지 가입할 수 있는 개인연금은 은행에서는 개인연금신탁, 보험사에서는 개인연금보험, 증권사와 투신사에서는 개인연금투자신탁(펀드) 형태로 판매된다.

개인연금의 경우 만 55세 이상으로 10년 이상 가입했으면 연금지급을 신청할 수 있지만 가입자 연령이 만 55세가 안 되었거나 가입기간이 10년 미만이면 연금을 받을 수 없다. 연금을 받기 위해서는 10년간 가입한 금액이 최소한 120만 원 이상이 되어야 한다. 가입금액이 120만 원이 안 되면 최소한 120만 원까지 추가로 돈을 넣거나, 불이익을 감수하고 중도에 해지해야 한다. 예를 들어, 매월 50만 원씩 10년간 연금을 불입했다면 원금과 이자를 합한 금액은 1억 원 정도이며(연평균 수익률 10% 가정), 이 금액을 10년간 연금으로 지급받는다면 매달 약 100만 원(예정 이율 4% 가정)을 받을 수 있다. 연금기간을 20년으로 늘리면 연금액은 매달 60만 원으로 줄어든다. 이때 앞으로 시중금리가 상승하면 연금지급액이 더 늘어나지만, 반대로 금리가 하락하면 연금액도 줄어들게 된다.

개인연금에 가입한 지 10년이 지난 만 55세 이상인 자는 무조건 연금지급을 신청하지 않아도 된다. 아직도 경제활동을 하고 있거나, 은퇴를 했더라도 경제적인 여유가 있다면 당장 연금지급을 신청하는 것보다 계약기간을 연장해 계속해서 불입(분기당 최고

300만 원)하는 것이 유리하다. 계약기간 연장은 1년 이상 연 단위로 횟수 제한 없이 가능하며, 형편에 따라 다시 단축할 수도 있다. 예컨대 10년 만기된 개인연금의 적립기간을 5년 더 연장했더라도 연금지급이 필요하다면 1~2년 후에 연금지급을 신청할 수 있다.

선진국에서는 노후소득을 다층으로 보장하는 방향으로 정책을 추진하고 있다. 일반적으로 3층으로 보장하는 방향을 취하고 있는데 1층은 공적연금, 2층은 퇴직연금(기업연금), 3층은 개인연금으로 보장하는 것이다. 앞으로 우리나라도 선진국처럼 공적연금은 점차 액수가 줄어들 가능성이 높고, 퇴직연금도 일정 기간 동안만 받을 수 있기 때문에 공적연금과 퇴직연금만으로 충분한 노후 소득보장이 되기 어려우므로 개인연금으로 보충하는 것이 바람직하다.

(3) 농지연금

농지연금은 주택연금과 같이 65세 이상 노인 본인이 소유한 농지를 담보로 은행으로부터 연금을 지급받는 것이다. 이 제도는 한국농어촌공사 및 농지관리 기금법 개정에 의하여 2011년부터 도입되었다. 농지연금은 수급자가 상망한 경우에 배우자가 계속 수급 가능하게 하고 담보농지를 계속 경작하여 추가 소득을 올릴 수 있도록 하고 있으며 한국농어촌공사가 주관하고 있다.

저출산고령사회기본계획

정부에서는 2005년에 제정된 저출산고령사회 기본법에 의해 2006년부터 5년 단위로 저출산고령사회기본계획을 수립하여 시행하고 있다. 제1차 5개년 계획(2006–2010년)과 제2차 5개년 계획(2011–2015년)은 이미 계획 및 시행되었고, 2017년 현재 제3차 5개년 기본계획(2016–2020년)이 시행되고 있다. 제3차 5개년 기본계획의 기본 틀은 옆의 그림과 같다.

그림 출처: 대한민국정부(2016). 제3차 저출산고령사회 기본계획, p. 41.

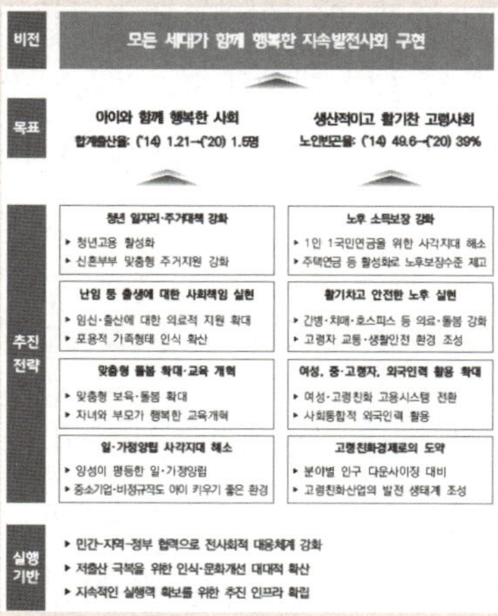

4 소득보장 프로그램의 문제점과 개선방안

이상에서 노인소득보장정책으로 현금 수입으로 소득을 보장해 주는 직접적 소득보장 방법과 현금 지출을 절약해 주거나 고용을 통해 소득을 증대하게 해 주는 간접적 소득보장 방법을 살펴보았다. 직접적 소득보장방법으로는 ① 사회보험방식의 공적연금 프로그램, ② 공공부조방식의 국민기초생활보장과 기초연금 프로그램, ③ 퇴직연금 프로그램이 있고, 간접적 소득보장방법으로는 ① 세제감면, ② 경로우대제도, ③ 고용증진 프로그램, 사적 차원의 소득보장방법에는 ① 주택연금, ② 개인연금과 ③ 농지연금이 있다.

이들 프로그램들 가운데 직접적으로 정기적인 소득을 제공해 주는 연금의 대상이 되는 사람들은 표 12-15에서 보는 바와 같이 2015년 현재 전체 고용자 중에는 89%다. 2015년 현재 연금 수급자는 60세 이상 노인의 41.5%, 65세 이상 노인의 42.9%에 불과하다. 65세 이상 노인 가운데 공적연금과 국민기초생활보장의 대상이 되는 노인을 합해도 49.4%밖에 되지 않는다. 기초연금은 실제 2008년부터 시행된 기초노령연금제도가 2014년 7월부터 기초연금법 제정으로 시행된 제도이다. 기초연금은 2014년 7월부터 소득하위노인 70%에게 지급되고 있지만(2015년 현재 68.7%) 소득보장의 효과는 미약한 편이다. 따라서 2015년 현재 기초연금을 제외한 60세 이상 노인의 소득보장 비율은 48.7%, 65세 이상의 소득보장 비율은 49.3%에 불과하다.

소득보장 방법, 대상과 수급자 등과 관련하여 현재 우리나라 노인소득보장정책의 문제점과 개선책을 간략히 생각해 보기로 하겠다.

1) 65세 이상 노인에 대한 소득보장 보완책 마련

현재 65세 이상 노인 가운데 50% 가까이가 사회보험에 의한 공적연금의 혜택을 거의 받지 못하고 있는 상태이므로 현재 65세 이상 노인세대의 소득보장에 대한 보완적 대책이 시급히 수립되어야 할 것이다. 향후 연금 수급자가 늘어나겠지만 20년 이상 가입한 경우도 연금 액수가 상당히 적어서 연금으로 노후 생활보장을 기대하기는 어

표 12-15. 공적 직접 소득보장(직접 소득) 프로그램의 적용대상과 수급자 현황(2015)

소득보장 프로그램	적용대상자(A) (천 명)	60세 이상 수급자 (B) (천 명)	65세 이상 수급자(C) (천 명)	A /총고용자 (%)	B/60세 이상 노인 전체 (%)	C/65세 이상 노인 전체 (%)
사회보험	23,030	3,974	2,799	89.0	42.8	42.8
공무원연금	1,093	349	240	4.2	3.8	3.7
군인연금	87	66	51	0.3	0.7	0.8
사학연금	282	48	34	1.1	0.5	0.5
국민연금	21,568	3,511	2,474	83.4	37.8	37.8
공공부조	5,875	4,621	4,076		49.7	62.3
기초생활보장	1,554	545	419		5.9	6.5
기초연금	4,740	4,495	4,495		48.4	68.7
계	28,905	8,595	6,875	89.0	91.2	100.0

* 전체공공부조 총계: 국민기초생활보장 대상자 중 65세 이상(419천 명)은 기초연금 대상자와 중복되므로 이를 총계에서 제하였음.

** 60세 이상 공공부조 수급자 총계: 국민기초생활보장 대상자 중 65세 이상(419천 명)은 기초연금 수급자와 중복되므로 이를 총계에서 제하였음.

*** 65세 이상 공공부조 수급자 총계: 국민기초생활보장 수급자와 기초연금 수급자가 중복되므로 기초연금 수급자를 65세 이상 공공부조 수급자로 함.

**** 2015년 취업자는 2015년 12월 현재의 취업자 수(25,879천 명)로 계산함.

***** 65세 이상 전체 노인의 수급자 총계는 숫자상 100% 넘는데 이는 기초연금 수급자 일부가 국민연금 수급자가 중복되기 때문임(총계에는 100.0%로 표시하였음).

출처: 1) 공무원연금공단(2015), 215년 공무원연금통계
2) 국방부(2016), 2015년 군인연금통계연보.
3) 보건복지부(2016), 2015년 보건복지통계연보.
4) 사립학교직원연금공단(2016), 2015 사학연금통계연보.
5) 국민연금공단(2016), 2015년 국민연금통계연보.
6) 보건복지부(2016), 2016 고령자통계.

려운 실정이다. 여기에다 공적연금수급자는 기초연금 수급자에도 거의 해당되지 않기 때문에 기초연금으로 소득을 보완하기도 어렵다.

그러므로 이미 65세 이상 노인을 포함한 베이비붐 세대(baby boom generation: 우리나라의 경우 1955~1963년 출생자 세대) 이전 세대(즉 1955년 이전 출생 세대)에 대해서는 한 시적(1955년 이전 출생자들의 사망 시까지) 대책을 마련해야 할 것이다. 가능한 대책으로는 2014년부터 시행된 기초연금의 수급액을 현재 수준보다 더 인상하는 것을 생각할 수 있다. 현재 65세 이상이 된 노인들에 대해서는 공적연금제도의 개선으로 소득보장 문제를 해결할 수 없기 때문에 공공부조 프로그램으로 보완하는 것 이외에는 별다른 대책을 찾기 어렵다.

2) 공적연금제도에 대한 계속적인 개선 추진

이와 관련된 몇 가지 주요 개선사항은 다음과 같다.

(1) 연금보험료 인상

연금보험료 또는 기여금을 점차적으로 높여 나가는 것이 바람직하다. 2007년도 국민연금법 개정에서는 소득대체율만 낮추다 보니 절대적 연금 액수가 낮아져 노후 최소한의 소득보장까지 위협받는 상황이 될 수 있는 문제점을 낳았다. 따라서 공적연금제도의 재정 안정화와 지속가능성도 좋지만 소득보장 자체의 목표 달성을 등한히 하여 수단에만 치중하는 결과를 초래할 것이다. 그리고 현재 우리나라의 국민연금 기여율(9%)은 OECD 선진국에 비해서 낮은 편이므로 향후 점차적으로 기여율을 인상하는 것이 노후 소득보장의 목표달성을 위해서도 필요하다.

(2) 세대 간의 형평성에 대한 사회적 합의 도출

연금제도 개선과 개혁의 논리로서 연금기금의 재정 안정화(또는 제도의 지속성), 세대 간 형평성 유지(또는 차세대 부담 완화) 등을 제시하고 있는데 특히 세대 간의 형평성 문제는 세대 간의 이해관계가 얽혀 있기 때문에 충분한 시간을 가지고 사회적 논의를 거쳐 합의를 이끌어 내어야 할 것이다.

(3) 연금보험료 부과의 소득(기준소득월액) 상한선 상향 조정

현재 국민연금의 경우 연금보험료 부과 소득 상한선이 434만 원으로 되어 있는데, 상한선을 상향 조정함으로써 연금의 소득재분배 효과를 높일 수 있을 뿐만 아니라 연금액수를 높일 수 있다. 제1차 저출산·고령사회 기본계획(2006~2010 새로마지플랜)에 들어 있는 것처럼 기준소득 월액을 전체 가입자 평균소득의 2.5배 정도로 상향조정할 필요가 있다.

(4) 공적연금제도의 장기적 개혁 필요

현재 근로자의 대부분이 가입된 국민연금과 특수직역연금을 통합하는 것이 바람직하다

표 12-16. 특수직역연금의 재정적자 장기 추계 (단위 : 명, 억 원, 2006년 불변가격 기준)

구분		2010	2020	2030	2040	2050
사학연금	연금수급자	39,830	84,672	134,053	161,339	176,839
	재정적자	-	-	57,496	99,905	167,723
공무원연금	연금수급자	282,815	490,403	708,512	862,235	951,280
	재정적자	21,047	105,656	245,693	363,335	499,047
군인연금	연금수급자	72,292	61,428	54,453	52,257	52,109
	재정적자	11,271	13,776	19,826	30,256	49,141

주 : 군인연금의 경우 2050년 재정수지치는 현가로 환산 시 13,582억 원(물가 3% 적용).
출처 : 대한민국정부(2008), 제1차 저출산고령사회 기본계획(보완판).

는 제안도 있고 국민연금과 특수직역연금과의 통합보다는 특수직역연금의 재정적자문제(표 12-16 참조)를 해결하는 것이 더 시급하기 때문에 연금개시 연령을 60세 이상으로 상향 조정하고 연금보험 요율(기여율)도 더 높이는 것이 바람직하다는 제안도 있다. 국민연금과 특수직역연금과의 관계와 전체적으로 공적 연금 개혁의 틀 속에 어떻게 정리해 나가는 것이 인구 고령화 대응책과 노후소득보장의 목표 달성에 유리하게 될 것인지를 장기적으로 연구해야 할 것이다. 그러나 단기적으로 특수 직역연금의 재정적자 문제 해결을 위해서 연금수급 연령과 보험요율을 상향조정하는 방법이 바람직하다.

3) 기초연금제도와 공적연금제도의 통합

공적노령연금을 기초연금 부분과 소득비례 부분으로 이중구조화하여 기초연금을 공적연금의 틀 속에 포함시키는 것이다. 이 제안은 공적연금제도를 오랫동안 시행해 온 선진국의 경험과 OECD 국가의 인구 고령화 대응책 제안에서도 최저생활비 보장 요소와 소득비례 부분은 분리하는 것이 바람직하다는 주장을 수용하는 의미도 있다. 또한 우리나라의 고용구조를 고려한 면에서도 공적연금의 이중구조화는 필요하다.

우리나라 고용구조는 자영업자 비율이 높고, 더구나 자영업자의 소득파악 문제 개선이 대단히 어려운 과제다. 자영업자의 경우(거의 대부분 지역 가입자임) 소득액을 실제보다 낮게 신고하고 따라서 연금보험료도 적게 냄으로써 소득액이 투명한 직장 가입자에게도 손해를 초래하는 문제점을 안고 있다. 이러한 문제를 개선하는 방안의 하나로 기초연금과 소득비례연금제도로 이중구조화하면 자영업자들이 소득신고를 더 정확히 할 가능성이 높다고 할 수 있다. 기초연금의 경우는 저소득층에 대해서는 국가가 보험료를 보조하고 모든 소득자는 최저생계를 보장할 수 있는 수준에 입각하여 균일 보험료를 납입하도록 하고, 소득비례연금의 경우는 임의로 하거나 아니면 소득이 확실히 파악되는 사람부터 가입시키는 방법으로 하는 것이 바람직하다.

이와 같은 이중구조화는 자영업자의 소득파악이라는 문제를 상당한 정도 해결하고 연금보험료 납입에 따른 소득 불성실 신고의 문제점도 줄일 수 있다. 이 같은 이중구조화 연금제도는 또한 노인에 대해서는 공공부조와 공적연금을 연계하여 노후소득보장 프로그램을 단순화하고 효율적으로 하는 이점도 있다.

4) 퇴직연금제도의 퇴직급여 개선과 확대

1950년대부터 있어 온 퇴직금제도를 2005년 12월부터 퇴직연금제도로 전환한 것은 바람직한 개선책이었으나 퇴직연금 급여를 퇴직금제와 퇴직연금제 두 가지 중 하나 이상의 선택이 가능하도록 하여 퇴직연금제도의 선택이 아직도 상당히 저조한 편이다. 퇴직연금제도의 이점이 아직도 근로자들에게 잘 인식되지 못하고 있고 퇴직연금제도 선택에 대한 뚜렷한 인센티브도 없기 때문에 연금제도 선택이 저조한 것으로 보인다. 향후 퇴직연금제도의 이점을 잘 홍보하고 퇴직연금제도 선택에 대한 세제상의 혜택(퇴직연금 기여금과 퇴직연금에 대한 세제 혜택 확대 등)을 강화하는 것이 바람직하다.

5) 노인취업과 재취업 증진 방안의 적극적 고려

현재 대부분의 근로자들은 55~60세 사이에 퇴직하며 50대 초반에 퇴직하는 경우도 많은데 노인복지 전반에 대한 사회적 부담을 줄이고 연금제도의 안정적 성숙과 유지를 위해서도 취업을 통한 소득보장을 적극적으로 고려해야 할 것이다. 법정 정년이 60세까지 연장되었지만 향후 65세까지 연장할 필요가 있다. 연공가급적 보수체계를 지양하고 능력급의 보수체계로 전환하는 등 노인 취업 여건의 개선을 통하여 소득보장을 보완하는 방법을 고려해야 할 것이다.

6) 소득활동 참여자에게 연금제도상의 인센티브 제공

소득 없이 60세 이전에 조기노령연금을 수급하다가 다시 소득활동을 할 경우 연금액을 현재보다 높여 주거나, 60세 이후에도 계속 소득활동에 종사하면 현재(1년마다 연금액 5% 추가)보다 더 많은 연금액 추가율(예: 1년 추가마다 6~7% 정도)을 높여 주는 것이 바람직하다.

7) 개인 차원의 장기적인 노후 소득보장 대책 장려

개인으로 하여금 장기적인 계획으로 노후 소득보장 대책을 실행하도록 하고 공적 소득보장 방안을 보완하는 의미에서 개인연금제도를 확충하여 발전시키는 것이 바람직하다. 현재의 개인연금은 세제혜택의 정도가 낮고 연금 최소가입기간도 너무 짧아 장기적 노후대책으로서의 의미가 약하여 매력적인 것이 못 된다. 따라서 현재의 개인연금제도에 대한 세제 혜택을 크게 확대하고 최소가입기간을 15~20년으로 하도록 하는 것도 필요하다.

8) 다층적 소득보장 체계를 기초로 한 노후 소득보장 지향

향후 노후 소득보장은 선진국의 예를 보아 전통적인 공적연금만으로 이루어지기 어렵게 될 가능성이 높다. 공적노령연금은 최저한의 생활을 보장하는 수준으로 삼고, 그 위에 준공적(準公的)인 퇴직연금과 개인연금을 추가하는 방향으로 노후 소득보장의 틀을 만들어 나가야 할 것이다. 이와 같은 방향은 선진국에서 고령화사회 대응 수단으로서도 이미 제안되어 많은 OECD 국가들이 그런 방향으로 정책을 지향하고 있다. 제1차 저출산고령사회 기본계획부터 계속 추진 중인 다층적 노후소득보장체계를 강력하게 추진하는 것이 바람직하다(그림 12-4 참조).

그림 12-4. 다층 노후소득보장제도의 요점

- 안정적인 노후소득보장을 위해서는 공적·사적 연금, 기초생활보장 등 다양한 노후소득보장제도 간 역할분담으로 노후빈곤에 처할 위험을 최소화하는 다층 노후소득보장체계 구축 필요
  → 노후 소득재원을 다양화하여 노후빈곤 위험 분산
- 현재의 소득보장체계는 노인인구 증가에 따른 지원부담 급증, 재정안정화를 위한 연금제도의 부담, 급여체계 조정, 고령근로 증가와 같은 노동시장 변화에의 대응 등 다양한 과제에 직면
- 적정수준의 노후소득보장과 제도의 지속가능성을 확보하기 위해 다층 노후소득보장체계 구축을 단계적으로 추진
  → 공적·사적 연금, 기초생활보장, 기초노령연금 등 개별 제도 보완과 제도 간 연계 강화

	1단계	2단계	3단계
목표	다층 노후소득보장체계 기반 조성	다층 노후소득보장체계 정착	다층 노후소득보장체계 완성
추진 전략	· 개별 소득보장제도의 내실화 · 다층 소득보장체계 구축에 대한 사회적 합의 추진	· 공적 소득보장제도 정비 · 각 제도 간 역할 재정립, 연계 강화	· 사적 소득보장제도 확충 · 고령화에 대응하는 유연성 제고
주요 과제	· 국민연금 재정 안정화 · 기초생활보장 확대 · 다층체계 구축을 위한 논의체 구성과 운영	· 기초노령연금 확대 · 공적연금 간 연계 · 특수직역연금제도 개선 · 퇴직급여제도 적용 확대	· 국민연금과 특수직역연금 간의 형평성 제고 추진 · 퇴직연금제도 정착 · 개연연금제도 확충

출처: 대한민국정부(2008), 제1차 저출산고령사회 기본계획(보완판).

제13장

의료보장

의료보장은 국민 개개인이 신체적·정신적으로 건강한 생활을 유지할 수 있도록 국가가 개입하여 보장해 주는 제도라고 할 수 있다. 의료보장은 역사적으로 의식주를 위한 최소한의 생활보장과 함께 일찍이 사회적 권리로 인정되어(Marshall, 1976) 현대복지국가의 핵심적인 사회보장 프로그램으로 제도화되고 있으며, 한 국가사회의 경제적 발전 정도에 따라 보장의 대상과 수준에는 차이가 있지만 대부분의 국가들은 의료보장 프로그램을 마련하고 있다.

의료보장 프로그램은 임금 노동자의 건강보호를 위하여 시작되었으나 20세기 중반을 넘어서면서 노인인구 증가와 퇴직 후 건강관리문제가 노인문제의 일환으로 대두됨에 따라 선진산업사회에서부터 노인을 위한 의료보장 프로그램이 제도화되기에 이르렀다. 이 장에서는 노인에 대한 의료보장제도의 필요성, 의료보장의 방법, 의료 서비스 전달 방법, 장기요양보호, 우리나라 의료보장 프로그램의 현황과 문제점, 그 개선방안을 검토해 보기로 한다.

1 의료보장의 필요성

노인을 위한 의료보장은 노인이 건강을 잘 유지하고 증진할 수 있도록 하는 사회복지 제도인데, 의료보장의 필요성을 다음과 같이 네 가지로 생각해 볼 수 있다.

첫째, 건강보호를 위한 의료 서비스는 노인의 삶의 질과 수명에 가장 직접적으로 영향을 미치기 때문에 의료보장을 통한 건강보호가 필요하다. 건강은 삶의 질을 좌우하는 주요 요소이며 가장 소중한 개인의 자원이다. 건강은 개인의 사생활에서는 자신을 유지하고 사회적 생활에서는 기대되는 역할을 수행하도록 할 뿐 아니라 사회심리적인 면에서 자기 자신에 대한 평가를 긍정적으로 향상시킨다. 이러한 의미에서 한 국가사회가 국민의 건강을 유지하기 위해 국민의 건강보호를 책임지는 것은 국민의 생존권 보장과 직결되는 가장 중요한 국가의 의무이며, 의료보장은 노인을 포함한 국민의 권리로 인정되어야 한다.

둘째, 노인의 예측 불가능한 장래의 건강 위험에 대비하기 위해 의료보장이 필요하다. 노인은 다른 연령집단에 비하여 유병률이 2~3배나 높고 질병 자체가 만성적이고 합병적인 경우가 많아 장기적인 치료와 요양을 요하기 때문에 다른 연령집단에 비하여 2~3배나 많은 의료비가 드는 것이 일반적이다. 이처럼 노인의 경우 의료 서비스를 받아야 할 필요성이 크게 증가하고, 고액의 진료비가 요구되는 경우가 많다. 수입이 격감되었거나 전무한 상태에서 의료비를 개인적으로 해결하기란 대단히 어렵기 때문에 의료비와 서비스의 편의성 증진을 위한 의료보장은 반드시 필요하다.

셋째, 예측할 수 없는 건강 위험에 개인적으로 대비하기란 어렵기 때문에 의료보장이 필요하다. 예측이 불가능할 뿐만 아니라 의료비가 고액인 경우가 많아서 의료비 부담을 사적·상업적 보험으로 해결하는 것은 경제적 능력이 있는 일부 노인만 가능할 뿐이다. 의료 서비스의 필요성이 다른 연령집단에 비해 절실하지만 사적 의료(건강)보험에만 의존하게 하면 일부 노인만 가입하게 되고, 의료비 부담의 위험도 가입한 사람에게만 분산되므로 가입자의 보험료 부담이 더욱 커질 가능성이 높다. 이러한 문제점을 개선하기 위해 국가사회는 전체 인구를 대상으로 하거나, 적어도 노인인구 전체를 대상으로 하는 비용부담 체계를 공적인 차원에서 개발할 필요가 있고, 노인의 건강 특성을 고려하여 의료 서비스를 제공하는 체계를 마련하는 것이 필요하다.

넷째, 노인의 건강 유지를 통해 노인의 사회 통합을 증진시키기 위해서 의료보장이 필요하다. 건강 유지는 노인 개개인의 생활만족감을 향상시키고 자기가 속해 있는 사회적 조직망(social network)으로의 통합, 즉 가족집단과 친족, 이웃, 지역사회, 나아가서는 국가사회 전체의 통합을 촉진시킨다. 그러므로 건강을 유지하고 향상시키기 위한 의료보장은 노인을 가족과 사회에 사회심리적으로 통합시키는 주요 요인이 된다. 따라서 사회 통합적 의미에서 의료보장의 필요성은 충분히 강조될 수 있다.

2 의료보장의 방법

의료보장은 건강한 삶을 유지하는 데 필요한 최소한의 의료비용과 의료 서비스를 개인적으로 큰 부담 없이 또는 무료로 받을 수 있도록 국가사회가 보장해 주는 제도다. 의료보장은 비용부담을 줄여주는 것뿐만 아니라 의료 서비스의 접근과 서비스의 적절성을 확보해 주는 것도 중요하기 때문에 의료비용 보장체계와 의료 서비스 전달 보장체계로 나누어 살펴보겠다. 의료비용 보장체계는 소득보장 방법과 같이 ① 데모그란트, ② 사회보험, ③ 공공부조의 방법이 있고, 의료 서비스 전달 보장체계에는 통원 서비스와 입원 서비스가 있다.

1) 의료비용 보장

(1) 데모그란트

데모그란트의 개념과 특성은 제12장에서 설명한 바와 같으며, 예를 들면 60세 또는 65세 이상의 노인 전체가 일정한 범위 내에서 무료(또는 거의 무료)로 진료를 받는 것으로 경제적 형편에는 관계없이 연령적 조건에만 해당하면 된다. 이와 같은 프로그램의 경비는 국고에서 조달되는 것이 원칙인데, 무료 또는 일정액의 기본료만 지불하면 의료 서비스를 받을 수 있다. 노인의 의료보장에서 이와 같은 형태의 프로그램이 있는 나라는 드물지만, 한 사회의 경제발전 정도와 지향하는 가치관에 따라 제도화될 수 있는 의미가 있는 프로그램이다.

데모그란트의 특수한 경우인 전 국민에 대한 무료 의료 서비스제는 한 국가사회의 시민이면 연령이나 경제적 사정, 고용형태에 관계없이 누구든지 의료 서비스를 무료로 받을 수 있는 프로그램이다. 이 같은 프로그램은 적용대상에는 조건이 없다고 봐야 할 것이며, 프로그램의 경비는 국가가 일체 부담하기 때문에 노인뿐 아니라 그 사회의 시민이면 전액 무료로 의료 서비스를 받을 수 있다. 이와 같은 형태의 프로그램을 갖고 있는 나라는 영국, 폴란드 등이며 사회민주주의적 의료정책을 취하고 있는 나라에서는 이러한 프로그램이 있는 경우가 많다.

(2) 사회보험

사회보험(social insurance)의 개념과 특성은 제12장 소득보장에서 설명한 바와 같다. 독일에서 1893년에 처음 시작된 의료보험은 제2차 세계대전 이후 선진산업사회와 개발도상국에서 널리 제도화되고 있으며, 의료보장의 가장 바람직한 형태로 인식되고 있다.

의료보험은 임금노동자와 그 가족의 건강보호를 위해 시작되었으며, 처음에는 퇴직한 노령자의 건강보호는 고려하지 않았다. 그러나 제2차 세계대전 이후 노인인구가 급증하고 퇴직 후에 수입이 격감하여 의료비를 부담하기 어렵다는 점이 노인문제의 일면으로 심각하게 대두되어 노인을 위한 의료보험 프로그램이 기존 의료보험 프로그램에 추가되거나 별도의 사회보험으로 발전되기에 이른 것이다. 독일이나 프랑스 같은 국가는 기존 의료보험 속에 노인을 추가로 포함시켰고, 미국이나 캐나다 같은 국가에서는 65세 이상의 노인만을 대상으로 하는 별도의 의료보험(미국의 경우는 Medicare 프로그램)을 발전시켰다.

보험비용은 보험가입자(피보험자)가 일부를 부담하게 되어 있는 것이 사회보험의 특성이다. 퇴직 전 의료보험의 경우 가입자(피보험자) 임금의 일정률에 해당하는 금액을 피용자와 사용자(고용주)가 반씩 분담하고, 국가는 보험의 운영·관리 비용을 부담하며,

노인을 위한 의료보험 형태

- **퇴직 노인을 피보험자의 일부로 포함시키는 의료보험(임금노동 퇴직자, 일일노동 퇴직자, 자영업 퇴직자 포함)**
  퇴직 전에 강제로 가입된 의료보험에 퇴직 후에도 계속 보험료를 지불함으로써 의료보험의 적용대상이 되는 경우(예: 일본의 일반 피용자와 가족을 위한 건강보험, 우리나라의 경우 1999년까지 공무원과 사립학교 교직원을 위한 의료보험 등)

- **퇴직 노인만을 위한 의료보험**
  ① 퇴직 전에 강제로 퇴직 후의 의료혜택을 위한 보험료를 미리 지불하게 함으로써 퇴직 후에 자동적으로 적용대상이 되는 경우[예: 미국의 65세 이상 노인을 위한 의료보험(Medicare)의 Hospital Insurance]
  ② 퇴직 후에 새로 가입하여 보험료를 납입함으로써 적용대상이 되는 경우[예: 미국의 65세 이상 노인을 위한 의료보험(Medicare)의 Supplementary Medical Insurance]

미국의 건강보험 개혁

- 미국 사회를 떠들썩하게 한 건강보험 개혁은 사적 건강보험제도 개혁이라 할 수 있다. 미국은 65세 이상 노인을 대상으로 하는 공적 건강보험(Medicare)은 있지만 선진국에 걸맞지 않게 전 국민을 대상으로 하는 공적 건강보험은 없는 국가다. 노인을 제외한 미국 국민은 시장원리에 입각한 사보험제도의 건강보험에 가입하고 있으나 보험료가 대단히 비싸서 약 3,200만 명은 보험에 가입하지 못하고 있는 실정이다.
- 중산층 이하 국민이 큰 부담 없이 건강보험에 가입할 수 있게 하기 위해 클린턴 정부 시절(1993~2001)에 건강보험 개혁에 많은 노력을 기울였으나 성공하지 못했고, 조지 부시 정부(2001~2008)는 건강보험을 개혁하려는 의지를 보이지 못했다. 오바마 대통령은 대통령 후보 시절부터 건강보험 개혁을 중요한 정책적 의제로 제시하고, 2008년 취임 후부터 건강보험 개혁을 본격적으로 추진하기 시작하여 2010년 3월 21일 Patient Protection and Affordable Care Act(환자 보호 및 비용부담 가능 보호법)를 통과시켜 의료보험 개혁에 성공하였다. 극빈층을 제외하고 건강보험에 가입하지 않으면 벌금을 내도록 한 이 법의 시행으로 미국민의 95% 이상이 건강보험에 가입하게 될 것으로 기대된다.

Patient Protection and Affordable Care Act의 주요 내용

① 이 법은 공적 건강보험제도를 도입하는 것이 아니라 기존 의료보험시장의 원리를 훼손하지 않는 범위 내에서 사적 의료보험제도를 활용하는 것임

② 주 정부 주도로 건강보험거래기구(insurance exchange)를 만들어 보험 가입자가 민간 건강보험 상품을 비교하여 비교적 저렴한 보험료로 보험에 가입하도록 도움을 줌

③ 보험회사 간의 경쟁을 통해 보험료 인하를 유도함

④ 중산층 이하와 중소기업 피용자에 대한 보험료 지원과 보험료에 대한 세제 지원 등을 통해 극빈층이 아니면 모두 건강보험 가입이 가능하도록 함

⑤ 이 법에서는 개인적 선택과 개인 부담으로 장기요양보험에 가입할 수 있는 규정도 추가하여 재가요양 보호 서비스를 받을 수 있도록 함

피고용 임금노동자 이외에 자영업자와 농어민은 일정액의 보험료 전액을 부담하고 정부는 보험의 운영·관리 비용을 부담하는 것이 일반적이다. 퇴직 후 의료보험의 경우 가입자(피보험자)는 보험료의 일부 내지는 전액을 부담하게 되며, 정부나 보험관리기관에서 분담하는 경우도 있다.

의료보험의 급여금(보험금)은 규정된 의료 서비스 비용의 대부분을 충당하지만 비용의 전액을 충당하지는 못하고 있다. 급여원칙에는 일정 한도액까지는 본인부담(기본공제: deduction)으로 하고 그 이상은 보험에서 충당하는 방법과 기본 감액이 없이 전 비용에 대해서 일정률을 충당하는 방법 등이 있다.

사회보험에 의한 의료보장 프로그램은 비용의 절반 내지는 거의 전체를 피보험자 측에서 부담하기 때문에 정부의 입장에서 가장 비용이 적게 들고 바람직한 사회보장 프로그램이라 할 수 있다.

(3) 공공부조

공공부조는 개인 또는 가구의 수입이 최저생활비의 기준에 못 미쳐 의료비 지출이 사실상 불가능하거나, 최저생활수준을 상회하더라도 의료비를 지출하면 생계에 큰 지장을 초래할 것으로 인정되는 개인이나 가구원에 대해서 의료 서비스 비용을 정부가 전담해주는 프로그램이다. 이러한 공공부조 프로그램은 건강보호가 시민의 사회적 권리로 인식되기 시작하면서 본격적으로 제도화되었다. 의료에 있어서 공공부조 적용대상의 조건은 가구의 수입과 재산이 의료적 빈곤 수준(최저생활수준 이하 또는 최저생활수준을 상회하더라도 의료비를 지출하면 최저생활수준 이하로 떨어지는 경제적 수준)에 미달하는 것이다.

의료적 빈곤 수준은 수입과 재산상태를 점검하는 자산조사(means test)를 통해 결정되는 것이 원칙이다. 공공부조에 의한 의료보장의 비용은 전액 국고에서 조달되며, 이와 같은 공공부조 프로그램은 사회보험에 대한 방법의 보완책으로서 사회보험에 가입할 수 있는 경제적 수준에 이르지 못하여 사회보험에서 제외된 자들을 위한 방법이라는 점에서 큰 의의를 갖는다. 노인들이 독립적인 가구를 형성하고 생활하는 경우 경제적 사정이 최저생활수준(빈곤수준) 이하로 떨어지는 경우가 허다하므로 빈곤층 가운데 18세 이상의 다른 연령집단에 비하여 노인집단이 가장 큰 비율을 차지하는 사회가 많다. 그러므로 공공부조에 의한 의료보장 프로그램(미국의 Medicaid 프로그램과 우리나라의 의료급여 프로그램이 이에 해당됨)은 노인들에게 가장 많이(프로그램 비용의 약 40% 정도) 적용되는 프로그램이다. 프로그램의 경비는 중앙정부와 지방자치단체로부터 조달하고, 적용대상자는 전액 무료로 서비스를 받는 경우가 대부분이지만 일부 본인 부담이 있는 경우도 있다.

2) 의료 서비스 전달

의료보장에서 노인이 경제적인 어려움 없이 의료 서비스를 받을 수 있도록 하는 것도 중요하지만, 노인이 적절한 의료 서비스에 큰 어려움 없이 접근하게 하는 의료 서비스 전달방법도 중요하다. 노인에 대한 의료 서비스는 서비스 전달의 장소적 체계에 따라 크게 가정·지역사회 보호(home/community care)와 입원 보호(institutional care)로 구분된다(Shanas & Maddox, 1976).

(1) 가정 · 지역사회 보호(home-community care) 서비스

가정·지역사회 보호 서비스는 원칙적으로 노인이 자신의 주거장소에서 일상생활을 하면서 필요한 경우에 서비스를 받는 것으로 두 가지 형태가 있다. 하나는 서비스를 필요로 하는 노인의 가정을 방문하여 서비스를 제공하는 것인데 의료인 방문 서비스, 비의료인 방문 서비스 또는 의료인과 비의료인 팀(주로 의사, 간호사 및 사회복지사, 물리치료사 등의 팀) 방문 서비스가 있다. 그리고 다른 하나는 서비스를 필요로 하는 노인이 서비스 제공 장소를 방문하여 서비스를 받는 것(통원 서비스)이다.

① 노인 가정 방문 서비스

노인 가정 방문 서비스는 서비스 전문가가 건강에 문제가 있는 노인의 가정을 방문하여 서비스를 제공하는 것을 말한다. 가정 방문 서비스는 다음과 같이 나눌 수 있다.

- **의사 왕진 :** 의사가 노인의 가정을 방문하여 진료하는 서비스로서 선진 외국의 경우 상당히 많이 이루어지고 있다. 때로는 간호사, 사회복지사, 물리치료사 등과 팀을 이루어 방문하는 경우도 있다.
- **간호사 가정 방문 :** 간호사가 노인의 가정을 방문하여 투약, 건강 체크, 위생관리, 건강교육 등을 하는 서비스로서 수술 후 조기퇴원 환자나 장기요양보호와 관련하여 제공된다. 때로는 의사, 사회복지사, 물리치료사 등과 팀을 이루어 방문하는 경우도 있다.
- **비의료인 가정 방문 :** 장기요양보호와 관련하여 요양보호사가 노인의 가정을 방문하여 노인의 일상생활 수행행동(ADL)의 어려움에 관련된 서비스를 제공한다. 때로는 의사, 간호사, 사회복지사, 물리치료사 등과 팀을 이루어 방문하는 경우도 있다.

② 통원 서비스

통원 서비스는 노인이 가정에서 생활하면서 필요한 의료 서비스나 수발 서비스 등을 제공하는 시설을 방문하여 서비스를 받고 다시 가정으로 돌아오는 것을 말한다. 서비스 제공 시설에 따라 다음과 같이 분류할 수 있다.

- **병원 통원(외래)** : 노인이 주로 급성 질병 등으로 병원을 방문하여 진료를 받는 경우를 말한다. 이와 같은 형태의 의료 진료는 노인뿐만 아니라 모든 사람들에게 가장 보편적인 서비스 수급 형태다.
- **주·야간보호센터 통원** : 주로 장기요양보호와 관련하여 주간 또는 야간에까지 연장하여 서비스 제공 장소를 방문하여 레크리에이션, 물리치료, 각종 치료놀이 같은 서비스를 받는 것을 말한다. 이 경우 통원을 위한 교통편의가 제공되는 경우가 많다.
- **단기보호** : 주로 장기요양 서비스와 관련하여 하루에서 한 달 정도까지 노인이 가정을 일시적으로 떠나 서비스 제공 장소에 머무르면서 서비스를 받고 다시 가정으로 돌아오는 것을 말한다.

(2) 입원보호(institutional care) 서비스

① 병원 입원

입원보호는 전문적이고 강도 높은 의료 서비스가 계속적으로 필요한 노인을 병원이나 요양시설에 입원시켜 의료 서비스를 받도록 하는 것이다. 입원보호는 단기적일 수도 있고 장기적일 수도 있다. 단기적 보호는 급성 질병이나 수술 등으로 일반병원에 단기간 입원하는 경우가 대부분이고, 장기적 보호는 장기적으로 전문적이고 강도가 높은 서비스가 요청되는 경우가 있다. 장기적 입원의 경우 병원보다 요양시설에 입원할 수도 있지만 치료의 목적이 더 클 경우는 병원에 장기간 입원할 수도 있다.

② 요양시설 입원

노인이 일상생활 수행행동에 상당한 장애가 있고 의료 서비스도 필요하여 장기간 계속적으로 의료인과 타인의 도움을 필요로 하는 경우 요양시설에 입원하는 것이 경제적이고 합리적인 경우가 많다. 요양시설에 입소하여 보호를 받는 경우를 '장기요양보호'라 한다.

요양시설(nursing home 또는 nursing facility)은 '회복 환자 또는 노인을 위한 병원'이라는 의미다(Lowy, 1980). 요양시설은 모든 연령 계층의 사람들에게 심한 질병의 회복이나 장기적인 보호를 목적으로 간호 서비스를 제공하는 거주시설이지만 주로 노인들이 이용한다.

요양시설은 제공되는 간호보호의 수준에 따라 ① 전문요양시설(skilled-nursing facility), ② 일반요양시설(intermediate care facility), ③ 단순입주보호시설(residential care home)로 구분할 수 있다(Lowy, 1980). 전문요양시설은 24시간 내내 전문적이고 강도 높은 간호보호 서비스를 제공하는 시설이고, 일반요양시설은 간호 서비스와 지지적 서비스(물리치료, 작업치료, 사회사업적 서비스 등)를 제공하는 시설이며, 단순입주보호시설은 일반 단체 거주시설로서 간단한 시중 정도만 제공하는 시설이다. 단순입주보호시설은 요양시설이라기보다는 양로시설(residential home 또는 residential facility)에 가깝다고 할 수 있는데 엄격히 구별되는 경우가 많지만 구별이 되지 않고 두 가지의 특성이 혼합되어 있는 경우도 있다.

요양시설 서비스는 여러 가지 사정으로 가정보호가 불가능하거나 적합하지 않을 때 최종적으로 선택될 수 있는 보호 서비스다. 요양시설은 일반병원과는 다르지만 의료시설에 가까운 입주시설인데 여러 가지 문제점이 있다. 요양시설 입소는 노인의 심리적 충격과 정서적인 문제, 가족으로서의 죄책감 같은 사회적·심리적인 문제가 연관되어 있으므로 입소를 결정하는 데는 전문적인 소셜워크 서비스가 필요하다. 일반적으로 요양시설에 입소하는 노인들은 자녀가 없거나, 있더라도 자신을 보호할 수 있는 여건이 되지 않는 경우, 또는 가정통원보호를 받을 만한 경제적 여건이 되지 않는 경우가 대부분이다.

가정통원보호의 경우 가족으로부터의 따뜻한 정서적 지지를 받을 수 있고 자신에게 익숙한 환경에서 이웃과 접촉할 수 있으므로 노인들로서는 가능한 한 요양시설에 입소하는 것을 원하지 않고, 가족들도 가능하면 노인을 가정에서 보호하려는 것이 서구사회의 일반적 경향이다. 흔히 서양에서는 가족이 노인 부양과 보호를 거부하는 것으로 알려져 있으나 이는 사실과는 거리가 멀다(Shanas & Maddox, 1976).

(3) 장기요양보호(long-term care) 서비스

위에서 장기입원보호의 일종으로 장기요양을 간단히 설명한 바 있지만 노인의 의료보장 서비스에서 장기요양보호 서비스가 가장 중요하기 때문에 좀 더 상세히 설명하기로 한다.

① 장기요양보호의 정의

장기요양보호(long-term care)는 외국의 노년학(gerontology), 노인병학(geriatrics), 간호학, 사회복지학 등에서 일찍부터 사용되어 온 용어이지만 우리나라에서는 2000년대에 들어오면서 점차 일반화되고 있다.

Kane과 Kane(1987)은 장기요양보호의 개념을 "선천적·후천적으로 상당한 정도의 기능적 활동능력을 상실한 사람에게 지속적인 기간에 걸쳐 제공되는 일련의 건강보호 서비스(health care service)와 대인보호 서비스(personal care service), 사회 서비스(social service)"로 정의하고 있다.

Evashwick(1996)은 "기능적 장애를 가진 사람에게 그의 독립성을 최대한 보장해 주기 위하여 상당한 기간 동안 공식적·비공식적 차원에서 광범위한 건강 및 사회 서비스를 제공하는 것"으로 정의하고 있다.

Jacobzone 등(1999)에 의하면 장기요양보호는 "허약한 노인 또는 이미 의존적인 상태에 빠져 있거나 생활상의 장애를 지닌 노인에게 장기간에 걸쳐(시간적으로 정해져 있는 종료시점 없이) 일상생활 수행행동을 도와주기 위해 제공되는 모든 형태의 보호 서비스"로 정의한다. 여기서 보호(care)는 의료보호(medical care), 간호보호(nursing care), 사회보호(social care), 시설보호(residential care)를 포함하는 것으로 본다.

일본의 개호보험(介護保險)에서는 장기 요개호(要介護) 상태를 "신체상 혹은 정신상 장애로 인하여 목욕, 배설, 식사 등의 일상생활에서 기본적인 동작의 전부 혹은 일부가 불가능하여 일정 기간 동안 상시 개호를 필요로 하는 상태"라고 정의하고 있다.

장기요양보호를 필요로 하는 노인은 기능적 활동능력의 손상 정도에 따라 다양한 보호 서비스를 필요로 한다. 따라서 노인 장기요양보호에 관한 정의도 서비스 욕구의 원인이 되는 기능적(신체적·정신적) 활동능력의 장애, 즉 기능적 욕구의 문제와 그 기능적 욕구를 충족시켜 주기 위한 서비스의 내용에 초점이 맞추어지고 있다. 따라서 이 책에서는 장기요양보호를 "신체적·정신적 기능 면에서 일상생활상 활동장애를 가진 사람에게 상당한 기간에 걸쳐 건강보호(health care)와 사회보호(social care)를 제공하는 것"으로 정의하기로 하며, 노인 장기요양보호는 장기요양보호를 노인에 대하여 제공하는 경우를 말한다. 여기서 '상당한 기간'이 구체적으로 얼마 동안을 의미하는지에 대해서는 장기요양보호의 정의에서 언급된 경우는 찾아보기 어렵지만, 미국에서 만성질병의 만성적 기간을 90일로 정하는 기준에 따라(Evashwick, 1996) 적어도 90일 이상의 기간으로 정하는 것이 바람직할 것으로 본다. 우리나라에서는 장기요양의 기간을 노인장기요양보험법에서 6개월 이상으로 규정하고 있다.

② 장기요양보호의 필요성

장기요양보호는 노인을 위한 의료보장의 가장 핵심적인 서비스인 만큼 사회 차원에서 비용부담과 보호 서비스 전달체계를 보장하도록 제도화할 필요성을 다음과 같이 크게 세 가지로 말할 수 있다.

첫째, 평균수명의 연장으로 허약한 노인이 증가하고 있기 때문이다. 의학의 발달, 생활수준의 향상, 위생조건의 개선 등으로 평균수명은 계속 연장되고 있기 때문에 인간의 최대수명이 120세를 넘어서게 될 것은 확실하다. 질병이나 특별한 장애가 없더라도 고령화에 따라 신체적·정신적 허약성이 증가하는 것은 불가피한 일이다. 고령화에 따라 신체적·정신적 허약성 외에 신체적·정신적 질병과 이와 연관된 장애가 수반될 가능성은 높아지는데, 노화에 따라 질병의 구조는 만성적이 되기 때문에 고령일수록 만성 질병을 가지고 장애상태에 있게 될 가능성은 더욱 커진다. 이리하여 고령자는 자신의 신체적 독립성을 유지하기 어렵게 되는 경우가 많아지고 결국은 사망할 때까지 장기간에 걸쳐 타인의 도움을 필요로 하게 된다. 다시 말해서 고령화가 진전되어 평균수명이 연장될수록 신체적·정신적 허약성을 수반하게 되고 이에 따라 장기간에 걸친 보호가 필요하게 된다. 이러한 장기간의 보호는 비전문가인 가족원이 수행하기에는 한계가 있기 때문에 사회 차원에서 전문적 보호체계를 제도화할 필요가 있다는 것이다.

둘째, 가족 수의 감소와 여성의 사회활동 증가로 가족원이 노인을 가정에서 수발하기 어려운 경우가 증가하고 있기 때문이다. 저출산은 세계적인 현상이기는 하지만 우리나라의 경우는 1990년 이후 저출산 현상이 심각하게 진행되어 2008년 현재 합계출산율은

1.19명으로 OECD 국가 중 최하위이며, 평균 가족원 수도 2.8명 이하에 그치고 있다. 게다가 여성의 취업과 사회활동이 증가함에 따라 가정에서 노인을 보호하기가 점점 더 어려워지고 있다. 따라서 이러한 경우가 크게 증가하고 있기 때문에 사회적 차원에서 허약 또는 장애 노인을 가족원이 아닌 전문인력에 의해 보호할 수 있도록 제도화할 필요가 있다.

셋째, 장기요양 비용을 노인 개인이나 가족이 부담하기 어려운 경우가 많기 때문이다. 장기요양보호는 말 그대로 장기간 보호해야 하기 때문에 비용도 많이 들어(가족이 보호한다 해도 다른 활동을 포기해야 하는 기회비용과 더불어 개인 또는 가족의 부담도 커짐) 노인 개인이나 가족이 부담하기 어렵기 때문에 사회가 공동으로 비용을 부담하는 장기요양보호 제도가 필요하다는 것이다. 다시 말해서 후기 노년기의 의존생활 기대수명(dependent life expectancy)이 인생의 보편적이고 정상적인 생활주기의 일부가 되고 있기 때문에(OECD, 1997) 의존적 생활기간 동안의 서비스와 건강보호 비용에 대하여 국가적 차원의 특별한 대책이 요청되고 있다.

③ 노인 장기요양보호 서비스 체계와 종류

노인 장기요양보호 서비스 체계는 전달하는 서비스의 조직성, 전달 장소, 서비스 내용과 대상에 따라 ① 비공식적 보호 서비스와 공식적 보호 서비스, ② 재가보호 서비스와 지역사회 보호 서비스, 시설보호 서비스, ③ 건강보호 서비스와 사회보호 서비스, ④ 노인대상 보호 서비스와 가족대상 보호 서비스로 구분할 수 있다(노인 장기요양보호 서비스의 체계를 종합하여 서비스의 종류를 구분해 보면 표 13-1과 같다).

- **비공식적 보호 서비스와 공식적 보호 서비스 :** 제공되는 보호 서비스가 조직적 장치를 통해서 전달되는가의 여부에 따라 비공식적 보호 서비스(informal care services)와 공식적 보호 서비스(formal care services)로 구분할 수 있다. 비공식적 보호 서비스는 특별한 조직체계나 관리체계가 없이 (대부분의 경우) 비체계적으로 가족, 친척, 친구, 이웃 등이 보호 서비스를 제공하는 것을 말하며 무료로 제공되는 것이 일반적이다. 공식적 보호 서비스는 특별한 조직체계 또는 관리체계를 만들어 이와 연계된 전문가(대부분의 경우) 또는 자원봉사자가 체계적으로 서비스를 제공하는 것을 말하며 무료 또는 유료로 제공된다.

표 13-1. 노인장기요양보호 서비스의 종류

서비스 구분			구체적 서비스
대상	내용	장소	
노인 대상 서비스	건강보호 서비스	시설보호 서비스	• 요양시설 서비스 – 일반요양시설 – 전문요양시설 • 의존주거 시설 • 호스피스 보호 시설
		재가·지역사회 보호 서비스	• 방문간호 서비스
	비용지원 서비스	시설보호 서비스 재가·지역사회 보호 서비스	• 데모그란트 • 사회보험 • 공공부조
	사회보호 서비스	시설보호 서비스	• 요양시설 서비스
		재가·지역사회 보호 서비스	• 주간보호 서비스 • 단기보호 서비스 • 가정봉사원 서비스 • 식사배달 서비스 • 전화 방문 서비스 • 대변, 법률구조 서비스
가족 수발자 대상 서비스	사회보호 서비스	지역사회 보호 서비스	• 가족 수발자 지지 서비스 • 가족 수발자 훈련 서비스 • 정보제공, 안내 서비스
	비용지원 서비스	재가·지역사회 보호 서비스	• 데모그란트 • 사회보험 • 공공부조

비공식적 보호 서비스는 자연적이고 보편적이고 일차적으로 가장 많이 이용되는 서비스 체계다. 급성 질병의 경우는 비공식적 보호에 의존하는 경우는 드물지만 만성 질병의 경우는 비공식적 보호에 의존하는 경우가 대부분이다. 특히 노인의 경우는 만성 질병이 크게 증가하고 건강보호(health care) 서비스보다는 사회보호(social care) 서비스가 요청되는 경우가 많으므로 장기요양보호에서 공식적 서비스는 비공식적 보호를 대체하거나 보완하는 서비스로 비공식적 보호자가 없거나, 있더라도 보호능력과 활동에 한계가 있을 경우 이용되는 경우가 일반적이다. 미국의 경우 65세

이상 노인의 3분의 2에서 4분의 3 정도가 비공식적 보호에 전적으로 의존하고 있으며, 약 4분의 1은 비공식적 보호와 공식적 보호를 겸해서 이용하고 있을 정도로 (Garner, 1995; Evashwick, 1996) 비공식적 보호가 일차적으로 이용되고 있다.

- **재가보호 서비스, 지역사회보호 서비스, 시설보호 서비스 :** 재가보호(home care or in-home care), 지역사회보호(community care 또는 community-based care), 시설보호(institutional care)로 분류하는 기준은 수혜자(수급자 또는 소비자)의 실제적 주거장소와 서비스 제공장소의 일치 여부다. 가정보호는 수혜자가 가정에 머물러 있고 의사, 간호사, 사회복지사, 특수요법사(언어치료사, 물리치료사, 작업치료사), 가정봉사원 등이 노인이 살고 있는 가정을 방문하여 서비스를 제공하는 경우가 이에 해당된다. 재가보호라 할 때 비공식적인 보호는 제외하는 것이 일반적이다.

지역사회보호 서비스는 병원과 시설 밖에서 개인(노인)이 신체적 독립을 최대한 유지할 수 있도록 서비스를 제공하는 것이다. 지역사회 보호 서비스는 수혜자의 주거장소의 범위 면에서 보면 재가보호를 포함하는 것으로 볼 수 있다. 따라서 많은 경우 재가보호와 지역사회보호를 분리하는 것보다는 재가보호가 지역사회보호에 포함되는 것으로 보아 '지역사회보호(community care 또는 community-based care)'로 부르는 경우가 많고 때로는 '재가·지역사회 중심 보호(home and community-based care)'라고 한다.

우리나라에서는 공식적으로 지역사회보호를 '재가 서비스'로 부르고 있는데, 이것은 지역사회보호의 범위를 언어적으로 너무 좁게 해석하거나 이해하는 문제점이 있다.

시설보호 서비스는 노인이 주거시설인 요양시설(nursing home)에 입주하거나 병원에 입원하여 일시적 또는 영구적으로 생활하면서 필요한 서비스를 받는 것을 말한

재가보호와 시설보호 관련 영문 용어

- **재가보호 :** 영국이나 유럽에서는 community care나 domiciliary care라는 용어를 주로 사용하고, 미국에서는 home care 또는 community-based care라는 용어를 사용하는 경향이 있음
- **시설보호 :** 영국에서는 residential care, 미국에서는 institutional care를 사용하는 경향이 있음
- **요양시설 :** 영국에서는 residential care home, 미국에서는 nursing home을 사용하는 경향이 있음

다. 시설보호는 공식적 장기요양보호 서비스로서 거의 모든 국가에서 가장 최초로 발전한 것이며, 지역사회보호 서비스가 발전하기 전에는 재가보호가 불가능한 경우 바로 시설보호로 연계되었다. 장기요양보호를 위한 시설은 요양시설이 가장 대표적이지만 이 외에도 병원과 양로시설, 주거시설도 포함될 수 있다. 병원은 전통적으로 요양시설에 버금가는 장기요양시설이 되어 왔지만 비교적 건강한 노인이 입주하여 생활하는 양로시설에도 사실상 장기요양보호가 필요한 노인이 혼합 수용되어 있는 경우가 많았고 현재도 장기요양보호 대상 노인이 상당 수 있기 때문에 시설보호에서 제외하기 어렵다.

시설보호 서비스는 노인이 비공식 보호체계에 의존할 수 없거나 비공식 보호체계가 있어도 노인의 장애 정도가 심하여 비공식 보호체계의 사람이 보호할 수 없는 경우에 필요한 서비스 체계로서 노인보호의 최후 수단으로 이용되는 서비스라 할 수 있다. 국가에 따라 차이가 있지만 OECD 국가의 경우 대체로 5% 정도의 노인이 시설에서 장기요양보호를 받고 있다(Royal Commission on Long-Term Care, 1999).

- **건강보호 서비스, 사회보호 서비스, 비용지원 서비스**: 장기요양보호 서비스의 내용이 무엇이냐에 따라 건강보호, 사회보호, 비용지원 서비스로 나눌 수 있으나 구체적으로 제공되는 서비스의 성격이 무엇이냐에 따라서 주로 건강보호와 사회보호로 구분한다. 노인의 건강과 관련한 보호 서비스는 대부분의 경우 의료적 진단과 치료이지만 그 치료는 현상의 유지나 악화의 방지에 그치거나 아니면 시한부 질병으로 인한 임종 과정에서의 서비스다. 사회보호 서비스는 장기요양보호 대상 노인들에게 의료보호 서비스 이외의 일상생활 편의 제공, 노인의 심리·사회적 문제 상담 등의 제반 서비스를 제공하는 것을 말한다. 사회보호 서비스는 ① 사회화와 개인의 발달적 욕구 충족, ② 일상생활을 영위하는 데 있어서 구체적 도움을 받고자 하는 욕구 충족, ③ 질병이나 위기 상황에서 개인적인 도움을 받고자 하는 욕구를 충족시켜 주는 서비스를 말한다(Cantor, 1981).

장기요양보호는 일차적으로 의료 서비스가 필요하지만 급성질병과 달리 24시간 의사와 간호사가 옆에서 서비스를 제공해야 하는 경우보다는 비의료적인 서비스, 즉 노인의 일상생활행동을 도와주거나 정서적 면에서 지지나 안정을 위한 서비스 등의 사회보호 서비스를 제공해야 되는 경우가 훨씬 더 많다. 즉 만성적 질병은 치료하여 완쾌시키는 것보다는 현재 상태를 유지하거나 악화되는 것을 방지하고, 임종 과정에서 필요한 수발과 심리·사회적 서비스를 제공하는 것이 위주가 되거나 바람직한 경우가 훨씬 더 많다는 것이다. 장기요양보호 서비스는 대부분 건강보호 서비스와 사회보호 서비스가 모두 필요하고 두 가지 서비스를 확연히 구분 짓기 어려운 경우도 많다.

실제로 대상자에게 구체적인 서비스를 제공하는 것은 아니지만 서비스의 제공과 수급을 가능하게 하는 것으로 비용지원이 있다. 장기요양보호의 가장 큰 문제는 비용이 많이 소요되는 것이다. 요양보호 서비스 비용은 계속적으로 소요되는 것이므로 일상적이고 정상적인 수입으로는 노인 개인이나 가족들이 부담하기 어렵다. 현재 선진국의 예를 보면 요양보호 비용 때문에 노인의료비가 크게 늘어나고 있고 이로 인해 사회복지비용도 크게 증가하고 있다.

- **노인대상 보호 서비스와 가족대상 보호 서비스 :** 장기요양보호에서 서비스의 대상이 노인이냐, 노인을 돌보는 가족이냐에 따라 노인대상 보호와 가족대상 보호로 구분할 필요가 있다. 노인 장기요양보호 서비스 핵심 대상은 노인이지만 비공식적 서비스 체계에 의존하는 경우가 공식적 서비스에 의존하는 경우보다 훨씬 많다. 특히 가족에게 의존하는 경우가 대부분이므로 가족보호자가 노인을 보호하는 과정에서 지치고 건강이 약화되고 노인 또는 다른 가족원과의 갈등도 경험하게 되고 개인적 사생활이 침해당하는 등 많은 어려움을 겪게 된다. 따라서 장기요양보호 서비스에서 노인뿐만 아니라 가족보호자에 대한 서비스도 중요시해야 할 것이다.

3 의료보장의 비용부담 보장

1) 데모그란트

우리나라에서는 현재 의료보장에서 데모그란트 프로그램은 없다.

2) 사회보험

(1) 국민건강보험

우리나라 의료보험제도는 1963년 의료보험법의 제정으로 처음 시작되었으나 1976년까지는 몇 군데에서 시범사업으로 시행한 정도에 그쳤다. 1970년대 중반 사회·경제적 상황이 의료보험을 전면적으로 확대 실시할 필요성을 강화시킴으로써 1976년 기존의 의료보험법을 전면 개정하여 실시하기에 이르렀다. 1990년대 중반부터 의료보험제도 통합에 대한 논의가 시작되면서 조합주의 중심의 의료보험체계를 전국 단일체계로 통합하는 것이 조합 간의 재정 불평등과 의료보험료 재분배 효과를 증진할 수 있고 운영의 효율성을 기할 수 있다는 취지 아래 1998년에 국민의료보험법을 제정하여 1차적으로 공무원 및 사립학교교직원 의료보험과 의료보험법 체계 내에 있던 지역의료보험을 통합하고 기존 의료보험법 체계 하에 있던 직장의료보험은 그대로 남아 있게 되었다. 이후 1999년 다시 국민건강보험법을 제정하여 2000년 7월부터 시행함으로써 국민의료보험법에 의한 공무원 및 사립학교교직원 의료보험, 지역의료보험과 통합되지 않고 남아 있던 직장의료보험이 국민건강보험이라는 단일체계로 통합되었다.

① 급여 수급자격

국내에 거주하며 보수나 소득이 있는 모든 국민으로서 의료급여법에 의한 의료부조 대상자가 아닌 모든 사람은 국민건강보험 가입자가 되며 보수나 수입이 없는 자는 국민건강보험 가입자의 피부양자(배우자, 직계존속, 배우자의 직계존속, 직계비속)로 되어 보험의 적용을 받거나 의료급여 적용을 받을 수 있다.

② 급여의 형태 · 종류 · 수준

의료 서비스에 대한 요금을 본인이 지불하는 대신 제3자로서 보험자인 국민건강보험공단이 진료기관에 지불하는 것으로, 급여의 종류는 크게 다음의 세 가지가 있다.

- **요양급여 :** ⓐ 진찰 · 검사, ⓑ 약제 · 치료재료 지급, ⓒ 처치, 수술, 기타 치료, ⓓ 예방 · 재활, ⓔ 입원, ⓕ 간호, ⓖ 이송
- **부가급여 :** 임신 · 출산 진료비, 장제비, 상병수당, 기타 급여
- **건강검진 :** 일반건강검진, 암검진, 영유아 건강검진, 생애전환기 건강검진

요양급여 수준은 진료형태(외래, 입원)와 진료기관 종류에 따라 다른데, 구체적인 내용은 표 13-2와 같다. 요양급여에서 65세 이상 노인이 입원하는 경우 특별한 혜택은 없으나, 외래의 경우는 의원급 의료기관과 처방전에 의한 약국 조제의 경우에 할인혜택이 주어지고 있다.

부가급여는 본인부담 상한제에 의해 본인이 연간 부담한 진료비 총액이 보건복지부 장관이 정한 금액을 넘는 경우[1] 본인부담액을 120~500만 원으로 하는 제도가 있다.

의료진료 외에 건강검진을 2년에 1회 이상 실시하는데 직장가입자, 세대주인 지역가입자, 40세 이상 지역가입자와 40세 이상 피부양자가 검진 대상자가 된다. 이 외에도 40세와 66세가 되는 때는 생애전환기 건강검진(2008년도부터 보건복지가족부 고시로 시행)이라 하여 보다 상세한 내용의 1차 및 2차(1차에 이상이 있는 경우 실시) 검진과 암검진으로 시행하고 있다.

③ 전달체계

국민건강보험은 국민건강보험공단과 지부를 통해 운영된다. 국민건강보험 체제에서는 국민건강보험공단과는 별도 요양급여비용을 심사하고 평가하기 위해 건강보험심사평가원을 설립하여 운영하고 있다. 보험금의 절약과 합리적인 의료전달체계의 발전을 위해 간단한 진료나 1차 진료(초진)인 경우는 의원급에서 받도록 하고 있고 이를 위해서

1. 상한액 기준보험료가 직장가입자 또는 지역가입자 각각의 전체의 하위 10%, 30%, 50%, 70%, 80%, 90%, 100%에 해당하고 보건복지부 장관이 정하여 고시하는 금액을 넘지 않을 경우.

표 13-2. 국민건강보험제도의 요양급여 본인부담액

진료 구분	기관 종별	소재지	환자 구분	본인부담액
입원, 만성 신부전증 환자 등 보건복지부장관이 지정한 질병의 진료	전 의료기관	모든 지역	모든 환자	요양급여 총액의 20%
외래 및 보건복지부장관이 정하는 의료장비를 이용한 진료	종합전문 요양기관	모든 지역	일반환자	진찰료총액 + (요양급여비용총액 – 진찰료총액) × 50/100
			의약분업 예외환자	진찰료총액 + (요양급여비용총액 – 약가총액 – 진찰료총액)×50/100+약가총액×30/100
	종합병원	동	일반환자	요양급여비용총액×50/100
			의약분업 예외환자	(요양급여비용총액 – 약가총액)×50/100+약가총액×30/100
		읍 · 면	일반환자	요양급여비용총액×45/100
			의약분업 예외환자	(요양급여비용총액 – 약가총액)×45/100+약가총액×30/100
	병원, 치과병원, 한방병원, 요양병원	동	일반환자	요양급여비용총액×40/100
			의약분업 예외환자	(요양급여비용총액 – 약가총액)×40/100+약가총액×30/100
		읍 · 면	일반환자	요양급여비용총액×35/100
			의약분업 예외환자	(요양급여비용총액 – 약가총액)×35/100+약가총액×30/100
	의원, 치과의원, 보건의료원	모든 지역		요양급여비용총액×30/100 (요양급여를 받는 자가 65세 이상인 경우 요양급여비용총액이 보건복지부령이 정하는 금액을 초과하지 아니하면 보건복지부령으로 정하는 금액)
	보건소, 보건지소, 보건진료소	모든 지역		요양급여비용총액×30/100 (요양급여비용총액이 보건복지부령으로 정하는 금액을 초과하지 아니하면 보건복지부령으로 정하는 금액)

출처 : 국민건강보험법 시행령 제22조 별표 2에서 정리함.

진료비에 차등을 두고 있으나 잘 이루어지지 않고 있다(표 13-2 참조).

④ 재정 방법

국민건강보험의 재정은 피보험자(가입자)의 보험료(기여금)와 사용자의 부담금, 국가의 보조금으로 충당된다. 국가의 보조금은 공단 운영비를 충당하는 정도이고 거의 대부분

표 13-3. 국민건강보험의 가입자별 보험료율

가입자 종류	보험료 산정 원칙	가입자별	보험료율			비고
			가입자	사용자	국가/지방 자치단체	
직장	표준보수월액 또는 부과표준소득의 8% 범위 내에서 재정운영위원회의 결의 내용을 참작하여 대통령이 정함 (2008년 5.08%)	직장가입자 (국내 거주)	50%	50%		
		직장가입자 (외국 거주)	25%	25%		
		사립학교 교직원	50%	30% (학교법인)	20%	
		공무원	50%		50%	
지역	피보험자 세대의 소득, 재산(전·월세, 자동차 포함), 생활수준, 경제활동참가율을 참작하여 부과요소별 점수를 합산한 후 점수당 금액을 곱하여 계산함(2008년의 점수당 금액은 148원 90전)		100%			국가는 지역가입자의 보험료 일부를 부담할 수 있음

의 재정은 피보험자와 사용자의 공동부담 또는 피보험자가 일방적인 부담을 하는 보험료로 충당된다. 가입자는 직장가입자와 지역가입자로 나누어지고 가입자 구분에 따라 각각 다르게 보험료가 부과된다.

직장가입자의 월보험료는 개인 단위로 산정하는데, 표준보수월액에 보험료율을 곱하여 산출하고, 지역가입자의 월보험료는 세대 단위로 산정하며 부과표준소득에 따라 대통령령이 정하는 등급구분에 의하여 공단 재정운영위원회의 의결을 거쳐 공단의 정관이 정하는 금액으로 산출한다. 직장가입자의 표준보수월액은 일정 기간 동안 지급받는 보수를 기준으로 하여 등급별로 산정하고, 지역가입자의 부과표준소득은 소득, 재산, 생활수준, 직업, 경제활동참가율 등을 참작하여 정한다. 65세 이상 노인, 장애인, 국가유공자, 오지·벽지·농어촌에 거주하면서 농어업에 종사하는 가입자에 대하여는 보험료의 일부를 경감해 주고 있다. 가입자에 따른 월보험료 보험료율은 표 13-3과 같다.

표 13-3에서 보면 직장가입자로서 일반 직장인과 공무원의 경우 표준보수월액의 8% 범위 내에서 일정 비율을 보험료로 정하여 가입자와 사용자(민간사용자 또는 국가/지방자

치단체)가 절반씩 분담하고, 사립학교 교직원의 경우는 가입자, 학교법인, 국가가 각각 50%, 30%, 20%씩을 분담한다. 그리고 지역가입자는 부과표준소득에 대한 보험료 전액을 본인 또는 가족원이 분담하여 납부하도록 되어 있다. 지역가입자의 경우 국가에서 보험료 일부를 부담해 주고 있다. 65세 이상의 가입자 또는 그 가입자가 속한 세대의 보험료 일부를 경감할 수 있다.

(2) 노인장기요양보험

우리나라 장기요양보호 정책의 연원을 굳이 찾는다면 다른 선진국에서와 같이 무료 양로시설 서비스라 할 수 있으나(1918년에 현대적 의미의 양로시설이 시작됨), 이와 같은 무료 양로시설의 설치는 무의무탁한 빈곤노인을 입주시켜 보호한다는 의미였고, 노인의 신체적·정신적 기능 손상으로 인한 장기적 보호의 필요성은 전혀 없었다고 할 수 있다.

1970년대를 전후하여 노인문제가 사회문제로 부각되기 시작했는데, 1970년대까지만 해도 '노인요양시설'이라는 용어는 공식적으로 존재하지 않았다. 1981년에 노인복지법이 제정되면서 노인요양시설 규정이 새로 생겼고 유료양로시설도 새로 노인복지법에 규정되었지만 이때도 역시 노인요양시설과 유료양로시설은 노인장기요양보호 서비스 시설이라는 개념으로 보기는 어려웠다.

1987년에 처음으로 민간 차원의 공식적 가정봉사원 파견사업을 실시하게 되었을 때도 장기요양보호의 개념은 거의 존재하지 않았다고 할 수 있다. 학계에서 재가복지사업이라는 말을 처음 사용하기 시작했으나 장기요양보호 정책의 틀 속에서 사용한 것으로 보기 어렵고, 정부정책이나 법률상의 공식적 용어로 되지도 못하였다. 1989년에 노인복지법이 개정되면서도 '재가복지'라는 말은 아직 사용되지 못하고 대신 '가정봉사사업'이라는 명칭이 잠시 등장하였고, 또한 노인복지입주시설도 노인양로시설, 노인요양시설, 실비양로시설, 실비노인요양시설, 유료양로시설, 유료노인요양시설, 노인복지주택으로 다양화되었다. 그러나 이때도 가정봉사사업과 노인요양시설을 장기요양보호로서의 시설보호의 한 형태로 보는 입장은 거의 나타나지 않았다.

1993년에 개정된 노인복지법에서 '재가복지사업'이라는 말이 처음 공식적으로 규정되었다.[2] 이 개정법에서 재가복지사업으로 가정봉사원 파견사업, 주간보호사업, 단기보호사업의 세 가지 서비스가 규정되었다. '재가복지'라는 말은 일본에서 사용하는 '재택복지'라는 말을 한국적인 용어로 바꾼 것이라 할 수 있다. 재가복지라는 말이 사용되면서 이에 해당하는 외국 용어인 '지역사회보호(community care)'와 비교한 개념정의, 시설보호에 대응하는 재가복지 서비스의 의의 등이 논의되기 시작하였다. 그러나 이때도 학계나 정부에서도 재가복지나 지역사회 보호가 장기요양보호의 일환으로 분명히 인식되지는 못했다.

노인장기요양보호에 대한 개념을 확실히 하고 이에 대한 연구와 논의가 시작된 것은 1997년 이후라 할 수 있다. 1997년에 노인복지법이 다시 개정되면서 노인복지시설이 네 가지(노인주거복지시설, 노인의료복지시설, 노인여가복지시설, 재가노인복지시설)로 구분되었다. 특히 노인의료복지시설과 재가노인복지시설의 구분과 의미는 장기요양보호의 개념과 연계된 것으로 이해되기 시작하였다. 또한 1997년 일본에서 개호보험법이 제정되면서 우리나라의 급속한 인구 고령화를 예상하여 '장기요양보호'라는 말이 국내 학계에서 사용되기 시작했고 이후 이와 관련한 학술적·정책적 연구도 진행되기 시작하였다.

2000년부터 65세 이상 노인인구가 전체 인구의 7.2%가 되면서 바야흐로 우리나라는 고령화사회에 접어들게 되었고, 2000년을 계기로 노인문제와 장기요양보호에 대한 사회적 관심이 크게 나타나기 시작하였다. 이러한 상황에서 1999년 10월 민간 노인복지 전문가를 청와대에 초청한 행사에서 장기요양보호 정책추진의 필요성을 대통령에게 건의(최성재 교수의 건의)함으로써 2000년 2월에 보건복지부 내에 '노인장기요양보호정책기획단'이 설치되었고 이 기획단에서 2000년 말 「노인장기요양보호 종합대책 방안」이라는 보고서를 내놓았다. 이 보고서의 건의에 따라 2001~2002년에 공적요양보호체계 구축을 위한 기초연구과제로 전국 65세 이상 노인과 수발자에 대한 노인장기요양보호 욕구와 수발자 실태 및 복지욕구 조사가 실시되었다. 이후 2001년 7월에 국무총리실 산하에 '고령화사회에 대비한 노인보건복지종합대책위원회'가 설치되었고, 1년간의 작업을 거쳐 2002년 7월에 '노인보건복지종합대책'이 발표되었다. 이어서 2002년 10월 보건복지부는 분야별로 '노인보건복지종합대책 세부실행계획'을 발표하였다.

이 실행계획에서 장기요양보호 정책은 정책모형을 개발하여 시범사업을 거쳐 2007년

2. 노인복지법에 재가복지사업이 규정되기 전에 일반사회복지관에 재가복지봉사센터가 설치되어 '재가복지라'는 말이 쓰이고 있었다.

이후부터 시행하도록 계획되어 있었다. 다른 한편 2001년 8.15 대통령(김대중) 경축사에서 노인요양보장제도 도입을 제시하였다. 이러한 정부의 계획은 2002년 대통령 선거 공약사항으로 포함되어 2003년 노무현 정부가 들어서면서 공약사항 추진을 위해 2003년 3월에 '공적장기요양보장추진기획단'을 구성하기에 이르렀다. 공적장기요양보장추진기획단에서 1년간의 작업 끝에 정책실행모형을 개발했고, 2004년 3월에 보건복지부 내에 '공적노인요양보장실행위원회'를 설치하여 장기요양보장 시범사업 실행모형을 개발하고 2005년 7월부터 2007년 6월까지 시범사업계획과 2007년 7월부터의 제도의 단계적 확대도입안을 개발하는 한편 노인요양보험법 초안까지 마련하였다. 시범사업계획은 실제 2005년 7월부터 2006년 3월까지 전국 6개 지역 국민기초생활보장 대상자를 대상으로, 2006년 4월부터 2007년 3월까지는 전국 8개 지역에 일반국민까지 확대하여 실시하기로 결정했고, 제도 도입 시기는 준비 기간의 부족, 정부부처 내의 합의 부족, 정치적 이유 등으로 2008년 7월부터 도입하기로 결정하였다.

2005년 7월부터 보건복지부에서는 시범사업을 시행하면서 2004년의 공적장기요양보장실행위원회에서 마련한 노인장기요양보험법 초안을 토대로 법안을 마련하여 2005년 10월에 '노인수발보장법률'이라는 이름으로 입법예고하였다. 입법예고안은 심의를 거쳐 2006년 2월 7일 '노인수발보험법'이라는 이름으로 국무회의에서 통과되어 2006년 2월 15일 국회에 제출되었다. 정부안의 노인수발보험법안이 제출된 후 국회에서는 정부 법안 외의 장기요양보험 관련 6개 법안이 같이 제출되어 1년 2개월 정도의 법안 심의를 거쳐 2007년 4월에 드디어 '노인장기요양보험법'이 제정되었다.

이리하여 우리나라의 노인장기요양보험제도는 2007년 4월에 제정된 노인장기요양보험법에 따라 2008년 7월부터 시행되었다. 노인장기요양보험제도는 65세 이상 노인 또는 65세 미만이라도 노인성질환으로 장기요양보호가 필요한 사람에게 재가 및 시설(그룹홈 포함) 장기요양보호 서비스를 제공하는 제도다. 장기요양보호는 장애 정도가 5등급까지 해당자에게만 서비스를 제공한다.

① 급여 수급자격

노인장기요양보험제도는 국민건강보험제도와는 달리 보험가입자나 가입자의 피부양가족이 개별적으로 재가시설이나 요양시설에 찾아가 서비스를 신청하여 받을 수

표 13-4. 노인장기요양보험의 장애등급(요양등급)과 등급판정 점수

구분	요양 1등급 (최중증)	요양 2등급 (중증)	요양 3등급 (중등증)	요양 4등급 (경증)	요양 5등급 (치매특별등급)	인지지원등급
상태	• 하루 종일 침대에서 생활하는 자로, 스스로 움직일 수 없는 와병 상태 • 일상생활행동의 식사, 배설, 옷 벗고 입기 등의 모든 활동에서 전적으로 다른 사람의 도움이 필요함	• 식사, 배설, 옷 벗고 입기 등에서 부분적으로 다른 사람의 도움이 필요함 • 휠체어를 이용, 일상생활 유지함 • 낮에도 주로 침대에서 생활하는 경우가 많음	• 보행보조기 등을 통해 이동 • 다른 사람의 도움을 받아야만 외출 가능	• 식사, 배설, 옷 벗고 입기 모두가 대체로 자립이나, 생활 관리 능력이 떨어져 가끔 지원 필요	• 인지기능장애 • 문제행동으로 일상생활수행 장애	• 인지기능장애 • 문제행동으로 일상생활수행 장애
조사표	• 체위 변경, 식사하기, 일어나 앉기 등 ADL에서 6개 이상 완전 도움 필요	• 식사하기, 일어나 앉기, 세수하기, 양치질하기 등 ADL에서 5개 이상 부분 도움 필요	• 양치하기, 세수하기 등 ADL에서 3개 정도 부분 도움 필요	• 목욕, 옷 벗고 입기 등 ADL에서 1~2개 부분 도움 필요	• 회상 • 기억력 • 수단적 일상생활	• 회상 • 기억력 • 수단적 일상생활
등급 점수	95점 이상	75~95점 미만	60~75점 미만	51~60점 미만	45~50점	45점 미만

주: ADL(Activities of Daily Living: 일상생활 수행행동)이란 옷 벗고 입기, 목욕하기, 일어나 앉기, 화장실 가기, 대소변 조절하기 등 13개 항목의 자기관리를 하는 데 필요한 행동을 말한다(노인장기요양보험법시행규칙 제5조 별지 5호 서식에 의한 조사 항목).

있는 것이 아니다. 장기요양보험에 가입한 자로서 요양인정 신청을 하면 국민건강보험공단의 직원이 노인의 가정을 방문하여 신체적·정신적 상태를 조사한 후 장애가 어느 정도인지를 판정하여 요양 등급이 1~5등급 및 인지지원등급에 해당된다는 판정을 받은 후에 서비스를 받을 수 있다. 등급판정 점수는 표 13-4와 같다. 의료급여 수급자는 무료로 수급을 받을 수 있는데, 수급 자격은 다음과 같다.

- 65세 이상 노인 또는 65세 미만으로 치매, 뇌혈관성 질환 등 대통령이 정하는 노인성 질환을 가진 자
- 6개월 이상 혼자서 생활하기 어렵다고 인정되는 자
- 인지지원등급 이상인 자

② 급여의 형태·종류·수준

장기요양급여는 크게 재가급여, 시설급여, 특별현금급여로 구분되나 특별현금급여는

그림 13-1. 장기요양급여

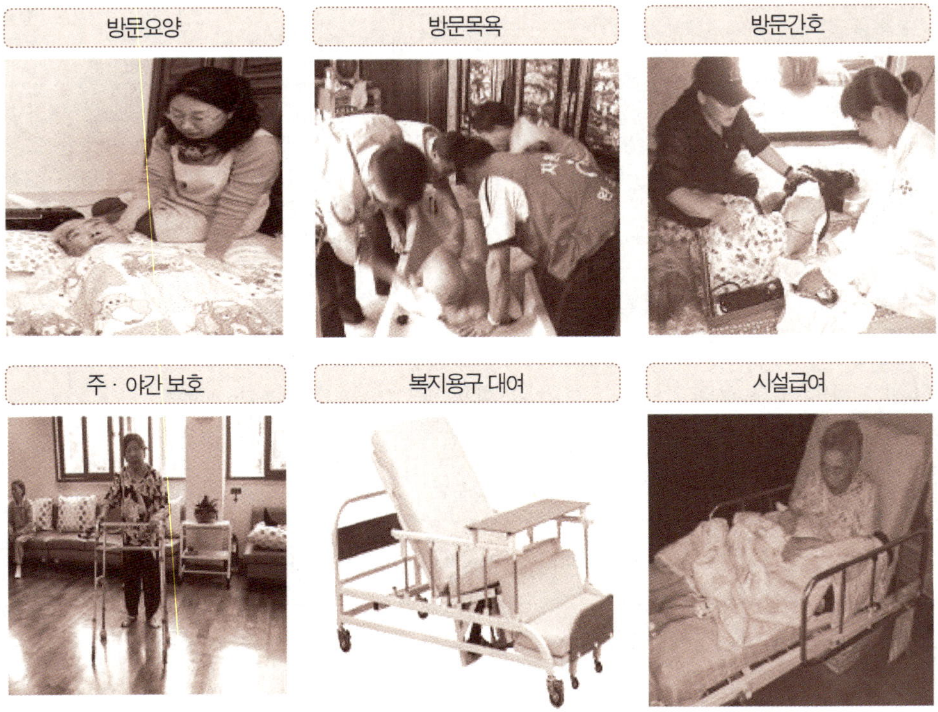

출처: 보건복지가족부(2008).

특별한 경우에 해당되므로 재가급여와 시설급여가 거의 대부분이다(그림 13-1 참조).

- **재가급여**
  - **방문요양** : 수급자의 가정 등을 방문하여 신체활동과 가사활동 등을 지원하는 장기요양급여
  - **방문목욕** : 목욕설비를 갖춘 장비를 이용하여 수급자의 가정 등을 방문하여 목욕을 제공하는 장기요양급여
  - **방문간호** : 간호사 등이 의사· 한의사· 치과의사의 방문간호 지시서에 따라 수급자의 가정 등을 방문하여 간호, 진료의 보조, 요양에 관한 상담 또는 구강위생 등을 제공하는 장기요양급여
  - **주· 야간보호** : 수급자를 하루 중 일정 시간 동안 장기요양기관에 보호하여 신체활동 지원 등을 제공하는 장기요양급여

- 단기보호: 수급자를 일정 기간 동안 장기요양기관에 보호하여 신체활동 지원 등을 제공하는 장기요양급여
- 기타 재가급여: 수급자의 일상생활·신체활동 지원에 필요한 용구를 제공하는 등의 장기요양급여

- **시설급여:** 요양에 필요한 시설·설비·전문인력을 갖추고 있는 노인요양시설에 장기간 입소하여 신체활동 지원 등을 제공하는 장기요양급여
- **특별현금급여:** 도서벽지 지역 등 요양시설이 없어 불가피하게 가족 등으로부터 요양을 받는 경우에 지원되는 현금급여 등

③ 전달체계

- **장기요양기관**
  - 재가 장기요양기관: 재가 장기요양기관은 노인복지법이나 노인장기요양보험법에 의해 지정된다. 노인복지법상의 재가노인복지시설은 재가 장기요양기관의 시설과 인력기준을 갖추어 시·군·구청장의 지정을 받아 장기요양기관이 된다. 노인복지법상의 재가노인복지시설은 노인장기요양보험법상의 재가 장기요양기관의 시설 인력기준과는 달리, 동질의 서비스를 제공하기 위해 재가 장기요양기관의 시설과 인력기준을 갖추어야 한다. 그리고 노인장기요양보험법상의 재가 장기요양기관은 시·군·구청장에 설치·신고를 하면 장기요양기관으로 지정된다. 재가 장기요양기관은 재가 장기요양 서비스 중 하나 이상을 제공하는 기관이 되어야 한다.
  - 시설 장기요양기관 : 시설 장기요양기관은 노인복지법으로 규정하고 있는데 노인요양시설과 노인요양공동생활가정은 시·군·구청장의 지정을 받아 장기요양기관이 된다.
- **장기요양 서비스 신청 절차:** 장기요양 서비스 신청은 국민건강보험제도에서와는 달리 서비스를 받을 필요가 있다고 판단하는 본인, 가족 및 친척, 사회복지전담공무원이 신청하여 장기요양 인정을 받으면 서비스기관을 선택하여 그 기관으로부터 서비스를 받게 된다. 서비스 신청 절차는 그림 13-2와 같다.

서비스의 신청·전달 및 비용의 청구·지급 체계는 그림 13-3에서 보는 바와 같이 잠

그림 13-2. 노인장기요양 서비스 신청 절차

서비스 신청	• 65세 이상 노인 또는 65세 미만의 노인성 질환자가 공단에 의사소견서를 첨부하여 장기요양인정 신청 • 신청자 : 본인, 가족이나 친족, 사회복지전담공무원(본인이나 가족 등의 동의 필요), 시장・군수・구청장이 지정하는 자
↓ 방문 조사	• 공단 소속 직원(사회복지사, 간호사)은 신청인의 심신상태 등을 조사
↓ 등급 판정	• 공단은 조사결과서, 의사소견서 등을 등급판정위원회에 제출 • 등급판정위원회는 대통령령이 정하는 등급판정기준에 따라 장기요양급여를 받을 자로 판정 • 신청서를 제출한 날로부터 30일 이내에 판정 완료(다만, 정밀조사가 필요한 경우 등 부득이한 경우 연장 가능)
↓ 장기요양인정서와 표준장기요양 이용계획서 통보	• 장기요양등급, 장기요양급여의 종류와 내용이 담긴 장기요양인정서와 적절한 서비스 내용, 횟수, 비용 등을 담은 표준장기요양이용계획서 송부 • 장기요양인정 유효기간 : 최소 1년 이상 • 장기요양인정의 갱신 신청, 장기요양등급 등의 변경 신청, 이의 신청 절차 있음
↓ 장기요양급여의 시작	• 장기요양인정서가 도달한 날부터 장기요양급여 시작 • 다만, 돌볼 가족이 없는 경우 등은 신청서를 제출한 날부터 장기요양급여를 받을 수 있음
↓ 장기요양기관 정보 안내	• 장기요양기관은 수급자가 장기요양급여를 쉽게 선택하도록 건물, 시설, 설비 등의 사진 및 현황 자료 등을 공단이 운영하는 인터넷에 게시

정적 수급자가 국민건강보험공단에서 지역별(시·군·구 단위)로 설치된 장기요양등급판정위원회에 장기요양인정신청서(등급판정 신청)를 제출하면 공단 직원이 노인의 가정을 방문하여 등급판정표에 따라 노인의 심신상태에 따른 질문과 관찰을 통해 1차

그림 13-3. 노인장기요양 서비스 신청·전달 및 비용 청구·지급 체계

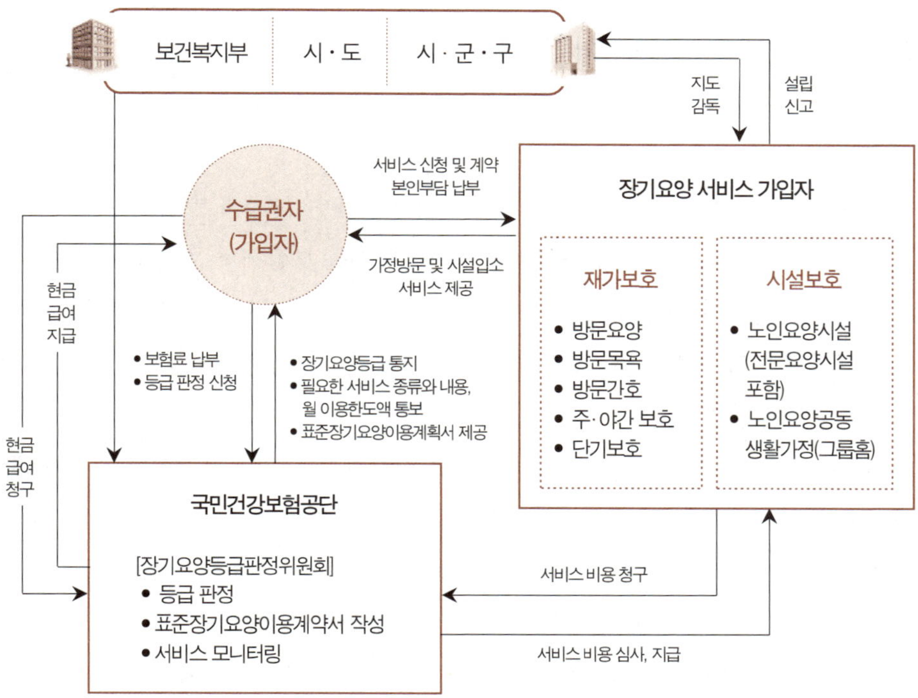

출처: 보건복지부 홈페이지(www.mw.go.kr).

로 판정점수를 계산하게 된다. 잠정적 신청자는 의사로부터 받은 소견서와 같이 등급판정위원회를 개최하여 최종적 등급 판정을 한 후 잠정적 수급자에서 장기요양등급, 표준장기요양이용계획, 월 이용한도액, 이용 가능한 장기요양 서비스 시설 등을 알려준다. 요양등급판정 1~5등급을 받은 잠정적 수급자는 이용하기에 적합하다고 판단되는 재가 요양기관이나 시설 요양기관을 찾아 장기요양 서비스 이용 계약을 체결하고 서비스를 받는다.

서비스 수급자는 장기요양기관으로부터 월 이용한도액을 고려하여 서비스를 수급하고 본인부담 부담금을 서비스 기관에 지급한다. 장기요양기관은 수급자에 대한 서비스 제공 비용을 국민건강보험공단에 청구하여 서비스 비용을 지급받는다. 수급권자는 특별한 경우에 공단에 현금급여를 청구하여 현금급여를 받을 수 있다.

보건복지부는 시·도 및 시·군·구의 행정체계를 통해 장기요양시설 설립 신고를 받고 또한 시설을 지도 감독한다. 그리고 보건복지부는 국민건강보험공단에 대해 노인장기요양보험제도 운영비용의 20%를 지원한다.

④ 재정 방법

노인장기요양보험제도의 재정은 가입자의 보험료(가입자 및 피용자 분담금), 본인부담금 및 국고지원으로 이루어진다. 현재로는 지방자치단체는 보험제도 운영에 재정부담을 하지 않지만 시설 설치에는 30~50% 정도 분담하고 있다. 장기요양보험료는 국민건강보험 가입자의 보험료에 일정한 요율을 곱하여 계산하고 국민건강보험료와 같이 국민건강보험공단에 납입한다.

2008년 7월 시작 당시 노인장기요양보험 보험요율은 국민건강보험료의 4.05%였으나 2009년에는 4.78%로, 2010년에 6.55%로 인상되었다. 장기요양보험료는 처음부터 너무 낮게 정해졌기 때문에 서비스 종류와 서비스 수준을 향상하기에 여러 가지 어려움이 예상된다. 따라서 매년 인상이 불가피할 것으로 보인다.

노인장기요양보험에서 본인부담금은 재가 장기요양 서비스의 경우는 15%, 시설 장기요양 서비스의 경우는 20%가 된다. 법에 규정된 서비스에 한하여 그리고 월 이용한도액의 범위 내에서만 보험금으로 지급된다. 따라서 법에 지정된 서비스 이외 서비스 비용과 한도액이 초과된 이후 받은 서비스는 전액 본인이 부담해야 한다.

참고로 2017년 장기요양보험에서 지급되는 월 한도액은 시설요양기관의 경우는 등급별 해당 금액 × 월간 일수로 계산하고, 재가요양기관의 경우 1등급은 1,252,000원, 2등급은 1,103,400원, 3등급은 1,043,700원이다. 그리고 건강보조용구 대여 및 구입비용은 연간 160만 원이다.

3) 공공부조

(1) 의료급여제도

현재 의료보장의 비용부담 방법으로 공공부조는 의료급여법에 의한 의료급여제도다. 의료급여제도는 생활보호법의 한 규정으로 출발하여 의료보호법으로 분리 입법되었다가 의료급여법으로 개칭되었다. 1970년대 중반 의료보장에 관한 사회적인 욕구가 강해짐에 따라 1976년 의료보험법이 개정되어 이를 근거로 의료보험제도가 본격적으로 실시되었다. 그러나 의료보험은 저소득층보다는 중산층 이상을 위한 제도였으므로 의료보장의 필요성이 더욱 절실한 저소득층이 의료의 혜택을 받을 수 있는 기반은 되지 못했다. 1977년부터 정부는 저소득층에 대한 의료보호를 역점사업으로 정하였지만 이를 뒷받침할 수 있는 근거인 생활보호법상의 의료보호규정이 미비하였다. 따라서 의료보호사업을 생활보호의 일환으로 강력히 추진하기 위해서는 생활보호법상의 의료보호규정과 이에 관련된 시행령의 개정 정도로는 불충분함을 실감하고 1977년 말에 의료보호만을 위한 단독 입법안을 국회에 제출하여 통과되기에 이르렀다.

이렇게 의료보호법이 제정됨으로써 의료보험제도의 확대 실시에 따른 미비점을 보완할 수 있게 되었고, 1978년부터 이 법이 시행(사실은 1977년 12월 31일 공포일부터 시행)됨으로써 의료보호제도가 공공부조 프로그램으로 확립되기 시작하였다. 국민건강보험의 실시와 국민기초생활보장법의 시행에 따라 의료보호법이 2001년 5월에 의료급여법으로 개정되어 그해 10월 국민기초생활보장법과 같이 시행되었으며 2015년 현재 전 국민의 3.1%에 적용되고 있다.

① 급여 수급자격

의료급여제도는 공공부조제도인 만큼 국민기초생활보장 대상자와 의료 빈곤자에게 그 급여가 주어지고 있다. 의료급여 대상자는 1종(국민기초생활보장 대상자 중 근로능력이 없는 자, 국가유공자, 인간문화재, 이재민, 의사상자 및 유족, 북한 이탈 주민, 18세 미만 국내 입양아, 차상위계층 희귀·난치성 질환자)과 2종(국민기초생활보장 대상자 중 근로능력이 있는 자, 차상위 계층 만성질환자, 차상위 계층 18세 미만 아동)으로 구분된다. 의료급여 수급권자는 시장·군수·구청장으로부터 의료급여증을 발급받아 의료기관에 제출해야 무료 또는 일부 무료로 진료를 받을 수 있다.

② 급여의 형태·종류·수준

의료급여에서 주어지는 급여의 종류는 국민건강보험제도의 요양급여에 해당되는 것과 마찬가지로 진찰, 수술, 치료, 약제급부, 입원, 간호, 이송 등의 서비스다. 급여는 실제

표 13-5. 의료급여 진료비 부담기준

<table>
<tr><th colspan="2">구분</th><th colspan="3">1종</th><th colspan="3">2종</th></tr>
<tr><td>자격
요건</td><td>해당자</td><td colspan="3">• 국민기초생활보장 대상자 중 근로능력이 없는 자
• 국가유공자
• 인간문화재
• 이재민
• 의사상자 및 유족
• 북한 이탈 주민
• 18세 미만 국내 입양아
• 차상위계층 희귀·난치성 질환자</td><td colspan="3">• 국민기초생활보장 대상자 중 근로능력이 있는 자
• 차상위 계층의 만성 질환자
• 차상위 계층의 18세 미만 아동</td></tr>
<tr><td rowspan="2">구분
급여
수준</td><td rowspan="2">본인
부담</td><td>입원</td><td>외래</td><td>약국</td><td>입원</td><td>외래</td><td>약국</td></tr>
<tr><td>0%
(단, 입원 식대 비용 1식당 680원)</td><td>보건소 진료 시 무료
1차 의료급여 기관: 1,000원
2차 의료급여 기관: 1,500원
3차 의료급여 기관: 2,000원
PET, MRI, CT 등: 비용의 5%</td><td>처방전당 500원
(처방전 없이 약국 직접 조제 시 900원)</td><td>의료급여기관 입원: 15%
입원 식대비용 1식당 680원 부담
(대불제도, 본인부담 보상제, 본인부담 상한제 등 적용)</td><td>보건소 진료: 무료
1차 기관: 1,000원
2차 기관: 1,000원
3차 기관: 비용의 15%
PET, MRI, CT 등: 비용의 15%
(대불제도, 본인부담 보상제, 본인부담 상한제 등 적용)</td><td>처방전당 500원</td></tr>
</table>

서비스로 제공되지만 그러한 서비스의 비용이 의료보호에서 지불되는 것이므로 의료보험에서 부담해 주는 의료비의 정도를 급여의 수준으로 볼 수 있다. 급여의 자격 요건에 따른 급여수준은 표 13-5와 같다.

③ 전달체계

의료급여에 의해 전달되는 의료 서비스는 1차 의료기관→2차 의료기관→3차 의료기관으로 단계적으로 받도록 하고 있다. 1차 의료급여기관은 시·군·구청장에게 신고한 보건소(보건의료원, 지소), 약국이 포함되고, 2차 의료급여기관은 시·도지사가 개설 허가한 의료기관이다. 3차 의료급여기관은 2차 의료급여기관 중에서 보건복지부장관이 지정한 의료기관이다. 지정된 의료급여기관에서 진료를 받지 않는 경우는 본인부담금을 더 부과하도록 하고 있다. 2종의 경우 진료비 부담을 완화하기 위해 대불제도, 본인부담 보상제, 본인부담 상한제 등을 운영하고 있다.

④ 재정방법

의료급여의 재정은 서울특별시, 직할시, 도에 설치된 의료급여 기금과 의료급여 수급자가 지불하는 일부의 본인부담금으로 충당된다. 2종 대상자 입원과 외래의 경우는 외래의 경우처럼 일부를 수급자가 부담하는 경우는 수급자가 직접 지불하거나, 상환을 조건으로 의료급여 기금에서 대부받아 지불할 수 있다. 대불하도록 하는 경우 대불금액에 따라 4~12회에 걸쳐 상환가능하다.

(2) 노인돌봄 종합 서비스 제도

바우처(voucher)는 서비스 비용의 지불증서 또는 현금교환권을 말하는데 정부에서 일정 서비스를 민간 비영리 및 영리단체에서 받게 하고 그 비용의 전부 또는 일부를 바우처로 지급하는 제도다. 서비스 수급자는 서비스 대상 기관을 선택하여 서비스를 받고 바우처로 지급하면 서비스 기관은 그 증서를 정부에 청구하여 비용을 받는다. 우리나라에서는 바우처 제도가 사회 서비스 분야에 2006년부터 도입되어 시행되고 있으며, 바우처는 현재 문서로 된 것이 아니라 신용카드와 같은 카드로 지급하면 정부에서 마련한 바우처 결제 기관에서 결제하여 서비스 제공 기관에 비용을 지급해 주도록 하고 있다.

노인돌봄 종합 서비스는 2006년에 시작된 노인돌보미 바우처 서비스와 독거노인 생활관리사 파견 서비스를 2009년부터 통합한 서비스다. 혼자의 힘으로 일상생활이 어려운 노인에게 가사 및 활동지원 서비스를 제공하는 것인데 노인장기요양보험의 등급판정기준에 의하여 요양등급 점수가 40~55점(경증)인 경우 소득수준(최저생계비의 100~

150% 사이)과 월 희망하는 서비스 시간(27~36시간 사이)에 따라 정부의 바우처와 본인의 부담 부분을 달리하고 있다. 2017년 현재 월평균소득이 최저생계비의 120% 이하인 경우는 정부가 서비스 비용의 대부분을 바우처로 부담하고 이용자가 월 18,000원에서 24,000원을 부담하도록 하고 있고, 최저생계비의 120% 이상 150% 이하의 경우는 이용자가 37,000원에서 49,000원을 부담하도록 하고 있다.

4 의료보장 서비스 전달체계 보장

1) 가정·지역사회 보호 서비스

(1) 노인 가정 방문

① 의사 왕진

의사가 노인의 가정을 방문하여 진료하는 의사 왕진 서비스는 현재 우리나라에서는 여러 가지 이유로 거의 이루어지지 못하고 있다. 우리나라에서 거의 대부분의 경우 의사의 진료를 필요로 하는 사람들은 진료시설이 갖춰진 병원으로 찾아가는 것이 의료 진료의 기본적 양식으로 되어 있다. 외국에서도 의사 왕진 의료 서비스가 일반적이지는 않지만 환자의 편의를 위해서는 왕진도 상당히 이루어지고 있다.

앞으로 장애로 기동력이 약화된 노인이 전반적으로 증가하고, 가족원 수의 부족과 노인가구의 증가 등으로 노인을 부축하여 병원을 방문하기 어려운 가정적 상황이 더욱 많이 증가할 것이므로 노인들을 위한 간호사의 가정 방문 서비스는 물론 의사의 왕진 서비스도 제도적으로 제공될 수 있어야 할 것이다. 그리고 이에 따라 의사의 왕진 서비스 비용에 대한 국민건강보험에서의 급여 수가도 연구되어야 할 것이다.

② 간호사 가정 방문

간호사의 가정 방문 서비스는 현재 세 가지 형태로 일부에서 이루어지고 있다.

- **일반의료기관에서 이루어지는 가정간호 :** 간호사가 가정을 방문하는 가정간호의 경우는 현재 의료법(제33조)에 의해 인정하고 있고 그런 간호 서비스에 대해 국민건강보험에서 보험금을 지급하고 있다. 가정간호 대상자는 기동성 장애자, 영양배설 장애자, 순환호흡 장애자, 암 간호 대상자, 재활을 요하는 대상자, 특수 간호술을 요하는 대상자가 될 수 있는데 현재 우리나라 국민건강보험제도에서 보험금을 지급하는 서비스(요양급여 서비스) 대상자는 ⓐ 수술 후 조기 퇴원자, ⓑ 만성 질환자, ⓒ 만성 폐쇄성 호흡기 질환자, ⓓ 산모와 신생아, ⓔ 뇌혈관 질환자, ⓕ 기타 진료 담당 의사가 필요하다고 인정하는 환자로 되어 있다.

- **보건소 중심으로 이루어지는 방문간호 :** 보건소의 방문보건사업의 일환으로 방문간호사업이 기초생활 수급자와 저소득층을 대상으로 이루어지고 있다. 방문보건 서비스는 취약 가족의 건강관리, 만성질환(고혈압, 당뇨병, 뇌졸중 등)에 대한 투약과 합병증 관리, 말기 암환자의 증상 관리와 암 예방 관리, 임신과 산후 건강관리, 영유아 건강관리, 허약노인(치매, 우울, 요실금, 약물복용, 낙상 등)의 건강관리 같은 활동을 포함하고 있다.

  특히 2000년대에 들어오면서 보건소마다 방문간호사업을 시작했는데 방문간호의 주요 대상자가 노인이 되고 있다. 그러나 방문간호사업은 국민기초생활보장 수급자와 저소득층으로 서비스 대상이 제한되어 있기 때문에 일반 노인들이 이용할 수 있는 기회는 별로 없고, 서비스에 대한 비용부과체계도 개발되어 있지 않다. 2008년 7월부터 시행된 노인장기요양보험 제도에 의한 방문간호 서비스 대상이 되지 못한 요양등급(장애등급) 4등급 이하인 많은 노인들이 방문간호의 대상이 될 수 있지만 보건소 방문간호 서비스의 대상은 거의 되지 못하고 있다.

  앞으로 노인 장기요양보험 서비스의 한계를 생각한다면 보건소의 방문간호 서비스가 일반 노인들에게도 확대될 수 있는 방안이 강구되어야 할 것이다.

- **노인장기요양보험제도의 방문간호 :** 2008년 7월부터 시행된 노인장기요양보험제도의 재가요양 서비스의 일환으로 방문간호는 "간호사 등이 의사, 한의사 또는 치과의사의 지시서(방문간호지시서)에 따라 수급자의 가정 등을 방문하여 간호, 진료의 보조, 요양에 관한 상담 또는 구강위생 등을 제공하는 장기요양급여"로 규정하고 있다.

  장기요양보험제도 하에서는 일반인도 방문간호의 대상이 될 수 있지만 이는 어디까지나 장기요양의 경우에만 해당되고 급성 질병의 경우에는 해당되지 못하는 한계가 있다. 그리고 장기요양의 경우라도 모든 노인에게 다 해당되는 것이 아니라 장애등급이 낮은 경우(경증의 경우)는 해당되지 못한다는 데 한계가 있다. 향후 장기요양 서비스 대상이 경증까지 확대되겠지만 상당한 시간이 걸릴 것으로 생각된다.

③ 비의료인 가정 방문

장기요양보호와 관련하여 요양보호사가 노인의 가정을 방문하여 노인의 일상생활수행행동의 어려움에 관련된 서비스를 제공하는 것으로 현재 장기요양보험제도의 재가요양

서비스로 방문요양 서비스와 방문목욕 서비스가 있다. 장기요양보험법에서 방문요양을 "장기요양요원이 수급자의 가정 등을 방문하여 신체활동 및 가사활동 등을 지원하는 장기요양급여"로 규정하고 있다. 그리고 방문목욕 서비스는 "장기요양요원이 목욕설비를 갖춘 장비를 이용하여 수급자의 가정 등을 방문하여 목욕을 제공하는 장기요양급여"로 규정하고 있다.

(2) 통원 서비스

① 병원 통원(왜래)

우리나라에서는 노인이 주로 급성 질병 등으로 병원을 방문하여 진료를 받는 경우가 가장 흔한 형태가 되고 있다. 의사 왕진 서비스가 거의 전무한 상태이기 때문에 거의 모든 노인은 병원 통원 서비스를 받고 있다고 할 수 있다.

② 주·야간보호센터 통원

주·야간보호 서비스센터를 통원하는 서비스는 장기요양보호 서비스로 제공되고 있다. 서비스 제공 장소를 방문하여 레크리에이션, 물리치료, 각종 치료놀이 등의 서비스를 받는 것을 말한다. 현재 장기요양보험법에 의하면 주·야간보호 서비스는 "수급자를 하루 중 일정한 시간 동안 장기요양기관에 보호하여 신체활동 지원 및 심신 기능의 유지·향상을 위한 교육·훈련 등을 제공하는 장기요양급여"로 규정하고 있다. 2009년 12월 현재 전국에 714개소가 있으며 총정원은 1만 2,768명이다.

③ 단기보호시설 통원

주로 장기요양 서비스와 관련하여 하루에서 한 달 정도까지 노인이 가정을 일시적으로 떠나 서비스 제공 장소에 머무르면서 서비스를 받고 다시 가정으로 돌아오는 것을 말한다. 노인장기요양보험법에서 단기보호는 "수급자를 보건복지부령이 정하는 범위 안에서 일정 기간 동안 장기요양기관에 보호하여 신체활동 지원 및 심신기능의 유지·향상을 위한 교육·훈련 등을 제공하는 장기요양급여"로 규정하고 있다. 2009년 12월 현재 전국에 288개의 단기보호시설이 있으며 총정원은 3,950명이다.

④ 치매환자 관리 기관(보건소) 통원

노인복지법(제29조 및 제29조의 2)에 의해 시·군·구 단위의 보건소에 치매상담센터를 설치하여 치매환자의 등록 · 관리, 치매환자의 관리에 관한 표준지침의 연구, 노인복지시설의 종사자, 치매환자 및 그 보호자 등에 대한 치매 관련 전문교육의 실시, 치매 관련 의료 및 복지 서비스에 관한 연구, 재택치매관리사업 등을 실시하도록 하고 있다.

그리고 60세 이상의 국민기초생활보장 수급자 및 의료급여 수급자에 대해 우선적으로 보건소장이 치매관리를 위해 필요하다고 인정하는 경우 치매 간이검진, 정밀검진, 추가 정밀검진을 추진하여 치매를 조기 발견하도록 하고 있다. 또한 시립, 도립 및 군립의 공립치매병원을 설립하여 치매환자를 우선 입원조치하도록 하고 있다.

2) 시설보호 서비스

(1) 병원

일반병원의 경우는 노인을 서비스 대상의 한 부류로 포함하고 있어 특별히 노인의 질병에 대해 관심을 두는 편이 아닌데 일부 병원은 노인을 주된 서비스 대상으로 하고 있다. 현재 노인을 입원 대상으로 하는 병원은 다음과 같다.

① 일반병원

거의 모든 병원은 노인을 일반인과 같이 입원진료의 대상으로 삼고 있다.

② 노인을 주된 대상으로 하는 병원

노인을 주된 대상으로 하는 병원에는 세 가지 형태가 있다.

- **일반병원의 노인전문 클리닉 :** 이는 일반종합병원에서 특별히 노인환자를 진료하는 노인전문 클리닉을 두는 형태인데 한림대학교 한강성심병원 노인병센터와 같은 것이다. 이 같은 형태는 현재 우리나라에는 몇 군데 되지 않는다.
- **노인전문병원 :** 노인복지법 제34조(노인의료복지시설)에 규정된 "주로 노인을 대상으로 의료를 행하는 시설"을 말한다. 노인전문병원은 요양병원과 달리 장기입원환자를 대

상으로 하는 병원이 아니라 급성질병 노인을 대상으로 하는 병원이라 할 수 있으며, 노인복지법에 의한 시설과 직원을 갖추고 의료법에 의하여 운영하는 병원이라고도 할 수 있다. 노인전문병원은 2011년에 요양병원으로 바뀌었다.

- **요양병원 :** 요양병원은 의료법 제3조(의료기관)에 의하여 "장기입원이 필요한 환자를 대상으로 의료행위를 하기 위하여 30개 이상의 요양병상을 설치한 병원"을 말한다. 병원은 의료법(제33조)의 시설기준에 맞게 설립되고 운영되어야 한다. 요양병원 이용자의 대부분은 노인으로 장기 입원이 필요한 환자들이고, 2017년 12월 현재 요양병원은 전국적으로 1,422개에 259,730명을 수용할 수 있는 병상이 있다.

(2) 장기요양시설

시설보호 서비스 체계는 만성 질병 노인을 위한 서비스 시설이며, 의료 서비스와 수발 서비스(care service)가 동시에 필요한 노인을 위한 장기요양시설이라 할 수 있다. 노인장기요양보험제도에서 규정하는 시설 요양기관이 요양시설인데, 요양시설은 노인복지법의 의료복지시설 중 노인장기요양시설과 노인장기요양공동생활가정이 이에 해당된다. 노인장기요양보험법 시행 이전에 설립된 요양시설(무료시설, 실비시설 및 유료시설)이 노인장기요양보험의 적용을 받는 시설이 되려면 노인장기요양보험법에 의해 장기요양시설로 지정을 받아야 하고, 노인장기요양보험법 시행 이후에 설립된 요양시설이 장기요양보험의 적용을 받는 장기요양시설이 되려면 노인장기요양보험법에 의한 설립신고를 해야 한다.

2018년 12월 현재 노인요양시설은 3,990개이며 입소정원은 160,594명이고, 노인요양공동생활가정은 1,897개이며 입소정원은 16,724명이다. 노인장기요양시설을 포함한 노인복지시설의 통계는 표 13-6에서 보는 바와 같다.

- **노인장기요양시설 :** 노인복지법에 의한 노인요양시설은 "치매·중풍 등 노인성질환 등으로 심신에 상당한 장애가 발생하여 도움을 필요로 하는 노인을 입소시켜 급식·요양과 그 밖에 일상생활에 필요한 편의를 제공함을 목적으로 하는 시설"을 말한다.
- **노인요양공동생활가정 :** 노인복지법에 의한 노인요양공동생활가정은 "치매·중풍 등 노인성질환 등으로 심신에 상당한 장애가 발생하여 도움을 필요로 하는 노인

표 13-6. 우리나라 장기요양보호시설과 다른 노인복지시설(2018년 12월)

구분		시설 수(개소)	정원(명)
노인주거복지시설	양로시설	238	12,510
	노인복지주택	35	6,389
노인여가복지시설	경로당	66,286	
	노인교실(노인대학)	1,342	
	노인복지관	385	
노인보호전문기관	중앙노인보호전문기관	1	
	지방노인보호전문기관	32	
노인의료복지시설	노인요양공동생활가정	1,897	16,724
	노인요양시설	3,390	160,594
	요양병원	1,442	259,730
재가노인복지시설	방문요양	1,051	1,116
	방문목욕	650	304
	재가지원서비스	375	5,467
	주·야간보호	1,312	33,815
	단기보호	73	827

주 : 요양병원 통계는 2017년 수치임.
출처 : 보건복지부(2017), 보건복지부 홈페이지(통계).

에게 가정과 같은 주거여건과 급식·요양, 그 밖에 일상생활에 필요한 편의를 제공함을 목적으로 하는 시설"을 말한다. 이러한 공동생활가정은 그룹홈(group home)의 일종이라 할 수 있다.

5 인구 고령화와 노인 의료비 증가

고령화 현상과 더불어 노인 의료비가 급상승하는 경향을 보이고 있다. 이러한 현상에는 의료보험제도의 확대로 노인의 의료 서비스 이용이 확대된 것도 큰 이유로 작용하고 있다. 의료보장 확대는 복지국가로의 발전을 향한 바람직한 현상이므로 노인의 의료기관 이용 확대는 고령화에 따른 불가피한 현상이다. 하여튼 고령화에 따른 노인의료비 상승은 사회적으로 주목하고 대응해야 할 주요 현상이라 할 수 있다.

1985년부터 2017년까지 32년간 의료보험 통계에 의하면(보건복지부, 2001; 2018), 전체 의료비 증가율은 약 120배 정도였으나 노인 의료비는 986배나 증가한 것을 알 수 있다(표 13-7 참조). 다시 말해서 전체 의료비 증가율에 비하여 노인 의료비 증가율은 거의 8배나 급속히 증가했다는 것이다. 그리고 노인 의료비가 전체 의료비에서 차지하는 비율도 노인인구 비율에 비해 훨씬 많고 노인인구 수의 증가율보다 노인 의료비 구성비 증가율이 훨씬 높다는 것이다.

향후 급속한 인구 고령화를 고려할 때 노인 의료비 증가율은 더욱 커질 것으로 예상되므로 이에 대한 장기적인 국가 대책이 시급히 마련되어야 할 것이다. OECD 국가의 경우도 노인 의료비 증가로 국가의 재정 부담이 커지고 있기 때문에 노인 의료비 해결책이 국가의 중요한 과제로 되고 있다.

표 13-7. 전체 의료비와 노인 의료비 증가 추이 (단위: 백만 원)

연도	전체 의료비	증가지수	노인 의료비	증가지수	65세 이상 노인인구 비율(%)	전체 의료비 중 노인 의료비 비중(%)
1985	583,278	100	27,515	100	4.3	4.7
1990	2,219,773	381	239,173	869	5.0	8.2
1995	5,977,453	1,025	728,137	2,646	5.7	12.2
2000	11,873,436	2,036	2,089,640	7,595	7.3	17.6
2005	24,796,800	4,251	6,055,600	22,008	9.1	24.4
2008	34,845,700	5,974	10,431,000	37,910	10.3	29.9
2015	58,017,000	99,467	21,361,500	776,358	12.8	36.8
2017	69,627,000	119,371	27,136,000	986,226	13.9	39.0

출처 : 보건복지부(2001, 2018).

6 의료보장제도의 문제점과 개선방안

위에서 설명한 의료보장제도와 관련된 의료 서비스 전달방법에서 나타난 문제점과 미비점을 지적하고 이에 대한 개선책을 한번 생각해 보기로 한다.

1) 노인의 경제적 특성을 고려한 국민건강보험제도 개선

국민건강보험제도는 65세 이상 노인의 경제적 특성을 제대로 고려하지 못하고 있다. 현재 국민건강보험에서는 의원급의 진료비 중 외래진료의 비용이 낮은 경우(1만 5,000원 이하)에만 할인혜택을 주고 있을 뿐이다. 그리고 보험료의 정도에 따른 의료비 부담 한도액을 정하고 있으나 노인 질병의 특성을 고려한 할인 혜택은 없다고 할 수 있어 노인의 경우 의료비가 노인과 가족에게 큰 부담이 되고 있다. 따라서 의료비 부담 한도액과 더불어 노인의 경우를 고려한 부담 한도액을 설정하는 것이 바람직하다.

2) 의사 왕진 서비스 강화

노인들이 기동력 문제나 다른 이유로 의료시설을 방문하기 어려운 경우가 많기 때문에 적시에 서비스를 받을 수 없거나 응급 서비스도 받기 어려운 경우가 많다. 이러한 문제는 앞으로 더 많이 나타날 가능성이 크다. 이 같은 문제를 해결하기 위해서 의사 왕진 서비스를 강화하는 것이 바람직하다. 일반병원 의사들의 왕진 서비스가 어려우면 보건소의 의사나 공중보건의 등을 적극 활용하여 중산층 노인에게까지 왕진 서비스를 확대하는 것이 바람직하다.

3) 노인장기요양보험제도의 개선

노인장기요양보험제도가 안고 있는 문제점을 조속히 개선해야 할 것이다. 2000년 2월부터 정부에서 공식적으로 노인장기요양보험제도에 대한 연구가 시작되어 드디어

2008년 7월부터 노인장기요양보험제도가 시행되어 2017년 현재 10년이 되었지만 예상하지 못한 문제점도 많이 나타나고 있다. 우선 중요한 문제를 수급자격, 서비스 종류와 수준, 전달체계와 재정방법 면에서 지적하고 개선방안을 제시하기로 하겠다.

(1) 급여 수급자격

장기요양보호 대상이 시행 초기 요양등급 1~3등급까지에만 제한되어 있어 시행 시에는 전체 노인인구의 3.2% 정도(약 17만 명)만 제도의 혜택을 볼 수 있을 것으로 예측되었다. 이같이 제한된 혜택은 사회보험제도로 시행한 서비스 치고는 대상이 너무나 제한적이어서 그러한 소수 대상을 위해서라면 사회보험제도를 시행하는 의미가 별로 없다는 비판이 제기되고 있다. 이에 정부는 2012년과 2013년에 걸쳐 요양 3등급의 점수를 51~75점으로 하향 조정하였고, 2014년에는 4등급과 5등급(치매특별등급)을 신설하였다. 이리하여 2015년 현재 장기요양보험 등급판정을 받은 사람은 전체 노인의 9.6%에 이르렀다. 정부에서 제도를 시행하기 전에 사회보험료 부담(다른 4대 사회보험의 보험료와 노인장기요양보험의 보험료)이 커지는 것을 우려하여 노인장기요양보험의 보험료를 건강보험 보험료의 4.05%로 정했고 여기에 연차적으로 약간(1% 이하) 인상하는 것을 계획하였다. 이러한 정도의 보험료는 별로 부담이 되지 않기 때문에 빠른 시일 내에 건강보험료의 10%까지 인상하여 서비스 대상을 더욱 확대하는 것이 바람직하다.

(2) 서비스 종류와 수준

현재 서비스로는 재가 장기요양 다섯 가지, 시설 장기요양 두 가지에 한정되고 있다. 장기요양보호 서비스로서 최소한의 서비스 종류는 갖추고 있다고 할 수 있으나 노인들의 장기요양보호의 다양한 욕구에 비해서는 서비스 종류가 적은 편이므로 서비스 종류를 두세 가지 더 추가하는 것이 필요하다. 예를 들면, 시설요양 서비스로서 의존주거(assisted living) 보호 서비스, 가족보호자 자조활동 지원 및 교육 서비스 등을 도입하는 것이 결국 서비스 비용을 절약하는 방법도 될 수 있기 때문에 추가적으로 도입하는 것도 필요하다.

그리고 의료 서비스는 인근 의료시설과의 협약과 촉탁의 정도에 그치고 있어 시설에서는 일차적으로 기본적 의료 서비스도 제대로 받지 못하는 경우가 많고, 입주자에 대한 다양한 레크리에이션과 사회 서비스 등도 제대로 제공되지 못하고 있다. 이에 대해 시설요양기관에서는 전임의사를 두는 것을 의무화하고 사회복지사 등의 수를 늘려서 다양한 사회 서비스가 제공될 수 있어야 할 것이다. 또한 서비스 수준도 한도액이 정해져 있어 필요한 서비스를 충분히 이용할 수 없는 경우가 많은데, 특히 재가 서비스의 한도액은 현재보다 더 인상하는 것이 바람직하다. 또한 요양보호의 최일선 서비스 제공자인 요양보호사의 교육과정의 문제로 인해 질 높은 서비스를 제공할 수 없는 것도 문제다. 장기요양보호 서비스는 대상자의 ADL 문제를 해결해 주는 것만으로 문제가 해결되는 것이 아니라 ADL 문제는 의료, 심리, 사회적·경제적 문제 등과도 연계되어 있기 때문에 사례관리 서비스를 통해 대상자의 문제에 접근할 수 있도록 사례관리를 제도화하는 방향으로 나가야 할 것이다.

(3) 전달체계

장기요양보호시설의 운영 책임자가 아직도 전문성이 부족하여 시설운영에 대한 지식과 기술도 부족하고, 특히 재가요양기관이 난립하여 서비스의 질이 낮아질 뿐만 아니라 사회 전체적으로 시설 인프라 설치 비용의 투입에 비해 서비스 산출이 낮은 것도 문제다. 특히 전달체계에서 가장 중요한 인력인 요양보호사의 교육과정이 통제되지 못하고 질이 검증되지 못한 요양보호사들이 초과 공급됨으로써 요양보호사의 처우가 낮아지고 이로 인해 서비스 질을 더욱 낮추는 악순환이 빚어지고 있는 것이 문제다. 시설 운영자의 자질 향상 교육과 더불어 시설운영 교육을 제공하고 나아가서는 시설 운영자도 시험에 의한 자격증을 제도화하는 것이 바람직하다. 요양보호사 교육제도는 교육시간을 현재 보다 훨씬 더 늘리고, 지식과 기술을 충분히 검증할 수 있도록 시험제도를 도입하고, 시험방법을 개선하는 것이 바람직하다.

(4) 재정방법

현재 장기요양보험제도 재정은 정부지원 20%, 보험료와 본인 부담금으로 이루어지고 있다. 그러나 현재와 같은 수준의 정부지원과 보험료로는 적절한 기본적인 서비스를 받을 수 없을 뿐만 아니라 서비스 대상을 확대하기도 어렵다. 따라서 국가재정 지원의 정도를 30% 이상으로 높이고 보험료도 2~3년 내에 10% 이상으로 인상하는 것이 바람직하다.

4) 노인장기요양보호 경증 대상자에 대한 지역사회 돌봄 서비스 강화

노인장기요양보험 서비스를 받을 수 없는 요양등급 4~5등급자(경증)에 대한 서비스가 없기 때문에 장기요양보험제도에 대한 국민들의 불만이 많고, 특히 장기요양 신청자 중 탈락자들은 더욱 불만이 많아 장기요양보험제도의 효과성이 문제가 된다. 따라서 지역사회의 노인돌봄 서비스, 가사간병 서비스, 방문보건, 치매상담센터, 노인복지관 서비스, 저소득층을 위한 가정봉사원 파견 서비스 같은 기존 서비스를 연계하여 적절한 장기요양보호 서비스를 제공하는 것이 바람직하다. 특히 이 같은 경증 장애 노인에 대한 서비스는 예방적 서비스로서 심각한 장기요양보호 대상자로 발전되는 것을 지연 또는 예방함으로써 장기요양 서비스 비용도 절약할 수 있기 때문에 필요하다.

5) 농어촌 지역의 의료시설 접근성 향상

농어촌 지역 주민들의 의료시설 접근이 어려운 점이 문제다. 현재 전국 의료시설의 대부분이 아직도 도시 지역에 편중해 있고 농어촌 지역에는 인구수에 비해서 대단히 적은 편이다. 농어촌 지역에 보건소, 보건지소, 보건진료소 등이 설립되어 있으나 1차 진료기관의 구실밖에 할 수 없으므로 농어촌 지역에 일반 의료시설이 많이 설립되어야 할 것이다. 노인들의 경우는 질병이 빈번하여 의료시설 이용률이 높으므로 의료시설을 가까이 쉽게 이용할 수 있어야 하며, 특히 응급시의 진료를 위해서도 의료시설 접근이 쉬워야 할 것이다.

6) 노인질병 특성을 고려한 노인병 전문진료 병원 활성화

노인질병의 특성과 효율적인 진료를 위하여 노인전문병원의 건립을 활성화하거나 일반병원 내에 노인전문진료 클리닉의 건립을 활성화하는 것이 바람직하다. 이와 같은 노인전문병원과 전문병동의 활성화는 진료의 효율성을 높이고 노인에게 흔한 시한부 질병환자의 간호 및 이에 관련된 사회적·심리적 서비스도 향상·발전시킬 수 있을 것이다.

7) 노인질병 진료의 사회 서비스 강화

노인의 질병 진료에서 의료 서비스와 더불어 사회 서비스가 같이 제공될 수 있도록 해야 할 것이다. 노인질병은 만성적이어서 의사와 간호사에 의한 의료 서비스보다는 심리적·사회적 서비스가 더 중요시되므로 노인에 대한 의료 서비스는 사회 서비스와 같이 연계되거나 통합되도록 하는 것이 바람직하다. 즉 이 같은 노인병 진료 서비스에서는 사례관리의 접근이 이루어지는 것이 바람직하다.

제 14 장

주거보장

안전하고 안락한 주택을 갖고자 하는 욕구는 적절한 소득을 유지하고 적절한 의료적 보호를 받고자 하는 욕구와 더불어 노인의 가장 기본적인 욕구다(Kahn & Kamerman, 1976). 주택은 인간생활을 담는 하나의 그릇이다. 특히 노년기에는 사회적 관계가 가족을 중심으로 축소되고 생활의 주공간이 집이 되기 때문에 노인의 주택에 대한 욕구는 생활주기의 어느 시기에서보다도 강하다.

주택의 형태와 질과 위치는 노인의 신체적 독립성, 안전성, 프라이버시, 사회적 관계와 활동의 참여, 노인복지 서비스의 접근 등에 영향을 미치며 나아가서는 노후생활의 전반적인 만족도를 향상시킬 수 있는 주요 요인으로 작용한다(Larson, 1978).

인간의 존엄성과 적절한 주택조건과 주거환경을 향유할 권리인 주거권(housing rights)은 서구에서는 1970년대 후반부터 입법을 통하여 구체적으로 인정되고 보장되고 있는 추세다(하성규, 1998). 우리나라에서는 '주거권'이라는 용어는 법률상에 나타나고 있지는 않지만 헌법의 간접적 의미와 국제규약을 인정하고 있는 사실로 미루어 보면 적어도 선언적 의미에서 주거권이 인정되고 있다고 할 수 있다. 노인도 우리나라의 국민이고 생애과정에서 노화와 건강조건상 주거의 특수성과 중요성을 고려해야 할 대상이 된다.

그러므로 노인에 대한 주거권의 인정과 보장은 바로 사회보장의 기본적 수단이 되는 것이다. 노인에게 주거권을 인정하는 것은 노인이 독립성을 유지하면서 안전하고 안락한 일상생활을 유지할 수 있는 생활공간을 확보하고 유지할 수 있도록 사회적인 차원의 제반 정책과 서비스 활동을 해야 한다는 것을 의미한다.

노인에 대한 주거보장은 단순히 노인이 편리하게 생활할 수 있는 주택의 확보는 물론이고, 나아가서는 노인뿐만 아니라 모든 연령의 사람들이 생활하고 필요한 서비스를 받기에 편리한 주택구조와 환경을 확보하고 이에 대한 접근성을 확보해 주는 것까지 포함해야 한다.

우리나라도 2000년부터 65세 이상 인구가 전체 인구의 7.2%에 이르러 이미 고령화사회(aging society)에 접어들었고, 2018년이면 노인인구가 14%가 되어 오늘의 선진국과 같이 노인문제가 심각해질 것이 분명하다. 이와 같은 인구 고령화 추세는 세계적 현상이고 이에 대한 대책으로 선진국은 선진국 나름대로 그리고 개발도상국은 선진국의 경험을 교훈 삼아 인구 고령화에 대한 사회 전반적 대책을 강구할 필요가 있다는 의미에서 2002년 4월 8~12일에 스페인 마드리드에서 UN 주관으로 제2차 세계고령화총회(the Second World Assembly on Ageing)가 개최된 바 있다. 이 회의에서 논의된 노인 관련 주요 정책의 하나로 노인에게 편리한 주거와 환경의 보장을 각국 정부에 건의하고 있다. 이러한 의미에서도 노인 주거정책은 더 이상 방치될 수 없으며, 정부가 주도하고 민간이 협조하는 가운데 적극적으로 노인의 주거 욕구와 주거권 보장에 정책적인 관심을 두어야 할 것이다.

이러한 상황에서 이 장에서는 노년기에 주거의 의미와 노인 주거정책의 필요성, 장애노인에 대한 사회적 인식의 단계와 노인주거 조건을 생각해 보고, 우리나라 주거정책의 발전 과정을 정리한 후 노인 주거정책을 살펴보고 그 문제점과 개선방향을 제시해 보려고 한다.

1 노년기에서의 주택의 의미와 가치

주택은 인간이 살아가는 데 필요한 기본적인 물질적 조건이기 때문에 어느 누구에게나 생활주기의 어느 시기에 있어서나 중요하고 가치 있는 것이지만, 특히 노년기에는 그 의미가 다르고 그 가치는 더욱 크다고 할 수 있다. 그러면 노년기에 주택의 의미와 가치를 생각해 보기로 하겠다.

첫째, 주택은 노인의 생물학적 생존을 위한 기본적인 수단이다. 인간은 생물학적 생존을 위해서 생리적인 욕구와 안전의 욕구를 먼저 충족시켜야 하는데(Maslow, 1954), 주택은 바로 안전의 욕구를 충족시켜 주는 주된 수단이 된다. 노년기에는 신체적·심리적 기능이 약해지므로 안전에 대한 욕구가 더욱 강하게 나타날 수 있기 때문에 이를 충족시켜 줄 수 있는 주택의 필요성은 커진다.

둘째, 주택은 노년기의 생활을 담는 그릇이다. 노년기, 특히 퇴직 후에는 생활의 주된 근거지가 가정이 되고 사회적 관계와 관심이 가족을 중심으로 축소되기 때문에 주택은 바로 생활의 거의 전부를 담는 그릇이 되는 것이다. 따라서 노년기는 인생의 다른 어떤 시기보다도 주택이 가장 큰 의미를 지니는 일상생활의 공간이 된다.

셋째, 주택은 노인에게 있어서 가계상의 가장 큰 지출의 대상이자 경제적 보장의 효과를 높여 주는 것이 된다. 개인과 가족의 생활에서 주택 구입이나 임대는 가장 많은 비용이 드는 가장 어려운 일 중의 하나다. 따라서 주택은 재산으로서의 가치도 크기 때문에 주택을 소유하거나 임대할 수 있다는 것은 경제적 보장을 높여 준다.

넷째, 주택은 사회적 지위와 사회적 정체감의 상징이 된다. 노년기에는 직업역할이 상실되어 직업역할을 통하여 사회적 지위와 사회적 정체감을 유지할 수 없기 때문에 적합한 주택의 소유나 적합한 주택상태의 유지를 통하여 사회적 지위와 사회적 정체감을 나타내고 유지할 수 있다(Huttman, 1985). 이러한 의미에서 노년기에 주택이 가지는 사회적·사회심리적 의미는 크다고 할 수 있다.

다섯째, 주택은 개인적인 경험과 추억을 저장하고 사회적 관계망을 구축·유지하는 도구가 된다. 한 주택에서 오랫동안 거주함으로써 개인생활의 아름다운 경험과 추억을 저장할 수 있고 이웃, 지역사회, 사회복지시설(이용시설)과의 관계를 통해 친밀한 사회적 지지망을 구축할 수 있어(Huttman, 1985) 노화로 인하여 환경에 대한 적응력을 상실해 가는 노인에게는 친밀하고 자신에게 호의적으로 반응하는 환경을 유지할 수 있다는 면에서 노인에게 주택의 가치는 크다고 할 수 있다.

여섯째, 자신의 주택에서 생활할 수 있다는 것은 자신의 신체적·경제적 독립성을 확인하고 나타내는 것이 된다. 특히 노인이 자녀와 별거하여 산다는 것은 자신이 신체적으로 타인의 도움을 받지 않고 살아갈 수 있는 능력이 있다는 것을 스스로 확인하고 나아가서는 타인에게 자신의 능력을 나타냄으로써 만족감을 얻을 수 있다. 주택을 소유하고 있거나 안정적으로 주거장소를 마련하여 생활할 수 있다는 것은 때로는 경제적으로도 독립된 생활을 하고 있다는 것을 나타내는 것이 된다.

일곱째, 주택은 노인을 포함한 모든 사람에게 사생활의 자유(privacy)를 공간적으로 확보해 줄 수 있다. 한 인간으로서 노인이 존엄성과 고유한 개성을 보장받는 것은 사생활 자유의 보장을 주요 요소로 하고 있다. 사생활의 자유를 공간적으로 확보하는 것은 바로 주거공간을 확보할 때 가능해지는 것이다(최성재, 1995).

여덟째, 주택은 노화로 인한 생활기능 저하를 보완하고 수용할 수 있는 물리적 환경을 제공해 줄 수 있다. 노화로 인한 기능저하에도 불구하고 일상생활에서 가능하면 타인의 도움 없이 독립적으로 생활하기 위해서는 주택의 구조와 시설이 편리하게 되어 있어야 한다. 노인에게 적합하게 설계된 주택은 노화로 인한 일상생활 기능의 저하를 보충하고 수용해 주는 물리적 환경을 조성해 주고, 노인 자신뿐만 아니라 노인을 보호·수발하는 가족을 포함한 보호자에게도 편리성을 제공해 주며, 나아가 여러 가지 물리적 장애로 인한 사고를 예방할 수 있게도 해 준다.

2 노인주택 개발과 노인 주거정책의 필요성

노인을 위한 주거정책은 노인에게 적합한 주택의 개발, 건설과 공급, 주거환경과 주택 유지 등에서 자유, 평등, 공평, 적절성이 이루어질 수 있도록 국가나 지방자치단체, 민간단체가 의도적·계획적으로 개입하는 활동을 말한다. 주거정책이라 할 때는 일반적으로 국가나 지방자치단체와 같은 공적 부문의 개입활동을 의미하지만, 여기서는 넓은 의미에서 공적·사적인 개입활동을 모두 포함하는 것으로 하겠다. 노인주택개발이 노인 주거정책의 핵심적인 한 부분이 되어야 하기 때문에 노인주택개발의 필요성에 대하여 별도로 논하지 않고 노인 주거정책의 필요성에 포함시켜 논하기로 하겠다.

첫째, 주택은 인간의 기본적 생존을 위한 물질적 필수품이고 인간의 기본적 욕구이므로 모든 노인에게 주거장소가 확보되고 적절한 기준으로 보장되기 위하여 국가의 정책적 개입이 이루어져야 한다.

둘째, 주거권은 국민의 사회적 권리이기 때문에 이를 보장해 주는 의미에서 국가는 주거정책을 수립하고 시행해야 한다. 특히 노인에게 주거권의 보장은 주거의 평등하고 공평한 보장은 물론이고, 노인의 독립성과 존엄성을 보장할 수 있어야 하고, 주거공간의 편의성, 주거환경의 편의성과 접근성도 포함해야 한다.

셋째, 주택은 하나의 생활필수품인 동시에 재산(부)으로서의 가치도 있어 주택으로 인한 경제적 불평등이 야기되는 경우가 많기 때문에 국가적 개입이 필요하다. 특히 경제적 여건이 상대적으로 취약한 노인에게 있어서는 주택의 소유 여부가 경제적 불평등을 크게 야기할 수 있다. 소비지출 항목 중에 주택 부문이 차지하는 비중이 커서 주택을 소유하고 있는 사람과 없는 사람 사이에 생활수준의 차이를 가져올 수 있고, 재산으로의 가치증식이 커서 주택의 소유 여부가 경제적 불평등 문제를 야기할 수 있기 때문에 적절한 국가의 개입이 요청된다.

넷째, 주택을 구입하거나 임대하는 비용은 그 액수가 크기 때문에 일시적으로 준비하기 어려워 많은 경우 융자 등의 방법으로 조달되고, 개인의 경제적 사정이 구입 또는 임대능력을 크게 좌우하여 커다란 불평등적 격차를 초래하게 되므로 국민들이 최소한의 주거를 확보할 수 있도록 하기 위해서 국가의 적절한 개입이 요청된다.

다섯째, 주택의 임대차가 완전히 자유시장적 원칙에 맡겨지면 임대료의 상승, 계약조건의 불이행 등으로 임차인이 불리하게 되는 경우가 많으므로 이와 같은 문제의 통제를 위해서도 국가의 개입이 필요하다.

여섯째, 시장경제에 의한 주택의 공급탄력성은 낮고 수요탄력성은 높아 공급은 수요에 응할 수 없기 때문에 주택가격의 상승을 야기할 가능성이 크다. 그러므로 정부가 개입하여 주택공급을 조정할 필요가 있다(Whitehead, 1984).

일곱째, 주택의 질과 환경은 생활의 제반 영역에 영향을 미치는데, 특히 노인에게 있어서 주택의 구조와 환경은 노인의 사회적·심리적 욕구를 만족시키고 일상생활에 필요한 활동을 하는 데도 지대한 영향을 미친다. 따라서 노인에게 물리적·사회적·심리적으로 적합한 주거공간이 확보되도록 정부의 적절한 개입이 필요하다.

여덟째, 자녀와의 별거를 원하는 노인인구 비율이 급격히 증가하고 있고 자녀와 동거하더라도 노인을 보호·수발할 수 없는 경우가 많아지고 있어 노인이 가능하면 독립적으로 생활할 수 있도록 설계된 노인전용주택의 보급과 관련 서비스의 제공은 국가가 주도적으로 개입하여 수행해야 한다.

아홉째, 모든 국민에게 최소한의 주거공간을 확보해 주고 주택을 통한 삶의 질을 높이려는 국민들의 일반적인 욕구를 충족시켜 주기 위해서 주택의 건설과 보급에서 공적 부문과 민간 부문 간의 역할분담이 필요한데, 이를 위해서 국가가 주도적으로 개입하는 것이 바람직하다.

3 장애노인에 대한 사회적 인식 단계 구분

서비스 대상으로서 노인에 대한 사회적·국가적 인식은 장애인에 대한 인식과 맥을 같이한다. 즉 노인은 노화 과정에 따라 질병과 장애가 나타나 신체적으로 스스로 독립해서 활동할 수 없게 되는 경우가 많아지므로 노인은 장애인과 같은 서비스 대상으로 취급된다. 편의상 이 장에서는 장애인과 같은 상태에 있는 노인을 '장애노인'이라 부르기로 하고, 이 말은 장애인이 노인이 된 '노인장애인'과 구분하여 사용하기로 한다.

신체적 독립성의 측면에서 장애인이 사회적으로 인식되는 단계(시기)는 크게 ① 배제(exclusion) 시기, ② 격리(segregation) 시기, ③ 통합(inclusion) 시기로 나눌 수 있다(Brink & Gutman, 2002). 이러한 인식의 단계적 구분은 캐나다에서의 구분이지만 다른 사회에도 일반화할 수 있다고 보아 한국의 주거정책 분석에 적용해 보기로 하겠다.

1) 배제 시기

배제 시기는 노인이나 장애인의 신체적 독립성 증진을 사회가 거의 고려하지 못하는 시기를 말한다. 산업화, 의료기술과 사회의 발전으로 사람들은 장애를 가지고도 오래 살아남을 수 있게 되고 평균수명이 연장되어 노인의 수도 점차 증가하게 되었지만 장애인이나 노인은 상대적으로 소수에 불과하다. 산업화사회에서 장애인들은 사회에 참여할 수 없다고 인식됨으로써 이들은 사회활동 참여에서 제외된다. 주택과 사회의 모든 건물과 시설과 장비는 정상적인 청년을 대상으로 하여 설계되고 소수의 장애인과 노인을 고려한 설계는 시장성이 없기 때문에 시장에서도 제외된다. 장애인은 그야말로 숨겨진 소수인 일 뿐이다.

2) 격리 시기

격리 시기는 제2차 세계대전 후 경제발전의 가속화, 복지 서비스의 확대, 평균수명의 급속한 연장, 전쟁 상이용사의 귀환으로 장애인은 사회에서 수적으로 크게 늘어나 상당히 가시적인 존재로 되면서 나타난 인식이다. 이 시기는 또한 산업재해와 교통사고 등으로 장애자가 될 수 있는 가능성도 크게 증가하는 역사적 시기에 해당된다. 노인도 급속한 평균수명의 연장으로 유병장수(有病長壽)하는 현상이 두드러지게 나타나기 시작하고 그 수와 비율이 더욱 증가하게 된다. 이러한 사회적 상황에서 사회는 장애인과 장애노인의 신체적 독립성을 증진하는 데 관심을 기울이기 시작한다. 장애인에 대한 서비스의 주된 목표는 신체적 독립을 위주로 한 재활이지만, 재활도 청년층의 재활에 관심을 두고 장애노인의 재활에는 관심을 두지 못하는 경향이 있다. 장애인에 대한 일반적 견해는 장애인은 자신과 다른 사람들을 위해서 사회로부터 격리되어 보호환경 속에 있는 것이 당연하다고 생각하는 경향이 농후하다. 장애인에 대한 배려로 무장애 디자인(barrier-free design)의 개념이 도입되지만 일부 장애인과 장애노인에게 적용될 뿐이다. 건축설계에서 장애인을 고려하는 경향은 점차 뚜렷해지고 있으나 장애인의 기준은 노인의 퇴행적이고 중복적 장애의 특성까지는 고려하지 못한다. 이러한 상황에서 장애인은 사회적 부담이 되는 복지의 대상으로 간주되고 있을 뿐이다.

3) 통합 시기

통합 시기는 장애인에 대한 정상화(normalization) 개념이 크게 확산됨으로써 장애인은 격리되어 보호된 환경 속에서 생활하는 존재가 아니라 정상적 환경 속에서 일반인과 더불어 생활해야 하고, 그렇게 하는 것이 바람직하다는 인식이 크게 확대되기 시작한다. 또한 기술의 발전으로 장애인이 가정과 지역사회에서 생활하는 것이 더욱 가능해졌고, 장애인에 대한 인식 변화와 더불어 급속한 고령화가 진전되어 노인인구도 사회의 큰 부분을 차지하게 된다. 다른 한편 시민의 주거와 환경에 대한 권리의식과 권리보장이 관련 입법을 통해 증진되면서 장애인과 장애노인이 지역사회의 일반 환경 속에서 생활하고 활동하는 것이 자연적인 것으로 받아들여지게 된다.

장애인의 사회적 통합과 더불어 노인의 사회적 통합도 고령화사회의 새로운 과제로 제기되면서 장애인과 장애노인을 위해서뿐만 아니라 모든 사람들을 위한 주거시설, 생활편의 시설과 일반건물 구조를 노인과 장애인에게 편리하도록 설계한 무장애 디자인(barrier-free design) 건축물이 바람직하다는 사회적 인식이 높아지기 시작한다. 주택은

> **무장애 디자인과 유니버설 디자인**
>
> - **무장애 디자인**(barrier-free design)은 일본을 위시한 비영어권 국가에서 주로 많이 사용되는 용어이고, 영어권 국가에서는 **접근용이 디자인**(accessible design)이나 **장애인 접근용이 디자인**(handicapped accessible design)이라는 용어를 많이 사용한다. 무장애 디자인 주택이나 건물은 신체적 장애를 가진 사람이 접근하거나 이용하기 편하게 설계되거나 개조된 주택이나 건물을 말한다.
> - **유니버설 디자인**(universal design)은 주로 건물에 한정하여 사용되는 경향이 있는 무장애 디자인보다는 좀 더 폭넓은 개념으로, 건물의 설계뿐만 아니라 일상생활에 필요한 여러 가지 물건이나 장비를 연령이나 신체적 조건에 크게 관계없이 누구나 쉽고 편리하며, 위험성 없이 사용(이용)할 수 있도록 설계하는 것을 말한다.

반영구적 구조물이기 때문에 한 주택에서 태어나서 자란 사람이 노령기까지도 같은 주택에 생활할 수도 있고, 다른 주택으로 이사할 수도 있다. 그러므로 한 주택에 사는 사람은 아동에서 노인까지 생애과정의 모든 사람들이 될 수 있어 주택을 모든 연령층이 사용하기 편하게 만들 필요가 있다. 또한 산업재해와 교통사고 등으로 일반인도 장애인이 될 수 있는 가능성이 높아지고 유병장수하는 노인이 증가함에 따라 지역사회의 주택은 물론 일반건물과 전반적인 물리적 환경을 장애인과 노인뿐만 아니라 모든 사람에게 편리하게 만드는 것이 사회적 과제로 부상하고 있다.

통합 시기에서 인식 변화와 사회적 상황의 변화로 장애인과 노인의 사회참여, 통합과 접근성 증진은 사회적 과제가 되고 있고, 이러한 과제의 해결은 연령에 관계없이 모든 사람이 생활하기에 편한 주거와 환경을 설계하거나 개선하려는 유니버설 디자인(universal design, 보편설계라고도 함)을 중요시하게 된다.

4 노인 주거정책의 발전 과정

관련 법률의 제정과 시행이 없이 사회정책을 수립하고 시행하기는 어렵다. 관련 법률이 있다고 해서 법규대로 시행되는 것은 아니지만 수준의 차이는 있을지라도 법률에 정한 정책은 시행되는 것이 일반적이다. 따라서 노인 주거정책은 주거 관련 법률의 제정·시행과 연관해서 시대적 구분을 하는 것이 바람직하다고 본다. 우리나라의 노인 주거정책의 시대적 구분은 노인주거 및 관련된 법률적 규정이 제정된 것을 기준으로 하여 크게 ① 1970년대 말까지, ② 1980~1993년, ③ 1994년~현재까지로 나눌 수 있다.[1]

1) 1970년대 말까지

우리나라에서 노인문제가 사회문제로 부각되기 시작한 시기는 1970년대를 전후한 시기로 볼 수 있다. 1970년에 65세 이상 노인의 수는 100만 명을 약간 넘었고 노인인구의 비율도 3.3%에 불과하였다. 1979년에도 노인인구는 약 140만 명으로 전체 인구의 3.7%에 이르렀을 뿐이다. 우리나라에서 노인문제가 사회문제로 부각되는 데는 노인 수와 비율의 증가보다는 급속한 사회변동에 따른 개인과 가족, 사회제도의 대응부재 내지는 불충분성에서 비롯된 요인들이 더 큰 영향을 미쳤다.

1970년대 말까지 장애인과 장애노인에 대한 사회적 인식은 배제 시기에 해당된다고 할 수 있다. 1981년에 심신장애자복지법(1989년에 장애인복지법으로 개칭됨)이 제정되어 비로소 일반 장애인에 대한 배려가 이루어졌지만, 그 이전에는 장애인에 대한 국가정책은 저소득 장애인 중심의 시설보호가 전부였다. 저소득 장애인은 시설에 입주하여 보호를 받았고 일반장애인은 사회적 편견으로 가정에서 머물러 있는 경우가 거의 대부분이었다. 거동이 불편하거나 질병과 장애로 남의 도움이 필요한 노인도 장애인과 마찬가지

1. 여기서 말하는 관련 법규는 노인복지법(1981. 6. 15 시행), 임대주택건설촉진법(1984. 12 시행), 임대주택법(임대주택건설촉진법이 전면 개정된 것: 1994. 4. 1 시행), 주택건설기준 등에 관한 규정(1991. 1. 15 시행), 장애인·노인·임산부 등의 편의증진보장에 관한 법률(1998. 4. 10 시행), 주택공급에 관한 규칙(1978. 5. 10 시행), 효행 장려 및 지원에 관한 법률(2008. 8. 1 시행)을 말한다.

로 일상생활에서 배제되었다. 부양가족도 없고 주거도 마련할 수 없는 장애노인은 주거시설(양로시설 등)에 입주하여 보호받았고 일반 노인은 가족에게 전적으로 맡겨져 보호받았다. 그러므로 1970년대 말까지 노인도 장애인과 같이 사회생활에서 배제되고 있었고, 따라서 노인 또는 노화의 특성을 고려한 주거정책은 없었다고 할 수 있다. 노인 주거정책이라 할 수 있는 것을 굳이 찾는다면 저소득 노인을 입주·보호하는 양로시설에 관한 것뿐이다.

우리나라의 주거정책은 1960년대 초까지는 구호 차원의 주택공급정책이었고, 정부에서 구호 차원이 아니라 유상 또는 시장체계를 이용하여 주택을 공급하기 시작한 것은 1963년 공영주택법이 제정되면서부터다. 공영주택법은 저소득층 국민에게 저렴하게 주택을 분양해 주거나 임대주택을 공급하기 위해 주택공사로 하여금 주택공급사업을 담당하게 한 것이다. 그리고 무주택 국민에 대한 주택공급을 위해 1972년에 주택건설촉진법이 제정되었다. 1960년대와 1970년대까지의 제1차(1962~1966년), 제2차(1967~1971년), 제3차(1972~1976년), 제4차(1977~1981년) 경제개발계획을 통해 주택건설 20년계획(1967~1986년), 주택건설 10개년 계획(1972~1981년) 등을 통해 약 190만 호가 건설되었다. 이 기간 동안 주택정책의 목표는 절대적으로 부족한 주택 보급률을 높이기 위한 양적 공급에 치중한 정책이었을 뿐이다. 1972년에 제정된 주택건설촉진법에도 노인주거에 관한 규정은 전혀 고려되지 못하였다.

그러므로 노인과 노화의 특성을 고려한 노인주택은 전혀 주택정책의 관심 영역이 되지 못했다고 할 수 있다. 주택정책의 대상으로 노인이 특별히 차별대우를 받은 것은 아니고 노인도 일반국민의 일부로 취급되었을 뿐이다.

사실 주거시설(입주시설 또는 생활시설이라고도 함)을 노인 주거정책에 포함시키는 것이 적합하지 않다는 주장도 있다(박영신 외, 1999). 현재까지는 주로 저소득층 노인이 시설에 입주하는 경우가 많았지만 유료시설이 점차 증가되고 있고 있어 유료시설 입주 수요도 크게 증가할 것으로 보인다. 노인이 주거시설에 일단 입주하게 되면 계속 주거시설에 장기간 생활하게 되므로 주거시설이 곧 해당 노인에게는 주택이나 다를 바 없다. 따라서 주거시설도 주택정책에 포함시켜야 할 것이다.

1970년대 말까지 노인주거시설은 부양가족이 없는 저소득층 노인을 입주시켜 보호하는 형태였고 모두 정부가 지원하는 무료시설이었다. 1979년까지의 노인주거시설로는 양로시설이 있었을 뿐이다. 1979년 말 현재 46개 시설에 2,920명이 입주해 있었으며 시설은 양로시설과 요양시설로 구분되지 않고 양로시설만 있었다. 그러므로 양로시설은 현재의 개념으로는 건강이 비교적 좋은 노인이 입주하는 시설이지만 1985년까지는 건강에 문제가 있는 노인도 양로시설에 같이 입주해 있었다. 1981년 노인복지법이 제정되면서 양로시설과 요양시설이 구분되었지만 실제로는 1986년부터 양로시설과 요양시설이 구분되었다.

1970년대 말까지는 노인을 대상으로 하는 주거정책이 없었기 때문에 노인주거와 관련한 분석 틀을 거의 적용할 수 없다. 따라서 주택정책 전반에 관해 언급하기로 하겠다.

1970년대 말까지는 장애인과 장애노인에 대한 사회적 인식의 단계는 배제 시기였고, 정책의 목표는 노인을 포함한 국민 전체에 대한 주택의 절대적 양의 부족에 대한 대응으로 주택을 공급하는 것에 치중했으며(박수영, 1990), 주거권의 보장이나 사회적 통합은 거의 고려하지 못했다고 하겠다. 1972년 12월에 주택건설촉진법을 제정하여 무주택 국민에게 계획적으로 주택을 공급하도록 했으나, 무주택자에게만 초점을 두어 주택 수요자의 다른 재산조건 등을 고려하지 못함으로써 결국 주택공급은 평등성과 형평성을 전혀 달성하지 못하였다. 이러한 문제점을 개선하기 위하여 주택건설촉진법을 1977년에 전면 개정했고, 이에 근거하여 1978년에 주택공급에 관한 규칙을 제정하여 국민주택 청약부금에 가입한 무주택자에게 국민주택을 우선적으로 분양하는 정책을 취했다. 그 결과 주택공급의 평등성과 형평성의 문제는 어느 정도 해결되었으나 근본적 해결은 되지 못하였다.

주택공급자는 공공과 민간으로 되어 있었는데, 공공 공급자는 대한주택공사와 지방자치단체였고 민간 공급자는 일반 건설회사가 대부분이었다. 민간 공급자는 주택 공급 결과의 평등성과 형평성에는 거의 구애받지 않았기 때문에 주택의 공급은 국민의 최저생활수준을 유지하는 차원에서 주거권 확보나 주택공급의 평등성과 형평성은 계속 문제로 남아 있을 수밖에 없었다. 주택금융은 주택을 담보로 한 국민주택 구입 시의 융자제도가 공적 융자제도의 전부였고, 국민주택 규모 이상의 주택을 구입할 때는 시중은행을 통한 주택자금 융자를 이용할 수 있으나 초기 불입금의 부담이 너무 커서 중산층 이상에게도 주택구입 부담은 대단히 큰 편이었다. 이 당시는 임대주택은 전혀 공급되지 않은 상태였다.

2) 1980~1993년

1980년대에 들어오면서 군사정권의 연장선상에서 새 정권이 복지사회의 구현을 국정지표로 제시했고 이에 따라 노인·장애인·아동의 복지에 관련된 법률이 상당수 제정되거나 개정되었다. 이 시기에는 복지대상에 대한 국민의 의식이 상당히 향상되었는데, 이로써 장애인과 장애노인에 대한 국민들의 인식도 어느 정도 향상되었다. 장애인에 대한 사회의 인식 변화를 반영하는 한 측면으로 1981년 심신장애자복지법(1989년에 장애인복지법으로 개칭)이 제정되어 장애인에 대한 시설보호와 지역사회보호에 관심을 기울이기 시작하였다. 그러나 장애인에 대한 주거시설을 제외한 일반주택과 공공건물에 대한 장애인 편의시설 설치는 법적인 규정에 포함되지 못하였다.

이 시기에는 노인복지법(1981년)이 시행되고 두 차례(1989년과 1993년)에 걸쳐 개정되었다. 또한 1984년에 임대주택건설촉진법(이 법은 1993년 12월에 임대주택법으로 전면 개정)이 제정되고, 1988년에 주택건설 200만 호 건설계획이 발표되고 시행되었으며, 1991년 주택건설기준 등에 관한 규정이 시행되었다. 또한 심신장애자복지법(1981년)이 시행되고 두 차례(1984년과 1989년)에 걸쳐 개정되기도 했다.

1980년대에 들어오면서 노인인구는 계속 성장하여 65세 이상 노인인구는 1980년 150만 명으로 전체 인구의 3.8%에서 1993년 말 현재는 340여만 명으로 5.5%를 차지하게 되었다. 1981년 노인복지법이 제정되면서 "국가 또는 지방자치단체는 노인의 주거에 적합한 기능 및 설비를 갖춘 주택의 건설을 조장하여야 한다."라는 규정을 두어 형식적이기는 하지만 노인의 특성을 고려한 주택 건설에 관심을 두게 되었다. 이 규정이 형식적이고 선언적인 것에 그쳤다고 하는 것은 그 이후 이 규정에 의한 노인주택이 공공부문에서는 물론 민간부문에서도 건설되어 보급된 경우는 없었기 때문이다. 1987년 서울시에서 360세대의 3세대 동거주택을 건설하여 보급한 바 있지만 이는 노인복지법 규정과는 무관했고 어디까지나 주택건설자인 주택공사 측의 아이디어에 의한 실험적 건설에 그치고 말았는데, 입주자들의 긍정적 평가에도 불구하고 이후 새로운 노인주택 형태로 보급되거나 건설되지 못했다.

1980년부터 1993년까지는 장애인과 장애노인에 대한 사회적 인식이 1970년대보다는 발전한 단계인 격리 시기라 할 수 있다. 장애인은 시설에 격리되고 보호환경 속에 격리되는 것이 바람직하다고 보는 시기였다. 정부의 공적 서비스도 시설보호 위주였고 지역사회 장애인에 대한 서비스는 아주 피상적이고 제한되어 있었다.

3) 1994년~현재

1994년부터 노인인구의 성장은 더욱 가속화되었고 2000년에 노인인구가 7.2%인 고령화사회의 진입에 대한 의미부여와 인구 고령화로 인한 노인문제와 욕구의 다양화가 널리 논의되었으나 노인 주택의 공급이나 노인주택의 설계에 관한 정책적 논의는 별로 없었고, 노인주거시설이라 할 수 있는 실버타운 또는 유료양로원 등은 실버산업 차원에서 상당히 활발히 논의되었다.

외국에서는 1960년대부터 노인보호 원칙으로 정상화 개념이 도입되고 지역사회보호(community care)의 필요성이 점차적으로 확산되기 시작했고, 1980년대 들어와서 지역사회보호의 강화와 노인을 현재 살고 있는 곳에서 살게 하면서 보호한다는 '자기 처소에서의 노화(aging in place)' 개념이 크게 확산되었다. 이러한 서비스 원칙은 주거의 무장애 설계를 넘어 지역사회의 노인복지시설과 서비스, 제반 환경을 노인뿐만 아니라 모든 연령층에게 공통으로 편리하게 만드는 유니버설 디자인(universal design) 개념이 크게 확대되고 있다. 그러나 외국의 추세와는 달리 국내에서는 무장애 디자인과 유니버설 디자인은 건축계의 일부에서 필요성이 인식되고 있을 뿐이고 노인복지계에서는 아직도 생소한 개념이 되고 있을 뿐이다.

1994년부터는 1993년에 개정된 노인복지법이 시행되었고, 다시 1998년에 노인복지법이 개정되어 노인복지시설이 보다 세분화되었다. 1981년 제정 당시부터 같은 내용으로 존재해 온 '주택' 규정이 1997년 '노인전용주거시설'(제8조)로 바뀌면서 법 규정이 보다 구체화되었고, 노인복지시설이 네 종류(노인주거복지시설, 노인의료복지시설, 노인여가시설, 노인재가복지시설)로 세분화됨에 따라 양로시설과 노인복지주택은 주거시설로 분류되었다.

1993년 12월에 종전의 임대주택건설촉진법이 임대주택법으로 전면 개정되고, 1991년에 제정된 주택건설기준 등에 관한 규정이 1996년에 개정되어 장애인 전용주택의 시설기준이 규정되었다. 장애인 전용주택의 시설 기준은 장애노인에게도 적용할 수 있다고 보면 노인주택에 대한 규정도 1996년에 마련되었다고 할 수 있다. 한편 1990년대 초반부터 정상화 개념에 의거하여 지역사회 중심 재활의 서비스 중요성이 강조되기 시작하였다(김용득·김진우, 1999). 그리고 1997년 '장애인·노인·임산부 등의 편의증진보장에 관한 법률'이 제정되어 주택 이외의 공공장소와 공공건물에의 장애인과 장애노인의 접근 편의성이 크게 향상될 수 있게 되었다.

이러한 상황은 장애인과 노인에 대한 일반주택의 건립을 전제로 하고 건설기준을 정하였지만 장애인과 장애노인을 아직도 특수한 주거와 건축물에 한정하여 생활하게 하려는 격리 보호의 인식이 지배적인 시기라 할 수 있다. 1997년에 '장애인·노인·임산부 등의 편의증진보장에 관한 법률'은 장애인과 장애노인 등에 대한 사회활동 참여 증진을 목적으로 하고는 있으나 사회의 인식부족과 시설·건물을 개선하려는 노력은 아직도 상당히 미흡한 편이다. 1994년부터 현재까지는 장애인과 장애노인에 대한 사회적 통합의 필요성 인식이 점차 강화됨으로써 현재는 사회적 인식은 격리 시기를 상당한 정도 벗어나 통합의 시기에 어느 정도 접근하고 있다고 할 수 있다.

5 노인주택의 구조적·환경적 조건

주거보장의 목적이 단순히 생활할 수 있는 공간을 확보해 주는 것에 그치지 않고, 노인이 가능하면 신체적 독립성을 유지하면서 안전하고 안락하게 생활할 수 있는 구조적·환경적 조건을 만들어 주는 것까지 포함해야 하므로 여기서 이러한 조건들을 간략히 검토해 보기로 한다.

1) 물리적 구조

노인이 되면 생물학적 노화로 신체의 기능이 저하되고 신장도 줄어들기 때문에 이러한 신체적 기능과 조건에 맞도록 주택구조가 만들어져야 한다. 일본의 다카사카 등(高阪謙次 外, 1984)은 노인주택의 구조적 특성이 요청되는 이유를 ① 안정성 향상으로 인한 노인의 신체적 자립 유지, ② 노인의 신체적 기능과 건강의 다양성에 대한 대응, ③ 한 주택시설의 다년간 지속성(일단 노인주택이 만들어지면 오랫동안 적어도 2~3세대에 걸쳐 노인이 사용함) 등 세 가지로 들고 있다. 그러므로 특별히 건축상 고려되어야 할 물리적 구조는 다음과 같다.

① 보행이 어려우므로 계단 대신에 경사로를 만들고 문턱을 없애야 한다. 특히 현관에서 거실이나 마루로 이어지는 곳에 턱을 피하는 것이 좋다. 이는 휠체어를 사용하는 경우 더욱 중요한 사항이 된다.

② 노인의 침실은 화장실, 목욕탕, 부엌 등에서 가까운 곳에 배치되어야 한다.

③ 물을 이용하는 공간인 화장실과 목욕탕의 바닥은 잘 미끄러지지 않는 재료를 사용하고, 튼튼한 손잡이 난간과 비상벨 등이 설치되어야 한다.

④ 노인이 되면 신장이 평균 약 10cm 정도 줄어들기 때문에 선반, 손잡이, 세면기 등은 약간 낮게 설치되어야 한다.

⑤ 계단을 설치하는 경우는 반드시 계단 양옆에 손잡이 난간이 설치되어야 한다.

⑥ 수도꼭지, 문의 손잡이 등은 손으로 돌리는 것보다는 꼭지를 길게 하며 상하 또는 좌

우로 이동하도록 하는 것이 좋다. 특히 문의 손잡이는 상하 또는 좌우로 길게 하여 잡기에 편하도록 하는 것이 좋다.

⑦ 노인 침실 벽은 노랑이나 주황색 계통의 밝은 색으로 하고 조명도 더 밝게 해야 한다. 그리고 노인은 강도가 낮은 소리를 듣기 힘들어하므로 특히 텔레비전, 라디오 등의 소리를 높게 하는 경우를 대비하여 노인의 방은 방음장치를 하여 다른 가족원이 방해를 받지 않도록 해야 한다.

⑧ 연령이 증가함에 따라 공간통합능력이 점차 감소하므로 복잡한 조작을 요하는 가구나 주방 기기 등의 사용은 피해야 한다.

⑨ 건강을 유지하기 위하여 노인 방이나 노인주택은 공기가 맑고 햇볕이 잘 드는 남향에 위치해야 하고, 실내온도도 젊은이들에게 적합한 온도보다 약간 높은 22~24℃ 정도 유지하는 것이 좋다.

2) 정서적 · 심리적 구조

① 노인이 가족과의 관계에서 심리적 소외감과 고독감을 느끼지 않도록 가족들이 많이 어울려 지내는 거실 가까이에 노인 침실을 마련하는 것이 좋다.

② 방이 부족하여 다른 가족원이 노인과 함께 방을 사용해야 되는 경우는 가능하면 노인을 이해하고 노인의 마음에 맞는 가족원과 같이 사용하도록 배려해야 한다.

③ 노인은 프라이버시를 지키고자 하는 욕구가 강하고 자신이 오래 사용해 온 물건에 대한 애착이 매우 강하므로 자신의 소지품을 정리·보관할 수 있는 공간이나 벽장 등이 필요하다.

3) 사회적 요소를 고려한 구조

노인의 사회적인 특성을 고려하여 어떤 유형의 주택을 건설할 것인가는 중요한 선택이 된다. 여기서는 노인의 사회적 관계의 특성을 고려한 노인분리형과 노인통합형에 대해서 생각해 보기로 한다. 노인주택을 일정한 곳에 집합적으로 건설할 것인지(예: 노인아파트, 실버타운 등), 아니면 노인주택을 일반주택과 섞어서 건설할 것인지는 공급자의 선택 사항이다. 노인분리형은 노인들끼리는 서로가 연령코호트(age cohort)로서 비슷한 점이 많고 잘 이해할 수 있으므로 서로의 빈번한 접촉을 통하여 사회적 관계를 향상시킬 수 있다. 한편 노인들끼리만의 접촉은 사회 전체의 흐름 속에서 소외되고, 노인 자체의 신체적·사회적 취약점 때문에 스스로 부정적인 낙인을 찍어 사회로부터 소외되는 문제도 있다. 노인통합형은 노인들의 주위에 항상 젊은이들이 있으므로 사회적 관계의 다양성을 맛볼 수 있고 사회 속에 통합된 감정을 가질 수 있다. 그러나 젊은이들과의 가치관 갈등을 극복하지 못할 때는 오히려 소외감과 고독감을 더 많이 느낄 수도 있다.

어떠한 형태를 취하는 것이 바람직한지는 현재까지의 연구 결과로 결론을 짓기는 힘들다. 이는 사회 문화적인 전통과도 관련되어 있다. 분리된 속에서도 어느 정도의 지역사회와의 접촉이 필요하고 통합된 가운데서도 노인들끼리만의 분리가 필요하므로 사회문화적인 전통이 어느 정도 혼합적인 특성을 허용하는 한, 분리형이든 통합형이든 큰 문제가 되지 않을 것이다. 개인이 성격적 특성과 생활습관 등에 따라 택할 수 있도록 두 가지 형태가 공존하는 것이 바람직하다.

4) 환경적 조건

노인주택을 건립하거나 선택할 때는 다음과 같은 요소를 고려하는 것이 바람직하다.

① 교통이 편리한 곳이어야 한다. 많이 걷지 않고 대중교통을 이용할 수 있는 곳이어야 한다. 신체 기능의 약화로 걷는 것이 힘들고 불편해지므로 가능하면 많이 걷지 않는 곳에 노인주택이 위치해야 한다. 이 점은 특히 긴급 시에 교통수단 이용의 편리를 위해서도 반드시 고려되어야 할 사항이다.

② 의료시설, 노인여가시설, 기타 노인이 참여할 수 있는 노인복지시설의 접근이 용이한 곳이어야 한다. 이러한 시설들이 근접한 곳이어야 건강상의 문제가 생겼을 경우에 쉽게 의료시설을 이용할 수 있고, 다른 노인들과의 빈번한 접촉을 통하여 사회적·심리적 만족감을 얻을 수도 있다.

6 주거보장의 방법

노인 주거보장 프로그램은 노인의 주거장소가 지역사회 내에서 일반주택 또는 집합주택에서 거주하느냐, 간호보호를 위주로 한 시설에서 거주하느냐에 따라 재가 목적 주거정책과 입주보호 목적 주거정책으로 나눌 수 있다. 그러나 모든 노인주거를 이와 같이 두 가지로 분류하기는 어렵고 오히려 하나의 연속선상에서 분류할 수 있는 것이다. 그리고 주택정책은 또한 건설자/공급자를 위한 것과 수요자/소비자를 위한 것으로 나눌 수도 있는데 주택정책은 일반적으로 수요자/소비자를 위한 것이 거의 대부분이다.

외국에서는 오래전부터 노인을 위한 주택문제를 노인복지의 주요 급여(給與; benefit)로 인식하고 재가노인과 시설노인을 위한 다양한 프로그램을 개발하여 시행하고 있다. 여기서는 주로 선진국에서 보편적으로 시행하고 있는 주택 프로그램을 간략히 정리하면서 주거보장의 방법을 소개하도록 하겠다. 편의상 주거정책을 재가 목적 주거정책과 입주보호 목적 주거정책으로 나누고 아울러 건설자/공급자를 위한 정책과 수요자/소비자를 위한 정책으로 나누어 살펴보기로 하겠다(다음 쪽의 〈표 14-1〉 참조).

1) 재가 목적 주거정책

사회복지의 기본원칙은 인간은 누구나 자기 집에서 가족들과 살기를 원한다는 기본적인 욕구를 존중하여 가능하면 모든 노인을 자기 집에서 살도록 하는 데 그 목적을 두고 있다. 그리고 전문가들의 관찰에 의하면, 노인들은 자기 집에서 생활하는 경우가 시설에서 생활하는 경우보다 더 오래 살고 더 행복해 하고 더 만족스럽게 여긴다는 것인데, 이러한 사실은 가능하면 노인을 가정에서 생활하도록 하는 원칙을 강화시키고 있다(Kahn & Kamerman, 1976). 그리고 노인을 가정에서 보호하는 경우가 시설에서 보호하는 경우보다 경제적이라는 사실도 노인을 가능하면 가정에서 생활하도록 하는 원칙을 강화하는 이유의 하나가 된다. 특히 서구에서는 노인들을 위한 집합주택 위주의 정책을 추진해 왔으나 노인에게 가장 좋은 주거정책으로는 자기가 지금까지 살던 곳에서 노후를 보내도록 한다는 원칙('aging in place')이 강조되고 있으며(Pynoos, 1995), 이는 역시 재

표 14-1. 주거보장정책 프로그램

구분		급여	구체적 급여
재가 목적 프로그램	공급자 프로그램	금융	• 정부보증 은행융자 • 정부 직접융자 • 융자상환금 이자 감면
	소비자 프로그램	주택보급	• 노인전용주택 • 3세대 동거형 주택 • 자녀 인거형 노인주택 • 실버타운(은퇴자마을) • 하숙주택 • 노인집합주택 - 노인집단주택 - 보호주택 - 기숙호텔 - 하숙호텔
		보조금	• 주택수당 • 주택부조 • 임대료 보조금
		금융	• 주택구입자금 융자 • 주택수리 및 개조자금 보조/융자
		세제감면	• 재산세 감면
		자산활용	• 주택자산활용제도
입주보호 목적 프로그램	공급자 프로그램	금융	• 시설 건축자금 융자
	소비자 프로그램	주택보급	• 일반요양시설 • 특별요양시설 • 단순보호시설
		주거비용 지급	• 이용료 지급

가 목적 주거정책이 가장 우선적이고 중요하다는 것을 의미하는 것이다.

(1) 건설자/공급자를 위한 주거정책

건설자/공급자를 위한 주거정책은 주택건설자금이나 기존주택 재활용자금의 융자가 거의 전부인데 미국에서 시행되고 있는 프로그램을 소개하면 다음과 같다.

① 정부보증 은행융자

정부보증 은행융자는 비영리단체와 영리단체가 노인을 위한 주택을 신축 또는 기존 주택을 재활용하는 데 정부의 상환보증으로 일반은행에서 융자받을 수 있도록 하는 것으로 미국의 주택법에 의해서 시행되고 있다.

② 정부 직접융자

노인을 위한 주택의 신축 또는 재활용을 위해서 비영리단체들이 장기저리로 정부로부터 직접 융자를 받을 수 있도록 하고 있다. 예를 들면, 미국에서는 임차노인은 62세 이상이고 당해 지역 가족의 중위임금의 80% 미만에 해당되도록 하고 있다.

③ 융자상환금 이자 감면

저소득층 노인에 대한 임대업자나 주택을 소유한 노인에 대하여 상환금 이자를 감면해 주는 제도가 있다.

(2) 수요자/소비자를 위한 주택정책

① 주택건설/보급 정책

- **노인전용주택 :** 노인에게 편리한 구조와 시설을 갖춘 주택을 정부나 비영리 및 영리단체에서 건설하여 보급하는 것으로, 서구에서 널리 시행되고 있는 정책이다.
- **3세대 동거형 주택 :** 노인세대와 자녀세대가 한 지붕 밑에서 동거하되 공간적으로 세대별로 분리된 구조를 가진 주택을 건설하여 보급하고 있다.
- **자녀 인거형 노인주택 :** 자녀세대와 인접한 구조의 노인주택을 건설하여 보급하고 있다.
- **실버타운 또는 은퇴자마을(retirement community):** 우리나라에서는 '실버타운'으로 불리고 있는 은퇴자마을은 주택개발업자나 사회단체가 일기조건이 좋은 곳에 계획하여

만든 주거단지로 노인을 이주시켜 주택을 분양 또는 임대해 주고 있다. 이곳으로 입주하는 노인은 대부분 소득수준이 높은 은퇴자들이다. 실버타운 내의 주거시설은 독립주택(개인이 독립적으로 생활할 수 있는 주택)이나 서비스 주택(개인 또는 가족 단위 주택이면서 타인의 서비스가 제공되는 주택)이 주를 이루며 요양시설이 같이 있는 경우도 많다.

- **하숙주택(boarding home):** 일반적으로 생활기능이 저하된 저소득노인이 5~6명 이하의 단위로 공동생활하면서 식사와 일상생활의 보호 서비스를 제공받는 주택이다. 특히 24시간 보호를 제공하는 하숙주택도 있다(이런 형태를 foster home이라 함).
- **노인집합주택(congregate housing)**
  - **노인집단주택**(senior apartment) : 주로 노인전용 아파트로 특별한 서비스는 없는 것이 일반적이다.
  - **보호주택**(sheltered housing) : 일반노인이나 경증의 장애가 있는 노인에게 편리하도록 설계된 아파트나 단층 연립주택 같은 데서 독립적인 생활을 하면서 노인들이 건강상 문제가 있는가를 살피고 응급 시에 연락을 하는 관리인을 두고 있는 일종의 집합주택으로 일반주택에 대한 대안적 주택이라 할 수 있다.
  - **기숙호텔**(resident hotel) : 주로 중산층 이상이 생활하는 곳으로 호텔과 같은 시설을 갖추고 있는데 개인의 방에는 전화, 텔레비전, 목욕시설이 있다.
  - **하숙호텔**(single-room-occupancy hotel) : 값싼 호텔과 같은 곳으로 임시로 기거하는 노인들이 많고 입주자 간의 깊은 관계가 없이 비교적 고립되어 있는 경우가 많다.

노인을 의미하는 실버(silver)와 그레이(gray)

- 노인의 의미하는 상징적 색깔을 실버(silver)로 보는 국가는 한국과 일본이며, 영어권 국가에서는 노인을 상징하는 말로 회색(gray 또는 grey)을 사용한다. 그래서 노인들의 사회적 또는 정치적 힘을 일컫는 말로 '그레이 파워(gray power)'라는 말이 많이 사용되고 있다.
- 우리나라에서 은퇴자마을(주택), 퇴직자마을(주택)을 '실버타운(silver town)'이라 부르지만 영어권 국가에서는 '실버타운'이라는 말이 사용되지 않고 retirement community, retirement housing이라는 말이 널리 사용되고 있다.

② 주택분양 우선권 부여

노인단독세대나 노인이 포함된 세대는 주택을 분양할 때 우선권을 부여하고 있다.

③ 주택임대 우선권 부여

노인단독세대나 노인이 포함된 세대에 주택을 우선적으로 임대해 주고 있다.

④ 주택 관련 보조금 지급

주택에 대한 비용이 생활비 가운데 큰 비중을 차지하고 있기 때문에 주택에 대한 비용을 별도로 지급하여 최저한도의 경제적 보장의 목적을 달성하기 위하여 주택수당(housing allowance), 주택부조(housing assistance), 임대료 보조금(rental subsidy) 등의 명목으로 주로 저소득 노인가구에 지급되고 있다. 스웨덴, 프랑스, 독일, 영국, 미국, 일본 등에서 이러한 주택 관련 보조금이 지급되고 있으며, 공공부조금에 포함되어 지급되는 것이 일반적이다. 미국의 경우에는 임대주택에 거주하는 노인에 대하여는 당해 지역의 임대료와 노인소득의 15~30%의 차액에 해당하는 금액을 정부에서 직접 임차인에게 지불하고 있다(Gelfand, 1988). 이 외에 임대료 크레디트(rent credit)라는 것이 있는데, 이는 1년 동안 지불한 임대료의 일부를 정부에서 보상해 주는 제도인데 저소득 노인이 그 대상이 된다.

⑤ 주택 관련 세제혜택

주로 주택에 대한 재산세를 감면해 주거나 지불을 연기해 주는 제도다.

⑥ 주택금융제도

- **주택구입자금 융자**: 노인도 일반인들과 같이 주택구입자금을 은행에서 융자를 받을 수 있는데, 노인이기 때문에 특별히 혜택을 받는 제도는 거의 없는 것 같다.
- **주택수리 및 개조 자금 융자**: 저소득층 노인에 대한 지원으로 주택 수리 및 개조 비용의 전부를 지원하거나 저리로 융자해 주는 제도다. 또한 동절기의 방한장치를 위한 특별지원금제도도 있다.

⑦ 주택자산활용제도(주택연금 또는 역모기지제도)

노인이 현재 소유하고 있는 주택은 재산으로의 가치가 높지만 주택을 매매하지 않는 한 실질적인 소득을 얻을 수 없기 때문에 가격이 높은 주택을 소유하고 있으면서 저소득 수준에 있는 경우가 많다. 이러한 경우에 주택을 은행이나 부동산회사에 담보로 맡기고 매월 연금 형식으로 일정 기간 내지는 사망 시까지 대부를 받는 방법, 주택을 은행이나 부동산회사에 팔고 노인이 은행으로부터 임차하는 방법, 공공기관이나 민간비영리기관이 일정 기한을 정하여 노인의 주택 개축, 세금, 재가복지 서비스 비용을 대신 지불하고 일정 기한이 도래한 후에 매각하여 비용을 청산하는 방법 등으로 현재의 주택을 이용하는 프로그램이 있다.

2) 입주보호(시설보호) 목적 주거정책

외국에서는 우리나라의 양로시설과 같은 시설은 드물고 건강보호에 문제가 있는 노인들을 입주시켜 의료 서비스와 사회 서비스를 제공하는 요양시설이 거의 대부분이다. 그리하여 외국에서는 입주보호시설이라 하면 요양시설을 의미하는 것이 일반적이다. 영국에서는 요양시설이 아닌 양로시설은 50명 이하의 소규모가 대부분이며 이를 '주거시설(residential home)'이라 부른다. 일본에서는 양로시설을 경비(經費)노인홈과 유료노인홈으로, 요양시설을 양호노인홈과 특별양호노인홈으로 구분하고 있다.

(1) 건설자/공급자를 위한 주거정책

입주 목적 시설을 위한 주거정책으로는 시설을 건립하거나 시설 내에 설비를 갖출 때 정부가 보조금을 지급하거나 융자해 주는 것과 시설의 설치 및 운영에 관한 규정을 정하여 지도·감독을 하는 것 등이 있다.

(2) 수요자/소비자를 위한 주거정책

① 시설 공급

수요자/소비자를 위한 입주보호 목적 주택정책은 입주 노인에 대한 서비스의 기술과 수준에 따라 다음과 같은 세 가지 형태로 구분된다.

- **특별요양시설(skilled nursing facility)**: 특별요양시설은 응급 및 계속적 서비스가 필요한 노인을 수용보호하고 있는 시설인데 의사와 간호사가 24시간 대기하며 의료적인 서비스와 아울러 사회복지 서비스와 활동 서비스도 제공하고 있다.
- **일반요양시설(intermediate care facility)**: 일반요양시설은 특별요양시설처럼 긴박하고 계속적인 서비스를 제공하지는 않지만 24시간 서비스는 제공하는 곳이다. 의사의 24시간 대기 서비스는 필요하지 않는 경우가 일반적이며, 24시간 간호 서비스는 제공되는 시설이다. 특별요양시설이 의료 서비스를 제공하는 모델(medical model)이라면 일반요양시설은 일종의 건강보호 서비스를 제공하는 모델(health model)이다(Huttman, 1985).
- **단순보호시설(care house)**: 시설 같기도 하지만 시설과는 다른 곳으로 경증의 장애가 있는 노인을 입주시켜 단순히 식사, 세탁 등 기본적인 서비스만 제공하는 시설을 말하는데, 경증의 허약노인이나 장애노인을 위한 장기투숙 여관과 같은 곳이라 할 수 있다.

② 시설 서비스에 대한 비용부담

서비스에 대한 비용은 일반적으로 의료보험과 의료보호(공공부조)로 충당되고 일부는 본인이 부담하도록 하고 있다.

7 현행 노인 주거정책

1) 지역사회 노인 주거정책

지역사회에 주거하는 노인을 위한 법률적 규정은 있으나 거의 선언적 규정에 불과하고, 노인을 고려한 입주자 선정기준도 있으나 특별히 다른 대상에 비해 우선적 혜택이 주어지지 못하고 있는 편이어서 우리나라는 현재 지역사회 노인을 위한 주거정책은 없다고 해도 과언이 아니다. 선언적이고 형식적인 것에 그치고 있지만 노인 주거 관련 정책이라 할 수 있는 몇 가지를 검토해 보면 다음과 같다.

(1) 노인편의 주거시설 공급

노인복지법(제8조)에 국가 또는 지방자치단체는 노인의 주거에 적합한 기능과 설비를 갖춘 주거용 시설의 공급을 조장해야 하며 그 주거용 시설 공급자에 대하여 적절한 지원을 할 수 있다고 규정하고 있다. 그러나 이는 선언적 규정에 불과하고 이를 반영한 구체적 정책과 서비스는 없다고 할 수 있다.

(2) 자녀동거 노인편의 주거시설 공급 장려

'효행 장려 및 지원에 관한 법률'(제12조, 2008년 8월 시행)에 의하면 국가 또는 지방자치단체는 자녀와 동일한 주택이나 주거단지 안에 거주하는 부모 등을 위하여 이에 적합한 설비와 기능을 갖춘 주거시설의 공급을 장려해야 하고, 국가 또는 지방자치단체는 주거시설의 공급에 대하여 지원할 수 있다고 규정하고 있다. 이 법도 노인복지법의 규정과 같이 선언적 규정에 그칠 가능성이 크다.

(3) 무주택 노인가족에 대한 임대주택 입주자 선정 특례

주택공급에 관한 규칙 제31조에 의하면 영구임대주택(임대주택법에 의한 영구임대 목적 주택)의 경우 65세 이상 직계존속을 동거부양하는 국민기초생활보장 수급자는 입주신청 자격을 가진다. 또한 주택공급에 관한 규칙 제32조에 의하면 국민임대주택(임대주택법에 따라 지방공공단체가 건설하여 5년 이상 임대를 목적으로 하는 임대주택)의 경우 주택 건설량의 20%를 우선공급 대상으로 삼을 수 있고, 입주 순위 간 경쟁이 있는 경우 세대주 나이가 50세 이상인 경우와 65세 이상 직계존속을 1년 이상 동거부양하는 경우 유리한 점수를 부여받을 수 있도록 하고 있다.

(4) 주택연금(주택담보 노후연금제도 또는 역모기지 제도)

주택담보 노후연금제도는 노인이 소유한 주택을 금융기관에 담보로 잡히고 주택을 평가한 금액 내에서 노인이 일정 기간 또는 사망 시까지 매월 일정액의 연금을 지급받는 제도를 말한다.[2]

(5) 대한주택공사와 지방자치단체별 노인주택 공급정책

대한주택공사나 지방자치단체별(지방자치단체의 공공주택 건립공사 활용)로 노인에 적합한 주택을 건립하려는 계획은 있으나 구체적으로 나타난 계획은 소수에 불과하다. 대한주택공사는 전북 김제시 하동에 노인들에게 적합한 물리적 구조와 사회환경적 조건을 갖춘 전용면적 34~42m^2의 노인복지주택 79채를 건립하여 2009년 5월에 공급한 적이 있다. 노인복지주택은 보증금 2,000만 원에 월세 10만 원 정도면 입주 가능할 것으로 보인다. 서울시는 2010년까지 임대아파트 2,901세대의 노인 주택을 건립하여 공급할 계획을 세워 추진 중인데, 이는 노인 임대아파트로 월세형(39m^2, 49m^2형 1,355세대)과 장기전세형 주택(59m^2, 84m^2형 1,546세대)이 될 것으로 보인다.

2) 시설 입주 노인 주거정책

실제적으로 노인 주거정책이라 할 수 있는 것은 시설 입주 노인을 위한 주거정책이다. 시설 입주 노인을 위한 주거정책은 보호할 가족이 없는 저소득층 노인을 입주시켜 보호하는 시설보호에서 출발하여 유료시설인 양로시설과 실버타운 등 중산층 이상까지를 대상으로 하는 정책으로 확대되고 있다. 현재 노인복지법상 노인주거시설로는 양로시

---

2. 이에 대한 상세한 설명은 제12장 참조.

설, 노인공동생활가정, 노인복지주택이 있고, 노인의료복지시설로는 노인요양시설과 노인요양공동생활가정이 있다.

(1) 노인주거복지시설

① 양로시설

양로시설은 노인을 입소시켜 무료 또는 저렴한 요금으로 급식이나 기타 일상생활에 필요한 편의 제공을 목적으로 하는 시설을 말한다.

② 노인공동생활가정

노인공동생활가정은 노인들에게 가정과 같은 주거여건과 급식, 그 밖의 일상생활에 필요한 편의 제공을 목적으로 하는 시설을 말한다.

③ 노인복지주택

노인복지주택은 노인에게 주거시설을 분양 또는 임대하여 주거의 편의, 생활지도, 상담, 안전관리 등 일상생활에 필요한 편의 제공을 목적으로 하는 시설을 말한다. 노인복지법에 노인주거복지시설로 규정되지 않은 시설로 실버타운(silver town)이 있는데, 실버타운은 노인복지주택 형태나 노인복지주택과 노인요양시설이 결합된 형태를 말한다. 실버타운에 노인복지주택이나 노인요양시설을 설치하는 경우 노인복지법에 따라 각각 따로 인가를 받아야 한다(실버타운이라는 이름으로 묶어 인가를 받을 수 없음).

(2) 노인의료복지시설

① 노인요양시설

노인요양시설은 치매·중풍 등 노인성 질환 등으로 심신에 상당한 장애가 발생하여 도움을 필요로 하는 노인을 입소시켜 급식·요양과 그 밖에 일상생활에 필요한 편의를 제공함을 목적으로 하는 시설을 말한다.

② 노인요양공동생활가정

노인요양공동생활가정은 치매·중풍 등 노인성 질환 등으로 심신에 상당한 장애가 발생하여 도움을 필요로 하는 노인에게 가정과 같은 주거여건과 급식·요양, 그 밖에 일상생

미국의 대표적인 실버타운 선 시티(Sun City)

선 시티란?

- 선 시티는 1950년대 말 미국의 건축회사 사장 델버트 유진 웨브(Delbert Eugene Webb)가 활기차게 생활할 수 있는 은퇴자 공동체(retirement community)를 구상하여 겨울철을 따뜻하게 보낼 수 있는 애리조나 주 피닉스 시 인근의 사막지대를 개발하여 1960년에 처음 일반주택을 분양함으로써 시작되었고 10년도 못 되어 인구 4만 명의 은퇴노인들의 도시로 성장하였다. 해가 따뜻하게 비추는 겨울의 도시, 1년 중 300일 이상 해가 비치는 도시를 상징하기 위해 Sun City라는 이름이 붙여졌다.
- 시의 상주인구는 약 36,000명이고 그 밖의 4,000~5,000명은 다른 곳에서 살면서 주로 겨울철을 보내는 사람들이다. 상주인구의 63%는 65세 이상 노인이고 평균 연령은 73세다. 면적은 여의도의 11배 정도인 8,900에이커에 이른다. 한겨울 온도는 섭씨 5~19도, 한여름 온도는 섭씨 26~40도에 이르지만 사막성 기후라 습기가 없고 노인들 대부분이 레크리에이션 센터에서 스포츠, 취미 공예활동, 학습활동을 하기 때문에 외부 온도는 별로 문제가 되지 않아서 노인들에게 인기 있는 주거지역이 되고 있다.
- 선 시티의 모든 주택의 분양이 완료되자 델 웨브 회사에서는 선 시티 옆에 인구 3만 명의 선 시티 웨스트(Sun City West)를 개발하여 1978년에 분양을 완료하였고, 다시 그 옆에 인구 17,500명의 선 시티 그랜드(Sun City Grand)를 개발하여 2005년에 분양을 완료하였으며, 2006년부터 선 시티 페스티발(Sun City Festival)을 개발하여 분양을 시작하였다.

선 시티 입주자격과 시설, 제공 서비스

- 선 시티의 입주자격은 가족 모두가 19세 이상이면서 55세 이상인 사람이 적어도 한 사람 이상이어야 한다.
- 주민들 대부분은 승용차를 운전하고 있으며 제2의 교통수단으로 골프 카트를 이용하여 시내를 다닐 수 있다. 걷거나 운전이 어려운 사람들을 위해서는 싼 값으로 원하는 곳에 데려다 주는 교통 서비스와 적십자사에서 제공하는 병원 왕복 밴 서비스가 있다.
- 선 시티가 활기찬 노인들의 도시가 된 이유는 7개의 대형 레크리에이션 센터에서 노인들이 수영, 테니스, 볼링, 라켓볼, 미니골프, 보체, 론볼, 탁구, 당구, 헬스 기구 등의 운동시설을 활발하게 이용하고, 여러 종류의 춤을 가르치고 배우며 주말에는 댄스파티에 열심히 참여하고 있기 때문인 것 같다. 또한 노인들이 센터 내에서 각종 취미 공예활동 클럽, 애리조나 주립대학의 성인교육 프로그램, 방송통신대학 등의 프로그램에도 열심히 참여하고 있는 것도 활기찬 노인들의 도시를 만드는 데 기여하는 것으로 보인다.
- 선 시티에는 골프 코스 11개, 도서관 2개, 인공호수 2개, 30개 교회, 16개 쇼핑센터, 전국적으로 유명한 노인전문 보스웰 병원이 있고 노인들이 장애나 질병으로 수발 서비스가 필요한 경우 이용할 수 있는 주간보호, 단기보호, 의존주택, 요양시설 등이 잘 갖춰져 있다.
- 선 시티는 자원봉사자의 도시(city of volunteers)라도 하는데 건강에 큰 문제가 없는 노인들은 어떤 일에서라도 자원봉사자로 참여하고 있고, 시의 경찰, 소방, 방범활동에까지도 참여하고 있다. 선 시티 주택의 대부분은 단독주택이고, 아파트형(콘도미니엄)과 의존주택(assisted living)도 약간 있고 경제적 능력에 따라 자유로이 주택을 구입(거의 대부분이 주택소유)하거나 임대할 수 있다.

활에 필요한 편의 제공을 목적으로 하는 시설을 말한다.

8 노인 주거정책의 문제점과 개선방안

1) 주거정책의 문제점

노인주거를 일반주택과 노인주거시설로 나누어 본다면, 일반주택에 대한 노인 주거정책은 없고 노인 주거시설에 대한 주거정책만 있다고 할 수 있다. 여기서는 현재 노인 주거정책의 부재와 관련 문제점, 주거시설에 한정해 있는 노인 주거정책의 문제점을 제시해 보기로 하겠다.

(1) 일반주택에 대한 노인 주거정책의 부재

우리나라에 일반주택에 대한 노인 주거정책이 없다는 것은 여러 차례 언급한 바 있다. 1990년대 이후의 급속한 고령화, 2000년에 고령화사회에 진입하게 된 것과 더불어 노인의 다양한 문제와 욕구 등이 논의된 바 있고, 노인욕구조사 등에서도 노인주거의 필요성이 나타나고 있는데도 불구하고 노인주거는 정책적 관심의 대상이 되지 못하였다. 앞에서 언급한 노인에게 주택이 갖는 의미와 노인 주거정책의 필요성을 고려할 때 노인 주거정책은 속히 수립되어야 한다. 노인 주거정책의 부재로 인하여 노인은 가정과 사회에서 신체적 독립성을 잃고 더욱 소외되고 있으며, 장애노인을 보호하는 면에서도 노인과 가족에게 많은 어려움을 안겨주고 있다.

(2) 노인 주거정책 목표의 불분명

적어도 일반주택에 대해서 노인 주거정책이 존재한다고 할 수 없기 때문에 정책목표를 말할 수는 없지만, 노인복지법의 '노인주거시설'에 관한 규정도 그것이 노인복지법에 규정한 노인주거시설만을 의미하는 것인지 아니면 일반노인주택까지 포함하는 것인지 불분명하다. 시설이라는 말을 일반주택에 사용하는 경우가 없기 때문에 노인복지법에서 노인주거시설로 노인복지주택을 포함하고 있는 것으로 보아 집합주택까지를 노인주거시설로 한정하는 것으로 해석된다. 노인복지법상의 주거시설 규정을 유일한 노인주택 관련 정책이라 한다면, 노인주거시설 규정은 다만 노인에게 적합한 주거시설의 공급에만 초점을 맞추고 있고, 정책의 다른 측면인 공급 결과의 평등성과 형평성, 사회적 통합 등은 제시되지 않고 있다. 이는 주택의 양적인 증대라는 우리나라 주택정책의 단면을 반영하는 것이라 할 수 있다.

(3) 공급자 중심의 주거정책

지금까지 우리나라의 주거정책은 공급자 중심의 정책이었다. 따라서 소비자의 선호와 욕구를 고려하지 못하고 있으며, 특히 노인주택의 경우 소비자인 노인의 특성을 고려하지 못하고 있다(초의수, 1998). 우리나라 주거정책의 일차적 목표는 절대적으로 부족한 주택의 양을 증대시키는 것이었기 때문에 주택의 구조나 설비를 장애인이나 노인의 특성에 맞게 설계하는 것은 주택공급자나 주택설계자에게는 중요한 사항이 되지 못하고 있고, 주택공급 결과의 평등성과 형평성에 대한 배려도 거의 없었다. 주택이 국민의 삶의 질을 결정하는 주요 요소가 되고 경제시장의 상품임을 거의 고려하지 못한 것은 공급자의 횡포라고밖에 할 수 없다.

이러한 공급자 중심의 정책은 주택시장에서 다양한 욕구를 가진 다양한 계층의 소비자 집단을 의식하지 못하여 주택시장이 보다 발전할 수 있는 기회를 살리지 못하고 있다. 예를 들어, 노인주택이 실버산업이나 실버시장의 상당히 중요한 상품임에도 불구하고 일반주택에서의 노인주택 공급은 거의 고려하지 못하고 있다.

(4) 노인의 주거욕구에 대한 사회적·국가적 관심의 저조

앞에서 언급한 바와 같이 장애인과 장애노인에 대한 사회적 인식은 아직도 격리의 단계에서 크게 벗어나지 못하고 있기 때문에 장애노인을 고려한 주거정책을 고려하지 못하고 있는 것으로 생각된다. 이에 반하여 노인의 욕구나 주거 관련 조사에서는 노인의 노인의 주거욕구가 상당히 크게 나타나고 있다. 1998년 보건사회연구원의 노인 복지욕구조사(정경희 외, 1998)에 나타난 노인전용주택을 원하는 노인의 비율은 33.6%나 된다(표 14-2 참조). 이러한 노인의 욕구가 실제의 수요로 나타나는 것은 아니지만 노인의 자녀와의 별거 지향적 경향이 갈수록 두드러지고 있는 사실과 연계하여 생각한다면, 이와 같은 주거욕구를 무시하는 것은 노인문제를 더욱 악화시키는 결과를 초래하고 있다고 하겠다.

표 14-2. 지역별 · 연령별 노인전용주거시설 희망 여부(N = 2,208) (단위 : %)

구분		노인전용주거시설 희망					비희망	계
		도시 내	도시 근교	유명 관광지 근처	한적한 농촌	소계		
지역	도시	9.4	12.4	1.1	16.1	39.0	61.0	100.0
	농어촌	2.3	3.3	0.8	17.9	24.3	75.7	100.0
연령	65~69세	7.5	12.5	1.0	20.6	41.6	58.4	100.0
	70~74세	7.2	8.1	1.4	16.5	33.2	66.8	100.0
	75세 이상	5.3	5.6	0.6	11.9	23.3	76.6	100.0
계		6.8	9.1	1.0	16.7	33.6	66.4	100.0

출처 : 정경희 외(1998), 1998년도 노인생활실태 및 복지욕구조사.

(5) 주거시설 중심의 노인 주거정책

우리나라에 노인 주거정책이 있다면 그것은 주거시설에 한정한 것이라는 것은 앞에서 지적한 바 있다. 우리나라 노인복지 서비스가 시설 중심과 저소득층 위주로 발전해 가는 과정의 결과로 주거시설 중심의 주거정책이 될 수밖에 없었지만, 선진국의 노인복지 정책의 시행착오와 노인복지 서비스 추세 그리고 한국에서의 장래 노인복지 방향을 고려한다면 주거시설 중심의 노인 주거정책은 선진국과 같은 시행착오의 전철을 다시 밟을 것이 분명한데도 이러한 점을 별로 고려하지 못하고 있는 것이 문제다. 다시 말해서 시설 중심 보호에서 재가보호 내지는 지역사회보호로 나아가고 있고, 노인이 자기가 살던 곳에서 계속 생활하게 하는 것(aging in place)도 새로운 정책 방향이다. 이러한 추세는 선진국의 시행착오에서 나온 대안적 정책방향이므로 우리나라에서도 받아들여야 할 정책 방향이다. 재가보호에도 노인의 신체적 독립성을 가능한 한 증진시켜서 타인의 개입 필요성을 줄이는 것이 가장 중요하다. 노인의 신체적 독립성 제고에는 주택구조가 가장 큰 영향을 미치므로 재가보호 내지는 지역사회보호를 추진하면서 주거정책을 같이 고려하지 못하고 있는 것은 정책의 효과성을 크게 약화시키는 것이 되고 있다.

(6) 주거 공급에서 노인이 포함된 가구에 대한 배려 부족

현재까지 공공부문에서 건설하여 분양한 국민주택, 국민임대주택과 영구임대주택의 공급에서 노인이 포함된 가구(이하 '노인가구'로 칭함)에게 우선권을 부여하는 정책적 고려가 거의 없었다. 특히 저소득층이나 중산층 이하는 주거공간의 부족량이 다른 계층에 비하여 크고 주거비 부담률이 더 높고, 노인동거에서 가족의 부양부담이 더 큰데도 불구하고 노인가구에게 분양이나 입주자 선정에서 별다른 우선순위를 부여하지 못하고 있고 국민임대주택의 경우는 오히려 불리하게 되어 있다.

(7) 노인가구 주택의 구조적 문제점에 대한 배려 부족

현재 노인가구의 주택은 그 구조와 설비가 노인이 생활하기에 불편하게 되어 있다는 점은 조사를 통하여 잘 나타나고 있다. 일본 정부에서 5개국 노인의 생활과 의식을 조사한 연구(일본총무청정관관방고령화사회대책실, 1997)에 의하면 응답자의 56%가 현재 살고 있는 주택의 구조나 설비가 생활하기에 불편하다고 응답했다. 이는 현재 살고 있는 주택을 개조하거나 새로운 노인주택 개발이 필요함을 보여 준다. 급속히 증가하는 노인의 자녀와의 별거 지향적 경향을 고려한다면 노인을 위해 주택을 개조하거나 노인주택을 개발하는 것이 당연하다.

(8) 노인주택 개발과 공급에 대한 인센티브 부재

노인주택 개발과 공급에 대한 인센티브가 부족하여 주택시장에서 노인주택 개발과 공급을 고려하지 못하고 있는 점도 문제다. 특히 노인주택 개발과 보급에서 가장 큰 인센티브 중 하나는 노인주택 건축자/공급자에 대한 금융혜택이라 할 수 있다. 노인주택을 집합적 형태로 건립할 것인가, 일반주택과 혼합하여 건립할 것인가의 논의는 별도로 하고 노인주택 건립 분에 대한 주택건설자금을 유리한 조건으로 융자해 주는 정책이 전혀 없고, 주거시설에 대한 국민연금기금에서의 융자제도도 2001년부터 중단되어 성공적이었다고 할 수 없기 때문에 노인주거 개발은 주택시장에서의 매력적 상품과 마케팅 전략이 되지 못하고 있다.

(9) 주거정책 정부 부처 간 협조 부진

주택은 국민의 최저생활보장은 물론 소득재분배, 삶의 질 향상 등과 직결되는 것이므로 주택 건설과 공급에 관한 정책을 주관하는 국토해양부와 국민의 전반적 복지문제를 주관하는 보건복지부 사이에 주거정책에 대한 긴밀한 협조와 논의가 있어야 하는 것이 당연하나 현재까지는 적어도 이 두 부처 간의 협조가 상당히 미흡했던 것으로 보인다. 현재까지의 주거 관련 주요 법률(주택건설촉진법, 임대주택법, 주택건설기준 등에 관한 규정, 주택공급에 관한 규칙 등)에 노인주거 관련 사항이 상당히 고려되었어야 함에도 불구하고 노인주택에 관한 사항이 규정되지 못하고 있는 것이 문제다.

(10) 노인주거시설에 대한 종합적 법규정 결여

현재 노인복지법상 일반노인주택과 노인복지시설로서의 노인주거시설이 명확히 구분되어 있지 않다. 노인주거를 일반주택과 노인주거시설을 구분하여 일반주거와 주거시설의 구조와 설비 등을 종합적으로 규정하는 조항이 있어야 함에도 불구하고 주거시설 위주로 개별 시설별 규정만 있을 뿐이다.

2) 향후 주거정책 개선 방향

앞에서 논한 주거정책의 분석과 문제점을 근거로 향후 추진되어야 할 노인 주거정책 개선 방향을 제시해 보기로 하겠다.

(1) 주거정책의 목표

노인 주거정책은 노인에게 편리하고 신체적 독립성을 확보하는 것을 목표로 해야 할 것이고, 더 나아가서는 지역사회 서비스로의 접근과 사회적 참여와 통합의 증진을 목표로 삼아야 할 것이다. 또한 현재의 집에서 계속 생활하게 하며 세대 간의 상호작용을 증진시키는 것도 노인 주택정책의 한 목표가 되어야 한다. 노인 주거정책의 목표는 공급의 기회와 공급결과의 평등성과 형평성을 확보하는 것도 고려해야 한다. 그리고 주거정책을 결정함에 있어 국토해양부와 보건복지부가 긴밀하게 협조하여 주거정책의 목표를 설정해야 한다.

(2) 서비스 제공자

노인주택으로 소형 주택(국민주택규모 및 임대주택)은 공공부문에서 주도하여 선도적으로 공급하는 것이 바람직하다. 향후는 노인인구의 증가, 특히 유병장수하는 노인인구의 증가로 민간부문에서도 노인을 위한 임대주택과 일반주택은 시장성이 있는 공급이 될 수 있을 것이므로 민간부문의 적극적 참여가 필요하다. 그리고 특히 실버산업 차원에서의 유료 노인주거시설도 향후 수요가 상당히 있을 것으로 예상되므로 민간부문에서 공급하는 것이 바람직하다고 본다.

정부에서는 국민 전체의 주택보장을 위해 수급을 조절하여 국민들의 '1가구 1주택 거주'가 가능하도록 하는 것을 목적으로 민간부문의 주택구조, 주택형태, 분양·임대 방법 등에 대하여 적절한 규제를 해야 할 것이다. 한편 정부는 민간부문으로 하여금 노인을 위한 다양한 형태와 구조의 주택을 공급할 수 있도록 금융지원과 행정적인 지원도 해야 할 것이다. 특히 중산층 이상 노인의 주택욕구(재가 및 입주보호 목적)에 응하여서도 민간부문이 참여할 수 있도록 해야 할 것이다. 주택은 인간의 기본적인 삶의 물질적 필수품으로 현대 복지국가가 국민에게 보장해 주어야 하는 핵심적인 사회복지 급여(benefits) 중의 하나이므로 정부의 주택시장에 대한 규제와 간섭은 당연하다.

(3) 서비스 대상

주택은 생존을 위한 기본적 욕구충족을 위한 생활필수품이다. 주택에 대한 보장 없이는 소득보장의 효과를 거둘 수가 없을 뿐만 아니라 사회적·심리적 존재로서의 기본적인 욕구를 충족시켜 인간다운 삶을 영위하는 사회보장의 목표달성도 어려우므로 주택은 한국 사회의 모든 사람에게 보장이 되어야 한다.

주택의 보장은 '1가구 1주택 소유'를 의미하는 것이 아니라 '1가구 1주택 거주'가 원칙적으로 보장되고 주택의 상태가 일정 수준 이상이어야 한다는 것을 의미한다. 노인도 비노인층과 다름없는 다양한 욕구를 지닌 인간이며, 한 사회의 시민이므로 노인에게도 '1가구 1주택 거주'가 보장되어야 할 것이다.

또한 노화 과정의 특성을 고려하여 중·단기적으로는 무장애 디자인을 기본으로 하는 노인전용주택이 공급될 수 있어야 한다. 우리 사회는 현재 장애인과 장애노인에 대한 인식 단계에서 격리 시기의 틀을 크게 벗어나지 못하고 있지만 이제는 통합 시기로 속히 발전해 나가야 할 것이다. 따라서 노인의 사회적 통합, 특히 장애노인의 사회적 통합과 지역사회 서비스를 연계하고 모든 연령계층이 같이 이용할 수 있는 유니버설 디자인의 주거와 사회 환경을 만들어 나가야 할 것이다.

주택의 구입이나 임대에는 많은 비용이 일시에 필요하고 개인과 가구의 경제적 능력이 결정적으로 작용하므로 국가에서 주택의 분양이나 임대의 경제적 부담을 줄이거나 장기적으로 부담을 분산하는 프로그램에는 반드시 저소득층, 특히 저소득층 노인이 가장 우선적인 대상이 되어야 한다. 적용대상은 공급되는 주택의 구조와 규모에 따라 달라야 하는데, 소규모 임대주택은 저소득층 노인에게 우선 적용되어야 하고 노인에게 적합한 구조의 주택(동거형·별거형)은 전체 노인에게 적용되어야 할 것이다.

(4) 급여의 종류와 수준

① 건축자/공급자에 대한 급여

일반노인주택 건축자에 대한 급여는 금융상의 급여가 가장 중요한데, 이들에 대해서도 일반주택의 건축자 경우와 구별 없이 국민주택기금에서 융자될 수 있어야 한다. 특히 노인주택은 노후소득보장을 위한 적립금인 국민연금기금에서 융자되는 것이 바람직하다. 국민연금기금에서의 융자 시 담보가 문제되는데, 일본처럼 지방자치단체가 보증을 하거나 아니면 시설의 부지와 건물을 담보로 할 수 있도록 해야 할 것이다.

노인주거시설 중 특히 유료 양로시설, 유료 노인복지주택 및 실버타운은 시설의 환경과 입지조건, 지역적 안배 등을 생각하여 적절하게 건립되도록 정부가 지도하는 것이 바람직하다. 유료 노인시설은 우선 의료시설에 접근하는 것이 용이하고, 교통이 편리하며, 시설의 안전에 이상이 있을 때(예 : 화재, 붕괴 등) 빠른 시간 내에 쉽게 조치가 이루어질 수 있는 지리적 조건이 되어 있고, 가족의 접근이 쉬운 곳에 설치되어야 한다. 정부에 신고된 주거시설이나 건립 중인 시설 가운데 이러한 조건이 갖추어지지 않은 곳이 있으므로 앞으로는 이 점에 반드시 유의해야 할 것이다.

② 수요자/소비자에 대한 급여

- **다양한 노인전용주택 개발 :** 전반적으로 노인의 주거욕구가 다양해지고 개인의 가치관과 신체적 독립성에 따라 선호하는 주택의 형태가 다를 것이므로 노인전용주택을 다양한 형태로 개발하는 것이 바람직하다. 노인전용주택의 개발은 노인주택정책의 가장 핵심적인 정책이다. 노인전용주택은 노인에게 적합한 구조를 가진 주택으로 단독주택형과 아파트형의 두 가지로 건설하는 것이 필요하며 일반주택 중의 일부를 할당

하여 노인용으로 하되, 규모도 다양하게 하는 것이 좋다.

- **3세대 동거주택 개발**: 3세대 동거형은 우리의 문화적 전통에도 맞고(이연숙 외, 1993), 주택부족문제를 해결하는 데도 크게 기여할 것이므로 적극적으로 개발하는 것이 바람직하다. 3세대 동거형 주택은 1987년 서울시 상계동에 분양한 주택의 평가 결과를 살려서 단층형과 복층형으로 건설하는 것이 좋다고 본다.
- **실버타운(은퇴자마을) 개발**: 중산층 이상 노인의 욕구도 충족시키고 자녀와 손자녀가 방문하여 즐길 수 있는 시설과 설비를 갖춘 장소가 될 수 있도록 개발하는 것이 좋다. 실버타운과 같은 노인집합주택은 소득수준에 따라 다양하게 개발할 수 있고, 여기에는 외국에서처럼 영리·비영리 단체가 참여할 수 있도록 하는 것이 바람직하다. 노인복지법상의 노인복지주택도 이 분류에 해당되는데, 중산층 또는 그 이하의 노인들의 욕구에 응하기 위하여 개발할 필요가 있다.
- **실비 및 유료 노인복지주택 개발**: 도시와 농어촌 지역에도 수요에 따라 실비노인복지주택 또는 유료노인주택을 건립하는 것이 필요하며 이러한 주택의 건축자나 운영자가 주택조합이나 지역공동체(읍·면·동)가 될 수 있도록 하고 이 경우에도 토지와 건물에 대하여 면세가 되도록 하는 것이 바람직하다. 특히 농어촌에는 자녀와 별거하는 노인이 도시보다 훨씬 많기 때문에 노인복지주택이나 유료노인주택을 건립하도록 권장하고 한정적 지원과 세제혜택을 주는 것이 필요하다. 노인복지주택과 유료노인복지주택을 농어촌 지역에 건립하는 경우에는 현재 30세대로 되어 있는 최소단위를 20세대 이상으로 완화하고 이에 따른 시설설비 규정도 재검토하는 것이 바람직하다.
- **주거급여의 현실화**: 현재 우리나라의 국민기초생활보장급여에 주거급여를 포함시키고 있으나 그 지급액의 수준이 낮아 실효성이 약하다. 국민기초생활보장 대상자의 경우 월소득의 27%가 주택임대료로 지급되는 현실을 고려하면 주거급여는 대단히 비현실적이다. 따라서 최저생계비 지원이라는 목표를 달성하기 위해서는 주택급여를 더 현실적으로 상향조정하는 것이 필요하다.
- **주택자금 할증융자 제도 부활과 융자 한도액 인상**: 60세 이상 부모 또는 조부모를 1년 이상 부양하고 있는 가구의 경우 개인주택 신축과 임차 시 추가융자의 혜택이 있었으나 2001년부터는 이 제도가 없어졌다. 이 제도를 부활시키고 할증액을 더 높이는 것

이 바람직하다. 그리고 노부모 부양가족과 노인세대가족에게 대하여는 재산세액에 차등을 두고 감면해 주는 것이 바람직하다.

- **노인가족에 대한 주택공급 우선권 부여**: 현재 공영주택의 분양과 임대에서 노인세대가족(노인단독세대)이나 노인과 동거하는 가족에 대한 우선권이 전혀 고려되지 않고 있는데 앞으로는 노부모동거가족, 노인부부가족, 노인독신가족의 순으로 임대우선권이 주어지는 것이 바람직하다.
- **요금과 서비스에 따른 다양한 입주보호시설 개발**: 주거시설 프로그램은 현재의 급여를 기본적으로 유지하면서 실비시설은 비용을 소득수준과 연계하여 부담시키는 방법(sliding scale fee)으로 일부유료시설과 완전유료시설을 다양하게 개발해야 할 것이다.
- **주택연금제도 홍보 및 활용에 대한 노인 의식 개선**: 소유하고 있는 주택이 큰 자산이지만 실제로 생활비로 활용하기가 대단히 어려우므로 이를 쉽게 활용할 수 있는 주택연금제도가 본격적으로 2007년 7월부터 도입되었다. 그러나 노인들이 주택자산을 끝까지 고수하려는 의식이 활용에 큰 장애요인이 될 수 있기 때문에 이 제도를 적극 홍보하고 노인들이 주택자산을 쉽게 활용할 수 있도록 의식을 개선하는 데 사회적 노력이 있어야 할 것이다.
- **임대주택 공급의 확대**: 노인주택은 분양보다는 임대로 더 많이 공급되어야 한다. 현재 공급된 주택의 거의 전부는 분양주택이고 임대 목적으로 건설된 임대주택은 극히 일부에 불과하다. 그래서 대부분의 임차가구는 일반인 소유주택의 일부 또는 전부를 임차한 주택에 살고 있다. 노년기에 주택을 소유하기 위한 자금을 마련하는 것은 아주 어렵고, 주택을 소유하기 위하여 노년기 이전부터 개인 수입의 많은 부분을 주택에 투입하여 노년기의 경제적 보장이 더욱 어렵게 되는 경우가 많다. 그러므로 노년기에 큰 경제적 부담 없이 주택문제를 해결할 수 있도록 하기 위해서는 임대주택을 많이 공급하고 노인가구에 대하여 임대우선권을 부여하는 방향으로 정책이 추진되어야 할 것이다.

③ 주거정책 관련 법규의 개정

현재 노인복지법, 주택건설촉진법, 주택건설기준 등에 관한 규정, 주택공급에 관한 규칙을 개정하여 노인주택에 대한 규정을 다음과 같이 보완해야 할 것이다.

- 노인복지법의 '노인주거시설' 조항과 '효행 장려 및 지원에 관한 법률'에 선언적으로 규정된 노인주택 관련 규정을 구체화
- 주택건설촉진법에 노인주택 건설에 대한 규정 삽입
- 주택건설 기준 등에 관한 규정에 노인전용주택시설 기준을 새로 마련
- 주택공급에 관한 규칙에 노인세대의 입주에 우선순위를 높이 두도록 개정

(5) 재정

현재 한국의 주택 건설 재원은 정부의 예산, 국민주택기금 및 민영주택자금이 되고 있다. 임대주택의 건설 재원을 현재와 같이 정부의 예산에서 조달하는 방법도 있겠지만 임대주택의 확대를 위해서는 재원의 일부를 국민연금기금에서 조달하는 것이 바람직하며, 특히 노인을 위한 유료노인복지시설을 건설하기 위해서 국민연금기금에서 더 많은 융자가 이루어질 수 있도록 하는 것이 바람직하다.

임대주택의 건설비용은 일시에 투입되고 비용의 환수에는 많은 시간이 걸리기 때문에 현재와 같이 주택기금이 충분하지 못한 상태에서 국민주택기금이나 민영주택기금에서 조달하는 데는 어려움이 예상된다. 따라서 임대주택을 대폭적으로 공급하는 데도 어려움이 예상되기 때문에 상환기간이 길어도 큰 문제가 없고 앞으로 적어도 20년 이상은 재정안정이 확실한 국민연금기금에서 임대주택 건설 재원을 조달하는 것이 바람직하다. 노인을 위한 주택은 분양주택보다는 임대를 위주로 하고 그 규모를 23.1~39.6m^2 및 84.8m^2 이하를 기본으로 하여 건설 재원을 국민연금기금에서 조달하는 것이 바람직하다. 국민연금기금이 노후의 생활안정을 위해 직접 지급되는 외에도 간접적으로 주택을 보장하는 이중효과도 얻을 수 있어 더욱 바람직하다.

임대주택 이외에 노인입주시설(생활시설)과 노인을 위한 다양한 주택을 공공부문과 민간부문에서 건설하는 재원도 국민연금기금에서 조달하도록 하는 것이 바람직하다. 이러한 주택도 역시 노인들의 기본적인 주거욕구를 만족시켜 주는 것이 되기 때문이다.

(6) 서비스 결과

현재까지 한국의 주거정책은 주택의 절대적 공급량을 늘리는 정책에만 치중하여 국민의 주택비용 부담능력이나 소득계층 간 주택분배의 평등성과 공평성을 고려한 사회복지적 성격이 거의 결여되어 있다. 다시 말해서 공급이나 급여 결과의 평등성은 거의 고려되지 않고 있다. 그러므로 앞으로의 주거정책은 전반적으로 주택공급의 결과를 반영한 사회복지적 측면을 크게 고려하면서, 특히 노인들의 특수한 주거욕구와 경제적 특성도 고려해야 할 것이다.

한 사회의 주거정책은 그 사회의 제반 사회적·경제적·문화적 여건에 맞게 수립되고 실천되어야 한다는 데는 별 이의가 없을 것이다. 문제는 그러한 여건을 판단하는 것은 상당히 주관적이어서 의사결정자의 개인적 가치관이나 이데올로기가 작용할 여지가 크다. 주거정책을 비롯한 사회복지정책의 여건을 판단하는 데는 지금까지 정책관료 또는 정치인과 전문가 사이에 큰 시각 차이를 보여 왔다. 노인 주거정책 수립과 실천의 필요성에도 현재까지 상당한 시각 차이가 있었던 것은 사실이다. 정부 측은 너무나도 상황을 안일하게, 단편적으로, 단기적으로, 그리고 반응적으로만 생각해 왔다.

책임 있는 정책결정권자들은 분명히 선진국에서 시행착오를 거듭하면서 실패해 온 것을 잘 알고 있기 때문에 실패한 경험에서 새로운 대안적 정책이나 방향을 설정하고 있는 점을 잘 검토하여 이를 한국의 주거정책 개선에 타산지석으로 삼아야 할 것이다.

노인 주거정책에 관하여 선진국에서 과거의 시행착오를 통해 새롭게 방향을 설정하고 있는 사항은 바로 ① 지역사회보호(community care), ② 지역사회 중심 재활(community-based rehabilitation), ③ 자기 처소에서의 노화(aging in place), ④ 참여와 사회적 통합(participation and inclusion)이라 할 수 있다. 이러한 목표를 달성하기 위한 수단은 바로 노인에게 안전한 주택과 환경을 제공하는 것이다. 노인에게 편리하고 안전한 주택과 생활환경을 제공하는 것은 2002년 4월 8~12일 스페인 마드리드에서 개최된 UN 세계고령화총회에서 채택한 '마드리드 국제 고령화 대응 행동계획'에서 천명되었다.

가능케 하고 지지적인 환경을 조성하는 것이 '마드리드 노화 관련 국제행동계획'의 세 가지 우선 정책 방향의 하나이며, 그 정책 방향 과제의 하나가 주거와 주거환경의 조성이며, 그 목표는 ① 자기 처소에서의 노화, ② 장애노인을 위한 주거와 환경의 개선,

마드리드 국제 고령화 대응 행동계획에서 제시된 우선 정책방향 중 주거 관련 과제와 목표

- **행동계획 방향**

[1] 노인과 개발(older persons and development)
[2] 노년기에서의 건강과 복리의 증진(advancing health and well-being into old age)
[3] 가능케 하고 지지적인 환경의 조성(ensuring enabling and supportive environments)

- **과제** 주거와 주거환경

- **목표** 1. 개인적 선호와 입주 가능 주거의 선택으로 자기 처소에서 노화(aging in place)
  2. 노인의 욕구, 특히 장애인의 욕구를 고려한 노인의 독립적 생활 증진을 위한 주거와 환경설계의 개선
  3. 노인을 위한 접근/지불 가능한 교통수단 개선

③ 지역사회 내에서의 접근성 개선이다. 이러한 목표는 무장애 디자인(barrier-free design)의 노인주택과 더 나아가서는 모든 연령계층이 이용 가능하고 접근 가능하게 만드는 유니버설 디자인(universal design)에 의한 주거와 환경의 조성으로 가능하게 될 수 있다. 이러한 주거와 환경 조성은 바로 1999년 UN 세계노인의 해부터 노인복지정책의 모토로 내걸고 있는 '모든 세대가 함께 하는 사회(a society for all ages)'를 만드는 것이다.

우리 모두는 언젠가는 노인이 되고, 불의의 사고로 노년기가 오기 전에도 우리는 장애인이 될 수 있는 가능성을 안고 있다. 따라서 노인만을 위한 것이 아니라, 노인이 아닌 사람까지 포함하는 모든 세대를 위한 주거와 생활환경은 사회에 참여하고 공헌하여 생산적으로 노화하게 하는 환경이 될 것이다. 노인, 장애노인, 장애인이 항상 우리와 함께하는 사회를 이루어나가는 것은 우리 스스로 개인적·집단적으로 무장애주택과 유니버설 디자인 주거와 환경을 만들어 가는 노력에 달렸다는 것을 명심해야 한다.

우리 사회는 국제적 위상에서 선진국 대열에 거의 접근해 있고, OECD 가입이 이를 증명하고 있다. OECD 회원국답게 이제는 정부는 국제사회에서 제시하는 기준을 따르고 선진국의 경험에서 교훈을 얻는 좀 더 성숙한 자세를 가지고 OECD와 UN의 정책 건의안을 수용하고 적절한 정책을 수립하고 실천하는 데 앞장서야 할 것이다. 2002년 마드리드 국제 고령화 대응 행동계획을 채택하면서 정부대표가 참석하여 같이 합의하여 만든 정치 선언(political declaration)에서도 정부가 마드리드 행동계획 실천에 일차적 책

임이 있음을 확인하였다.

노인의 주거와 주거환경의 개선과 발전에 정부가 주도적 역할을 하는 가운데 비영리 민간부문(NGO)과 경제시장도 협력해야 할 것이며 그 결과 "모든 세대가 함께 하는 사회"(1999년에 UN이 세계 노인의 해로 정하고 선포한 주제)가 속히 도래하게 될 것이다.

제15장

사회 서비스 보장

노년기에도 발달과업과 욕구나 문제의 내용이 다양하다. 노년기의 건강상태에 따라 욕구충족의 우선순위는 다르겠지만 소득보장, 의료보장, 주거보장 외에 노인의 심리적·사회적 욕구가 다양하게 나타나고 있고 이를 충족시키는 것도 노인복지 서비스의 중요한 한 부분이다. 앞에서 살펴본 소득보장과 의료보장, 주거보장은 주로 물질적 급여를 제공하는 서비스였다면 이 장에서 살펴보고자 하는 서비스는 비물질적인 심리적·사회적 측면의 노인복지 급여라 할 수 있다. 인간의 삶의 질은 물질적 욕구와 더불어 심리적·사회적 욕구가 같이 충족되어야 향상될 수 있다. 그런 의미에서 주로 비물질적인 심리적·사회적 서비스를 충족시켜 주는 사회 서비스(social service) 급여는 노인복지에서 빼놓을 수 없는 중요한 급여라 할 수 있다.

제11장에서 노화는 생물학적·심리적·사회적 노화가 서로 상관관계를 가지고 얽혀 있고 노화 과정에서 나타나는 문제나 욕구의 해결과 충족은 단편적으로 접근할 것이 아니라 총체적·생물심리사회적으로 접근하는 것이 바람직하며 이러한 접근이 최근의 노인복지 접근의 새로운 경향으로 나타나고 있다고 했다. 소득보장·의료보장·주거보장이 어떤 의미에서는 노화의 생물학적 측면을 직접적·간접적으로 다루는 노인복지 급여라면 사회 서비스 보장은 노화의 심리적·사회적 측면을 다루는 노인복지 급여라 할 수 있다. 이 장에서는 사회 서비스의 개념을 생각해 보고 사회 서비스의 종류와 형태, 우리나라의 현행 사회 서비스 프로그램을 살펴보고 문제점과 개선 방향을 제시해 본다.

1 사회 서비스의 개념

사회 서비스(social services)는 본래 사회복지·사회사업·사회정책의 전통적 틀 속에서 사용되어 온 용어로 그 정의는 포함되는 서비스의 범위, 국가와 사회에 따라 다양하다. 사회 서비스는 우선 다른 사회복지문제 해결 분야나 급여 영역인 소득보장·의료보장·주거보장과는 달리 비정형적이고 비물질적인 심리적·사회적 성질의 급여라는 면에서 구분되고, 급여의 본질과 기능과 범위 면에서 점차 다양해지고, 사회복지 분야 외에 다른 분야(교육, 행정, 법률 등)에서도 많이 다루는 경향을 보이고 있다.

우선 전통적 사회복지(소셜워크와 사회정책 포함)의 틀 속에서 사회 서비스의 정의를 살펴보기로 한다. 1961년과 1971년에 개최된 노인을 위한 백악관 회의에서 사회 서비스에 관하여 "사람들에게 대인관계나 사회관계에서 최대능력을 발휘할 수 있도록 도와주는 한편, 생활과 건강에서 만족할 만한 수준에 도달할 수 있도록 도와주기 위한 활동과 제도의 조직적인 체계다."라고 정의하였다. 즉 노인들을 위한 사회 서비스는 인간 자원을 보존, 지지, 보호, 개선하기 위한 조직적이고 실제적인 활동인 것이다. 이를 위한 프로그램으로는 재정적 원조, 임상소셜워크(clinical social work), 카운슬링, 정보와 의뢰, 우호방문, 집단활동과 신변보호 서비스(protective service) 등이 있다.

Kahn(1979)은 사회 서비스를 가정생활을 보호 또는 회복시키며, 개인의 내적·외적 문제를 대처해 나갈 수 있도록 돕고, 개인의 발전을 촉진하고 정보·안내·대변과 구체적인 도움을 통하여 서비스에 잘 접근할 수 있도록 하는 프로그램이라고 정의하였다. Kahn은 또한 사회 서비스를 사회적 기능에 따라 ① 사회화와 발달(자기발달), ② 치료요법(therapy), 도움과 재활(사회보호와 대리보호), ③ 접근, 정보제공, 조언으로 분류하고 각각에 속하는 서비스의 예를 제시하고 있다. 사회 서비스를 이와 같은 사회적 기능을 중심으로 정의하는 것이 더 의미 있는 것으로 생각된다.

Kahn은 사회 서비스의 기능을 세 가지로 분류했지만 이를 좀 더 상세하게 네 가지로 정리하는 것이 더 적합할 것 같다. 즉 사회 서비스는 ① 당면 문제 해결, ② 발달욕구 충족, ③ 권익 옹호, ④ 각종 정보 제공 및 서비스 접근 촉진의 네 가지 기능을 하는 서비스로 볼 수 있다. 네 가지 기능을 좀 더 상세히 설명하면 다음과 같다.

(1) 당면 문제 해결 기능

노인의 일상생활에서 공공기관 관련 업무, 가정관리 업무, 집 밖의 이동, 영양 관련 문제, 노인의 가족·친척·이웃·친구와의 관계 및 사회적 관계 문제 등을 해결하는 데 도움을 제공하는 것을 말한다. 이러한 기능의 사회 서비스 예는 시설보호, 가정/지역사회 보호(주간보호, 단기보호), 임상소셜워크(clinical social work) 서비스, 전화상담, 개인 및 집단 치료요법(문제해결을 위한 특별 치료요법이나 치료집단 활동), 우애방문, 안부전화, 사례관리, 가정봉사원 서비스, 신변보호 등이 있다. 시설보호와 가정/지역사회 보호에서 장기요양 서비스를 제외한 간단한 IADL 및 일부 ADL 문제 해결 서비스는 사회 서비스에 해당된다. 그런데 장기요양보호 서비스는 사실 건강보호와 사회보호가 동시에 제공되기 때문에 애매모호한 측면이 있지만, 이 책에서는 장기요양보호 서비스를 사회 서비스보다는 의료 서비스로 보는 것이 더 적합할 것으로 생각한다.

(2) 발달욕구 충족 기능

노인이 한 인간으로서 노년기의 발달과업을 수행하고 자기발전을 위해 교육을 받고, 취미와 특기를 개발하고, 능력을 개발하고 발휘하여 여가를 즐기는 데 도움을 제공하는 것을 말한다. 이러한 기능을 하는 사회 서비스로는 노인복지관, 노인휴양시설, 노인오락시설, 식사배달, 공동급식, 노인교육 서비스(엘더 호스텔, 제3기 인생대학 등) 등이 있다.

(3) 권익 옹호 기능

노인이 한 인간으로 그리고 한 시민으로 주어진 권리를 누리는 데 장애가 있거나 그 권리를 침해당하거나 법률적 지식부족으로 권리주장을 하지 못하고 불이익을 당하는 경우 이를 해결하는 데 도움을 제공하는 것을 말한다. 이러한 기능을 하는 사회 서비스로는 법률구조, 소비자 보호, 노인학대 상담, 신고, 처리 등이 있다.

(4) 정보제공과 서비스 접근 촉진 기능

일상생활과 사회복지 서비스에 대한 각종 정보를 제공해 주고 노인이 필요로 하는 서비스를 받을 수 있도록 안내하고 알선해 주는 것을 말한다. 이러한 기능을 하는 사회 서비스로는 노인복지 서비스 안내 및 의뢰 서비스, 인터넷 정보 제공 및 검색 등이 있다.

이러한 전통적 사회복지 틀 속의 사회 서비스는 때로는 대인 서비스 또는 개인 사회 서비스(personal social service)라고 하는 경우도 있다. 사회복지에서 사회정책(social policy)의 전통이 강한 영국과 유럽 국가들에서는 '개인 사회 서비스'라 부르는 경향이 있고, 소셜워크(social work)의 전통이 강한 미국과 미국의 제도를 선호하는 국가들에서는 '사회 서비스'라 부르는 경향이 있다. 그런데 사회 서비스의 개념을 다양한 분야에서 사용하면서 그 개념에 속하는 서비스의 종류가 사회복지 이외의 분야에서도 크게 확대되고 있다.

넓은 범위의 사회 서비스는 소득보장 프로그램, 의료보장 프로그램, 공공교육, 공공주택 서비스, 고용증진 프로그램과 비물질적 심리사회적 서비스까지를 말하는 경우가 있고(Kahn, 1979), 우리나라의 경우 정부 예산 분야를 다루는 부처(종전의 기획예산처나 현재의 기획재정부)에서는 사회 서비스를 사회복지 분야(기초생활보장, 취약계층지원, 보육, 여성, 고용안정, 근로자 복지, 주택, 국가보훈, 공적연금, 의료보험 등)와 교육(유아 및 초·중등 교육), 공공질서 및 안전, 문화·예술 분야까지 포함하고 있다(기획예산처, 2007). 그러나 이와 같은 정의는 경제개발 분야에 대응하는 사회개발의 개념적 틀에 근거한 개념으로 보인다. 게다가 분명하지는 않지만 추상적으로라도 기존의 전통적 개념의 사회 서비스와 구분되는 차이점을 부각시킨 정의를 찾아보기 어려워 사회 서비스에 포함시키는 서비스 내지는 프로그램의 범위를 정하기는 어렵다고 생각된다.

사회 서비스의 정의가 2012년 사회보장기본법(전면개정)에 들어감

1995년 개정된 사회보장기본법에서는 '사회복지 서비스'라는 용어가 사용되었으며, 그 의미는 '국가·지방자치단체 및 민간부문의 도움을 필요로 하는 모든 국민에게 상담·재활·직업소개 및 지도·사회복지시설 이용 등을 제공하여 정상적인 사회생활이 가능하도록 지원하는 제도'를 말한다고 정의되어 있었다. 그런데 2012년 사회보장기본법이 전면 개정되면서 '사회복지 서비스'는 그 의미가 확대되어 '사회 서비스'로 변경되었다. 개정된 사회보장기본법(2013. 1. 27 시행)에서는 사회 서비스를 '국가·지방자치단체 및 민간부문의 도움이 필요한 모든 국민에게 복지, 보건의료, 교육, 고용, 주거, 문화, 환경 등의 분야에서 인간다운 생활을 보장하고 상담, 재활, 돌봄, 정보의 제공, 관련 시설의 이용, 역량 개발, 사회참여 지원 등을 통하여 국민의 삶의 질이 향상되도록 지원하는 제도'를 말한다고 정의하고 있다.

2 노인을 위한 사회 서비스 프로그램

1) 당면 문제 해결 서비스

(1) 시설보호(institutional care)

개인이 스스로 주거장소를 마련할 수 없거나(빈곤층 또는 저소득층의 경우) 허약이나 장애로 개인 스스로 또는 가족이 노인을 보호(수발)할 수 없는 경우(경제적 사정에 관계없이) 양로시설이나 요양시설에 입소하여 보호받을 수밖에 없다. 특히 요양시설 입소는 사회 서비스로 보는 것보다는 오히려 의료보장 서비스로 보는 것이 더 적합하다고 생각한다. 따라서 요양시설에 대해서는 이미 제13장 의료보장에서 다루었기 때문에 여기서는 생략하기로 한다.

양로시설에 입소하는 경우는 건강상태가 비교적 좋은 경우인데 선진국의 양로시설(residential home, home for the aged)은 아주 드문 편이다. 예를 들면, 빈곤층의 경우 독립적으로 생활할 수 있을 때는 공공노인주택(노인아파트 등)에서 생활할 수 있기 때문에 건강한 빈곤노인들이 집합적으로 양로시설에서 생활하는 경우는 드물다. 노인아파트 등에서 생활하다가 IADL이나 ADL에서 약간의 문제가 있으면 하숙주택이나 보호주택(sheltered housing)에서 생활하는 경우가 많고, 건강문제가 심각해지면 요양시설에 입소하는 것이 일반적이다.

(2) 가정 · 지역사회 보호

가정·지역사회 보호 서비스는 대부분 의료보장 서비스에 속하는 것으로 볼 수 있지만 의료적 문제가 거의 없이 단순히 IADL이나 ADL에만 가벼운 정도의 문제가 있는 경우에 의사, 간호사, 사회복지사, 물리치료사 등이 노인 가정을 방문하여 서비스를 제공하거나, 노인이 지역사회의 주간보호시설을 방문하여 낮 동안 보호받거나 단기보호시설에 일시적으로(1일 이상에서 한 달 정도까지, 기간이 명확하게 정해져 있지는 않지만 3개월 정도를 초과하는 경우는 거의 없음) 입소하여 보호를 받는 것을 말한다. 이러한 서비스 역시 의료보장 서비스로 제공되는 경우가 대부분이고 의료보장 서비스와 관계없이 단순히 IADL

문제나 ADL 문제로 보호받는 경우는 많지 않다.

(3) 임상소셜워크

임상소셜워크(clinical social work) 서비스는 노인의 심리사회적 문제로 사회복지사가 임상적 서비스를 제공하는 것을 말하며, 개인을 대상으로 한 서비스와 가족을 대상으로 한 서비스, 소집단을 대상으로 하는 경우가 있다.

(4) 전화상담

전화상담은 전화로 개인의 심리사회적 문제를 상담하는 경우인데 임상소셜워크 서비스라기보다는 위기개입의 즉각적이고 간단한 서비스나 심리상담식 서비스를 제공하는 경우가 많다. 전화가 일반화되면서 서비스 장소에 접근이 어려운 경우는 간단히 전화상담 서비스를 받는 것이 편리하고 효과적인 경우도 많다.

(5) 개인 및 집단 치료요법

개인 및 집단 치료요법은 개인의 특별한 심리사회적 문제를 해결하기 위해 가족치료, 음악치료 등을 시행하거나 개인의 심리사회적 문제를 해결하기 위해 치료집단을 활용하는 경우 등을 말한다.

(6) 우애방문

우애방문은 노인의 가정을 방문하여 말벗이나 간단한 심부름 등을 해 주는 서비스를 말한다. 미국에서 소셜워크가 발전한 초기의 서비스가 바로 우애방문(friendly visit)이다. 오늘날 이런 기능의 일부는 가정봉사원(home helper) 방문 서비스에 포함되기도 하지만 독립적인 서비스로서 제공되는 경우도 많다.

(7) 안부전화

안부전화는 노인의 건강 이상 유무 확인, 외로움의 문제 해결, 간단한 말벗되기, 기타 노인의 불편사항 확인 등을 위해 노인에게 전화를 걸어 대화하고 확인하는 서비스다. 노인의 거주지역이 서비스 기관에서 멀거나, 건강상 문제가 있는 경우, 심리사회적 문제가 있는 경우에 전화로 간단한 사항을 점검할 수 있는데, 안부전화 서비스는 많은 경우 자원봉사자들이 하고 있다.

(8) 가정봉사원(home helper) 방문

가장봉사원 방문은 우애방문을 포함할 수도 있는데 IADL이나 ADL에 가벼운 문제가 있는 노인의 가정을 훈련받은 가정봉사원이 방문하여 노인에게 말벗, 안마, 거동 부축, 간단한 청소, 식사 도움 등의 서비스를 제공하는 것을 말한다. 이런 서비스를 필요로 하는 경우는 넓게는 장기요양보호 서비스에 해당될 수도 있지만 장기적 보호가 아닌 단기적 보호를 위해서도 필요한 서비스다. 이 같은 가정봉사원 서비스는 서구사회(특히 유럽 국가들)에서 의료보장 서비스와는 별도로 노인들의 일상생활을 돕는 서비스로 많이 제공되고 있다.

(9) 신변보호

신변보호 서비스(protective service)는 노인이 일상생활에서 학대, 범죄 등으로부터 신체적으로나 정신적으로 자신을 보호할 수 없는 경우 노인을 보호해 주는 서비스다.

2) 발달욕구 충족 서비스

(1) 노인복지관(다목적 노인복지관)

노인복지관(senior center)은 지역사회 노인들의 다양한 욕구를 충족하기 위해 건강, 교육, 자원봉사, 취미, 특기, 스포츠 활동, 레크리에이션 같은 다양한 프로그램을 실시하는 회관을 말한다. 노인복지관에서 제공되는 프로그램은 몇 가지에서부터 수십 가지에 이르는 경우도 있다. 수십 가지 다양한 프로그램을 제공하는 노인복지회관을 '다목적 노인복지관(multi-purpose senior center)'이라 한다. 노인복지관이라는 개념은 서구사회, 특히 미국에서 개발되었지만 우리나라처럼 다양하게 체계적으로 서비스를 제공하는 다목적 노인복지관 모델은 세계적으로 찾아보기 어렵다. 일본, 대만, 홍콩, 중국 등에도 다목적 노인복지관이 많이 있지만 우리나라처럼 다양하고 체계적인 서비스를 제공하는 노인복지관은 못 된다.

우리나라의 노인복지관 모델

- 노인복지관은 미국의 시니어센터(senior center)에서 유래하는 것으로 볼 수 있으며, 이 개념을 일본에서 받아들여 1970년대부터 노인복지관을 건립하여 지역사회 노인들을 위한 다양한 서비스를 제공해 왔다.
- 우리나라에서는 1980년대 말부터 시·군·구 단위로 노인복지관을 건립하기 시작했으나 1990년대까지는 전국적으로 소수에 불과하였다. 2000년대부터 활발하게 건립되었고, 특히 2005년부터 중앙정부가 복지관 건립을 지원하기 시작하면서 노인복지관이 크게 늘어났다.
- 우리나라의 노인복지관에서는 다양한 프로그램(40~50개 이상의 프로그램)을 수행하고 있으며 주로 전문 사회복지사들이 지역사회와 네트워크를 개발하고 다양한 서비스를 기획하여 제공하고 있기 때문에 프로그램의 질도 상당히 높은 편이다. 우리나라의 노인복지관 모델은 미국보다 훨씬 앞서 있다고 할 수 있고 일본보다도 상당히 앞서가는 편이다. 따라서 외국에서 우리나라 노인복지관 모델을 시찰하기 위해 방문하는 경우가 많아지고 있다.

(2) 식사배달 및 공동급식

식사배달은 노인 가정에서 영양을 고려한 식사를 합리적인 비용으로 마련하기 어려운 점을 고려하여 일정한 곳에서 식사를 만들어 노인들의 신청을 받아 실비 수준으로 식사를 배달해 주거나 노인복지관 등에서 공동으로 식사를 할 수 있도록 하는 급식 서비스를 말한다. 미국에서는 따뜻한 식사를 만들어 배달하기도 하고 노인복지관에서 공동급식을 주로 하는데, 노인들이 점심식사를 하러 나와서 식사 후 복지관에서 실시하는 여러 가지 프로그램에 참여하고 있다. 복지관에서의 공동급식은 어떤 의미에서 노인들이 복지관활동에 참여하도록 유도하는 수단이 되기도 한다.

(3) 노인휴양시설 및 노인오락시설

노인들이 온천, 목욕, 수련회 등을 즐길 수 있는 휴양시설 프로그램을 시행하는 곳도 있는데 일본에는 이런 프로그램들이 많이 제공되고 있다. 오락시설로는 미국에는 노인들이 주로 참여하는 볼링, 댄스, 미니골프장 등이 있다. 특히 대규모의 실버타운에는 이런 시설들이 잘 갖추어져 있다.

(4) 노인교육

외국의 경우 다양한 주체가 다양한 형태로 노인교육을 제공하고 있다. 지역사회 단위로 이루어지는 것이 일반적이고 노인복지관, 대학, 퇴직자(노인)클럽에서 제공되고 있다. 퇴직 이후의 건강한 삶의 시기를 '제3기 인생'이라 하여 제3기인생대학(University of the Third Age; U3A) 프로그램이 많이 제공되고 있다. 제3기 인생대학은 크게 두 가지 형태가 있다. 프랑스를 위시한 서유럽에서는 대학이 주체가 되며, 영국과 호주 등에서는 지역사회 퇴직자 클럽이 주체가 되어 자체적으로 필요한 강좌를 기획하여 회원이나 외부인을 강사로 초빙하여 강의를 듣는 형태다. 또한 실버타운이나 노인들이 많이 거주하고 있는 지역에서는 인근 대학에 노인들을 위한 대학 교육과정을 개설하거나 실버타운에 대학 프로그램을 개설하는 경우도 있다. 그리고 특별한 주제를 정하여 공부와 여행을 겸하는 교육여행 같은 프로그램을 시행하는 경우도 있는데, 이 같은 교육여행 프로그램을 '엘더 호스텔(elder hostel)'이라 부르고 국제적인 연맹도 있다.

3) 권익옹호 서비스

(1) 법률구조 및 소비자 보호

법률구조 및 소비자 보호 서비스는 노인들이 법률지식이 부족하거나 여러 가지로 판단을 잘못하여 법률적으로 어려움을 당하기 쉬운 재산 문제, 유언, 이혼, 소비자 권익보호 등을 도와주기 위해 서비스를 제공하는 것을 말한다.

(2) 노인학대 처리 및 상담

노인학대 처리 및 상담 서비스는 노인학대로부터 신변보호를 해 줄 뿐만 아니라 학대를 신고하거나 학대 신고를 받아 노인을 보호하고 이와 관련된 상담 서비스를 제공하는 것을 말한다.

4) 정보제공 및 접근촉진 서비스

(1) 노인복지 서비스 안내 및 의뢰

노인복지 서비스 안내 및 의뢰는 노인복지 관련 기관에서 다양한 노인복지 관련 정보를 제공하고, 그 기관에서 원하는 서비스를 제공할 수 없는 경우 다른 기관으로 의뢰하여 서비스를 받을 수 있도록 주선해 주는 것을 말한다. 지역사회에서 제공되는 다양한 서비스와 적절한 서비스 제공기관을 알려주고 서비스를 받도록 주선하는 것을 전문으로 하는 서비스 기관도 있다. 이런 종합적이고 통합적인 서비스 안내 및 의뢰 서비스는 지역사회 복지협의체나 공공복지기관에서 하는 경우가 많다.

(2) 인터넷 정보 제공 및 검색

지난 20여 년 동안 인터넷이 발달되고 그 이용이 일반화됨에 따라 노인이 필요로 하는 다양한 서비스 정보와 이용 안내를 노인복지기관의 홈페이지나 서비스 안내기관 홈페이지를 통해서 하는 경우와 필요한 서비스를 인터넷을 통해 검색하는 경우가 점차 증가하고 있다. 이러한 홈페이지 이용 정보제공이나 인터넷 이용 서비스 검색은 원하는 경우 언제나 가능하고, 이용 문의도 하고 응답도 받을 수 있는 등 편리한 점이 많다.

3 현행 사회 서비스 프로그램

여기서는 사회 서비스를 Kahn이 사회적 기능에 따라 정의한 것에 근거하여 네 가지 기능 각각에 해당하는 우리나라의 서비스를 검토해 보기로 하겠다.

1) 당면 문제 해결 서비스

(1) 시설보호

경제적 빈곤이나 개인과 가족의 사정으로 불가피하게 시설(양로시설과 요양시설)에 입소하여 일상생활을 영위하거나 건강보호 서비스를 받도록 도움을 주는 서비스가 있다.[1] 우리나라에서는 1981년에 노인복지법이 제정되어 노인시설이 양로시설과 요양시설로 구분되도록 하였다. 그러나 실제로 1980년대 중반까지는 노인요양시설에 입주했어야 할 노인들이 양로시설에 같이 입주해 있어 분리가 쉽지 않아서 노인복지법이 시행된 이후 1985년까지도 양로시설만 있었고 요양시설은 없었던 것으로 보인다(통계청, 1995). 1986년 이후 양로시설의 증가 속도보다는 요양시설의 증가 속도가 빨라져 2015년 현재는 양로시설보다는 요양시설이 훨씬 많다. 2015년 현재 양로시설은 265개소, 노인요양시설은 2,933개소, 노인요양공동생활가정은 2,130개소가 있다.

(2) 재가노인복지시설(장기요양보험 비적용 저소득노인보호시설)

재가노인복지사업은 1987년에 처음 민간기관에서 시작된 가정봉사원 파견사업으로부터 시작되었고 1992년 노인복지법에 재가복지사업으로 가정봉사원 파견시설, 주간보호시설, 단기보호시설이 저소득층을 위한 일종의 재가 장기요양 서비스 시설의 역할을 해 왔다. 2008년 7월부터 일반노인과 저소득층을 대상으로 장기요양보험제도가 시행됨에 따라 요양등급 1~5등급에 해당하는 노인만 장기요양보험제도의 재가요양

1. 저소득 노인의 양로시설 입소의 경우는 소득보장과, 저소득노인의 요양시설 입소의 경우는 의료보장과 중복되는 면이 있다.

기관(방문요양, 방문목욕, 주·야간보호, 단기보호, 복지용구 지급 기관)을 이용할 수 있게 되었다. 2014년 요양등급이 5등급까지 확대되기까지는 요양등급 외 노인(실제 요양등급 4~5등급에 해당)은 종전대로 가정봉사원 파견시설, 주간보호시설 및 단기보호시설을 이용할 수 있었다. 그러나 장기요양보호제도의 서비스 대상이 4~5등급까지 확대되면서 이러한 서비스 시설은 없어지게 되었다.

재가노인복지시설은 공적 장기요양보호제도가 시행되지 못한 시기에 저소득층의 재가요양 서비스 기관으로 중요한 역할을 해 왔으며 2008년 7월부터 장기요양보험제도가 시행된 이후부터는 방문요양서비스, 주야간보호서비스, 단기보호서비스, 방문목욕서비스 및 재가지원서비스로 재편되었다.

(3) 노인복지 상담원

시·군·구 단위로 노인복지 상담원(실제로는 공무원이 겸직하는 경우가 대부분임)을 두고 노인의 여러 가지 일상생활의 문제를 상담해 주고 있다.

(4) 치매상담

시·군·구의 보건소에 치매상담센터를 두고 치매예방과 치매관리를 위한 상담 서비스를 제공하고 있다.

(5) 노인돌봄 서비스

노인돌봄 서비스는 기본 서비스와 종합 서비스의 두 가지 형태로 제공되고 있다. 기본 서비스 대상자는 65세 이상 노인으로 요양 서비스가 필요없지만 소득, 건강, 주거, 사회적 관계 등에서 서비스가 필요한 노인에게 무료로 제공하는 것이다. 종합 서비스는 65세 이상 장기요양등급 경증(4등급 이상)의 노인에게 바우처 제도로 제공하는 것이다. 바우처(voucher)는 서비스 비용의 지불증서 또는 현금 교환권을 말하는데, 정부에서 일정 서비스를 민간 비영리 및 영리단체에서 받게 하고 그 비용의 전부나 일부를 바우처로 지급하는 제도다. 서비스 수급자는 서비스 대상 기관을 선택하여 서비스를 받고 바우처로 지급하면 서비스 기관은 그 증서를 정부에 청구하여 비용을 받게 된다. 우리나라에서는 바우처 제도가 2006년부터 사회 서비스 분야에 도입되어 시행되고 있으며, 현재 바우처는 문서로 된 것이 아니라 신용카드와 같은 카드로 지급하면 정부에서 마련한 바우처 결제기관에서 결제하여 서비스 제공기관에 비용을 지급해 주도록 하고 있다.

종합 서비스는 2006년에 시작된 노인돌보미 바우처 서비스와 독거노인 생활관리사 파견 서비스를 2009년부터 통합한 서비스다. 혼자의 힘으로 일상생활이 어려운 노인에게 가사·활동지원 서비스를 제공하는 것인데, 노인장기요양보험의 등급판정기준에 의하여 요양등급 점수가 40~55점인 경우(경증인 경우) 소득수준(최저생계비의 100~150% 사이)과 한 달 동안 희망하는 서비스 시간(27~36시간 사이)에 따라 정부의 바우처와 본인의 부담 부분을 달리하고 있다. 2017년 현재 월평균소득이 최저생계비의 120% 미만인 경우는 서비스 비용의 대부분을 정부가 바우처로 부담하고 이용자가 월 18,000원에서 24,000원을 부담하도록 하고 있으며, 최저생계비의 120% 이상 150% 미만인 경우는 이용자가 37,000원에서 49,000원을 부담하도록 하고 있다.

(6) 실종노인 신고

노인복지법(제39조의 10)에 따르면 누구든지 정당한 사유 없이 사고나 치매 등의 사유로 보호자로부터 이탈된 노인을 경찰관서 또는 지방자치단체장에게 신고하지 않고 보호해서는 안 되도록 되어 있다. 현재 실종노인 찾기 업무를 민간기관에 위탁하여 수행하고 있으며 실종노인의 신고는 경찰청 182센터와 실종노인상담지원센터(02-777-0182)에 신고하도록 하고 있다.

(7) 보건복지부 희망의 전화 상담(국번 없는 129번)

보건복지부에서는 희망의 전화 상담을 위해 보건복지 콜센터를 설치하고 보건복지 관련 각종 서비스에 대한 상담을 실시하고 있다. 업무시간(평일 오전 9시~오후 6시)에는 상담원과 바로 연결되어 상담이 가능하며, 그 외 시간의 일반상담은 0번으로 상담을 예약하고, 학대·자살·응급의료 신고 등으로 상담을 원할 경우 1번으로 전문 상담원과 연결할 수 있다.

(8) 이용시설 편의 증진

'장애인·노인·임산부 등의 편의증진보장에 관한 법률'에 의하여 노인이 생활을 영위함에 있어서 이동과 시설이용의 편의를 도모하고 정보 접근을 용이하게 하기 위한 공공건물 및 공중이용에 필요한 시설과 설비를 갖추어야 함에 따른 서비스다. 실제적으로 보건복지부의 노인복지 서비스로 거의 인정되지 못하고 있다.

2) 발달욕구 충족 서비스

(1) 노인여가복지시설

① 노인복지관

노인복지관은 노인의 교양·취미생활, 사회참여활동 등에 대한 각종 정보와 서비스를 제공하고, 건강증진 및 질병예방과 소득보장, 재가복지 그 밖에 노인의 복지증진에 필요한 서비스 제공을 목적으로 하는 시설을 말하며, 2018년 현재 노인복지관은 전국에 385개소가 있다. 노인복지관은 노인복지법에 의한 여가복지시설이지만 2004년까지는 지방자치단체예산으로 설립·운영되었는데 지방자치단체의 재정능력에 따라 복지관의 규모와 프로그램에도 차이가 있었다. 2005년 이후는 기초자치단체 각각에 적어도 1개 이상의 노인복지관을 설립하기로 하고 중앙정부에서 분권교부세를 배정하여 지방정부의 노인복지관 설립·운영을 지원하고 있다.[2]

② 경로당

경로당은 지역노인들이 자율적으로 친목도모, 취미활동, 공동작업장 운영, 각종 정보교환과 기타 여가활동을 할 수 있도록 하는 장소 제공을 목적으로 하는 시설로서 2018년 현재 66,286개소가 있다. 그러나 거의 대부분의 경로당에서 시행되고 있는 프로그램이 체계적이고 조직적이지 못하여 노인들에게 별로 도움이 되지 못하기 때문에 정부에서는 노인복지관과 연계한 경로당활성화사업을 시행하여 우수경로당을 선정, 포상하는 방법으로 경로당 프로그램을 혁신하도록 하고 있다.[3] 경로당활성화사업 체계는 그림 15-1과 같다.

③ 노인교실

노인들의 사회활동 참여욕구를 충족시키기 위해 건전한 취미생활, 노인건강유지,

---

2. 노인복지관에서 제공되는 서비스는 제10장의 표 10-8 참조.

3. 경로당 활성화의 구체적인 프로그램은 제10장의 표 10-7 참조.

그림 15-1. 경로당활성화사업 체계

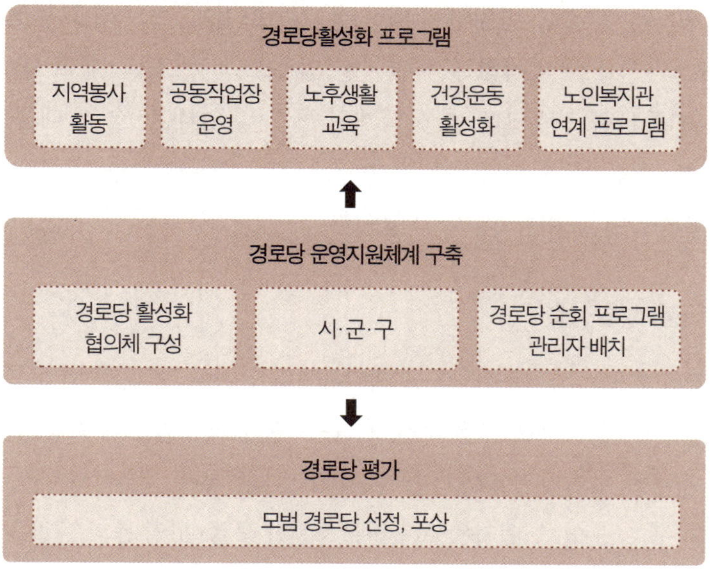

출처: 보건복지가족부(2009), 2009년 노인보건복지사업안내.

소득보장, 기타 일상생활과 관련한 학습 프로그램 제공을 목적으로 하는 시설(일반적인 노인학교와 노인대학은 이 규정에 의함)로, 2018년 현재 1,342개소가 있다.

④ 노인휴양소

노인들에게 심신의 휴양과 관련한 위생시설, 여가시설, 기타 편의시설을 단기간 제공하는 것을 목적으로 하였으나 2011년부터 더 이상 인가하지 않고 있다.

(2) 사회복지관(사회복지사업법상의 시설)

일반사회복지관은 노인을 포함한 다양한 연령계층을 위해 다양한 서비스를 제공하고 있다. 한글교실, 노인교실, 노인상담, 자원봉사활동 조직화 같은 서비스를 제공하고 있는 복지관이 많이 있다.

(3) 지역봉사지도원 위촉

국가 또는 지방자치단체는 신망과 경험이 있는 노인이 지역봉사를 희망하는 경우 지역봉사지도원으로 위촉할 수 있다. 지역봉사지도원의 역할은 ① 국가 또는 지방자치단체가 행하는 업무 중 민원인에 대한 상담과 조언, ② 도로의 교통정리, 주·정차 단속 보조, 자연보호·환경침해 행위 단속의 보조와 청소년 지도, ③ 충효사상, 전통의례 등 전통문화 전수교육, ④ 문화재의 보호 및 안내, ⑤ 기타 대통령령이 정하는 업무(노인복지정책의 홍보 및 안내, 시설입소 노인에 대한 생활지도, 자원봉사활동 기타 시·군·구청장이 필요하다고 인정하는 업무) 등이다.

(4) 노인 자원봉사 활성화

노인에게 적합한 새로운 자원봉사활동을 개발하여 노인들이 적극 참여하도록 유도하는 서비스로서 전문자원봉사 프로그램 지원, 노인자원봉사 매뉴얼 제작 보급, 전국 노인자원봉사 대축제 개최, 노인자원봉사 사진·수기 공모, 자원봉사 전문인력 양성, 노인자원봉사 홈페이지 구축·운영, 노인자원봉사 전문지원단 구성·운영 등의 사업을 보건복지가족부·지방자치단체·민간단체가 협력하여 수행하도록 한다.

(5) 효 문화 진흥 활동

'효행 장려 및 지원에 관한 법률'(2008년 8월 시행)에 의해 효문화진흥원을 설치하고 효행에 관한 교육, 효 문화 진흥 전문인력 양성, 효 문화 진흥 관련 단체를 지원하며, 효행 우수자 표창과 부모 부양자에 대한 필요비용도 지원하고 있다.

3) 노인권익 옹호

(1) 노인 학대 예방·신고·조사

노인복지법(제39조 5~9), 가정폭력범죄의 처벌 등에 관한 특례법(제4~8조)과 가정폭력방지 및 피해자보호 등에 관한 법률(제4~8조)에 의해 노인보호전문기관을 설치하여 노인학대 예방에 대한 교육과 홍보를 시행하고, 학대 행위자를 신고·조사하여 필요한 경우 일시보호조치를 취한다. 노인학대 해결 서비스는 당면문제 해결 서비스도 되는 동시에 노인의 인권과 권익을 옹호하는 서비스도 된다.

그림 15-2. 노인보호전문기관의 업무체계

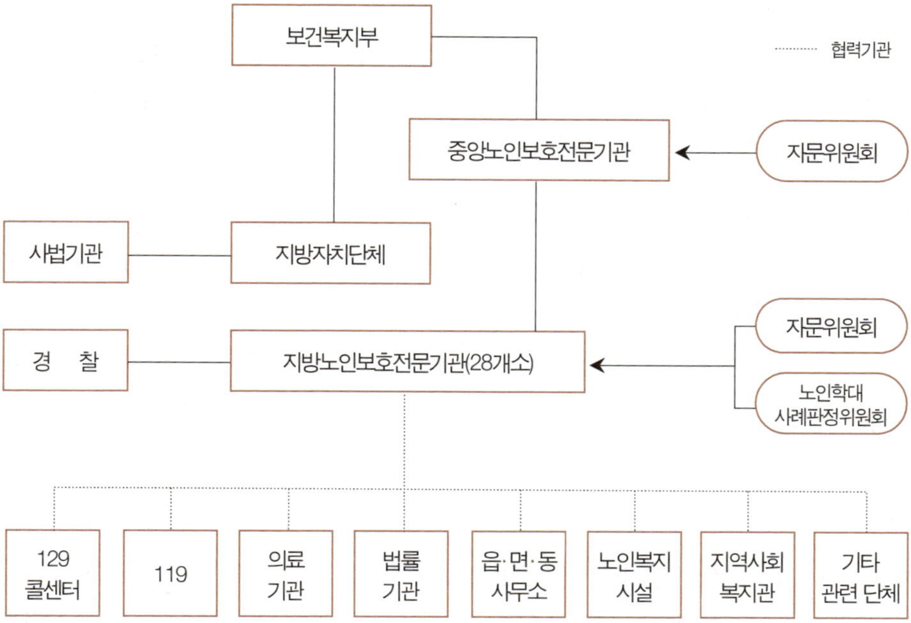

출처: 보건복지부(2009), 2009년 노인보건복지사업안내.

(2) 노인보호전문기관

노인학대 예방, 상담 및 문제해결을 위해 중앙 및 광역자치단체(특별시, 직할시, 광역시, 자치도 및 도 단위)에 노인보호전문기관을 설치하여 노인학대의 예방, 홍보, 신고접수, 현장조사, 응급보호조치와 상담을 실시하고 있다.

노인학대에 해당하는 사항은 다음과 같다(노인복지법 제39조의 9).

- 노인의 신체에 폭행을 가하거나 상해를 입히는 행위
- 노인에게 성적 수치심을 주는 성폭행, 성희롱 등의 행위
- 자신의 보호 감독을 받는 노인을 유기하거나 의식주를 포함한 기본적 보호와 치료를 소홀히 하는 방임행위
- 노인에게 구걸을 하게 하거나 노인을 이용하여 구걸하는 행위
- 노인을 위하여 증여 또는 급여된 금품을 그 목적 외의 용도에 사용하는 행위

누구든지 노인학대를 알게 되면 노인보호전문기관이나 수사기관에 신고할 수 있다. 특히 ① 의료기관의 의료인, ② 노인복지시설의 시설장과 종사자, ③ 장애인 복지시설에서 장애노인에 대한 상담, 훈련, 치료 및 요양을 행하는 자, ④ 가정폭력방지 및 피해자 보호 등에 관한 법률(제5조 및 제7조)에 의한 가정폭력상담소의 상담원 및 가정폭력피해자보호시설의 장 및 종사자, ⑤ 노인복지 상담원 및 사회복지 전담공무원 등은 노인복지법에 의해 신고할 의무가 있다(노인복지법 제39의 6).

노인보호전문기관의 업무체계는 그림 15-2에서 보는 바와 같이 전국의 광역자치단체 18개 지역에 지방노인보호전문기관을 설치하고, 이를 관장하는 중앙노인보호전문기관을 두고 경찰과 129 콜센터, 의료기관, 법률기관, 노인복지시설 등과 협력하여 사업을 수행하고 있다.

(3) 노인보호구역 지정

도로교통법(12조의 2)에 의하여(2008년 2월 개정) 교통사고 위험으로부터 노인을 보호하기 위하여 필요하다고 인정하는 때는 노인복지시설(노인복지법 제34조의 시설) 중 행정안전부령이 정하는 시설의 주변도로 가운데 일정한 구간을 노인보호구역으로 지정하여 차마의 통행을 제한하거나 금하는 등 필요한 조치를 할 수 있다. 실제로 2007년 5월 시행부터 행정자치부(당시는 행정안전부가 아니라 행정자치부였음)령에 따라 광역 및 기초 자치단체장은 관할 구역 내의 노인복지시설 설립 운영자의 건의에 따라 지방경찰청장 또는 경찰서장은 노인보호구역을 지정할 수 있도록 하였다.

교통사고 부상자 · 사망자 중 노인 비율 증가

2005년 현재 우리나라 노인의 교통사고 사망자는 OECD 30개국 중 일본(43.3%) 다음으로 높게(26.7%) 나타났다(International Road Traffic Accident Database, 2010). 우리나라의 65세 이상 노인의 교통사고 건수와 교통사고 중 노인 부상자 및 사망자 수가 매년 증가하고 있는 추세다.

- **교통사고 부상자 중 노인 비율 :** 1992년 5.2% → 2008년 7.1%
- **교통사고 사망자 중 노인 비율 :** 1992년 13.5% → 2008년 29.6%

(4) 노인권익 옹호 민간단체 지원

정부에서는 대한노인회, 노인유권자연맹, 노인복지단체협의회 등을 지원하여 이들이 건전한 노인 인권 및 권익옹호 활동을 할 수 있도록 하고 있다.

4) 각종 정보 제공과 서비스 접근 촉진

(1) 노인 일자리 정보 제공

① 한국노인인력개발원

정부에서 민간기관인 한국노인인력개발원을 지원하고 지방자치단체와 협력하여 노인의 적합한 공익형, 교육형, 복지형, 시장형, 인력파견형, 소득창출형 일자리를 개발하도록 하고 있고 노인 일자리에 대한 정보도 제공하고 있다(추진체계는 그림 15-3 참조).

② 지역사회 시니어클럽

노인의 사회적 경험과 지식을 활용할 수 있는 다양한 일자리를 개발하고 이에 참여할 수 있는 여건을 조성하여 노인의 삶의 질을 향상하는 사업으로 노인 일자리에 대한 정보도 제공하고 있다. 2014년 현재 전국에 114개소가 있다.

③ 대한노인회 취업지원센터

대한노인회의 중앙, 시·도 및 시·군·구 지회의 취업지원센터를 통해 노인 취업정보를 제공하고 취업상담 및 알선사업을 시행하고 있다.

④ 노인 일자리 박람회 개최

광역 및 기초자치단체별로 노인인력을 구인하는 단체들이 일정 기간(1~2일 정도) 동안 일정 장소에서 공동으로 취업정보 제공, 취업상담 및 취업알선을 하도록 하고 있다.

(2) 노인복지 서비스에 대한 종합적 정보 제공

정부에서 직접 서비스 제공 및 접근 촉진을 하기보다는 지원하는 민간단체(예: 한국노인

그림 15-3. 한국노인인력개발원 노인일자리사업 추진체계

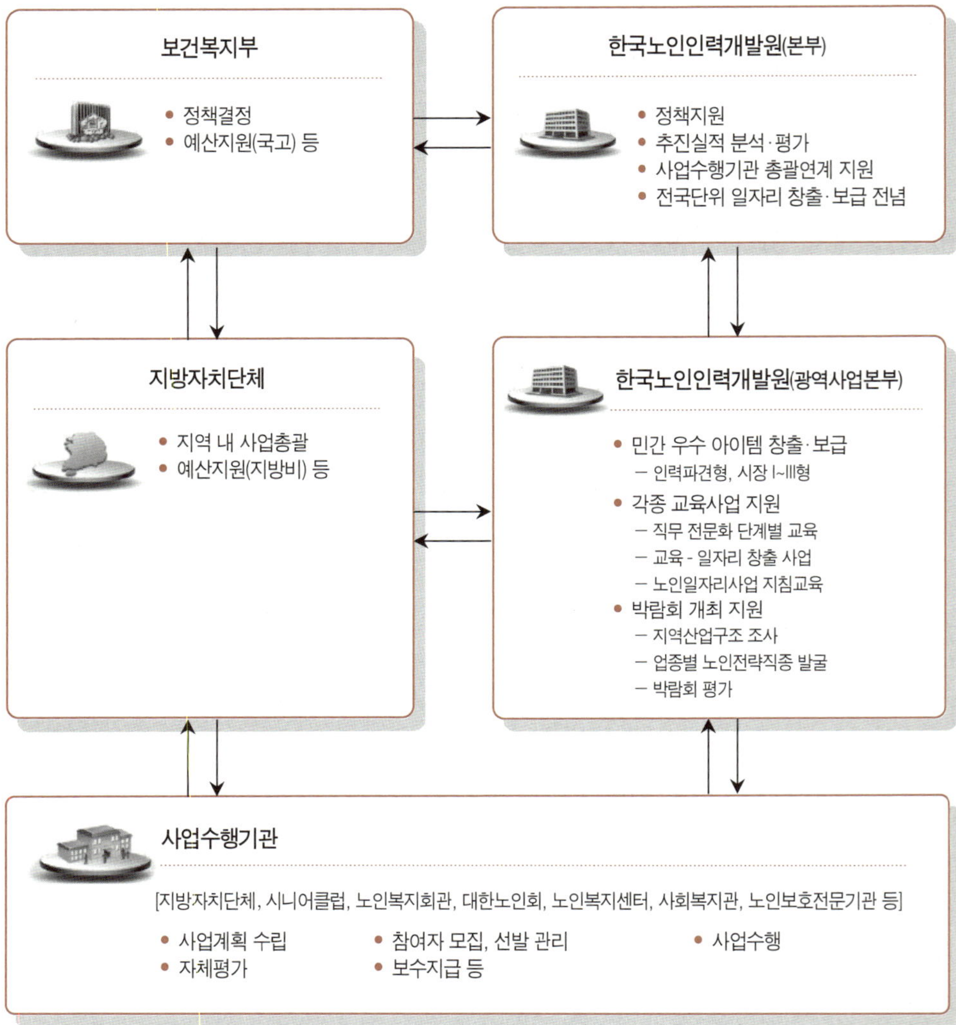

출처: 보건복지부(2009), 2009년 노인보건복지사업안내.

의 전화, 노인복지관, 노인교실, 사회복지관 등)를 통해 노인복지에 대한 각종 정보를 제공하고 있으나 지역별로 체계적이고 종합적인 정보를 제공하는 기관은 없는 실정이다.

4 사회 서비스의 문제점과 개선방안

노인을 위한 사회 서비스는 기능적인 면에서 크게 네 가지로 구분할 수 있고 각각에 해당되는 서비스 종류도 다양하기 때문에 각각의 서비스에 대한 문제점과 개선방안을 생각하는 것보다는 제11장에서 설명한 사회복지정책 프로그램 계획과 분석의 네 가지 차원(급여의 수급 자격, 급여의 종류와 수준, 전달체계와 재정방법)으로 생각해 보는 것이 바람직하다.

1) 급여 수급자격

과거에는 사회 서비스는 주로 빈곤층 내지는 저소득층을 대상으로 한 주거시설이나 요양시설 중심의 서비스로 되어 왔으나, 사회 전체의 소득수준 향상과 사회복지 욕구의 다양화에 따라 점차 서비스 대상이 중산층까지 확대되고 있다. 그러나 전반적으로는 빈곤층과 저소득층에 한정되거나 저소득층 우선인 경우가 많다. 특히 노인의 경우는 경제적 사정에 관계없이 더욱 다양한 욕구와 문제가 나타나고 있기 때문에 빈곤층이나 저소득층에 한정하는 것에서 벗어나 서비스 범위를 확대하는 것이 바람직하다.

급여 대상의 확대는 국가의 재정능력과 사회복지의 경제 시장화와 맞물려 있어 급속한 확대는 바람직하지 못할 수도 있다. 그러나 사회 서비스는 노인의 심리사회적 욕구와 문제에 대응하는 서비스인 만큼 삶의 질을 향상하는 데 중요한 요소가 되기 때문에 국가적 차원과 지역사회적 차원에서 중·장기적 계획을 세워 서비스 대상을 확대하는 것이 바람직하고 일부 서비스에 관해서는 비용의 일부를 부담하게 하거나 아니면 실버산업 차원에서 시장화할 수 있는 계획을 수립하여 시행하는 것이 바람직하다.

국가나 지방자치단체가 다양한 노인의 사회 서비스 욕구를 다 충족시켜 줄 수는 없기 때문에 본인 부담과 시장화도 여러 가지 면에서 긍정적인 효과가 있다는 점을 유의해야 할 것이다. 특히 장기요양보호에 해당하는 서비스는 현재 사회보험으로 제공되고 있으나 영리적 운영기관도 참여할 수 있게 되어 있는 점도 향후 일부 사회 서비스에 대한 시장화의 필요성과 가능성을 충분히 예측하게 해 준다.

2) 급여의 종류와 수준

위에서 살펴본 바와 같이 사회 서비스는 네 가지 기능면으로서는 중요한 서비스를 상당수 제공하고는 있으나 노인들의 공통적인 욕구를 보다 많이 충족시킬 수 있는 서비스가 아직도 크게 부족한 실정이다. 특히 노인의 자기발달욕구를 충족시킬 수 있는 서비스와 노인권익보호 등의 서비스가 크게 부족한 편이다. 노인종합복지관이 시·군·구 단위로 하나 이상 건립되어야 하며, 시·군·구 단위의 노인종합복지관은 하나 정도 설립하고, 경로당 건물을 이용하는 등 소규모 분관을 설치하여 노인들의 참여 기회와 접근성을 높여 주는 것이 바람직하다.

경로당은 현재 지역사회 중산층 이상 노인의 참여가 거의 없고 10~20여 명의 노인들이 친교 클럽식으로 비체계적으로 운영되고 있어 지역사회 노인복지기관으로서의 역할을 거의하지 못하고 있다. 경로당활성화사업은 시행된 지 10년이 넘었지만 아직도 범위가 극히 일부로 제한되어 있고 효과를 제대로 나타내고 있지 못하고 있다. 향후 가장 바람직한 지역사회 단위의 노인발달욕구 충족 서비스는 노인복지관과 경로당을 묶어 경로당을 노인복지관의 실질적 프로그램 시행 장소로 활용하는 방향으로 나가야 할 것이다. 이를 위해서 지역사회의 재정적 후원과 폭넓은 노인계층의 참여가 있어야 한다. 지역사회 단위별로 노인들이 즐길 수 있는 레크리에이션 시설(예: 노인 카페, 노인 전용 스포츠댄스 시설 등)도 지역사회 구민회관, 동사무소, 주민 아파트 지하 공간 등에 요일별, 시간대별로 개설하는 것도 바람직하다.

노인들이 활용할 수 있는 법률구조 단체

- **법률구조공단 :** 소득이 일정 수준 이하인 노인과 모든 국민이 법률상담과 필요한 경우 소송대리, 형사변호 등의 무료 서비스 제공(http://www.klac.or.kr, 국번 없이 132)
- **한국가정법률상담소 :** 법률 전반에 대해 무료 상담 제공(http://www.lawhome.or.kr, 02-780-5688, 5689)
- **대한변호사협회 :** 법률 전반에 대한 무료 상담 제공(http://www.koreabar.or.kr, 02-3476-0986, 8080)

노인들의 권익옹호를 위한 서비스로 법률구조 서비스가 공적 서비스로 제공될 수 있어야 할 것이다. 노인들의 재산문제, 결혼/이혼문제, 상속문제, 소비자 주권문제 등을 위해서 이는 반드시 필요하고 그 수요가 점차 증가하고 있기 때문에 법률구조 서비스는 속히 공식적으로 제공되어야 한다.

3) 전달체계

노인을 위한 서비스 전달체계는 우선 지역사회 중심의 보건복지 통합 서비스, 사례관리 모형으로 발전되어야 할 것이다. 사회 서비스의 중요한 기능이 되는 보호(수발)의 기능을 장기요양보호 서비스가 다 담당할 수도 없고, 장기요양에 해당되지 않으면서 건강문제와 연계된 다른 문제들도 많이 있다. 노인의 심리사회적 문제나 욕구의 해결도 보건의료 서비스와 연계되어 있는 경우가 많기 때문에 노인을 위한 지역사회 서비스 전달의 큰 틀은 보건과 복지 서비스가 연계 또는 통합되는 개념 속에서 제공될 수 있어야 한다. 특히 장기요양보험제도 시행 이후 경증의 요양등급A(4~5등급)에 해당하는 사람들이 지역사회 내에서 보호 서비스와 관련된 다른 서비스도 받을 수 있어야 하고 경제적 사정에 관계없이 통합적 서비스를 받을 수 있도록 하는 것이 대단히 중요하다.

보건복지 통합적 서비스 전달을 위해서는 기존의 지역사회 단위 관련 서비스를 재조직하는 것도 병행되어야 할 것이다. 지역사회 보건복지 통합 서비스 전달을 위한 수단으로만 아니라 노인의 다양한 욕구와 문제를 지역사회의 다양한 서비스 기관과 연계하면서 욕구와 문제를 관리해 주는 수단으로 사례관리 서비스 방법이 노인복지 서비스의 일반적 전달방법으로 인식되고 실천되어야 할 것이다.

노인복지 서비스를 통합적 사례관리의 방법으로 전달하는 데 직결되는 것으로 노인복지 서비스 정보의 체계적 전달과 의뢰 업무다. 지역사회 단위 종합적 서비스 안내 및 의뢰 업무는 개별 기관 단위로 하는 것도 바람직하지만 지역사회 단위의 공적 서비스로 전달될 수 있어야 할 것이다.

4) 재정방법

사회 서비스는 무료에서 일부 유료, 실비 및 이윤을 추구하는 유료까지 다양하게 전달될 수 있다. 보편적으로 제공되는 무료 서비스의 종류가 많아지면 좋겠지만 공적 재정에 한계가 있고 무료 서비스의 남용문제 등도 있는 만큼 서비스 종류별로 그 우선순위에 따라 무료, 일부유료, 실비, 이윤이 추가된 유료로 전달될 수 있도록 중·장기적 계획을 수립하여 사회 서비스 급여 대상자 확대 및 서비스 종류와 연계하여 재정방법을 다양화시켜 나가는 것이 바람직하다.

현재 노인돌봄 종합 서비스에서 활용하고 있는 바우처 제도는 서비스 유료화와 서비스 시장화에 긍정적인 효과를 발휘할 수 있을 것이므로 이러한 바우처 제도를 일부 적절한 서비스에 확대해 나가는 것도 바람직하다.

제 16 장

고령화사회와 실버산업

20세기에 들어와서 가장 두드러지게 나타난 사회현상 중 하나는 노인인구의 증가인데, 21세기 초반기에 노인인구의 증가는 더욱 두드러지게 나타날 것으로 예상된다. 선진국의 경우 65세 이상의 노인인구 비율이 전체 인구의 14~20%에 이르는 고령사회를 형성하는 추세를 보이고 있으며, 노인인구의 다양한 욕구와 문제에 대한 사회적 대책은 국가의 주요 정책과제의 하나가 되고 있다.

우리나라에서도 지난 40여 년 동안 생활수준의 향상, 의료기술의 발전, 위생상태의 개선 등으로 평균수명이 크게 연장되어 왔고, 이에 따른 노인인구의 수와 비율도 크게 증가하고 있다. 2010년 현재 65세 이상의 노인인구는 전체 인구의 11%인 536만 명에 이르고 있다. 생활수준의 향상으로 노인들의 욕구는 단순한 생존적 욕구를 충족시키는 수준을 넘어 삶의 질을 추구하려는 수준에까지 이르고 있으며, 욕구의 종류도 다양해지고 있다.

선진국에서는 노인의 기본적 생존과 삶의 질 문제를 국가의 제도적 차원에서 적극적으로 해결하려는 노력이 19세기 말부터 사회보장제도의 도입과 1940년대 중반부터 복지국가 이데올로기의 실현 등으로 이루어져 왔다. 전통적 사회복지제도는 국가가 개입하여 국민의 생활에 필요한 상품과 서비스를 시장경제제도 밖의 다른 원칙에 의하여 배분하는 활동이다. 그러나 노인인구의 급속한 증가에 따라 이들의 다양하고 많은 문제를 국가의 사회복지제도만으로는 해결할 수 없게 되어 일부 재화와 서비스의 공급을 시장경제 체계에서 해결하려는 시도가 1960년대부터 선진국에서 있어 왔다. 1970년대 이후 경제성장의 퇴조와 이로 인한 국가의 복지재정 한계에 봉착하여 선진국에서는 복지 서비스의 일부, 특히 노인복지 서비스의 일부를 시장(경제시장)에서 공급하는 경향이 두드러지게 나타나고 있다.

노인복지 서비스를 시장경제 체계 안에서 공급하고 소비하는 것을 '실버산업'이라 할 수 있다. 실버산업은 현재의 노인을 대상으로 하는 상품(재화와 서비스)과 비노인층이 장차 노인이 되었을 때 효력을 발생하는 상품을 시장경제 원칙에 입각하여 생산하고 공급하는 활동을 말하는데, 선진국에서는 이러한 실버산업이 복지국가의 새로운 방향전환과 더불어 크게 발전하는 경향을 보이고 있다. 실버산업은 종래 전통적으로 사회복지의 공급체계인 사회시장(social market)에서 공급되던 것의 일부를 다시 시장경제 체계를 이용하여 공급하려는 시도인 민영화(privatization) 경향과 결부되어 사회복지에서 중요한 이슈 중의 하나가 되고 있다.

노인문제는 한국 사회에서 1970년대를 전후하여 사회문제로 부각되기 시작하여 2000년에 고령화사회에 진입하면서 그 심각성이 크게 더해 가고 있다. 생활수준의 향상과 더불어 노인들의 욕구도 생존적인 수준을 넘어 삶의 질과 생활의 편의를 추구하는 수준에까지 이르고 있으며, 노인들의 이러한 욕구와 문제는 저소득층에만 국한되어 나타나는 것이 아니라 전 노인계층에게 공통적으로 나타나고 있다. 특히 1980년대 중반부터는 많은 노인들이 비용을 지불하더라도 양질의 서비스를 받으려는 경향을 보이기 시작함에 따라 사적 단체(영리 및 비영리 단체)들이 이러한 유료 서비스의 제공에 관심을 보이기 시작했고, 실버산업에 대한 논의도 상당한 정도 전개되어 왔다. 이에 따라 정부에서는 1993년 12월에 노인복지법을 개정하여 영리단체나 개인도 유료 양로시설, 유료 요양시설 및 유료 재가복지 서비스(가정봉사원 파견 서비스, 노인 주간보호 및 단기보호)를 제공할 수 있도록 허용하였다. 또한 2007년 고령친화산업진흥법과 2008년 노인장기요양보험법의 시행으로 실버산업에 대한 논의가 더욱 활발하게 이루어지고 있다.

이 장에서는 2000년부터 고령화사회에 진입하게 되면서 향후 예상되는 사회적 변화에 대응하는 것으로서 실버산업의 정의와 성격 및 특성, 실버산업의 필요성과 관련 분야를 살펴보고, 우리나라 실버산업의 역할과 발전 방향에 대해 생각해 보기로 하겠다.

1 실버산업의 정의

실버산업이라는 말은 우리나라와 일본에서만 사용되는 용어이고 외국, 특히 영어권에서는 사용되는 것이 아니기 때문에 관련 용어와 그 의미를 명확히 해 둘 필요가 있다.

'실버산업'이라는 용어는 1980년대 중반부터 우리 사회에서 사용되기 시작했다. '실버산업'이라는 말 대신에 '노인산업'이라는 말도 가끔 사용되어 왔고 '실버마켓'이라는 말도 사용되고 있다. 실버산업을 영어 단어에 맞게 표기하면 silver industry가 되는데, 영어권에서 silver industry는 우리 사회에서 의미하는 것과 전혀 다른 의미인 은광산업(silver mining: 銀鑛産業)으로 이해되고 있다. '실버산업(sliver industry)'이라는 말은 '실버 서비스(シルバ-サビス)', '실버 비즈니스(シルバ-ビジネズ)'라는 말과 함께 일본에서 사용되어 왔기 때문에 일본에서 만들어진 말이 아닌가 생각된다. 일본에서는 실버산업이라는 말보다는 실버 서비스(silver service)나 실버 비즈니스(silver business)라는 말을 더 많이 사용하고 있다. 우리나라의 노인복지 서비스와 실버산업은 일본의 영향을 많이 받아 왔기 때문에 일본인들이 만들어 낸 실버산업이라는 말을 그대로 받아들여 사용하고 있는 것으로 생각된다.

영어권에서는 우리나라에서 사용하는 실버산업과 같은 의미의 용어로 elderly market, mature market, maturity market, older market, old market, old age market, grey market, senior market, senior citizen market, retiree market, aging market, silver market, 50-plus market 등을 사용하고 있다. 이들 용어 중에 상대적으로 빈번히 사용되는 것은 'elderly market'와 'mature market'(Wolfe, 1990)이다. 산업(industry)이라는 말과 시장(market)이라는 말은 엄격하게 말하면 뜻이 다르지만 우리나라에서 실버산업은 노인시장과 거의 같은 의미라고 판단되므로 이 장에서는 두 용어를 같은 것으로 간주하겠다. 다시 말해서 실버산업은 영어로 말하면 'elderly market' 또는 'mature market'이므로 실버산업은 노인시장(elderly market)과 같은 것으로 본다는 것이다.

실버산업이라는 말 대신에 2000년대 중반부터 우리 사회에서 '고령친화산업'이라는 말을 쓰기 시작했고, 특히 2007년에 고령친화산업진흥법(주요 내용은 이 책의 539쪽 참조)이 제정됨으로써 정부나 여러 학자들이 이 말을 사용하는 경우가 많아지고는 있으나 아직은 실버산업이라는 말이 더 많이 쓰이고 있는 것 같아 여기서는 실버산업이라는 말을 그대로 사용하기로 하겠다.

그리고 노인시장(elderly market)이라 할 때의 노인을 연령으로 규정하는 것도 의견이 다양하다. 일반적으로 노인을 연령으로 규정하면 65세 이상의 사람이지만, 노인시장이라 할 경우 노인의 연령은 45세 이상에서 65세 이상까지 범위가 넓다(Moschis, 1994). 그러나 미국에서 노인시장이라 할 경우의 노인은 보편적으로는 50세 이상을 말하는 것으로 보고 있다(Sterns & Sterns, 1995; Exter, 1990; Schewe, 1990).

그러면 실버산업 또는 노인시장에 대한 정의를 생각해 보기로 하자. 노인시장은 '시장'이라는 개념에 충실하게 정의한다면 "현재 50세 이상의 사람들이나 50세 이상의 사람들을 위해 구입하는 상품과 서비스 또는 앞으로 50세 이상의 노인이 되었을 때 효력을 발생하는 상품이나 서비스의 매매가 이루어지는 구체적 장소 또는 추상적 장소"라고 할 수 있을 것이다. 그리고 노인시장은 또한 '50세 이상의 사람들'을 의미하는 것으로 사용되는 경우도 있다(Sterns & Sterns, 1995). 그러나 노인시장이라는 용어가 실제로 사용되는 의미와 맥락은 '시장'이라는 말에 엄격히 매이기보다는 일반적으로 노인시장 내에서 취급되는 상품이나 서비스를 의미하는 것으로 사용되고 있는 경우가 대부분이므로 사람 자체를 가리키는 경우는 드물다고 하겠다. 따라서 이 책에서는 실버산업을 "현재 50세 이상의 사람들이나 50세 이상의 사람들을 위해 구입하는 상품과 서비스 또는 앞으로 50세 이상이 되었을 때 효력을 발생하는 상품과 서비스"라 정의하기로 한다.

2 실버산업의 성격과 특성

경제시장(economic market) 또는 시장(market)은 사회의 구성원이 물질적·정신적 생활에 필요한 재화와 서비스를 공급받을 수 있는 기본적인 채널이다. 따라서 경제적 능력이 있는 개인이나 가족은 항상 경제시장에서 필요한 재화와 서비스를 구입할 수 있기 때문에 이러한 시장공급 체계는 개인이나 가족에게 있어서 가장 일상적이고 자연적인 공급 체계가 되는 것이다.

그러나 개인이나 가족의 경제적 능력이 약화되거나 상실되었을 때, 경제시장 체계 자체의 구조적 결함이나 공급 결과의 불평등이 야기될 때는 개인이나 가족이 경제적 시장에서 재화나 서비스를 정상적으로 공급받거나 구입할 수 없게 되는 문제가 발생한다. 이러한 상황에서 일차적으로 개인이나 가족, 시장체계의 정상적인 기능회복을 위해 국가가 개입하게 되는데, 이러한 국가의 개입활동이 사회복지활동 또는 사회복지제도다. 이러한 의미에서 사회복지는 경제시장 밖에서 경제적 원칙(경제적 능력, 자유경쟁, 이윤추구의 원칙 등)이 아닌 다른 원칙(생활상의 욕구(필요), 결과의 평등성, 이타적 원칙 등)에 의하여 재화와 서비스를 배분하는 활동이라 할 수 있다(Gilbert, Specht & Terrell, 1993). 사회복지는 사회적 목표(사회적 통합과 사회연대적 자선)를 달성하기 위하여 재화와 서비스를 경제시장 밖으로 끄집어내어 경제시장과는 다른 원칙으로 배분하거나 아니면 경제시장의 운영을 통제 또는 수정하는 역할을 하기 때문에 사회복지활동을 사회시장(social market)이라고도 부른다(Gilbert, Specht & Terrell, 1993; Gilbert, 1995). 사회복지는 국가의 개입에 의해서 재화와 서비스를 배분하는 활동으로서 경제시장의 문제점을 수정하고 보완하기 위한 분배체계라 할 수 있는데, 이는 바로 전통적 의미의 사회복지이고 곧 사회시장이라 할 수 있다.

선진국에서는 사회복지의 공급주체가 국가(정부)와 민간 비영리기관만이 아니라 민간 영리기관으로 확대되는 경향을 보이고 있어 사회복지를 사회시장 영역으로만 한정하여 규정하기 어려워지고 있다. 그러나 사회시장과 경제시장의 중요한 차이점을 기본원칙과 배분동기를 중심으로 구분해 보면 다음과 같이 말할 수 있다.

사회시장은 재화와 서비스를 주로 경제적 욕구, 의존성, 이타주의적 감정, 사회적 의

무감, 자선적 동기, 사회연대적 보장에 대응하여 배분하지만, 경제시장은 개인적 주도, 능력, 생산성, 이윤추구에 대응하여 배분한다(Gilbert, Specht & Terrell, 1993). 사회시장은 사회적 목적과 사회통합을 증진시키려는 것이지만, 경제시장은 개인의 이기심과 개인적 차이를 증진시키려는 것이다. 사회시장은 사람들의 경제적 사정에 관계없이 욕구(필요성)에 대응하지만, 경제시장은 경제적 능력에 의하여 창출된 수요에 대응한다. 그리고 사회시장은 사회적 선(social good)보다 이윤 극대화를 추구하기 위해 공급자가 서비스 대상자를 착취하는 것을 막을 수 있고, 자본주의 기업들이 자원이나 지위나 권력의 배분에 있어서 불평등을 증대시키는 것을 막을 수 있는 장점이 있다. 또한 사회시장은 많은 경우 규정에 의한 표준적 서비스를 대량으로 공급할 수 있기 때문에 규모의 경제를 실천하여 효율성을 높일 수도 있다(Le Grand & Robinson, 1984).

실버산업의 성격을 여러 가지 관점에서 규명할 수 있겠지만 여기서는 사회시장 대(對) 경제시장의 관점에서 살펴보는 것이 적합할 것으로 생각된다. 영리추구 단체나 개인이 노인을 대상으로 상품이나 서비스를 제공하는 실버산업을 사회복지적 성격을 지닌 것으로 볼 것인가, 아니면 순전히 영리적 성격만 지닌 것으로 볼 것인가, 혹은 사회복지적 성격과 영리적 성격을 동시에 지닌 것으로 볼 것인가에 대해서는 논란이 있다.

사회복지의 범위가 전통적인 사회시장으로 국한되어 오다가 1970년대부터는 사회시장이 경제시장의 일부를 포함하는 경향을 보이고 있기 때문에 이러한 현실을 수용하여 사회복지의 영역을 사회시장의 일부에까지 확대하는 것이 바람직하다고 생각된다. 따라서 사회복지의 일부인 노인복지 영역에도 사회시장과 경제시장의 일부를 포함하는 경향이 나타나고 있는데, 이러한 경향은 미국을 포함한 여러 선진국에서 점차 두드러지고 있다. 실버산업은 경제시장의 한 영역에 속하지만, 노인을 대상으로 한다는 점과 그 시장에서 제공되는 서비스의 성격과 사회적 기능이 일반적 경제시장과 다르다는 점에서 실버산업은 사회시장의 성격과 경제시장의 성격을 모두 갖고 있다고 하겠다.

실버산업을 이처럼 양면적 특성을 지닌 것으로 보는 근거는 다음과 같다. 사회복지는 공동체의 복리와 공익을 추구하는 것을 궁극적 목표로 삼고 있다(Reamer, 1993). 위에서 살펴보았듯이 실버산업은 국가가 국민의 공통적 욕구의 일부와 개인별 특별욕구를 정부의 재정능력 한계로 충족해 줄 수 없기 때문에 이를 사회의 민간단체들에게 맡겨 비용의 전부를 받고 해결하도록 하는 것이다. 따라서 실버산업에서의 서비스 제공 근저에는 국민의 공통적 욕구를 해결해 준다는 사회적 책임감이 있어야 한다.

사회복지의 기능 가운데 하나는 취약자의 권리침해를 대변해 주고 보호해 주는 것이다(Compton, 1980). 실버산업은 그 대상이 경제적인 면에서 그리고 상품에 대한 정보 면에서도 취약하기 때문에 제공되는 서비스가 상대적으로 취약한 노인들의 안전과 권익을 보장하도록 노력해야 하고, 정부도 실버산업의 활동을 통제할 수 있도록 노력해야 한다. 실버산업의 서비스 대상은 사회복지의 대상처럼 일반적으로 신체적·사회적·경제적으로 취약한 계층이기 때문에 선진국에서도 노인들의 권리나 인권이 침해되지 않도록 상품과 서비스의 제공에 여러 가지 제한과 규제를 가하고 있다. 이와 같이 실버산업은 취약한 노인에 대하여 안전과 권익을 보장하는 노력을 해야 한다는 면에서 사회복지적 성격을 지니며, 또한 정부가 경제시장에 개입하여 노인들이 필요로 하는 서비스를 안전하게 구입하도록 도와주어야 한다는 의미에서도 사회복지적 성격을 지닌다고 할 수 있다.

사회복지를 전통적 개념으로 정의할 때 실버산업은 분명히 사회복지로 보기 어렵다. 즉 사회복지를 단순히 국가가 개입하여 경제시장 밖에서 필요에 의하여 급여를 배분하는 것으로 정의하고(Gilbert, Specht & Terrell, 1993), 사회복지활동은 이윤추구의 동기가 없어야 한다는 것을 하나의 성립조건으로 삼는다면(Wilensky & Lebeaux, 1965), 실버산업은 경제시장 안에서 소비자의 필요에 의해서가 아니라 개인의 경제적 능력에 의해서 이윤추구를 목적으로 상품을 공급하는 것이므로 이는 분명히 사회복지로 보기 어렵다.

선진 복지국가에서 재정위기의 대책으로 민영화 경향이 나타나고 있고, 복지 서비스의 재정주체와 공급주체가 국가(정부)만 아니라 비영리의 민간단체나 개인 그리고 영리의 민간단체나 개인으로까지 다양하게 확대되고 있기 때문에, 영리적 민간단체나 개인이 서비스를 공급한다고 해서 이를 사회복지 영역에서 제외하는 것은 사회복지의 개념을 너무 제한적으로 보는 것이고, 나아가서는 복지국가의 발전을 저해할 수도 있다. 영리단체가 제공하는 서비스나 경제시장에서 제공되는 서비스가 적어도 사회시장에서 제공되는 경우보다 효과적이고 효율적일 때나 또는 그렇게 예상되는 때에는 영리단체나 개인에 의해 제공되는 서비스를 복지 서비스의 영역에 포함시켜도 별 문제는 없다고 본다(Gilbert, 1983; 1995). 다시 말해서 비록 영리추구의 경제시장이라도 국민복지를 위한 하나의 공급주체가 될 수 있다는 것이고, 이들의 활동도 사회복지활동이 될 수 있다는

우리나라 실버산업 발전단계 예측

우리나라의 실버산업은 선진국의 예로 보아 1인당 국민소득이 2만 달러를 넘어서는 시기(2008년)부터 발전하기 시작하여 2010년 베이비붐 세대가 은퇴하기 시작하는 시기부터 본격적으로 성장할 것으로 예측되었다. 그러나 2008년부터 국민소득 2만 달러가 가능했으나 2008~2010년의 세계적 금융위기와 경제위기로 국민소득 증대가 답보상태였고 이에 따라 실버산업의 발전 시작 시점도 2010년 이후 경제회복이 시작되고 베이비붐 세대가 대량 은퇴하게 된 2010년 후반기로 미루어지게 되었다. 따라서 실버산업은 경제회복과 베이비붐 세대의 은퇴가 겹치는 2010년 후반기부터 본격적으로 성장하기 시작할 것으로 예측된다. 정부의 제1차 저출산고령사회 기본계획(2006~2010년 수정판)에서 예측한 실버산업의 발전단계는 다음 그림과 같다.

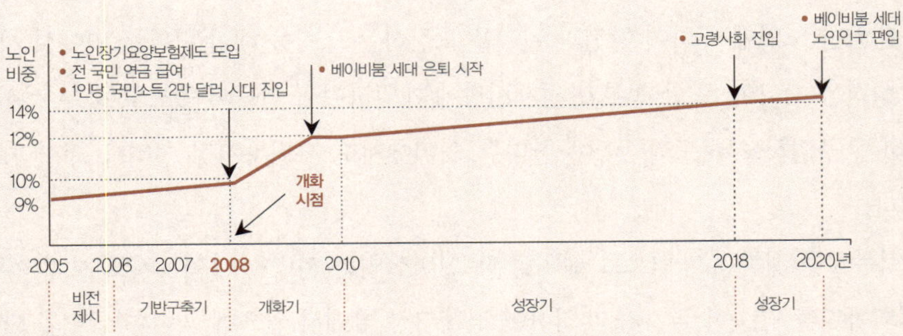

것이다.

이상과 같은 의미에서 실버산업은 그것이 경제시장 안에서 공급되는 서비스이기 때문에 분명히 이윤을 추구하는 영리성을 지니는 한편, 취약한 노인들의 공통적 욕구해결 책임의 일익을 담당하고 있다는 의미에서 사회복지적 성격을 갖고 있다고 하겠다.

3 미래 사회의 변화와 실버산업의 필요성

21세기를 맞으면서 우리 사회는 고령화사회로 접어들었으며 이로써 향후 10~20년간 여러 면으로 변화가 예상된다. 미래를 예측하는 일은 어려운 일이지만 선진국의 발전 과정에서 나타난 사실을 근거로 하여 노인과 관련한 미래 사회의 변화를 어느 정도 예측해 볼 수 있다.

1) 노인인구의 증가

실버산업 발전의 가장 큰 요인은 노인인구의 증가라고 할 수 있다. 평균수명의 연장과 더불어(표 16-1 참조), 실버산업의 대상이 되는 노인의 연령을 50세 이상으로 잡는다면, 50세 이상의 인구는 20세기 동안 급격히 성장해 왔고 21세기 초반기에는 더욱 급격히 성장할 것으로 예상된다. 50세 이상의 인구는 현재 전체 인구의 20%인 960만 명이나 되고 30년 후에는 전체 인구의 40%를 넘는 2,100만여 명이 될 것으로 예상된다. 65세 이상 노인인구 비율도 급속히 증가할 것으로 예상된다. 노인인구가 2000년 7%에서 2018년 14%에 도달하는 데 걸리는 시간(연수)을 보더라도 우리나라 경우는 유례없이 짧다. 제1장 표 1-5에 제시된 바와 같이, 현재의 선진국이 노인인구 7%에서 14%에 이르는데, 24년에서 115년이나 걸린 것에 비해 우리나라는 18년밖에 걸리지 않을 것으로 예상

표 16-1. 우리나라 평균수명 추이 (단위 : 년)

연도	남	여	전체	연도	남	여	전체
1905	22.6	24.4	–	2000	72.3	79.6	76.0
1945	45.6	50.7	–	2010	76.2	82.9	79.6
1950	48.3	53.9	–	2020	78.0	84.7	81.5
1960	51.1	53.7	52.4	2030	79.8	86.3	83.1
1970	58.7	65.6	61.9	2040	81.4	87.7	84.7
1980	61.8	70.0	65.7	2050	82.9	88.9	86.0
1990	67.3	75.5	71.3				

출처: 통계청(2006), 장래인구 추계(2005~2050); 김정근(1984), 노인보건의 현황과 대책.

표 16-2. 고령인구와 노인인구 증가 추이 (단위 : 천 명, %)

연도	전체 인구 (A)	고령자 인구 수(B)					고령자 인구 비율(B/A)				
		50세 이상	60세 이상	65세 이상	70세 이상	80세 이상	50세 이상	60세 이상	65세 이상	70세 이상	80세 이상
2000	47,008	9,586	5,212	3,395	2,014	483	20.4	11.1	7.2	4.3	1.0
2005	48,138	11,449	6,310	4,383	2,686	678	23.8	13.1	9.1	5.6	1.4
2010	48,874	14,256	7,541	5,354	3,557	969	29.2	15.4	10.9	7.2	2.0
2015	49,277	17,133	9,156	6,445	4,344	1,390	34.8	18.6	12.9	8.7	2.8
2020	49,325	19,700	11,532	7,821	5,231	1,877	39.9	23.4	15.7	10.5	3.8
2025	49,107	22,053	13,873	9,920	6,366	2,264	44.9	28.3	19.9	12.8	4.5
2030	48,634	23,619	15,824	11,899	8,140	2,711	48.6	32.5	24.1	16.5	5.5
2035	47,734	24,790	17,530	13,542	9,777	3,355	51.9	36.7	28.0	20.2	6.9
2040	46,343	25,082	18,518	14,941	11,061	4,450	54.1	40.0	32.0	23.7	9.5
2045	44,520	25,275	19,030	15,547	12,077	5,318	56.8	42.7	34.7	27.0	11.9
2050	42,342	24,791	18,709	15,793	12,344	5,859	59.0	44.2	37.3	29.1	13.8

출처: 통계청(2006), 장래인구 추계(2005~2050).

되고, 이는 세계에서 가장 고령화 속도가 빠른 일본이 24년 걸린 것과 비교해도 더 짧은 기간이다. 이러한 실버산업 대상인구의 급속한 증가는 욕구의 다양화와 전반적인 소득 향상, 이에 따른 구매력의 증가를 가져올 것이다.

2) 고령노인의 급격한 증가

표 16-2에 제시된 바와 같이 80세 이상의 초고령노인(oldest-old)의 수와 그 비율은 65세 이상의 노인 증가율보다 훨씬 높으며, 이들 고령노인들은 건강이 좋지 않아 타인의 도움을 받아야 할 가능성이 대단히 높다. 그렇기 때문에 노인보호와 관련한 다양한 서비스가 실버산업의 일환으로 개발될 필요성이 커지고 있다.

3) 자녀와 별거하는 노인 증가

자녀뿐만 아니라 노인도 자녀와 별거를 선호하는 경향이 두드러져 앞으로 자녀와의 별거하는 노인 비율은 크게 높아질 것이다. 1980년 초반에 노부모와 자녀의 별거율은 20%

정도였으나 2000에는 45%, 2007년에는 62%(통계청, 2008)로 크게 증가하였다. 이런 추세라면 향후 20년 사이에 그 비율은 최소한 80%에 이를 것으로 본다. 이러한 경향은 우선 노인에게 편리하게 설계된 주택공급의 필요성을 높여 주고, 노인들에 대한 건강/사회보호 서비스 개발의 필요성도 높여 줄 것이다. 노인용 주택공급과 건강/사회보호 서비스는 국가복지에 의한 공급만으로는 해결할 수 없기 때문에 서비스의 상당 부분은 경제시장(노인시장) 또는 실버산업의 일환으로 공급될 수밖에 없을 것이다.

4) 전통적 가치관의 약화와 가족원 수의 감소

전통적인 가치관이 계속 변화하고 가족원 수도 계속 감소하며, 여성의 경제활동과 사회활동 참여 증가로 노인을 가족이 보호하거나 가정에서 보호하기 어려운 경우가 크게 늘어날 것이다. 평균 가족원 수를 보면 1970년 5.2명에서 2005년에는 2.9명으로 줄어들었고 앞으로 20년 후에는 2.0명 또는 그 이하로 줄어들 가능성이 높다. 따라서 가족의 역할을 일시적 또는 장기적으로 대신할 서비스의 개발이 필요하다. 국가의 노인복지 서비스 제공도 제한될 것이기 때문에 시장에서 다양한 서비스가 공급될 수밖에 없다.

5) 고령화로 인한 요보호 노인의 증가

80세 이상 고령노인이 급격히 증가함에 따라 보호를 요하는 허약노인, 거동불능노인, 치매노인, 독거노인 등이 급증하고 있다. 노년기 후반기의 고령노인들은 집안에서 다니거나 집 밖의 가까운 거리 나들이 등의 수단적 일상생활 수행행동(Instrumental Activities of Daily Life; IADL)이 크게 약화되고, 나아가서는 옷 입고 세면하고 화장실 가는 등의 신변보호와 관리를 할 수 있는 일상생활 수행행동(Activities of Daily Life; ADL)까지 크게 약화된다. 2008년 65세 이상 전국 표본조사에서 나타난 결과를 보면 85세 이상 노인 가운데 IADL과 ADL에 한 가지 이상 제한이 있는 노인은 67.4%나 되었고(그림 16-1 참조), 특히 누가 옆에서 도와주어야 일상생활이 가능한 ADL에 제한이 있는 노인은 30.8%였다(그림 16-2 참조).

고령화에는 신체적 건강과 장애뿐만 아니라 정신적 장애도 동반된다. 특히 치매는 연

그림 16-1. 성별 · 연령집단별 노인인구의 IADL 제한수준

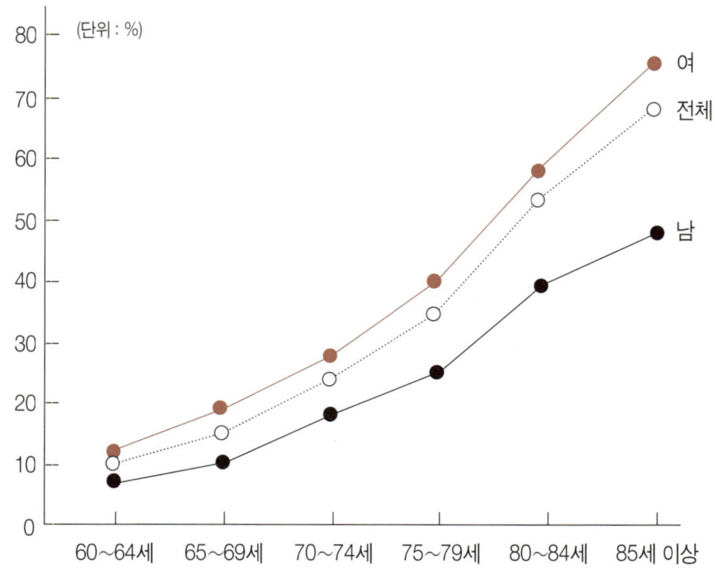

출처: 보건복지가족부 · 계명대학교산학협력단(2009), 2008년도 전국노인생활실태 및 복지욕구조사.

그림 16-2. 성별 · 연령집단별 노인인구의 ADL 제한수준

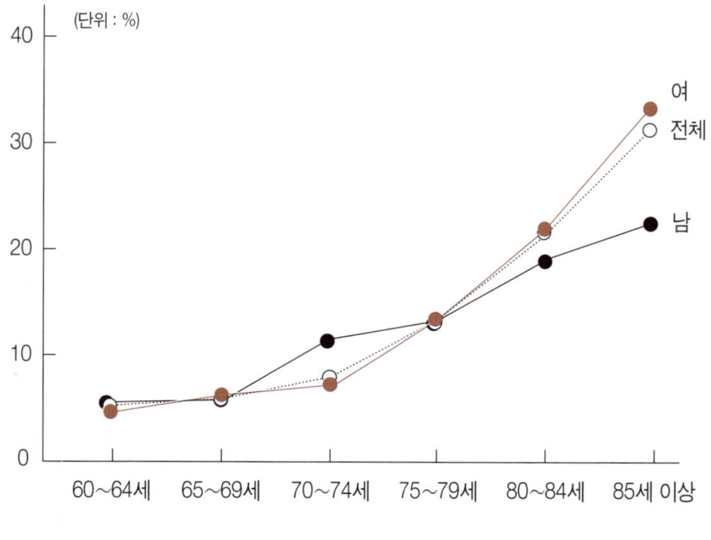

출처: 보건복지가족부 · 계명대학교산학협력단(2009), 2008년도 전국노인생활실태 및 복지욕구조사.

령 증가와 더불어 출현율은 물론 사회 전체의 치매노인 수도 크게 증가하고 있다(제6장 표 6-6 참조). 현재까지의 연구자료에 의하면 연령이 5년씩 증가하면 치매 출현율은 2배 증가한다고 한다.

고령화에 따른 고령노인의 증가는 고령노인의 수발과 건강보호에 관련된 여러 가지 서비스와 건강 관련 기기와 장비 등의 필요성을 크게 증가시킬 것이다. 고령노인의 증가에 따라 건강보호에 관련된 다양한 수준(비용 및 서비스 기술면)의 의료 서비스와 사회 서비스, 건강보호 비용이 크게 증가하고 있기 때문에(제13장 표 13-7 참조), 이를 충당하기 위한 금융상품(보험 종류) 필요성을 증가시켜서 결국 실버산업의 발전을 가져올 것이다.

6) 가족의 노인보호 기능의 약화

산업화, 저출산화, 소가족화, 핵가족화, 여성의 사회참여 증가 등으로 인하여 가족이 노인을 간호·보호할 수 있는 기능이 약화되어 왔다. 서구에서 가족 기능을 보강하기 위하여 도입한 사회 서비스도 가족의 노인보호 기능을 강화·보강하는 역할을 제대로 하지 못하여 가족의 노인보호 기능이 크게 약화되고 있다(Moroney, 1976). 이와 같이 가족의 노인보호 기능이 약화된다는 것은 가족 이외의 사람들로부터 받는 다양한 수준의 서비스를 실버산업 서비스로 발전시키는 데 기여하게 될 것이다.

7) 노인문제와 욕구의 다양화

경제적 문제를 제외한 다른 노인문제는 모든 계층의 노인들에게 공통적으로 다양하게 나타나고 있으며, 생활수준의 향상에 따라 노인들은 더 다양하고 수준 높은 서비스를 원하게 될 것이다. 국가 서비스는 다양해지는 노인들의 공통적 욕구를 만족시키는 데 한계가 있기 때문에 일정한 수준 이상의 서비스는 개별적으로 비용을 지불하고 실버산업 서비스로 경제시장에서 구입할 수밖에 없게 될 것이다.

8) 노인의 경제력 향상

2008년 현재 65세 이상 노인 중 절대적 빈곤율은 7.6% 정도, 상대적 빈곤율은 49%까지 되지만(제7장 참조), 앞으로 노인 개인 및 가구별 소득수준은 크게 향상될 것이다. 50대 이상을 실버산업의 대상인구로 생각한다면 노인들의 평균소득은 훨씬 높아진다. 특히 베이비붐 세대(1955년에서 1963년 사이에 태어난 사람들)가 2020년에 65세에 이르고, 앞으로 계속 베이비붐세대가 실버산업의 대상인구로 편입될 것이다. 우리나라의 경우는 베이비 붐 세대는 이미 2010년부터 55세가 되어 퇴직하기 시작하는데, 이들은 연령상으로는 노인이 아니지만 사회적으로는 노인이라 할 수 있다. 특히 이들 세대는 평균소득이 높고, 욕구도 다양하며, 소비성향도 높은 것이 특징이다.

미국의 실버산업계에서는 베이비붐 세대에 초점을 맞추고 상품을 개발하고 대대적으로 마케팅을 하고 있다. 미국의 경우 50대 이상 노인들이 국민 개인 재산액의 4분의 3을 차지하고, 미국 금융자산의 77%, 개인 재량으로 소비할 수 있는 소득(여유소득)의 50%, 소비자 소비의 40%를 차지하며, 1인당 소비가 국민 평균의 2.5배가 될 정도이므로 (Sterns & Sterns, 1995; Savings Institutions, 1990), 이들 50대 이상의 구매력 증가는 실버산업의 발전에 가장 큰 원동력이 되고 있다.

이와 같은 현상을 감안하면 우리나라에서도 향후 50대 이상은 대부분의 경우 노령연금을 수급하게 됨으로써 노후생활이 안정될 것이고 일반적 소득수준도 크게 향상되어 구매력이 대단히 큰 소비집단이 될 것으로 보인다. 따라서 이들의 다양한 욕구에 대응하기 위해서 실버산업의 참여와 발전이 불가피할 것이다.

9) 국가의 복지재정 한계

서구의 경우를 보면 제2차 세계대전 이후 1960년대까지의 경제호황과 빈곤과 사회문제 해결에 대한 국민적 관심으로 국가의 복지정책이 크게 확대되었으나, 1970년대의 두 차례에 걸친 석유파동 위기와 이에 따른 경기침체로 복지재정이 한계에 달하였다. 특히 1980년대 이후 복지비용 팽창을 억제하거나 복지비용을 삭감하는 신보수주의적 정책 기조로 인하여 국가복지에 의한 욕구충족에 만족을 느낄 수 없는 노인들이 더욱 많아졌다. 사회복지예산이 팽창된 가장 큰 원인은 노인인구의 급속한 증가에 따른 노인복지 서비스 부문 예산의 증대였기 때문에 노인복지 예산에 대한 국가의 재정적 압박은 더욱 커졌다. 이러한 상황에서 경제적 능력이 있는 노인계층의 부가적인 욕구를 충족시키기 위한 서비스, 즉 최소한도를 넘는 수준의 다양하고 만족스런 서비스는 개인적으로 경제시장에서 해결하도록 하는 방향의 정책이 불가피하게 되었다.

우리나라는 2009년 현재 국가예산에 비한 사회복지 예산은 16.22%, 노인복지 예산은 1.59% 정도에 불과하다. 앞으로 사회복지 전체 또는 노인복지에 대한 국가예산 비중은 더 크게 확대될 가능성은 있지만 사회복지 예산의 재정한계는 분명히 있을 것이고, 제2차 세계대전 이후 계속 복지국가 실현의 물결을 타고 선진국에서 발전되었던 것과 같은 복지팽창을 우리나라에서 기대하기는 어려울 것이다. 따라서 노인복지를 위한 국가의 서비스는 기본적이고 공통적인 욕구를 국민적 최저수준으로 만족시켜 주는 정도를 크게 넘어서기 어려울 것이므로, 국가의 재정한계로 인하여 다양한 욕구에 대하여 보다 질 높고 만족스런 서비스는 개인적으로 경제시장에서 만족시킬 수밖에 없게 될 것이다.

10) 사회복지 서비스 공급 주체의 다양화 경향

사회복지의 공급주체가 국가 위주에서 점차 다양화되고 있는 것이 세계적 추세이고, 우리나라도 그러한 방향으로 발전하게 될 것으로 예상된다. 복지의 공급주체가 국가(정부) 이외에 비공식 부문, 비영리 민간부문, 영리 민간부문에까지 확대되는 것이 바람직하고, 국가는 이러한 공급분담을 합의조정하고 필요한 경우 부작용을 막기 위하여 통제기능을 행사하는 것도 바람직하다(Johnson, 1987). 복지재정에 대한 책임이 국가 이외의 다른 주체에게도 분담되고 있는 것이 서구 복지국가에서 나타나는 경향이고, 공급 또는 전달기관을 다원화하여 영리적 민간부문을 포함하는 경향도 나타나고 있다. 따라서 복지 서비스 공급에 시장경제 참여는 상당한 정도 정당화되고 있고, 경우에 따라 불가피한 것이다. 이에 따라 노인시장 또는 실버산업에서의 노인복지 서비스의 공급은 사회복지의 제도와 서비스 발전이라는 면에서 바람직하고 크게 기대할 만한 것으로 생각된다.

11) 서비스 산업의 발전

제2차 세계대전 이후 3차 산업인 서비스 산업이 그 종류의 다양화, 서비스 수준과 서비스 대상의 다양화를 통해 크게 확대되어 왔다. 이에 따라 대인 서비스(human services) 분야도 크게 확대되어 왔고 앞으로도 더욱 발전하게 될 것이다. 이러한 확대경향은 노인 욕구의 다양화와 서비스 대상을 중산층에게까지 확대시키기 시작한 것과 맥을 같이하고 있다(Stoetz, 1986). 특히 미국에서 기업가들이 노인을 대상으로 하는 사업도 이윤을 얻을 수 있다는 판단을 하게 되었고, 경제적 침체기임에도 중소 규모의 병원사업은 상당한 이윤을 얻는 사업이 되었다(Minkler, 1991). 우리나라에서도 서비스 산업의 발전이 크게 진전되고 있고 노인인구의 급속한 증가로 노인을 대상으로 하는 서비스 산업의 발전이 크게 기대될 수 있을 것으로 보인다.

우리나라 서비스 산업의 성장

우리나라의 서비스 산업 분야의 취업자 비율과 국내 총생산(GDP)의 비율은 점차 증가하고 있다.

- **서비스 산업 취업자 비율 :** 1980년 26.1% → 2008년 68.5%
- **서비스 산업의 국내 총생산 :** 1980년 45.5% → 2008년 60.8%

4 실버산업의 분야와 시장규모

1) 실버산업의 분야

실버산업의 분야는 대단히 다양하지만 이들을 대체로 다음과 같이 14개 분야로 묶어 정리할 수 있다.

(1) 건강보호 분야

노인병 전문 의료 서비스, 단순보호시설(care home), 의존주거시설(assisted living), 중도보호 요양시설(intermediate care facility: 중간 정도의 보호기술과 간호보호 서비스를 요하는 요양시설), 전문보호 요양시설(skilled care facility: 집중적·전문적 간호보호 기술과 서비스를 제공하는 시설), 주간보호시설(adult day care center), 단기보호 서비스(respite services or short-stay services), 방문간호 서비스, 가정봉사원 서비스(home help services), 이동목욕 서비스, 식사배달 서비스, 식품배달 서비스, 종합적 건강보호 제공 서비스(종합건강보호 서비스 회사), 각종 의료보험, 장기요양보호 보험, 계속보호 은퇴자 마을(continuing care retirement community: 실버타운과 같음) 등

(2) 건강보호 관련 장비 및 기기 분야

가정용·휴대용 투석장치(신부전증 환자용), 가정용 호흡장비, 가정용 정맥혈관투입요법(intravenous infusion therapy) 장비, 미끄럼 방지 매트, 전동 이동의자, 휠체어(수동 및 자동), 조정침대(침대의 높낮이 및 침대의 모양 조정이 가능한 침대), 변기, 노인용 전화기(숫자판이 크고 야간에도 잘 보이게 한 것), 보청기, 안경, 혈압계, 당뇨 측정기 등

(3) 의약품과 건강식품 분야

성인병 및 노인성 질환(심장병, 고혈압, 동맥경화, 치매, 당뇨 등)에 대한 치료약품, 건강증진식품 및 의약품(비타민, 노화방지 및 지연에 도움이 되는 식품) 등

(4) 일반운동기구·체중조정 분야

노인들의 신체적 특성에도 맞고 체중감량에도 적합한 운동기구 및 체중조정 프로그램과 서비스, 가정용 운동기구의 공급 등

(5) 금융 서비스 분야

개인연금 서비스(공적 연금을 보완하는 개인연금으로 정부의 세제혜택을 받을 수 있으며 직장에서 보험금의 혜택을 주고 장려하는 경우도 많음), 각종 연금적금, 장기요양보험, 특별할인 자동차보험(노인이 자동차 운전을 적게 하는 점과 사고가 적은 점을 감안한 특별할인 보험), 부동산 관리 및 부동산 담보대출 등

(6) 주거 서비스 분야

노인전용 단독주택, 노인전용 집합주택(아파트·빌라), 건강상 문제가 있지만 약간의 도움만 주어지면 독립적으로 생활할 수 있도록 서비스가 주어지는 노인전용 주택인 의존주택(assisted living), 요양시설, 양로시설, 실버타운[1] 등

(7) 정보 관련 분야

노인대상 출판물(노인의 특성과 정서에 맞는 단행본 및 잡지), 노인 대상 텔레비전 드라마, 컴퓨터 네트워크 및 통신망, 이동전화기 등

(8) 여행·레저 분야

국내외 일반 관광여행과 학습을 겸한 여행(elder hostel), 야외 스포츠(골프, 게이트 볼, 샤플보드 등), 스포츠 지도 등

(9) 식품·음료 분야

슈퍼마켓의 서비스(노인이 쉴 수 있는 공간, 노인이 읽기 편한 큰 글자의 안내판, 식품 포장용기의

---

1. 실버타운은 독립주거만 있는 형태, 의존주거만 있는 형태, 독립주거와 요양시설이 결합된 형태, 의존주거와 요양시설이 결합된 형태, 독립주거·의존주거·요양시설의 세 가지가 결합된 형태가 있다.

큰 글씨, 운반에 편리한 부피가 작은 포장용기 등), 식당업, 식사 배달업 등

(10) 자동차 분야

노인에게 편리하게 설계된 고급 승용차와 레저용 자동차 등

(11) 의류 · 패션 분야

노인의 체형, 기능적 장애조건, 선호하는 색상과 디자인을 고려한 의류 등

(12) 화장품 분야

노인의 특성과 노화방지에 도움이 되는 화장품

(13) 교양 · 자기개발 분야

교양적 수준의 지식증진을 위한 강의 수강(대학 강의나 노인복지회관 등에서의 교양강좌 수강), 여행을 겸한 학습활동, 평생교육 서비스, 미술, 공작 등

(14) 배달 서비스 분야

음식, 식료품, 의약품, 책, 비디오테이프, 세탁물 등

2) 실버산업의 시장 규모

이상에서 실버산업을 대체로 14개 분야로 나누어 정리해 보았다. 노인인구의 증가, 그들의 경제력(구매력) 향상, 욕구의 다양화, 서비스 산업의 발전으로 인하여 거의 모든 분야의 상품들은 계속 그 수요가 증가하고 시장규모도 증가할 것이다. 그중에서도 건강보호, 금융, 주거, 여가 관련 분야가 다른 분야에 비하여 상대적으로 더욱 빠른 속도로 성장할 것으로 예상된다. 또한 앞에서도 언급했지만 앞으로는 베이비 붐 세대가 50대의 실버산업 대상인구로 계속 편입될 것이므로 이들의 구매행동과 구매력은 실버산업을 더욱 빠른 속도로 성장하게 만들 것으로 예상된다.

실버산업의 시장규모를 산업별로 추정한 연구(이견직, 2006)에 의하면 표 16-3에서 보

표 16-3. 실버산업의 시장규모 추정

(단위 : 억 원, %)

부문	2002		2010		2020	
	매출액 (억 원)	모태산업 대비 비중(%)	매출액 (억 원)	모태산업 대비 비중(%)	매출액 (억 원)	모태산업 대비 비중(%)
요양산업	129	100.0	49,299	100.0	93,661	100.0
기기산업	7,008	33.8	21,208	36.0	66,544	39.8
정보산업	2,446	0.1	42,375	1.3	396,732	7.5
여가산업	24,387	5.4	73,370	8.5	263,941	15.5
금융산업	10,408	1.5	55,240	2.9	185,241	5.8
주택산업	5,871	1.0	26,778	2.8	75,045	4.9
한방산업	10,188	28.3	21,153	30.7	46,738	31.2
농업	3,383	1.0	15,986	5.0	29,564	10.0
교통산업	8,761	0.9	33,637	2.9	94,841	7.3
식품산업	8,664	2.5	17,416	3.3	41,687	4.5
의약품산업	27,741	34.1	48,017	43.8	113,436	66.7
장묘산업	13,115	75.0	20,127	81.8	34,552	90.5
의류산업	5,298	4.8	11,412	6.7	33,030	11.2
교육산업	935	0.2	3,594	0.6	10,957	1.3
계	128,334	2.2	439,612	4.7	1,485,969	10.0

주: 시장규모 추정에 있어 교통산업은 2001년을, 의약품산업은 2003년을 기준으로 추정하였으나 편의상 2002년을 기준으로 합계하였으므로 주의를 요함.
출처: 이견직(2006), 고령친화산업의 경제적 파급효과: 14개 부문을 중심으로.

는 바와 같이 매출액 기준으로 하면 14개 산업 분야에만 2010년에 약 44조 원, 2020년에는 약 149조 원이 될 것으로 추정된다.

5 우리나라 실버산업의 발전방향

위에서 검토한 실버산업의 성격과 특성, 실버산업의 종류 등을 감안하여 우리나라에서 바람직한 실버산업의 역할을 규명하고 발전을 위한 제언을 제시해 보기로 하겠다. 내용을 서비스의 대상, 수준과 종류, 전달체계와 재정으로 나누어 논하기로 하겠다.

1) 서비스 대상

우리나라에서 실버산업의 주된 대상은 중산층 이상으로 경제적 지불능력이 있는 노인이 되어야 할 것이고, 대응하는 욕구나 문제의 수준에 있어서도 기초적이고 공통적인 욕구나 문제(이런 수준의 욕구나 문제는 전반적으로 사회시장의 서비스로 해결되어야 하기 때문임)보다는 부가적이고 발전적 욕구나 문제가 되어야 할 것이다(川村匡由, 1987). 그렇다고 실버산업의 서비스 대상이 저소득층이 될 수 없다는 것은 아니지만, 실버산업의 주된 대상은 역시 지불능력이 있는 노인층이 되어야 할 것이다.

우리나라에서는 노인 소득수준과 욕구의 다양화에도 불구하고 사회시장의 서비스는 현재까지 거의 전부 저소득층 노인에 대한 것으로 한정되어 왔다. 사회복지의 1차적 대상은 저소득층이지만, 사회복지의 근본목표인 최저한도의 건강하고 문화적인 삶을 보장한다는 면에서 보면 반드시 저소득층에만 국한할 것이 아니라 노인의 공통적 욕구인 건강보호욕구, 주거욕구, 여가선용의 욕구 등에도 대응해야 할 것이므로 서비스 대상은 욕구나 문제에 따라 전체 노인계층에까지 확대되어야 할 것이다. 그러나 전체 노인계층을 대상으로 하는 모든 서비스를 국가가 제공하는 데는 재정적 한계가 있고, 중산층 이상의 노인들은 보다 질적인 서비스를 원하는 경우도 많기 때문에 국가가 이들의 욕구에 대응하기 어렵다는 것은 미국과 서구의 경험에서 알 수 있다. 특히 우리나라에서는 지난 10년간 중산층의 욕구가 크게 표출되어 왔으나, 이에 대응하는 사회시장의 서비스는 전무했고 앞으로도 국가가 제공할 가능성은 크지 못하기 때문에 노인시장을 통하여 대응할 수밖에 없다.

저소득층 또는 저소득층을 포함한 모든 계층 노인의 기초적이고 공통적인 욕구나 문제는 사회시장에서 기본적으로 해결될 수 있어야 한다. 사회시장에서 다루는 서비스는 국민의 기초적이고 공통적인 욕구나 문제에 대응하는 서비스를 다루기 때문에 경제적 여건에 관계없이 모든 계층의 노인에게 제공되어야 할 것이다. 다시 말해서 사회시장에서의 기초적 서비스는 경제적 여건에 관계없이 필요에 따라 제공되어야 한다. 기초적이고 공통적인 욕구 중에 동일하거나 비슷한 것에 대응하는 서비스를 사회시장과 경제시장에서 이중으로 제공될 수도 있다. 서비스의 중복이 사회나 국가적 차원에서 보면 효율성을 약화시킬 수 있지만, 국민에게 선택의 자유를 제공하고 또한 공적 서비스와 사적 서비스 간의 경쟁을 유발하면 서비스의 효율성과 효과성을 높일 수도 있다. 그러나 한국적 현실에서는 실버산업의 발전 초기이고 국가적 재정의 효율성을 위해서 사회시장과 경제시장인 실버산업 간에 분명한 역할의 한계를 정하여 노인의 기초적 공통 욕구는 사회시장이 대응하고, 노인의 부가적이고 자기 발전적 욕구는 실버산업이 대응하는 것이 바람직하다.

실버산업의 주된 대상이 중산층 이상일 수밖에 없고, 이들의 욕구에 대응하는 서비스의 개발을 정부가 조장하거나 지원하는 것은 자칫하면 국가가 상대적으로 저소득층의 기본적이고 공통적 욕구의 충족을 등한히 하거나 국가의 책임을 민간에게 전가하여 회피하게 될 가능성도 있으므로 이 점에 유의해야 할 것이다. 그러므로 국가에서 실버산업 발전정책을 취함에 앞서 또는 취함과 동시에 반드시 저소득층을 포함한 전 계층 노인의 기본적이고 공통적인 욕구해결은 국가가 보장해 주어야 할 것이고, 또한 그 서비스의 수준(서비스의 질)도 현재보다는 훨씬 높여야 할 것이다.

2) 서비스의 수준과 종류

실버산업의 서비스는 경제시장의 원칙에 따라 완전 유료로 제공되기 때문에 비용의 정도에 따라 차등이 있을 수는 있지만 비용에 상응하는 만큼의 수준은 되어야 할 것이다. 실버산업 서비스의 질은 경제시장에서 제공되기 때문에 이윤추구에 급급하여 비용에 상응하지 못하거나 소비자를 착취하는 문제가 발생할 가능성이 많다. 이러한 단점 때문에 사회복지 서비스로 간주될 수 있는 서비스 전달에 경제시장의 개입을 반대하는 목소리가 높다(Watson, 1984). 선진 복지국가의 경험에서 이러한 문제점이 많이 노출되었기 때문에 국가의 적절한 감독권과 통제권이 행사되고 있다. 실버산업의 성격이 사회시장과 경제시장의 양면성을 지니고 있는 만큼 노인의 권리와 안전의 보장과 사회적 공익성과 형평성의 보장을 위해 정부의 통제는 불가피하다고 본다. 다만 국가의 통제가 경제시장의 기본원리를 침해하지 않는 범위 내에서 행해져야 할 것이고, 통제를 위한 통제가 되어서는 안 된다.

실버산업에서 서비스의 종류는 다양해질 수밖에 없다. 노인들의 욕구나 문제는 더욱 다양해지고 있고 경제력도 계속 향상되고 있기 때문에 이에 상응하는 다양한 서비스들이 개발되어 서비스의 종류 면에서도 기초적인 것과 부가적인 것을 분명히 구분하기 어려운 경우도 많고, 기초적인 것이라도 다양한 서비스와 질 높은 서비스를 원하게 되는 경우도 많기 때문에 서비스의 중복은 피하기 어렵다. 그러나 가능하면 구분하여 분담하는 것이 바람직하다.

사회시장에서 제공하는 서비스는 그 수준에서 경제시장에서 제공하는 것과 반드시 차이가 있는 것은 아니지만, 많은 경우 사회시장에 있어서 인건비의 제한이나 다른 이유로 인하여 질 높은 서비스 전달자를 확보할 수 없어 서비스의 질이 상대적으로 낮아지는 경우가 미국을 위시한 선진 복지국가의 경험에서 나타나고 있다. 그리고 사회시장에서는 기초적 욕구나 문제에 대응하기 때문에 서비스가 다양하지 못한 것이 일반적이다. 사회시장의 서비스 수준에 만족하지 못하거나 보다 다양한 서비스를 원하는 경우 국민은 선택적으로 실버산업의 서비스를 택할 수 있어야 하지만, 실버산업의 발전 초기에는 가능하면 두 영역 간의 확실한 역할분담이 이루어지는 것이 바람직하다. 실버산업을 발전시키려면 제공되는 서비스가 사회시장과 차별화되어야 하고, 사회시장에서 제공되는 서비스의 질과 다양성도 최대한도로 확보되어 실버산업과 격차가 두드러지지 않도록 노력하는 것이 바람직하다.

현재 우리나라의 노인시장은 초기 발전단계에 있는 만큼 그 범위와 분야는 아주 제한되어 있다. 앞에서 열거한 미국의 실버산업 14개 분야와 비교해 보면 우리나라는 현재까지 ① 건강보호 서비스, ② 건강보호 관련 장비 및 기기, ③ 의약품과 건강식품, ④ 금융 서비스, ⑤ 주거 서비스, ⑥ 의류·패션 분야 정도로 제한되어 있고, 상품과 서비스의 종류도 제한되어 있다. 앞으로 건강보호 서비스, 금융 서비스, 주거 서비스는 상당한 수요가 창출될 것으로 예상된다.

우리나라의 실버산업은 주거 서비스로 대표될 만큼 주거 서비스에 많은 노인들이 관심을 가지고 있고, 1997년 경제위기 시작 이전에 20여 개 이상의 기업이나 사회단체가 실버타운, 유료노인복지주택, 유료양로시설 또는 유료요양시설을 건립하였다. 그러나 몇몇 기업에서 건립한 실버타운이나 유료노인복지주택은 입주금과 월 납입금이 대단히 고액으로 책정되어 입주노인 계층이 극히 제한될 것으로 생각된다. 앞으로는 입주자의 부담능력에 따라 다양한 비용수준과 서비스 수준의 주거시설이 개발되어야 할 것이다. 고액의 주거 서비스 부담은 주거시설의 공급과잉과 수요부족으로 시설 운영자 측은 물론 국가적으로 큰 손실이 야기될 수도 있는 만큼 주거시설 서비스 분야에서는 이 점을 특별히 고려해야 할 것이다.

또한 국가에서 실버산업을 분야별로 우선순위를 정하여 행정적·재정적으로 지원하여 육성하는 것이 바람직하다고 본다. 우선순위 면에서 보면 건강보호 서비스가 가장 시급하고, 주거 서비스는 건강보호와 관련되어 있으므로 그 다음으로 시급하고, 그 다음은 금융서비스, 여행과 여가 서비스 순서로 될 수 있을 것이다.

3) 서비스의 전달체계

실버산업의 서비스 전달체계는 경제시장 내에서의 서비스이므로 이는 원칙적으로 사적 민간영역에 속하는 것이 되어야 할 것이다. 다시 말해서 서비스 전달체계가 정부의 공적인 체계일 필요가 없고 그렇게 되어서도 곤란하다. 실버산업의 전달체계가 공적 전달체계 속에 일부 존재하는 경우도 있으나(Johnson, 1995),[2] 원칙적으로는 사적 민간 전달체계여야 하고 정부의 공적 전달체계와 혼합되는 것은 바람직하지 못하다. 경제시장 원칙에 의한 전달체계의 요소가 공적 전달체계와 혼합될 경우 많은 문제점을 야기할 수 있기 때문이다. 이는 전기, 가스, 수도와 같은 공익 편의사업(public utility)이 소비자 부담의 원칙에 의하여 완전 유료로 전달되는 경우와는 구별되어야 할 것이다. 반면에 사회시장 서비스의 전달체계는 공적이거나 정부의 위임이나 계약에 의하여 정부를 대신

2. 예를 들면, 영국의 공적인 보건의료 서비스(NHS), 병원에 사적으로 개인이 지불하는 서비스를 일부 인정하고 있다.

하여 사적 비영리단체 또는 영리단체가 전달할 수 있다. 이 경우 사적 경제시장의 전달체계가 전달하더라도 이는 공적인 정부를 대신하기 때문에 순수한 사적 전달체계로 보기는 어려운 면이 있다.

실버산업은 사적 경제시장의 전달체계에 속하지만 그 성격상 사회시장의 일면도 지니고 있기 때문에 사적 전달체계 속에서 정부의 감독이 유지되어야 할 것이다. 정부의 감독 정도는 서비스 분야에 따라 다르지만, 특히 노인들의 집단적인 생활이나 활동을 주된 서비스로 하는 주거시설이나 여행 및 집단 여가활동 등의 서비스에는 정부의 적절한 감독이 있어야 할 것이다. 정부는 감독기능의 적절한 수행으로 실버산업을 발전시킬 수 있다는 의미에서 노인복지법에 별도의 유료 노인 서비스를 규정하는 장(章)을 마련하는 것이 바람직하다고 본다.

4) 서비스의 재정

실버산업 서비스의 재정은 경제시장의 기본원칙대로 자본투자와 소비자의 요금(fee: 상품의 총비용과 이윤까지 합한 완전한 구입비용)에 의하여 조달되는 것은 당연하다. 그런데 실버산업은 정부(국가)가 노인복지사업의 일부를 민간의 경제시장에 이관하는 것이기 때문에 실버산업체의 업무를 돕는다는 의미에서 그리고 실버산업의 발전을 촉진한다는 의미에서 정부가 자금융자, 보조금, 세제혜택 등과 같은 재정적 지원을 해줄 경우가 있다. 이러한 정책에 대하여 정부가 이윤을 추구하는 사적 기업을 지원하는 것은 비윤리적이라는 비판이 가해지고 있다(Johnson, 1987).

이러한 지원정책은 실버산업체가 정상적인 수준 이상의 이윤을 확보하지 않도록 신중을 기하고, 한시적으로 이루어진다면 반드시 비윤리적이라 비판할 수는 없을 것이다. 특히 부문별로 우선순위를 정해서 발전시키는 것이 중산층 이상 노인의 다양한 욕구와 질적인 서비스 욕구에 응하는 적절한 방법이 된다고 판단될 경우나, 실버산업의 초기 발전단계에서 정부가 실버산업을 육성할 필요가 있다고 판단될 때는 그렇게 하는 것이 사회적으로 바람직하다고 본다. 우리나라에서는 자녀와 노인의 별거 지향성이 두드러지게 나타나고 있고, 또한 노인에게 적합하게 설계된 주거시설은 장애, 질병, 허약 노인의 가정 내의 생활에 있어 독립성을 증진시키고 반면에 노인보호의 업무량을 감소시킬 수 있으므로 주거시설에 대한 정부의 재정지원은 바람직하다고 본다.

그리고 국민연금기금의 일부를 복지사업에 투자하는 것이 가능하므로 노인주거시설 건립에 융자해 주는 제도를 새롭게 발전시키는 것이 바람직하다. 다만 국민연금기금의 융자에 있어서 그 사업의 성공 가능성 여부를 면밀히 검토해야 할 것이다. 또한 국민연금기금의 일부를 새 주택뿐 아니라 자녀와 동거하거나 별거하는 기존주택을 노인에게 적합하게 개조하는 데도 융자해 주는 것이 바람직할 것이다.

실버산업의 재정은 결국은 소비자인 노인의 전적인 부담으로 이루어지므로 서비스 가격이 문제가 될 수 있다. 경제시장에서의 서비스 가격의 통제는 경제의 시장원칙을 깨는 것이 될지는 모르지만, 터무니없는 가격책정이나 호화 서비스 제공을 위주로 한 가격책정 등을 적절히 통제하는 것은 노인 소비자의 정보수집 취약성 문제 해결과 노인의 인권과 일반적 권리의 보장을 위해 고려되어야 할 것으로 본다. 사회시장의 재정은 조세나 공적인 특별기금이 위주이고 일부는 소비자(이용자)가 낸 비용(fee: 비용의 전부; charge: 비용의 일부)으로 충당된다. 사회시장에서 제공되는 서비스는 일반적으로 무료이지만, 경우에 따라서는 능력이 있는 국민에게 비용의 일부를 부담시키고 서비스를 제공하는 것도 어떤 의미에서는 바람직하다.[3]

이상에서 실버산업의 정의와 성격 및 특성, 노인과 관련된 사회적 요인들의 변화, 실버산업의 종류 및 우리나라에서의 발전방향을 생각해 보았다. 실버산업은 노인복지에서 국가복지를 보완하고 사회의 전반적인 발전을 촉진하는 역할을 한다. 또한 실버산업은 사회복지적 성격(사회시장적)과 시장경제적 성격을 모두 가지고 있다고 보지만, 이에 대한 합의가 아직 도출된 바는 없다. 그리고 실버산업의 이중적 성격을 인정한다고 하더라도 어느 정도에서 두 가지 측면을 잘 조화시킬 것인지도 많은 논의를 통하여 합의를 이끌어 내야 할 것으로 본다.

실버산업과 노인복지, 사회시장과 경제시장의 역할과 위상에 대한 논의는 다분히 복지국가와 사회복지에 있어서의 이데올로기와 관련되어 있는 것이기 때문에 간단히 결론이 나지는 못할 것이다. 앞으로 실버산업은 노인복지와 상당한 갈등을 일으키면서 도

---

3. 비용분담에 대한 긍정적인 면과 부정적인 면에 대한 논의는 Glennester(1992), pp.128-140을 참고할 것.

고령친화산업진흥법의 제정 이유와 주요 내용

1. 제정 이유

급속한 고령화로 노인이 주요 수요계층으로 등장하면서 고령친화산업을 국가의 새로운 성장동력산업으로 육성할 필요성이 증가함에 따라 고령친화산업 관련 각종 시책을 종합적으로 수립 · 추진하고, 고령친화산업의 기반조성과 고령친화 제품과 서비스의 품질 향상 등 고령친화산업을 체계적으로 육성할 수 있는 법적 기반을 마련하려는 것임

2. 주요 내용

1) 고령친화산업발전계획의 수립과 시행(제4조)

(1) 인구의 급속한 고령화로 노인이 주요 수요계층으로 등장함에 따라 국가와 지방자치단체가 고령친화산업의 발전에 관한 계획을 수립하고 시행할 필요가 있음

(2) 관계중앙행정기관의 장은 저출산·고령사회기본계획 및 연도별 시행계획을 수립·시행함에 있어 고령친화산업발전계획이 포함되도록 하되, 동 계획에는 고령친화산업발전계획의 기본방향 및 고령친화산업의 분야별 발전시책에 관한 사항 등이 포함되도록 함

(3) 관계중앙행정기관의 장이 공동으로 기본계획 및 연도별 시행계획을 수립·시행함에 따라 고령친화산업의 육성 정책이 유기적이고 체계적으로 수립·추진될 것으로 기대됨

2) 고령친화제품 등의 표준화 추진(제8조)

(1) 고령친화 제품과 서비스의 품질향상과 호환성 확보를 위하여 고령친화 제품이나 서비스 등의 표준화가 필요함

(2) 고령친화제품 등의 표준화를 위하여 고령친화제품 등의 표준의 제정 · 개정 · 폐지 및 보급, 고령친화산업과 관련된 국내외 표준의 조사·연구 및 개발 등의 사업을 추진할 수 있도록 함

(3) 고령친화제품 및 서비스에 대한 표준화사업을 실시함으로써 자원을 효율적으로 활용하고 국내외 시장경쟁력을 강화할 수 있을 것으로 기대됨

3) 고령친화산업지원센터의 설립 · 지정(제10조)

(1) 고령친화산업체에 대한 경영지원·정보제공 및 해외진출 등의 지원을 전담하여 추진할 기관이 필요함

(2) 관계중앙행정기관의 장은 고령친화산업의 효율적인 지원을 위하여 고령친화산업의 발전을 위한 제도의 조사·연구, 고령친화산업의 발전에 필요한 기술 및 표준화 연구 등을 수행하는 고령친화산업지원센터를 설립 또는 지정할 수 있도록 함

(3) 고령친화산업의 발전을 위한 연구 및 개발 등의 사업을 실시할 고령친화산업지원센터를 설립 또는 지정할 수 있도록 함으로써 고령친화산업의 활성화에 이바지할 것으로 기대됨

4) 고령친화 우수제품 또는 우수사업자의 지정·표시(제12조 및 제15조)

(1) 고령친화산업의 신제품 개발 및 서비스의 개선을 도모하고 소비자에게 질 좋은 고령친화제품 및 서비스를 선택할 수 있는 정보를 제공할 필요가 있음

(2) 관계중앙행정기관의 장은 품질이 우수한 고령친화제품을 우수제품으로, 서비스의 질이 우수한 고령친화사업자를 우수사업자로 지정할 수 있도록 하고, 우수제품의 제조자 또는 우수사업자에게 기술개발 자금 등의 지원을 할 수 있도록 함

(3) 고령친화 우수제품 및 우수사업자에 대한 지원으로 우수한 고령친화 제품 및 서비스에 대한 집중지원이 가능하게 되어 단기간에 고령친화산업의 기반 구축이 가능할 것으로 기대됨

전하게 될 것이다.

2000년대의 고령화사회를 기점으로 노인인구의 수와 구성비율의 증가가 더욱 크게 예상되므로, 실버산업의 발전을 촉진하고 그 필요성을 증대시키며 사회적 요인의 변화에 적절히 대응하는 것은 국가와 민간 및 시장이 모두 책임을 분담해야 할 과제라 할 수 있다. 이와 관련하여 실버산업의 성격 규정, 그 범위와 활동의 원칙 그리고 사회복지와 시장의 관계는 계속적인 논의를 통하여 합의를 이끌어내야 할 것이다.

제 4 부 노인문제에 대한 사회복지 실천방법

제 17 장

노인문제 해결을 위한 사회복지 실천방법

사회복지 서비스에서 개인의 문제나 욕구를 해결해 주는 전문적인 방법을 사회복지 실천방법, 소셜워크 실천방법(social work practice) 또는 임상소셜워크(clinical social work)라 부른다. 사회복지 전문직에서 다루는 노인문제 해결방법은 심리상담 전문직, 정신의료 전문직, 가족관계 전문직 등에서 다루는 소위 '노인상담'과는 구분되는 특성이 있다. 특히 다른 전문직의 개입과 구별되는 사회복지의 접근은 심리사회적 상담과 더불어 필요한 물질적·비물질적 서비스를 제공하면서 필요하면 사회제도적 개선을 통한 문제 해결도 한다는 것이다. 여기서는 노인복지가 사회복지학에 근거한 사회복지 전문직의 한 분야라는 전제 아래 노인문제 해결을 위한 서비스를 사회복지 실천방법의 입장에서 다루기로 하겠다.

사회복지 실천은 전문직으로서의 소셜워크의 이론적 기초와 전문직업적 가치관과 윤리를 바탕으로 개인과 집단을 이해하는 사회과학적 이론과 문제를 해결하는 실천 이론(개입 이론)을 발전시켜 왔지만, 아직도 개인의 문제를 개인으로 상대하는 방법과 집단적으로 상대하는 방법에 대한 합의된 이론과 접근방법은 없는 실정이다. 그럼에도 100여 년 동안의 사회복지 학문과 실천의 역사 속에서 상당한 정도의 합의를 도출하면서 발전하고 있는 일반적인 개입방법과 개입이론은 말할 수 있다.

사회복지의 개입 대상이 되는 노인문제의 종류와 성격, 그리고 사회복지사가 노인을 상대하는 방법에 따라 다르게 접근하는 것이 바람직하다. 우선 노인문제의 종류와 성격에 의한 해결 수준에 따라 1차 개입(primary intervention), 2차 개입(secondary intervention), 3차 개입(tertiary intervention) 방법으로 구분할 수 있다(Kroft & Hutchison, 2000). 그리고 노인 문제나 욕구의 해결을 위해 노인을 상대하는 방법에 따라 노인 개인을 상대하는 방법[1990년대 이전에는 케이스워크(casework)라 했음]과 집단으로 상대하는 방법[종전에는 그룹워크(group work)라 함]이 있다.

이 장에서는 먼저 노인문제를 해결하는 방법의 분류를 설명하고 노인문제 해결방법에 공통되는 사항으로 사회복지사와 노인(클라이언트)이 관계를 형성하는 방법과 면접방법을 설명한 후에 노인문제를 해결하기 위해 노인을 상대하는 방법[사회복지 실천방법 또는 소셜워크 실천방법(social work practice)이라고 함]을 보다 집중적으로 설명하기로 하겠다.

1 노인문제 개입방법

1) 노인문제의 해결 수준에 따른 분류

노인은 생애 과정에서 긴 시간을 살아오면서 다양한 경험과 생활방식을 취해 왔고 심리사회적으로 다양한 특성이 있기 때문에 노인들이 개인적으로 해결하고자 하는 문제나 욕구의 상태, 심각성의 수준은 다양하다. 따라서 노인 개인의 문제나 욕구 상태, 심각성의 수준에 따라 1차 개입, 2차 개입, 3차 개입으로 구분하는 것은 의미가 있다(Kroft & Hutchison, 2000).

(1) 1차 개입

일상적으로 활발하게 생활하고 있는 노인들로, 당장 해결해야 할 문제가 있는 것은 아니지만 삶의 질을 높이고 장래에 나타날 가능성이 있는 문제를 예방할 필요가 있다고 사회복지사가 판단하거나 노인들 자신이 발달적 차원에서 욕구를 표현하고 이를 충족하기 위한 서비스를 받고자 하는 경우의 개입이 1차 개입이라 할 수 있다. 1차 개입의 목표는 문제 발생을 예방하고 개인의 발달적 요구를 충족시켜 주는 것이어야 한다. 이런 문제 해결 프로그램은 건강 증진을 위한 개별 상담과 집단 프로그램, 교양 증진 교육, 정보화 교육, 각종 스포츠 활동, 취미와 특기 개발활동, 봉사활동 등이 될 수 있다. 예를 들면, 음주노인을 위한 예방 프로그램을 시행하는 것이 이에 해당된다.

(2) 2차 개입

2차 개입은 어떤 바람직하지 못한 증상이나 행동이 막 나타나기 시작하여 그대로 두면 개인이 신체적·정신적 건강을 유지하고 사회적 기능을 수행하기 어렵게 될 문제에 대해 개입하는 것이다. 2차 개입의 목표는 조기진단과 문제 증상의 신속한 치료(해결)라 할 수 있다. 빈곤, 건강(기능적 건강: IADL 수행 등), 심하지 않은 초기의 사회심리적 갈등(가족과 친구 간 갈등 등), 초기 알코올중독, 외로움과 독거, 자살 충동 같은 문제에 대한 개입이 이에 해당된다. 이런 문제에 대해서는 물질적 원조 제공, 건강진단과 돌봄 서비스,

우리나라에서 사용하는 용어
– 사회사업 · 소셜워크 · 임상사회복지 · 임상소셜워크/임상사회사업

- **사회사업(social work):** 일제시대에 일본인들이 social work를 그대로 번역하여 사용한 데서 '사회사업'이라는 번역어가 유래한 것으로 보인다. 사회사업이라는 말이 사용되어 오면서 사람의 심리사회적 측면의 기능을 회복하거나 강화하여 사회적 환경에 잘 적응할 수 있도록 도움을 주는 전문적 서비스라는 의미는 거의 없어지고 사회사업을 자선사업과 같은 것으로 이해하는 것이 일반적이었다. 1970년에 사회복지사업법이 제정되고 사회복지사업 종사자 자격증제도가 도입되었지만 사회복지를 여전히 사회사업 또는 자선사업으로 생각하는 인식은 크게 개선되지 못했다.

  사회복지사업 종사자라는 말이 너무 포괄적이고 전문직업인이라는 의미가 부각되지 못하여 사회복지활동의 전문가적 성격을 강화하기 위해 1983년 사회복지사업법을 개정하여 '사회복지사업 종사자'라는 말을 '사회복지사'로 변경하였다. 사회복지사라는 말을 사용함으로써 사회복지가 심리사회적 개입기술을 활용하여 개인과 가족의 문제를 해결하는 전문직업적 서비스라는 의미를 살리고자 하였다. 그러나 사회복지사라는 명칭에서 사회복지라는 말을 사용함으로써 사회복지는 단순한 자선사업이 아니라는 인식은 크게 개선되었으나, 사회복지사가 전문직업인이라는 인식을 크게 심어 주지는 못했다.

- **소셜워크(social work):** 우리나라에서 사회복지라는 말은 일반화되었지만 그 말이 전문기술적이라는 의미를 잘 반영하지 못한다고 생각하여 일부 학자들이나 사회복지사들은 영어의 social work를 발음 그대로 표기하여 '소셜워크'라고 부르고 있다. 즉 사회복지의 제도적 측면을 강조하는 의미에서는 사회복지라는 용어가 더 적합하고 사회복지의 전문기술적 측면을 강조하는 의미에서는 소셜워크라는 용어가 더 적합한 것으로 보인다.
- **임상사회복지(clinical social welfare):** '사회사업'이라는 말을 '사회복지'로 바꾸어 놓고 보니 사회복지의 제도적 측면만 부각되어 사회복지의 전문기술적 측면을 강조하는 의미에서 '임상'이라는 말을 사회복지라는 말 앞에 붙여 '임상사회복지'라는 말을 1980년대 중반부터 쓰기 시작하였다. 미국에서는 사회사업이라는 말이 처음부터 사용되어 왔고 심리사회적 개입기술을 발휘하는 전문직업적 서비스라는 측면과 사회사업 서비스를 가능케 하는 제도적 측면(조직적 · 정책적 측면)의 의미를 동시에 가지게 되어 사회사업이라는 말이 사용되는 맥락에 따라 전문기술적 측면과 제도적 측면의 의미로 달리 이해될 수 있기 때문에 큰 문제는 없었다.
- **임상소셜워크/임상사회사업(clinical social work):** 사회사업의 제도적 측면인 사회복지제도가 발전하면서 사회사업의 전문직으로서의 활동과 이러한 역할을 주로 수행하는 사회사업가를 강조할 필요가 있고, 사회사업의 전문성과 차별성을 더욱 발전시키려는 의도에서 1980년대부터 '임상사회사업'이라는 말을 사용하기 시작한 것으로 보인다.

사회적 연계망 구축, 개별적 접근과 집단적 접근의 사회복지 실천방법이 필요하다.

(3) 3차 개입

3차 개입은 기능적 건강상태가 심각해지거나 행동과 인지에 심각한 문제가 생겨 개인이 신체적·정신적 건강을 유지하고 사회적 기능을 제대로 수행할 수 없는 상태가 된 문제 해결에 개입하는 것이다. 3차 개입의 목표는 역기능적 상태의 영향을 최소화하고 노인이 기능을 최대한 회복하도록 도움을 주는 것이다. 빈곤으로 인한 영양실조, 열악한 주거 상태와 비용, 가족 간의 심각한 갈등, 치매 등의 정신장애, ADL 수행의 심각한 제한 같은 문제에 대해서는 사회복지 실천의 전문적 개입방법인 개인 또는 집단 대상 접근이 필요하다.

2) 노인을 상대하는 방법에 따른 분류

개인의 문제를 개인을 상대하여 해결하는 방법은 1980년대까지는 '케이스워크(casework)'(개별지도, 개별사회사업)라 하고 개인을 집단 속에 포함시켜 해결하는 방법을 '그룹워크(group work)'(집단지도, 집단사회사업)라 하였다. 그러나 1990년대 이후에는 전통적인 사회복지 실천방법을 이론적으로 통합하는 경향에 따라 사회복지 실천 또는 소셜워크 실천(social work practice)이라는 이름 아래 개인문제 해결을 '개인 대상 소셜워크(social work with individual)'와 '집단 대상 소셜워크(social work with group)'로 부르기 시작하였다.

이 책에서도 사회복지 통합방법론의 이론적 경향에 따라 개인을 대상으로 하는 사회복지 실천방법과 집단을 대상으로 하는 사회복지 실천방법의 분류를 따르는 것을 원칙으로 하지만, 편의상 집단을 대상으로 하는 사회복지 실천방법은 전통적인 명칭대로 '그룹워크'로 부르기로 하겠다. 따라서 노인을 상대하는 방법에 따른 사회복지 실천방법은 노인 개인을 대상으로 하는 사회복지 실천방법과 노인 집단을 대상으로 하는 사회복지 실천방법인 노인 그룹워크가 된다.

2 관계론

여기서는 특히 사회복지 실천의 기본적인 3대 구성요소인 관계론, 면접론, 과정론 가운데 사회복지 실천의 원칙이라고 할 만큼 중요한 관계론을 간단히 설명하겠다. 사회복지 실천에서 사회복지사와 클라이언트 간의 상호작용 관계의 수립이 전제되지 않고서는 면접과 그 이후의 과정이 진행될 수 없다. 이와 함께 문제해결 모델을 적용하기 위해서는 더 적절한 관계의 다면성과 다양성에 대한 이해가 필요하다.

1) 관계의 정의

사회복지 실천에서 '관계'는 일반적으로 사회복지사와 클라이언트의 관계를 말한다. Biestek(1957)는 개인을 대상으로 하는 사회복지 실천의 관계를 "사회복지사와 클라이언트 간의 태도와 감정의 역동적인 상호작용"으로 정의하고, "클라이언트로 하여금 환경에 보다 잘 적응하게 하는 목적을 갖고 있다"라고 규정한다. 이처럼 사회복지 실천의 관계에서 가장 중요한 것은 '역동적인 상호작용'이다.

Perlman(1957)은 "관계란 공통된 이해관계를 지닌 두 사람 간에, 장기적 혹은 일시적으로 감정의 상호작용이 일어나는 조건이다. 그들 간에 어떤 정서의 움직임이 있을 때 관계는 한 사람으로부터 다른 사람에게로 발전한다. 그들은 동일한 종류의 감정을 표현하기도 하고, 서로 다르거나 상반된 감정을 나타내기도 한다. 한 사람이 감정을 표현하면 다른 사람은 그것을 받아서 반응하게 된다. 어느 경우든 감정의 충만함과 흐름이 두 사람 간에 체험되어야 한다. 이러한 상호작용이 연대감을 조성하건 적대감을 조성하건 간에 두 사람은 당분간 서로 '연결' 또는 '관계'되어 있다"라고 말한다.

Pincus와 Minahan(1973)에 의하면, 관계란 사회복지사와 그가 관계하는 다른 체계 사이의 정서적 유대로 생각될 수 있으며 협조적·교섭적·갈등적 분위기를 포함한다.

2) 관계의 요소

(1) 타인에 대한 관심

사회복지사는 클라이언트에게 일어나는 일에 관심을 가지고 그 일에 대한 자신의 감정을 전달할 수 있어야 한다. 원조관계에서 타인에 대한 관심은 "책임, 배려, 존중, 이해 그리고 그들의 삶이 더 나아지기를 바라는 것"(Fromm, 1956)을 의미한다. 즉 이것은 클라이언트의 생활과 욕구를 조건 없이 인정하는 것이라 할 수 있다.

원조관계에서 진정한 관심은 목적, 시간과 장소의 한계 내에서 사회복지사가 자신의 욕구가 아니라 클라이언트의 욕구에 대하여 반응하는 것이다. 또한 관심이라는 개념은 개인적으로 좋아하거나 싫어하는 감정이 더 이상 아무런 의미를 갖지 않도록 타인을 배려하는 것이다.

이와 같은 관심과 존중의 태도는 클라이언트와의 관계 속에서 면접이나 회의 시간을 정확히 지키는 일, 가정방문 전에 미리 약속을 하는 일, 모임의 장소를 신중히 준비하는 일, 의상에 대한 배려, 관심 깊은 경청 같은 여러 가지 방법으로 전달된다. 특히 경청은 수동적인 청취가 아니라 클라이언트와 나눈 의사소통의 의미를 능동적으로 조사하고 이해하는 일이다. 사회복지사는 클라이언트의 말에 동의하지 않더라도 진행되고 있는 의사소통의 내용을 함께 나누는 일에 가치를 두어야 한다.

타인에 대한 관심은 사회복지사가 클라이언트를 독특하고 가치 있는 인간으로 존중하며, 원조관계에서 클라이언트의 이익과 목적수행을 위해 자신의 지식과 기술은 물론이고 자기 스스로를 내어주는 것을 의미한다.

(2) 헌신적 자세(commitment)와 의무

원조관계에서 그 목적이 성취되기 위해서는 클라이언트와 사회복지사가 서로 헌신적 자세와 의무로 결합되어야 한다. 관계의 조건과 목적에 대한 헌신적 자세와 의무의 명확한 정의는 클라이언트로 하여금 안도감을 느끼게 하고, 초기관계에서 범하기 쉬운 시험적 행동과 시행착오를 줄여 클라이언트로 하여금 자아방어가 아니라 당면 과업에 주의와 관심을 집중할 수 있게 한다.

클라이언트와 사회복지사의 헌신적 자세와 의무는 명시적으로 공유되어야 한다. 클라이언트에게 기대되는 일반적인 의무는, 그들이 갖고 있는 문제와 상황, 관련 사항들을 개방적이고 정직하게 제시하는 일과 원조관계에서 사소한 절차상의 규칙에 적응하는 일 등이다. 사회복지사는 원조관계에 필요한 절차상의 조건들을 충족시켜야 할 책임이 있다. 이것은 시간과 장소를 사전에 준비하고, 긴급한 상황에 같이 있어 주며, 클라이언트 문제에 대해 활동의 초점을 유지하고, 성장과 변화를 가져오는 관계를 마련하는 일 등이다.

(3) 수용과 기대

수용은 사회복지사의 비심판적 태도를 클라이언트에게 알려주고, 사람의 행동을 받아들이는 것과 사람을 받아들이는 것을 구별하려는 노력을 의미한다. 그러나 수용은 판단을 하지 않는 것 그 이상의 의미가 있으며, 타인이 제공하는 것을 그들의 능력과 가치에 대한 존중과 함께 성장과 성숙에 대한 믿음을 가지고 받아들이는 것을 뜻한다. 즉 '판단을 하지 않는 것'보다는 '능동적으로 이해하고자 하는 것'이 수용의 바른 의미다.

수용의 기본 요소는 ① 아는 것(knowing), ② 개별화(individualization), ③ 신뢰 혹은 기대(trust or expectation)이며, 수용을 전달하는 가장 효과적인 방법의 하나는 클라이언트의 입장과 감정을 이해하려고 노력하는 것이다. 클라이언트의 이야기에 대해 코멘트를 하거나 내용과 관련된 질문을 함으로써 그들의 말을 보다 잘 이해하려는 열망을 나타낼 수 있다.

수용과 함께 미래에 대한 기대는 클라이언트의 복지상태와 행동에 영향을 미친다. 기대란 사회복지사가 인간 체계와의 상호작용에서 고려해야 할 잠재적인 힘이라 할 수 있다. 기대의 세 가지 요소는 ① 변화를 위한 체계의 능력 혹은 열망과 클라이언트 체계 혹은 표적 체계의 변화에 기여할 수 있는 사회복지사의 능력을 사회복지사 자신이 인식하는 방법, ② 관련 체계가 갖고 있는 사회복지사에 대한 기대, ③ 원조과정의 효과에 대한 클라이언트 체계의 기대다.

(4) 감정이입

감정이입이란 다른 사람의 감정과 경험에 동참할 수 있는 능력이며, 이 과정에서 사회복지사는 자신의 관점을 잃지 않으면서 타인의 느낌과 경험을 알아야 한다. 즉 이것은 다른 사람의 감정을 깊이 느낄 수 있는 능력이자 그 감정으로부터 충분히 분리되어 객관적인 지식을 활용할 수 있는 능력이다.

감정이입을 위해 사회복지사는 고정관념을 버리고 풍부한 상상력을 가지고 클라이언트를 대해야 한다. 그러나 이것은 상호관계의 속성이기 때문에 사회복지사가 혼자서 구축하는 것이 아니라 클라이언트와의 상호작용으로부터 나오고 발전하는 것이다.

(5) 권위와 힘

권위는 사회복지사가 전문 지식과 경험, 지위를 가짐으로써 기관으로부터 위임되어 클라이언트에게 미치는 영향력이라고 할 수 있다. 권위에는 두 가지 측면이 있다. 첫째는 제도적 측면으로, 사회복지사의 위치와 기관의 목적과 프로그램의 기능으로부터 나오는 것이다. 두 번째는 심리적인 측면으로, 사회복지사를 정보와 조언을 주는 전문가로서 받아들임으로써 클라이언트가 부여하는 힘이다. 원조관계에서 권위와 힘은 그것 자체가 좋거나 나쁜 것이 아니라, 그것이 도움을 위하여 어떻게 활용되느냐가 중요하다.

(6) 진실성과 일치성

일치성은 사회복지사가 클라이언트와의 관계에서 일관성 있고 정직한 개방성을 유지해야 하며, 행동과 말이 항상 일치하고 그것이 전문가로서의 가치체계 및 본질적인 자아와도 일치해야 함을 의미한다. 일치성과 진실성을 갖기 위하여 사회복지사는 ① 자신에 대한 정직한 지식, ② 기관의 절차와 정책 및 전문가의 역할에 관한 명확한 지식, ③ 사회복지 실천 관계에 요구되는 제반 요소의 내면화 등이 필요하다.

3) 관계의 다면성

사회복지 실천에서 관계라 할 때 지금까지는 주로 사회복지사와 클라이언트의 상호작용 관계를 중심으로 한 치료관계를 생각해 왔다. 그러나 체계 이론을 기반으로 하는 문제해결 모델에서는 클라이언트를 둘러싼 여러 관련 체계와의 관계도 고려해야 한다.

Pincus와 Minahan(1973)은 체계적 관점에서 사회복지사가 클라이언트의 문제 해결을 위해 관계를 가져야 하는 체계를 네 가지로 제시하고 있다.

[1] 변화매개 체계(change agent system): 변화매개자로서 사회복지사가 속한 기관이나 시설

[2] 클라이언트 체계(client system): 문제 해결을 위한 서비스를 받는 입장에 있는 사람들

[3] 표적 체계(target system): 클라이언트의 욕구를 충족시키고 문제 해결을 위해 변화시켜야 할 사람들

[4] 행동 체계(action system): 클라이언트에게 문제 해결 서비스를 제공하기 위해 협조를 요청할 필요가 있는 사람들

Specht(1983)도 사회복지사가 클라이언트의 관계뿐 아니라 그 밖의 상호작용에도 눈을 돌려야 한다는 의미에서 다음과 같이 제시하였다.

[1] 클라이언트와의 임상적 상호작용(clinical interaction)

[2] 클라이언트의 환경 일부를 구성하고 있는 친족, 이웃, 친구 등의 방계적 상호작용(collateral interaction)

[3] 사회복지사와 다른 전문가와 동업자의 상호작용(collegial encounters)

[4] 관리자나 정책입안자 등과의 사회적·정치적 상호작용(socio-political interaction)

전통적 관점에서의 관계와 체계적 관점에서의 관계를 그림으로 나타내면 그림 17-1, 그림 17-2와 같다. 중요한 것은 체계적 관점에서 다면적 관계를 형성할 필요성을 인식해야 한다는 것이다.

그림 17-1. 전통적 관점에서의 사회복지사의 관계 방식

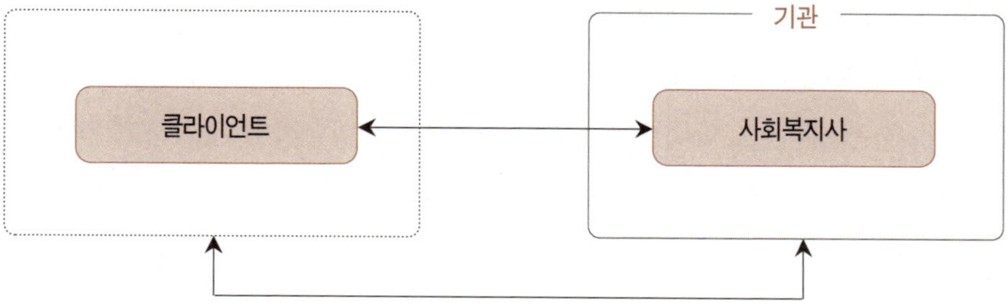

그림 17-2. 체계적 관점에서 사회복지사 관계의 네 가지 체계

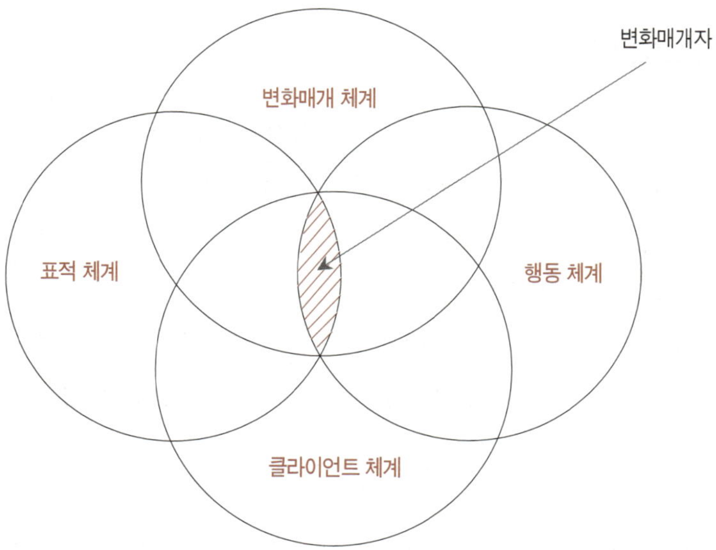

출처: Pincus, A. & Minahan, A. (1973), Social work practice: Model and methods.

3 면접론

면접은 기본적인 사회복지 실천기술의 하나로, 개입을 결정하는 데 필요한 자료를 수집하기 위하여 사회복지사가 활용하는 중요한 도구다. 사회복지사에게 있어서 면접은 일차적 도구이며, 클라이언트는 일차적인 자료의 원천이다.

노인을 위한 서비스에서도 면접이 주요 수단이 되는데, 이때에는 노인들의 보조에 맞추어 천천히 정확하게 의사소통을 진행하고 성급한 판단을 삼가는 것이 중요하다. Bloom(1980)은 클라이언트와의 커뮤니케이션은 단순·명확하며 정확하고 직접적이어야 하며, 부정확하고 모호하여 오해될 여지가 있는 단어를 사용해서는 안 된다고 하였다. 이 말은 바로 노인에게 해당되는 말이다. 노인에게 서비스를 제공할 때는 면접의 중요성과 그 특이성에 특별히 유의해야 한다.

사회복지 실천의 핵심적 도구로서 면접의 개념을 소개하고, 아울러 면접의 장애요인과 면접자로서의 사회복지사의 역할을 설명하겠다.

1) 면접의 정의와 목적

면접은 '사람과 사람이 어떠한 목적을 가지고 일정한 시간, 일정한 장소에서 직접 얼굴을 맞대고 말을 주고받는 대화행위'라고 할 수 있다. 면접의 목적은 ① 대화의 내용이나 상대방의 표정과 태도에서 필요한 정보를 얻고, ② 면접이라는 행위 자체를 통해 도움을 제공하는 것이다. 이러한 맥락에서 노인이 지니고 있는 문제에 대해 무엇인가를 해결해 주려는 노력과 그 과정을 통해 노인(클라이언트)과 원조제공자(사회복지사) 간에 신뢰관계를 형성해 나가는 작업이 병행되어야 할 것이다. 노인과 면접할 때 유의할 점은 다음과 같다.

① 훌륭한 경청자가 되어야 한다. 노인의 문제를 충분히 이해하기 위해서는 클라이언트 쪽에서 말을 많이 하도록 해야 한다. 이를 귀담아 듣는 것은 문제의 규명은 물론이고 클라이언트의 불안문제 해결에도 도움이 될 것이다.

② 면접의 진행속도를 조절해야 한다. 클라이언트는 노화로 인해 심신이 허약해져 있으며, 건망증이 심하거나 귀가 어두워 잘 알아듣지 못하는 경우가 많으므로 개개 클라이언트에 따라 면접의 속도를 조절해야 한다.

③ 클라이언트가 이야기하는 것뿐만 아니라 말하지 않는 침묵 속의 표정이나 태도에도 주의를 기울여 노인을 이해하도록 노력해야 한다. 클라이언트는 종종 일부러 과장하거나 실제와 다른 말들을 꾸며내는 경우가 있는데 이를 그릇되게 속단하지 않도록 유의하며, 특히 면접내용의 비밀을 지켜 노인과의 면접이 순조롭게 진행될 수 있도록 주의해야 한다.

2) 면접의 구체적 방법

(1) 관찰

어떤 의미에서는 면접을 통해 알고자 하는 모든 것이 관찰을 통해 파악될 수 있다. 클라이언트가 말하지 않은 면과 말하면서 보이는 머뭇거림이나 잠시 중단된 시간에도 똑같이 주의를 기울여야 한다. 그리고 신체적 긴장, 얼굴이 붉어지거나 흥분되거나 낙담하는 모습이나 태도, 행동 등에도 유의해야 한다. 왜냐하면 이러한 것들은 클라이언트가 진술하는 말을 보충해 주며, 때로는 클라이언트의 말과는 상반된 사실을 나타낼 수 있기 때문이다.

인간의 관찰의 눈은 자기의 흥미, 편견, 태도, 훈련 등에 의해 한정되므로 관찰의 범위나 해석방법이 다른 경우가 많다. 따라서 사회복지사는 자기의 관찰능력이 틀림없다는 생각을 버리고 상황을 있는 그대로 파악하는 관찰태도를 기르도록 힘써야 한다. 어떤 한 가지 사태를 관찰할 때도 사람에 따라 각각 다른 해석을 내릴 수 있다. 어떤 사람에게는 화가 나는 것으로 보이는 것이 다른 사람에게는 걱정하는 것으로 보이며, 어떤 사람에게는 자신만만하게 보이는 것이 다른 사람에게는 불안정한 것으로 느껴질 수도 있다. 사람은 자연히 외부 세계를 자기 자신의 견해로써 바라보며, 그것이 항상 유일한 올바른 견해라고 생각하는 경우가 많다. 그러므로 이 사태는 클라이언트 입장에서 어떻게 보이는가, 왜 클라이언트가 그것만이 바른 견해라고 생각하는가를 아는 것은 매우 중요하다. 사회복지사가 이러한 것을 이해하게 된다면 “나는 이러한 것이 보다 합리적이라고 생각한다"고 클라이언트를 설득하지 않고서도 클라이언트를 이해하는 단서를 잡을 수 있다.

(2) 경청

경청은 관찰의 한 형태이며 면접의 기본 활동 중 하나다. 따라서 훌륭한 사회복지사는 훌륭한 경청자라고 할 수 있다. 그렇다면 좋은 경청자가 되려면 어떤 점을 갖추어야 할 것인가?

타인과 이야기할 때 내가 만일 당신과 같은 입장이었다면 이렇게 했겠다고 하면서 상대방의 말을 자주 중단시키거나, 아무런 반응도 없이 앉아만 있는 사람은 좋은 경청자가 될 수 없다. 클라이언트는 간간이 짧고 적절한 의견이나 질문을 던져 주는 사람, 자기 이야기의 요점을 파악한 빛을 보여 주는 사람, 또는 중요한 부분에서 자기가 미처 충분히 강조하지 못한 점에 대해서도 이해의 말을 덧붙여 주는 사람을 좋아한다. 그리고 입과 귀만이 아니라 클라이언트의 안색이나 눈을 보고 이야기하면 감정의 교류를 일으킬 수 있다.

면접에서 긴 침묵이 흐를 때도 있다. 경험이 적은 사회복지사는 이러한 침묵을 참지 못하고 질문을 하거나 자신의 의견을 말하면서 당황하는 경우가 많다. 그러나 침묵이 필요할 때도 있다. 클라이언트가 다음에 할 이야기를 생각하려고 침묵을 지킬 수도 있고, 그가 말하고자 하는 바를 어떻게 전달해야 할지 몰라서 침묵할 수도 있는데 사회복지사가 성급하게 침묵을 깨뜨리면 중요한 부분을 이야기하지 않은 채 지나치게 하는 결과를 가져올 수 있다. 그렇다고 무작정 침묵을 계속한다면 클라이언트는 당황할 것이다. 이런 때는 적절한 말이나 질문을 함으로써 그가 말을 계속 하도록 격려해 주어야 한다. 클라이언트의 이야기를 듣는다는 그 자체가 클라이언트에게 도움이 되기 때문이다.

불만이 가득하고 화가 났을 때 마음껏 표출하고 나면 그러한 감정을 비교적 빨리 극복할 수 있다. 즉 감정을 발산하고 나면 마음이 가벼워져서 자기의 정력을 더욱 건설적으로 사용할 수 있다. 이때 사회복지사는 단지 클라이언트가 얼마나 속상하고 안타까운 심정인지를 귀담아 들어 주고 이해해 주는 것만으로도 족하다.

그러나 클라이언트에게 무턱대고 감정을 표현하게 하는 것은 위험하다. 그런 감정이 오랜 과거로부터 나온 것일 경우 오랫동안 왜곡되고 비뚤어져 있고 다른 사태와 서로

엉켜 있어서 말하는 것만으로는 도움이 될 수 없기 때문이다. 일반적으로 말을 통해 발산하는 것은 최근 경험한 일일 때 효과가 크고, 오래 억압된 경험에서 나온 것일수록 그 성과는 의심스럽다.

면접의 첫 단계는 클라이언트가 긴장을 풀고 편하게 느낄 수 있도록 도와주는 것이다. 때로는 클라이언트로 하여금 그가 온 목적을 말하게 하거나, 그를 왜 오라고 요청했는지를 이야기해 줌으로써 속히 클라이언트의 마음을 편하게 만들어 줄 수도 있다.

그 다음 단계로는 클라이언트가 이야기하도록 격려해 주고, 그가 마음에 있는 것을 이야기할 때 주의 깊게 듣는 것이 좋다. 어떤 질문에 대한 해답을 얻는 것이 주목적인 면접이라 해도 초기에는 클라이언트로 하여금 자유롭게 이야기하도록 하는 것이 유익하다. 너무 틀에 박힌 질문은 한쪽의 관심만을 좇게 하며 기계적이고 형식적인 질의응답으로는 서슴없이 털어놓고 이야기할 수 있는 관계, 즉 라포르(rapport)가 성립되기 어렵다. 이에 반해 클라이언트에게 이야기하도록 하면 라포르 성립을 용이하게 하며, 묻지 않은 내용도 많이 털어놓게 되어 바라는 것 이상의 성과를 얻을 수도 있다.

클라이언트에게 이야기하게끔 하면 사회복지사가 클라이언트에 대해 품었을지 모르는 선입감을 완화할 수 있는 장점이 있다. 즉 클라이언트의 입장에서 말을 들음으로써 선입감이 잘못되거나 왜곡되었음을 알 수 있다. 확실히 클라이언트 입장에서 그의 문제나 사태를 바라볼 수 있는 것은 사회복지사에게는 큰 이점이 된다.[1]

(3) 질문

질문은 면접에서 중심이 되는 기술이다. 유능한 사회복지사는 몇 마디 질문으로 클라이언트가 많은 것을 이야기하도록 해야 한다. 사회복지사는 클라이언트에 보조를 맞춰서 질문을 해 나가야 한다. 면접 진행 속도가 지나치게 느리면 클라이언트는 사회복지사가 관심이 없거나 이해하지 못한다는 느낌을 받게 되고, 너무 서두르면 중요한 실마리를 놓칠 우려가 있다. 따라서 사회복지사는 클라이언트에 보조를 맞춰야 하며, 클라이언트의 신뢰를 얻기 전에 모든 비밀을 털어놓으라고 말하는 것은 실패를 자아낼 뿐

---

1. 결국 문제 해결을 위해 모든 일을 실행하는 것은 클라이언트 자신이므로 사회복지사가 좋다고 생각하는 것보다는 클라이언트 입장에서 출발하는 것이 유리한 것이다.

이다. 어떤 사회복지사들은 질문을 너무 많이 하거나 너무 적게 하기도 하는데, 많은 질문은 클라이언트를 혼돈스럽게 하고 질문이 너무 적으면 클라이언트에게 부담이 된다. 클라이언트와의 면접이 원만하게 진행되어 가고 있는지 여부는 질문하는 요령에 많이 좌우된다.

일문일답식 질문보다는 유도적인 질문이 좋고, 예(yes)나 아니오(no)로 짧게 대답할 수 있는 질문은 삼가는 것이 좋다. "1,000원이면 충분합니까?"라는 질문보다는 "얼마 필요하세요?"라는 질문이 더 바람직하다. 왜냐하면 클라이언트가 자유롭게 이야기할 기회를 가로막지 않고 이쪽에서 답을 주는 위험을 피하기 위해서다.

클라이언트는 민감해서 사회복지사가 자기를 돕고자 하는 열의가 있다고 느끼면 될 수 있는 한 온갖 힘을 다해서 응답하려고 할 것이다. 그러나 의심하는 듯이 질문을 하는 사회복지사는 클라이언트에게 공포와 의심만을 자아내게 하여 협력을 얻기가 어렵다. 진정으로 이해하고 도움을 주려는 사회복지사라면 그의 태도나 음성, 어조에 나타난 모든 말은 질문도 되고 의견도 될 수 있는 것이다.

(4) 해석

사회복지사는 클라이언트의 상황에 대해 해석을 내리는 것이 중요하다. 그러나 이 해석을 클라이언트에게 전달하는 것이 불리할 경우가 많다. 사회복지사가 많은 말로 이런 내용을 전달하기보다는 클라이언트가 자신의 보조(페이스)로 스스로 결론에 도달할 수 있도록 해야 한다. 즉 사회복지사가 클라이언트에게 "너는 지금 불안, 거부, 공포 등의 감정을 가지고 있다"고 말해 준다 하더라도 자기 스스로 그러한 감정이 있음을 깨닫기 전에는 아무 소용이 없는 것이다.

일반적으로 말해서 사회복지사는 클라이언트에게 더 자세하게 말하도록 격려해 주고 표현을 도와주어서 클라이언트 자신이 진술한 여러 사태의 관계를 스스로 발견하도록 도와야 한다. 유의해야 할 것은 클라이언트의 행동 동기를 탐색하여 무의식 속에 있는 것까지 들추어내어 분석하거나 해결해 주는 일은 사회복지사가 담당할 영역이 아니라는 것이다.

3) 면접의 기법

개방식 질문(open-ended question)은 특히 면접의 초기 단계나 면접의 특정 부분에서 유리하다(Payne, 1951). 개방식 질문은 "예" 혹은 "아니오"로 대답할 수 없게 하며, 서술식 대답을 하게 한다. "당신에 대해 말해 보시오" 혹은 "무엇을 하기 원하느냐?"와 같은 질문은 극단화된 개방식 질문이다. 개방식 질문은 클라이언트가 말하고자 하는 것을 말할 수 있게 하기 때문에 면접을 시작할 때 적절하다. 광범위한 개방식 질문에서 시작하여 점점 구체화된 질문을 하는 면접은 사회복지사와 클라이언트가 특정한 영역에 초점을 맞추게 한다.

개입결정에 필요한 자료를 얻으려 하는 면접자는 부가적인 자료도 탐색할 수 있어야 한다. "그것에 대해 좀 더 말해 줄 수 있느냐?" 혹은 "이 부분에 대해 좀 더 들을 수 있는가?" 같은 질문은 클라이언트가 언급한 것에 대해 부가적인 정보를 얻기 위한 것으로 개방식 질문이면서도 답을 면밀히 캐내는 질문이 된다.

자료수집을 위한 면접에서는 중립적이고 편견이 없는 질문을 사용해야 한다. "당신은 부인을 사랑하지요?"라는 질문은 편견 있는 대답을 하게 한다. 자료수집을 위한 면접의 목적은 클라이언트가 자신이 경험한 것을 어떻게 지각하고 해석하는지에 대해 신뢰성과 타당성이 있는 정보를 얻기 위한 것임을 명심해야 한다.

점검은 커뮤니케이션이 정확하게 이루어졌는가를 알기 위해 사회복지사가 피드백을 이용하여 지각한 것을 클라이언트에게 의식적으로 반영하는 것이다. "내가 당신이 말한 것과 다르게 들었는가?", "나는 이렇게 들은 것 같다", "당신이 이렇게 말한 것으로 안다", "내가 당신의 말을 잘 이해했는가?" 같은 질문이나 진술은 사회복지사가 들은 것을 클라이언트에게 말함으로써 사회복지사의 잘못된 이해를 교정하게 해 준다. 피드백은 커뮤니케이션을 명확히 하는 데 필요한 기법이다. 이러한 기법은 일상생활에서 거의 사용되지 않기 때문에 어색하지만, 듣고 본 것을 클라이언트에게 말함으로써 잘못과 오해를 피할 수 있으며, 클라이언트가 특정한 영역에 대해 대화를 할 수 있게 한다.

커뮤니케이션을 촉진하기 위해서는 '왜'라는 질문을 피해야 한다. '왜'라는 질문에 대해서는 행동을 설명해야 하기 때문에 클라이언트는 방어적인 자세를 취하게 된다. 일반적으로 사회복지사는 클라이언트가 자신의 행동을 설명하는 것보다 그들이 행동한 상황을 기술하고, 그러한 상황에 반응하고 해석하는 대안적인 방법을 탐색하는 데 관심을 갖는다. "그때 어떻게 되었는가?", "어떻게 되어 가는 것 같은가?", "무엇을 했는지 말할 수 있는가?", "그 상황의 본질은 무엇이라고 생각하나?" 같은 질문은 문제 해결에 건설적으로 사용될 수 있는 자료를 유도해 낼 수 있다.

4) 의사소통장애

의사소통장애는 의사소통 과정인 기호화, 송신, 수신, 해독, 점검의 어느 단계에서도 발생할 수 있다. 이러한 장애로는 기호를 개념화하지 못하고 사용하지 못함(기호화 문제), 언어장애, 청취 또는 수신의 장애, 수신된 개념을 이해하지 못함(해독의 문제), 그리고 환경적 영향(메시지가 송신자로부터 수신자에게로 분명하게 전달되는 것을 방해하는 잡음)이 있다. 의사소통장애는 의사소통 문제의 근원이 되기 때문에 신뢰성 있고 타당한 자료를 원하는 사회복지사에게 주요 관심사가 되고 있다. 여기에서는 개입결정의 기초가 되는 자료의 신뢰성과 타당성에 영향을 주는 사회복지사 측의 의사소통장애 요인과 클라이언트 측의 의사소통장애인 클라이언트의 저항에 대해서 간단히 설명하기로 하겠다.

(1) 사회복지사 측의 의사소통장애 요인

다음과 같은 사회복지사의 의사소통장애를 피하면 타당하고 신뢰할 만한 정보를 얻을 가능성이 상당히 높아진다.

첫째, 상대방에 대한 사회복지사의 예측은 의사소통장애를 불러올 수 있다. Carl Rogers는 "내가 나 자신에 대하여 정말 싫어하는 것은 상대방의 말을 들을 수 없는 것이다. 왜냐하면 내가 예측한 것만을 듣고 상대방이 말하고자 하는 것을 듣지 않는다는 사실을 나중에 깨달았기 때문이다. 상대방이 말하는 것이 너무 위협적이거나 나의 생각과 행동을 바꿔야 할 경우에 나는 정말 들을 수 없었다"라고 말한 바 있다.

Cormican(1978)에 의하면 진단적으로 분류하여 이름을 붙이거나(labelling), 어떤 분류에 해당한다고 판단하는 것(categorization)도 의사소통장애를 야기한다. 이 같은 진단적 분류는 클라이언트가 어떠할 것이라는 선입관을 초래할 수 있으며, 선입관은 클라이언트를 주의 깊게 경청하고 관찰하기보다 미리 예측하게 한다.

둘째, 의미를 가정함으로써 사회복지사가 애매모호한 메시지를 받고 그 의미를 클라이언트와 함께 점검하지 않을 때 의사소통장애가 생긴다. 말 자체가 애매모호할 수 있으며, 말을 구사하는 방법이 불명확한 감정이나 사고를 전달할 수 있다. 혹은 클라이언트의 행동이 말과 일치하지 않는 메시지를 전달할 수도 있다. 이러한 상황에서 클라이언트와 함께 의미를 점검하는 일은 잘못된 가정을 방지하며, 신뢰성과 타당성이 없는 자료에 기초하여 일을 진행하는 것을 방지한다. 의미를 가정한 하나의 예로, 집행유예 중인 16세 소년과의 면접에서 사회복지사는 소년의 싱긋 웃는 모습과 잡지를 뒤적이는 행동을 보고 소년이 대화를 회피하고 있다고 가정하였다. 그러나 사회복지사는 그 가정을 점검하지 않고 그것에 기초하여 잘못 행동하였다. 몇 분의 여유를 가지고 잡지에서 그의 흥미를 끄는 것이 무엇인가를 묻거나 직접적으로 점검했다면, 그런 상황을 명확하게 파악하고 보다 신뢰할 만하고 타당한 자료를 얻었을 것이다.

셋째, 사회복지사가 클라이언트에 대해 스테레오 타입(고정적 편견)을 가질 때 의사소통장애가 생길 수 있다. 이는 분류의 문제와 관련이 있다. 사회복지사가 클라이언트를 저소득층, 비행, 정신장애, 흑인 등의 부류에 속하는 것으로 간주하여 클라이언트의 개성을 무시하고 행동을 취할 때 의사소통장애가 발생하며, 그 결과 상대방에 대해 예측하고 의미를 가정하게 한다. 사회복지사가 여러 명의 유사한 클라이언트를 경험하고 나면, 사회복지사는 그 유사성에 기초하여 특정한 유형의 스테레오 타입을 발전시키기 시작한다. 그 후 이러한 스테레오 타입은 새로운 클라이언트에 대한 사회복지사의 지각을 방해하며, 스테레오 타입과 일치하지 않는 의사소통을 봉쇄하게 만든다.

넷째, 사회복지사가 면접의 목적을 명확히 하지 못할 때 의사소통장애가 생길 수 있다. 사회복지사와 클라이언트 사이에 목적의 혼란이 있을 경우 클라이언트와 사회복지사는 그들이 면접의 목적을 어떻게 이해하느냐에 따라 자신과 상대방의 의사소통을 해석하게 된다. 이와 같은 왜곡의 상태가 계속되면 클라이언트와 사회복지사는 전혀 다른 방향으로 일을 진행할 것이다.

다섯째, 의사소통의 심각한 장애 중 하나는 클라이언트를 변화시키기 위해 너무 성급하게 개입하는 데서 발생한다. 사회복지사는 이런 잘못을 쉽게 저지른다. 지역사회의 조건을 향상시키고 개인들이 지역사회의 자원을 보다 효과적으로 활용하기 위해서 사회복지사는 주로 변화 대행자의 역할을 한다. 그러나 문제를 사정하는 데 기초가 되는 충분한 자료 없이 변화 노력이 시도될 때 어려움에 부딪히게 된다. 자료수집을 위한 면접의 일차적인 목적은 변화를 가져오는 것이 아니다. 변화를 위한 노력은 타당하고 신뢰할 만한 자료, 그리고 사회복지사와 클라이언트가 변화 노력에 개입하고자 한 결정에 기초되어야 한다. 자료수집을 위한 면접의 목적은 개입을 결정하는 데 기초가 되는 정보를 수집하는 것이다. 초기 단계에서 변화를 재촉하면 의사소통장애를 초래하며, 이는 의사결정을 하는 데 영향을 미치는 중요한 정보의 활용 가능성을 제한한다. 또한 초기 접촉 단계에서 변화시키기 위해 설득이나 조언 같은 지시적 접근방법을 자주 취하는 것도 문제가 된다. 이러한 방법은 신뢰가 형성될 때까지는 결코 효과적이지 못하며, 너무 성급하게 사용함으로써 의사소통을 지속시키는 데 장애가 된다. 지속적인 의사소통 과정을 통해서만 신뢰가 발전할 수 있다.

여섯째, 사회복지사의 '방심'은 의사소통장애를 가져올 수 있다. 면접 중에 다른 클라이언트나 앞으로의 활동계획 등을 생각하는 것은 클라이언트와 의사소통을 지속하는 데 장애를 초래한다. 클라이언트는 사회복지사가 의사소통에 완전히 집중하기를 기대하며, 사회복지사는 다른 문제에 주의를 빼앗기지 않도록 시간을 계획해야 할 책임이 있다.

(2) 클라이언트 측의 의사소통장애 요인: 클라이언트의 저항

클라이언트의 저항은 사회복지사의 접근을 막아 문제 해결 과정으로 들어가지 못하게 할 수 있다. 클라이언트가 저항하는 이유는 세 가지로 이야기할 수 있다.

첫째, 저항은 생소한 사람과 생소한 상황을 다루는 데서 오는 불편 때문에 생길 수 있다. 본질적으로 이것은 정상적인 불안이며, 많은 사람들이 새로운 상황에 접근할 때 불편을 느낀다.

둘째, 서비스 기관의 개입과 도움을 요청하는 데 필요한 문화적, 특히 하위문화적 규범 때문에 저항이 생길 수 있다. 문화적 규범으로 인하여, 어떤 사람들은 문제를 인정하고 그 해결책을 찾는 일에 어려움을 느낀다. 특정한 문화적 배경을 가진 사람들이 불편하게 느끼는 절차를 서비스 기관이 고수할 때 문화적 차이를 더욱 조장할 수 있다. 예를 들면, 예정된 약속과 사무실 방문을 강조하는 기관은 사회·경제적으로 낮은 계층인 클라이언트의 저항을 강화시키며, 전통적인 서비스 기관을 활용할 수 있는 그들의 능력을 약화시킨다.

셋째, 어떤 클라이언트들은 그들이 가지고 있는 문제에서 만족을 얻으려 하는 경우도 있다. 이와 같이 문제에서 만족을 얻으려는 것은 병리적인 현상으로 심각한 저항의 근원이 되어 클라이언트의 커뮤니케이션 능력을 방해하고 해결책을 찾는 일을 보다 어렵게 만든다.

5) 면접에서 사회복지사의 책임

자료수집을 위한 면접에서 사회복지사의 책임은 무엇인가? 이것은 상호 관련된 세 가지 영역으로 개념화할 수 있다.

첫째, 사회복지사는 클라이언트가 편안하게 참여할 수 있고, 개입결정에 필요한 그의 사고·감정·지각을 사회복지사에게 말할 수 있는 분위기를 조성할 책임이 있다. 이러한 분위기는 타당하고 신뢰할 만한 자료를 수집하는 데 도움을 준다. 이러한 분위기를 조성하기 위해서는 사회복지사가 가지는 의사소통장애를 피하고, 클라이언트의 저항에 기인한 의사소통장애를 다룰 수 있는 사회복지사의 기술이 요구된다. 참여를 위한 좋은 분위기가 조성될 때 원조관계가 발전할 수 있다. 관계의 개념은 '공개적이고 언어적인 의사소통을 할 수 있는 분위기'로 정의될 수 있다. 따라서 관계의 정도는 의사소통이 얼마나 공개적이고 언어적이냐 하는 정도로 추정할 수 있다. 이러한 분위기를 조성하는 것이 사회복지사의 책임이다.

둘째, 사회복지사의 책임은 면접에 초점을 두는 것이다. 이를 위해 사회복지사는 초기에 면접의 목적을 설정하고, 그 목적과 관련하여 상호작용하는 것에 초점을 두어야 한다. 관련되지 않은 영역에 대한 질문은 도움이 되지 않는다. 사회복지사는 클라이언트와 함께 면접의 목적을 설정하여 초점을 유지하도록 노력해야 한다. 면접을 하는 동안에 얻어진 자료를 통해 다음 면접의 목적과 초점을 도출할 수 있다.

셋째, 사회복지사의 책임은 클라이언트의 반응수준을 분리하여 규명하는 것이다. 클라이언트는 지각적·인지적·감정적·행동적 수준으로 반응한다. 반응의 지각적 수준은 클라이언트가 지각한 것, 즉 보고 들은 것에 대한 상호작용과 의사소통을 말한다. 인지적 수준은 클라이언트가 생각하는 것, 즉 보고 들은 것에 대하여 클라이언트가 부여한 의미에 관한 상호작용과 의사소통을 말한다. 감정적 수준은 지각 혹은 인지에 의하여 발생한 클라이언트의 내부감정, 즉 보고 듣고 생각한 것에 대해 클라이언트가 어떻게 느끼는가에 관한 상호작용과 의사소통이다. 그리고 행동적 수준은 클라이언트가 과거에 어떻게 행동했으며 앞으로 어떻게 행동할 것인가에 관한 상호작용과 의사소통이다. 사회복지사는 이러한 모든 수준에서 클라이언트와 상호작용을 할 수 있어야 한다. 그러나 자료를 수집하기 위해서는 지각적·인지적 수준을 완전히 탐색한 후 감정적·행동적 수준을 탐색해야 한다.

4 노인 개인 대상 사회복지 실천방법

앞에서 말한 1차 개입 문제의 일부와 2·3차 개입 문제의 대부분은 노인 개인에게 사회복지 실천의 전문적 서비스를 제공하여 해결해야 하는 문제다. 여기서는 앞에서 잠시 말한 바 있는 생물심리사회적 관점에서 노인 개인에게 가장 잘 적용될 수 있는 문제 해결 모델을 제시하고자 한다.

사회복지 설천의 개입 모델이나 접근방법은 다양하다. 이 책에서 이러한 다양한 방법과 모델 가운데 노인 개인의 문제를 해결하는 데 가장 적절하다고 인정되는 대표적인 모델 하나를 선정하여 실제 문제에 적용하는 기본 준거 틀로 삼고자 한다. 일반적으로 전통적으로 많이 사용해 온 모델은 심리·사회적 접근방법이다. 이 방법을 통해서도 개인의 내적 긴장이나 혼란으로 야기된 노인문제 해결에 크게 이바지할 수 있다. 이에 관해서는 이미 기존의 참고문헌(장인협, 1981)을 통해 소개되어 있으므로 이 책에서는 재론하지 않기로 한다.

이 책에서는 1970년대에 들어오면서 널리 활용되고 있는 문제해결 모델, 즉 개인과 환경의 상호작용에 초점을 두는 모델을 개입의 중요 모델로 선정하여 접근하고자 한다. 이 모델은 종전의 개인 내적 심리 중심으로부터 개인 외적 환경요인으로의 이동을 포괄하며, 생태체계적 이론 등의 적용으로 인간의 문제를 총체적·통합적으로 해결하고자 하는 모델이다.

사실 사회복지 실천의 문제해결 모델을 개념화한 사람은 Perlman이다. Perlman의 문제해결 모델은 그 기반을 자아심리학이나 Dewey의 성찰적 사고개념 등에 두고 있는데 비해, Compton과 Galaway의 문제해결 모델은 Perlman의 문제해결 모델에 부가해서 생태체계 이론(eco-systems theory) 등을 적용하고 있다. 따라서 Compton과 Galaway의 문제해결 모델은 개인뿐 아니라 집단, 조직, 지역사회에까지 확대 적용되며, 사회체계들 간의 상호작용과 변화에 보다 큰 강조점을 두고 있다.

Perlman의 문제해결 모델에서는 여러 가지 방법 중에서 한 가지를 사용하지만, Compton과 Galaway의 문제해결 모델에서는 다양한 방법을 사용한다. 또한 Perlman은 사회복지사의 역할 중에서 가능케 하는 자(enabler)의 역할을 주로 강조하는 데 반해,

임상소셜워크의 강조에 따른 전통적 소셜워크의 재편성

- 전통적으로 소셜워크의 3대 실천방법론은 개입대상을 중심으로 ① 개인과 가족을 대상으로 하는 **개별지도**(casework), ② 소집단을 대상으로 하는 **집단지도**(social group work), ③ 지역사회와공동체를 대상으로 하는 **지역사회조직론**(community organization)으로 분류하였다.
- 1970년대부터 미국에서 임상소셜워크가 강조되면서 전통적 소셜워크의 실천방법론은 개인, 가족, 소집단을 대상으로 하는 **소셜워크 실천론**(social work practice)과 지역사회와 공동체를 대상으로 하는 **지역사회조직론** 또는 **지역사회복지론**으로 재편성되었다. 그러나 소셜워크 실천에서 개인과 가족을 대상으로 하는 것과 소집단을 대상으로 하는 것이 이론적으로나 실천적으로 잘 통합되지 못하고 있는 점이 있다. 따라서 미국에서도 현재까지 임상소셜워크는 개인과 가족에만 한정하고 전통적으로 소집단을 대상으로 하는 방법론을 고수하여 집단지도론(social group work)으로 구분하는 경우도 있다.
- 이 책에서는 개인과 가족을 대상으로 하는 소셜워크, 즉 개인 대상 소셜워크(social work with individual)를 **개인 대상 사회복지실천**이라 하고, 집단을 대상으로 하는 소셜워크, 즉 집단 대상 소셜워크(social work with group)를 **집단 대상 사회복지실천**이라 부르기로 한다.

Compton과 Galaway는 사회복지사가 복합적인 원조자의 역할을 수행한다고 본다. 그리고 Perlman은 문제해결 과정을 분명하게 구분하지 않으나, Compton과 Galaway는 문제해결 과정을 여러 단계로 구분하고 있다.

이 책에서는 Perlman의 문제해결 과정을 기반으로 하여 좀 더 확대·종합한 Compton과 Galaway의 문제해결 모델을 중심으로 노인 개인에 대한 사회복지 실천 개입활동을 살펴보기로 하겠다.

1) 문제해결 모델

문제해결 모델은 인간의 삶은 그 안에서 불가피하게 발생하는 문제를 해결하거나 대안적인 해결책을 선택하는 결정을 내리는 과정이므로, 사회복지사는 인간의 성장과 발달의 삶의 모델을 따르는 것이 바람직하다는 것을 전제로 하고 있다. 또한 이 모델은 모든 인간이 자신의 목적을 달성하기 위해 자신의 삶을 적극적으로 통제하려 한다는 것을 가정하고 있다(Compton & Galaway, 장인협 외 역, 1986). 문제해결 모델은 의사가 질병을 치료하듯이 사회복지사가 클라이언트의 문제를 해결해 주는 것이 아니라, 클라이언트 체계의 성장 과정에서 클라이언트가 삶을 보다 효과적으로 바꾸어 나갈 수 있도록 클라이언트의 능력을 강화시키는 것이다(Compton & Galaway, 장인협 외 역, 1986).

이 모델에서의 사회복지 실천 과정은 사회복지사가 클라이언트 체계를 개선하고 계몽하고 계획하는 등 클라이언트를 기술적으로 다룰 수 있도록 해 주는 일련의 기법이 아니다. 오히려 그 과정은 사회복지사가 클라이언트와 의미 있고 민주적이며 협력적인 관계를 맺기 위한 전문화된 지식과 훈련, 경험으로 클라이언트의 문제해결능력을 강화하는 것이다.

2) 문제해결 모델의 개요

(1) 문제해결 모델의 단계

Compton과 Galaway는 문제해결 과정의 각 단계에 대해 다음과 같이 간략한 개요를 제시했다(Compton & Galaway, 장인협 외 역, 1986).

[접촉 단계]

① 문제의 확인과 한정

- 클라이언트 체계가 보는 문제
- 클라이언트 체계가 상호작용하고 있는 중요한 다른 체계들(예 : 가족, 학교, 지역사회, 기타)이 보는 문제
- 사회복지사가 보는 문제
- 공동으로 다룰 문제(사회복지사와 클라이언트가 함께 해결할 문제)

② 목표의 확인

- 클라이언트는 문제가 어떻게 다루어지기를 원하는가?: 단기적 목표/장기적 목표
- 클라이언트 체계는 문제해결을 위해 무엇이 필요하다고 생각하는가?
- 클라이언트 체계는 문제해결 수단으로서 기관으로부터 무엇을 추구하고 기대하는가?
- 문제로 인하여 나타나는 결과에 대해 사회복지사는 무엇을 해결 목표로 하는가?
- 사회복지사는 해결 목표를 달성하기 위해 서비스 체계(변화매개 체계)가 클라이언트에게 무엇을 제공할 수 있고 또 무엇을 제공해야 한다고 생각하는가?

③ 예비적인 계약

- 서비스의 실제와 한계의 명확화
- 앞으로의 공동작업의 성격을 명백히 밝힘
- 클라이언트 체계의 권리·기대·자율성을 확신하고, 실무자에게 개입할 권한을 부여하는 방식으로 탐색과 사정(査定)을 계속 진행할 것에 대해 약속이나 계약을 함

④ 탐색과 조사

- 동기부여 : 불편함/희망
- 기회
- 클라이언트 체계의 능력

[계약 단계]

⑤ 사정과 평가

- 확인된 문제와 클라이언트 체계의 요구 간의 관련 여부 또는 관련된 형태
- 문제에 영향을 주고 있는 주요 요인을 확인하기 위한 상황분석
- 요구·결핍·곤란을 지속시키는 주요 요인의 고려
- 가장 중대한 요인을 규명하고 그들 간의 상호관계를 명확히 하며 현실적으로 다룰 수 있는 요인을 선정
- 활용 가능한 자원, 강점 및 동기를 확인
- 사회복지 실천 전문직의 지식체계로부터 적절한 이론, 원칙과 개념을 선정·활용
- 지식과 경험에서 우러난 사고, 그리고 문제해결의 목표에 의거하는 전문적 판단에 의해 사실을 체계화

⑥ 행동계획의 설정

- 실행 가능한 것을 고려하여 목표를 설정
- 대안의 고려 – 가능한 비용 – 가능한 결과
- 적절한 서비스 양식을 결정
- 변화 노력에 초점을 맞춤
- 사회복지사의 역할을 결정

- 계획에 장애가 될 수 있는 클라이언트 체계 내외의 제반 영향력을 고려
- 사회복지사의 지식과 기술, 그리고 계획실행에 소요되는 시간을 고려

⑦ 예후

- 사회복지사가 계획의 성공에 대해 어떠한 확신을 갖고 있는가?

[행동 단계]

⑧ 계획의 수행

- 개입활동의 초점과 과제의 할당, 활용할 수 있는 자원과 서비스 확인, 사용방법 결정, 누가, 무엇을, 언제 할 것인가를 구체화

⑨ 종결

- 클라이언트 체계와 함께 과업의 성취도와 그 과정의 의미를 평가
- 종결과 헤어짐에 대하여 대처하도록 함
- 문제가 해결된 상태를 유지시킴

⑩ 평가

- 과정을 계속할 것인가?
- 목적이 달성되었는가?
- 방법들이 적절히 사용되었는가?

(2) 문제해결 모델의 기술

위에서 소개한 문제해결 모델의 실천 과정에 따라 필요한 기술을 간단히 요약하면 다음과 같다(Compton & Galaway, 장인협 외 역, 1986).

[접촉(혹은 만남) 단계]

① 활동

- 만남과 문제정의
- 사회복지사가 클라이언트와 같이 다루어야 할 문제의 정의

- 목표 확인
- 예비계약의 협상
- 탐색, 조사, 자료수집

② 필요한 기술

- 변화매개 체계(change agent system)와 자원 및 잠재적인 표적 체계, 행동 체계에 대한 이해와 자기인식에 입각해서 클라이언트 체계 혹은 잠재적인 클라이언트 체계의 이익을 위해 자기를 활용할 수 있는 능력
- 귀로 듣고 눈으로 신체적 언어를 관찰할 뿐만 아니라 '제3의 귀'로 경청함으로써 클라이언트에게 신체적·정신적 모든 지각을 동원하여 주의를 기울이기
- 감정이입을 통해 사회복지사의 진실성, 신뢰성, 존경심과 지지를 주는 의사소통
- 알기 쉽게 의역하기, 명확화, 지각점검, 초점 맞추기, 질문하기, 반성적 고찰, 정보제공, 직면, 해석, 보장, 재보장 등의 기술
- 면접에 의한 자료수집뿐 아니라 각종 보고서나 텍스트 자료와 문서화된 증거, 관찰기록 등을 이용하여 자료를 수집하는 기술
- 중요하고 적절한 정보를 수집하기 위해 이론적 지식을 활용하는 기술

[계약 단계]

① 활동

- 사정과 평가, 행동계획의 설정, 예후

② 필요한 기술

- 접촉 단계에서 열거된 모든 기술
- 수집된 자료에 의미를 부여하고 분석하기 위해 인간 체계의 성장, 발달, 기능, 역기능, 상호작용 및 상호교류에 관한 기초 이론을 활용하는 능력
- 유용한 행동을 제시할 수 있도록 자료의 우선순위를 정하고 조직화하기 위한 문제, 목표와 가용자원에 대한 지식
- 가능한 성과와 그 비용을 예측하여 일련의 대안적 계획을 세울 수 있는 능력
- 대안 중 하나를 선택하기 위해 스스로 판단을 내리고 클라이언트를 참여시키는 능력

- 취해야 할 행동을 의논하기 위해 위의 모든 내용(언제, 누구에 의해서, 혹은 어떤 체계와 함께 어떠한 시간 계획으로 개입할 것인가)을 종합하는 능력

[행동 단계]

① 활동

- 계획의 수행, 종결, 평가

② 필요한 기술

- 접촉 단계와 계약 단계에서 열거된 모든 기술
- 계획수행에 필요한 제 역할들에 적절한 일련의 사회복지 실천방법을 활용하는 기술
- 평가하는 기술
- 종결하고 헤어지는 데 필요한 기술

(3) 사회복지사의 개입활동

Compton과 Galaway의 문제해결 모델에 의하면 사회복지 실천의 개입활동, 즉 '개입의 레퍼토리'에는 ① 개입의 구체적 표적, ② 사회복지 실천의 일반적 목적으로부터 추구되는 개입의 구체적 목표, ③ 개입 과정에서의 제 단계, ④ 개입자(사회복지사)의 활동, ⑤ 가능하게 하는 자, 가교자, 대변자 또는 전문가와 같은 개입자로서의 역할의 다섯 가지 차원이 있다(Copmton & Galaway, 장인협 외 역, 1986). 이 요소들을 좀 더 구체적으로 살펴보면 다음과 같다(Lowy, 1979).

① 개입 표적의 명료화

사회복지사는 상이한 상황적 맥락 속에 있는 — 개인, 가족, 동료집단 및 조직의 성원, 클럽, 교회집단, 기타 지역사회 단체 — 노인들에게 관심을 갖는다.

② 목표의 구체화

치료적 지향에서 발전적 초점까지 사회복지사는 활동의 목표를 뚜렷하게 하고, 개입을 통해 어떤 의도적인 결과를 도모할 것이며, 어떤 비의도적인 결과가 '상황 속의 인간'에게 좋은 영향을 미칠 수 있을까 등을 결정·고려한다. 목표는 가치 혼합의 결과이며, 다

루어져야 할 조건이나 문제의 사정이며, 동시에 사회복지사와 노인 클라이언트 간의 합의된 판단이다.

③ 개입 과정에서의 단계적 실천

노인 클라이언트가 개인이든 집단이든 간에 사회복지사와 클라이언트는 합의된 목표에 도달하기 위해 함께 관여하며 활동한다. 이러한 과정은 체계적으로 계획되어 실시되며, 그 결과는 피드백에 의하여 다시금 새로운 목표 추구에 투입된다. 왜냐하면 개입 과정은 직선적인 모델이라기보다는 순환적 모델을 따르고 있기 때문이다.

④ 사회복지사의 기술 활용

목표를 구체화하고 조건과 문제의 성격을 규정하며, 개입 과정의 모든 단계에서 사회복지사는 다음과 같은 일련의 기술을 활용하게 된다. 즉 공식적·비공식적 면접, 집단회합, 가족상담 등과 지역사회조직까지 포함하는 각종 활동에서 사회복지사는 심리적 지지, 정보제공, 해석, 명료화, 통찰력 개발, 집단이나 조직구조의 창설과 활용, 프로그램에 의한 매개, 동기화, 카운슬링, 교육, 인적·물적·기술적 자원의 관리 같은 다양한 기술을 적용한다.

⑤ 사회복지사의 개입자 역할

이와 같은 활동에서 사회복지사는 다양한 전문직의 역할 중 가장 중요한 세 가지 역할인 조력자(enabler)·중개자(broker)·옹호자(advocate)의 역할을 수행한다. 조력자 역할로서 사회복지사는 노인 개인이 능력과 장점을 스스로 활용할 수 있게 돕고, 중개자 역할로서는 (사회적·신체적·법률적) 서비스를 요하는 노인들과 사회제도, 조직, 기관 간에 연계를 맺어 주고, 옹호자 역할로서는 사회복지사가 노인들의 권리를 알려 주고 그에 합당한 서비스를 받을 수 있도록 조정한다.

5 노인 집단 대상 사회복지 실천방법

노년기에 접어들면 주변의 가까운 사람들이 하나 둘 사라져가고, 마침내는 제일 가까운 배우자마저 상실하게 되어 그 외로움은 날로 깊어진다. 이러한 상황에서는 삶의 보람을 찾기가 힘들며, 자칫하면 정신적인 손상까지 입을 수 있다. 다시 말해 노인은 인간관계의 상실로 심각한 위기에 직면해 있다고 할 수 있다. 이러한 현상은 과거의 대가족제도 하에서는 상하의 밀접한 인간관계로 별로 큰 문제가 아니었으나, 오늘날과 같은 핵가족제도 하에서는 노인의 인간관계 유지는 실로 어려운 경우가 많다. 따라서 이에 대한 적절한 의도적 문제해결 방법이 개발되어야 할 것이다. 특히 노인의 상실된 인간관계를 회복시켜 준다는 점에서 노인의 문제와 욕구를 집단을 활용하여 해결하는 방법이 필요하다.

1) 노인 집단 대상 사회복지 실천방법(노인 그룹워크)의 의미

사회복지에서 집단을 대상으로 하는 실천방법(그룹워크)[2]은 "의도적인 집단경험을 통해 개인의 사회적 기능을 향상시키며, 또한 개인, 집단, 지역사회의 당면 문제에 대해서 보다 효과적으로 대처해 나갈 수 있도록 도움을 주는 방법"을 말한다(Konopca, 1963). 즉 그룹워크는 손상된 사회적 기능을 회복하고자 하는 욕구를 지닌 대상들이나 현재의 사회적 기능을 보다 적극적으로 유지하며 강화하고자 하는 대상들에게 그 욕구를 실현시키며, 개인·집단·지역사회의 여러 문제에 보다 능동적으로 대처해 나갈 수 있도록 소집단활동을 통해서 의도적으로 실시하는 원조 과정이라고 할 수 있다.

Meyer(1975)는 노인복지 분야에서 집단 서비스는 특별히 중요하다고 하였다. 왜냐하면 노인들에게는 자아상과 자기 확신을 유지하고, 급격한 시간의 전환이나 사회적 차별 등을 감수하기 위해서는 동년배들의 지지가 필요하기 때문이다. 노인들의 욕구를 도외

---

2. 전통적으로 집단을 대상으로 하는 사회복지 실천방법을 그룹워크(group work)로 불러 왔기 때문에 여기서도 그룹워크로 부르기로 한다.

시하고 있는 사회에서 이러한 문제를 극복하기 위해 집단을 활용하는 것은 매우 당연한 이치이며 인도주의적인 것이다. 사회적 관계나 지위, 지역사회 활동의 상실은 노년 후반기의 일반적 특징이며, 이에 의한 노인들의 사회적 고립은 사회복지사들이 다루어야 할 중요한 이슈다. 노인의 요구에 민감하고 정열적인 젊은 사회복지사들에 의해 형성되는 집단은 노인들이 겪는 고독과 분리감을 메워 줄 수 있을 것이다(Meyer, 1975).

2) 그룹워크의 이론적 모델

Papell과 Rothman(1996)은 그룹워크 실천모델을 사회적 목표 모델, 치료적 모델, 상호작용 모델로 개념화하였다. 이 모델들은 본질적으로는 유사하지만 목적이나 집단유형, 개입방법 등에 약간의 차이가 있다. 여기서는 이 모델들을 노인복지와의 관계라는 면에서 살펴보기로 하겠다.

(1) 사회적 목표 모델(social goal model)

이 모델의 주요 개념은 '사회적 의식'과 '사회적 책임'이라는 목적 달성이며, 이를 통해서 시민의 참여, 보다 훌륭한 사회인, 민주적 과정의 습득 등을 추구한다. 따라서 사회적 목표 모델의 요점은 ① 사회적 기능의 강화와 자아의 활용을 도모하고, ② 사회 참여와 사회적 행동을 지향하며, ③ 사회적 행동의 부차적 효과로서 개인의 치료를 달성하고자 하는 것이다.

능력 있는 시민의 창조, 사회적 의식과 사회적 책임을 지향하는 이러한 활동은 특히 변화하는 사회환경에 직면해 있는 노인들에게는 매우 적절한 활동임에 틀림없다. 사회적 목표 모델은 단순한 보호나 급부의 제공에 머무는 것이 아니라 보다 적극성을 띠고 앞서 나가는 프로그램으로, 노인들에게도 적용할 수 있다. 즉 이 모델은 노화 과정에 있는 노인들에게 각기 자아의 사회적 요구를 충족시키고자 시도하는 것이다. 집단을 통한 자아의식의 확립은 노년기에 약화된 자존심을 고양시켜 주고, 다른 노인들의 일반적인 관심사나 목표를 지각하고 거기에 순응하는 가운데 자신의 위신도 증대시킬 수 있는 것이다.

(2) 치료적 모델(remedial model)

전문적 사회복지 실천방법의 하나로, 문제를 가진 사람들(도움을 요하는 사람들)에게 그 전문성을 발휘할 수 있는 영역이 바로 치료적 그룹워크다. 치료적 모델의 특징은 그룹이 치료 수단이자 치료를 위한 환경이 된다는 것이다. 그러므로 그룹의 형성과 조직 과정에서 멤버와 사회복지사의 의도적인 개입이 중요시된다. 또한 멤버는 사전에 치료계획에 따라서 진단을 거쳐 선택되어 치료적인 집단활동에 참여하게 된다. 따라서 사회복지사는 개입 전략을 세워 변화 촉진자로서의 역할을 적극적으로 수행해야 한다. 즉 이 모델에서 치료계약을 수립하고 집단의 목표나 지향을 결정하는 것은 사회복지사의 역할이며, 현재 불건전한 상태에 있는 멤버들의 개선을 목표로 한다.

노인 집단에서 치료적 모델을 활용할 때는 노화가 병리적인 쇠퇴 현상이라는 견해를 강조한다. 따라서 때로는 이와 같은 전제를 가진 치료 모델이 적절할 수도 있겠지만, 자율적으로 기능할 수 있는 노인집단의 경우에는 사회복지사는 이러한 모델을 사용하지 않도록 유의해야 한다(Lowy, 1979).

(3) 상호작용 모델(reciprocal model)

이 모델은 개인과 집단을 공생적 상호작용 체계로 보며, 상부상조 체계 내에서의 인간들의 만남에 초점을 둔다. 여기에서는 치료 목적을 우위에 두거나 바람직한 결과만을 목표로 삼지 않는다. 집단의 성원들은 문제를 해결하기 위해 서로 상호작용 관계를 맺어 나가며, 이런 집단 과정 속에서 성원들의 목표도 밝혀지게 된다. 집단의 일부로서 사회복지사도 이 과정 속에 관여하며, 계속적으로 표출되는 집단이나 집단 성원들의 욕구와 관련하여 목표를 형성해 나간다(Lowy, 1979).

사회복지사의 주요 목표는 인간의 욕구와 열망을 충족시키려는 실질적인 노력을 통해서 상호작용과 참여를 가능하게 하는 조건을 조성하는 것이다. 한마디로 말해 이 모델에서는 각각의 성원이나 그룹에 대한 구체적인 목표는 갖고 있지 않다. 다만 여러 성원들의 욕구 간의 공통적 기반을 찾아내고, 이것을 달성하는 데 장애가 되는 요인들에 도전한다는 일반적인 목표를 강조한다. 그리고 사회복지사는 성원들 서로 간에, 또한 성원과 사회복지사 사이에 목표달성을 촉진하기 위한 계약을 수립하고 계약의 한계 내에서 집단활동이 진행되도록 돕는다(Lowy, 1979).

이 모델은 통제와 지배의 느낌을 동시에 제공하며, 사회복지사에게 클라이언트의 의존적 욕구를 고려하도록 함으로써 지지하고 보호해 줄 수 있는 여유를 제공한다.

3) 그룹워크의 원칙

그룹워크의 원칙으로는 Konopka(1963)가 제시한 다음과 같은 원칙이 널리 받아들여지고 있다.

① 각 개인의 독특한 차이점을 인식하여 그에 따라 행동한다(집단 내에서의 개별화).
② 어떤 집단에 대해서든지 그 집단이 가지는 특성을 인식하여 그에 따라 행동한다(집단의 개별화).
③ 개인에 대해서는 그가 가지고 있는 장점과 단점을 동시에 순수하게 수용한다.
④ 사회복지사와 그룹 성원 간에 의도적인 원조관계를 수립한다.
⑤ 그룹 성원 간에 협조적이며 협력적인 관계를 이룩한다.
⑥ 집단 과정에 적절한 수정을 가한다.
⑦ 각 성원에게는 각자의 능력의 단위에 따라 참가하도록 격려하며 보다 유능해지도록 돕는다.
⑧ 각 성원들로 하여금 문제해결 과정에 스스로 관여하게 한다.
⑨ 그룹 성원들이 문제를 해결해 나가면서 점차 만족할 수 있는 방법을 체험하도록 한다.
⑩ 인간관계나 사업의 성취에 있어서 새로우면서도 상이한 기회를 제공한다.
⑪ 각 개인이나 전체의 상황에 대해서는 진단적 평가에 입각하여 분별 있게 제한성을 활용한다.
⑫ 각 성원이나 집단의 목적 및 적절한 사회적 목적을 위한 프로그램 활용은 집단적 평가에 입각해서 의도적 또는 자동적으로 한다.
⑬ 개인 및 집단 과정에 대한 현재 진행 상황을 평가한다.
⑭ 사회복지사로서 온정적·인간적이며 잘 훈련된 자아를 활용한다.

사회복지사의 특성에 비추어 볼 때 이러한 원칙은 ① 감정이입을 위한 고도의 능력,

② 융통성, ③ 개인과 그가 처한 매우 복잡한 상황까지도 분석하고 평가할 수 있는 예리한 지각과 지성, ④ 원만하게 대인관계를 조정할 수 있는 능력, ⑤ 창의력과 상상력 같은 자질을 갖출 것을 전제로 한다.

4) 문제해결 과정으로서의 그룹워크

그룹워크에서 원조매체를 어떻게 활용하여 원조를 전개해 나갈 것인가를 Compton과 Galaway(장인협 외 역, 1986)의 단계별 과정 모델을 기반으로 생각해 보겠다.

(1) 초기 단계(목표 설정 단계)

그룹워크에서는 우선 노인 개개인을 위한 목표가 있을 것이며, 그것을 달성하기 위해 사회복지사는 그룹을 활용해서 의도적으로 개개의 성원들이 그룹과 상호작용을 하게 한다. 여기에서 그룹은 어디까지나 개별화된 노인 개인들을 위한 수단이다. 따라서 그룹워크의 목표는 본래 개인의 목표에 초점을 맞추어서 설정되어야 한다. 이를 위해서는 그룹워크 서비스를 필요로 하는 대상자들의 요구와 문제에 대한 명확한 이해를 갖는 것이 필요하다. 대상자들은 무엇을 문제라고 생각하고 있는가, 무엇을 하고 싶어 하는가 등을 분명히 하면서 예비적인 목표를 설정하는 데에서부터 그룹워크 원조가 시작되어야 할 것이다(淺野仁, 1981).

이와 같이 목표를 설정할 때 클라이언트의 욕구와 문제를 이해하는 것이 매우 중요하며, 이런 과정을 거쳐서 목표가 설정된 다음에야 비로소 사회복지사가 구체적인 행동을 개시할 수 있다. 다시 말하면, 그룹워크는 첫 단계에서 그 목표가 명확하게 설정되지 않으면 시작될 수 없다는 것이다.

(2) 그룹 형성 단계

그룹의 멤버가 될 사람들의 욕구와 문제가 파악되어 그룹의 목표가 설정된 다음 단계는 그룹의 형성 과정이다. 특히 집단활동은 노인들의 욕구를 충족시키는 데 크게 이바지할 수 있다. 그러나 이러한 욕구의 충족이 이루어지기 위해서는 먼저 그 수단이 되는 집단이 존립해야 하며, 집단을 통해서 활동이 시작되어야 한다. 따라서 그룹 형성 단계에서는 집단에 가입할 성원들을 선정하고, 개인들로 하여금 집단에 참가하도록 적극적으로 권유해야 한다.

대체로 노인들은 집단에 가입하기를 주저한다. 이것은 한편으로는 스스로의 낮은 자아상 때문이기도 하고, 집단의 다른 성원들로부터 거부당하지나 않을까 하는 두려움 때문이기도 하다. 따라서 노인들이 프로그램에 처음 참여할 때는 일반적으로 소극적인 태도를 보인다. 이때는 집단활동이 도전이라기보다는 오히려 위협이 된다. 처음에는 이와 같이 표면적 수준에서 대인관계를 유지하다가 점차 적극적으로 참여하게 된다.

노인복지관에서 노인들은 처음에는 한 사람과 다음에는 소집단과 함께 하는 식으로 점차 더 많은 성원들이 속하는 집단과 교류하게 되어 느린 속도이긴 하지만 마침내는 회원 전체를 포함하는 회관활동에까지 적극적으로 참여하게 된다. 노인들은 자신들이 참여할 프로그램을 개발하기 위해 관심을 넓히며 스스로의 능력을 증진시키려고 힘쓴다. 그러므로 노인 개개인을 돕는 것보다 더욱 중요한 것은 집단 전체에 영향을 줄 수 있는 분위기를 조성하는 것이다. 이렇게 함으로써 그 집단은 원만하게 퍼스낼리티의 성장과 확대에 이바지할 수 있다.

또한 노인들을 대상으로 하는 프로그램은 특정한 시기에 처한 개개 노인의 능력 한도 내에서 조직되어야 한다. 그래야만 그 프로그램은 흥미와 관심을 자아내고, 노인들로 하여금 건설적이면서도 유쾌한 활동에 참여할 수 있게 하는 것이다. 그리고 너무 부분집단(sub-group)에만 집착하는 노인들에게는 격려와 반복된 보장을 해 줌으로써 보다 큰 그룹에도 참여할 수 있도록 도와주어야 한다.

그룹 형성 과정에서 사회복지사가 특히 유의해야 할 점은, 노인들이 초기 단계에 그룹 참여하는 것에 대해 저항을 나타낸다는 사실을 이해하여 참가의 의의와 필요성 등을 반복하여 설명해 주어야 한다는 것이다. 이렇게 적극적인 권유로 노인들의 자발적인 참여를 유도해야 하며, 강제적인 참가 종용은 지양해야 한다.

(3) 그룹 발달 단계

형성된 집단이 발전해 가는 단계로서, 집단 과정에서 멤버의 역동성이나 사회복지사의 원조내용 등이 중요하게 고려되어야 한다.

우선 활동내용으로서는 집단 성원들이 갖고 온 문제나 요구가 제대로 해결되는 방향으로 실시되고 있는가, 또는 문제해결을 위해서 집단 성원들 간에 상부상조가 이루어지고 있는가 하는 점들이 발전 과정에서 중요한 초점이 된다. 따라서 사회복지사의 주요 원조내용은 그룹형성 과정에서 합의된 목표에 입각하여 활동이 이루어지도록 문제를 구체화하거나 몇 개의 문제영역으로 분류하여 관여하는 것이다. 또한 성원들 간의 상호작용이나 상호보완이 문제해결에 도움이 되고 있다는 점을 성원들에게 설명하고 보장을 해 주는 일도 사회복지사의 중요한 활동내용이다.

그룹의 발전 과정에서 사회복지사가 특히 유의해야 할 점은 다음과 같다.

첫째, 노인들은 자기 힘으로 자신의 생활이나 주위환경을 바꿀 수 없다고 생각하여 극히 의존적인 태도를 취한다는 사실이다. 이때 사회복지사는 노인들의 의존적인 태도에 지나치게 동조해도 안 되며, 그렇다고 이러한 경향을 지나치게 무시하여 자주성만을 강조해도 안 된다.

둘째, 노인의 바람직하지 못한 언동에 대한 대응방식이다. 사회복지사의 위치에서 노인을 지나치게 이상화하거나 무리한 기대를 하면 집단활동에서 생길 수 있는 긴장의 완화나 문제해결에 적절한 원조제공이 곤란해질 것이다. 사회복지사는 노인을 평범한 하나의 인간으로 대하며, 특히 노년기의 행동 특성에 대해 민감하고도 객관적으로 반응할 수 있어야 한다.

셋째, 집단 내의 상호작용 관계에 관한 것이다. 만일 집단에 유별난 스타가 있다거나 자주 일탈적 행동을 나타내는 사람, 또는 항상 타인들로부터 희생양(scapegoating)이 되는 성원이 있다면 이는 집단발달에 장애가 된다. 이러한 각종 문제 상황이 발생할 때 사회복지사의 역할은 그러한 사실에 성원 자신들이 직면하여 해결할 수 있도록 도움을 주는 것이다. 성원 스스로가 해결해야 할 이러한 문제를 집단이 해결하지 않고 사회복지사가 대신 해 준다면, 성원 간의 갈등이나 불만이 잠재화되어 본래의 목적을 달성하는 것은 불가능해진다. 집단 내에서 발생하는 문제를 집단 성원들이 스스로 직면하여 해결할 수 있도록 돕는 것이 이 단계에서의 사회복지사의 핵심적인 원조내용이다(淺野仁, 1981).

(4) 그룹워크의 종결과 평가 과정

① 종결 과정

그룹워크에서 종결 시기를 결정하는 일도 쉬운 일은 아니다. Hartford(1971)가 종결이 필요한 경우를 제시한 것은 다음과 같다.

- 활동기간을 처음부터 설정해 놓고 종결하는 경우
- 어떠한 목적에 의해 실시되던 작업이 목적의 완성으로 종결하는 경우
- 사회복지사의 퇴직이나 교체 때문에 그룹에 대한 계속적인 원조가 불가능한 경우
- 집단 성원들이 활동내용에 흥미를 잃고 성원수가 감소하여 자연소멸 형태로 활동이 중지되는 경우
- 성원들 간의 갈등으로 활동의 계속이 곤란해져 중지되는 경우
- 지금까지의 활동에서 다른 활동내용으로 발전하게 되어 전의 활동 자체가 종결되는 경우

의도적으로 관계를 종결할 때 몇 가지 유의할 점이 있다. 우선 종결하기 한 달 전에는 성원들에게 활동이 종결된다는 사실을 알리는 것이 바람직하다. 그것은 그룹의 종결에 수반해서 성원들이 어떤 형태의 위기감정을 느낄 수도 있기 때문인데, 이런 감정은 특히 그룹 참여에서 큰 의의를 갖고 있는 회원들에게서 많이 나타난다. 활동의 종료를 앞둔 한 달가량의 기간 동안에 종료에 따르는 회원들의 불안, 사회복지사나 기관에 대한 불만이나 적의 등을 충분히 표현하도록 하며, 집단활동 종결 이후의 활동계획에 대해서도 이야기하도록 하여 종결을 발전적 방향으로 유도하는 것이 바람직하다.

② 평가 과정

그룹워크의 효과에 대한 평가는 종결 과정뿐만 아니라 활동의 모든 과정에서 실시되어야 한다. 가령 그룹의 형성 과정에서는 노인이 집단에 참가하게 된 동기와 이유를 평가하고, 그룹의 발전 과정에서는 노인의 '친구 사귀기'의 목표가 어느 정도 달성되었는지, 만일 달성되지 못했다면 어떤 새로운 도움이 요청되는 것인지 등을 평가해 봐야 한다(淺

野仁, 1981).

여기에서는 그룹의 종결 과정과 연관시켜서 그룹워크의 평가항목을 참고적으로 제시해 보겠다. Brody(1977)에 의하면 그룹워크의 평가항목은 다음과 같다.

- 명시된 그룹활동 목표는 어느 정도 달성되었는가?
- 회원의 출석률은 어느 정도인가?
- 회원의 그룹활동 참가는 자기표현, 생활의욕의 향상 등에 얼마나 도움이 되었는가?
- 집단활동에 참가한 후 회원의 태도나 행동에 어떤 변화가 보이는가? 집단 밖에서 타인들과 교류할 때 어떠한 변화가 보이는가?
- 회관 또는 시설 직원들은 이 그룹활동을 인정하고 협력하는 체제를 갖추었는가?
- 이 활동이 노인의 가족이나 지역주민들로부터 어느 정도의 호응을 받았는가?
- 집단활동 목표는 시설이나 회관의 방침과 합치되었는가? 그 결과는 어떠한가?

5) 사회복지사가 갖추어야 할 기본적 기술

Trecker(1972)는 그룹의 원조 과정에서 사회복지사에게 기본적으로 필요한 기술을 다음과 같이 요약하고 있다.

① **의도적 관계 형성의 기술 :** 이에는 두 가지 기술이 있는데 그 하나는 사회복지사와 집단성원들 사이에 관계를 형성하는 기술이고, 다른 하나는 성원들 간에 관계를 맺게 하는 기술이다.

② **그룹 상황을 분석하는 기술 :** 사회복지사가 그룹의 발달 단계에 따르는 성원들의 요구는 무엇인가, 그룹이 지금 해야 할 일은 무엇인가 등에 대해 판단하는 기술을 갖고 있어야 한다. 특히 성원들이 의견을 제시하거나 목적을 향해 행동하고 집단의 가능성과 한계를 이해할 수 있도록 사회복지사는 필요한 원조를 해 주어야 한다.

③ **그룹 참가의 기술 :** 참가의 기술이란 사회복지사가 그룹 내의 역할을 탄력적으로 수행해 나가는 것을 의미한다. 사회복지사는 성원들로 하여금 스스로 그룹에 참가하여

지도력을 발휘하고 활동에서의 책임을 지도록 원조해야 한다.

④ **그룹 감정에 대처하는 기술 :** 사회복지사는 그룹에 대한 자기 자신의 감정을 통제할 수 있어야 한다. 또한 적극적이든 소극적이든 성원들의 감정적 표현을 원조할 수 있어야 한다.

⑤ **그룹 발전에 관한 기술 :** 전체 집단으로서의 목적을 도출해 내어 성원들의 관심과 요구를 명확히 해야 한다. 그리하여 그들의 관심이나 요구가 집단을 통해서 충족될 수 있도록 집단의 발달을 원조해야 한다.

⑥ **사회자원 활용의 기술 :** 그룹활동 목적에 활용될 수 있는 다양한 자원들을 소개하고 도입하는 일도 사회복지사의 중요한 기술 중 하나다. 또한 현재의 집단 내에서는 충족할 수 없는 요구를 갖고 있는 성원에 대해서는, 다른 서비스에 위탁하거나 다른 기관에 송치하도록 해야 한다.

⑦ **평가의 기술 :** 그룹의 발달 과정을 적절히 기록하는 기술이 필요하다. 이러한 기록을 그룹의 활동목표에 비추어서 평가하는 데 활용한다(Trecker, 1972).

6) 노인 집단활동의 예

(1) 재가노인 집단활동

65세 이상의 노인들, 특히 홀로 지내는 노인들에게는 집단활동이 절실히 요청된다. 노인회관이나 마을회관, 경로당 등에서 노인들을 위한 집단활동을 얼마든지 마련할 수 있으며, 이에 의하여 노인들의 무료함이나 외로움도 극복할 수 있을 것이다. 우선 일정 연령의 노인들을 대상으로 요구나 흥미의 종류에 따라 집단을 형성하고, 그에 적합한 특정 활동을 하게 함으로써 노인들의 생활의 질도 향상시킬 수 있다.

① **서예그룹 :** 노인들 중에서 서예에 흥미를 갖고 있거나 배우기를 원하는 사람들을 모아 소집단을 형성하여, 주 1회 정도 지정 장소에 나와 활동을 하게 한다. 사회복지사는 한 달에 한 번 정도 전문 서예가를 초청하여 특별학습을 시키고, 점차 개인의 작품도 만들어 작품전시회까지 열 수 있도록 원조해 준다. 이러한 발전 과정에서 노인들은 풍부한 생활의 즐거움을 찾을 수 있다.

② **도예그룹 :** 도예에 흥미를 갖고 있는 노인들로 그룹을 조직할 수 있다. 이 활동의 목적은 스스로 물건을 만드는 기쁨을 통해 상실한 사회성을 회복하고 삶의 의의를 되찾게 하는 것이다. 역시 주 1회 정도로 도예의 기술을 가진 자원봉사자에게 의뢰하여 특별학습을 받게 할 수 있다. 자기가 손수 빚은 도자기가 구워져 나와 하나의 작품으로 손에 쥐어질 때 그 기쁨이 얼마나 클지는 가히 짐작할 수 있을 것이다.

③ **기타 그룹 :** 체조나 무용클럽, 건강클럽, 음악클럽, 다도클럽 등도 많은 노인들이 원하는 프로그램들이다. 이와 같은 프로그램을 하나로 엮어서 흥미롭게 진행시킨다면 노인들의 사회참여나 사회성 회복 등에 크게 이바지할 수 있을 것이다. 즉 노인들을 위한 집단활동에서 위의 각 클럽들을 이용할 때는, 우선 흥미와 요구, 치료 등을 위한 목표를 설정한 후 그 목표를 달성하기 위해 동질적인 문제와 관심을 갖고 있는 참가자들로 집단을 형성하고, 그 집단 성원들이 목표를 향해 활동을 해 나갈 때 적절한 원조를 제공하여 목표가 달성되면 집단활동을 종결하게 되는 것이다.

(2) 시설노인 집단활동

시설에서 사회복지사는 여러 종류의 집단을 조직하여 단체생활에 보탬이 되도록 도움을 준다. 필요에 따라서는 자원봉사자를 활용할 수 있다. 시설에서 집단을 구성하는 경우 그 목적은 대체로 다음과 같다.

- 집단활동을 계획하는 일을 경험하게 함으로써 기획을 해보는 기회를 가지게 한다.
- 집단활동에 참여함으로써 자기 존재에 대한 가치를 느끼고 자존감을 되찾게 한다.
- 자기가 속한 사회의 일부가 되어보는 경험을 하게 한다.
- 집단유대를 구축함으로써 가족관계의 따뜻함을 대신 맛보게 한다.

시설에서 집단활동은 어울리기 어려운 회원을 수용하도록 배움으로써 유대감을 발전시키도록 해야 한다. 우정과 수용은 시설 노인들에게는 매우 필요한 것이다(남세진, 1986).

제 18 장

케어·케이스 매니지먼트

오늘날 일상생활에서 인간다운 삶을 영위하기 힘든 고령노인의 수가 날로 증가하고 있다. 따라서 이들이 가정과 지역사회에서 정상적인 생활을 영위할 수 있도록 지원하는 원조기술과 방법이 요청되고 있는데, 새로운 사회복지 실천방법으로 '케어 매니지먼트'와 '케이스 매니지먼트(사례관리)'를 들 수 있다. 케어 매니지먼트와 케이스 매니지먼트는 거의 같은 의미로 사용된다. 그러나 적용하는 서비스 분야에 따라 달리 불리는 경향이 있는데, 여기서는 특히 노인에게 적용되는 점을 중시하여 '케어 매니지먼트'로 부르기로 한다.

현재의 보건이나 의료 또는 복지 서비스는 각각의 독자적 서비스를 중시하는 경향이다. 그러나 노인이 지역사회 내에서 자립적이며 자율적인 생활을 영위해 나가기 위해서는 보건, 의료 및 복지 서비스가 통합적·일체적으로 운영되어야 한다. 이를 위해서는 보건, 의료 및 복지 분야 케어를 통합적으로 관리·운영하는 전문적 원조를 실천하는 방법이 요구되며, 이를 위해 각 전문 분야의 팀워크(team work)가 요청된다.

1 케어 매니지먼트의 개념

미국사회복지사협회(NASW)는 "사회복지 실천에서 케어 매니지먼트는 전문 사회복지사가 클라이언트와 그의 가족의 요구를 사정 평가하여 적절한 경우에는 서비스를 제공하며, 또한 특정 클라이언트의 복잡한 욕구를 충족시키기 위해 다수의 서비스의 통합이나 조정을 실시·감시·평가·대변해 주는 방법"이라고 정의하고 추가적으로 다음과 같이 해설하고 있다.

- 전문 사회복지사는 사회복지 실천에서 케어 매니지먼트의 주요 제공자다.
- 케어 매니지먼트는 클라이언트 개개인의 생물학적·심리사회적 상태와 함께 사회체계의 상태에도 관여하게 된다.
- 케어 매니지먼트는 본질적으로 미시적인 동시에 거시적이다. 개입은 클라이언트나 사회체계의 모든 수준에서 이루어진다.
- 사회복지사에게 클라이언트와 치료적 관계를 형성하며 유지할 것을 요구한다.
- 클라이언트가 필요로 하는 서비스나 자원 지원의 기회를 제공하는 시스템에 클라이언트를 연계함을 포함한다.

케이스 매니지먼트와 케어 매니지먼트

이 두 용어는 거의 같은 의미로 사용되고 있는데, 적용하는 분야에 따라 다르게 불리는 경향이 있다.

- **공통점**: 두 개념 모두 한 사례(클라이언트)의 나타난 욕구/문제(현재 해결되어야 할 것으로 확인되어 해결이 요청되는 문제나 욕구)와 관련된 다양한 욕구/문제를 통합적·효과적·효율적으로 해결하는 것을 기본으로 한다는 점에서는 같다.
- **케이스 매니지먼트(case management)**: 일반적으로 전문직의 다양한 분야에 적용되는 보다 폭넓은 개념이다. 우리말로 '사례관리'로 불린다.
- **케어 매니지먼트(care management)**: 해결되어야 할 욕구·문제가 보건·의료 서비스의 장(setting)에서 다루어질 경우에 주로 사용되는 것으로 케이스 매니지먼트보다는 약간 좁은 개념이다.

- 사회복지 실천에서 케어 매니지먼트 실천의 맥락에서 제공되는 서비스는 하나의 기관에서 이루어지기도 하지만, 때로는 여러 기관이나 조직에서도 이루어질 수 있다.
- 케어 매니지먼트란 일반적으로 '케어를 필요로 하는 사람에게 그의 욕구에 부합하는 적절한 서비스를 받을 수 있도록 지원하는 일련의 활동'을 말한다. 더욱이 고령자 케어에서는 전문 사회복지사가 고령자나 가족의 상담에 응하며 그들의 욕구(need)를 적절히 파악한 후에 다양한 서비스 제공 기관과의 조정을 통하여 적절한 서비스를 총합적·계속적으로 제공하는 활동이다.

따라서 이러한 점을 고려하여 케어 매니지먼트의 특성을 다음과 같이 요약할 수 있다.

- 지역사회를 기반으로 각종 사회 서비스나 지지를 활용하는 하나의 체계적인 지원방법이다.
- 각종 사회자원의 동원과 원조관계망의 효율적인 연계와 조정에 관심을 두는 활동이다.
- 복합적인 욕구를 가진 클라이언트에 대한 지속적인 책임과 효과성을 강조하는 활동이다.
- 연속적인 기능들을 시간적·순서적으로 수행하는 문제해결 과정이다.
- 클라이언트에 대한 포괄적·총체적·장기적 보호 서비스를 제공하는 전문적인 활동이다.

즉 케어 매니지먼트는 개별 클라이언트의 복합적인 욕구나 문제에 초점을 두고 개별화된 서비스를 총체적으로 계획하고 실천하는 조직적 활동이다.

2 케어 매니지먼트의 과정

케어 매니지먼트는 개개의 욕구에 적합한 서비스가 제공되도록 하는 과정이고, 케어 매니지먼트 시스템은 몇 개의 단계로 이루어지는 일련의 과정이다. 영국 보건성의 〈케어 매니지먼트 실천 가이드〉는 그 과정을 7단계로 나누고 있는데, 그중 중요한 단계로는 ① 사정(assessment)에 의한 욕구의 판정과 그것에 대응하는 서비스의 제공이며, ② 욕구의 재판정, ③ 새로운 욕구에 대응하는 서비스의 제공을 들 수 있다. 케어 매니지먼트에는 이용자에 대해 각종 서비스를 제공하는 직접적 원조와 간접적 원조가 있다(그림 18-1 참조).

정보제공이나 사례 발견, 의뢰나 아웃리치(out-reach)의 초반의 개입 단계를 이 책에서는 포괄적으로 '인테이크 단계'라고 칭하며, 인테이크의 다음 단계로 욕구의 질과 양

그림 18-1. 케어 매니지먼트의 과정(원조)

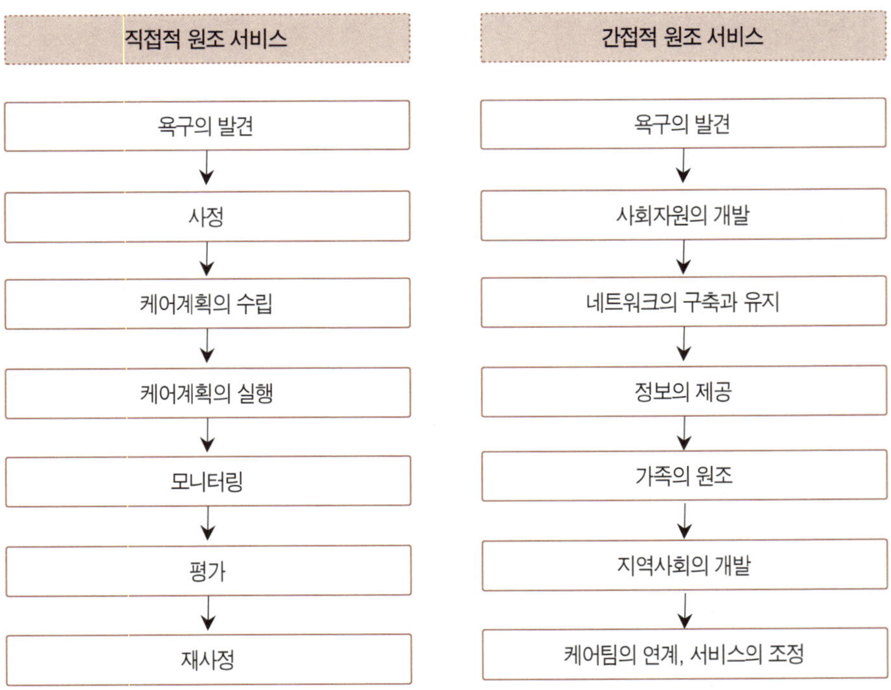

을 측정하는 사정의 단계를 밟는다. 이러한 사정의 자료를 기반으로 케어계획(care plan)을 짜며, 그 계획에 따라 구체적인 서비스를 조달하거나 클라이언트에게 제공한다. 제공된 서비스가 케어계획대로 실행되었는지 모니터링하며 서비스의 효과를 평가하여 아직 충족되지 않은 욕구가 재사정되면 케어계획을 새롭게 짠다. 이러한 일련의 서비스를 제공함으로써 클라이언트의 욕구를 충족시켜 주는 것이 케어 매니지먼트의 핵심 과정이다. 이와 같은 과정에 비추어 노인의 경우를 중심으로 각 과정을 검토해 보겠다.

1) 인테이크(사례 발견, 상담, 의뢰, 아웃리치)

초기 단계는 사회복지관을 중심으로 하는 각종 상담에서 시작된다. 이러한 상담은 센터에서 어떠한 의뢰에 의해서 직접 전화로 조회해 보는 방법과 요보호자가 직접 기관을 찾아오는 경우가 있고, 지역주민의 정보를 통해서 관련된 가정을 찾아갈 수도 있다.

처음 상담할 때는 전화로 문의해 오는 경우가 많으므로 그 자리에서 기록을 하고 가능한 한 정확히 귀담아 들어야 한다. 최초의 면담 분위기는 상담의 계속성을 좌우하므로 유의해야 한다. 특히 생명의 전화 같은 유기적인 상담에서는 클라이언트의 문제를 확실하게 파악하도록 하며, 경우에 따라서는 적절한 조언을 줄 수 있어야 한다. 계속적인 상담이 요구될 때는 그 의사를 전달하고 상대의 주소, 이름, 전화번호 등을 알아보며 가족이 기관을 방문하거나 기관에서 가족을 방문하는 것에 대해서도 상담해 볼 수 있다.

이와 같이 초기 상담, 즉 상담가와 가족·보호자(본인)의 상담은 케어 매니지먼트 기법을 활용하는 데 있어서 유효하게 전개될 수 있는 기반이 된다. 즉 고령자나 그 가족이 지역사회 내에서 가정생활을 계속해 나갈 경우 장애가 되는 문제나 욕구가 무엇인지를 밝히며 그것에 부합되는 서비스나 지역사회의 자원을 연계할 수 있는 것이다.

지역 내 재가복지 봉사센터의 홍보가 잘 되어 있을 경우 전화문의나 상담지원의 의사 등을 타진하여 센터로 찾아오게 함으로써 사례 발견의 역할을 수행할 수 있다. 그러나 문제를 가진 고령자나 그 가족이 자발적으로 상담을 받기 위해 센터를 방문한다는 것은 쉬운 일이 아니다.

2) 사정

케이스의 사정(assessment)은 전체적인 시각에서 고령자와 그 가정의 생활이나 문제 상황을 평가하는 것이다. 사정방법에는 그 기록에서 양식형과 자유기록형이 있을 수 있으나, 양자의 형식을 혼합하면 가족 전체를 파악할 수 있을 것이다. 사정 단계에서 욕구의 내용, 정도, 긴급성 등을 정확히 측정해야 하는데, 그 항목들은 다음과 같다.

- 신체적·정신적 건강 : 질병, 장애
- 일상생활 : ADL(Activity of Daily Living), 가사처리능력
- 가족 상황 : 가족의 보호력, 가족관계
- 가계 상황
- 중요 인물(key person)의 유무
- 지역사회의 상황
- 사회관계의 상황
- 사회자원의 상황

이상과 같은 요소들을 종합적으로 측정하여 노인이 가지고 있는 욕구를 명확히 한다. 또한 사정에 사용되는 일정의 양식을 예시하면 다음과 같다.[1]

- 양식 1. 케어 매니지먼트 사정(pp.254-255)
- 양식 2. 일반 건강상태 사정양식(pp.256-257)
- 양식 3. 심리·사회적 사정(p.258)
- 양식 4. 가족 및 사회적 관계망 사정(p.269)

3) 케어계획(케어플랜)의 수립

상담을 거쳐 케어계획(care plan)을 작성하는 일은 사정에서 밝혀진 고령자나 그 가족이

---

1. 보다 상세한 내용은 장인협 · 우국희(2001)를 참조할 것(본문의 쪽수는 참고서적의 쪽수임).

가정에서 생활하는 데 있어 장애가 되는 문제나 욕구를 해결하며 충족시킬 수 있는 구체적인 계획을 작성하는 일이다. 즉 그들의 문제점이나 욕구 등을 해결해 줄 수 있는 사회자원을 연계해 주며, 때로는 고령자 본인의 잠재적 능력과도 연계하여 그들에게 적절한 개별화된 서비스나 비공식적 자원과의 패키지를 준비·계획한다. 이 경우 상담자는 합의를 이룰 수 있는 타당한 계획을 작성하기 위하여 본인은 물론 그 가족과 다른 사람 또는 기관과의 관계 조정을 위한 조정적 역할을 감당하여 그들에게 적절한 케어계획을 작성하는 것이 바람직하다.

사정 자료에 입각하여 케어계획을 수립할 때 유의해야 할 점은 다음과 같다.

- 이용자와 그 가족의 입장에서 케어계획을 작성해야 한다.
- 서비스는 이용자가 주체적으로 선택한 것이어야 한다.
- 케어계획을 작성할 때는 가능한 한 서비스를 제공하는 모든 기관이 참가하는 것이 바람직하다. 이는 제공될 다양한 서비스 중에서 자기 기관이 담당할 부분과 역할을 분명히 할 수 있기 때문이다.
- 이용자는 가족, 친척, 인근의 비공식적 보호를 기대하거나, 이미 받고 있는 경우에는 그 원조관계가 손상되지 않도록 배려해야 한다.
- 케어를 실시함에 있어서 책임의 소재를 명확히 하고 각각의 서비스를 통합하는 최종적인 책임의 소재도 분명히 한다.

4) 케어계획(케어플랜)의 실행

케어계획을 실행할 때 두 가지의 중요한 기능은 링키지(linkage)와 패키지(package)다. 링키지란 발견된 욕구와 적절한 자원을 연계해 주는 작업으로서 '매칭(matching)'이라고도 한다. 적절한 매칭을 해 주기 위해서는 케어 매니저는 사회자원에 관한 정보에 정통해야 한다. 패키지란 특히 재가 서비스에서는 개개의 서비스가 종적으로 다른 기관과 무관하게 제공되기 쉽기 때문에 가령 보건기관, 복지기관, 지역단체, 자원단체, 기업 등 각각의 서비스가 주어질 때 중복되는 등의 모순이 생길 수 있다. 재가노인에게 여러 기관에서 방문자가 다양한 서비스를 제공하는 경우가 발생할 수도 있다. 따라서 이들 서비스를 한 묶음으로 조정하여 제공하는 것이 바람직하다.

5) 모니터링

모니터링은 케어계획에 따라서 서비스가 제공되고 있는지를 확인하는 절차다. 가정봉사원의 경우 파견에 앞서 방문횟수, 서비스 내용 등이 정해져 있기 때문에 실제로 그대로 진행되었는지의 여부를 확인해야 한다. 특히 재가 노인에 대한 각종 파견 서비스는 봉사원이 홀로 서비스를 제공하기 때문에 확인하기 쉽지 않다. 따라서 실행 단계에서 최종적인 일은 케어계획의 지속을 확실하게 하기 위한 모니터링 체제를 확립하는 것이다.

6) 평가

평가는 케어 매니지먼트의 실천 효과를 검토하는 것으로, 서비스 대상자에 대한 케어 매니저의 책임성을 증대시키고 실천과 서비스 전달의 새로운 모델을 개발하는 데 도움을 줄 수 있다. 다음의 네 가지 차원의 검토를 통해 평가를 할 수 있다.

- 서비스와 케어계획은 클라이언트에게 가치가 있는 것이었나?
- 결과 목표가 달성되었는가?(특정 욕구 영역에서 긍정적인 변화가 있었는가?)
- 케어계획의 실행이 클라이언트의 생활에 어떤 변화를 초래했는가?
- 클라이언트가 서비스, 케어계획 및 실천에 만족하는가?

7) 재사정

재사정은 일정한 케이스 진행 과정 속에서 욕구의 변화나 서비스의 성과에 대하여 실상을 평가하여 재검토하는 단계로서, 케어 서비스의 질적 향상에 매우 중요한 단계다. 고령자나 그 가족에게 행한 케어계획의 실시 상황을 점검하여 케어계획이 만족스럽게 실시되고 있는 경우는 그대로 진행할 수 있겠지만, 새로운 문제점이 발견되거나 변동이 요구될 때에는 즉각적으로 케어계획을 재사정하여 그것을 수정해야 할 것이다. 특히 사후면접은 정기적으로 전화를 걸거나 가정방문을 통해서 상황 변화를 신속히 점검하는

케이스 매니지먼트(사례관리)의 다양한 적용 분야

- 케이스 매니지먼트(case management)와 케어 매니지먼트(care management)는 거의 같은 의미로 사용되지만, 케이스 매니지먼트가 케어 매니지먼트보다 넓은 의미로 이해된다. 따라서 케이스 매니지먼트는 사회복지 또는 소셜워크 분야뿐만 아니라 정신건강 서비스, 의료 서비스, 법률 서비스, 교정 서비스 등 여러 전문직 분야에서 사용하는 문제(욕구)해결 접근방법이라 할 수 있다.
- 사회복지 분야에서 사용하는 접근방법은 임상소셜워크와 결부되어 사용되는 것이 일반적이지만 넓게는 사회복지사의 역할 중 중계자·조정자·대변자 역할을 수행하는 것과도 연계되어 있다. 가장 많은 경우는 한 사람(클라이언트)의 보건·의료적 욕구와 심리사회적 욕구를 통합적으로 해결하기 위한 서비스 제공에서 사용되고 있다.
- 우리나라에서는 2006년부터 지역사회 사회복지 전달체계를 시·군·구의 주민생활지원국 중심으로 개편하면서 케이스 매니지먼트(사례관리)의 필요성을 강조하고 있으며, 특히 2009년 10월부터 사회복지 통합전산망을 구축하고 서비스 대상자에 대한 케이스 매니지먼트를 통한 서비스 연계를 강조하고 있다. 또한 2008년 7월부터 시행해 온 노인장기요양보험제도에서도 일본의 개호보험제도에서와 같이 케이스 매니지먼트를 제도적으로 도입하는 것이 바람직하다는 주장이 제기되고 있다.

역할이다. 본인의 직접적인 것과 함께 가사봉사원, 방문간호사, 자원봉사자 또는 다른 관계 직원들과 수시로 연락을 주고받음으로써 상황 변화에 대한 정보를 얻을 수 있다. 특히 재사정은 다음과 같은 다양한 목적을 설정하고 진행해야 한다(SSI, 1991).

- 케어계획의 목표 달성도를 재검토한다.
- 결과와 성과 여부의 이유를 검토한다.
- 제공된 케어의 질과 비용을 평가한다.
- 현재의 욕구를 재판정한다.
- 서비스 이용의 적합성 여부를 재평가한다.
- 케어계획의 목표를 재검토한다.
- 필요한 서비스를 새롭게 결정한다.
- 비용을 재산정한다.
- 서비스가 불충분하거나 대응하지 못한 욕구가 있으면 품질관리·기획개발 부문에 보고한다.
- 재사정 결과를 기록한다.

3 케어 매니지먼트의 사례

본 사례는 서울시 송파구에 위치한 ○○지역사회복지관의 사회복지사의 사회복지 실천 사례다. 이 복지관이 위치한 지역은 노인세대만 600여 가구가 사는 지역이어서 복지관에서는 노인들을 위한 재가복지와 아동복지에 주력하고 있다. 본 사례에서 다루고자 하는 클라이언트들은 1년 전 이 지역에서 석촌동으로 이사를 했으나 아직 이 복지관의 서비스를 받고 있는 노부부다. 현재 이들은 국민기초생활보장 대상이다. 이 사례를 케이스 매니지먼트의 과정과 기능에 비추어 정리하면 다음과 같다.

1) 인테이크(사례 발견, 아웃리치)

사회복지사는 복지관의 서비스 용량을 고려하여 천막가구의 노인들을 표적인구로 삼았다. 대부분의 노인들이 복지관에 자발적으로 찾아오지 않기 때문에 잠재적인 클라이언트를 발굴하기 위해 집집마다 방문하였다. 대부분 일을 나가기 때문에 방문시간은 오후 4~5시가 된다. 이들은 대부분 폐쇄적이어서 관계형성에 6개월 정도 걸린다. 이렇게 하여 노부부 클라이언트를 만났는데 초기에 할아버지의 저항이 대단히 심했다. 세상과 자신의 삶에 대해 부정적이고 폐쇄적이어서 사회복지사의 원조에 대해서도 그러했다. 할머니는 비교적 적극적이고 도움을 요청하는 데 주저함이 없어서 일단 할머니의 욕구를 중심으로 관계를 형성해 나갔다.

2) 사정

여러 차례에 걸친 면접과 관찰을 통해 클라이언트의 여러 가지 욕구를 사정하였다. 가족사항, 가족관계부터 신체적·정서적 욕구, 활용할 수 있는 자원의 양 등을 사정하였다.

① **가족사항** : 할아버지는 81세로 고학력자이며, 이전에 부유했기 때문에 자존심이 강했다. 자신의 모습을 보이고 싶지 않아 바깥출입을 거의 하지 않는 편이다. 자원봉사자와 관계가 형성된 이후에도 그가 약속을 어기면 "그러면 그렇지" 하고 사람을 믿으

려 하지 않았다. 할머니는 78세로 할아버지보다 적극적이며 도움이 필요할 때 주저함이 없이 요청하였다. 출가한 딸이 한 명 있어서 몇 년 전까지 연락이 닿았으나 최근에 연락이 단절되었다.

② **주거상황**: 그들은 전세금 1,500만 원의 단칸방에서 생활하고 있지만 집을 나서면 공간도 넓고 나무도 있어서 만족해하고 있다. 그러나 곧 이사해야 할 입장이다.

③ **경제적 상황**: 정부지원금과 기관에서 후원하는 월 2만 원, 그리고 간혹 조카딸이 주는 보조금으로 살아가고 있다.

④ **건강상태**: 할아버지는 신체적으로 거동이 불편하며 청각장애도 있고, 노령으로 인한 신경통, 관절염 등 만성 질환을 앓고 있다. 할머니는 할아버지보다는 좋은 상태지만, 신체적으로 거동이 불편하고 만성 질환이 있어서 두 분 다 의료보호가 필요한 상태다.

⑤ **행정적 면에서의 욕구**: 동사무소나 기타 서류가 필요한 경우에 도움이 요청된다.

⑥ **정서적 욕구**: 할아버지는 얘기를 나눌 상대가 없으므로 점점 폐쇄적으로 되어 간다. 그는 시사에 관심이 많으므로 같이 얘기할 말벗을 필요로 한다.

⑦ **사회적 지지 자원**: 클라이언트 주변에서 가장 도움이 될 수 있는 사람은 딸이지만 연락이 두절된 상태여서 도움을 기대하기는 어렵다. 비공식적인 자원으로서 유일하게 조카딸이 있는데, 현재 경기도에 거주하고 있으며 가끔 노부부를 도와주고 있다. 그 밖에 통장과 옆집 아주머니가 행정적인 업무 등을 도와주고 있으며, 공식적인 자원으로서는 동사무소나 병원, 복지관을 들 수 있다.

사정한 결과 비공식적인 자원과 1차 집단의 자원은 거의 없는 형편이다. 그러므로 그들의 욕구를 충족시키기 위해서는 자원의 개발과 연계가 필요하다.

3) 케어계획(케어플랜)의 수립

사정에서 나타난 클라이언트의 여러 가지 욕구와 재가복지 서비스의 계획을 수립하기 위해 먼저 복지관이 보유하고 있는 자원과 서비스 수혜 상황을 살펴본 다음에 부가적인 계획을 세워 보고자 한다.

(1) 복지관의 자원과 서비스 제공 상황

현재 복지관이 보유하고 활용할 수 있는 자원은 사회복지사, 자원봉사자, 적십자 봉사원들이며, 연계하거나 의뢰할 수 있는 자원으로는 이웃과 보건진료소를 들 수 있다. 직장인들은 주로 정서적인 원조를 제공하며, 적십자 봉사원들은 방문봉사, 반찬봉사, 이·미용 봉사를 제공했다. 이 자원을 기반으로 현재 클라이언트에게 제공되고 있는 서비스는 표 18-1과 같다. 이 외에 수시로 이·미용 봉사를 받고 있으며 담당 사회복지사와 전화통화를 하여 필요한 사항을 의논하고 있다.

표 18-1. 현재의 서비스 제공 상황

클라이언트의 욕구	제공되는 서비스
정서적인 욕구	자원봉사자를 연결하여 말벗이 되게 함
의료 서비스	무료진료를 이용하도록 하거나 병원에 동행
행정업무의 대행	이웃이나 통장이 대행해 주도록 연계
거동의 불편	자원봉사자가 반찬 서비스를 제공
주거문제	사회복지사가 복지관 주변의 방을 알아봄

(2) 서비스 확대 계획

표 18-1에서 보는 대로 클라이언트의 욕구에 대한 서비스가 제공되고 있으나 그 양과 질에 있어서 불충분하다. 우선 말벗도 일주일에 한 번 저녁 시간에 할아버지와 대화를 나누는 정도인데, 이러한 정서적 원조를 확대할 필요가 있다. 의료 서비스의 경우, 요청이 있으면 사회복지사가 직접 병원으로 모시고 가서 몇 시간을 기다려야 하는데, 이 일은 자원봉사자가 해야 할 것이다. 또한 거동이 불편한 이들을 위해서 방청소나 집안일을 돕는 서비스도 요구된다. 이러한 서비스가 제공되면 정서적인 원조도 동시에 이루어질 수 있을 것이다.

요약하면 노부부 가정을 방문하여 서비스를 제공하는 자원봉사자의 확대와 서비스의 다양화가 더욱 요청된다. 이런 내용을 중심으로 서비스 계획을 수립해 보면 표 18-2와

표 18-2. 클라이언트 욕구에 따른 필요충족 수단

클라이언트의 욕구	필요충족 수단
정서적인 욕구	이웃(월~토), 자원봉사자(월), 전화(수, 토)
의료 서비스	운전 자원봉사자, 이웃(수시)
행정업무의 대행	이웃(수시), 지방은 조카딸
거동의 불편	자원봉사자(반찬 서비스, 세탁, 방청소, 가사봉사 서비스 연계; 1주 2회 정도)
주거문제	사회복지사(복지관 주변의 방 알아봄)
이 · 미용	이웃(무료 이·미용을 활용하도록 동행)
신문 · 잡지(할아버지)	도서대여 자원봉사자

그림 18-2. 클라이언트 욕구에 따른 요일별 사례관리

월	(오전) 이웃 - 방청소, (오후) 자원봉사자 - 말벗
화	자원봉사자 - 세탁, 도서 공급(할아버지)
수	자원봉사자 - 전화, 식사 준비
목	운전 자원봉사자 - 병원이나 산책 동행, 사회복지사 - 전화, 방문
금	자원봉사자 - 세탁, 토요 식사 준비, 물건 사는 일
토	자원봉사자 - 전화
일	반찬봉사원 - 식사 준비

같다. 표 18-2의 사례관리 내용을 주간별로 정리하면 그림 18-2와 같다. 표 18-2, 그림 18-2와 같이 사례관리 내용을 확대할 경우 사회자원은 표 18-3과 같이 변화된다.

표 18-3. 사회자원의 변화

전	후
이웃(통·반장) 이·미용사 말벗 사회복지사 조카딸	이웃 말벗 자원봉사자 전화 자원봉사자 이·미용사 운전 자원봉사자 세탁, 방청소 자원봉사자 식사 자원봉사자 가사 자원봉사자 도서 자원봉사자 사회복지사 조카딸 방문간호사

4) 케어계획의 실행(서비스의 연결과 조정)

위와 같은 변화에서 기대되는 것은 사회복지사의 사회적 자원의 개발과 연계 및 조정활동이다. 사회복지사는 기존의 자원들을 활용할 뿐 아니라, 지역사회의 정기적인 모임을 통해 도움의 필요성과 그 의의를 강조하여 자원을 개발하고, 이것을 클라이언트에게 연계시켜야 할 필요가 있다. 또한 이 지역이 노인가구가 많고 밀집되어 있으므로 이 점을 활용하여 상호 정서적 지지를 교류할 수 있는 장소를 마련하는 데 힘써야 할 것이다.

5) 사후면접(follow-up: 모니터링과 평가)

사례관리자는 클라이언트가 원하는 서비스를 받고 있는지, 또 다른 욕구가 발생하지는 않았는지 알아보고, 자원봉사자들이 지속성을 유지하도록 하기 위해 자원과 서비스를 지속적으로 관리해야 한다. 케어 관리자는 총체적으로 보호를 요하는 노부부의 욕구나 문제를 부단히 검토하여 시의적절한 서비스를 제공하는 노력과 사명이 중시된다.

케어 매니지먼트의 다양한 모델

사회복지 또는 소셜워크 서비스를 제공하는 기관이나 시설의 여건에 따라 다양한 케어 매니지먼트 모델이 적용되고 있다. 주로 미국에서 제공되고 있는 다양한 모델을 간략히 소개하면 다음과 같다(Wacker & Roberto, 2008).

[1] **중개자 모델(broker model):** 클라이언트와 욕구/문제를 해결할 수 있는 서비스 제공자(하나 이상)를 단순히 의뢰(referral)를 통해 연결하는 모델이다. 이 모델에서는 케어 매니저는 관리자로서의 역할이 약하다. 이 모델에는 다음과 같은 여러 가지 하위 모델이 있다.

① 단순중개자 모델(simple broker model): 단순하게 필요한 서비스를 의뢰/연계

② 일부중개 모델(combined broker model): 일부 서비스는 접수한 해당 기관에서 제공하고 다른 서비스는 외부 기관에 연계

③ 복합중계 모델(complex broker model): 클라이언트에게 할당된 예산과 사용 한도액 범위 내에서 필요한 서비스 종류와 수준을 통제하여 연계

④ 통합중개 모델(consolidated broker model): 다양한 복합적 서비스를 제공하는 기관이 클라이언트에게 미리 계약된 범위 내의 필요한 서비스를 제공

[2] **서비스 관리 모델(service management model):** 케어 매니지먼트 기관이 클라이언트의 케어 플랜에 맞게 필요한 서비스를 제공하기 위해 지역사회의 서비스 기관들과 접촉하여 클라이언트에게 배정된 비용의 범위 내에서 서비스를 제공하도록 연계하고 서비스 비용을 관리한다.

[3] **케어 관리 모델(managed care model):** 케어 매니지먼트 기관은 마치 일종의 건강관리 조합과 같이 클라이언트가 사전에 지불한 일정액의 회비/분담금을 지불하게 하고 케어 문제가 발생하면 비용에 크게 관계없이 필요한 서비스를 외부 기관과 연계하여 제공한다. 관리기관은 클라이언트 개인별 한도액이 아니라 가입자 전체의 비용의 범위 내에서 재정적 안정이 유지되도록 관리한다.

[4] **의료인 집단 모델(medical group model):** 의사의 지도 아래 사회복지사, 간호사 등이 포함된 전문가 팀을 구성하여 욕구를 사정하고 개인별 케어 플랜을 수립하여 서비스를 제공한다.

[5] **병원기반 케어 모델(acute care hospital-based model):** 병원 내의 관련 전문가 팀을 구성하여 서비스의 효율성을 기하고 불필요한 검사와 치료, 절차 등을 조정하여 클라이언트(환자)의 입원기간을 단축하는 등 비용을 효율적으로 사용하도록 한다.

[6] **일시적 케어 매니지먼트 모델(episodic care management model):** 미리 계획된 케어 매니지먼트가 아니라 외부기관의 요청에 케어 매니지먼트 서비스를 제공하는 것이다. 대개 케어 매니지먼트 과정의 일부를 담당하게 된다.

제 5 부 노인복지 서비스의 이슈

제 19 장

노인과 교육

배움에는 끝이 없다는 말은 잘 알려진 격언이다. 이 말은 배움의 내용과 범위에는 한계가 없다는 의미와 배우는 데는 나이 제한이 없다는 의미를 모두 포함하는 것이다. 고령화사회와 더불어 지식정보화사회도 급속히 진전되고 있는 가운데 노년기는 20~30년 또는 그 이상으로 연장되고 있다. 연장된 노년기를 가장 효과적으로 보내는 중요한 방법 중의 하나가 교육을 받는 것이다.

활동적 노화(active aging)가 고령화사회의 가장 효과적인 개인적·사회적 대책으로 강조되고 있는 요즘 교육은 활동적 노화를 위한 중요한 수단이자 활동으로 새로운 의미를 갖고 있다. 교육은 또한 급속도로 변화되는 사회환경적 변화에 적절히 적응하면서 노년기를 의미 있고 보람되게 살기 위한 수단으로 새롭게 각광을 받고 있다. 한 번 홍역 예방주사를 맞으면 평생 면역이 생겨 맞을 필요가 없는 것과는 달리 사회환경의 급속한 변화, 특히 지식정보화사회로 진전과 이에 따른 변화에 적응하기 위해서 청년기 이후에도 생애과정을 통해 계속적으로 교육을 받을 필요가 있다(Birren, 1989; Atchley & Barush, 2008에서 재인용).

선진국의 경우는 노인이 배우는 것은 고령화사회의 보편적인 활동이 되고 있지만 우리 사회에서는 노년기에 교육받거나 배우는 것의 의미와 중요성이 아직도 노인들에게 잘 인식되지 못하고 있다.

평생교육, 성인교육, 계속교육, 노인교육

- **평생교육(lifelong education):** 생애 전 과정에서 계속적으로 받는 교육
- **성인교육(adult education):** 평생교육의 한 형태로, 일반적으로 성인이 직업적 목적이나 개인적 성장을 위해 받는 교육과 훈련
- **계속교육(continuing education):** 평생교육의 한 형태로, 성인교육과 크게 구별되지 않지만 고등학교 졸업 이후 받는 학위과정이나 비학위 훈련과정의 교육
- **노인교육(elder education):** 평생교육과 성인교육의 한 부분

노인교육은 노인을 위한 교육, 노인에 관한 교육, 노인에 의한 교육으로 구분할 수 있지만(한정란, 2005), 여기서는 노인을 위한 교육만을 다루기로 하겠다. 따라서 이 장에서는 노년기 교육의 필요성과 기능, 노인의 지능과 학습장애, 노인교육의 과정과 원칙을 등을 간략히 살펴보고자 한다.

1 노인교육의 필요성

고령에 이르면 신체적 쇠퇴에서 오는 불안, 직업생활의 은퇴에서 오는 불안, 가족 내 지위와 역할의 재적응으로 야기되는 불안 등으로 노인의 정체성이 위기에 직면하게 된다. 사춘기와 청소년기에 정체성의 위기를 겪은 것처럼 노년기에 들어서면 다시금 정체성의 위기에 봉착하게 되는 것이다. 여러 가지 불안요소에 직면하여 나는 누구인가, 나는 이제 무엇을 할 수 있는가, 나의 보람찬 삶은 앞으로도 계속될 수 있는 것인가 등의 질문을 스스로에게 던지게 된다. 즉 지금까지의 생활이나 사고, 행동양식으로부터 새로운 정체성의 핵을 창출할 필요성이 제기되는 것이다.

고령화로 노년기가 크게 연장되고 있기 때문에 노후를 단지 가족에 의지해서 보내거나 완전한 휴식을 통해서 무료하게 보낸다는 생각은 이제 불가능하게 되었다. Erikson(1963)은, 인간은 성숙의 각 단계에서 자아와 사회적 환경 간의 갈등 속에서 정체성을 확립함으로써 자아의 통합을 이루어 나간다고 하였다. 따라서 노년기에는 새로운 통합의 원리를 나름대로 개발해 나가야만 하는 것이다.

앞으로 노인들은 정체성의 기반을 가족이나 휴양에만 둘 것이 아니라, 폭넓은 인간관계 형성이나 취미, 스포츠 활동, 사회봉사와 사회참여, 각종 문화활동 등을 지향하여 자신을 변화시키도록 노력해야 한다. 이러한 변화를 촉진하기 위해서는 지역사회활동이나 교육, 학습활동의 필요성을 노인 자신은 물론 사회에서도 재인식하여 이에 필요한 교육정책이나 프로그램을 개발해 나가야 한다.

더욱이 우리나라와 같이 산업화와 도시화가 급격하게 진행된 사회에서는 노인들의 계속적인 지식과 정보의 학습이 절실히 요구되고 있다. 우리나라 65세 이상 노인의 평균학력은 초등학교를 졸업한 정도이며, 학교교육을 받았다 하더라도 40~50년 전에 배운 지식이나 청장년 시절에 경험했던 상식적인 지식만으로는 오늘날의 고도로 발달한 사회에 적응하기 어렵다. 따라서 교육을 통해서 노인들에게 사회 변동의 흐름을 이해시키고 적극적으로 참여해 나갈 수 있는 적응능력을 길러 주는 것이 필요하다.

2 교육의 기능

교육은 노인의 삶에서 중요한 욕구를 충족시켜 줄 수 있다. 인간의 기본적 욕구에는 안전의 욕구와 성장의 욕구가 있는데, 성장의 욕구가 충족되기 위해서는 이 영역과 관련된 지적 능력을 최대한으로 발전시킬 수 있어야 한다. 즉 변화하는 상황 속에서 노인들이 자신의 성장욕구를 충족하고 새로운 생활상황에 적응하기 위해서는 지적인 능력을 부단히 개발해야 하는 것이다. 즉 노인이라 하더라도 지식과 기술의 향상을 통해 욕구를 최대로 충족할 수 있기 때문에 노인을 위한 교육 프로그램을 기획해야 하는 것이다.

McClusky(1971)는 노인들이 왜 교육에 참가하며, 이를 통해서 어떠한 욕구를 충족하고자 하는지를 체계적으로 서술하고 있다. 그는 교육을 통해 노인들은 대처능력 욕구, 표현적 욕구, 공헌적 욕구, 영향력 욕구, 초월적 욕구를 충족시킬 수 있다고 주장하였다(윤진, 1985). 여기에 인지능력 유지욕구를 추가하여 노인들이 교육을 통해 충족할 수 있는 여섯 가지 욕구를 간략히 살펴보기로 하겠다.

1) 대처능력 욕구

노인은 노화에 따라 능력과 지식이 감퇴하여 일상생활에 곤란을 겪기 때문에, 이를 만회하고 사회에서 정상적인 기능을 유지하기 위해 교육을 받으려고 한다. 예를 들면 식사준비, 주택관리, 의복이나 일상용품의 구매와 소비자로서의 정보입수, 일상생활에 필요한 기술 등을 습득하는 도구적인 욕구(Londoner, 1978), 적응 욕구(Donahue, 1952) 등과 비슷한 것이다. 현재의 노인세대는 정규교육을 많이 받지 못했고 이들이 보유하고 있는 낡은 지식과 기술로는 변화하는 새 시대에서 살아남기 어렵기 때문에 이에 대한 보수교육에 중점을 두게 된다. 즉 문맹퇴치, 읽기와 쓰기, 그리고 일상생활에 필요한 규칙, 법률, 경제, 상식교육 등이 이에 포함된다.

2) 표현적 욕구

표현적 욕구란 활동이나 단체활동에 참여하고자 하는 욕구를 말하는데, 목적이 따로 있는 것이 아니라 활동과 참여 자체가 기본 동기다. 즉 노인들은 자발적인 신체운동, 사회적 활동, 새로운 경험 자체로부터 만족을 얻는다. 젊은 시절에는 직업과 개인적 책임 등으로 인하여 자신의 취미를 충분히 살릴 시간적 여유가 없었으나, 은퇴 후에 자유로운 시간을 갖게 되어 학위, 졸업장, 취업 등을 위해서가 아니라 단순히 '배우는 재미' 혹은 '관심'이 있어서 새로운 것을 배울 수 있게 된 것이다. 서예, 미술, 도자기, 음악 등이 이에 속하고, 이는 순수하게 그 자체를 재미로 하는 것이다. 뿐만 아니라 표현적 욕구에는 동료와의 친교관계 형성이 중요한 의미를 지닌다. 여러 가지 활동을 통해서 친구를 사귀고 그 친교관계를 장기간 유지하는 것이 심리적 적응과 보다 높은 정신건강 수준 유지를 바라는 노인들의 커다란 욕구가 된다.

3) 공헌적 욕구

노인들에게도 자신뿐만 아니라 남을 위해 헌신하고자 하는 욕구가 있다. 헌신과 봉사를 통하여 자아개념을 충족시키고 스스로 만족을 얻을 수 있다. 지역사회활동에 참여하고, 보건·의료기관과 사회복지기관, 종교단체에 대한 자원봉사활동에 참여함으로써 노인의 자존심을 유지하고 개인적 지위를 향상시킨다. 그러므로 새로운 교육을 통하여 어떤 기관이나 어떤 방향으로 자신의 에너지를 투여할 수 있는가에 대한 정보를 얻고, 사회봉사활동에 필요한 기능훈련을 받을 수 있게 된다.

4) 영향력 욕구

사람은 누구나 자신이 살고 있는 사회 속에서 남의 영향을 수동적으로 받기보다는 사회 전체의 변화와 흐름에 대해 적극적으로 영향을 주고자 한다. 노인의 경우도 마찬가지인데, 노인들은 지역사회의 친목단체, 봉사단체, 노인단체, 종교단체, 정치·사회적 압력단체 등에 가입하여 사회에 많은 영향을 주려고 한다. 그들은 교육을 통하여 자신들이 할 수 있는 사회적 역할, 개인적 혹은 집단적 활동을 위한 기술훈련, 사회적 지지, 그리고 그 활동에 대한 평가 등을 제공해 준다.

5) 초월적 욕구

초월적 욕구는 노년기에 접어들어 눈앞에 다가온 죽음을 실감하면서 인생의 의미를 더욱 깊게 깨닫고 파악하려는 욕구다. 즉 노년기에 현저히 나타나는 신체적 퇴락을 경험하면서 신체적 젊음보다 더 중요한 인생의 본질적 의미를 찾게 된다. 이는 Maslow (1954)가 주장하는 5단계의 심리적 욕구 이론에서 최정상인 자아실현 욕구를 노년기에 이루려는 것이라고 볼 수 있다.

6) 인지능력 유지 욕구

McCulsky(1971)는 노인들이 교육을 받고자 하는 욕구를 다섯 가지로 제시했지만 이에 추가하여 노인들의 인지능력 유지 욕구도 중요하다. 교육은 인지능력을 유지하고 노화에 따른 인지능력 저하를 지연시키는 중요한 역할을 한다(Luca, Mazzonna & Peracchi, 2008).

OECD 국가의 성인교육 현황

OECD에서 핀란드, 덴마크, 스웨덴, 노르웨이, 영국, 스위스, 캐나다, 포르투갈, 스페인 등 9개국의 성인교육 현황을 조사한 보고서의 주요 내용을 정리하면 다음과 같다(OECD, 2003).

- **교육의 형태 :** 강의실 교육(63.1%), 직업현장 교육(18.1%), 회의/세미나(8.8%), 일 경험과 강의식 교육 결합(6.8%), 독학(5.9%), 원격/통신교육(5.6%), 기타(6.0%)
- **교육제공기관 :** 회사(27.4%), 상업적 교육조직(23.3%), 2년제 대학(15.0%), 기타 기관(13.6%), 4년제 대학 및 대학원(10.5%), 비영리단체(10.3%)
- **교육참여율(25~64세):** 12~68%로 교육참여율은 국가에 따라 차이가 있다. 핀란드·덴마크·스웨덴은 50~60%, 노르웨이·영국·스위스는 40~50%, 캐나다는 30%대, 포르투갈은 10%대다. 한 국가 내에서도 젊은층, 교육수준이 높은 층, 직업이 있는 사람과 직업기술 수준이 높은 사람들이 교육기회를 많이 가진다. 교육과 훈련이 가장 필요한 사람들이 교육의 필요성을 가장 덜 느끼고 있다.
- **참여 이유 :** 경력과 직업활동 목적(71.5%), 자기개발(23.5%), 기타(4.8%)

3 노인의 지능과 학습능력, 학습장애

흔히 노화에 따라 지능이 쇠퇴한다고 생각하지만 쇠퇴하는 비율은 우리가 생각하는 것만큼 그렇게 심각한 것은 아니다. Botwinick(1977)에 의하면, 연령과 지능 간의 상관계수는 .40~.50에 불과하다. 따라서 지능검사 점수의 변량(變量) 중에서 16~25%만이 연령과 상관이 있고, 나머지 75~84%의 변량은 연령 이외의 다른 요인들에 기인하는 것이라고 볼 수 있다. 그러한 요인들에는 코호트(연령코호트가 대표적임), 교육수준, 생활의 경험, 불안수준과 심리적 스트레스, 신체적 건강수준 등이 포함된다(윤진, 1985).

그러나 지능검사가 포함하고 있는 여러 가지 내용 중 어떤 부분을 중심으로 논의하는가에 따라 지능의 쇠퇴 정도는 달라진다. 우리가 잘 알고 있는 웩슬러형 지능검사의 경우는 연령에 따라 언어성 지능에는 별다른 쇠퇴가 없으나 동작적 지능은 그림 19-1에서 보는 바와 같이 쇠퇴하는 정도가 크다고 한다. 이 그림의 Y축에 표시된 점수의 평균등위는 Botwinick가 지능 변화에 관한 각각의 연구에서 열한 가지 소검사 결과를 쇠퇴가 심한 순위대로 등위를 매겨 이를 평균하여 구한 수치다. 따라서 1위는 나이가 들수록 가장 쇠퇴가 많이 일어나는 항목이며, 11위는 쇠퇴가 가장 적게 일어나는 항목을 나타낸다.

지능감퇴가 심하지 않은 언어성 지능(즉 일반상식, 어휘, 이해, 산수, 공통점 찾기, 숫자 등)은 계속적인 학습을 통해 유지·상승시킬 수 있으며, 비교적 감퇴의 경향이 뚜렷한 동작적 지능도 지능 이외의 다른 변수들에 대한 적절한 교육을 통해 유지·조절할 수 있다. 따라서 노인이 지능쇠퇴로 학습능력을 상실한다는 것은 이론적 근거를 찾기 어려운 주장이다. 그러므로 노인들 스스로 생활의 질을 높이기 위하여 학습능력 배양에 모든 노력을 기울여야 할 것이다.

제4장에서 살펴본 바와 같이 지능을 생래적으로 타고난 지능인 유동적 지능(fluid intelligence)과 생후적으로 교육이나 경험 등을 통해 형성되는 결정화 지능(crystallized intelligence)으로 구분해 보면 결정화 지능은 오히려 연령이 증가함에 따라 증가하는 경향이 있다. 교육은 이런 의미에서 지능을 유지하거나 향상시키는 요인이 될 수 있기 때문에 계속적으로 교육을 받는다면 결정화 지능을 증가시킬 수도 있다.

그림 19-1. 웩슬러 지능검사에 의한 연령 증가에 따른 지능점수 변화

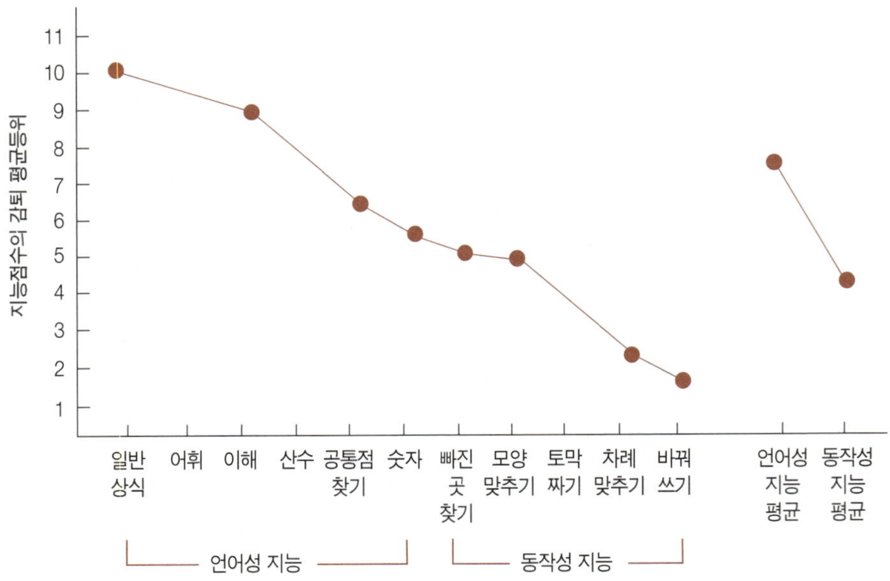

출처: Botwinick, J. (1977), Intellectual abilities.

노화에 따라 학습 속도는 떨어지지만 계속적인 지적 활동을 통해 그 속도를 늦출 수 있다. 노화 과정에서 노인은 젊은이들처럼 빨리 배울 수 없을지라도 경험을 통해 학습능력을 보충할 수도 있다. 그리고 학습능력은 복합적으로 측정되어야 하기 때문에 단순히 연령 증가에 따라 학습능력이 떨어진다는 판단은 너무나 단순한 결론이다(Crawford, 2009).

노인들의 교육을 어렵게 하는 또 하나의 문제는 학습능력의 결함에 있는 것이 아니라 학습의 장애요인에 있는 것이다. Kingsley Davis는 어떤 사회에나 적절한 동기와 자극의 결여, 교수법의 결함과 같은 학습의 장애요인이 있음을 "모든 사회는 인간의 학습능력을 오히려 퇴조시키는 갖가지 방법을 동원하고 있으며, 이러한 방법들로 인해 학습능력의 낭비를 조장하고 있다. …… 우리 사회의 노인들은, 그들이 학습 면에서 무능하다는 일반적인 신화 때문에 만만치 않은 학습장애에 직면하게 된다. 배우지 못할 만큼 늙은 것은 아니라는 증거가 있는데도 불구하고, 어떤 교육자들이나 지도자들은 노인의 교육적 활동들로부터 효과를 얻을 수 없다고 하는 생각을 고수하고 있다"(Harris & Cole, 최신덕 역, 1985)라고 지적했다. Davis의 이러한 표현은 유의해야 할 충고임에 틀림없다.

4 평생교육과 인생주기교육

인간의 수명이 연장되고 고령화사회가 되어 감에 따라 노인들의 교육이 필요하다는 생각을 최초로 체계적으로 이론화하여 제시한 것은 1965년 UNESCO 회의에서 Langrand이 평생교육론을 제창한 때부터라고 볼 수 있다. 그의 주장에 따르면, 변화가 격심한 현대사회에서는 청소년기에 학교교육을 통해 습득한 지식이나 기술의 효용가치가 짧은 시간 내에 감소되어 버리므로 인간은 평생을 통해 계속 배워야 한다는 것이다(정지웅·김동일, 1984).

이와는 좀 다르게 Butler는 인생주기교육(life-cycle education)을 주창하고 있다. 그는 이러한 유형의 교육을 "인생의 각 단계와 특정 인생 과정에 관련된 서로 다른 심리적·개인적·직업적, 기타 다른 과제들을 가르치는 것"이라고 정의했다. 또한 그는 결혼, 부모시기, 은퇴 등의 인생주기를 통해서 생기는 변화에 대해 이해하고 준비해야 한다고 강조했다. 최근에 인생주기교육에서 가장 촉망받는 분야는 은퇴 전 교육, 혹은 은퇴를 위한 준비교육이다(Harris & Cole, 최신덕 역, 1985).

이러한 두 가지 유형의 교육 프로그램의 제창은, 노인교육의 필요성을 재강조하여 고령화사회에서 노인들의 생활의 질적 향상과 변화하는 사회에 대한 적응을 위한 장치 마련에 크게 기여했다고 하겠다.

1) 고령화사회에서 평생교육의 필요성

OECD 연구 보고서(2003)에서는 고령화사회에서 평생교육의 필요성에 대해 다음과 같이 정리하고 있다.

① **직업능력 향상의 필요성 :** 직업훈련, 저임금 노동자의 특별 욕구, 중소기업 노동자의 훈련기회 부족의 이유로 평생교육이 필요하다.

② **인적자본 향상과 생산력 증대 :** 개인과 사회의 발전을 위해서 인적자본을 향상시키고 생산력을 증대시킬 필요가 있다. 이를 위해서는 성인교육 내지는 평생교육이 일반적

으로 가장 효과적인 수단이 된다.

③ **적절한 자격의 잠재적 노동력 풀(pool) 형성:** 지식정보화사회에서 지식을 계속적으로 보충하고 고령화사회에서 노동자의 능력을 향상하기 위해 성인교육을 통해 교육수준이 향상된 노동인력 풀을 만들어 놓는 것이 필요하고 또 바람직하다.

④ **경제적 변화에 적절히 대응하는 노동인구 유지:** 생애과정을 통해 다양하게 새로운 직업을 선택할 수 있게 하고, 복수 직업을 선택하게 하는 데 도움이 되도록 개인과 사회가 모두 지식과 기술을 향상시키는 것이 필요하다.

⑤ **발전하는 지식정보화사회의 적절한 기능 유지:** 지식과 기술의 변화에 잘 적응하게 함으로써 개인과 사회의 복지를 증진하게 할 수 있기 때문에 성인교육 또는 평생교육이 필요하다.

2) 50대 이후 성인교육의 의미

50대 이후의 평생교육은 개인에게 다음과 같은 이점을 가져다 줄 수 있기 때문에 특히 중요한 의미를 갖는다(Nordstrom & Merz, 2006).

① 실수를 줄이면서 자연적 능력을 충분히 발휘하도록 한다.
② 인생의 경이로움(wonders) 속에 빠져들게 한다.
③ 우리의 능력에 가장 적합하게 살도록 하는 수단을 제공한다.
④ 행복 추구에서 피할 수 있는 함정을 알게 해 준다.
⑤ 사물에 대한 피상적 이해를 넘어 진실을 보게 해 준다.
⑥ 우리 주위 세계에 대한 자연적 호기심을 자극한다.
⑦ 제3기 인생 동안 지혜를 증대시키고 경험을 살려 세상을 더 살기 좋게 만드는 데 기여한다.
⑧ 피할 수 없는 사회의 변화에 직면하여 대처하도록 한다.

5 노인교육 교과과정

Houle은 성인기를 독립적인 성인기, 초기 중년기, 초기 노년기, 후기 노년기의 4단계로 나누었다. 이 가운데 특히 관심을 둔 것은 55~75세까지의 초기 노년기와 75세 이상의 후기 노년기다.

초기 노년기에 있어 교육은 ① 성공적으로 노년기에 적응할 수 있는 전략을 계획하는 데 도움을 주며, ② 일로부터의 은퇴를 감소시키고, ③ 새로운 관심과 활동에 참가할 능력을 부여함으로써 새로운 직업 획득이 가능하도록 해 준다. ④ 또한 교육은 노인들이 여가를 선용하는 데에도 일익을 담당하는 활동이다.

후기 노년기의 학습은 보통 개인적인 욕구와 관련되어 있으며, 그 욕구는 사회에 계속 공헌하는 것, 만족스러운 시간을 보내는 것 등을 포함한다. 그리고 교육은 많은 노인들에게 다른 연령집단들과 교제할 수 있는 기회와 지역사회활동, 주요 사건에 계속 개입할 수 있는 기회를 제공해 준다. 또한 노년기의 학습은 노인 자신들의 정신과 육체에 생명력을 불어 넣는 데에도 공헌함이 크다(Harris & Cole, 최신덕 역, 1985).

김종서 등(1982)은 인생의 각 발달단계에서 발달과업으로서 반드시 학습해야 할 과제를 구체적으로 제시하고 있다. 특히 60세 이후 노년기에 해당하는 발달과업을 살펴보면 다음과 같다.

(1) 지적 영역

① 세대차와 사회 변화 이해하기
② 은퇴생활에 필요한 지식과 생활 배우기
③ 정치·경제·사회·문화에 대한 최신 동향 알기
④ 건강증진을 위한 폭넓은 지식 갖기

(2) 정의적 영역

① 적극적으로 일하고 생활하려는 태도 유지하기
② 취미를 살리고 여가를 즐겁게 보내기

노인교육의 내용 중 필요 분야 순위

보건복지가족부 용역과제 보고서에 나타난 중년층과 노년층, 전문가가 생각하는 노인에게 필요한 교육내용의 순위는 다음과 같다(한정란 외, 2008).

순위	중년층	노년층	전문가
1	건강	건강	건강
2	운동/취미	운동/취미	인간관계
3	인간관계	인간관계	인생
4	노인복지	노인복지	운동/취미
5	노화의 이해	종교	가족생활
6	자원봉사	교양	자원봉사
7	교양	노화의 이해	교양
8	종교	인생교육	종교
9	경제	외국어	정보화
10	정보화	자원봉사	시민생활
11	가족생활	정보화	
12	예술	가족생활	
13	인생	직업	
14	직업	시사	
15	외국어	문해	
16	시민생활	예술	
17	문해	경제	
18	시사	시민생활	

③ 정년퇴직과 수입감소에 적응하기

④ 배우자 사망 후의 생활에 적응하기

⑤ 동료나 자신의 죽음에 대하여 심리적으로 준비하기

(3) 사회적 영역

① 동년배 노인들과 친교 유지하기

② 가정과 직장에서 일과 책임을 합당하게 물려주기

③ 가정이나 사회에서 어른 구실 하기

④ 자녀 또는 손자들과 원만한 관계 유지하기

(4) 신체적 영역

① 줄어 가는 체력과 건강에 적응하기
② 노년기에 알맞은 간단한 운동을 규칙적으로 하기
③ 건강유지에 필요한 알맞은 섭생 하기
④ 지병이나 쇠약에 대한 바른 처방하기

이러한 노년기 발달과업에 따라 노인들에게 필요한 구체적인 교육 내용은 다음과 같다.

- 연령에 따른 신체의 생리적 변화와 이에 적응하는 방법
- 정치·경제·사회·문화에 관한 최신 동향
- 젊은이들과의 세대 차이를 알고 이에 적응하는 방법
- 정년퇴직 후에 새로운 일을 찾아 적극적으로 일하고 생활하려는 태도 갖기
- 배우자·동료들의 사망에 따른 생활방법의 조정과 소외감·허무감을 극복하는 방법
- 동년배 노인들과 친교 유지
- 가정·직장·사회에서 일과 책임을 합당하게 물려주는 방법
- 노년기에 알맞은 간단한 운동
- 건강유지에 알맞은 섭생방법

이 밖에도 배지연(2000)의 노인교육 욕구에 관한 조사에 의하면, 노인들이 원하는 교육 내용은 기초의학상식에 관한 내용이 전체 항목 가운데 84.0%로 가장 높았다. 두 번째로 관심 있어 하는 내용은 노인운동으로 77.2%이며, 노인의 식생활과 영양이 71.2%로 나타났다. 그 외에도 인간관계교육(66.7%), 노래·민속 춤 등 감각적 활동(66.0%), 대화방법(63.5%), 노인보건의료 및 복지시설교육(63.2%) 순으로 나타났다.

6 고령자 교육과 사회복지

1) 고령자 교육의 특성

'교육'이란 용어는 활동의 넓은 범주와 좁은 범주를 포괄하는 의미로 사용되어 오고 있다. 즉 교육의 개념이 학습이 이루어지는 시기(때)의 모든 활동으로 넓혀지고 있는 것이다. 정규적인 학교교육에서부터 각 사람의 이해력이나 성숙에 도움이 되는 다양한 인생 경험까지도 포괄하고 있다.

오늘날 교육은 인생의 초기에 한정되는 것으로 생각하기보다는 일생을 통한 생애학습의 계속적인 과정으로 간주되는 경향이다. 전 생애, 특히 중년기와 노년기의 교육이 선진 사회에서는 일반적인 현상으로 받아들여지고 있다. 특히 이러한 평생교육은 생애를 통해서 발달상의 과제나 변화에 대응하기 위해 매우 중요하다. 또한 평생교육은 "생애의 특정한 과정이나 단계에 관련된 상이한 심리학적·개인적·가정적·직업적 과제들의 학습"이라고 할 수 있다.

오늘날 노인교육의 필요성은 점점 커지고 있다. 특히 수명이 연장됨에 따라 100세 이상 생존할 확률이 크게 증가하고 있고, 농업화나 산업화 사회에서 급격한 정보화사회로의 진입은 고령자에게 새로운 적응방식을 요청하고 있다. 따라서 그들에게 새로운 환경에 적응할 수 있는 교육이나 학습활동이 요청되고 있음을 직시해야 한다. IT(information technology)에 관련된 교육과 학습활동은 전 국민의 생존과 권리유지 및 사회적응에 기반이 되고 있는바 여기에서 노인이 배제될 수는 없다.

우리나라의 노인교육기관

보건복지가족부 용역과제보고서에 나타난 우리나라 노인교육기관의 종류는 ① **노인복지관**, ② **사회복지관**, ③ **대한노인회 산하 노인교실**, ④ **대학 및 대학부설 평생교육원**, ⑤ **종교기관**, ⑥ **평생학습관**, ⑦ **기타 시설**(민간단체,, 농촌 노인교실, 농협 등)이다(한정란 외, 2008).

2) 교육과 사회복지의 관계

교육이나 사회복지는 휴머니즘을 기반으로 하는 공통된 목표를 지향하고 있다. 사회복지사나 교육자는 개인이나 사회가 누려야 할 혜택을 조정하는 역할을 수행한다. 그들은 개인이 성장하여 사회의 기대에 호응하거나 적응할 수 있도록 도와주는 역할을 담당하고 있으며, 사회를 그 성원의 요구나 이익에 호응할 수 있도록 변화시키고자 노력한다. 사회복지는 사회의 의무와 개인의 요구, 기대, 소원의 중간에 있는 긴장을 완화시키기 위해 개입하는 사회적 메커니즘이다.

사회복지는 하나의 교육사업이기도 하며, 그 목적은 개인의 잠재능력을 발견하여 그것을 활용하고 강화시키는 데 있다. 이와 같이 교육도 모든 연령의 사람들의 다양한 요구에 대응하며 나날이 변화하는 사회에서 각자의 역할을 수행할 수 있도록 하기 위해 제공하는 사회적 서비스로 간주할 수 있다.

과거, 현재, 미래에 대한 학습과 이해를 통해서 사회복지와 교육은 사람들로 하여금 개인적·사회적 성장이나 달성을 이루어 나가도록 지향하는 것이다. 그리하여 사회, 지역, 개인 또는 가족으로서, 집단의 일원으로서 그들이 점진적으로 변화해 갈 수 있다는 신념으로 인생의 어떠한 단계나 시기에서도 '연마'란 의미에서 교육이 강조된다. 이와 같이 사회복지와 교육은 분리해서 생각할 수 없다. 교육적 수단과 사회복지 실천을 통해서 사람들이 자신이나 주변 환경을 변화시키고, 자기의 능력을 최대한 발휘하며 자신의 운명을 결정할 뿐 아니라 자아실현의 단계에 돌입할 수 있을 것이다. 따라서 사회복지와 교육을 연계하는 사고나 방법이 계속 연구되며 실천에 옮겨져야 할 것이다. 또한 이러한 관련성에 대한 연구나 실천방법의 개발이 교육학과 사회복지학에서 촉진되어야 할 것이다.

3) 고령자 교육의 성과

계획적이며 실용적인 고령자 교육이 개인과 사회에 미치는 영향은 대단히 큰 것으로 받아들여지고 있다.

(1) 개인에 미치는 영향

사람에게는 일생 동안 성취하고자 하는 다양한 욕구가 있다. Maslow에 의해 개발된 인간의 욕구의 계층론은 욕구에 관련시켜 교육의 혜택을 평가하는 데 큰 도움이 된다(그림 19-2 참조).

교육활동으로 생기는 개인적 혜택은 개인이 욕구의 계층에서 어떤 위치를 차지하고 있는가에 달려 있다. 교육활동의 선택과 거기에서 얻을 수 있는 혜택은 개인이 어느 정도 기본적 욕구(의식주, 안전 등)를 충족시키고 있는가 또는 다른 욕구(애정, 존중, 자기실현)를 어느 정도로 바라고 있는가에 따라 대체로 결정되는 것이다.

저소득, 질병, 부적절한 주거 등으로 인해 기본적 생존권을 위협받고 있는 고령자를 위해서는 기본적 생존 기능을 높일 수 있는 교육이 필요하다. 이들이 국가의 소득보장 프로그램을 활용하게 함으로써 경제적·사회적 자원을 증가시키며, 재무적 경비나 사회적 부채를 줄이게 된다. 도서관이나 복지회관 등에서 관련 도서를 읽거나 사회복지사나 상담전문가들과 상담하거나 지역 내의 각종 모임 등에 참석하여 수집한 정보를 통해서 삶의 질을 높일 수 있으며, 소비와 지출을 개선함으로써 삶이 보다 윤택해질 것이다. 또

그림 19-2. Maslow의 욕구의 계층

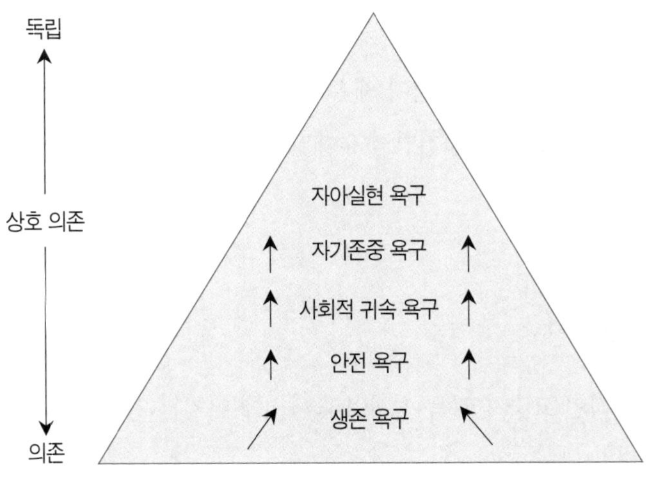

출처: Maslow, H. (1954), A theory of human motivation.

한 임시직이라 하더라도 고령자들을 위한 직업훈련 교육을 통해 파트타임, 풀타임의 일을 함으로써 수입을 늘릴 수 있을 것이다.

Maslow의 기본적 계층의 욕구(의식주)는 다른 계층의 욕구에도 적용될 수 있다. 교육활동은 고령자가 범죄방지, 법적 권리, 주택조례, 장기적 사회적 급부의 옹호에 관해 보다 많은 것을 배우는 것을 가능케 함으로써 개인이나 사회의 안전을 증대시키는 데 이바지할 것이다. 또한 지역활동에 참가하는 프로그램을 통해서는 대인관계를 개선하며 서로 간에 애정과 동료의식을 가져야 할 필요성도 찾게 될 것이다. 고령자는 어른으로서의 자질을 높이며, 일을 할 기회를 가짐으로써 타인으로부터 인정과 존경을 받는 기회를 얻을 것이다. 그리고 마침내는 자기인식을 높여 만족감과 함께 인생의 의미를 다시금 찾음으로써 자기실현도 가능케 할 것이다.

(2) 사회에 미치는 영향

고령자 교육은 사회에 많은 혜택을 줄 수 있다. 그중 하나로 고령자는 국가의 생산성에 중요한 기여를 할 수 있는 가능성을 지닌 미개발의 인적 자원이다. 그들 대부분이 일할 능력과 일에 대한 의욕을 가지고 있으며, 파트타임이나 풀타임의 일을 하기를 원하고 있다. 60~65세에 정년퇴직한 사람들은 기회나 환경이 허락된다면 얼마든지 생산적 노동력을 제공할 수 있기 때문에 사회정책에 따라 노인 인력은 사회발전에 크게 이바지할 수 있다. 65세라도 건강하면 20년 이상 일을 할 수 있으며, 30대라도 건강하지 못하면 일할 수 없는 것이다. 따라서 고령자를 위한 새로운 교육 프로그램을 개발하고 직업훈련 등의 많은 기회가 제공되어야 할 것이다.

또한 고령자는 이미 습득한 지식이나 기술을 친구나 이웃, 지역 서비스센터나 민간조직 등 가족 이외의 사람에게도 전달할 수 있고, 여기서 발생되는 생산노동력도 사회에 혜택을 줄 수 있다. 고령의 노동자가 단지 젊은 노동자를 대신하는 것이 아니라면 고령 노동자의 증가는 사회적 이익이 될 것이다. 고령자의 증가에 의해 생기는 잉여노동력으로 인한 불평등의 확대를 방지하면서 개인과 사회에 이바지할 수 있는 새로운 방책이나 메커니즘이 강구되어야 할 것이다.

고령자 교육의 또 하나의 중요한 사회적 이익은 그것이 민주적 과정을 촉진시킨다는 것이다. 만일 시민들이 정보에 밝을 뿐 아니라 정치에도 적극적으로 참가한다면 민주적 과정이 강화될 수 있는 것이다. 그들이 투표자로서, 선거 운동원으로서, 로비스트로서 또는 입후보자로서 정치의 모든 과정에 적극적으로 참가하거나 노인정책에 대한 풍부한 지식과 정치의 과정을 이해한다면 사회는 그들에게서 많은 것을 얻을 것이다.

고령자는 또한 후세대(자식이나 젊은이)의 중요한 역할모델이 될 수 있다. 그들이 배움의 자세와 일에 대한 열성으로 지속적으로 발전하는 모습을 보인다면 차세대들, 특히 중·장년층까지도 많은 희망과 용기를 가지게 될 것이다. 이와 같이 고령자의 역할모델은 각 세대의 역할을 보다 유연하게 생각하는 방향으로 사회를 움직이며, 많은 사람들이 성장·발전하게 되며 변화적인 사회의 상황이나 욕구에 대응할 수 있을 것이다.

고령자에 대한 교육의 사회적 유익은 사회복지 경비나 서비스의 감소 및 생산적 복지에 크게 이바지할 수 있을 것이다. 고령자를 교육활동에 참가시킨다면 그들의 자립을 촉진할 수 있으며, 또한 임파워먼트(역량강화: empowerment)를 위한 프로그램 학습에 참가하게 함으로써 의존적 사회 서비스를 줄이고 사회 전체의 생산적 복지에 보다 이바지할 수 있는 계기를 마련해 줄 수 있을 것이다. 더욱이 고령자들의 건강교육 프로그램을 통해서 병원이나 양로시설 입소를 줄일 수 있으므로 경제적 비용 면에서 사회에 이익을 가져다줄 것이다. 따라서 그들이 보다 건강하고 행복한 생활을 영위할 수 있는 좋은 학습 프로그램의 개발이 무엇보다 중요하다.

7 노인교육활동의 원칙, 과제, 내용 및 방향

고령자가 여생을 보다 보람 있게 보내기 위해서는 수동적이고 의존적인 자세로 가족이나 사회의 보살핌만을 기대해서는 안 된다. 이보다는 능동적이고 독립적인 자세로 자신의 보람찬 생을 창조할 수 있는 교육활동에 적극 참가하는 것이 필요하다. 고령자를 위한 교육 목표를 설정할 때 적어도 다음의 몇 가지 사항이 고려되어야 할 것이다.

1) 원칙

① 고령자의 교육활동은 노령화에 수반되는 정체성의 위기를 노인들 스스로 극복하여 자아통합을 이룰 수 있는 활동이어야 한다.

② 새로운 인생주기에 직면하여 변화하는 상황에 대처할 수 있는 능력을 증진시키고, 자기의 주어진 위치에 적합한 역할을 명확히 할 수 있는 학습활동이어야 한다.

③ 인간으로서 성숙기에 도달한 노인들이 자기실현과 자기성장을 보장할 수 있는 계속적인 교육활동이어야 한다.

④ 노인도 하나의 존엄한 인간이라는 확고한 신념 아래 나름대로 보람찬 생활 스타일을 전개할 수 있는 활동이어야 한다.

2) 과제와 목적

(1) 과제

① 고령자에게 필요한 발달과업을 도출하고, 그것에 대한 교육목표를 설정하며, 이에 부합하는 교과과정·교육방법과 교과서를 개발하는 일

② 고령자의 욕구(요구)에 기반을 둔 프로그램의 기획과 운영을 촉진하는 일

③ 고령자의 주체적이고 참여적인 활동(자원봉사활동, 자주적 클럽활동 등)을 활성화하는 일

④ 고령자와 지역사회의 관계를 고려하여 지역발전에 기여할 수 있으며, 이를 가능케 하는 사회적 조건을 정비하는 일

(2) 목적

노인을 위한 교육은 노화 과정을 이해하고 더욱 창조적이고 성공적인 노화를 이룩할 수 있도록 하는 데 강조점을 두어야 한다는 의미에서 노화의 신체적·심리적·사회적 측면에서 다음과 같은 목적을 설정하는 것이 바람직하다(한정란, 2005).

① **신체적 노화의 측면 :** 신체적 노화 과정을 정확히 인식하고 변화로 인한 불편을 극복하고 효과적으로 노화에 적응함으로써 일상생활의 불편을 최소화한다.
② **심리적 노화의 측면 :** 기억력과 학습능력 감퇴를 극복하고 잠재된 능력을 계발하여 노년기의 정신적·심리적·정서적 문제를 극복하고, 생활에 대한 만족도를 향상시키며, 정신적 건강을 유지한다.
③ **사회적 노화의 측면 :** 급변하는 사회 속에서 노인들이 사회의 변화를 이해하고 그에 적응, 참여할 수 있도록 도움을 준다.

3) 내용

노화의 신체적·심리적·사회적 측면과 관련하여 노인을 위한 교육의 목적에 부합하는 교육내용에는 대체로 다음과 같은 것이 있다(한정란, 2005).

(1) 신체적 노화 관련 내용

노화 과정에 적응하고 신체적 노화로 초래되는 여러 문제점과 불편을 극복함으로써 일상생활에 적응하는 데 필요한 지식과 기술을 습득하고 문제를 극복하는 데 필요한 구체적 전략이 포함되어야 하고, 객관적인 과학적 사실을 기초로 내용을 구성하고, 노년기가 인생의 독립된 어느 한 시점이 아닌 지속적인 발달 과정에 위치해 있다는 사실을 전제로 해야 한다.

① **전 생애 발달과 노년기 :** 출생부터 죽음까지 인생의 전 생애에 걸친 발달 과정을 다루고, 노년기가 차지하는 의미와 중요성을 생각해보는 내용. 노화라는 변화가 쇠퇴와 상실이 아닌 발달과 변화라는 시각에서 새롭게 조명될 수 있고 특히 노년기의 개인

차와 잠재력을 강조하는 내용.

② **신체적 노화의 특성 :** 노화로 인한 다양한 특성, 연령에 따른 노년기의 일반적인 신체적 특성에 관한 객관적 사실(정상적 노화와 병리적 노화의 구분기준, 노화의 결과, 경험).

③ **신체적 노화에 대한 적응 :** 신체적 노화로 인한 불편을 극복하기 위한 구체적 전략과 신체적 노화를 완화할 수 있는 전략(성기능 유지에 관련된 객관적인 사실과 구체적 전략)에 관한 내용.

④ **노년기의 건강관리 :** 구체적 운동법, 영양소와 조리법, 식이요법, 질병 증상과 예방법, 진단과 치료법.

(2) 심리적 노화 관련 내용

기억력과 학습능력 감퇴를 극복하고, 잠재능력 계발시킴으로써 노년기의 정신적·심리적·정서적 문제 극복, 생활에 대한 만족도 향상, 인지적 능력과 정신적 건강 유지를 위한 구체적 전략을 포함해야 한다.

① **노년기 심리적 노화의 특성 :** 노화로 인한 인지적·비인지적 변화, 노년기 발달과업.

② **노년기 인지적 특성과 그에 대한 적응 :** 지능, 학습능력, 기억력, 문제해결능력 등 인지능력의 변화에 관한 사실들. 노년기에도 인지적 능력의 심각한 쇠퇴가 발생하지 않음을 강조. 지적 능력의 유지·발전을 위한 지식의 습득과 지적 훈련. 기억력 증진 및 정보처리의 효율성 제고 등을 통해 인지적 효율성을 극대화하기 위한 다양한 전략에 관한 지식과 실습.

③ **노년기의 성격적 특성과 적응 :** 노년기 성격 변화에 관한 내용과 그에 관한 잘못된 편견에 관한 내용. 새로운 학습에 도전, 개방적이고 융통성 있는 태도를 통하여 노년기 변화에 보다 잘 적응할 수 있는 방법에 대한 내용.

④ **노년기의 여가와 창의성 :** 다양한 취미활동과 놀이, 여행, 레크리에이션, 창작활동.

⑤ **정신건강의 유지 :** 우울증이나 치매 등 정신적 문제에 관한 객관적인 지식과 이를 예방하기 위한 구체적 실천전략.

⑥ **죽음과 인생의 의미 :** 자서전 쓰기나 회상과 같은 철학적 활동. 죽음의 수용 과정과 유서 쓰기, 장례 결정하기 등 구체적인 죽음준비 교육.

(3) 사회적 노화 관련 내용

급변하는 사회 속에서 노인들이 사회의 변화를 이해·적응, 변화하는 사회에 능동적으로 참여할 수 있도록 돕기 위한 교육은 새로운 인간관계를 구성하고 관계 속에서 상호지지와 정서적 유대를 경험할 수 있는 기회를 제공하기 위한 내용을 포함해야 한다.

① **사회 변화의 이해와 적용 :** 최근의 사회 변화(저출산, 고령화) 추세에 관한 내용, 변화에 적응하는 데 요구되는 구체적 지식(시사, 교양)과 기술(컴퓨터, 휴대폰 등).

② **노년기의 사회적 역할 변화와 발달과업 :** 퇴직, 수입감소, 배우자의 죽음 등 사회적·가족적 역할 변화에 관한 지식과 이에 적응하기 위한 구체적 기술(퇴직 후 시간관리, 시어머니 역할 등). 노년기에 요구되는 사회적 발달과업(후세대에게 책임, 권한 위임, 자손지원)에 필요한 지식과 기술(전통기술과 지식, 자기 분야의 전문성이나 기술 전수).

③ **대인관계 기술 :** 퇴직, 친구의 사망 등 대인관계망의 변화에 적응, 새로운 인간관계 형성에 필요한 지식과 기술.

④ **세대차에 대한 이해 :** 다른 세대와의 관계 속에서 노인의 위치와 역할, 세대 간 차이의 원인과 내용에 관한 지식, 세대 화합의 필요성과 노인의 역할에 대한 이해.

⑤ **경제활동과 사회참여 :** 재취업, 자원봉사, 사회단체활동 등 생산적·적극적 노년기를 위해 필요한 지식과 기술, 자신에게 적합한 직업과 사회활동·봉사활동을 선택하고 실천하는 데 필요한 탐색기술과 전략.

4) 방향

현재 우리나라는 고령자의 교육이나 문화활동에 대한 관심보다는 노후의 생활보장문제를 해결하기 위한 가족지원책과 경제적 안정책 구축에 급급한 실정이다. 그러나 노인 개개인이 보람찬 생애를 보내기 위해서는 제반 제도나 프로그램의 개발도 절실히 요청된다는 사실을 잊어서는 안 된다. 이러한 활동의 중요한 한 분야가 바로 교육과 문화활동 영역이다. 앞으로 정부와 관계 민간기관들은 노인의 교육기회 제공에 적극적으로 관여해야 할 것이다.

8 고령화사회에 대응한 국민 재교육 제도의 필요성

1980년대까지만 해도 우리나라의 평균수명은 70세에도 못 미쳤고, 30~40년간 일하다 은퇴하면 은퇴 후의 여생이 짧았기 때문에 특별히 하는 일 없이 조용히 지내는 것이 보편적 삶의 모습이었다. 이런 의미에서 은퇴(隱退: 숨을 隱, 물러갈 退)라는 말은 말 그대로 '물러가서 숨는 것'이기에 은퇴생활은 '일에서 물러나서 조용히 지내는 것'을 의미하였다. 인생 80년이 보편화되고 있는 21세기에는 물러나 조용히 지내는 식의 은퇴생활은 의미를 잃어 가고 있다. 이제 평균수명이 80년에 이르러 건강관리만 잘하면 90년 아니 100년까지도 살 수 있다. 은퇴 이후의 여생이 20~30년으로 연장되고 있는 만큼 은퇴생활에 새로운 의미를 부여하는 것이 바람직하다. 다시 말해서 지금까지 살아온 인생의 3분의 1정도까지에 해당되는 긴 노후 여생을 맞으면서 은퇴생활은 '일에서 물러나 조용히 지내는 생활'이 아니라 '지금까지 하던 일(활동)을 그만두고 자기가 원하는 새로운 일을 하며 지내는 생활'이라는 새로운 의미를 부여하는 것이 바람직하다.

영국의 사회철학자 Laslett은 그의 저서 『신선한 인생지도(A Fresh Map of Life)』에서 인생을 4단계로 나누고 각 단계마다 의미를 부여하였다.

[1] **제1기 인생(the first age):** 태어나서부터 일하기 위해 교육과 훈련을 받는 동안(약 20~30년간)을 말하며 '의존과 교육과 사회화의 시기'라 할 수 있음.

[2] **제2기 인생(the second age):** 취업하여 결혼하고 가정과 사회에 책임 있는 일을 하는 동안(약 30~40년간)을 말하며, '독립과 의무와 책임의 시기'라 할 수 있음.

[3] **제3기 인생(the third age):** 직장에서 물러나 건강하게 생활하는 동안(20~30년간)을 말하며, '자기 성취의 시기'라 할 수 있음. 자기 성취의 시기는 자신의 적성이나 재능에 맞고 자기가 바라는 일을 하고 그 일을 즐기고 만족하면서 사는 시기임.

[4] **제4기 인생(the fourth age):** 건강이 나빠져 남의 도움을 받게 되는 동안(10년 정도)을 말하며, '의존의 시기'라 할 수 있음. 건강관리만 잘하면 제4기 인생은 1~2년으로, 아니 그보다 더 짧게 줄일 수도 있음. 흔히들 말하는 99·88·23·4(99세까지 팔팔하게 살다가 2~3일 아픈 후 4일째 죽는 것)의 건강한 삶을 살 수도 있기 때문에 '제4기 인생' 기간은 노력하면 최대한 줄일 수 있음. 그러면 은퇴 후의 인생 후반기 삶 전체는 제4기 인생은 없어지고 건강하게 자기성취의 삶을 사는 제3기 인생이 될 수 있음.

자신의 적성이나 재능을 발견하는 일, 또는 재능에 맞으면서 진정으로 원하는 일을 찾기는 것은 쉽지도 않고 또한 많은 시간이 걸릴 수도 있다. 일하는 30~40년의 제2기 인생은 따지고 보면 적성이나 재능에 관계없이 불가피하게 선택했거나 제대로 준비하지 못했던 경우가 대부분이다. 제2기 인생은 제대로 준비한 인생이 못되었다고 해도 과언이 아니다. 그러므로 독립과 의무와 책임에 얽매인 직업활동의 제2기 인생을 지나는 동안 자기 적성이나 재능에 맞는 일을 찾고 그 일을 잘하기 위해 연습을 하는 등 제3기 인생을 준비하는 것이 대단히 중요하다. 제2기 인생에서의 방황과 시행착오는 제3기 인생을 준비하는 밑거름이 될 수도 있을 것이다.

제2기 인생에서의 일이 스스로 원하는 것이고 적성이나 재능에도 맞는 것이라면 참으로 다행이다. 이 경우는 그 일을 계속하거나 은퇴 후에도 그 일과 관련된 일을 하면 될 것이다. 그렇지 못한 경우는 적성과 재능에 맞는 새로운 일을 빨리 찾도록 노력하는 것이 바람직하다. 새로운 일을 빨리 찾을수록 인생의 하프 타임을 앞당길 수도 있고 인생의 후반기를 더 길게 연장할 수 있다.

인생의 후반기는 노력하여 준비하면 적성이나 재능에 맞는 일을 찾아 즐길 수 있는 성취의 시기다. 그러나 그 준비는 짧은 기간에 이루어지지 않는 경우가 더 많고, 많은 시간과 경험, 훈련이 필요할 수 있다. 돈만으로 할 수 없는 것도 많다. 돈으로 경험과 시간을 살 수도 없고 준비기간을 단축시킬 수도 없다. 제3기 인생의 일은 직업이 아닌 다른 일이나 활동일 수도 있다. 공부(연구활동), 자원봉사활동, 교회활동, 선교활동 등 나열할 수 없을 만큼 다양하다.

인생 후반기를 준비할 시간이 없었다 해도, 비록 나이가 이미 60대 아니 70대가 되었다 해도 그때부터 여생준비를 시작해도 결코 늦지 않다. 목표를 세워서 준비한다면 우리의 여생은 더욱 길어질 수도 있다. 노후에 생활 목표를 정해 놓고 노력하는 경우 더욱 희망을 가질 수 있고 생명도 연장할 수 있다. 기독교 신자이면서 97세에도 왕성한 의료진료활동과 봉사활동을 하고 있는 일본의 히노하라 시게아키(日野原重明) 박사는 항상 몇 년 후를 생각하고 목표를 정하고 그것을 달성하기 위해 노력하면서 기다리는 것이 사람에게 희망을 주고 건강을 유지하게 해 준다고 했다.

미국의 사회심리학자 Sadler 교수는 그의 저서 『제3기 인생(The Third Age)』에서 인생의 정점(頂点)은 40대에 한 번만 있는 것이 아니라 준비하기에 따라 50대 이후에도 또 하나 있을 수 있다고 했다. 50대 이후는 은퇴라는 안전한 비행장에 도착하기 위해 안전띠를 매고 착륙준비를 하는 시기가 아니라 '안전띠를 다시 한 번 매고 인생의 또 하나의 정점을 향해 이륙을 준비하는 시기'가 되어야 한다는 Sadler 교수의 말은 인생 후반기를 준비하는 사람이나 인생 후반기에 들어선 사람 모두 새겨들어야 할 말이다. Sadler는 제3기 인생을 40대 이후의 건강한 생활시기로 보고 이 시기를 인생의 제2성장시기가 될 수 있다고 한다. 따라서 우리나라에서 40대 말이나 50대부터 퇴직이 시작되고 있고 정년연장이 더디게 진행되고 있는 점을 생각하면 50대 이후부터 생산성 향상과 재취업을 위해서는 물론이고, 퇴직 이후 봉사활동과 취미·특기활동 등을 개발하고 준비하여 자기성취의 삶을 살도록 하고, 취업과 건강한 생활을 통해 복지비용을 절약하도록 하기 위해서도 50대부터의 재교육은 절실히 필요하다.

유럽을 위시한 선진국에서는 평생교육과는 다르게 노후 또는 퇴직 이후의 새로운 삶의 준비와 적응을 위한 교육과정으로 제3기인생대학(University of the Third Age; U3A)을 운영해 오고 있다. 제3기인생대학은 고령화사회의 대응책으로 등장한 것은 아니지만 향후의 급속한 인구 고령화를 생각하면 이를 적극적으로 50대 이상을 위한 국민 재교육 제도로 삼는 것도 바람직하다. 제3기인생대학은 선진국에서도 아직 사회적으로 제도화되어 있지는 않지만 우리나라에서 한번 사회적으로 제도화해 볼 만하다. 제3기인생대학은 일단 국가가 지원해 주기 시작하면 점차 일반화된 사회제도로 발전하게 될 것으로 본다. 따라서 우리나라에서 제3기인생대학을 대학 중심 모델로 2~3년 시범 실시해 본 후 지원대책을 마련하여 제도화하는 방향으로 나가는 것이 바람직하다고 생각한다.

제3기인생대학을 50대 이상을 위한 국민 재교육 제도로 발전시킨다면 이는 사회적 투자에 비하여 수십 배의 효과를 가져올 수 있는 고령화사회 대책, 사회발전 대책, 또한 선진국보다 앞서 가는 대책이 될 수 있을 것으로 생각한다. 정부는 저출산·고령사회기본법(2005년 시행)에 의한 제1차 저출산·고령사회기본계획(2006~2010년)에 이어지는 제2차 저출산·고령사회기본계획(2011~2015년)에 저출산·고령사회에 대한 보다 근본적이고 장기적인 대책으로 가칭 '제3기인생대학지원법' 또는 '국민재교육지원법'을 제정하여 추진할 수 있도록 하는 것이 바람직하다.

정부에서는 이미 실험적으로 시행 중이거나 계획하고 있는 50대 이후의 재교육 프로그램의 모형을 지원하거나, 아니면 몇 가지 형태를 개발하여 실험적 시행을 거쳐 제2의 국민 재교육 모형을 제도화하는 것이 바람직하다. 서울대학교에서는 40대와 50대를 위한 제3기인생대학을 2009년부터 실험적으로 시행하고 있으며(오프라인 강좌), 2010년 1학기부터는 이 제3기인생대학 강좌를 서울대학교 온라인 지식나눔 프로그램(SNUi: 온라인 강좌)을 통해 일반인들도 등록하여 수강할 수 있게 하였다. 서울대학교의 실험 모형은 Sadler와 Laslett의 제3기 인생의 의미를 적절히 수용하여 40~50대를 위한 제3기인생대학 모형인데 이 모형은 세계적으로도 유례가 없으며 우리나라에서 처음 시행하는 제3기인생대학 모형이라 할 수 있다. 제3기인생대학의 두 번째 모형은 서구사회에서 일반화되어 있는 것과 같이 퇴직인을 대상으로 한 모형이 될 수 있을 것이다. 그리고 제3의 모형은 대학에서 50대 아니면 40대 이후 연령에 관계없이 수강이 가능한 다양한 내용의 노후 준비와 적응 및 인생 재설계에 대한 강좌를 제공하는 프로그램을 계획하여 제공할 수 있다.

서울대학교에서는 40대 이후를 위한 2년제 학위과정(학사학위 소지자의 경우는 2년 교육으로 또 하나의 학사학위를 취득할 수 있음)을 개설할 계획도 세우고 있다. 이 과정에서는 다양한 학문적 분야를 통합한 중년기 이후 새로운 직업활동과 사회활동에 필요한 전공(예: 복지와 경영의 융합으로 복지 경영 등)의 과목을 제공하려는 것이다. 어쨌든 중년기 이후 아니면 50대 이후의 30~40년을 다시 새롭게 살아가기 위해서는 체계적인 교육과 준비가 필요하다. 대학에서 배운 지식과 기술의 유용성은 길어야 40대까지다. 그렇기 때문에 50대 이후 30~40년의 인생 후반기, 제3기 인생을 살아가기 위해서는 청년시절 대학에서 배운 것과는 크게 다른 새로운 지식과 기술을 배워야 하는데, 인생의 새로운 가치와 목표를 설정한 후에 이러한 새로운 지식과 기술을 익혀야 한다. 이런 의미에서 고령화사회에서 대학은 중년기 이후 제3기 인생의 사람들을 재교육하는 것도 새로운 중요한 사명으로 삼아야 할 것이다.

제 20 장

노인과 성

전체성을 지닌 하나의 인간으로서 노년이나 노화를 연구할 때, 인간의 기본적 욕구의 하나인 성 영역을 배제하고서는 노인생활의 질적 향상을 도모할 수 없을 것이다. 성 자체는 사회적으로 터부(taboo)시되는 경향이 있었고 노인의 성을 운운하는 것은 사회적인 통념상 받아들이기가 어려웠다. 따라서 노인과 성에 관한 학문적 연구 풍토는 불모지대일 수밖에 없었다. 20세기 중반부터 노년기의 성에 대한 과학적 인식의 필요를 절감하면서 유명한 Kinsey 보고서를 비롯하여 그간 터부시되었던 성 영역에 관한 연구가 점차 빛을 보고 있지만, 노인의 성에 관한 연구는 아직 미흡한 상태다.

현재까지의 연구에 의하면 규칙적인 성생활은 노인에게 있어서 위험이 되기보다는 오히려 정신적으로나 심리적으로 좋은 영향을 미칠 수 있으며, 또한 성교불능이 반드시 노년의 불가피한 현상이 아님을 노인 스스로도 확실히 인식할 필요가 있는 것이다. 노인들이 성생활에 긍정적인 태도를 가지고 보다 만족스럽고 행복한 노년생활을 영위할 수 있도록 노인의 성에 대해 수치나 노망으로 간주하는 등 부정적인 사회적 태도를 바꾸어 노인생활의 질적 향상에 이바지해야 할 것이다. 특히 인간은 사회적 존재이기 때문에 성행동의 결정양식도 사회·문화적인 환경에 의해 좌우된다는 점을 감안할 때, 앞으로 한국 노인의 성의식이나 성행동에 대한 올바른 지식과 이해를 증진시키고 노인의 긍정적인 성생활 방향이 새로이 조명되어야 할 것이다.

1 노인의 성문제 인식과 태도

결혼 이후의 인생의 어느 단계에서나 성생활이 중요함에도 불구하고 성에 대한 연구는 인간의 생활 현상에 대한 연구 가운데 가장 연구가 미진한 분야이고, 특히 성에 관한 연구에서도 노인의 성과 성생활은 관심의 대상이 되지 못했다. 이 같은 노인의 성에 대한 무관심과 어떤 의미로는 의식적인 관심의 배제는 노인과 노화에 대한 부정적 편견이나 잘못된 상식 그리고 이에 근거한 농담 등으로 인한 경우가 많다. 그리고 이러한 부정적 편견, 잘못된 상식과 농담 등은 노인들의 성생활에도 크게 영향을 미치고 있는 것으로 보인다(Hooyman & Kiyak, 2008).

노인의 성에 대한 부정적 편견이나 태도 때문에 성에 대한 연구가 이루어진 초기에는 노인은 성생활을 하지 않는다고 생각하거나 성에 대해 말하는 것을 노인이 아주 난처해 한다고 생각하고 노인의 표본 수를 아주 적게 하거나 노인을 제외하는 등 노인의 성에 대해서는 무시되었다. 특히 1938~1948년까지 연구한 킨제이 보고서에서도 연구의 주 대상은 16~55세였고 60세 이상 노인에 대해서는 성교 횟수 정도만 물어보는 정도에 그쳤다. 전체 735쪽의 보고서에서 노화와 성에 대해서는 3쪽 정도밖에 다루지 않았는데 단지 성교 횟수만 주로 다루고 성교의 주관적 의미와 연령집단 간 성교의 중요성 같은 것은 다루지 못했다(Hooyman & Kiyak, 2008).

노인의 성에 대한 연구 보고서에서 오히려 연구방법 자체에서 문제가 있어 사실을 왜곡하게 만들 가능성이 많았다고 할 수 있다. 연구방법에서 문제점을 몇 가지 지적한다면 ① 성교 횟수만 조사하고 성교의 의미나 질에 대한 조사는 없었음, ② 표본의 크기가 작은 경우가 많음, ③ 표본의 대표성이 부족함, ④ 성에 대해 터부시하는 경향 때문에 사실대로 응답하지 않거나 사회적으로 바람직한 방향으로 응답한 경우가 있음, ⑤ 횡단적 조사(cross-sectional study) 결과를 마치 같은 사람을 계속 추적 조사한 종단적 연구 결과처럼 해석함으로써 연령 코호트의 영향이 배제되지 못한 것 등이다.[1]

1. 예를 들면 젊은 세대와 노인세대의 성에 대한 인식이 다른데도 젊은 층과 노인층을 조사한 결과를 가지고 마치 같은 사람을 젊을 때부터 노인이 된 후까지 계속 추적 조사한 것처럼 해석하는 것은 심각한 문제가 될 수 있다.

노인의 성문제

노인들이 경험하는 성문제는 대체로 다음의 다섯 가지로 요약할 수 있다(서울특별시·서울시립대학교 산학협력단, 2009).

- **성생활장애 :** 노화, 발기부전, 건강문제, 성 지식 부족, 자신의 성적 매력에 대한 부정적 인식, 성적 욕망과 표출에 대한 죄의식, 성관계 배우자 부재, 배우자에 대한 싫증, 성관계 성공에 대한 두려움, 성생활을 즐길 수 있는 주거 조건 불비 등
- **성매매 :** 매춘업소 방문, 원조교제, 등산지·공원·쪽방 등에서의 성매매
- **성범죄 :** 강간 범죄가 매년 증가함
- **성건강(성병):** 다양한 종류의 성병 발생
- **성문화 :** 노인의 성에 대한 폐쇄적 문화(노인을 성적 무능력자로 보는 시각, 노인의 성 욕구 표출에 대한 부정적 시각으로 인한 음성적 성관계 촉진 등)

생산지향적이고 젊음과 육체적 미와 힘을 과시하는 사회로 발전하면서 일반적으로 사람들은 노인들은 신체적 능력이 떨어지고 노화하는 신체적 모습에서 아름다움을 찾기 힘들다고 생각하기 때문에 노인의 성에 대해 이야기하는 것을 우습게 생각하거나 이상하게 생각하는 경향이 있어서 노인의 성에 대한 사회적 관심은 공개적으로 거의 논의되지 못하고 있다.

또한 현재의 노인세대는 성문제를 거의 터부시하면서 자라 왔기 때문에 성에 대한 관심이 내면적으로 큼에도 불구하고 이를 공개적으로 이야기하는 것을 대단히 어렵게 생각하고 있다. 인간의 성에 대한 관심은 나이를 초월한 원초적 본능이기 때문에 은퇴하여 사회적 역할이 없어졌다 해서 성에 대한 욕구와 성기능도 약화되는 것은 아니다. 개인에 따라 차이는 많지만 노인의 성에 대한 관심과 성기능은 상식적으로 생각하는 것과는 다르다. 노인의 성과 성생활의 필요성과 중요성을 잘 이해한다면 노인의 성문제를 더 이상 무시하거나 의식적으로 노인문제의 영역에서 배제할 수 없을 것이다.

2002년 이후 우리 사회에서 〈죽어도 좋아〉, 〈독거노인의 하루〉라는 영화가 상영되면서 노인의 성에 대해 노인들은 물론 젊은이들의 관심을 불러일으키고 성이 노인의 삶의 중요한 측면임을 인식하는 데 중요한 역할을 하였다고 할 수 있다. 이러한 사실에도 불구하고 노인의 성에 대해서는 아직도 인식이 크게 변화되지 못하고 지난날의 고정관념

과 편견이 지배적이라 할 수 있다. 우리 사회에서 비슷한 성문제가 일어나더라도 젊은 사람들의 성문제는 하나의 로맨스로 여겨 너그럽게 이해하고 받아들이면서도 노인들의 성문제는 '나잇값도 못 한다', '늙어서 노망이다', '주책이다'라고 호되게 비판하고 거부 반응을 보이는 경우가 대부분인 것을 보면 아직도 노인의 성문제는 사회적 관심의 대상이 되지 못하고 있는 것으로 보인다. 그러나 최근 노인들의 성문제가 대중매체에서 자주 보도되고 있어 계속 사회적으로 부정적·긍정적 반응이 교차되는 노인문제의 중요한 한 단면이 될 것으로 생각된다.

2 노화와 성기능의 변화

남성은 여성에 비해 일정한 시기에 정자 생산이 중단되는 것이 아니라 노년기 동안 계속된다는 주장도 있으나 남성의 경우도 정자 생산이 중단되는 현상(남자 폐경이라 부름; male menopause, andropause, 또는 viropause)이 나타나고 이러한 남성 폐경 현상은 남성의 심리적·사회적·영적 측면에 영향을 미친다는 증거가 많이 나오고 있다. 남성 폐경은 여성과는 달리 연령상 8~10년 정도 늦게(대체로 60세 전후) 시작되어 점진적으로 진행된다. 이 같은 남성 폐경은 개인에 따라 차이는 있지만 고환에 분비되는 남성호르몬인 테스토스테론(testosterone)이 조금씩 줄어들면서 나타나는 현상이다(Hooyman & Kiyak, 2008). 여성의 경우 난소에서 분비되는 난포 호르몬인 에스트로겐(estrogen)이 갑자기 중단되는 것과는 대조적이다. 고환의 남성호르몬이 줄어들면 대체로 다음과 같은 영향이 나타나지만, 이런 변화가 반드시 성행위나 성적 행위로부터 오는 즐거움이나 의욕을 감소시키는 것은 아니다.

- 성관계에서의 반응이 약해진다.
- 성에 대한 관심이 줄어들고 성적 변화에 불안해하고 두려워한다.
- 피로, 자극에 대한 민감성, 우유부단, 우울, 자신감 상실, 식욕 감퇴, 집중력 둔화가 나타난다.
- 대인관계에서 문제가 발생하고 배우자와 성관계, 사랑, 친밀감 등에 대해 다툰다.
- 성관계 중 성기의 발기가 잘 안 된다.
- 목소리가 높게 변하고 근육이 늘어지는 등의 제2차 성증에 변화가 나타난다.

여성의 경우는 출산능력의 상실이 폐경 전기(primenopause), 폐경기(menopause), 폐경 후기(postmenopause)의 3단계로 진행된다. 폐경 전기는 빠른 경우는 35세부터 시작되나 대체로 폐경기 10년 전부터 시작된다(나이로는 40대 초반부터라 할 수 있다). 폐경 전기에는 난소의 기능이 약해지고 매월 생성되는 에스트로겐이 크게 줄어들고 월경 주기가 일정하지 않게 된다. 그리고 머리와 몸의 상체 부분이 갑자기 더워지고, 집중력과 기억력이 약해지며, 기분이 빠르게 변하고, 수면장애, 자극에 대한 예민성, 편두통 등이 나타난다. 폐경기는 대체로 52세경에 오지만 빠른 경우는 40세에서 늦은 경우는 58세까지 나타나기도 한다. 이때는 난소 기능의 상실로 월경의 주기가 불규칙적이 되다가 월경이 중단된다. 월경이 없이 12개월이 지나면 폐경이 된 것으로 판단된다. 폐경이 된 12개월 후는 폐경 후기가 된다.

1) 남성의 성기능

노화에 따라 남성의 성기능에는 다음과 같은 변화가 나타난다(Hooyman & Kiyak, 2008).

① 남성은 연령이 증가함에 따라 성기가 완전히 발기되기까지 시간이 더 소요된다. 18세의 경우 자극에 의한 발기에는 평균 3초 정도 걸리지만 45세에는 평균 18~20초, 75세의 경우는 평균 5분 이상 걸린다.

② 성기의 발기를 위해 더 직접적인 자극이 필요하고 충분히 발기하지 않고 오르가즘에 도달한 후 짧은 시간 내에 발기상태가 사라진다.

③ 연령의 증가에 따라 국부의 혈관 울적(鬱積) 과정의 지속기간이 짧아진다.

④ 남성의 성반응은 연령의 증가와 함께 감퇴하지만, 노년기에도 성행위를 지속하게 하는 중요한 요인은 활발한 성적 표현을 지속하기 때문이다. 즉 성적 활동을 지속하는 것이 성기능의 쇠퇴를 막는 한 요인이 된다.

⑤ 정자의 수가 감소하며, 젊은 시절과 비교할 때 오르가즘은 짧고, 재차 사정할 수 있기까지 무감각의 시간이 길어진다.

⑥ 오르가즘이 빨리 오고 강도는 낮아진다. 발기불능이나 발기부진은 남성 노인이 성관계를 피하는 주요 원인이 되기도 한다.

⑦ 오르가즘 후 다음 발기까지 사이 시간이 길어진다. 사정의 양이나 강도가 약해진다. 성교 중에 때때로 오르가즘에 도달하지 못하는 경우도 생긴다.

2) 여성의 성기능

노화에 따라 여성의 성기능에는 다음과 같은 변화가 나타난다(hooyman & Kiyak, 2008).

① 난소의 형태는 나이와 더불어 현저하게 변화한다. 특히 난소의 중량이 10세 3.2g, 25세 10.2g에서 그 후 점차 감소하여 50세 5.8g, 75세 3.3g으로 최상기의 3분의 1이 된다.

② 갱년기에 접어들면 난소로부터 에스트로겐 분비는 유지되지만 배란은 중지된다.

③ 노년기에 들어가면 질(vigina)의 점막이 얇아지며, 길이가 짧아지고 폭이 좁이 좁아지는 경향을 띤다. 노화에 따라 질의 탄력성도 감퇴한다.

④ 성 활동에서 불쾌감을 전혀 체험하지 않았던 여성도 고령기에 접어들면 질부의 열감, 골반부 요통이나 불쾌감을 체험하게 되며, 배뇨 시에 통증이나 열감을 느낄 수도 있다.

⑤ 여성의 성 활동은 결코 갱년기 이전에만 국한되는 것이 아니라 남성의 경우와 마찬가지로 성 능력을 유지하기 위하여 규칙적인 성 표현이 필요하다.

⑥ 폐경과 관련해서 질의 수축력이 약해지고 윤활 기능도 약해진다. 그리고 질의 벽이 얇아지고 성적 자극에 대한 반응도 늦어진다.

⑦ 오르가즘에 도달기간이 길어지고 오르가즘에서 질의 수축력이 약해지고 횟수도 줄어든다. 그리고 오르가즘에 도달한 후 빨리 이전 상태로 돌아간다.

3 노화에 따른 성기능 감퇴 대처방법

노화에 따라 성기능이 감퇴하는 것은 자연적 현상이지만 자신과 성행위 상대방의 노력으로 성행위를 즐길 수 있다는 것이 전문가들의 견해다. 여기서는 전문가들이 권하는 남자와 여자의 성기능 감퇴 대처방법을 소개하기로 하겠다(홍성목, 2008).

1) 남성 노인의 성기능 감퇴 극복방법

(1) 남성 자신의 노력

① 개별적 증상에 따라 구체적인 대처방법을 취하며, 필요한 경우 전문가의 상담을 받는다.
② 노화에 따른 성기능 감퇴를 자연스럽게 받아들이고 적극적으로 대처한다.
③ 꾸준한 운동으로 체력을 강화한다.
④ 음주나 흡연을 삼가고 과로나 피로를 피한다.
⑤ 부부 간에 대화의 기회를 많이 갖고, 사랑의 감정을 유지하며, 스킨십을 많이 한다.
⑥ 전문의사와 상담하여 비아그라, 자이데나, 씨알리스, 레비트라 등 약을 처방받는다.
⑦ 전문의사와 상담하여 호르몬요법, 주사요법 등의 치료를 받는다.

(2) 여성 파트너의 노력

① 다양한 전희방법을 사용한다.
② 체위의 변화 등 성적 기술을 다양하게 동원한다.
③ 말로 하는 섹스를 함께 즐긴다. 반드시 성교행위 자체에서만 성적 즐거움을 맛보는 것은 아니다.
④ 환경을 바꿔 보거나 여행을 하는 방법을 시도해 본다.
⑤ 자위행위도 도움이 될 수 있다.

2) 여성 노인의 성기능 감퇴 극복방법

(1) 여성 자신의 노력

① 개별 증상에 따라 구체적인 대처방법을 찾고, 전문가와 상담을 할 수도 있다.

② 노화에 따른 성기능 감퇴를 자연스럽게 받아들이고 적극적으로 대처한다.

③ 꾸준히 운동하여 체력을 강화한다.

④ 음주와 흡연을 삼가고 피로와 과로를 피한다.

⑤ 부부 간 대화의 기회를 많이 갖고 사랑의 감정을 유지하고 스킨십을 사용한다.

⑥ 폐경기 증상은 신체적인 원인보다는 심리적 스트레스로 유발되는 경우가 있으므로 폐경에 대해 민감한 반응으로 스트레스를 받을 필요는 없다.

⑦ 폐경기를 인생의 전환점으로 삼고 여생의 새로운 계획을 수립하고 준비한다.

⑧ 필요하면 최소한의 호르몬요법, 성형수술 등도 받도록 한다.

(2) 남성 파트너의 노력

① 다양한 전희방법을 사용하고 강한 지극을 주도록 한다.

② 체위 변화 등 다양한 성적 기술을 사용한다.

③ 말로 하는 섹스를 함께 즐긴다.

④ 환경을 바꿔 보거나 여행을 한다.

⑤ 자위행위도 도움이 된다.

⑥ 사랑의 젤리를 사용한다.

⑦ 상대방을 사랑하는 마음으로 노년기 성생활을 즐길 수 있도록 한다.

⑧ 상대방에게 적극적인 삶의 태도와 정신력을 갖도록 격려한다.

4 노인과 성활동

1) 성반응형

남녀의 성반응 과정을 편의상 ① 흥분기, ② 고원기(흥분상승기), ③ 극치기(쾌감기 혹은 오르가즘기), ④ 해소기로 구분한다. 남성은 한 번의 쾌감 후 곧 해소되는 것이 보통이며(그림 20-1 참조), 여성은 뚜렷하지 않은 파장의 쾌감을 경험하는 수가 많고 한 번의 뚜렷한 쾌감을 느끼는 경우는 적다(그림 20-2 참조)(Masters & Johnson, 1966; 이희영, 1983).

그림 20-1. 남성의 성반응형

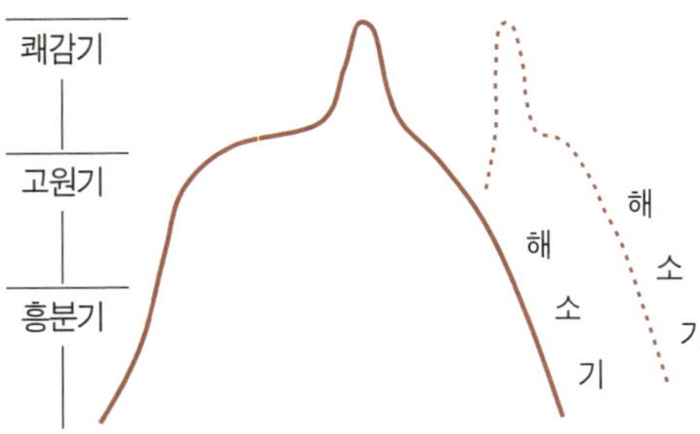

출처: 이희영(1983), 노인과 성: 노인의 성관리.

그림 20-2. 여성의 성반응형

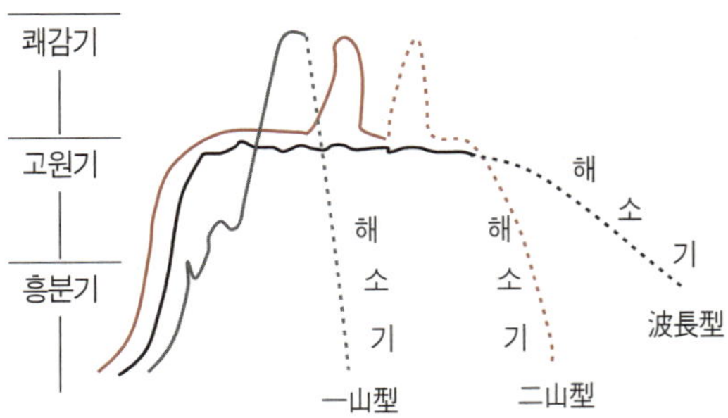

출처: 이희영(1983), 노인과 성: 노인의 성관리.

2) 성적 능력

노화와 더불어 성기능은 점차 감퇴해 가지만, 상당한 고령에 이르기까지 성적 능력이나 욕구, 관심은 계속 유지되고 있음을 여러 조사 보고서에서 찾아볼 수 있다. Kinsey 보고서에 따르면, 나이가 많아져도 많은 남성들은 성적 활동을 계속하고 있으며, 60세에 95%, 70세에 70%, 70세가 넘으면 미약한 성적 활동을 보였다(Kinsey, Pomeroy & Martin, 1948).

이윤숙(1983)의 조사 자료에 의하면, 표 20-1에서 보는 바와 같이 남성의 성적 능력은 일반적으로 이해되고 있는 것보다 훨씬 지속적이고 고율인 데 반하여, 여성의 경우는

[질문]
남자 : 발기합니까?
여자 : 분비물이 나옵니까?

표 20-1. 노인의 성적 능력

(단위 : 명, %)

구분	60~64세			65~69세			70~74세			75~79세			80세 이상			계		
	남	여	전체	남	여	전체	남	여	전체	남	여	전체	남	여	전체	남	여	전체
언제나	1 (4.0)	1 (3.2)	2 (3.6)	1 (2.4)	0 (0.0)	1 (1.4)	0 (0.0)	0 (0.0)	0 (0.0)	2 (12.5)	0 (0.0)	2 (6.3)	0 (0.0)	0 (0.0)	0 (0.0)	4 (3.2)	1 (0.8)	5 (2.0)
가 끔	8 (32.0)	5 (16.1)	13 (23.2)	15 (35.7)	2 (6.3)	17 (23.0)	9 (25.7)	1 (3.3)	10 (15.4)	5 (31.3)	0 (0.0)	5 (15.6)	0 (0.0)	0 (0.0)	0 (0.0)	37 (29.8)	8 (6.3)	45 (18.0)
간 혹	7 (28.0)	8 (25.8)	15 (26.8)	16 (38.1)	6 (18.8)	22 (29.7)	9 (25.7)	1 (3.3)	10 (15.4)	3 (18.8)	2 (12.5)	5 (15.6)	2 (33.3)	2 (11.8)	4 (17.4)	37 (29.8)	19 (15.1)	56 (22.4)
성적 자극이 있을 때	6 (24.0)	6 (19.4)	12 (21.4)	10 (23.8)	2 (6.3)	12 (16.2)	11 (31.4)	2 (6.7)	13 (20.0)	4 (25.0)	1 (6.3)	5 (15.6)	2 (33.3)	0 (0.0)	2 (8.7)	33 (26.6)	11 (8.7)	44 (17.6)
아니다	3 (12.0)	11 (35.2)	14 (25.0)	0 (0.0)	22 (68.8)	22 (29.7)	6 (17.1)	26 (86.7)	32 (49.2)	2 (12.5)	13 (81.3)	15 (46.9)	2 (33.3)	15 (88.2)	17 (73.9)	13 (10.5)	87 (69.0)	100 (40.0)
계	25 (100)	31 (100)	56 (100)	42 (100)	32 (100)	74 (100)	35 (100)	30 (100)	65 (100)	16 (100)	16 (100)	32 (100)	6 (100)	17 (100)	23 (100)	124 (100)	126 (100)	250 (100)

출처: 이윤숙(1983), 노인의 성: 성과 문화.

고령일수록 떨어지고 있음을 볼 수 있다. 성적 능력은 개인차가 많은 것으로 보고되고 있으나, 연령이 증가할수록 남녀 공히 성적 능력이 저하되고 있음을 보여 준다. 성적 욕구가 '간혹 일어난다'는 비율이 22.4%로서 가장 높고 '가끔'이 18.0%, '성적 자극이 있을 때'가 17.6%인 것으로 보아, 정도의 차이는 있어도 남성 노인의 성적 능력은 89.4%가 지속되고 있으며 80세 이상까지 유지되고 있음을 알 수 있다. 여성 노인의 경우는 이와는 대조적으로 30.9%만이 성적 능력이 있음을 보여 준다.

3) 성적 태도

정년퇴직인(연금수혜자)의 생활실태를 조사한 하상락·김성이(1986)의 조사 보고에 따르면, 전체 응답자의 74.6%가 성생활을 계속하고 있으며, 과반수인 51.5%는 월 1~2회의 성관계를 지속하고 있고, 2.2%는 월 5회 이상의 성관계를 유지하는 한편, 전혀 성관계를 갖지 않는 노인도 22.4%나 되는 것으로 나타났다(표 20-2). 표 20-3을 보면 적어도 70세까지는 노인의 과반수가 월간 1~2회 이상 성관계를 지속하고 있음을 알 수 있다.

표 20-2. 정년퇴직인의 월간 성관계 횟수

구분	안 한다	1~2회	3~4회	5회 이상	무응답	계
인원수	103	237	90	10	14	454
백분율(%)	22.4	51.5	20.9	2.2	3.0	100.0

출처 : 하상락·김성이(1986), 정년퇴직인의 생활실태.

표 20-3. 노인의 월간 성관계 횟수 (단위 : %)

구분	60세 이하	61~65세	66~67세	71세 이상	계
안 한다	13.6	23.5	35.8	63.6	23.6
1~2회	53.3	55.7	50.7	27.3	52.3
3~4회	28.8	20.1	12.3	9.1	21.8
5회 이상	4.3	0.7	1.2	0.0	2.3
계	100.0(N=184)	100.0(N=149)	100.0(N=81)	100.0(N=22)	100.0(N=436)

$x^2 = 46.16$, df = 9, p 〈 .001

출처 : 하상락·김성이(1986), 정년퇴직인의 생활실태.

5 노인의 심리와 성행동

노인의 심리와 성행동 간에는 밀접한 상관관계가 있다. 즉 성행동의 이면에는 심리적인 요소가 강하게 작용하고 있는 것이다.

성기능이 20세를 전후로 절정에 달했다가 서서히 저하되는 과정에서 심리적인 영향을 받을 수 있다. 노화의 이미지에 의한 심리적인 반응으로 이제 성과는 거리가 멀어졌다고 생각하거나 자신의 나이가 있으니 불가능하다고 생각함으로써 성적 욕망이나 표현을 포기할 수도 있는 것이다. 때로는 과도한 불안 때문에 만성적인 우울상태나 신경증 상태에 이르기도 하며, 심한 경우는 자살에 이르기도 한다.

이러한 사실은 성행동이 결코 단순한 성교행위에 머무르지 않고 보다 넓은 인격 전체와 관련이 있는 심리적 행동을 포함하고 있음을 시사하는 것이다. 따라서 성을 단순히 국부적인 성행위로만 좁게 생각하여 그 배후에 있는 심리적 요인을 고려하지 않는 것은 부적절하다. 특히 노인의 성에는 성행동의 의미가 정신적인 측면에서 강하게 반영되어 있는 것이다.

노인의 성문제에 관한 고전으로 되어 있는 Simone de Beauvoir의 『늙는다는 것』이란 책은 듀란이란 유명한 역사학자의 말년의 사랑이야기를 구체적으로 기술하고 있다. 듀란은 90세까지 살았는데 자기가 가르친 15년 아래의 초등학교 여선생과 말년에 연애를 계속하였다. 성관계는 여자 제자가 수음을 시켜주는 정도였으며, 그들의 사랑은 대체로 정신적인 것이었는데, 아흔 살 때 그 여교사와의 관계가 끊어진 지 42시간 만에 듀란은 죽게 되었다. 그가 죽은 후 75세의 듀란의 여자 제자가 찾아와 그의 묘석 앞에서 죽었다고 한다. 이 이야기는 사랑이란 충동이 노인에게 있어서 생명을 좌우할 정도로 중요하다는 점을 강조하고 있다. 즉 노인의 성은 육체적인 면뿐만 아니라 심리적인 면, 바로 사랑이란 요소에 대해서 그 의미를 찾아야 할 것이다.

6 성의 역기능

노인의 성은 정도의 차이는 있겠지만 그 가능성이 인정되고 있음은 앞에서 지적하였다. 반면에 노인의 성기능에는 많은 문제들이 제기되기도 한다.

Solinick와 Corby(1983)에 의하면, 중년기나 노년기에 접어든 여성에게 가장 일반적인 성의 역기능은 성교중의 통증과 성적 흥분의 절정(orgasm)에 도달하지 못한다는 점이다. 젊어서 비교적 완전한 성적 쾌감을 계속 가졌던 여성들도 노년기에 이르면 그러한 능력을 상실하는 경우가 생기기도 한다.

또한 중년기나 노년기에 접어든 남성들에게 가장 흔한 성의 역기능은 2차적인 발기불능, 즉 성교 달성에 충분할 정도의 발기를 달성하거나 유지하는 데 무능력한 경우다. 일반인 중 약 50%는 어느 정도 성의 역기능을 경험하게 된다고 한다.

Solinick와 Corby(1983)에 의하면, 남성의 발기불능증(임포텐스)의 경우를 제외하고는 성불능의 진단은 간단하다. 그러나 발기불능증의 원인을 찾아내는 것은 쉬운 일이 아니다. 그러한 무능력의 문제가 심리적 요인에서 오는 것인지, 생리적 요인에 의한 것인지를 판단하기가 어렵기 때문이다. 이러한 원인의 판별은 치료 과정에 매우 중요하다.

그런데 이러한 판별을 하는 방법 중의 한 가지는, 수면 중인 남성의 발기 패턴을 측정하기 위해 성기의 충만 모노그래프(plethys-monograph)를 활용하는 것이다. 정상적으로 기능하는 모든 남성은 연령이나 경험과 관계없이 8시간의 수면 중 2~3회 발기하는 것으로 보고되고 있다(Karacan et al., 1975). 따라서 경험이 많은 치료자라면 3~4일 밤의 수면 중 남성의 발기 패턴에 나타난 기록을 검토함으로써 그러한 임포텐스가 심리발생적인지 혹은 생리발생적인지를 판별할 수 있다(Karacan et al., 1977). 그러나 성기능에 관한 조사나 진단은 아직은 부진한 상태에 있어 계속 연구와 조사가 진행되어 많은 성문제, 특히 노인의 성문제를 해결하기 위한 방법이 모색될 필요가 있다.

7 성의 역기능 유형과 개입치료

성의 역기능은 대체로 세 가지 유형으로 분류하여 설명할 수 있다.

1) 역기능의 유형

(1) 성교통증(dyspareunia)과 오르가즘의 역기능

성교통증은 노령 여성들에게 흔한 것으로 윤활 분비의 감소, 질부 점막의 엷어짐, 질부 근육상태의 변화 또는 질의 길이나 폭이 위축됨으로써 일어난다. 또한 오르가즘의 역기능은 그 원인이 매우 복잡하며 생리적·심리적 요인 또는 사회적 요인에서 올 수 있다. 가령, 성교통증은 생리적인 요인에 기인하지만, 노령 여성의 반성적(反性的) 상투성은 오늘날 흔한 사회적 영향의 본보기이기도 한 것이다(Solinick & Corby, 1983).

(2) 발기불능증(impotence)

남성은 나이를 노화에 따라 점차적으로 발기불능증이 올 가능성이 커진다. 몇 가지 연구 보고서에 의하면(Kinsey et al., 1948; Perlman, 1972; Pfeiffer, Verwoerdt & Wang, 1969), 다양한 연령의 범주에 따라 발기불능증의 비율은 40대에 50%, 50대에 11%, 60대에 25~35%, 70대에 50~60%, 그리고 80세 이상은 75~85%로 보고되고 있다.

(3) 성의 역기능과 관련된 약물치료의 영향

고혈압, 우울증, 동맥경화증, 심장병, 정신이상 등은 노인들에게 흔한 증세다. 따라서 이러한 노인질환의 치료를 위하여 약물을 사용하는 경우가 잦아지게 된다. 이러한 과다한 약물치료는 성기능 장애를 초래할 수 있다. 남성에 대한 이러한 약물의 영향에 관하여 실시된 조사 보고에 의하면, 많은 약물들이 발기나 사정에 문제를 일으키고 있다는 실증적인 증거가 밝혀졌다(Segraves, 1977). 그러나 여성에 대한 조사는 별로 없는 실정이다.

2) 치료 개입방법

(1) 행동-정신역동적 치료

성 치료법의 가장 많이 활동되는 모델로 주로 Masters와 Johnson(1970)이 개발한 모델에 의존하고 있다. 이들의 모델은 행동적·학습적·경험적 또는 정신역동적 접근을 포괄하고 있으며, 치료 영역의 주된 요소들은 다음과 같다.

- 일정 기간 동안 성교를 금지함으로써 성 수행상의 불안을 제거한다.
- 남녀의 합동치료팀을 활용한다.
- 성의 문제를 어느 한쪽의 문제가 아니라 쌍방의 문제로 다룬다.

이러한 방법의 실패율은 구체적으로 보고되고 있는데, 대체로 환자의 연령이 그 원인이 된다고 지적되고 있다. 전체 조사대상에서 평균 실패율은 19%인 데 반해, 노령 여성의 평균 실패율은 41%나 되었으며, 전체 대상 남성의 17%가 실패한 반면, 50세 이상 남성의 경우 실패율은 거의 25%나 되었다(Masters & Johnson, 1970). 치료법은 성교능력의 약화를 가져오는 요인을 찾아서 이를 제거하는 방법으로 연구되고 있다.

(2) 호르몬요법

정력이나 성적 능력을 향상시키기 위한 수단으로 각종 약물을 활용하는 요법이 있다. 그중에서도 호르몬제를 복용하거나 주사를 맞게 하는 일이 많음은 이미 잘 알려진 사실이다. 여성호르몬인 에스트로겐(estrogen)과 남성호르몬인 테스토스테론(testosterone) 등은 성문제 치료에서 널리 사용되어 왔다. 그러나 지난 몇 년간 호르몬제 사용에는 주의를 요하는 문제가 여러 측면에서 제기되어 왔다. 에스트로겐의 사용은 다른 암을 유발할 가능성이 높다는 것이 지적되고 있다(Fellman, Hastings, Kupperman & Miller, 1975; Finkle & Finkle, 1977).

한편 테스토스테론이 발기불능 치료에 있어 전에 생각했던 것보다 훨씬 효과적일 수 있다는 연구 결과도 제시되고 있다(Spark et al., 1980). 그러나 비뇨기 학자들은 이러한 약물치료법에 대하여 매우 보수적이다.

(3) 의경유치법(義莖留置法: prosthetic devices)

의경유치법은 최근에 보급되기 시작한 것으로 발기불능 환자의 음경 해체면 속에 연필 크기의 긴 막대기 같은 인조보형물을 수술을 통해 넣어주는 방법이다. 이 방법은 고래, 개, 곰, 여우 같은 포유동물이 음경에 뼈를 갖고 있다는 사실에 착상한 것으로, 처음에는 사람의 근골의 연골을 연필처럼 길게 해서 음경에 삽입하였다. 이것을 삽입하면 마음대로 정상 발기나 이완 때와 같이 팽창·이완시킬 수 있다. 한편 이물작용이 없는 인조의경(人造義莖)이 개발되어 이것을 음경 해면체에 삽입유치할 수 있게 되었다(이희영, 1983).

(4) 자연환원법

자연환원법이란 '一笑百少, 一怒百老'라는 마음가짐으로 쾌식(快食), 쾌변(快便), 쾌접(快接), 쾌수(快睡), 쾌소(快笑)하는 것을 말한다. 이것은 '1少 5多法'과 같은 원리다. 즉 소식(少食)은 밥과 같은 탄수화물을 적게 먹고 기름기가 적은 단백질을 많이 먹어 비만증을 피하고 정신건강을 유지하는 것이다. 다동(多動)은 운동을 적절히 하여 건강을 유지하는 것으로, 만보 걷기 운동도 좋고 아침의 중거리 구보도 효과적이다. 다설(多泄)은 배설물이 많이 배출되도록 땀을 많이 흘리고 대사종산물을 많이 배설하는 것이다. 다접(多接)은 규칙적으로 부부생활을 계속하여 성물질을 많이 배설하는 것으로, 금욕은 폐용성 위축을 가져온다. 다휴(多休)는 수면을 포함하여 휴식을 충분히 취하여 세포의 신생보수로 에너지가 보충될 기회를 주는 것이며, 다망(多忘)은 직장에서의 업무나 기타 근심걱정을 퇴근할 때 책상서랍에 넣고 잠근 뒤에 쾌활하고 빈 머리로 귀가해야 한다는 것이다(이희영, 1983).

8 노년기의 결혼

1) 노혼의 필요성

노인의 성문제 해결의 한 방편으로 노년기의 결혼, 즉 노혼에 대한 관심이 점차 고조되고 있다. 여러 연구 결과에 의하면, 노년기의 성생활에서 결혼의 상태가 큰 문제가 되고 있다. 즉 노년기에 이르러 배우자와 사별 또는 별거하는 상황에서는 정상적인 성생활이 이루어질 수 없고, 특히 여성의 경우는 초로기에 홀로 되는 경우가 많다.

표 20-4에서 보는 바와 같이 우리나라 남성 노인의 유배우자율은 2005년 인구조사결과에 의하면 85.0%인데 반해 여성 노인의 유배우자율은 35.9%로 훨씬 낮다. 따라서 남성노인의 성생활은 많은 경우 배우자가 있어 가능하나, 여성의 경우 거의 3분의 2는 배우자가 없기 때문에 성생활이 불가능한 상황에 놓일 수밖에 없다. 아무리 노인의 성생활 능력이 입증된다 하더라도 상대방이 없으면 불가능하기 때문에 노혼의 필요성과 관심이 점차 고조되어 가고 있다.

그러나 우리나라의 경우는 아직도 노혼을 인정하기에는 많은 장벽이 가로놓여 있다. 이윤숙(1983)은 노인의 연애나 결혼을 가로막는 장벽을 ① 노인 스스로가 가지고 있는 낡은 성 도덕관과 자기억제, ② 자녀들의 반대, ③ 독립된 생계를 유지할 수 있는 경제적 수입과 주택의 부족, ④ 노인의 성애나 결혼에 대한 상담기관이나 전문가의 결여 등으로 지적하고 있다.

노혼은 이상과 같이 어려운 장벽과 문제점을 갖고 있기는 하지만, 노인이 삶의 보람을 가질 수 있도록 하기 위해서는 노혼에 대한 새로운 이미지를 고양시켜야 할 것이다.

표 20-4. 노인 연령집단의 성별 유배우자 비율

전체		65~69세		70~74세		75~79세		80~84세		85세 이상	
남	여	남	여	남	여	남	여	남	여	남	여
85.0	35.9	89.9	55.4	86.9	38.5	80.9	21.7	71.8	10.9	55.0	4.4

출처 : 통계청(2006), 2005년 인구주택총조사보고서 전수조사결과.

노혼이란 단순히 성적 만족만을 위한 것이 아니라, 서로가 정신적으로 위로하고 북돋워 주는 가운데 생의 보람을 찾게 한다는 데에서 그 참된 의의를 찾을 수 있다.

2) 노혼의 이해

노혼의 장벽이나 저항을 극복하기 위해서는 노인 자신은 물론 사회 전체가 노년기의 성에 대한 부정적인 태도를 고쳐 나가야 할 것이다. 더욱이 지난날에 터부시되어 온 노년기의 성욕에 대한 인식도 제고되어야 할 것이다. 왜냐하면 종래에는 나이를 먹으면 성욕구가 사라지는 것으로 생각했기 때문이다. 즉 젊어서는 성욕이 자연의 생리적인 것이며 건강의 척도라고 생각한 반면, 나이를 먹음에 따라 성욕은 감퇴·소멸하며 노인의 성적 욕구는 추한 것으로 보는 풍조가 지배적이었다.

그러나 앞에서도 서술한 바와 같이 최근의 각종 보고서에 의하면, 노인의 성욕은 젊은이와 맞먹는다고는 할 수 없지만 일반적으로 생각하는 만큼 그렇게 급강하하는 것은 아니다. 여기에 노혼의 성립조건이 존재한다는 점을 이해해야 한다.

우리나라는 오랫동안 유교사상에 젖어 있었기 때문에 여성의 재혼을 매우 못마땅하게 여겼지만, 조선시대 최고의 유학자였던 이퇴계는 지금부터 약 400여 년 전에 과부가 된 둘째 며느리가 재혼하고 싶어 한 것을 결코 방해하지 않고 무언중에 권장했던 사실이 있었다. 원래 윤리란 사회질서를 바로잡아 감으로써 인간생활을 평화롭고 안락하게 하려는 데 기본적인 목적이 있는 것이지 인간의 기본 권리를 희생시키기 위해 생겨난 것은 아니다. 비록 노후의 재혼이라 하더라도 아내와 어머니로서의 임무를 완수한 여성이 본래의 여성으로 돌아가 여생을 행복하고 보람 있게 보내겠다면 이를 막을 이유는 없는 것이다. 오히려 주위에서 따뜻한 애정을 가지고 축복해 주어야 할 것이다(정비석, 1983).

노인들에게 노혼을 강제로 권할 필요까지는 없지만, 어느 면에서는 노혼에 대한 이해를 하게 하여 당사자가 원하면 그것을 도와주는 것이 노인의 복지 증진이라는 측면에서 바람직한 일이라고 하겠다. 따라서 노인복지 관계기관에서 홀로 된 노인들을 서로 만나게 하고 짝지어 주는 노인상담사업을 추진하는 것도 보람 있는 일이 될 것이다.

2009년 서울시 노인의 성 실태 조사 결과 요약

서울시립대학교 산학협력단이 서울시의 용역과제로 수행한 서울시 노인의 성의식 및 성생활 실태조사 중 중요한 부분을 요약하면 다음과 같다(서울특별시·서울시립대학교 산학협력단, 2009). 조사 대상 1,000명의 대부분은 서울시 소재 노인복지관 이용 노인이었고 일부는 경로당 이용 노인이었기 때문에 표본의 편의성(편향성)으로 조사 결과를 일반화하는 데는 상당한 한계가 있을 것으로 생각되나 대체적 경향을 아는 데는 큰 문제가 없을 것으로 판단된다.

[1] **성에 대한 전반적 지식 :** 성에 대한 올바른 지식을 갖고 있는 경우는 적은 편이고(17.6%), 성에 대한 지식을 잘 모르거나(66.9%), 잘못된 지식을 갖고 있음(15.4%)

[2] **성에 대한 태도 :** 성에 대해 솔직하게 이야기하고 적극적인 태도를 보이는 편이었으나 성 윤리에 대해서는 매우 보수적임

[3] **성욕구 해소 방법 :** 아예 그런 생각을 안 하려 애씀, 성관계를 통해 해소, 키스나 애무, 운동이나 취미생활을 통해 해소함의 순으로 많음

[4] **성행동 :** 자위행위, 성인잡지와 동영상 보기, 키스, 애무 등의 순으로 많음

[5] **성관계 빈도 :** 지난 1개월간 하지 않음(67.5%), 1회(10.2%), 2회(13.3%), 3회(4.5%), 4회(2.7%) 순

[6] **성적 만족도 :** 현재의 성관계에 대해 만족(53.4%), 불만족(46.6%)

[7] **성관계 횟수에 대한 만족도 :** 충분(55.2%), 부족(44.9%)

[8] **성관계 직후의 심리상태 :** 편안함을 느낌(67.2%), 그렇지 못함(32.8%)

[9] **성관계 시 오르가즘 느낌 여부 :** 오르가즘 느낌(65.7%), 못 느낌(34.3%)

[10] **애무 시 흥분 여부 :** 흥분을 느낌(68.8%), 못 느낌(31.3%)

[11] **성관계 파트너 :** 배우자(76.4%), 이성 친구(16.2%)

[12] **성관계 파트너의 연령 :** 60대(44.2%), 70대 이상(42.5%), 50대(10.9%), 40대(2.0%), 30대 이하(0.6%)

[13] **성 보조기구 사용 :** 사용하지 않음(81.8%). 사용하는 보조기구로는 비아그라/씨알리스 등의 발기 촉진제(11.6%), 기타(3.2%), 러브젤(2.1%), 기구(0.8%), 자기주사법(0.6%)

[14] **이성 친구 사귐 :** 배우자가 없으면 가능(50.1%), 배우자 있어도 가능(17.9%), 배우자가 없어도 불가능(11.5%)

[15] **이성 친구 유무 :** 있음(21.7%), 없음(78.3%)

[16] **이성을 만나기 위한 장소 :** 복지관이나 경로당(52.8%), 모임(13.1%), 공원(10.5%), 콜라텍(8.3%)

[17] **노인 동거 :** 절대 안 됨(18.1%), 안 됨(19.2%), 가능함(45.7%), 적극 권장(4.3%)

[18] **성매매 :** 안 됨(66.7%); 성매매를 경험한 경우는 16.2%; 성매매 장소로는 모텔(41.4%), 공원 등(22.5%)

[19] **성병 :** 성병에 감염된 적 있음(10.3%); 성병 중 임질(57.5%), 요도/질염(19.5%), 매독(5.7%), 사면발니(4.6%), 성기단순포진(3.4%), 트라코모나스(2.3%)

[20] **성교육 참여 경험 여부 :** 참여 경험 없음(81.7%); 경험이 있는 자 중 1회(46.3%), 2회(32.8%), 3회(13.4%), 4회 이상(7.5%)

[21] **성교육 참여 욕구 :** 있음(41.8%), 없음(58.2%)

끝으로 McKain(1972)은 노혼부부 100명에 대한 실태조사 결과 노혼의 성공비결을 다음과 같이 제시하였다.

① 서로가 상대방을 잘 알도록 할 것
② 친지나 이웃으로부터 축복받는 결혼이 되도록 할 것
③ 노화에 따른 역할 변화에 잘 적응하도록 할 것
④ 지금까지 살던 주택에서 나와 새로운 주택으로 이주할 것
⑤ 수입이 충분할 것

3) 독신자 모임

'노인은 외롭다', '독고노인'이란 말에서 엿볼 수 있는 것처럼 노년기에 이르러 가장 심각한 문제는 인간관계의 상실이라 해도 과언이 아니다. 더욱이 수십 년을 함께 살아온 가장 가까운 배우자마저 잃게 되었을 때 그 외로움은 비할 데가 없는 것이다. 우리나라의 경우 결혼 연령이 여성이 남성보다 3~5년 아래이기 때문에 남녀 간 평균수명의 차이 약 5년을 합하면 여성은 최소한 8~10년간을 배우자가 없이 노후를 지내야 한다(이윤숙, 1983).

이와 같이 노후생활의 고독과 인간관계의 상실에 처하게 되지만 노인은 고독할 수밖에 없는 운명적인 존재라는 생각을 지워버리고 이러한 고독을 극복하여 보람된 삶으로 바꾸어 보려는 노력에서 독신자 모임 같은 프로그램들이 선진국들에서 활발히 전개되고 있다. 이 독신자 모임은 배우자 중에 한쪽이 없는 사람들의 조직체로서 자녀의 교육, 취업문제에 대한 대처, 대화와 친교 및 오락 활동 등을 통하여 여생의 삶을 영위하는 데 새로운 힘을 제공할 수 있는 사회복지 프로그램으로서 매우 의의가 있는 것이다. 성문제의 관점에서보다는 인간관계의 단절을 해결하는 프로그램으로서 우리나라도 이러한 모임을 지역사회 조직의 차원에서 만들어 나가야 할 것이다.

제 21 장

노인과 죽음

죽음이란 무엇인가에 대하여 한마디로 답하기란 쉬운 일이 아니다. 왜냐하면 죽는다는 것의 의미는 문화와 연령, 건강, 인지적 능력, 개인의 생활상황, 성 및 의존 성격 등에 따라서 다르기 때문이다(Kalish, 1976). 즉 죽음은 같은 사람에게도 시간의 차이에 따라 다른 의미로 받아들여지며, 또한 같은 시기에도 사람에 따라 다르게 생각될 수 있는 것이다. 그러나 인간이 태어나는 순간부터 죽음에 이르는 여정에 오른다는 것만은 어느 누구도 부정할 수 없는 사실이다. 죽음은 누구에게나 피할 수 없이 받아들여야 하는 것임에도 불구하고, 인간은 죽음에 대한 불안과 공포로 인해 죽음을 생각하거나 그에 대해 이야기하기를 꺼린다. 더욱이 죽음에 가까이 이른 노년기에는 이런 현상이 특히 두드러지는데, 죽음에 대한 불안과 공포를 극복하고 이에 대한 올바른 태도와 준비를 갖추어 인생의 종착역까지 무사히 도착할 수 있어야 한다.

사회복지가 인간의 생활을 원조하는 활동이라면, 이에는 당연히 인간의 죽음에 대한 준비를 돕는 일도 포함되어야 한다. 이는 죽음에 직면해서 개인이 겪게 되는 고통과 염려를 본인이나 가족과의 상담을 통해서 완화시키거나 해결해 주는 일을 의미한다.

이러한 맥락에서 볼 때 사회복지는 노인의 죽음이란 문제와도 밀접한 관계를 가지고 있기 때문에 이 분야에 대한 적절한 지식과 개입기술이 필요하다.

1 죽음의 정의

죽음(death)은 살아 있는 상태에서 죽는 상태로의 전환이다(Kass, 1971). 즉 죽음은 죽어감(dying)을 시작해서 죽음으로 종말을 맺는 전이 과정이며(Kalish, 1976), 죽어 감은 유기체가 생존능력을 상실해 가는 과정이다. 실제로 죽어가는 사람은, 다른 어떠한 회복의 가능성도 기대될 수 없는 상황에 놓인 것으로 확인된 사람이다. 또한 임종의 강도(dying trajectory)란 사람이 죽어가는 속도, 기능의 쇠퇴율을 말한다. 한편 죽음이란 사람이 신체적으로 죽음이 확인되는 시점(숨을 거두다, 심장의 고동이 멈추다)으로 정의되기도 한다(Atchley, 1980).

죽음은 사회적 과정일 수도 있다. 우리는 인간이 더 이상 사고하고 감동을 느낄 수 없게 되어 그를 하나의 물체로밖에 취급할 수 없게 될 때 그 사람은 사회적으로 죽었다고 할 수 있다. 비록 신체적으로는 완전한 죽음에 이르지 않아 곁에서 하는 말을 듣고 이해할 수 있다고 하더라도 죽음의 과정에 다다른 사람은 이미 사회적으로는 죽었다고 할 수 있는 것이다(Atchley, 1980). 죽음은 또한 표 21-1과 같이 여러 가지 유형으로 분류할 수 있다.

표 21-1. 죽음의 유형

유형	내용
생물학적 죽음	• 호흡정지, 심장정지, 동공확대를 죽음의 판단기준으로 하는 이른바 3증후설에 근거하여 인간의 장기 기능이 정지된 상태를 의미함
의학적 죽음	• 모든 체세포의 기능 상실로 생체가 기능하는 데 필요한 화학적·물리적 또는 전기·생리적 활동을 잃게 되어 인체의 세포가 불가역적인 상태로 변하는 것을 의미 • 뇌 또는 호흡이나 심장박동의 완전한 정지
사회적 죽음	• 생명은 유지되고 있지만 인간으로서의 기능을 전혀 할 수 없는 상태 • 식물인간이 대표적 예, 의학적·법적 죽음이 전제되어야 함
신학적 죽음	• 생명체의 기능이 완전히 정지된 상태에서 인간의 생명이 신에게 귀의하는 것을 말함 • 철학적 정의로는 생각의 정지
법적 죽음	• 의사가 죽음을 판정한 이후 이를 기초로 죽음을 법적으로 인정한 경우

출처 : Zastrow, C. (2007), Introduction to social work and social welfare, 서혜경(2009)에서 재인용.

2 죽음의 동태

평균수명의 연장으로 노인의 사망률은 점차 낮아지는 현상을 보이고 있으나 일정 기간의 전체 사망자 중 노인의 비율이 가장 높은 것은 명백한 사실이다. 미국의 경우는 매년 사망자 중 노인의 비율은 평균 66% 정도를 나타내고 있다. 우리나라의 2008년 말 현재 연령별 사망자 수를 나타낸 표 21-2를 보면, 전체 사망자 가운데 65세 이상의 노인은 170,135명으로 전체 사망자의 69.1%를 차지하고 있다.

표 21-2. 연령별·성별 사망자 수

연령	전체	남	여
14세 이하	2,852	1,575	1,277
15~19세	1,004	690	314
20~24세	1,525	958	567
25~29세	2,507	1,553	954
30~34세	2,745	1,652	1,093
35~39세	4,644	3,111	1,533
40~44세	6,860	4,852	2,008
45~49세	11,274	8,284	2,990
50~54세	13,072	9,702	3,370
55~59세	13,689	10,174	3,515
60~64세	15,799	11,304	4,495
65~69세	25,343	17,379	7,964
70~74세	32,202	19,985	12,217
75~79세	34,024	17,348	16,676
80~84세	33,546	14,314	19,232
85~89세	27,570	9,849	17,721
90세 이상	17,450	4,200	13,250

출처: 통계청(2006), 장래인구 추계(2005~2050).

3 죽음의 의미

여기서는 노인이 죽음이란 말에 어떠한 반응을 나타내며 어떤 의미를 부여하고 있는지를 고찰해 보겠다. 이를 위해 일본의 공립양로원 입소자 중 성별·연령별로 층화된 20명의 표본을 추출하여 조사 분석한 자료를 바탕으로, 노인이 생각하고 있는 죽음이란 말의 의미내용(감화적 내포)을 임상적 장면에서 선택한 반대어군에 의해 정리해 놓은 것이 표 21-3이다(吉澤勳, 1974). 이 표에서 어느 쪽도 아니라는 경우를 배제하고 어느 한쪽으로 반응을 보인 반대어군들 중에서 양군 간의 x^2검증 결과 유의적인 차이($p<.05$)가 인정된 항목은 '가깝다', '딱딱한(굳어지는) 것이다', '조용한 것이다', '약한 것이다', '괴로운 것이다'라는 다섯 가지였다. '굳어지는 것'라는 항목은 사체가 굳어진다는 생각과 연결되어 있으며, '가깝다'는 죽음이 다가오는 것에 대한 불안을 나타낸다. '조용한 것이다'라는 것은 죽음이 갖는 고요함과 조용히 죽고 싶다는 희망을 표현하며, '약한 것이다', '괴로운 것이다' 등은 모두 죽음의 상태에서 연상되는 부정적인 감정이라고 할 수 있다. 이러한 분석에서 보여지듯 노인의 생명유지에 대한 소망이나 죽음에 대한 불안 등이 잘 투사되고 있다.

표 21-3. 죽음의 의미내용

죽음이란	아주	매우	약간	어느 쪽도 아니다	약간	매우	아주	죽음이란
길 다	1	6	2	0	4	5	2	짧 다
어려운	2	3	4	1	2	7	1	간단한
딱딱한	3	8	6	0	2	1	0	부드러운
어두운	0	7	4	1	3	5	0	밝 은
무서운	1	4	5	2	3	5	0	친근한
가까운	2	5	8	0	2	3	0	먼
슬 픈	1	3	6	3	6	1	0	기 쁜
실 망	1	2	8	1	3	4	1	동 경
차디찬	2	1	8	2	4	3	0	따뜻한
조용한	14	2	4	0	0	0	0	떠들썩한
약 한	7	8	2	0	2	1	0	강 한
불쾌한	2	6	5	3	3	0	1	상쾌한
괴로운	10	4	2	0	2	1	1	즐거운
추 한	0	2	7	4	5	1	1	아름다운

출처: 吉澤勳(1974), 노인의 죽음에 대한 태도.

4 죽음에 대한 태도

죽음을 받아들이는 태도는 크게 두 가지 측면으로 구분될 수 있다. 즉 긍정적으로 죽음을 수용하는 경우와 부정적으로 죽음을 거부하는 경우다. 그러나 일반적으로 대부분의 사람들은 죽음을 받아들이는 과정의 어디에선가는 죽음의 공포로 괴로워하고 있다. 특히 노년기에 이르면 죽음에 대한 공포는 모든 불안의 원인이 되며, 때로는 죽음에 대한 강한 부정을 나타내기도 한다. "죽음에 대한 공통적 반응은 공포(fear)와 거부(denial)다"(Kalish, 1976)라는 표현은 이를 잘 보여 준다. 이와 같이 죽음에 대한 공포는 기본적으로 부정적 태도와 연관되어 있다. 부정은 자신이 죽는다는 사실을 인정하지 않으려는 것이다. 그러나 한편으로 일부의 사람들은 죽음에 대해 수용적 태도를 나타내기도 한다. 수용은 자신의 종말을 자각하고 그것을 받아들이려는 자세다(Ward, 1979).

Kalish는 노인들이 죽음을 덜 두려워하는 이유를 세 가지로 지적하고 있다. 첫째, 노인들은 자기의 생명에 큰 가치를 두지 않으며 자신의 미래가 제한되어 있음을 인정하고 있다. 둘째, 오랜 세월을 살아온 노인들은, 자신이 충분히 살았고 이제부터 사는 것은 덤으로 사는 것이라고 생각하기 때문이다. 셋째, 사람들은 세월이 흐름에 따라 타인의 죽음과 많은 연관을 갖게 되고, 그러한 경험이 자신의 죽음을 받아들일 자세를 갖추도록 돕는다는 것이다(Harris & Cole, 최신덕 역, 1985). 특히 이러한 수용적인 태도는 신앙심과도 깊은 상관관계를 갖고 있어서, 신앙심이 깊은 사람은 죽음에 대해 보다 낮은 정도의 불안을 표현한다(Ward, 1979).

즉 노인들은 일반적으로 죽음에 대해 공포와 거부를 갖고 있는 한편, 죽음의 불가피성을 인지하고 그것을 수용하려는 태도도 아울러 갖고 있다. 그러나 죽음에 대한 부정으로부터 수용적 태도를 갖게 되기까지는 여러 가지 부정적·긍정적 감정이 서로 교차되어 나타나는 것이다.

Kübler-Ross는 죽음에 대한 인간의 반응을 다섯 단계로 분류하였다. 첫째 단계는 죽음에 자신을 내맡기기를 거부하고 부정하여 스스로 고립상태에 빠지는 부정과 고립(denial and isolation)의 단계이고, 둘째 단계는 죽음의 위협에 직면하여 더 이상 자신의 죽음을 부정할 수 없게 됨으로써 분개하고 절망하는 화와 분노(anger and resentment)의

표 21-4. 성별에 따른 죽음에 대한 태도 분석

구분		전체	평균	분산	N
태도	성별				
긍정적 태도	남	984	6.61	1.87	149
	여	1,101	6.63	1.69	154
부정적 태도	남	1,183	7.84	1.87	149
	여	1,108	7.44	1.93	151

출처 : 김태현·손양숙(1984), 노인의 죽음에 대한 태도연구.

단계다. 셋째 단계는 절박하게 다가온 죽음을 잠시 초인적 능력이나 의학, 또는 신과의 타협을 통하여 연기하려는 교섭시도(bargaining and an attempt to postpone)의 단계이며, 넷째 단계는 체념과 절망이 뒤섞여 우울증이 나타나는 우울과 상실감(depression and sense of loss)의 단계이고, 마지막 단계는 수용(acceptance)의 단계로 자신의 죽음에 동의하고 순응을 나타내게 된다(Kübler-Ross, 1970).

임종에 직면한 많은 사람들이 거부, 분노, 타협, 우울, 수용 등의 감정을 지니게 됨은 의심할 바가 없다. 위에서 보았듯이 첫 단계의 거부는 각성의 초기 단계에 특히 현저하게 나타나고, 마지막의 수용은 종말기에 이르러서 현저히 나타나는 게 일반적이다. 그러나 이러한 다섯 단계는 순서적으로 나타날 수도 있지만, 동시적으로 일어나거나 두세 단계가 혼합되어 일어날 수도 있고 서로 밀접한 관계를 갖고 있다(Kalish, 1976).

우리나라 노인의 죽음에 대한 태도 분석조사(김태현 · 손양숙, 1984)에 의하면, 성별·연령별·종교별·생활정도별로 죽음에 대한 긍정적·부정적 태도가 다르게 나타나고 있다.

표 21-4에 의하면 남자 노인은 죽음에 대해 부정적 태도를 지니고 있었고, 여자 노인은 긍정적 태도를 지니고 있는 것으로 나타났다.

또한 현재 우리나라 노인은 연령이 낮을수록 죽음에 대하여 긍정적 태도를 지니고 있고, 연령이 높을수록 죽음에 대하여 부정적 태도를 지니고 있는 것으로 나타났다(표 21-5 참조). 이는 죽음에 임박한 고령자일수록 생에 대한 애착이 강한 것으로 해석된다.

죽음에 대한 태도를 종교별로 분석한 결과는 표 21-6과 같다. 이 연구에서는 종교가 있는 노인들은 죽음을 긍정적으로 받아들이는 것으로 나타났는데, 이는 인간이 종교를 가짐으로써 신에게 의지하고 죽음을 편안히 받아들일 수 있기 때문이라고 하였다. 또한 기독교와 천주교를 믿는 노인은 그렇지 않은 노인에 비해 죽음에 대해서 긍정적 태도를

표 21-5. 연령별 죽음에 대한 태도 분석

구분		60~69세	70~79세	80~89세	90세 이상
긍정적 태도	전체	8.87	7.89	2.60	3.8
	평균	6.83	6.60	6.21	5.57
	분산	1.73	1.82	1.58	2.57
	N	130	121	42	7
부정적 태도	전체	9.67	9.31	3.36	5.7
	평균	7.44	7.70	8.00	8.28
	분산	1.93	2.09	1.12	1.97
	N	130	121	42	7

출처 : 김태현·손양숙(1984), 노인의 죽음에 대한 태도연구.

표 21-6. 종교별 죽음에 대한 태도 분석

구분		기독교	천주교	불교	유교	기타
긍정적 태도	전체	598	68	553	475	274
	평균	7.37	7.66	7.14	5.81	5.69
	분산	1.56	2.06	1.92	1.29	1.59
	N	82	49	78	82	9
부정적 태도	전체	615	606	600	67	396
	평균	7.50	7.41	7.73	7.55	8.16
	분산	1.79	2.24	1.77	1.23	1.78
	N	82	82	49	9	78

출처 : 김태현·손양숙(1984), 노인의 죽음에 대한 태도연구.

표 21-7. 생활정도별 죽음에 대한 태도 분석

구분		상	중	하
긍정적 태도	전체	312	446	1,207
	평균	5.98	6.22	6.97
	분산	1.80	1.47	1.81
	N	53	72	175
부정적 태도	전체	418	1,382	475
	평균	7.96	7.94	6.64
	분산	1.30	1.82	2.19
	N	53	175	72

출처 : 김태현·손양숙(1984), 노인의 죽음에 대한 태도연구.

죽음 불안에 영향을 미치는 요인

기존의 연구를 바탕으로 한 죽음 불안에 영향을 미치는 요인을 정리하면 다음과 같다(서혜경, 2009).

요인	죽음 불안 수준
연령	연령이 증가할수록 죽음에 대한 관심은 높으나 죽음에 대한 공포는 감소함.
성별	여성이 남성에 비해 죽음 불안도가 낮음. 여성의 경우는 죽음에 따르는 신체적 고통에 대한 불안 수준이 높음. 남성의 경우는 인생의 계획과 목표를 실행하지 못한 것에 대해 불안해함.
교육수준	교육수준이 낮을수록 죽음 불안이 더 높음.
종교	종교가 있으면 죽음 불안 수준이 낮음. 종교의 유무보다는 신앙심과 내세에 대한 믿음 정도가 더 중요한 요소임.
건강상태	질병이 있고 건강평가가 부정적일수록 죽음 불안 수준이 높음.
심리 특성	분노·불평·불만 수준이 높을수록 죽음 불안 수준이 높음. 고독 수준이 높을수록 죽음 불안 수준이 높음. 자아존중감이 높을수록 죽음에 대한 공포가 낮으며, 죽음에 대해 긍정적임. 자아통합 수준이 낮고 부정적 자아개념을 가지고 있을수록 죽음 불안 수준이 높음. 삶의 만족도가 낮을수록 죽음에 대해 거부하는 태도를 보임.
가족환경	독신노인의 죽음 불안 수준이 가장 높음. 가족 수입에 따른 죽음 불안 정도는 상반되는 결과를 보임.
사회적 지지	사회적 관계망이 위축되고 사회적 지지 수준이 낮을수록 죽음 불안 수준이 높음.

지니고 있는 것으로 나타났다(표 21-6 참조). 이는 종교가 노인의 죽음에 대한 태도에 중요한 영향을 미치고 있음을 제시해 준다고 볼 수 있다.

또한 표 21-7에서 보는 바와 같이 상류층 노인일수록 죽음에 대한 태도가 부정적이고 하류층 노인일수록 긍정적 태도를 지니고 있는 것으로 나타났다. 상류층 노인일수록 죽음에 대하여 부정적 태도를 지니고 있다는 것은, 죽음이 곧 모든 생의 단절이라고 생각하기 때문으로 해석되며, 하류층 노인이 긍정적인 태도를 지니는 것은 현실의 고통으로부터 해방되는 것으로 받아들이기 때문으로 해석된다.

5 터미널(임종) 케어

1) 터미널 케어의 의미

(1) 터미널 케어

영국의 『사회복지사전』에 의하면 "터미널 케어란 불치병으로 진단받은 죽음에 직면한 사람들을 보살피기 위한 접근이며, 본인뿐 아니라 사랑을 주고받았던 배우자나 친척들을 위한 고통완화와 심리적·사회적 지지를 포함한다"라고 했다.

일본의 『사회복지실천 기본용어사전』에 의하면, 터미널 케어란 말기암 등 현대 의학으로 치료가 곤란하여 임종을 맞이한 환자를 대상으로 그들의 동통의 처리나 불안, 우울 등 심리면의 이해와 대응을 중심으로 행하는 '종말기(terminal stage) 케어'라고 정의하고 있다. 원인적 치료보다는 신체적·정신적 고통의 완화를 중시하여 남은 인생을 정성껏 살아가도록 원조하며 죽음에 이르는 사회 환경을 정리하는 것을 목적으로 한다. 이를 위하여 의사와 간호사, 종교가, 사회복지사가 팀을 이루어 원조에 임하며, 터미널 케어를 제공하는 기반으로서 호스피스가 활용된다. 터미널 케어는 단기 환자는 물론 장기 환자에게도 제공된다.

(2) 호스피스 케어

터미널 케어에서 호스피스 케어는 점차 중요한 위치를 차지하고 있다. 호스피스 케어는 증상 완화를 위한 의료적 개입과 아울러 죽음에 직면한 환자나 그를 둘러싼 슬픔에 잠긴 사람들에 대한 정서적 안녕에 관심을 두는 보호다. 이러한 접근은 St. Christopher's Hospital에서 1967년 Cecily Saunders에 의해 창설된 호스피스(hospice) 운동에 그 기원을 두고 있다. 간호사이자 사회복지사인 그녀는 호스피스 운동의 초기 발전에 크게 기여했다. 그녀의 접근은 종말기 환자에 대한 의료적인 관계양식에서 벗어나서 환자의 심리적·정서적·의료적 욕구 등을 포괄하는 총체적 측면을 용납하는 것이다.

현대적인 호스피스 운동은 환자의 병이 더 이상 의료적 개입에 호응하지 못하는 임종 환자에 대한 적극적이며 총체적인 보호다. 그리하여 환자가 여생을 존엄하게 살 수 있도록 돌보는 접근이라 할 수 있다.

(3) 특성

① 종말기 환자와 그 가족을 위한 프로그램이다.
② 여러 직종의 전문가들(의사, 간호사, 사회복지사, 상담전문가, 목사, 심리치료사)로 구성된 팀 활동이다.
③ 종말기 환자에 대한 육체적·정신적·사회적·종교적·경제적 분야에 이르는 총체적 지원활동이다.
④ 종말기 환자로서 가능한 한 인간다운 생활을 계속하는 것과, 죽음의 공포나 불안에서 탈피하여 여생을 주변 사람들과 즐겁게 지내도록 돕는 것이다.

2) 터미널 케어의 시점과 유형

터미널 케어를 제공하는 시점을 명확히 구분하기는 어렵다. 병원이나 복지시설에 따라 다르기 때문이다. 병원의 경우는 연명이나 치료를 중심으로 했던 의료적 개입을 완화하는 시점 이후가 '터미널 케어'라 할 수 있으며, 양로·요양 시설의 경우는 원래가 치료적 개입이 목적이 아니기 때문에 터미널 케어의 시점이 명확하지 않다. 따라서 최종의 주거지인 요양원 시설에서 주어지는 케어를 광의의 의미에서 터미널 케어라 할 수 있다. 또한 후기 고령자(old old)의 경우도 모든 생활 케어의 연장선에서 터미널 케어를 자연스럽게 자리매김 하는 것이 바람직할 것이다. 터미널 케어의 유형은 대체로 단기 케어와 장기 케어 대응형으로 구분된다.

(1) 단기 케어 대응형 호스피스

암환자나 고령자 중에서도 비교적 젊은 층(60대)의 위급한 환자를 대상으로 의사나 간호사를 고정적으로 배치하여 고통완화 등의 케어를 제공하는 경우다.

(2) 장기 케어 대응형 호스피스

80대 이상의 고령 환자에게 의사나 간호사의 배치를 상대적으로 축소하고 '생활 케어'

의 성격을 띠는 것이다.

3) 터미널 케어 장소별 서비스

(1) 병원 터미널 케어

종말기 환자가 터미널 케어를 어디서 받을 것인가? 사실 지금까지 터미널 케어는 의료적인 문제로 주로 논의되어 왔다. 즉 병원이 종말기 환자의 증상의 경감, 고통완화, 연명치료, 안락사 등을 다루는 것으로 인식되어 왔다. 그러나 원래 병원이 가지고 있는 성격, 역할, 배치, 상황을 고려해 보더라도 의료기관이 환자들의 정신적인 면이나 가족을 포함한 사회적 요구 등에 이르기까지 관계한다는 것은 쉬운 일이 아니다. 영국에서는 이미 1990년에 터미널 케어의 장은 병원에서 요양원, 재가 및 데이케어에서 호스피스로 옮겨지는 경향이다.

(2) 시설 터미널 케어

후기 고령자의 경우에는 병원에서 행하는 연명 치료적인 케어보다는 생활 모델, 즉 심리·사회적인 면을 중시하는 터미널 케어가 시설에서 제공되어야 할 것이다. 또한 급속하게 고령화 사회로 전환하는 상황에서는 시설의 수용보호에 덧붙여서 터미널 케어를 받을 수 있는 환경조성이 필요하다.

(3) 재가 터미널 케어

재가 터미널 케어의 성립 조건은 의사가 환자의 집을 방문·왕진할 수 있는 의료체제와 지역복지, 재가복지 체제의 연계에 있다. 재가 터미널 케어는 의사, 간호사, 홈 헬퍼, 사회복지사가 본인 및 가족과의 대화와 이해를 통해 진행해야 한다. 즉 재가의료와 재가복지가 연계되는 맥락에서 터미널 케어를 고려해야 하며, 이를 위해서는 실천면에서 '케어·케이스 매니지먼트'의 사회복지 실천기법이 활용되어야 한다.

(4) 데이 호스피스 터미널 케어

재가 터미널 케어에 이어지는 새로운 개념으로서 '데이 호스피스(day hospice)' 또는 '데

죽음준비교육의 필요성과 목표

죽음준비교육은 죽음을 바르게 이해하도록 함으로써 삶을 보다 의미 있게 살도록 하고 죽음을 한층 편안하게 맞이할 수 있도록 돕는 교육이라 할 수 있다. 죽음 준비교육은 바로 죽음을 편안히 받아들이고 삶을 의미 있게 살기 위해서 필요하다. 죽음 준비교육의 목표는 다음과 같이 정리할 수 있다(서혜경, 2009).

[1] 죽음의 여섯 가지 단계(부정, 분노, 타협, 우울, 수용, 기대와 희망)를 이해함
[2] 자기의 죽음을 인식하고 사색하며 인간의 존엄성을 성취함
[3] 타인의 죽음을 경험함으로써 슬픔과 괴로움의 과정을 이해함
[4] 이별의 슬픔을 지혜롭게 극복하고 인간적 성장을 이룩함
[5] 죽음에 대한 극단적 공포심을 제거함
[6] 죽음을 터부시하는 생각을 바꿈
[7] 자살을 예방함
[8] 환자의 알 권리를 인정하고 말기 암 환자와 의사소통을 배움
[9] 안락사 등 죽음 과정에 관련된 윤리적 문제에 대한 인식을 촉구함
[10] 의학, 법률에 관한 여러 가지 문제를 이해하도록 도움
[11] 장의의 역할에 대한 이해를 증진함
[12] 시간의 귀중함, 가치관의 재정립을 촉구함
[13] 죽음의 예술을 배워 제3기 인생을 풍요롭게 함
[14] 개인적인 죽음의 철학을 탐구함
[15] 종교에서 가르치는 죽음의 해석을 탐구함
[16] 사후의 생명의 가능성에 대해 적극적으로 탐구함
[17] 노년의 삶의 질을 높이고 풍성하게 만듦

이 케어 호스피스(day care hospice)'라는 새로운 접근이 급속하게 신장되고 있다. 통원형 호스피스는 1980년대 후반부터 증가되는 경향이다. 종말기의 환자는 필요한 케어를 시설이나 집에서 받을 수 있으며, 경우에 따라서는 호스피스가 제공하는 day care, short stay 등의 서비스를 이용할 수 있다.

4) 터미널 케어의 사회복지적 요소

우리나라는 터미널 케어에 대한 정책이나 관계 규정이 아직 미비한 상태다. 부분적으로 의료 분야에서의 터미널 케어로서 호스피스가 시행되고 있지만 초보단계에 머무르고

있는 형편이다. 앞으로 병원에서의 터미널 케어의 집중적인 관여는 물론, 후기 고령인구의 증가 경향으로 볼 때 생활 케어나 사회적 지원까지 포함하는 사회복지적 터미널 케어를 병행해서 수행해야 할 것이다.

터미널 케어에 관계하는 사회복지사는 환자나 가족이 그들의 원하는 바를 표명할 수 있는 기회와 환경을 조성하며, 심리·경제적인 면을 포함한 대변적 기능이 중요한 역할의 하나가 되어야 할 것이다. 즉 터미널 케어에서 환자의 심리·사회적 욕구에 대한 대응이 커다란 과제다.

6 임종과 사별에서 사회복지사의 태도와 역할

모든 인간은 죽음에 이르며, 생은 죽음으로써 끝나게 되어 있다. 그러나 죽음은 인간에게 공포와 불안, 충격과 슬픔, 위기와 절망을 초래함으로써 죽어가는 본인은 물론이고 가족들에게도 어려움을 주게 된다. 사회복지실천이 인간의 생활상의 제반 문제에 관여하여 원조를 제공하는 전문직인 만큼, 임종과 사별이라는 특수한 상황에 수반되는 제 문제의 해결에 관여하지 않을 수 없다. 이러한 문제에 개입하기 위해서 사회복지사는 임종이나 사별에 관한 이론적·임상적인 제반 지식과 기술을 습득해야 한다.

사회복지사는 임종의 과정에 있거나 사별의 슬픔을 겪고 있는 노인들이 무엇을 토의하기를 원하는지 진지하게 귀를 기울여야 하며, 그들을 수용하여 심리적 지지 등을 통해 감정을 표현하도록 격려해 주어야 한다. 또한 노인이 자신의 현실을 인식하고 받아들이도록 하는 가운데 죽음에 대한 공포나 불안을 완화시키고, 나아가 죽음에 대한 준비를 갖출 수 있도록 도움을 주어야 할 것이다(제17장 사회복지 실천방법 참조).

임종이나 사별의 문제에 개입하는 사회복지사는 실천태도 면에서 다음의 사항을 염두에 두어야 한다(Smith, 1982).

① **신뢰할 수 있어야 한다(trustworthy):** 비탄을 피하지 말고 클라이언트의 고통을 완화시킨다.

② **의지할 수 있어야 한다(reliable):** 후퇴하거나 클라이언트에 대해 심판적이거나 압도적인 태도를 취하지 않는다.

③ **확신이 있어야 한다(confident):** 놀라거나 당황하거나 불확실한 태도를 보이지 말아야 한다.

④ **관심을 가져야 한다(concerned):** 허용적이고 관심을 쏟으며, 조그만 실마리에도 반응을 보여야 한다.

⑤ **이해력이 있어야 한다(understanding):** 당사자 개인의 상황이나 체험의 의미를 파악하도록 시도해야 한다.

> **애도자를 도와주는 방법**
>
> 사랑하는 사람을 사별한 슬픔으로 애도하고 있는 사람을 도와주는 방법에는 다음과 같은 것들이 있다(Hooyman & Kiyak, 2008).
>
> [1] 어떻게 생각하고 어떻게 해야 한다고 조언하지 말고 죄책감, 분노, 불안감을 포함한 애도자의 감정 표현을 경청하라.
> [2] 애도 과정이 길어질 수 있다는 것과 그 과정에서 감정의 기복이 심할 수 있음을 알라.
> [3] 애도자에게 계속 말을 하거나 단순한 말("당신이 감정이 어떤지 잘 알아", "돌아간 사람은 더 행복할 거야", "당신이 그 사람을 사랑한 것보다 하나님이 더 사랑했어", "한 6개월 지나면 괜찮아질 거야" 등)을 하지 않도록 하라.
> [4] 자신의 경험 이야기를 삼가라.
> [5] 애도자가 말하는 것은 물론 말하지 않는 것까지도 모두 경청하라.
> [6] 돌아간 사람의 아름다운 기억을 나누도록 격려하라.
> [7] 때때로 가장 도움이 되는 것은 단순히 애도자의 옆에 있어주는 것이다.
> [8] 시간이 약이 되지 않는다. 애도의 문제를 계속 다루어 나감으로써 해결될 수도 있다.
> [9] 대부분의 사람들은 사별의 문제를 완전히 극복하진 못하지만 슬픔을 안고 살아가는 것을 배울 수 있다.
> [10] 애도자에게 울지 말라고 하거나 슬퍼하지 말라고 하지 말고, 울 수 있는 시간과 장소를 마련해 주라. 때때로 안아주거나 애도자의 손을 만져주는 것이 울음을 그치게 할 수 있다.
> [11] 애도자가 애도할 시간과 장소를 가지기 위해 구체적으로 도와줄 일을 찾아 도와주라(식사 준비, 아이 돌봄, 집안 청소 등).
> [12] 성별과 문화적 차이를 잘 이해하라.
> [13] 명상, 깊은 심호흡, 자기 관리, 운동을 하도록 격려하라.

또한 실천 역할의 면에서는 다음과 같은 사항이 중요하다(Smith, 1982).

① 언어적으로나 비언어적으로 노인 환자들과 의사소통을 할 수 있어야 한다.
② 문제의 확인과 관리가 가능한 부분들로 분류·분석할 수 있어야 한다.
③ 통제의 상실에 대해 두려움 없이 감정을 발산하도록 해야 한다.
④ 분노, 고통, 절망 등을 회피하거나 거부하지 않고 비심판적으로 수용해야 한다.
⑤ 환자의 지각, 요구, 타인에 대한 감정 등을 설명할 수 있어야 한다.
⑥ 클라이언트와 타자 간의 집단 내 상호작용 과정을 명확히 해야 한다.
⑦ 상실을 수용하고 새로운 관계를 수립하며, 통제력이나 자존심의 개발을 격려해야 한다.

사회복지사들이 이상의 모든 태도나 역할에 유의한다면, 임종과 사별의 문제에 크게 도움을 줄 수 있을 것이다.

참고문헌

국내문헌

경제기획원. (1966, 1970, 1980). 인구및주택총조사 보고서. 서울: 경제기획원.

고영복. (1979). 한국의 노인세대와 노인문화. 대한노인회 및 한국사회복지협의회 주최, 산업사회에 있어서의 노인복지 세미나 발표 논문.

공자(孔子). **논어(論語)**.

공자(孔子). **대학(大學)**.

구자순. (1985). 한국노년학의 위치. **한국노년학**, 5, 3-13.

권중돈. (2010). **노인복지론**(제4판). 서울: 학지사.

_____. (2008). 독거노인 생활관리사 파견사업 정착화 방안(보건복지가족부 용역보고서).

기획예산처. (2007). 2007년도 국가예산.

김경혜 외. (1995). 노령인구를 위한 재가 서비스 확대방안(서울시정개발연구원 연구보고서).

김명한. (1983). 노인성 백내장 환자의 임상통계적 고찰. **대한안과학회지**, 24(1), 149-155.

김상균. (1986). 영국의 사회보장. 신섭중 외, **각국의 사회보장**(pp.19-84). 서울: 유풍출판사.

김상균 외. (2007). **사회복지개론**(개정2판). 파주: 나남출판사.

김선자·윤진. (1992). 연령증가에 따른 지능의 변화: 임상적 문제 해결 능력에 대한 성인 초기와 노년기의 비교. **한국노년학**, 12(2), 109-122.

김성순. (1985). 산업사회에 있어서의 노인복지에 관한 연구. 한양대학교 박사학위논문.

_____. (1985). **노인복지론**. 서울: 이우출판사.

김수곤. (1984). 고령화와 산업질서(I). 아산사회복지사업재단(편), **산업사회와 정년**(pp.71-79). 서울: 아산사회복지사업재단.

김삼수. (1962). 계의 제학설의 음미와 단체개념에 관한 사적 연구. **아세아 여성연구**, 1, 141-311.

김수영 외. (2001). **노인과 지역사회보호**. 서울: 양서원.

김용득·김진우. (1999). 장애인복지의 변천과 전망. **사회복지연구**, 14, 71-101.
김익기 외. (1999). **한국노인의 삶: 진단과 전망**. 서울: 미래인력연구센터.
김재은. (1974). **한국가족의 심리**. 서울: 이화여자대학교출판부.
김정근. (1984). 노인보건의 현황과 대책. **한국노년학**, 4, 60-72.
김종서 외. (1982). 평생교육의 체제와 사회교육의 실태(한국정신문화연구원 연구보고서).
김종숙. (1987). 한국노인의 생활만족도에 관한 연구. 이화여자대학교 박사학위논문.
김종일·최혜지. (2006). **쉽게 쓴 노인복지론**. 서울: 청록출판사.
김진. (2008). 한국노부모와 성인자녀간 지원행위에 관한 연구. 서울대학교 석사학위논문.
김태현. (1981). 한국에 있어서의 노인부양에 관한 연구. 고려대학교 박사학위논문.
_____. (1994). **노년학**. 서울: 교문사.
_____·김은선. (1983). 노후안정을 위한 청장년의 준비의식. **한국노년학**, 3, 16-25.
_____·손양숙. (1984). 노인의 죽음에 대한 태도연구. **한국노년학**, 4, 3-19.
김한초·한남제·최성재·유인희. (1986). 한국가족의 표준모형 개발(한국정신문화연구원 연구보고서).
나병균. (1985). 향약과 사회보장의 관계. **사회복지학회지**, 7, 21-50.
남세진. (1986). **집단지도방법론**. 서울: 서울대학교출판부.
노동부. (1999). **노동백서**. 과천: 노동부.
_____. (2009). 고령자 고용현황 및 정년제도 조사결과(보도자료, 2009. 6. 5).
대한노인회. (1992). 노인복지지도원 연수용 교재(미발간).
대한노인정신의학회. (1998). **노인정신의학**. 서울: 중앙문화사.
대한민국정부. (2008). **제1차 저출산고령사회기본계획(보완판)**. 서울: 대한민국정부.
매일경제. (2000). 2000년 신혼가계의 특성과 주생활실태(2000. 11. 22).
맹자. **맹자(孟子)**.
모선희. (1997). 노인교실 운영의 활성화 방안. **경로당 노인교실의 현황과 과제**(한국노인문제연구소 노인복지정책연구 97-04). 서울: 한국노인문제연구소.
_____·김형수·유성호·윤경아. (2006). **현대 노인복지론**(제2판). 서울: 학지사.
문옥륜. (1985). 21세기의 노인문제와 의료보험. **한국노년학**, 5, 83-93.
문현상·김유경. (1997). 실버산업의 공급확대방안(한국보건사회연구원 연구보고서).
민재성. (1985a). 퇴직금과 연금제도. **사회보장연구**, 1, 61-81.
_____. (1985b). 퇴직금과 연금제도의 관계. 1985. 3. 9. 한국사회보장학회 주최 제2회 학술발표회 발표논문.
박광모·강복수·이성관. (1983). 부모와 분가자녀간의 상호연락실태에 관한 연구. **한국노년학**, 3, 28-39.

박노경. (1984). 고령화 사회와 산업질서(II). 아산사회복지사업재단(편), **산업사회와 정년**(pp. 80-93). 서울: 아산사회복지사업재단.

박상철·최성재·곽충실. (2009). 한국형 노후생활설계 교육 프로그램 개발연구(보건복지가족부 용역과제 보고서).

박수영. (1990). 한국주택정책의 변천. **경희법학**, 25(1), 145-181.

박영범. (1992). **한국기업의 퇴직금제도**. 서울: 한국노동연구원.

박영신·김주진·최은희. (1999). 우리나라 노인주택의 현황과 공급제도의 개선방안. **한국노년학**, 19(2), 129-147.

박재간. (1979). **노인문제와 대책**. 서울: 이우출판사.

_____. (1996). 저소득층의 노인생활실태 및 정책방향. **노인생활실태 및 정책방향**(한국노인문제연구소 노인복지정책연구 96-04). 서울: 한국노인문제연구소.

_____. (1997). 경로당 운영의 실태 및 정책방향. **경로당 노인교실의 현황과 과제**(한국노인문제연구소 노인복지정책연구 97-04). 서울: 한국노인문제연구소.

_____·임춘식. (1983). 노인학교, 노인교실의 현황과 대책에 관한 연구(한국노인문제연구소 연구보고서).

_____·손화희. (2008). **영국과 스웨덴의 노인복지정책**. 서울: 학지사.

박종한·고효진. (1991). 경북 영일군 어느 면 지역 노인들에서 치매의 원인적 분류 및 주요 치매의 상대적 유병률. **신경정신의학**, 30, 885-891.

박차상 외. (2002). **한국노인복지론**. 서울: 학지사.

박태룡. (2002). **노인복지론**. 경산: 대구대학교출판부.

방하남 외. (2001). 기업연금제도의 도입방안 연구(한국노동연구원 연구보고서 2001-06).

배경숙. (1984). 여성과 정년제도(I): 우리나라 여성의 정년제도에 관한 소고. 아산사회복지사업재단(편), **산업사화와 정년**(pp.245-259). 서울: 아산사회복지사업재단.

배상수 외. (1999). 지역사회 치매관리 모형개발: 광명시의 경우. **보건행정학회지**, 9(1), 30-71.

배지연. (2000). 노인복지관 이용노인의 노인교육 욕구조사. 대전대학교 대학원 석사학위논문.

변용찬 외. (1997). 치매관리 Mapping 개발연구(한국보건사회연구원 연구보고서).

보건복지부. (1986). 가정복지법안 토의기초자료.

________. (1990년 이후). **보건사회**. 과천: 보건사회부(보건복지부).

________. (1998). **98년 생활보호대상자 현황분석**. 과천: 보건복지부.

________. (2000). 국민 건강 · 영양 조사 결과.

________. (2001). 국민기초생활보장 대상자 통계.

________. (2001). 2001년 노인보건복지 국고보조사업안내.

________. (2010). 노인복지시설현황(2009. 12. 13 현재).

________·노인장기요양정책기획단(2000). **노인장기요양보호의 종합대책수립방안 연구**. 서울: 한국보건사회연구원.

________·한국보건사회연구원. (2006). 국민건강영양조사(제3기)(연구보고서).

보건복지가족부. (2009). 2008년 국민기초생활보장수급자 현황.

____________. (2009). 홈페이지(www.mw.go.kr)의 사전정보공표자료 290번(2009. 7. 3)

____________. (2009). 2009년 노인보건복지사업안내.

____________. (2010). 2010년 노인보건복지사업안내.

____________·계명대학교산학협력단. (2009). 2008년도 전국노인생활실태조사 및 복지 욕구조사(보건복지가족부 용역 보고서).

볼런티어21. (2008). 2008 전국자원봉사활동 실태조사(행정안전부 연구 용역 보고서).

서병진. (2008). **New Guide 노인복지론**. 서울: 도서출판 솔바람.

서울대학교 지역의료체계 시범사업단. (1994). 치매환자관리사업개발(연구보고서).

서울대학교 의학연구원(편). (1997). **노인의학**. 서울: 서울대학교출판부.

서울특별시·서울시립대학교 산학협력단. (2009). 서울시 노인의 성 실태조사와 건전한 성문화 확립을 위한 연구(서울시 용역과제 보고서).

서혜경. (2009). **노인죽음학개론**. 서울: 도서출판 경춘사.

선우덕 외. (2001). 노인장기요양보호 욕구실태조사 및 정책방안(한국보건사회연구원 연구보고서).

석재은. (1999). 우리나라 장기요양보호의 쟁점과 발전방향. **보건복지포럼**, 40, 36-38.

송성자. (1985). 한국 부부간의 의사소통 유형과 가족문제에 관한 연구. 숭전대학교 박사학위논문.

송성진. (1992). 한국노인복지시설의 수급계획 및 건축기준의 비교연구. 홍익대학교 박사학위논문.

송지영. (1981). 노인환자의 신경정신과적 고찰. **신경정신의학**, 20, 280-287.

신수식. (1983). **사회보장론**. 서울: 박영사.

신일철. (1979). 동학사상. 성균관대학교 대동문화연구원(편), **한국사상대계 Ⅲ**(pp. 353-408). 서울: 성균관대학교 대동문화연구원.

아산사회복지사업재단(편). (1985). **노인복지편람**. 서울: 아산사회복지사업재단.

안준태. (1985). 학구단위 노인교실의 현황과 진로. **노인생활**, 44, 22-24.

오홍근·김현우·조필자. (1983). 정신과에 입원한 노인환자의 임상적 고찰. **한국노년학**, 3, 52-59.

원석조. (1986). 영세민대상 선정과정에서의 문제점. **사회복지**, 90, 27-46.

유성호 외. (2000). **노인복지론**. 서울: 아시아미디어.

윤능선. (1984). 기업경영과 조기정년(II): 기업경영과 정년 조기화 문제. 아산사회복지재단(편), **산업사회와 정년**(pp.138-152). 아산사회복지사업재단.

윤종주. (1980). 우리나라 노인인구에 대한 사회인구학적 고찰. **한국노년학**, 1, 22-37.

_____. (1983). 우리나라 노인문제에 대한 사회인구학적 고찰. 아산사회복지사업재단(편), **현대사회와 노인복지**(pp.73-94). 서울: 아산사회복지사업재단.

_____. (1985). 노화에 관한 인구학적 고찰. **한국노년학**, 5, 46-53.

윤 진. (1985). **성인·노인심리학**. 서울: 중앙적성출판사.

_____·조석미. (1980). 가족구성원에 대한 노인의 심리적 거리. **한국노년학**, 1, 75-85.

윤형진·안규리. (1997). 신장질환. 서울대학교 의학교육연수원(편), **노인의학**(pp.365-400). 서울: 서울대학교출판부.

이가옥(편). (1999). **노인복지의 현황과 과제**. 서울: 도서출판 나남.

이가옥 외. (1999). 장기요양보호노인의 욕구 및 가족의 부양부담(유한킴벌리 용역연구보고서).

이가옥·서미경·고경환·박종돈. (1994). 노인생활실태 분석 및 정책과제(한국보건사회연구원 연구보고서 94-17).

이견직. (2006). 고령친화산업의 경제적 파급효과: 14개 부문을 중심으로. **보건복지포럼**, 120, 84-93.

이기춘. (2000). 2000년 신혼가계의 특성과 주생활실태(매일경제신문 2000. 11. 22 보도).

이광규. (1982). **문화인류학개론**. 서울: 일조각.

_____. (1984). **한국의 가족제도**. 서울: 한국방송사업단.

이부영. (1980). 노인의 정신질환. **한국노년학**, 1, 18-21.

이선자·허정. (1985). 한국노인의 보건실태. **한국노년학**, 5, 103-126.

이시형. (1984). 여성과 정년제도 II: 여성의 정년 – 정신의학적 측면에서. 아산사회복지사업재단(편), **산업사회와 정년**(pp.142-150). 서울: 아산사회복지사업재단.

이연숙(편). (1993). **한국형 노인주택연구**. 서울: 경춘사.

이영하. (1975). 한국사회에 있어서 노인문제와 그 해결을 위한 방안. **공주사범대학논문집**, 3, 199-220.

이영희. (1983). 노인과 성: 노인의 성 관리. 아산사회복지사업재단(편), **현대사회와 노인복지**(pp.152-171). 서울: 아산사회복지사업재단.

이윤숙. (1983). 노인과 성. 아산사회복지사업재단(편), **현대사회와 노인복지**(pp.172-199). 서울: 아산사회복지사업재단.

이은주·박종환. (1982). 노인정신질환자의 통계적 고찰. **신경정신의학**, 21, 343-352.

이인수. (1999). **현대노인복지론**. 서울: 양서원.

이종익. (1983). 단국개국설화에 나타난 홍익인간의 이념. 홍익인간학회(편), **홍익인간이념연구**(pp.343-346). 서울: 우리출판사.

이창기. (1986). 제1 분과토론. 아산사회복지사업재단(편), **현대사회와 가족**(pp.97-141). 서울: 아산사회복지사업재단.

이혜원. (1996). **노인복지론**. 서울: 유풍출판사.

이희영. (1983). 노인과 성: 노인의 성관리. 아산사회복지사업재단(편), **현대사회와 노인복지**(pp. 152-171). 서울: 아산사회복지사업재단.

임미숙. (1985). 도시노인의 노인정 참여와 생활만족도에 관한 연구: 활동이론에 따른 생활만족도의 실증적 연구. 이화여자대학교 석사학위논문.

임종권. (1986). 한국노인의 생활실태와 사회보장. **사회보장연구**, 2, 161-182.

_____·공세권·김진숙·남정자·유호신. (1985). 한국 노인의 생활실태(한국보건연구원 조사보고서).

임춘식. (2001). **고령화 사회의 도전**. 서울: 도서출판 나남.

장인협. (1981). **케이스 워크: 이론과 실제**. 서울: 수문사.

_____. (1986). **사회복지학개론**. 서울: 서울대학교출판부.

_____·정영순(편역). (1986). **사회복지방법론**. 서울: 수문사.

_____·우국희. (2001). **케어·케이스 매니지먼트**. 서울: 서울대학교출판부.

전남진. (1987). **사회정책학강론**. 서울: 서울대학교출판부.

전용신·서봉연·이창우. (1963). **KWIS 실시요강**. 서울: 중앙교육연구소.

정경희·조애저·오영희·변재관·변용찬·문현상. (1998). 1998년도 전국 노인생활실태 및 복지욕구조사(한국보건사회연구원 연구보고서 98-04).

정경희·조애저·오영희·선우덕. (2001). 장기요양보호 대상노인의 수발실태 및 복지욕구조사(한국보건사회연구원 용역보고서).

정경희·오영희·석재은·도세록·김찬우·이윤경·김희경. (2005). 2004년도 전국노인생활실태 및 복지욕구조사(한국보건사회연구원 조사보고서).

정병은. (2007). 세대간 지원교환의 호혜성에 관한 연구: 서울지역 노인자료의 분석. **한국노년학**, 27(2), 503-518.

정비석. (1983). 노인과 성: '노인의 성 관리(이영희)' 및 '노인과 성: 성과 문화(이윤숙)'에 대한 분과토론 내용. 아산사회복지사업재단(편), **현대사회와 노인복지**(pp. 202-204). 서울: 아산사회복지사업재단.

정옥분·김동배·정순화·손화희. (2008). **노인복지론**. 서울: 학지사.

정지웅·김동일. (1984). 노인교육의 현황과 욕구. 유네스코한국위원회(편). **노인문제와 노인교육**(pp.167-208). 서울: 유네스코한국위원회.

조맹제. (2007). 노인 정신건강과 노인 정신질환: 추세와 전망. 한국노인과학학술단체연합회 주최 고령사회포럼(2007. 12. 11) 발표 논문.

_____·김기웅·김명희·김문두·김봉조·김신경·김정란. (2008). 치매노인 유병률 조사(보건복지가족부 용역과제보고서).

조선일보. (2010). '부동산의 압박' 신혼결혼비용 10년 새 배로(2010. 1. 22).
조용일. (1975). 동학사상적 배경. 한국사상연구회(편), **한국사상총서 Ⅲ**(주체의식의 흐름) (pp.159-190). 서울: 태광문화사.
지제근. (2004). **의학용어큰사전**. 서울: 아카데미아.
초의수. (1998). 노인주거 현실과 노인주택정책. 박광준 외(편), **주택보장과 주택정책**(pp. 129-158). 부산: 세종출판사.
최경원. (1987). 사회사업 이론에 있어서 체계론적 관점에 관한 연구. 서울대학교 석사학위논문.
최성재. (1984). Modernization and Social Integration of the Aged into the Family in Korea. Ph.D. Dissertation. Case Western Reserve University.
_____. (1985). 교환이론적 관점에서 본 노인문제. **사회복지학회지**, 7, 147-165.
_____. (1986). 노인의 생활만족도 개발에 관한 연구. **이화여자대학교 한국문화연구원논총**, 49, 233-258.
_____. (1989). 퇴직예정자의 퇴직에 대한 태도와 퇴직 후의 생활전망 인식에 관한 연구. **사회복지연구**, 1, 47-65.
_____. (1995). 노인주거보장. 김수춘 외(편), **노인복지의 현황과 정책과제**(pp. 177-221)(한국보건사회연구원 연구보고서 95-22).
_____. (2000). 노인취업의 실태와 정책방향. **노인취업의 현황과 과제**(pp. 7-41)(한국노인문제연구소 노인복지정책연구 2000-02). 서울: 한국노인문제연구소.
_____·남기민. (2006). **사회복지행정론**(개정2판). 파주: 나남출판사.
최순남. (2000). **현대노인복지론**. 서울: 한신대학교출판부.
최신덕. (1983). 노인과 가족. 아산사회복지사업재단(편), **현대사회와 노인복지**(pp.229-241). 서울: 아산사회복지사업재단.
_____. (1986). 현대사회와 가족. 아산사회복지사업재단(편), **현대사회와 가족**(pp.41-54). 서울: 아산사회복지사업재단.
최일섭·최성재(편). (2000). **사회문제와 사회복지**(개정판). 서울: 도서출판 나남.
탁희준. (1984). 정년제도의 현황과 문제점. 아산사회복지사업재단(편), **산업사회와 정년**(pp. 31-41). 서울: 아산사회복지사업재단.
통계청. (1990). **1990년도 인구주택총조사보고서**. 대전: 통계청
_____. (1995). **통계로 본 한국의 발자취**. 대전: 통계청
_____. (1997). **1995년도 인구주택총조사보고서**. 대전: 통계청.
_____. (1999). **경제활동인구연보**. 대전: 통계청.
_____. (1999). **사망원인통계연보**. 대전: 통계청.
_____. (1999). **1971-1997년 생명표**. 대전: 통계청.

_____. (1999). 한국인의 사회지표. 대전: 통계청.

_____. (2001). 인구주택총조사 전수집계 결과. 대전: 통계청.

_____. (2001). 장래인구추계. 대전: 통계청.

_____. (2003). 고령자 통계. 대전: 통계청.

_____. (2004). 생활시간조사보고서. 대전: 통계청.

_____. (2005). 한국인의 사회지표. 대전: 통계청.

_____. (2005). 사망원인통계연보. 대전: 통계청.

_____. (2006). 2005년 인구주택총조사보고서(전수조사결과). 대전: 통계청.

_____. (2006). 2005 고령자통계. 대전: 통계청.

_____. (2006). 장래인구 추계(2005~2050). 대전: 통계청.

_____. (2007). 2006 고령자 통계. 대전: 통계청.

_____. (2007). 추계인구·가구자료. 대전: 통계청.

_____. (2009). 2008 고령자 통계. 대전: 통계청.

_____. (2009a). 2009 고령자 통계. 대전: 통계청.

_____. (2009b). 2009년 사회조사결과(복지, 문화와 여가, 소득과 소비, 노동, 사회참여). 대전: 통계청.

하상락·김성이. (1986). 정년퇴직인의 생활실태(한국정년퇴직인협회 연구보고서).

하성규. (1998). 인간다운 생활과 주거권. 박광준 외(편), 주택보장과 주택정책(pp.11-34). 부산: 세종출판사.

한국경영자총협회. (1988). 기업정년제의 실태조사(한국경영자총협회 자료 88-161).

한국갤럽조사연구소. (1984). 한국노인의 생활과 의식구조. 서울: 한국갤럽조사연구소.

_______________. (1990). 한국노인의 생활과 의식구조 . 서울: 한국갤럽조사연구소.

한국고령자취업알선센터. (1995). 고령자 취업의 실태와 활성화 방안(미발간 보고서).

한국노년학회(편). (1995). 노년학의 이해. 서울: 대영문화사.

한국노인문제연구소. (1984). 노인의 여가시설 및 그 프로그램에 관한 조사연구(한국노인문제연구소 연구보고서).

한국여성개발원. (1986). 가족봉사 서비스 제도에 관한 연구(한국여성개발원 연구보고서).

한국여성단체협의회. (1976). 노인세대 (결손가정) 조사연구보고서(한국여성단체협의회 조사연구보고서).

한국철학회(편). (1987). 한국철학사. 서울: 동명사.

한남제. (1986). 가족제도(I): 고부관계를 통해서 본 한국가족제도의 특징. 아산사회복지사업재단(편), 현대사회와 가족(pp.69-96). 서울: 아산사회복지사업재단.

한정란. (2005). 노인교육의 이해. 서울: 학지사.

한정란·박성희·원영희·최일선. (2008). 노인교육의 체계화 및 활성화 방안 연구(보건복지가족부 용역과제보고서).

현두일. (1976). 한국노인의 생활구조에 관한 사회학적 연구. **건국대학교 학술지**, 20, 463-531.

현외성. (1983). 한국노인복지정책의 형성과정과 그 특징에 관한 연구. 서울대학교 석사학위논문.

홍성목. (2008). 노년기와 성. 인구보건복지협회 주최 2008 노인성교육·성상담전문과정 교육자료(2008. 11. 12～14).

홍순혜. (1984). 활동이론에 따른 한국노인의 생활만족도에 관한 실증적 연구. 서울대학교 석사학위논문.

황나미 외. (1999). 병원중심 가정간호사업 모형개발 및 제도화 방안(한국보건사회연구원 연구보고서).

효경(孝經).

외국문헌

高阪謙次 外 2人(編). (1984). **老人と生活空間**. 京都: ミネルヴァ書房.

前田大作・吉田恭爾. (1983). **老人福祉・家族**. 東京: 勁草書房.

吉澤勳. (1974). 老人の死に對する態度. **現代エスプリ: 老人問題**, 87, 154-163.

內海洋一(編著). (1992). **高齢者社會政策**. 東京: ミネルヴァ書房.

川村匡由. (1987). **老人福祉産業論**. 東京: ミネルヴァ書房.

大阪府立老人總合センター(編). (1986). **21世紀の老年學**. 京都: ミネルヴァ書房.

岡村重夫. (1981). **新しい老人福祉**. 京都: ミネルヴァ書房.

鴨脚清·林幸次·山口善久·高瀨智津子·村上浩. (1984). **老人と家族の福祉社會學**. 東京: いなほ書房.

福武直·靑井和夫(編). (1985). **高齢社會の構造と問題**. 東京: 東京大學出版會.

福武直·小山路男. (1985). **高齢社會への社會的對應**. 東京: 東京大學出版會.

大道安次郎. (1974). 老人の社會學的概念. **現代のエスプリ: 老人問題**, 87, 24-36.

勝沼英字. (1983). **老人の生理と保健**. 東京: 同文書院.

淺野仁(編). (1981). **老人のためのグルプワーク**. 東京: 全社協.

日本 國立社會保障・人口問題研究所. (2000). **人口統計資料集**. 東京: 日本 國立社會保障・人口問題研究所.

日本 內閣府. (2009). **高齢社會白書**. 東京: 內閣府

日本 勞動省. (1988). **雇傭者管理報告書**. 東京: 勞動省.

日本總務廳長官官房高齡社會對策室. (1997). **老人の生活と意識**(第4回國際比較調査結果報告書). 東京: 日本總務廳長官官房高齡社會對策室.

日本總務廳長官官房老人對策室. (1991). **老人の生活と意識**. 東京: 日本總務廳長官官房老人對策室.

日本 厚生省. (1960-2000). **厚生白書**. 東京: 厚生省.

日本 厚生勞動省. (2006). **厚生勞動白書**. 東京: 厚生勞動省.

Adams, B. N. (1983). *Kinship in an urban settings*. Chicago: Markham Publishing Co.

Adams, D. L. (1971). Correlates of satisfaction among the elderly. *The Gerontologist*, 11(4) (Part 2), 64-68.

Ade-Ridder, L. & Brubaker, T. H. (1983). The quality of long-term marriages. In T. H. Brubaker (Ed.), *Family relationships in later life* (pp.21-30). Beverly Hills, CA: Sage Publications.

American Psychiatric Association. (1980). *Diagnostic and statistical manual of mental disorders (DSM-III)* (3rd ed.). Washington, D. C.: American Psychiatric Association.

______________________________. (1994). *Diagnostic and statistical manual of mental disorders (DSM-IV)* (4th ed.). Washington, D. C.: American Psychiatric Association.

Archivald, W. P. (1976). Face-to-face: the alienating effects of class, status and power divisions. *American Sociologist Review*, 41, 41-50.

Arking, R. (2006). *The biology of aging: observations and principles* (3rd ed.). New York: Oxford University Press.

Atchley, R. C. (1971). Retirement and leisure participation: continuity or crisis? *The Gerontologist*, 11(1) (Part 1), 13-17.

_____________. (1980). *Social forces in later life* (2nd ed.). Belmont, CA: Wadsworth Publishing Co.

_____________. (2000). *Social forces and aging* (9th ed.). Belmont, CA: Wadsworth Tompson Learning.

_____________ & Barusch, A. S. (2004). *Social forces and aging* (10th ed.). Belmont, CA: Wadsworth Tompson Learning.

______________________________. (2008). *Social forces & aging: an introduction to social gerontology* (11th ed.). Belmont, CA: Thomson/Wadsworth.

Baldock, J., Manning, N., & Vickerstaff, S. (2007). *Social Policy* (3rd ed.). New York: Oxford University Press.

Baltes, P. B., Reese, H. W., & Nesselroade, J. R. (1977). *Life-span developmental psychology:*

Introduction to research methods. Montery, CA: Brooks/Cole.

Beattie, W. M., Jr. (1976). Aging and the social services. In R. H. Binstock & E. Shanas (Eds.), *Handbook of aging and the social sciences* (pp.619-642). New York: D. Van Nostrand.

Beaver, M. L. (1983). *Human service practice with the elderly*. Englewood Cliffs, NJ: Prentice-Hall.

Bekker, L. M. & Taylor, C. (1966). Attitudes toward aging in a multi-generational sample. *Journal of Gerontology*, 21, 115-118.

Bengtson, V. L. (1971). Inter-age differences in perception and the generation gap. *Gerontologist*, Part II, 85-90.

______________ & Kuypers, J. A. (1971). Generational difference and the developmental stake. *Aging and Human Development*, 2(4), 249-260.

______________ & Cutler, N. E. (1976). Generations and intergenerational relations: Perspectives on age groups and social change. In R. H. Binstock & E. Shanas (Eds.), *Handbook of aging and the social sciences* (pp.130-159). New York: D. Van Nostrand.

______________, Elisabeth, O. B. & Tonya, M. P. (1997). Theory, explanation, and third generation of theoretical development in social gerontology. *Journal of Gerontology, SOCIAL SCIENCES*, 52B(2), s72-s88.

Biestek, F. (1957). *The casework relationship*. Chicago: Loyola University Press.

Birren, J. E. (1959). Principles of research on aging. In J. E. Birren (Ed.), *Handbook of aging and the individual* (pp.3-42). Chicago: University of Chicago Press.

_________. (1964). *The psychology of aging*. Englewood Cliffs, NJ: Prentice-Hall.

_________. (1989). My perspective on research on aging. In V. L. Bengtson and K. W. Schaie (Eds.), *The course of later life: Research and reflections* (pp. 135-149). New York: Springer.

_________ & Clayton, V. (1975). History of gerontology. In J. E. Birren & V. Clayton (Eds.), *Aging: Scientific perspectives and social issues* (pp.15-27). New York: D. Van Nostrand.

_________ & Perlmutter, M. A. (1990). Measuring our psychological performance. In R. N. Butler, M. Oberlink, & M. Schechter (Eds.), *The promise of productive aging: From biology to social policy* (pp.48-69). New York: Springer Publishing Co.

Bjorksten, J. (1974). Crosslinkage and the aging process. In M. Rockstein, M. L. Sussman, & J. Chesky (Eds.), *Theoretical aspects of aging*. New York: Academic Press.

Blenkner, M. (1965). Social work and family relationships in later life with some thoughts on filial maturity. In E. Shanas & G. F. Streib (Eds.), *Social structure and the family* (pp.46-59). Englewood Cliffs, NJ: Prentice-Hall.

__________. (1969). The Normal dependencies of aging. In R. Kalish (Ed.), *The dependencies of old people* (pp.27-37). Ann Arbor: Institute of Gerontology, University of Michigan-Wayne State University.

Bloom, A. (1980). Social work and the English language. *Social Casework*, 61, 332-338.

Bornstein, R. (1980). Cognitive and psycho-social development in the older adult. In C. S. Schuster & S. S. Ashburn (Eds.), *The Process of human development: A holistic approach* (pp.825-842). Boston: Little, Brown Co.

Botwinick, J. (1977). Intellectual abilities. In J. E. Birren & J. W. Shaie (Eds.), *Handbook of the psychology of aging* (pp. 580-650). New York: Van Nostrand Reinhold.

__________. (1978). *Aging and behavior* (2nd ed.). New York: Springer Publishing Co.

Boyd, R. R. (1982). Emerging roles of the four-generational family. In R. R. Boyd & D. McConatha (Eds.), *Gerontological practice* (pp.3-17). Lanham, MD: University Press of America.

Brearley, C. P. (1975). *Social work, aging and society*. London: Routledge & Kegan Paul.

Breen, L. B. (1960). The Aging individual. In C. Tibbitts (Ed.), *Handbook of social gerontology* (pp.145-162). Chicago: University of Chicago Press.

Brim, O. G. (1966). Socialization through the life cycle. In O. G. Brim & S. Wheeler (Eds.), *Socialization after childhood: Two essays* (pp.3-49). New York: John Wiley and Sons.

__________. (1968). Adult socialization. In J. A. Clausen (Ed.), *Socialization and society* (pp.183-225). Boston: Little Brown & Co.

Brinks, S. & Gutman, G. (2002). Achieving barrier-free environments – The Canadian experience. Paper presented at the Valencia Forum, in Valencia, Spain on April 1-4, 2002.

Brody, E. M. (1977). *Long-term care of older people: A practical guide*. New York: Human Science Press.

Brody, S. J. (1976). Comprehensive health care for the elderly: An analysis. In B. D. Bell (Ed.), *Contemporary social gerontology: Significant developments in the field of aging* (pp.138-144). Springfield, IL: Charles C. Thomas.

Bromberg, E. M. (1983). Mother-daughter relationships in later life: Negating the myths. *Aging*, fall, 15-20.

Burgess, E. (1950). Personal and social adjustment in old age. In M. Derber (Ed.), *The aged and the society* (pp.138-156). Champaign, IL: Industrial Relations Research Association.

Burns, E. M. (1965). Where welfare falls short. *Public Interest*, 1, 85-89.

Butler, R. N. (1975). *Why survive?: Being old in America.* New York: Harper & Row.

__________. (1990). Comment (p.108) in the concluding discussion led by A. Svangborg. In R. N. Butler, M. R. Oberlink, & M. Schechter (Eds.), *The promise of productive aging: From biology to social policy* (pp.102-108). New York: Springer Publishing Co.

__________ & Lewis, M. I. (1977). *Aging and mental health* (2nd ed.). St. Louis: The C. V. Mosby.

__________, Oberlink, M. R., & Schechter, M. (Eds.). (1990). *The promise of productive aging: From biology to social policy*. New York: Springer Publishing co.

Cantor, M. (1981). The extent and intensity of informal support system among New York inner city elderly. In Community Service Society (Ed.), *Strengthening informal support for the aging* (pp.1-11). New York: Community Service Society.

Casey, B., Oxley, H., Whitehouse, E., Antolin, P., Duval, R., & Leibfritz, W. (2003). Policies for an aging society: Recent measures and area for further reform (OECD Economic Department Working Paper No. 369).

Cavan, R. S., Burgess, E. W., Havighurst, R. J., & Goldhammer, H. (1949). *Personal adjustment in old age.* Chicago: Science Research Associates.

Cavanaugh, J. C. & Blanchard-Fields, F. (2006). *Adult development and aging* (5th ed.), Belmont, CA: Thomson Higher Education.

Chan, G., Tan, V., & Koh, S. (2000). Ageing and fitness to work. *Occupational Medicine*, 50(7), 483-491.

Choi, Sung-Jae. (1996). The family and ageing in Korea: A new concern and challenge. *Ageing and Society*, 16, 1-25.

__________. (2000). Preparing retirement in an aging society. Paper presented at the 13th international symposium on aging and health held in Aichi, Japan, Oct. 19, 2000 under the Auspice of Japan Longevity Science Foundation.

Clark, M. & Anderson, B. (1967). *Culture and aging.* Springfield, IL: Charles C. Thomas.

Cleveland, M. (1976). Sex in marriage: At 40 and beyond. *The Family Coordinator*, 25, 239-240.

Cohen, M., March, J., & Olson, J. (1972). A garbage can model of organizational choice. *Administrative Science Quarterly*, 17, 1-25.

Compton, B. R. (1980). *Introduction to social welfare & social work.* Homewood, IL: The Dorsey Press.

__________ & Galaway, B. (1984). *Social Work Process* (3rd ed.) 〔장인협 외(편역). (1986).

사회복지방법론. 서울: 수문사]. Homewood, IL: The Dorsey Press.

Cormican, J. D. (1978). Linguistic issues in iterviewing. *Social Casework*, 59(3), 145-152.

Corso, J. F. (1977). Auditory perception and communication. In J. E. Birren & K. W. Schaie (Eds.), *Handbook of psychology of aging* (pp.535-553). New York: Van Nostrand Reinhold.

Costa, G. & Sartori, S. (2007). Ageing, working hours and work ability. *Ergonomics*, 50(11), 1914-1930.

Cousins, N. (1968). Art, adrenalin, and the enjoyment of living. *Saturday Review*, 20(April), 20-24.

Cowgill, D. O. (1974). Aging and modernization: A revision of the theory. In J. F. Gubrium (Ed.), *Late life: Community and environmental policy* (pp.123-146). Springfield, IL: Charles C. Thomas.

____________. (1986). *Aging around the world.* Belmont, CA: Wadsworth Publishing Co.

____________ & Holmes, L. D. (1972). *Aging and modernization.* New York: Appleton-Century-Crofts.

Coyle, G. L. (1948). *Group work and American youth.* New York: Harper & Row.

Crawford, D. (2009). The role of aging in adult learning: Implications for instructors in higher education (www.newhorizaens.org).

Cumming, E. & Henry, W. E. (1961). *Growing old: The process of disengagement.* New York: Basic Books.

Dean, L. R. (1962). Aging and the decline of affect. *Journal of Gerontology*, 17, 440-446.

Dennis, W. (1966). Creative productivity between the ages of 20 and 80 years. *Journal of Gerontology*, 21, 1-8.

Donahue, W. T. (1952). Education's role in maintaining the individual's status. *Annals of the American Academy of Political and Social Sciences*, 279, 115-125.

Dowd, J. J. (1975). Aging as exchange: A preface to theory. *Journal of Gerontology*, 30(5), 584-594.

__________. (1980). Exchange rates and old people. *Journal of Gerontology*, 35, 596-602.

Dunham, A. (1970). *The new community organization.* New York: Thomas Y. Crowell.

Duvall, E. (1971). *Family development.* Philadelphia: J.B. Lippincott.

Emerson, R. M. (1962). Power-defence relations. *American Sociological Review*, 27, 23-35.

Epstein, N. B. (1982). McMaster model of family functioning: A view of the normal family. In F. Walsh (Ed.), *Normal family process* (pp.115-141). New York: Guilford Press.

Erikson, E. H. (1963). *Childhood and society* (2nd ed). New York: W.W. Norton & Co.

____________. (1997). *Life cycle completed.* New York: W. W. Norton & Company.

Etzioni, A. (1976). *Social problems.* Englewood Cliffs, NJ: Prentice-Hall.

Euster, G. (1971). A system of groups in institutions for the aged. *Social Casework*, 52, 520-525.

Evashwick, C. J. (1996). *The continuum of long-term care: An integrated system approach.* Albany: Delmar Publishers.

Everyday Psychologist. (1999). *The psychology of retirement: How to cope successfully with a major life transition.* Arlington, Heights, IL: BPRI Press.

Exter, T. (1990). How big will the older market be? *American Demographics*, June, 30-33.

Fellman, S. L., Hastings, D. W., Kupperman, H., & Miller, W. W. (1975). Should androgens be used to treat impotence in men over 50? *Medical Aspects of Human Sexuality*, 9(7), 32-43.

Fillenbaum, G. G. (1995). Activities of daily living. In Moddox, et al. (Eds.), *Encyclopedia of aging* (pp.7-9). New York: Springer Publishing Company.

Finkle, A. L. & Finkle, P. S. (1977). How counseling may solve sexual problems of aging men? *Geriatrics*, 32, 34-89.

Fischer, L. R. & Schaffer, K. B. (1993). *Older volunteers: A guide to research and practice.* Newberry Park, London: Sage Publications.

Florida Department of Health and Rehabilitative Services. (1980). State plan on aging under Title III of Older Americans Act for Florida, Fiscal Year 1981-1983. Tallahassee, FL: State of Florida.

Folger, J. & Stern, L. (1994). *Improving your memory: How to remember what you are starting to forget* (revised ed). Baltimore: The Johns Hopkins University Press.

Fraley, Y. L. (1980). A role model for practice. *Social Service Review*, 43 (June), 145-154.

Friedlander, W. A. & Apte, R. Z. (1980). *Introduction to social welfare* (5th ed.). Englewood Cliffs, NJ: Prentice-Hall.

Fromm, E. (1956). *The art of loving.* New York: Harper & Row.

Gans, H. J. (1973). *More equality.* New York: Vintage Books.

Garner, J. D. (1995). Long-term care. In R. Edwards, et al. (Eds.), *Encyclopedia of social work* (pp.1625-1634). Washington, D. C.: National Association of Social Workers.

Gelfand, D. E. (1984). *The aging network.* New York: Springer Publishing Co.

____________. (1988). *The aging network: Programs and services* (3rd ed.). New York: Springer

Publishing Co.

George, V. (1983). The aims and consequences of social policy. In P. Bean & S. MacPherson (Eds.), *Approaches to welfare* (pp.16-32). London: Routledge & Kegan Paul.

________. (1995). *Welfare Justice: Restoring Social Equality.* New Haven: Yale University Press.

________ & Wilding, P. (1984), *The impact of social policy.* London: Routledge & Kegan Paul.

Gilbert, N. (1983). *Capitalism and the welfare state.* New Haven, CT: Yale University Press.

________. (1995). *Welfare justice: restoring social equality.* New Haven: Yale University Press.

________ & Specht, H. (1986). *Dimensions of social welfare policy* (2nd ed.). Englewood Cliffs, NJ: Prentice-Hall.

________ & Gilbert, B. (1989). *The Enabling state: Modern welfare capitalism in America.* New York: Oxford University Press.

________, Specht, H., & Terrell, P. (1993). *Dimensions of social welfare policy* (3rd ed.). Englewood Cliffs, NJ: Prentice-Hall.

________ & Terrell, P. (1998). *Dimensions of social welfare policy* (4th ed.). Boston: Allyn & Bacon.

________________. (2005). *Dimensions of social welfare policy* (6th ed.). Boston: Allyn & Bacon.

Giordano, J. A. & Beckham, K. (1985). The aged within a family context: Relationships, roles, and events In L. L'Abate (Ed.), *The handbook of family psychology and therapy* (pp.284-320). Homewood, IL: The Dorsey Press.

Glass, T. A. et al. (1995). Change in productive activity in late adulthood: MacArthur studies of successful aging. *Journal of gerontology, SOCIAL SCIENCES,* B(2), S65-S76.

Glenn, N. D. (1977). *Cohort analysis.* Beverly Hills, CA: Sage Publications.

__________ & McLanahan, S. (1981). The effects of offspring on the psychological well-being of older adults. *Journal of Marriage & the Family,* 43(2), 409-421.

Glennester, H. (1992). *Paying for welfare in the 1990s.* New York: Harvester Wheatshef.

Goldman, R. J. (1970). Speculations in vascular changes with age. *Journal of the American Geriatrics Society,* 18, 765-779 〔Hooyman and Kiyak(2000), *Social gerontology*에서 재인용〕.

Goode, W. J. (1963). *World revolution and family patterns.* New York: Free Press.

Gordon, M. (1972). *The nuclear family in crisis: The search for an alternative.* New York: Harper & Row.

Gordon, C., Gaitz, C. M., & Scott, J. (1976). Leisure and lives: Personal expressivity across the life span. In R. H. Binstock & E. Shanas (Eds.), *Handbook of aging and the social sciences* (pp.310-341). New York: D. Van Nostrand.

Gruman, G. J. (1966). *A history of idea about the prolongation of life: The evolution of life-The evolution of prolongevity hypothesis to 1800.* Philadelphia: American Philosophical Society.

Guralik, J. M. (1985). Determinants of functional health status in the elderly. Unpublished doctoral dissertation. University of California, Berkeley.

Gurin, A. (1971). *Social planning and community organization. Encyclopedia of social work.* Washington, D. C.: NASW.

Habert, A. S. & Ginsberg, L. H. (1979). *Human services for older adults: Concepts and skills.* Belmont, CA: Wadsworth Publishing Co.

Habib, P. (1990). Population aging and the economy. In R. H. Binstock & L. K. George (Eds.), *Handbook of the aging and the social sciences* (3rd ed.) (pp. 328-345). San Diego: Academic Press.

Hall, G. S. (1922). *Senescence: The second half of life.* New York: Appleton and Co.

Hampton, J. K. Jr. (1991). *The biology of human aging.* Dubuque, IA: William C. Brown Publishers.

Harman, D. (1981). The aging process. *Proceedings of the National Academy of Science*, 78, 7124-7128.

Harrell, S. (1981). Growing old in rural Taiwan. In P. T. Amoss & S. Harrell (Eds.), *Other ways of growing old: Anthropological perspectives* (pp.193-210). Stanford: Stanford University Press.

Harris, D. K. & Cole, W. E. (1985). *Sociology of aging* 〔최신덕 역. **노년사회학**. 서울: 경문사〕.

______________________. (1998). *Sociology of aging* (revised ed.) 〔최신덕·김모란 공역. **노년사회학**. 서울: 하나의학사〕.

Hartford, M. E. (1971). *Groups in social work.* New York: Columbia University Press.

Hayflick, L. (2000). The illusion of cell immortality. *British Journal of Cancer*, 83, 841-846.

Havighurst, R. J. (1972). *Developmental tasks and education* (3rd ed.). New York: David McKay.

______________ & Albrecht, R. (1953). *Older people.* New York: Longmans, Green & Co.

______________, Neugarten, B. L., & Tobin, S. S. (1968). Disengagement pattern of aging. In B. L. Neugarten (Ed.), *Middle Age & Aging* (pp.160-175). Chicago: University of Chicago Press.

Hendricks, J. H. & Hendricks, C. D. (1981). *Aging in mass society: Myths and realities* (2nd ed.).

Cambridge, Mass: Winthrop.

Henry, W. E. (1964). The theory of intrinsic disengagement. In P. F. Hansen (Ed.), *Age with a future* (pp.415-418). Copenhagen: Munksgaard.

Hill, R. (1965). Decision making and the family life cycle. In E. Shannas & G. F. Streib (Eds.), *Social structure and family* (pp.235-245). Englewood Cliffs, NJ: Prentice-Hall.

Homans, G. C. (1961). *Social behavior: Its elementary forms* (1st ed.). New York: Harcourt Brace Javanovich.

__________. (1974). *Social behavior: Its elementary forms* (revised ed.). New York: Harcourt Brace Javanovich.

Hoover, S. L. & Siegel, J. S. (1986). International demographic trends and perspectives on aging. *Journal of Cross-Cultural Gerontology*, 1(2), 5-30.

Hooyman, N. & Kiyak, H. A. (1999). *Social gerontology* (5th ed.). Boston: Allyn & Bacon.

____________________. (2008). *Social gerontology* (8th ed.). Boston: Pearson Education.

Horn, J. L. (1967). Age differences in fluid and crystallized intelligence. *Acta Psychologica*, 26, 107-129.

________. (1970). Organization of data on life-span development of human abilities. In R. L. Goulet & P. B. Baltes (Eds.), *Life-span developmental psychology: Research and theory*. New York: Academic Press.

________ & Cattell, R. B. (1966). Refinement and test of the theory of fluid and crystallized general intelligences. *Journal of Educational Psychology*, 57(5), 253-270.

Horton, P. B. & Leslie, G. R. (1955), *The sociology of social problems*. New York: Appleton-Century-Crofts.

Houser, P. M. (1976). Aging and world-wide population change. In R. H. Binstock and E. Shanas (Eds.), *Handbook of aging and the social sciences* (pp.59-86). New York: D. Van Nostrand Company.

Hunter, W. W. (1973). Pre-retirement education programs. In R. R. Boyd & C. G. Oakes (Eds.), *Foundation of practical gerontology* (2nd ed.) (pp.177-194). Columbia, SC: University of South Carolina Press.

Huttman, D. H. (1985). *Social services for the elderly*. New York: The Free Press.

Independent Sector. (2000). *Giving and volunteering in the United States*. Washington, DC.: Independent Sector.

Ilmarinen, J. E. (2001). Aging workers. *Occupational and environmental medicine*, 58, 546-552

Janchil, M. (1969). System concepts in casework theory and practice. *Social Casework*, 50(2),

74-82.

Jacobzone, S. et al. (1999). The health of older persons in OECD countries: Is it improving fast enough to compensate for population aging (OECD Occasional Paper No. 37).

Johnson, J. M. (1975). Is 65+ Old? In F. Riessman (Ed.), *Older persons: Unused resources for unmet needs* (pp.18-24). Beverly Hills, CA: Sage Publications.

Johnson, D. P. (1981). *Sociological theory: Classical founders and contemporary perspectives.* New York: John Wiley & Sons.

Johnson, N. (1987). *The welfare state in transition.* Amhurst: The University of Massachusetts Press.

__________. (1995). The United Kingdom. In N. Jonhson (Ed.), *Private markets in health and welfare: An international perspective* (pp.230-240). Oxford: BERG.

Kahn, A. J. (1979). *Social policy & social services* (2nd ed.). New York: Random House.

_________ & Kamerman, S. B. (1976). *Social services in international perspective*. Washington, D. C.: DHEW.

Kalish, R. A. (1976). Death and dying in a social context. In R. H. Binstock & E. Shanas (Eds.), *Handbook of aging and the social sciences* (pp.483-507). New York: D. Van Nostrand.

Kamerman, S. B. & Kahn, A. J. (Eds.). (1978). *Family policy: Government and families in fourteen countries*. New York: Columbia University Press.

Kane, R. A. & Kane, R. C. (1987). *Long-term care: principles, programs, and policies*. New York: Springer Publishing Company.

Kaplan, M. (1960). The use of leisure. In C. Tibbitts (Ed.), *Handbook of social gerontology* (pp.407-443). Chicago: University of Chicago Press.

Karancan, I., Scott, F. G., Salis, P. J., Attia, S. L., & Ware, J. C. (1977). Nocturnal erections, differential diagnosis of impotence and diabetes. *Biological Psychiatry*, 12, 373-380.

Karancan, I., Williams, R. L., Thornby, J. I., & Salis, P. J. (1975). Sleep-related tumescence as a function of age. *American Journal of Psychiatry*, 132, 930-939.

Kass, L. R. (1971). Death as an event: A commentary on Robert Morison. *Science*, 173, 698-702.

Kesler, M. S., Denny, N. W., & Whitely, S. E. (1976). Factors influencing problem solving in middle-aged and elderly adults. *Human Development*, 19, 310-320.

Kerckhoff, A. C. (1966). Norm-value clusters and the strain toward consistency among older married couples. In I. H. Simpson & J. C. Mckinney (Eds.), *Social aspect of aging* (pp.138-159). Durham, NC: Duke University Press.

Kimmel, D. C. (1974). *Adulthood and aging.* New York: John Wiley & Sons.

King, C. (1948). *Organization for community action.* New York: Harper & Brothers.

Kingdon, J. W. (1995). *Agendas, alternatives, and public policies* (2nd ed.). New York: HarperCollins College Publishers.

Kinsey, A. C., Pomeroy, W. B., & Martin, C. E. (1948). *Sexual behavior in the human male.* Philadelphia: Saunders.

Kiyak, H. A. (1996). Communication in the practitioner-aged patient relationship. In P. Holm-Pedersen & H. Loe (Eds.), *Textbook of geriatric dentistry* (2nd ed.). Copenhagen: Munksgarrrd.

Konopka, G. (1963). *Social group work: A helping process.* Englewood Cliffs, NJ: Prentice-Hall.

Kramer, R. & Specht, H. (Eds.). (1969). *Readings in community organization practice.* Englewood Cliffs, NJ: Prentice-Hall.

Kroft, N. P. & Hutchison, E. D. (2000). Effective practice with elderly clients. In R. L. Schneider, N. P. Kropt & A. J. Kisor (Eds.), *Gerontological social work: Knowledge, service settings, and special populations* (2nd ed.)(pp. 3-25). Belmont, CA: Wadsworth/ Thomson Learning.

Kübler-Ross, E. (1970). *On death and dying.* New York: Macmillan.

Kuhlen, R. G. (1964). Developmental changes in motivation during the adult years. In R. G. Kuhlen (Ed.), *Psychological backgrounds of adult education* (pp.77-113). Chicago: Center for the Study of Liberal Education for Adults.

Kuhlan, R. G. (1964). Developmental changes in motivation during the adult years. In J. E. Birren (Ed.), *Relations of development and aging.* Springfield, IL: Charles C. Thomas.

Kutza, E. A. (1981). *The benefits of old age.* Chicago: The University of Chicago Press.

Kuypers, J. A. & Bengtson, V. L. (1973). Social breakdown and competence: A model of normal aging. *Human Development*, 16, 181-201.

Larson, R. (1978). Thirsty years of research on the subjective well-being of older Americans. *Journal of Gerontology*, 33(1), 109-123.

Laslett, P. A. (1989). *A fresh map of life.* London: Weidenfeld and Nicolson.

Le Grand, J. & Robinson, R. (1984). *Privatization and the welfare state.* London: George Allen & Unwin.

Lehman, H. C. (1953). *Age and achievement.* Princeton, NJ: Princeton University.

Leitner, M. J. & Leitner, S. F. (2004). *Leisure in later life.* (3rd ed.). New York: The Haworth Press.

Lemon, B. W., Bengtson, V. L., & Peterson, J. A. (1972). An exploration of the activity theory of aging: Activity types and life satisfaction among in-movers to a retirement community. *Journal of Gerontology*, 27, 511-523.

Levins, H. (1952). *Day centers for older people*. New York: Dept. of Public Welfare.

Levitan, S. A. (1980). *Program in aid of the poor for the 1980s*. Baltimore: The Johns Hopkins University Press.

Liang, J., Dvorkin, L., Kahana, E., & Mazian, F. (1980). Social integration and morale: A reexamination. *Journal of Gerontology*, 35, 746-757.

Lindauer, M. S. et al. (1997). Aging artists on the creativity of their old age. *Creative Research Journal*, 10(2-3), 1334-152.

Linton, R. (1936). *Study of man*. New York: Appleton-Century.

Little, D. L. (1993). Considerations on planning pre-retirement educational programs. *Activities, Adaptation & Aging*, 17(4), 55-62.

Litwak, E. (1959-1960). The use of extended family groups in the achievement of social goals: Some policy implications. *Social Problems*, 7, 177-187.

Londoner, C. A. (1978). Instrumental and expressive education: A basis for needs assessment and planning. In R. H. Shenon & D. B. Lumsden (Eds.), *Introduction to educational gerontology* (pp.153-165). Washington. D. C.: Hemisphere.

Lopata, H. Z. (1973). *Widowhood in an American city*. Cambridge, Mass: Shenkman.

Lowenthal, M. F. & Berkman, P. L. (1967). *Aging and mental disorder in San Francisco*. San Francisco: Jossey-Bass.

Lowy, L. (1979). *Social work with the aging*. New York: Harper & Row.

_______. (1980). *Social policies and programs on aging*. Lexington, Mass: Lexington Books.

Luca, G., Mazzonna, F., & Peracchi, F. (2008). Aging, cognitive ability and education in Europe. (A preliminary and incomplete presentation of the Survey on Health Aging and Retirement in Europe(SHARE)).

MacQueen, I. A. G. (1965). A general review of services for the elderly: Trend in social welfare (Mimeograph).

Maddox, G. L. et al. (2001). *The encyclopedia of aging* (3rd Ed.). New York: Springer Publishing Company.

Maddox, G. L. & Douglass, E. B. (1973). Self-assessment of health: A longitudinal study of elderly subjects. *Journal of Health and Social Behavior*, 14, 87-93.

Maddox, G. L. & Wiley, J. (1976). Scope, concepts and methods in the study of aging. In R. H.

Binstock & E. Shanas (Eds.), *Handbook of aging and the social sciences* (pp.3-34). New York: D. Van Nostrand.

Maehr, M. L. & Kleiber, D. A. (1981). The graying of achievement motivation. *American Psychologist*, 36(7), 787-793.

Manniche, E. & Falk, G. (1957). Age and Nobel prize. *Behavioral Science*, 2, 301-307.

Marshall, T. H. (1976). The right to welfare. In N. Timms & D. Watson (Eds.), *Talking about welfare* (pp.51-63). London: Routledge & Kegan Paul.

Martin, R. (1971). The Concept of power: A critical defence. *British Journal of Sociology*, 22, 240-256.

Maslow, A. H. (1954). A theory of human motivation. *Psychological Review*, 50, 370-396.

Masters, W. H. (1970). *Human sexual inadequacy*. Boston: Little, Brown & Co.

_______ & Johnson, V. (1966). *Human sexual response*. Boston: Little, Brown & Co.

McClusky, H. Y. (1971). Education: Background. Report of 1971 Whitehouse Conference on Aging.

McInnis-Dittrich, K. (2005). *Social work with elders: A biopsychosocial approach to assessment and intervention*. Boston: Pearson Education.

McKain, W. C. (1972). A new look at older marriages. *The Family Coordinator*, 21(1), 61-70.

Medawar, P. B. (1946). Old age and natural death. *Modern Quarterly*, 1, 30-56.

Merton, R. K. (1971). Social problems and sociological theory. In R. K. Merton & R. Nisbet (Eds.), *Contemporary social problems* (3rd ed.) (pp.793-845). New York: Harcourt Brace Jovanovich.

Meyer, C. H. (1975). Introduction-the field of aging: A prototype of social work practice. In NASW (Ed.), *Social work with the aging: Collection of articles selected from Social Work* (pp.3-7). New York: NASW.

Miller, S. J. (1965). The social dilemma of the aging leisure participant. In A. M. Rose & W. A. Peterson (Eds.), *Older people and their social world* (pp.77-92). Philadelphia: F.A. Davis.

Minkler, M. (1991). Gold in gray: Reflections on business' discovery of the elderly market. In M. Minkler & C. L. Estes (Eds.), *Critical perspectives on aging* (pp.67-80). Amityville, NY: Baywood Publishing Co.

Morgan, S. P. & Hirosima, K. (1983). The persistence of extended family residence in Japan: A anachronism or alternative Strategy? *American Sociological Review*, 48, 268-283.

Moroney, R. (1976). *The family and the state: Considerations for social policy*. London: Longman.

Moschis, G. P. (1994). *Marketing strategies for the mature market.* Westport, Conn: Quorum Books.

Murdock, G. P. (1949). *Social structure.* New York: Free Press.

Nadelson, T. (1969). A Survey of the literature on the adjustment of the aged to retirement. *Journal of Geriatric Psychiatry,* 3, 3-20.

Nesselroade, J. R., Schaie, K. W., & Baltes, P. B. (1972). Ontogenetic and generational components of structural and quantitative change in adult cognitive behavior. *Journal of Gerontology*, 27, 222-228.

Neugarten, B. L. (1974). Age groups in American society and the rise of young-old. *Annals of the American Academy of Political and Social Science*, 415 (Sept.), 187-198.

______________ & Weinstein, K. (1964). The changing American grandparent. *Journal of Marriage and the Family*, 26, 199-204.

______________, Havighurst, R. J., & Tobin, S. S. (1964). Personality types in an aged population. In B. L. Neugarten et al. (Eds.), *Personality in middle and late life* (pp.158-187). New York: Atherton Press.

Nisbet, R. A. (1970). *The social bond.* New York: Alfred A. Knopf.

Nordstrom, N. & Merz, J. (2006). *Learning later, living greater: The secret for making the most of your after-50 years.* Boulder, CO: Sentent Publications.

OECD. (1997). *Aging in OECD countries: A critical policy challenge.* Paris: OECD.

_____. (2000). *Reform for an ageing society.* Paris: OECD.

_____. (2003). *Beyond rhetoric: adult learning policies and practices.* Paris: OECD.

_____. (2004). *Ageing and employment policies: Korea.* Paris: OECD.

_____. (2005). *Society at a glance.* Paris: OECD.

_____. (2008). *Growing unequal.* Paris: OECD.

_____. (2009). *Health data 2009.* Paris: OECD.

O'Neal, G. (1982). Pre-retirement planning. In R. R. Boyd & D. MaConatha (Eds.), *Gerontological practice* (pp.53-58). Lanham, MD: University Press of America.

O'Rand, A. M. (1996). The Cumulative stratification of life course. In R. H. Binstock and L. K. George (Eds.), *Handbook of aging and the social sciences* (pp. 188-107). San Diego, CA: Academic Press.

Oster, S. M. & Hamermesh, D. S. (1998). Aging and productivity among economists. *Review of Economics and Statistics*, 1, 154-156.

Ozawa, M. N. (1974). Individual equity versus social adequacy in federal old-age insurance.

Social Service Review, 48(March), 24-38.

___________. (1978). Issues in welfare reform. *Social Service Review*, 52, 37-55.

Padberg, W. H. (1979). Complexities of family policy: What can be done. *Social Work*, November, 451-454.

Papell, C. & Rothman, B. (1996). Social group work methods. *Journal of Education for Social Work*, 2 (Fall), 66-78.

Parker, S. (1979). *The sociology of leisure*. London: George Allen & Unwin.

Parkes, C. M. (1972). *Bereavement*. New York: International University Press.

Parsons, T. (1942). Age and sex in the social structure of the United States. *American Sociological Review*, 7(5), 22-616.

__________. (1943). The Kinship system of the contemporary United States. *American Anthropologist*, 45(1), 22-38.

Passuth, P. M., Maines, D. R., & Neugarten, B. L. (1984). Age norms and age constraints twenty years later. Paper presented at the Annual Meeting of Midwest Sociological Society, Chacago.

Payne, S. (1951). *The art of asking questions*. Princeton, NJ: Princeton University Press.

Peck, R. C. (1968). Psychological developments in the second half of life. In B. L. Neugarten (Ed.), *Middle age and aging* (pp.88-92). Chicago: University of Chicago Press.

Perlman, H. H. (1957). *Social casework*. Chicago: University of Chicago Press.

Perlman, C. K. (1972). Frequency of intercourse in males at different ages. *Medical Aspects of Human Sexuality*, 6, 90-95.

Perlman, R. & Gurin, A. (1972). *Community organization and social planning*. New York: John Wiley & Sons.

Pfeiffer, E., Verwoerdt, A., & Wang, H. S. (1969). The natural history of sexual behavior in biologically advantaged group of aged individuals. *Journal of Gerontology*, 25, 193-198.

Pincus, A. (1970). Reminiscence in aging and its implications for social work practice. *Social Work*, 15 (July), 50-55.

________ & Minahan, A. (1973). *Social work practice: Model and methods*. Itasca, Ill: Peacock.

Pynoos, J. (1995). A Paper presented to the 2nd International Symposium on Housing, July 18-21, Seoul Korea.

Quinn, W. H. (1983). Personal and family adjustment in later life. *Journal of Marriage and the Family*, 45(1), 57-73.

Rawls, J. (1979). *A theory of justice* [황경식 역. (1979). **사회정의론(I): 원리론**. 서울: 서광사].

Read, C. I. (1966). Suggestions for revision of nomenclature on aging. *The Gerontologist*, 6(4), 188-190.

Reamer, F. G. (1993). *The philosophical foundations of social work.* New York: Columbia University Press.

Reynolds, P. D. (1971). *A primer in theory construction.* Indianapolis: Bobbs-Merril Educational Publishing Co.

Richmond, M. (1922). *What is social casework?: An introductory description.* New York: Russell Sage Foundation.

Riley, M. W. (1980). Social gerontology and the age stratification of society. In J. S. Quadagno (Ed.), *Aging, the individual and society* (pp.87-102). New York: St. Martin? Press.

__________, Foner, A., & Johnson, M. (1968). *Aging and society*, Vol. 1: An inventory of research findings. New York: Russell Sage Foundation.

________________________________. (1969). *Aging and society*, Vol. 2: Aging and the professions. New York: Russell Sage Foundation.

Roberts, R. W. & Nee, R. H. (1970). *Theories of social casework.* Chicago: University of Chicago Press.

Rogers, C. (no date). Some personal learnings about interpersonal relationships. Filmed Lecture Provided by Academic Communication Facility. University of California at Los Angeles.

Rose, A. M. (1965). The subculture of the aging: A framework in social gerontology. In A. M. Rose & W. Peterson (Eds.), *Older people and their social world* (pp.3-16). Philadelphia: F. A. Davis Co.

Rosenberg, G. S. & Anspach, D. F. (1973). *Working class kinship.* Lexington, Mass: Lexington Books.

Rosenmayr, L. & Köckeis, E. (1963). Propositions for a sociological theory of aging and family. *International Social Science Journal*, XV(3), 410-426.

Rosow, I. (1965a). *Social integration of the aged.* New York: Free Press.

________. (1965b). And then we were old. *Transaction/Society*, 2(2), 20-26.

________. (1974). *Socialization to old age.* Berketion CA: University of California Press.

________. (1976). Status and role change through the life span. In R. H. Binstock & E. Shanas (Eds.), *Handbook of aging and the social sciences* (pp.457-482). New York: D. Van Nostrand.

Ross, M. G. (1955). *Community organization.* New York: Harper & Row.

Rothman, J. (1968). Three models of community organization practice. In National Conference on Social Welfare (Ed.), *Social work practice* (pp.20-30). New York: Columbia University Press.

Rowe, J. W. (1990). Physical condition and physical performance in older persons. In R. N. Butler, M. R. Oberlink, & M. Schechter (Eds.), *The promise of productive aging: From biology to social policy* (pp.33-47). New York: Springer Publishing Co.

__________ & Kahn, R. L. (1998). *Successful aging*. New York: Random House.

Royal Commission on Long-Term Care. (1999). *With respect to old age: Long-term care rights and responsibility*. London: The Stationary Office.

Rubington, E. & Weinberg, M. S. (Eds.) (1981). *The study of social problems*. New York: Oxford University Press.

Sadler, W. (2000). *The third age: 6 principles of growth and renewal after forty*. New York: Dacapo Press.

Sadurski, W. (1986). Economic right and basic needs. In C. J. G. Samford & D. J. Galligan (Eds.), *Law, right and the welfare state* (pp.49-66). London: Groom Helm.

Savings Institutions. (1990). Marketers wanted not to broad-brush the senior market. *Savings Institutions*, July, 52-53.

Schaie, K. W. & Labovie-Vief, G. (1974). Generational versus ontogenetic components of change in adult cognitive behavior: A fourteen-year cross-sequential study. *Developmental Psychology*, 10, 305-320.

Schewe, C. D. (1990). Get in position for the older market. *American Demographics*, June, 38-41.

Segraves, R. T. (1977). Pharmacological Agents Causing Sexual Disfunctions. *Journal of Sex and Martial Therapy*, 3, 157-176.

Shanas, E. (1979). Social myths as hypothesis: The case of the family relations of old people. *The Gerontologist*, 19(1), 3-9.

________ & Maddox, G. L. (1976). Aging, health, and the organization of health resources. In R. H. Binstock & E. Shanas (Eds.), *Handbook of aging and the social sciences* (pp.592-618). New York: Van Nostrand Company.

Sharpe, C. C. (2005). *The senior volunteer: Where and how retired Americans can give back*. Jefferson, NC: McFarland & Company.

Sheppard, H. L. (1976). Work and retirement. In R. H. Binstock & E. Shanas (Eds.), *Handbook of aging and the social sciences* (pp.286-309). New York: D. Van Nostrand.

Shock, N. W. (1977). Biological theory of aging. In J. E. Birren & K. W. Schaie (Eds.), *Handbook of the psychology of aging* (pp.103-115). New York: Van Nostrand Reinhold.

Sieder, V. M. & Kirshbaum, D. C. (1977). Volunteer. In National Association of Social Worker. (Ed.), *Encyclopedia of social work. 7th Issue* (pp.1256-1257). Washington, D. C.: National Association of Social Workers.

Smith, C. R. (1982). *Social work with the dying and bereaved.* London: The Macmillan Press.

Solnick, R. E. & Corby, N. (1983). Human sexuality and aging. In D.S. Woodruff & J. B. Birren (Eds.), *Aging: Scientific perspectives and social issues* (2nd ed.)(pp.202-224). Monterey, CA: Brooks/Cole Publishing Co.

Spark, R. F., White, R. A., & Connolly, P. B. (1980). Impotence is not always psychogenic. *Journal of the American Medical Association*, 243, 750-755.

Specht, R. & Craig, G. J. (1982). *Human development: A social work perspective* (2nd ed.). Englewood Cliffs, NJ: Prentice-Hall.

Specht, H. (1983). Professional interpersonal interaction (Mimeograph).

________ & Vickery, A. (Eds.) (1973). *Integrating social work methods.* London: George Allen & Co.

SSI (1991). *Care management & assessment: Practitioners' guide.* London: HMSO.

Sterns, R. S. & Sterns, H. L. (1995). Consumers issues: The mature market. In G. L Maddox (Ed.), *The encyclopedia of aging* (pp.222-224). New York: Springer Publishing Co.

Stoez, D. (1986). Human services corporations and the welfare state. *Society*, 25(5), 53-58.

Stolitz, G. J. (1968). A century of international mortality trends. In C. B. Nam (Ed.), *Population and society* (pp.124-151). Boston: Houghton Mifflin.

Strehler, B. L. (1977). *Time, cells and aging* (2nd ed.). New York: Academic Press.

Tibbitts, C. (1964). The future of research in social gerontology. In P. F. Hansen (Ed.), *Age with a future* (pp.139-145). Copenhagen: Munksgaard.

Trager, B. (1972). Home health care services in the United States. Paper presented at the 92nd Congress, 2nd Session. Washington, D. C.: Government Printing Office.

Trecker, H. (1955). *Social group work.* New York: Whiteside.

_________. (1972). *Social group work: Principle & practices.* New York: Association Press.

U N. (1956). *The aging of populations and its economic and social implications* (Population Studies, No. 26). New York: UN.

______. (1993, 2000). *The sex and age distribution of world population.* New York: U. N.

______. (1997). *Demographic yearbook.* New York: U. N.

______. (1998). World population prospects: Estimates and projections as assessed in 1982. *Population Studies*, No. 86. New York: U. N.

______. (1999). *Population and aging*. New York: U. N.

______. (2002). *Report of the second world assembly on ageing, Madrid, 8-12, April, 2002*. New York: U. N.

______. (2007). *World population prospects: The 2006 revision*. New York: U. N.

Verwoerdt, A. (1973). Biological characteristics of the elderly. In R. R. Boyd & C. G. Oakes (Eds.), *Foundations of practical gerontology* (pp.51-67). Columbia, South Carolina: University of South Carolina Press.

Wacker, R. R. & Roberto, K. A. (2008). *Community resources for older adults: Programs and services in an era of change* (3rd ed.). Los Angeles: Sage Publications.

Wan, T. T. H. (1985). *Well-being for the elderly: Primary preventive strategies*. Lexington, Mass: Lexington Books.

Ward, R. A. (1979). *The aging experience*. New York: Lippincott.

Warwick Institute for Employment Research, University of Warwick, and Economic Research & Consulting. (2006). *Ageing and employment: Identification of good practice to increase job opportunities and maintain older workers in employment*. Brussel: European Commission.

Watson, D. (1984). Moral objections to welfare for profit. *Journal of Social Policy*, 13, 33-337.

Wechsler, D. (1958). *The measurement and appraisal of adult intelligence* (4th ed.). Baltimore: Williams & Wilkins.

Weeks, J. R. (2005). *Population: An introduction to concepts and issues* (9th ed.). Belmont, CA: Wadsworth/Thompson Learning.

Weg, R. B. (1975). Changing physiology of aging: Normal and pathological changes. In D. S. Woodruff & J. E. Birren (Eds.), *Aging: Scientific perspectives and social issues* (pp.229-256). New York: D. Van Nostrand.

Weismann, A. (1891). *Essays on heredity and kindred biological problems* (2nd ed.). Vol. 1. Oxford: Clarendon Press.

White House Conference on Aging. (1971). *Income: Background and issues*. Washington, D. C.: White House Conference on Aging.

______________________________. (1996). *The road to an aging policy for the 21st century: Executive summary*. Washington, D. C.: White House Conference on Aging.

Whitehead, C. M E. (1984). Privatization and housing. In J. Le Grand & R. Robinson (Eds.), *Privatization and welfare state* (pp.116-132). London: George Allen & Unwin.

Wilensky, H. L. & Lebeaux, C. N. (1965). *Industrial society and social welfare*. New York: The Free Press.

Wilson, A. J. E. (1984). *Social Services for Older Persons*. Boston: Little, Brown & Co.

Woodruff, D. S. & Birren, J. E. (Eds.) (1983). *Scientific Perspectives and Social Issues* (2nd ed.). Montery, CA: Brooks/Cole.

World Health Organization. (1947). Constitution of the World Health Organization. *Chronicle of WHO*, 1, 1-2.

Wynne, E. A. (1980). *Social security: A reciprocity system under pressure*. Boulder, CO: Westview Press.

Zastrow, C. (2007). *Introduction to social work and social welfare* (9th ed.). Belmont, CA: Brook/cole, Wadsworth [서혜경(2009), **노인죽음학개론**에서 재인용].

웹사이트

공무원연금공단(http://www.geps.or.kr).

국민연금공단(http://www.nps.or.kr).

도로교통공단(http://www.orta.or.kr).

보건복지부(http://www.mw.go.kr). (보건복지부 명칭은 2008년 2월부터 보건복지가족부로 변경되었다가 다시 2010년 3월에 다시 보건복지부로 환원됨)

사립학교교직원연금공단(http://www.ktpf.or.kr).

통계청 국가통계 포털(http://kosis.kr/nsp/index/index.jsp).

International Road Traffic Accident Database(http://internationaltransportforum.org/irtad).

Life Academy(http://www.life-academy.co.uk).

The Occupational Pensioners' Alliance Website(http://www.opalliance.org.uk).

부록

노인복지 관련 법령

저출산· 고령사회기본법

제정	2005. 5. 18	법률 제7496호
일부개정	2008. 2. 29	법률 제8868호
타법개정	2010. 1. 18	법률 제9932호
일부개정	2011. 8. 4	법률 제11011호
일부개정	2012. 5. 23	법률 제11444호

제1장 총칙

제1조 (목적) 이 법은 저출산 및 인구의 고령화에 따른 변화에 대응하는 저출산· 고령사회정책의 기본방향과 그 수립 및 추진체계에 관한 사항을 규정함으로써 국가의 경쟁력을 높이고 국민의 삶의 질 향상과 국가의 지속적인 발전에 이바지함을 목적으로 한다.

제2조 (기본이념) 이 법은 국가의 지속적인 발전을 위한 인구 구성의 균형과 질적 향상을 실현하고, 국민이 건강하고 안정된 노후생활을 할 수 있도록 하는 것을 기본이념으로 한다.

제3조 (정의) 이 법에서 사용하는 용어의 정의는 다음과 같다.

1. "인구의 고령화"라 함은 전체인구에서 노인의 인구비율이 증가하는 현상을 말한다.
2. "저출산· 고령사회정책"이라 함은 저출산 및 인구의 고령화에 따른 변화에 대응하기 위하여 수립· 시행하는 정책을 말한다.

제4조 (국가 및 지방자치단체의 책무) ① 국가는 종합적인 저출산· 고령사회정책을 수립· 시행하고, 지방자치단체는 국가의 저출산· 고령사회정책에 맞추어 지역의 사회· 경제적 실정에 부합하는 저출산· 고령사회정책을 수립· 시행하여야 한다.

② 국가 및 지방자치단체는 다른 법률의 규정에 의하여 중· 장기계획 및 연도별 시행계획 등 주요 정책을 수립하는 경우 제20조의 규정에 의한 저출산· 고령사회기본계획을 고려하여야 한다.

제5조 (국민의 책무) ① 국민은 출산 및 육아의 사회적 중요성과 인구의 고령화에 따른 변화를 인식하고 국가 및 지방자치단체가 시행하는 저출산· 고령사회정책에 적극 참여하고 협력하여야 한다.

② 국민은 가정 및 지역사회의 일원으로 상호연대를 강화하고 각자의 노후생활을 건강하고 충실하게 영위할 수 있도록 노력하여야 한다.

제6조 (다른 법률과의 관계) 국가는 저출산· 고령사회정책과 관계되는 다른 법률을 제정 또는 개정하는 경우 이 법의 목적과 기본이념에 맞도록 하여야 한다.

제2장 저출산·고령사회정책의 기본방향

제1절 저출산 대책

제7조 (인구정책) 국가 및 지방자치단체는 적정 인구의 구조와 규모를 분석하고 인구변동을 예측하여 국가 및 지방자치단체의 지속적인 성장과 발전을 위한 인구정책을 수립·시행하여야 한다.

제7조의2 (인구교육) 국가 및 지방자치단체는 국민이 저출산 및 인구의 고령화 문제의 중요성을 이해하고, 결혼·출산 및 가족생활에 대한 합리적인 가치관을 형성할 수 있도록 하는 인구교육을 활성화하여야 하며, 이에 필요한 시책을 강구하여야 한다. [본조신설 2012.5.23]

제8조 (자녀의 출산과 보육 등) ① 국가 및 지방자치단체는 모든 자녀가 차별받지 아니하고 안전하고 행복한 생활을 영위하며 교육과 인성함양에 도움을 주는 사회환경을 조성하기 위한 시책을 강구하여야 한다.

② 국가 및 지방자치단체는 자녀를 임신·출산·양육 및 교육하고자 하는 자가 직장생활과 가정생활을 병행할 수 있도록 사회환경을 조성·지원하여야 한다.

③ 국가 및 지방자치단체는 자녀를 양육하려는 자에게 양질의 보육서비스를 제공하기 위한 시책을 강구하여야 한다.

제9조 (모자보건의 증진 등) ① 국가 및 지방자치단체는 임산부·태아 및 영유아에 대한 건강진단 등 모자보건의 증진과 태아의 생명존중을 위하여 필요한 시책을 수립·시행하여야 한다.

② 국가 및 지방자치단체는 임신·출산·양육의 사회적 의미와 생명의 존엄성 및 가족구성원의 협력의 중요성 등에 관한 교육을 실시하여야 한다.

③ 국가 및 지방자치단체는 임신·출산 및 양육에 관한 정보의 제공, 교육 및 홍보를 실시하기 위하여 필요한 기관을 설치하거나 그 업무를 관련 기관에 위탁할 수 있다.

제10조 (경제적 부담의 경감) ① 국가 및 지방자치단체는 자녀의 임신·출산·양육 및 교육에 소요되는 경제적 부담을 경감하기 위하여 필요한 시책을 강구하여야 한다. 〈개정 2012.5.23〉

② 국가 및 지방자치단체는 제1항에 따른 시책의 강구 및 지원을 위하여 자녀의 임신·출산·양육 및 교육에 소요되는 비용의 통계조사를 실시할 수 있다. 〈신설 2012.5.23〉

제2절 고령사회정책

제11조 (고용과 소득보장) ① 국가 및 지방자치단체는 일할 의욕과 능력이 있는 고령자가 최대한 일할 수 있는 환경을 조성하여야 한다.

② 국가 및 지방자치단체는 연금제도 등 노후소득보장체계를 구축하고 노인에게 적합한 일자리를 창출하는 등 국민이 경제적으로 안정된 노후생활을 할 수 있도록 필요한 조치를 강구하여야 한다.

제12조 (건강증진과 의료제공) ① 국가 및 지방자치단체는 연령단계별 건강상의 특성과 주요 건강위험요인을 고려하여 국민의 건강증진을 위한 시책을 강구하여야 한다.

② 국가 및 지방자치단체는 노인을 위한 의료·요양 제도 등을 확립·발전시키고 필요한 시설과 인력을 확충하기 위하여 노력하여야 한다.

제13조 (생활환경과 안전보장) 국가 및 지방자치단체는 노후생활에 필요한 기능과 설비를 갖춘 주거와 이용시설을 마련하고 노인이 안전하고 편리하게 이동할 수 있는 환경을 조성하는 등 쾌적한 노후생활환경을 조성하고 재해와 범죄 등 각종 위험으로부터 노인을 보호하

기 위하여 필요한 시책을 강구하여야 한다.

제14조 (여가·문화 및 사회활동의 장려) ① 국가 및 지방자치단체는 노후의 여가와 문화활동을 장려하고 이를 위한 기반을 조성하여야 한다.

② 국가 및 지방자치단체는 자원봉사 등 노인의 사회활동 참여를 촉진하는 사회적 기반을 조성하여야 한다.

제15조 (평생교육과 정보화) ① 국가 및 지방자치단체는 모든 세대가 평생에 걸쳐 학습하고 능력과 적성에 따라 교육을 받을 수 있도록 교육의 기회를 제공하고, 이를 위한 교육시설의 설치·인력의 양성 및 프로그램의 개발 등 필요한 시책을 강구하여야 한다.

② 국가 및 지방자치단체는 세대간 정보의 격차를 해소하기 위하여 정보화 교육, 프로그램 개발 및 장비 보급 등 필요한 시책을 강구하여야 한다.

제15조의2 (노후설계) 국가 및 지방자치단체는 국민이 행복하고 활기찬 노후생활을 설계하기 위하여 재무, 건강, 여가, 사회참여 등 각 분야에서 적절한 상담과 교육을 받을 수 있도록 필요한 시책을 강구하여야 한다.[본조신설 2012.5.23]

제16조 (취약계층노인 등) 국가 및 지방자치단체는 저출산·고령사회정책을 수립·시행함에 있어서 여성노인·장애노인 등 취약계층의 노인에 대하여 특별한 배려를 하고 도시·농어촌지역간 격차 등 지역의 특수한 상황을 반영하여야 한다.

제17조 (가족관계와 세대간 이해증진) 국가 및 지방자치단체는 효행을 장려함으로써 노인이 가정과 사회에서 공경받을 수 있도록 하고 세대간 교류의 활성화와 세대간 이해를 증진함으로써 민주적이고 평등한 가족관계가 형성되도록 필요한 사회환경을 조성하여야 한다.

제18조 (경제와 산업 등) 국가 및 지방자치단체는 인구의 고령화에 따른 경제·산업구조 및 노동환경의 변화에 부응하는 시책을 수립·시행하여야 한다.

제19조 (고령친화적 산업의 육성) ① 국가 및 지방자치단체는 인구의 고령화에 따른 상품 및 서비스 수요의 변화에 대비한 새로운 산업을 육성하기 위한 기반을 구축하여야 한다.

② 국가 및 지방자치단체는 노인에게 필요한 용구와 용품 등의 연구개발·생산 및 보급의 활성화를 위하여 필요한 시책을 강구하여야 한다.

제3장 저출산·고령사회정책의 수립 및 추진체계

제20조 (저출산·고령사회기본계획) ① 정부는 저출산·고령사회 중·장기 정책목표 및 방향을 설정하고, 이에 따른 저출산·고령사회기본계획(이하 "기본계획"이라 한다)을 수립·추진하여야 한다.

② 보건복지부장관은 관계 중앙행정기관의 장과 협의하여 5년마다 기본계획안을 작성하고, 제23조의 규정에 의한 저출산·고령사회위원회 및 국무회의의 심의를 거친 후 대통령의 승인을 얻어 이를 확정한다. 수립된 기본계획을 변경할 때에도 또한 같다. 〈개정 2008.2.29, 2010.1.18〉

③ 기본계획에는 다음 각 호의 사항이 포함되어야 한다.

1. 저출산·고령사회정책의 기본목표와 추진방향
2. 기간별 주요 추진과제와 그 추진방법
3. 필요한 재원의 규모와 조달방안
4. 그 밖에 저출산·고령사회정책으로 필요하다고 인정되는 사항

④ 삭제 〈2008.2.29〉

⑤ 기본계획의 수립절차 등에 관하여 필요한 사항은 대통령령으로 정한다.

제21조 (연도별 시행계획) ① 중앙행정기관의 장은 기본계획에 따라 소관별로 연도별 시행계획(이하 "시행계획"이라 한다)을 수립·시행하고, 지방자치단체의 장은 기본계획 및 중앙행정기관의 시행계획에 따라 당해 지방자치단체의 시행계획을 수립·시행하여야 한다.

② 중앙행정기관의 장은 지방자치단체의 시행계획이 기본계획 및 중앙행정기관의 시행계획에 위반되는 경우에는 당해 지방자치단체의 장에게 이를 변경하도록 요구하고, 지방자치단체의 시행계획의 이행상황을 기본계획에 따라 점검할 수 있다.

③ 관계 중앙행정기관의 장 및 지방자치단체의 장은 제1항의 규정에 의한 다음 해의 시행계획 및 지난해의 추진실적을 대통령령이 정하는 바에 따라 보건복지부장관에게 제출하고, 보건복지부장관은 이를 종합하여 제23조의 규정에 의한 저출산·고령사회위원회의 심의를 받아야 한다. 〈개정 2008.2.29, 2010.1.18〉

④ 국가 및 지방자치단체는 매년 시행계획에 따른 추진실적을 평가하고 그 결과를 저출산·고령사회정책에 반영하여야 한다.

⑤ 시행계획의 수립·시행 및 평가 그 밖의 필요한 사항은 대통령령으로 정한다.

제22조 (업무의 협조) ① 국가 및 지방자치단체는 기본계획 및 시행계획의 수립·시행을 위하여 관계 공무원 또는 관계 전문가의 의견을 듣거나 관계 기관 및 단체 등에 필요한 자료제출 등 협조를 요청할 수 있다.

② 보건복지부장관은 기본계획안의 작성을 위하여 관계 중앙행정기관 및 지방자치단체의 장에게 저출산·고령사회 관련 계획 및 정책, 관련 자료 또는 의견의 제출 등 필요한 협조를 요청할 수 있다. 〈개정 2008.2.29, 2010.1.18〉

③ 제1항 및 제2항의 규정에 의한 협조요청을 받은 자는 특별한 사유가 없는 한 이에 응하여야 한다.

제23조 (저출산·고령사회위원회) ① 저출산·고령사회정책에 관한 중요사항을 심의하기 위하여 대통령 소속하에 저출산·고령사회위원회(이하 "위원회"라 한다)를 둔다. 〈개정 2010.1.18, 2012.5.23〉

② 위원회는 다음 각 호의 사항을 심의한다. 〈개정 2012.5.23〉

1. 저출산 및 인구의 고령화에 대비한 중·장기 인구구조의 분석과 사회경제적 변화전망에 관한 사항
2. 저출산·고령사회정책의 중·장기 정책목표와 추진방향에 관한 사항
3. 기본계획에 관한 사항
4. 시행계획에 관한 사항
5. 저출산·고령사회정책의 조정 및 평가에 관한 사항
6. 그 밖에 저출산·고령사회정책에 관한 중요사항으로서 제5항의 간사위원이 부의하는 사항

③ 위원회는 위원장 1인을 포함한 25인 이내의 위원으로 구성한다.

④ 위원장은 대통령이 되고, 위원은 다음 각 호의 자가 된다. 〈개정 2010.1.18, 2012.5.23〉

1. 대통령령으로 정하는 관계 중앙행정기관의 장
2. 고령화 및 저출산에 관하여 학식과 경험이 풍부한 자 중에서 위원장이 위촉하는 자

⑤ 위원회에 간사위원 2인을 두며, 간사위원은 보건복지부장관과 제4항 제2호의 위원 중 대통령이 지명하는 자가 된다. 〈신설 2012.5.23〉

⑥ 위원회의 구성 및 운영 등에 관하여 필요한 사항은 대통령령으로 정한다. 〈개정 2012.5.23〉

[전문개정 2008.2.29]

제24조 삭제 〈2008.2.29〉

제25조 삭제 〈2008.2.29〉

제26조 (관계행정기관의 협조) 위원회는 저출산·고령사회정책을 심의하기 위하여 필요한 경우 관계 행정기관에 자료를 요청할 수 있다. 이 경우 관계 행정기관의 장은 특별한 사정이 없는 한 이에 따라야 한다.

제27조 (국회보고) 정부는 기본계획·시행계획 및 이에 대한 평가 등을 확정한 후 지체 없이 국회에 보고하여야 한다.

제4장 보칙

제28조 (전문인력의 양성) ① 국가 및 지방자치단체는 저출산 및 인구의 고령화에 따른 변화에 대응하기 위하여 필요한 분야의 전문인력을 양성하여야 한다.

② 국가 및 지방자치단체는 제1항의 규정에 의한 전문인력을 양성하기 위하여 연구소·대학 그 밖에 필요하다고 인정하는 기관을 전문인력 양성기관으로 지정하고, 해당 전문인력 양성기관에 대하여 필요한 지원을 할 수 있다.

제29조 (조사 및 연구) ① 국가 및 지방자치단체는 저출산 및 인구의 고령화에 따른 변화에 대응하기 위하여 필요한 조사 및 연구를 실시하여야 한다.

② 국가 및 지방자치단체는 제1항의 규정에 의한 조사 및 연구를 수행하기 위하여 조사연구기관을 설치하거나 연구소·대학 그 밖에 필요하다고 인정하는 기관에 조사 및 연구를 위탁할 수 있다.

제30조 (민간의 참여) 국가 및 지방자치단체는 저출산·고령사회정책에 관하여 민간부문이 참여할 수 있는 환경을 조성하여야 한다.

제30조의2 (인구의 날) ① 인구구조 불균형이 초래하는 정치적·경제적·사회적 파급영향에 대하여 국민의 이해와 관심을 높이고, 저출산·고령화 대응에 민간의 참여를 유도하기 위하여 매년 7월 11일을 인구의 날로 정한다.

② 국가와 지방자치단체는 인구의 날 취지에 적합한 행사와 교육·홍보 사업을 실시하도록 노력하여야 한다.

[본조신설 2011.8.4]

제31조 (국제교류의 활성화) 국가 및 지방자치단체는 저출산 및 인구의 고령화와 관련한 국제기구 및 국제회의에 참여하고, 정보교환 및 공동조사연구 등 국제협력사업의 추진을 통하여 국제교류를 활성화하여야 한다.

제32조 (지원) 국가 및 지방자치단체는 이 법에 따른 저출산·고령사회정책의 시행을 위하여 관계 법률이 정하는 바에 따라 조세의 감면 등 필요한 지원을 하여야 한다.

부칙 (생략)

노인복지법

제정	1981. 6. 5	법률 제3453호	일부개정	2007. 4. 11	법률 제8367호
일부개정	1984. 12. 15	법률 제3755호	일부개정	2007. 4. 25	법률 제8385호
전부개정	1989. 12. 30	법률 제4178호	일부개정	2007. 5. 17	법률 제8435호
일부개정	1993. 12. 27	법률 제4633호	일부개정	2007. 8. 3	법률 제8608호
일부개정	1997. 3. 27	법률 제5317호	일부개정	2008. 2. 29	법률 제8852호
전부개정	1997. 8. 22	법률 제5359호	일부개정	2008. 3. 21	법률 제8974호
일부개정	1997. 12. 13	법률 제5453호	일부개정	2009. 1. 30	법률 제9386호
일부개정	1999. 2. 8	법률 제5851호	일부개정	2010. 1. 18	법률 제9932호
일부개정	2000. 1. 12	법률 제6124호	일부개정	2010. 1. 25	법률 제9964호
일부개정	2003. 5. 29	법률 제6916호	일부개정	2011. 3. 30	법률 제10509호
일부개정	2004. 1. 29	법률 제7152호	일부개정	2011. 4. 7	법률 제10568호
일부개정	2005. 3. 31	법률 제7452호	일부개정	2011. 6. 7	법률 제10785호
일부개정	2005. 7. 13	법률 제7585호	일부개정	2012. 2. 1	법률 제11249호
일부개정	2007. 1. 3	법률 제8200호	일부개정	2012. 10. 22	법률 제11513호
일부개정	2007. 4. 11	법률 제8366호	일부개정	2013. 6. 4	법률 제11854호

제1장 총칙

제1조 (목적) 이 법은 노인의 질환을 사전예방 또는 조기발견하고 질환상태에 따른 적절한 치료·요양으로 심신의 건강을 유지하고, 노후의 생활안정을 위하여 필요한 조치를 강구함으로써 노인의 보건복지증진에 기여함을 목적으로 한다.

제1조의2 (정의) 이 법에서 사용하는 용어의 정의는 다음과 같다. 〈개정 2007.1.3, 2011.8.4〉

1. "부양의무자"라 함은 배우자(사실상의 혼인관계에 있는 자를 포함한다)와 직계비속 및 그 배우자(사실상의 혼인관계에 있는 자를 포함한다)를 말한다.
2. "보호자"라 함은 부양의무자 또는 업무·고용 등의 관계로 사실상 노인을 보호하는 자를 말한다.
3. "치매"란 「치매관리법」 제2조 제1호에 따른 치매를 말한다.
4. "노인학대"라 함은 노인에 대하여 신체적·정신적·정서적·성적 폭력 및 경제적 착취 또는 가혹행위를 하거나 유기 또는 방임을 하는 것을 말한다.

[본조신설 2004.1.29]

제2조 (기본이념) ① 노인은 후손의 양육과 국가 및 사회의 발전에 기여하여 온 자로서 존경받으며 건전하고 안정된 생활을 보장받는다.

② 노인은 그 능력에 따라 적당한 일에 종사하고 사회적 활동에 참여할 기회를 보장 받는다.

③ 노인은 노령에 따르는 심신의 변화를 자각하여 항상 심신의 건강을 유지하고 그 지식과 경험을 활용하여 사회의 발전에 기여하도록 노력하여야 한다.

제3조 (가족제도의 유지·발전) 국가와 국민은 경로효친의 미풍양속에 따른 건전한 가족제도가 유지·발전되도록 노력하여야 한다.

제4조 (보건복지증진의 책임) ① 국가와 지방자치단체는 노인의 보건 및 복지증진의 책임이 있으며, 이를 위한 시책을 강구하여 추진하여야 한다.

② 국가와 지방자치단체는 제1항의 규정에 의한 시책을 강구함에 있어 제2조에 규정된 기본이념이 구현되도록 노력하여야 한다.

③ 노인의 일상생활에 관련되는 사업을 경영하는 자는 그 사업을 경영함에 있어 노인의 보건복지가 증진되도록 노력하여야 한다.

제5조 (노인실태조사) ① 보건복지부장관은 노인의 보건 및 복지에 관한 실태조사를 3년마다 실시하고 그 결과를 공표하여야 한다. 〈개정 2008.2.29, 2010.1.18〉

② 제1항의 규정에 따른 조사의 방법과 내용 등에 관하여 필요한 사항은 보건복지부령으로 정한다. 〈개정 2008.2.29, 2010.1.18〉

[본조신설 2007.1.3]

제6조 (노인의 날 등) ① 노인에 대한 사회적 관심과 공경의식을 높이기 위하여 매년 10월 2일을 노인의 날로, 매년 10월을 경로의 달로 한다.

② 부모에 대한 효사상을 앙양하기 위하여 매년 5월 8일을 어버이날로 한다.

③ 삭제 〈2011.8.4〉

제7조 (노인복지상담원) ① 노인의 복지를 담당하게 하기 위하여 특별자치도와 시·군·구(자치구를 말한다. 이하 같다)에 노인복지상담원을 둔다. 〈개정 2007.8.3〉

② 노인복지상담원의 임용 또는 위촉, 직무 및 보수 등에 관하여 필요한 사항은 대통령령으로 정한다. 〈개정 1999.2.8〉

제8조 (노인전용주거시설) 국가 또는 지방자치단체는 노인의 주거에 적합한 기능 및 설비를 갖춘 주거용시설의 공급을 조장하여야 하며, 그 주거용시설의 공급자에 대하여 적절한 지원을 할 수 있다.

제2장 삭제 〈2007.4.25〉

제9조 삭제 〈2007.4.25〉

제10조 삭제 〈2007.4.25〉

제11조 삭제 〈2007.4.25〉

제12조 삭제 〈2007.4.25〉

제13조 삭제 〈2007.4.25〉

제14조 삭제 〈2007.4.25〉

제15조 삭제 〈2007.4.25〉

제16조 삭제 〈2007.4.25〉

제17조 삭제 〈2007.4.25〉

제18조 삭제 〈2007.4.25〉

제19조 삭제 〈2007.4.25〉

제20조 삭제 〈2007.4.25〉

제21조 삭제 〈2007.4.25〉

제22조 삭제 〈2007.4.25〉

제3장 보건·복지조치

제23조 (노인사회참여 지원) ① 국가 또는 지방자치단체는 노인의 사회참여 확대를 위하여 노인의 지역봉사 활동기회를 넓히고 노인에게 적합한 직종의 개발과 그 보급을 위한 시책을 강구하며 근로능력있는 노인에게 일할 기회를 우선적으로 제공하도록 노력하여야 한다.

② 국가 또는 지방자치단체는 노인의 지역봉사 활동 및 취업의 활성화를 기하기 위하여 노인지역봉사기관, 노인취업알선기관 등 노인복지관계기관에 대하여 필요한 지원을 할 수 있다.

제23조의2 (노인일자리전담기관의 설치·운영 등) ① 노인의 능력과 적성에 맞는 일자리지원사업을 전문적·체계적으로 수행하기 위한 전담기관(이하 "노인일자리전담기관"이라 한다)은 다음 각 호의 기관으로 한다. 〈개정 2011.4.7〉

1. 노인인력개발기관 : 노인일자리개발·보급사

업, 조사사업, 교육·홍보 및 협력사업, 프로그램인증·평가사업 등을 지원하는 기관

2. 노인일자리지원기관: 지역사회 등에서 노인일자리의 개발·지원, 창업·육성 및 노인에 의한 재화의 생산·판매 등을 직접 담당하는 기관
3. 노인취업알선기관: 노인에게 취업 상담 및 정보를 제공하거나 노인일자리를 알선하는 기관

② 국가 또는 지방자치단체는 노인일자리전담기관을 설치·운영하거나 그 운영의 전부 또는 일부를 법인·단체 등에 위탁할 수 있다. 〈신설 2011.4.7〉

③ 노인일자리전담기관의 설치·운영 또는 위탁에 관하여 필요한 사항은 대통령령으로 정한다. 〈개정 2011.4.7〉

④ 제1항 제2호의 노인일자리지원기관의 시설 및 인력에 관한 기준 등은 보건복지부령으로 정한다. 〈신설 2013.6.4〉

[본조신설 2005.7.13]

제24조 (지역봉사지도원 위촉 및 업무) ① 국가 또는 지방자치단체는 사회적 신망과 경험이 있는 노인으로서 지역봉사를 희망하는 경우에는 이를 지역봉사지도원으로 위촉할 수 있다.

② 제1항의 규정에 의한 지역봉사지도원의 업무는 다음 각호와 같다.

1. 국가 또는 지방자치단체가 행하는 업무중 민원인에 대한 상담 및 조언
2. 도로의 교통정리, 주·정차단속의 보조, 자연보호 및 환경침해 행위단속의 보조와 청소년 선도
3. 충효사상, 전통의례 등 전통문화의 전수교육
4. 문화재의 보호 및 안내
5. 기타 대통령령이 정하는 업무

제25조 (생업지원) 국가 또는 지방자치단체 기타 공공단체가 설치·운영하는 공공시설 안에 식료품·사무용품·신문 등 일상생활용품의 판매를 위한 매점이나 자동판매기의 설치를 허가 또는 위탁할 때에는 65세 이상의 자의 신청이 있는 경우 이를 우선적으로 반영하여야 한다.

제26조 (경로우대) ① 국가 또는 지방자치단체는 65세 이상의 자에 대하여 대통령령이 정하는 바에 의하여 국가 또는 지방자치단체의 수송시설 및 고궁·능원·박물관·공원 등의 공공시설을 무료로 또는 그 이용요금을 할인하여 이용하게 할 수 있다.

② 국가 또는 지방자치단체는 노인의 일상생활에 관련된 사업을 경영하는 자에게 65세 이상의 자에 대하여 그 이용요금을 할인하여 주도록 권유할 수 있다.

③ 국가 또는 지방자치단체는 제2항의 규정에 의하여 노인에게 이용요금을 할인하여 주는 자에 대하여 적절한 지원을 할 수 있다.

제27조 (건강진단 등) ① 국가 또는 지방자치단체는 대통령령이 정하는 바에 의하여 65세 이상의 자에 대하여 건강진단과 보건교육을 실시할 수 있다.

② 국가 또는 지방자치단체는 제1항의 규정에 의한 건강진단 결과 필요하다고 인정한 때에는 그 건강진단을 받은 자에 대하여 필요한 지도를 하여야 한다.

제27조의2 (홀로 사는 노인에 대한 지원) ① 국가 또는 지방자치단체는 홀로 사는 노인에 대하여 방문요양서비스 등의 서비스와 안전확인 등의 보호조치를 취하여야 한다.

② 제1항의 서비스 및 보호조치의 구체적인 내용 등에 관하여는 보건복지부장관이 정한다.

[본조신설 2007.8.3]

제28조 (상담·입소 등의 조치) ① 보건복지부장관, 특별시장·광역시장·도지사·특별자치도지사(이하 "시·도지사"라 한다), 시장·군수·구청장(자치구의 구청장을 말한다. 이하 같다)은 노인에 대한 복지를 도모하기 위하여 필요하다고 인정한 때에는 다음 각 호의 조치를 하

여야 한다.〈개정 1999.2.8, 2007.8.3, 2008.2.29, 2010.1.18〉

1. 65세 이상의 자 또는 그를 보호하고 있는 자를 관계공무원 또는 노인복지상담원으로 하여금 상담·지도하게 하는 것
2. 65세 이상의 자로서 신체적·정신적·경제적 이유 또는 환경상의 이유로 거택에서 보호받기가 곤란한 자를 노인주거복지시설 또는 재가노인복지시설에 입소시키거나 입소를 위탁하는 것
3. 65세 이상의 자로서 신체 또는 정신상의 현저한 결함으로 인하여 항상 보호를 필요로 하고 경제적 이유로 거택에서 보호받기가 곤란한 자를 노인의료복지시설에 입소시키거나 입소를 위탁하는 것

② 보건복지부장관, 시·도지사 또는 시장·군수·구청장(이하 "복지실시기관"이라 한다)은 65세 미만의 자에 대하여도 그 노쇠현상이 현저하여 특별히 보호할 필요가 있다고 인정할 때에는 제1항 각호의 조치를 할 수 있다.〈개정 2008.2.29, 2010.1.18〉

③ 복지실시기관은 제1항 또는 제2항의 규정에 의하여 입소조치된 자가 사망한 경우에 그 자에 대한 장례를 행할 자가 없을 때에는 그 장례를 행하거나 당해 시설의 장으로 하여금 그 장례를 행하게 할 수 있다.

제29조 삭제 〈2011.8.4〉

제29조의2 삭제 〈2011.8.4〉

제30조 (노인재활요양사업) ① 국가 또는 지방자치단체는 신체적·정신적으로 재활요양을 필요로 하는 노인을 위한 재활요양사업을 실시할 수 있다.

② 제1항의 노인재활요양사업의 내용 및 기타 필요한 사항은 보건복지부령으로 정한다.〈개정 2008.2.29, 2010.1.18〉

제4장 노인복지시설의 설치·운영

제31조(노인복지시설의 종류) 노인복지시설의 종류는 다음 각 호와 같다.〈개정 2004.1.29, 2013.6.4〉

1. 노인주거복지시설
2. 노인의료복지시설
3. 노인여가복지시설
4. 재가노인복지시설
5. 노인보호전문기관
6. 제23조의2 제1항 제2호의 노인일자리지원기관

제31조의2 (「사회복지사업법」에 따른 신고와의 관계) 제33조 제2항, 제35조 제2항, 제37조 제2항 및 제39조 제2항에 따라 노인복지시설의 설치신고를 한 경우 「사회복지사업법」 제34조 제2항에 따른 사회복지시설 설치신고를 한 것으로 본다.〈개정 2011.6.7〉

[본조신설 2007.8.3]

제32조 (노인주거복지시설) ① 노인주거복지시설은 다음 각 호의 시설로 한다.〈개정 2007.8.3〉

1. 양로시설: 노인을 입소시켜 급식과 그 밖에 일상생활에 필요한 편의를 제공함을 목적으로 하는 시설
2. 노인공동생활가정: 노인들에게 가정과 같은 주거여건과 급식, 그 밖에 일상생활에 필요한 편의를 제공함을 목적으로 하는 시설
3. 노인복지주택: 노인에게 주거시설을 분양 또는 임대하여 주거의 편의·생활지도·상담 및 안전관리 등 일상생활에 필요한 편의를 제공함을 목적으로 하는 시설

② 노인주거복지시설의 입소대상·입소절차·입소비용 및 분양·임대 등에 관하여 필요한 사항은 보건복지부령으로 정한다.〈개정 2007.8.3, 2008.2.29, 2010.1.18〉

③ 노인복지주택의 설치·관리 및 공급 등에 관하여 이 법에서 규정된 사항을 제외하고

는 「주택법」의 관련규정을 준용한다. 〈신설 1999. 2.8, 2003.5.29, 2007.8.3〉

제33조 (노인주거복지시설의 설치) ① 국가 또는 지방자치단체는 노인주거복지시설을 설치할 수 있다.

② 국가 또는 지방자치단체외의 자가 노인주거복지시설을 설치하고자 하는 경우에는 특별자치도지사·시장·군수·구청장(이하 "시장·군수·구청장"이라 한다)에게 신고하여야 한다. 〈개정 2005.3.31, 2007.8.3〉

③ 노인주거복지시설의 시설, 인력 및 운영에 관한 기준과 설치신고, 설치·운영자가 준수하여야 할 사항, 그 밖에 필요한 사항은 보건복지부령으로 정한다. 〈개정 1999.2.8, 2007.8.3, 2008.2.29, 2010.1.18〉

제33조의2 (노인복지주택의 입소자격 등) ① 노인복지주택에 입소할 수 있는 자는 60세 이상의 노인(이하 "입소자격자"라 한다)으로 한다. 다만, 입소자격자의 배우자는 60세 미만의 자라 하더라도 입소자격자와 함께 입소할 수 있다.

② 노인복지주택을 설치하거나 설치하려는 자가 노인복지주택을 분양 또는 임대하려는 경우 입소자격자에게 분양 또는 임대하여야 한다.

③ 제2항에 따라 노인복지주택을 분양받거나 임차한 자는 해당 노인주거시설을 입소자격자가 아닌 자에게 양도(매매·증여나 그 밖에 소유권변동을 수반하는 일체의 행위를 포함한다. 이하 같다) 또는 임대할 수 없다.

④ 제3항에도 불구하고 노인복지주택을 상속받은 경우 입소자격자가 아닌 자도 노인복지주택을 취득할 수 있다. 다만, 상속에 의하여 노인복지주택을 취득한 자라도 입소자격자가 아닌 자는 노인복지주택에 입소할 수 없으며 입소자격자가 아닌 자에게 해당 노인복지주택을 양도 또는 임대할 수 없다.

⑤ 시장·군수·구청장은 지역 내 노인 인구, 노인주거복지시설의 수요와 공급실태 및 노인복지주택의 효율적인 이용 등을 고려하여 노인복지주택의 공급가구수와 가구별 건축면적(주거의 용도로만 쓰이는 면적에 한한다)을 일정 규모 이하로 제한할 수 있다.

⑥ 제33조제2항에 따라 노인복지주택을 설치한 자는 당해 노인복지주택의 전부 또는 일부 시설을 시장·군수·구청장의 확인을 받아 대통령령으로 정하는 자에게 위탁하여 운영할 수 있다.

[본조신설 2007.8.3]

제33조의3 (입소자격이 없는 자에 대한 노인복지주택의 처분명령) 시장·군수·구청장은 입소자격이 없는 자로서 노인복지주택을 소유한 자(상속받은 자를 제외한다)에 대하여 상당한 기간을 정하여 해당 노인복지주택을 입소자격자에게 처분하도록 명할 수 있다.

[본조신설 2007.8.3]

제34조 (노인의료복지시설) ① 노인의료복지시설은 다음 각 호의 시설로 한다. 〈개정 2007.8.3〉

1. 노인요양시설: 치매·중풍 등 노인성질환 등으로 심신에 상당한 장애가 발생하여 도움을 필요로 하는 노인을 입소시켜 급식·요양과 그 밖에 일상생활에 필요한 편의를 제공함을 목적으로 하는 시설
2. 노인요양공동생활가정: 치매·중풍 등 노인성질환 등으로 심신에 상당한 장애가 발생하여 도움을 필요로 하는 노인에게 가정과 같은 주거여건과 급식·요양, 그 밖에 일상생활에 필요한 편의를 제공함을 목적으로 하는 시설
3. 삭제 〈2011.6.7〉

② 노인의료복지시설의 입소대상·입소비용 및 입소절차와 설치·운영자의 준수사항 등에 관하여 필요한 사항은 보건복지부령으로 정한다. 〈개정 2007.8.3, 2008.2.29, 2010.1.18〉

제35조 (노인의료복지시설의 설치) ① 국가 또는 지방자치단체는 노인의료복지시설을 설치할

수 있다.

② 국가 또는 지방자치단체외의 자가 노인의료복지시설을 설치하고자 하는 경우에는 시장·군수·구청장에게 신고하여야 한다. 〈개정 2005.3.31, 2011.6.7〉

③ 노인의료복지시설의 시설, 인력 및 운영에 관한 기준과 설치신고 및 설치허가 등에 관하여 필요한 사항은 보건복지부령으로 정한다. 〈개정 1999.2.8, 2007.4.11, 2008.2.29, 2010.1.18, 2011.6.7〉

④ 삭제 〈2011.6.7〉

第36조 (노인여가복지시설) ① 노인여가복지시설은 다음 각 호의 시설로 한다. 〈개정 2007.8.3〉

1. 노인복지관 : 노인의 교양·취미생활 및 사회참여활동 등에 대한 각종 정보와 서비스를 제공하고, 건강증진 및 질병예방과 소득보장·재가복지, 그 밖에 노인의 복지증진에 필요한 서비스를 제공함을 목적으로 하는 시설
2. 경로당 : 지역노인들이 자율적으로 친목도모·취미활동·공동작업장 운영 및 각종 정보교환과 기타 여가활동을 할 수 있도록 하는 장소를 제공함을 목적으로 하는 시설
3. 노인교실: 노인들에 대하여 사회활동 참여욕구를 충족시키기 위하여 건전한 취미생활·노인건강유지·소득보장 기타 일상생활과 관련한 학습프로그램을 제공함을 목적으로 하는 시설
4. 삭제 〈2011.6.7〉

② 노인여가복지시설의 이용대상 및 이용절차 등에 관하여 필요한 사항은 보건복지부령으로 정한다. 〈개정 2008.2.29, 2010.1.18〉

第37조 (노인여가복지시설의 설치) ① 국가 또는 지방자치단체는 노인여가복지시설을 설치할 수 있다.

② 국가 또는 지방자치단체 외의 자가 노인여가복지시설을 설치하고자 하는 경우에는 시장·군수·구청장에게 신고하여야 한다.

③ 국가 또는 지방자치단체는 경로당의 활성화를 위하여 지역별·기능별 특성을 갖춘 표준 모델 및 프로그램을 개발·보급하여야 한다. 〈신설 2011.6.7〉

④ 노인여가복지시설의 시설, 인력 및 운영에 관한 기준과 설치신고 등에 관하여 필요한 사항은 보건복지부령으로 정한다. 〈개정 1999.2.8, 2008.2.29, 2010.1.18, 2011.6.7〉

第37조의2 (경로당에 대한 양곡구입비 등의 보조) ① 국가 또는 지방자치단체는 경로당에 대하여 예산의 범위에서 「양곡관리법」에 따른 정부관리양곡 구입비의 전부 또는 일부를 보조할 수 있다.

② 국가 또는 지방자치단체는 예산의 범위에서 경로당의 냉난방 비용의 전부 또는 일부를 보조할 수 있다.

[본조신설 2012.2.1]

第37조의3 (경로당에 대한 공과금 감면) ① 「전기사업법」에 따른 전기판매사업자, 「전기통신사업법」에 따른 전기통신사업자 및 「도시가스사업법」에 따른 도시가스사업자는 경로당에 대하여 각각 전기요금·전기통신요금 및 도시가스요금을 감면할 수 있다.

② 「수도법」에 따른 수도사업자(수도사업자가 지방자치단체인 경우에는 해당 지방자치단체의 장을 말한다)는 경로당에 대하여 수도요금을 감면할 수 있다.

[본조신설 2012.2.1]

第38조 (재가노인복지시설) ① 재가노인복지시설은 다음 각 호의 어느 하나 이상의 서비스를 제공함을 목적으로 하는 시설을 말한다.

1. 방문요양서비스: 가정에서 일상생활을 영위하고 있는 노인(이하 "재가노인"이라 한다)으로서 신체적·정신적 장애로 어려움을 겪고 있는 노인에게 필요한 각종 편의를 제공

하여 지역사회 안에서 건전하고 안정된 노후를 영위하도록 하는 서비스

2. 주·야간보호서비스: 부득이한 사유로 가족의 보호를 받을 수 없는 심신이 허약한 노인과 장애노인을 주간 또는 야간 동안 보호시설에 입소시켜 필요한 각종 편의를 제공하여 이들의 생활안정과 심신기능의 유지·향상을 도모하고, 그 가족의 신체적·정신적 부담을 덜어주기 위한 서비스

3. 단기보호서비스: 부득이한 사유로 가족의 보호를 받을 수 없어 일시적으로 보호가 필요한 심신이 허약한 노인과 장애노인을 보호시설에 단기간 입소시켜 보호함으로써 노인 및 노인가정의 복지증진을 도모하기 위한 서비스

4. 방문 목욕서비스: 목욕장비를 갖추고 재가노인을 방문하여 목욕을 제공하는 서비스

5. 그 밖의 서비스: 그 밖에 재가노인에게 제공하는 서비스로서 보건복지부령이 정하는 서비스

② 제1항에 따른 재가노인복지시설의 이용대상·비용부담 및 이용절차 등에 관하여 필요한 사항은 보건복지부령으로 정한다. 〈개정 2010.1.18〉

[전문개정 2007.8.3]

제39조 (재가노인복지시설의 설치) ① 국가 또는 지방자치단체는 재가노인복지시설을 설치할 수 있다.

② 국가 또는 지방자치단체외의 자가 재가노인복지시설을 설치하고자 하는 경우에는 시장·군수·구청장에게 신고하여야 한다.

③ 재가노인복지시설의 시설, 인력 및 운영에 관한 기준과 설치신고 등에 관하여 필요한 사항은 보건복지부령으로 정한다. 〈개정 1999.2.8, 2008.2.29, 2010.1.18〉

제39조의2 (요양보호사의 직무·자격증의 교부 등) ① 노인복지시설의 설치·운영자는 보건복지부령으로 정하는 바에 따라 노인 등의 신체활동 또는 가사활동 지원 등의 업무를 전문적으로 수행하는 요양보호사를 두어야 한다. 〈개정 2008.2.29, 2010.1.18〉

② 요양보호사가 되려는 사람은 제39조의3에 따라 요양보호사를 교육하는 기관(이하 "요양보호사교육기관"이라 한다)에서 교육과정을 마치고 시·도지사가 실시하는 요양보호사 자격시험에 합격하여야 한다. 〈개정 2010.1.25〉

③ 시·도지사는 제2항에 따라 요양보호사 자격시험에 합격한 사람에게 요양보호사 자격증을 교부하여야 한다. 〈개정 2010.1.25〉

④ 시·도지사는 제2항에 따라 요양보호사 자격시험에 응시하고자 하는 사람과 제3항에 따라 자격증을 교부 또는 재교부 받고자 하는 사람에게 보건복지부령으로 정하는 바에 따라 수수료를 납부하게 할 수 있다. 〈신설 2010.1.25〉

⑤ 요양보호사의 교육과정, 요양보호사 자격시험 실시 및 자격증 교부 등에 관하여 필요한 사항은 보건복지부령으로 정한다.

[전문개정 2007.8.3]

제39조의3 (요양보호사교육기관의 지정 등) ① 시·도지사는 요양보호사의 양성을 위하여 보건복지부령으로 정하는 지정기준에 적합한 시설을 요양보호사교육기관으로 지정·운영하여야 한다. 〈개정 2010.1.25〉

② 시·도지사는 요양보호사교육기관이 다음 각 호의 어느 하나에 해당하는 경우 사업의 정지를 명하거나 그 지정을 취소할 수 있다. 다만, 제1호에 해당하는 경우 지정을 취소하여야 한다. 〈신설 2010.1.25〉

1. 거짓이나 그 밖의 부정한 방법으로 요양보호사교육기관으로 지정을 받은 경우
2. 제1항에 따른 지정기준에 적합하지 아니하게 된 경우
3. 교육과정을 1년 이상 운영하지 아니하는 경우
4. 정당한 사유 없이 제42조에 따른 보고 또는

자료제출을 하지 아니하거나 거짓으로 한 경우 또는 조사·검사를 거부·방해하거나 기피한 경우

③ 시·도지사는 제2항에 따라 지정취소를 하는 경우 청문을 실시하여야 한다. 〈신설 2010.1.25〉

④ 제1항에 따른 요양보호사교육기관의 지정 절차, 제2항에 따른 행정처분의 세부적인 기준 및 절차 등에 관하여 필요한 사항은 보건복지부령으로 정한다. 〈개정 2010.1.25〉

[전문개정 2007.8.3]

[제목개정 2010.1.25]

제39조의4 (긴급전화의 설치 등) ① 국가 및 지방자치단체는 노인학대를 예방하고 수시로 신고를 받을 수 있도록 긴급전화를 설치하여야 한다.

② 제1항의 규정에 의한 긴급전화의 설치·운영에 관하여 필요한 사항은 대통령령으로 정한다.

[본조신설 2004.1.29]

제39조의5 (노인보호전문기관의 설치) ① 국가는 지역 간의 연계체계를 구축하고 노인학대를 예방하기 위하여 다음 각 호의 업무를 담당하는 중앙노인보호전문기관을 설치·운영하여야 한다.

1. 노인인권보호 관련 정책제안
2. 노인인권보호를 위한 연구 및 프로그램의 개발
3. 노인학대 예방의 홍보, 교육자료의 제작 및 보급
4. 노인보호전문사업 관련 실적 취합, 관리 및 대외자료 제공
5. 지역노인보호전문기관의 관리 및 업무지원
6. 지역노인보호전문기관 상담원의 심화교육
7. 관련 기관 협력체계의 구축 및 교류
8. 그 밖에 노인의 보호를 위하여 대통령령으로 정하는 사항

② 학대받는 노인의 발견·보호·치료 등을 신속히 처리하고 노인학대를 예방하기 위하여 다음 각 호의 업무를 담당하는 지역노인보호전문기관을 특별시·광역시·도·특별자치도(이하 "시·도"라 한다)에 둔다.

1. 노인학대 신고전화의 운영 및 사례접수
2. 노인학대 의심사례에 대한 현장조사
3. 피해노인 및 노인학대자에 대한 상담
4. 피해노인가족 관련자와 관련 기관에 대한 상담
5. 상담 및 서비스제공에 따른 기록과 보관
6. 일반인을 대상으로 한 노인학대 예방교육
7. 노인학대행위자를 대상으로 한 재발방지 교육
8. 그 밖에 노인의 보호를 위하여 보건복지부령으로 정하는 사항

③ 보건복지부장관 및 시·도지사는 노인학대 예방사업을 목적으로 하는 비영리법인을 지정하여 제1항에 따른 중앙노인보호전문기관과 제2항에 따른 지역노인보호전문기관의 운영을 위탁할 수 있다.

④ 제1항에 따른 중앙노인보호전문기관과 제2항에 따른 지역노인보호전문기관의 설치기준과 운영, 상담원의 자격과 배치기준 및 제3항에 따른 위탁기관의 지정 등에 필요한 사항은 대통령령으로 정한다.

[전문개정 2011.6.7]

제39조의6 (노인학대 신고의무와 절차 등) ① 누구든지 노인학대를 알게 된 때에는 노인보호전문기관 또는 수사기관에 신고할 수 있다. 〈개정 2007.4.11〉

② 다음 각 호의 1에 해당하는 자는 그 직무상 노인학대를 알게 된 때에는 즉시 노인보호전문기관 또는 수사기관에 신고하여야 한다. 〈개정 2011.6.7〉

1. 의료법 제3조제1항의 의료기관에서 의료업을 행하는 의료인

2. 제31조에 따른 노인복지시설의 장과 그 종사자 및 제7조에 따른 노인복지상담원
3. 「장애인복지법」 제58조의 규정에 의한 장애인복지시설에서 장애노인에 대한 상담·치료·훈련 또는 요양업무를 수행하는 사람
4. 「가정폭력방지 및 피해자보호 등에 관한 법률」 제5조 및 제7조에 따른 가정폭력 관련 상담소 및 가정폭력피해자 보호시설의 장과 그 종사자
5. 「사회복지사업법」 제14조에 따른 사회복지전담공무원 및 같은 법 제34조에 따른 사회복지관, 부랑인 및 노숙인보호를 위한 시설의 장과 그 종사자
6. 「노인장기요양보험법」 제31조에 따른 장기요양기관 및 제32조에 따른 재가장기요양기관의 장과 그 종사자
7. 「119구조·구급에 관한 법률」 제10조에 따른 119구급대의 구급대원
8. 「건강가정기본법」 제35조에 따른 건강가정지원센터의 장과 그 종사자

③ 신고인의 신분은 보장되어야 하며 그 의사에 반하여 신분이 노출되어서는 아니 된다.

④ 관계 중앙행정기관의 장은 제2항 각 호의 어느 하나에 해당하는 사람의 자격취득 교육과정이나 보수교육 과정에 노인학대 예방 및 신고의무와 관련된 교육 내용을 포함하도록 하여야 한다. 〈신설 2012.10.22〉

⑤ 제4항에 따른 교육 내용·시간 및 방법 등에 관하여 필요한 사항은 보건복지부령으로 정한다. 〈신설 2012.10.22〉

[본조신설 2004.1.29]

[제목개정 2012.10.22]

제39조의7 (응급조치의무 등) ① 제39조의6의 규정에 의하여 노인학대신고를 접수한 노인보호전문기관의 직원이나 사법경찰관리는 지체 없이 노인학대의 현장에 출동하여야 한다.

② 제1항의 규정에 의하여 현장에 출동한 자는 학대받은 노인을 노인학대행위자로부터 분리하거나 치료가 필요하다고 인정할 때에는 노인보호전문기관 또는 의료기관에 인도하여야 한다.

③ 노인학대행위자 등 노인학대행위와 관련되어 있는 자는 노인학대 현장에 출동한 자에 대하여 현장조사를 거부하거나 업무를 방해하여서는 아니 된다. 〈신설 2011.6.7〉

[본조신설 2004.1.29]

제39조의8 (보조인의 선임 등) ① 학대받은 노인의 법정대리인, 직계친족, 형제자매, 노인보호전문기관의 상담원 또는 변호사는 노인학대사건의 심리에 있어서 보조인이 될 수 있다. 다만, 변호사가 아닌 경우에는 법원의 허가를 받아야 한다.

② 법원은 학대받은 노인을 증인으로 신문하는 경우 본인·검사 또는 노인보호전문기관의 신청이 있는 때에는 본인과 신뢰관계에 있는 자의 동석을 허가할 수 있다.

③ 수사기관이 학대받은 노인을 조사하는 경우에도 제1항 및 제2항의 절차를 준용한다.

[본조신설 2004.1.29]

제39조의9 (금지행위) 누구든지 다음 각 호의 1에 해당하는 행위를 하여서는 아니 된다.

1. 노인의 신체에 폭행을 가하거나 상해를 입히는 행위
2. 노인에게 성적 수치심을 주는 성폭행·성희롱 등의 행위
3. 자신의 보호·감독을 받는 노인을 유기하거나 의식주를 포함한 기본적 보호 및 치료를 소홀히 하는 방임행위
4. 노인에게 구걸을 하게 하거나 노인을 이용하여 구걸하는 행위
5. 노인을 위하여 증여 또는 급여된 금품을 그 목적 외의 용도에 사용하는 행위

[본조신설 2004.1.29]

제39조의10 (실종노인에 관한 신고의무 등)

① 누구든지 정당한 사유 없이 사고 등의 사유로 인하여 보호자로부터 이탈된 노인(이하 "실종노인"이라 한다)을 경찰관서 또는 지방자치단체의 장에게 신고하지 아니하고 보호하여서는 아니 된다. 〈개정 2013.6.4〉

② 제31조에 따른 노인복지시설(「사회복지사업법」 제2조 제4호에 따른 사회복지시설 및 사회복지시설에 준하는 시설로서 인가·신고 등을 하지 아니하고 노인을 보호하는 시설을 포함한다. 이하 "보호시설"이라 한다)의 장 또는 그 종사자는 그 직무를 수행하면서 실종노인임을 알게 된 때에는 지체 없이 보건복지부령으로 정하는 신상카드를 작성하여 지방자치단체의 장과 제3항제2호의 업무를 수행하는 기관의 장에게 제출하여야 한다. 〈개정 2011.8.4〉

③ 보건복지부장관은 실종노인의 발생예방, 조속한 발견과 복귀를 위하여 다음 각 호의 업무를 수행하여야 한다. 이 경우 보건복지부장관은 노인복지 관련 법인이나 단체에 그 업무의 전부 또는 일부를 위탁할 수 있다.

1. 실종노인과 관련된 조사 및 연구
2. 실종노인의 데이터베이스 구축·운영
3. 그 밖에 실종노인의 보호 및 지원에 필요한 사항

④ 경찰청장은 실종노인의 조속한 발견과 복귀를 위하여 다음 각 호의 사항을 시행하여야 한다. 〈신설 2011.6.7, 2013.6.4〉

1. 실종노인에 대한 신고체계의 구축 및 운영
2. 그 밖에 실종노인의 발견과 복귀를 위하여 필요한 사항
3. 삭제 〈2013.6.4〉

⑤ 삭제 〈2013.6.4〉

[본조신설 2007.8.3]

[종전 제39조의10은 제39조의11로 이동〈2007.8.3〉]

제39조의11 (조사 등) ① 보건복지부장관, 시·도지사 또는 시장·군수·구청장은 필요하다고 인정하는 때에는 관계공무원 또는 노인복지상담원으로 하여금 노인복지시설과 노인의 주소·거소, 노인의 고용장소 또는 제39조의9의 금지행위를 위반할 우려가 있는 장소에 출입하여 노인 또는 관계인에 대하여 필요한 조사를 하거나 질문을 하게 할 수 있다.

② 경찰청장, 시·도지사 또는 시장·군수·구청장은 실종노인의 발견을 위하여 필요한 때에는 보호시설의 장 또는 그 종사자에게 필요한 보고 또는 자료제출을 명하거나 소속 공무원으로 하여금 보호시설에 출입하여 관계인 또는 노인에 대하여 필요한 조사 또는 질문을 하게 할 수 있다. 〈신설 2007.8.3〉

③ 제1항 및 제2항의 경우 관계공무원, 노인복지상담원은 그 권한을 표시하는 증표를 지니고 이를 노인 또는 관계인에게 내보여야 한다. 〈개정 2007.8.3〉

④ 제3항에 따른 증표의 내용·형식 등에 관하여 필요한 사항은 보건복지부령으로 정한다. 〈개정 2007.8.3〉

[본조신설 2004.1.29]

[제39조의10에서 이동, 종전의 제39조의11은 제39조의12로 이동 〈2007.8.3〉]

제39조의12 (비밀누설의 금지) 이 법에 의한 학대노인의 보호와 관련된 업무에 종사하였거나 종사하는 자는 그 직무상 알게 된 비밀을 누설하지 못한다.

[본조신설 2004.1.29]

[제39조의11에서 이동 〈2007.8.3〉]

제39조의13 (요양보호사의 결격사유) 다음 각 호의 어느 하나에 해당하는 사람은 요양보호사가 될 수 없다.

1. 「정신보건법」 제3조 제1호에 따른 정신질환자. 다만, 전문의가 요양보호사로서 적합하다고 인정하는 사람은 그러하지 아니하다.

2. 마약·대마 또는 향정신성의약품 중독자
3. 금치산자·한정치산자
4. 금고 이상의 형을 선고받고 그 형의 집행이 종료되지 아니하였거나 그 집행을 받지 아니하기로 확정되지 아니한 사람
5. 법원의 판결에 따라 자격이 정지 또는 상실된 사람
6. 요양보호사의 자격이 취소된 날부터 1년이 경과되지 아니한 사람

[본조신설 2010.1.25]

제39조의14 (요양보호사 자격의 취소) ① 시·도지사는 요양보호사가 다음 각 호의 어느 하나에 해당하는 경우 그 자격을 취소할 수 있다. 다만, 제1호부터 제3호까지의 경우 자격을 취소하여야 한다.
1. 제39조의13 각 호의 어느 하나에 해당하게 된 경우
2. 제39조의9를 위반하여 제55조의2부터 제55조의4까지의 규정에 따른 처벌을 받은 경우
3. 거짓이나 그 밖의 부정한 방법으로 자격증을 취득한 경우
4. 영리를 목적으로 노인 등에게 불필요한 요양서비스를 알선·유인하거나 이를 조장한 경우
5. 자격증을 대여·양도 또는 위조·변조한 경우

② 시·도지사는 제1항에 따라 요양보호사의 자격을 취소하는 경우 청문을 실시하여야 한다.
③ 제1항의 자격취소의 절차 등에 관하여 필요한 사항은 보건복지부령으로 정한다.

[본조신설 2010.1.25]

제40조 (변경·폐지 등) ① 제33조 제2항의 규정에 의하여 노인주거복지시설을 설치한 자 또는 제35조 제2항의 규정에 의하여 노인의료복지시설을 설치한 자가 그 설치신고사항 중 보건복지부령이 정하는 사항을 변경하거나 그 시설을 폐지 또는 휴지하고자 할 때에는 대통령령이 정하는 바에 의하여 시장·군수·구청장에게 미리 신고하여야 한다. 〈개정 1999.2.8, 2005.3.31, 2008.2.29, 2010.1.18, 2011.6.7〉
② 삭제 〈2011.6.7〉
③ 제37조 제2항에 의하여 노인여가복지시설을 설치한 자 또는 제39조 제2항의 규정에 의하여 재가노인복지시설을 설치한 자가 그 설치신고사항 중 보건복지부령이 정하는 사항을 변경하거나 그 시설을 폐지 또는 휴지하고자 할 때에는 대통령령이 정하는 바에 의하여 시장·군수·구청장에게 미리 신고하여야 한다. 〈개정 1999.2.8, 2008.2.29, 2010.1.18〉
④ 삭제 〈2010.1.25〉

[제목개정 1999.2.8]

제41조 (수탁의무) 제32조 제1항의 규정에 의한 양로시설, 노인공동생활가정 및 노인복지주택, 제34조 제1항의 규정에 의한 노인요양시설 및 노인요양공동생활가정 또는 제38조제1항의 규정에 의한 재가노인복지시설을 설치·운영하는 자가 복지실시기관으로부터 제28조 제1항 제2호 및 제3호, 동조 제2항 또는 제3항의 규정에 의하여 노인의 입소·장례를 위탁받은 때에는 정당한 이유 없이 이를 거부하여서는 아니 된다. 〈개정 2007.8.3〉

제42조 (감독) ① 복지실시기관은 제31조의 규정에 의한 노인복지시설 또는 제39조의3 제1항에 따른 요양보호사교육기관을 설치·운영하는 자로 하여금 당해 시설 또는 사업에 관하여 필요한 보고를 하게 하거나 관계공무원으로 하여금 당해 시설 또는 사업의 운영상황을 조사하게 하거나 장부 기타 관계서류를 검사하게 할 수 있다. 〈개정 1999.2.8, 2007.8.3〉
② 제31조의 규정에 의한 노인복지시설을 설치·운영하는 자는 보건복지부령이 정하는 바에 따라 매년도 입소자 또는 이용자 현황 등에 관한 자료를 복지실시기관에 제출하여야 한다. 〈신설 1999.2.8, 2008.2.29, 2010.1.18〉

③ 제1항의 규정에 의하여 조사·검사를 행하는 자는 그 권한을 표시하는 증표를 지니고 이를 관계인에게 내보여야 한다.

제43조 (사업의 정지 등) ① 시·도지사 또는 시장·군수·구청장은 노인주거복지시설, 노인의료복지시설 또는 제23조의2 제1항 제2호의 노인일자리지원기관이 다음 각 호의 어느 하나에 해당하는 때에는 1개월의 범위에서 사업의 정지 또는 폐지를 명할 수 있다. 〈개정 1999.2.8, 2005.3.31, 2007.8.3, 2010.1.25, 2013.6.4, 2013.8.13〉

1. 제33조제3항 또는 제35조제3항에 따른 시설 등에 관한 기준에 미달하게 된 때
2. 제41조의 규정에 위반하여 수탁을 거부한 때
3. 정당한 이유 없이 제42조의 규정에 의한 보고 또는 자료제출을 하지 아니하거나 허위로 한 때 또는 조사·검사를 거부·방해하거나 기피한 때
4. 제46조 제5항의 규정에 위반한 때
5. 삭제 〈2007.8.3〉

② 시장·군수·구청장은 노인여가복지시설 또는 재가노인복지시설이 다음 각 호의 어느 하나에 해당하는 때에는 1개월의 범위에서 사업의 정지 또는 폐지를 명할 수 있다. 〈개정 1999.2.8, 2007.8.3, 2013.8.13〉

1. 제37조 제3항 또는 제39조 제3항의 시설 등에 관한 기준에 미달하게 된 때
2. 제41조의 규정에 위반하여 수탁을 거부한 때(재가노인복지시설의 경우에 한한다)
3. 정당한 이유 없이 제42조의 규정에 의한 보고 또는 자료제출을 하지 아니하거나 허위로 한 때 또는 조사·검사를 거부·방해하거나 기피한 때
4. 제46조제7항의 규정에 위반한 때
5. 삭제 〈2007.8.3〉

③ 제1항 내지 제2항의 규정에 의한 행정처분의 세부적인 기준은 위반의 정도 등을 참작하여 보건복지부령으로 정한다. 〈개정 2008.2.29, 2010.1.18〉

제44조 (청문) 시장·군수·구청장은 제43조의 규정에 의한 사업의 폐지를 명하고자 하는 경우에는 청문을 실시하여야 한다. 〈개정 2005.3. 31〉

제5장 비용

제45조 (비용의 부담) ① 삭제 〈2007.4.25〉

② 다음 각 호의 어느 하나에 해당하는 비용은 대통령령이 정하는 바에 따라 국가 또는 지방자치단체가 부담한다. 〈개정 2005.7.13, 2011.4.7〉

1. 제23조의2 제2항에 따른 노인일자리전담기관의 설치·운영 또는 위탁에 소요되는 비용
2. 제27조 및 제28조의 규정에 따른 건강진단 등과 상담·입소 등의 조치에 소요되는 비용
3. 제33조 제1항·제35조 제1항·제37조 제1항 및 제39조 제1항의 규정에 따른 노인복지시설의 설치·운영에 소요되는 비용

제46조 (비용의 수납 및 청구) ① 제27조 및 제28조의 규정에 의한 복지조치에 필요한 비용을 부담한 복지실시기관은 당해 노인 또는 그 부양의무자로부터 대통령령이 정하는 바에 의하여 그 부담한 비용의 전부 또는 일부를 수납하거나 청구할 수 있다.

② 부양의무가 없는 자가 제28조의 규정에 의한 복지조치에 준하는 보호를 행하는 경우 즉시 그 사실을 부양의무자 및 복지실시기관에 알려야 한다.

③ 제2항의 보호를 행한 자는 부양의무자에게 보호비용의 전부 또는 일부를 청구할 수 있다.

④ 제1항 또는 제3항의 규정에 의한 부담비용의 청구 등에 관하여 필요한 사항은 보건복지부령으로 정한다. 〈개정 2008.2.29, 2010.1.18〉

⑤ 제32조제1항에 따른 양로시설, 노인공동

생활가정 및 노인복지주택, 제34조 제1항에 따른 노인요양시설 및 노인요양공동생활가정을 설치한 자는 그 시설에 입소하거나 그 시설을 이용하는 기초수급권자외의 자로부터 그에 소요되는 비용을 수납하고자 할 때에는 시장·군수·구청장에게 신고하여야 한다. 다만, 보건복지부령이 정한 비용수납 한도액의 범위 안에서 수납할 때에는 그러하지 아니하다. 〈개정 1999.2.8, 2005.3.31, 2007.8.3, 2008.2.29, 2010.1.18〉

⑥ 삭제 〈1999.2.8〉

⑦ 제36조제1항의 규정에 의한 노인여가복지시설 또는 제38조제1항의 규정에 의하여 재가노인복지시설을 설치한 자 또는 편의를 제공하는 자가 그 시설을 이용하는 자로부터 그에 소요되는 비용을 수납하고자 할 때에는 미리 시장·군수·구청장에게 신고하여야 한다.

제47조 (비용의 보조) 국가 또는 지방자치단체는 대통령령이 정하는 바에 의하여 노인복지시설의 설치·운영에 필요한 비용을 보조할 수 있다.

제48조 (유류물품의 처분) 복지실시기관 또는 노인복지시설의 장은 제28조 제3항의 규정에 의한 장례를 행함에 있어서 사망자가 유류한 금전 또는 유가증권을 그 장례에 필요한 비용에 충당할 수 있으며, 부족이 있을 때에는 유류물품을 처분하여 그 대금을 이에 충당할 수 있다.

제49조 (조세감면) 제31조의 규정에 의한 노인복지시설에서 노인을 위하여 사용하는 건물·토지 등에 대하여는 조세감면규제법 등 관계법령이 정하는 바에 의하여 조세 기타 공과금을 감면할 수 있다. 〈개정 2007.4.25〉

제6장 보칙

제50조 (심사청구 등) ① 노인 또는 그 부양의무자는 이 법에 의한 복지조치에 대하여 이의가 있을 때에는 당해 복지실시기관에 심사를 청구할 수 있다.

② 복지실시기관은 제1항의 심사청구를 받은 때에는 30일 이내에 이를 심사·결정하여 청구인에게 통보하여야 한다.

③ 제2항의 심사·결정에 이의가 있는 자는 그 통보를 받은 날부터 90일 이내에 행정심판을 제기할 수 있다. 〈개정 1999.2.8〉

④ 제46조제3항의 규정에 의하여 부양의무자가 부담하여야 할 보호비용에 대하여 보호를 행한 자와 부양의무자 사이에 합의가 이루어지지 아니하는 경우로서 시장·군수·구청장은 당사자로부터 조정요청을 받은 경우에는 이를 조정할 수 있다. 〈개정 2004.1.29〉

⑤ 시장·군수·구청장은 제4항의 조정을 위하여 필요하다고 인정하는 경우 부양의무자에게 소득·재산 등에 관한 자료의 제출을 요구할 수 있다.

제51조 (노인복지명예지도원) ① 복지실시기관은 양로시설, 노인공동생활가정, 노인복지주택, 노인요양시설 및 노인요양공동생활가정의 입소노인의 보호를 위하여 노인복지명예지도원을 둘 수 있다. 〈개정 2007.8.3〉

② 노인복지명예지도원의 위촉방법·업무범위 등 기타 필요한 사항은 대통령령으로 정한다.

제52조 삭제 〈1999.2.8〉

제53조 (권한의 위임·위탁) ① 보건복지부장관 또는 시·도지사는 이 법에 의한 권한의 일부를 대통령령이 정하는 바에 의하여 각각 시·도지사 또는 시장·군수·구청장에게 위임할 수 있다. 〈개정 2008.2.29, 2010.1.18〉

② 보건복지부장관, 시·도지사 또는 시장·군수·구청장은 이 법에 의한 업무의 일부를 대통령령이 정하는 바에 의하여 법인 또는 단체에 위탁할 수 있다. 〈개정 2008.2.29, 2010.1.18〉

제54조 (국·공유재산의 대부 등) 국가 또는 지방자치단체는 노인보건복지관련 연구시설이나

사업의 육성을 위하여 필요하다고 인정하는 경우에는 국유재산법 또는 지방재정법의 규정에 불구하고 국·공유재산을 무상으로 대부하거나 사용·수익하게 할 수 있다.

第55조(「건축법」에 대한 특례) ① 이 법에 의한 재가노인복지시설, 노인공동생활가정 및 노인요양공동생활가정은 「건축법」 제19조의 규정에 불구하고 단독주택 또는 공동주택에 설치할 수 있다. 〈개정 2007.8.3, 2008.3.21〉

② 이 법에 의한 노인복지주택의 건축물의 용도는 건축관계법령에 불구하고 노유자시설로 본다. 〈신설 1999.2.8, 2007.8.3〉

[제목개정 2007.8.3]

제7장 벌칙

第55조의2 (벌칙) 제39조의9제1호 (상해에 한한다)의 행위를 한 자는 7년 이하의 징역 또는 2천만원 이하의 벌금에 처한다.

[본조신설 2004.1.29]

第55조의3 (벌칙) 다음 각 호의 어느 하나에 해당하는 자는 5년 이하의 징역 또는 1천 500만 원 이하의 벌금에 처한다.

1. 제39조의9제1호(폭행에 한한다)부터 제4호까지에 해당하는 행위를 한 자
2. 제39조의10제1항을 위반하여 정당한 사유 없이 신고하지 아니하고 실종노인을 보호한 자

[전문개정 2007.8.3]

第55조의4 (벌칙) 다음 각 호의 어느 하나에 해당하는 자는 3년 이하의 징역 또는 1천만 원 이하의 벌금에 처한다.

1 제39조의9제5호에 해당하는 행위를 한 자
2. 위계 또는 위력을 행사하여 제39조의11제2항에 따른 관계 공무원의 출입 또는 조사를 거부하거나 방해한 자

[전문개정 2007.8.3]

第56조 (벌칙) ① 제33조의2제2항을 위반하여 입소자격자 아닌 자에게 노인복지주택을 분양 또는 임대한 자는 2년 이하의 징역에 처하거나 위법하게 분양 또는 임대한 세대의 수에 1천만 원을 곱한 금액 이하의 벌금에 처한다.

② 제33조 제2항 및 제35조 제2항에 따른 신고를 하지 아니하고 양로시설, 노인공동생활가정, 노인복지주택, 노인요양시설 또는 노인요양공동생활가정을 설치하거나 운영한 자는 2년 이하의 징역 또는 1천만 원 이하의 벌금에 처한다.

[전문개정 2007.8.3]

第56조의2 (벌칙) 다음 각 호의 어느 하나에 해당하는 자는 1년 이하의 징역 또는 1천만 원 이하의 벌금에 처한다.

1. 제33조의2제3항을 위반하여 양도 또는 임대한 자
2. 제33조의2제4항을 위반하여 입소·양도 또는 임대한 상속자

[본조신설 2007.8.3]

第57조 (벌칙) 다음 각 호의 1에 해당하는 자는 1년 이하의 징역 또는 300만 원 이하의 벌금에 처한다. 〈개정 2007.8.3, 2010.1.25., 2011.6.7〉

1. 제33조제2항·제35조제2항·제37조제2항 또는 제39조제2항에 따른 신고를 하지 아니하고 양로시설·노인공동생활가정·노인복지주택·노인요양시설·노인요양공동생활가정·노인여가복지시설 또는 재가노인복지시설을 설치하거나 운영한 자
2. 제39조의3제1항에 따른 지정을 받지 아니하고 요양보호사교육기관을 설치하거나 운영한 자
3. 제39조의11의 규정을 위반하여 직무상 알게 된 비밀을 누설한 자

[전문개정 2004.1.29]

第58조 삭제 〈2007.4.25〉

第59조 (벌칙) 제41조를 위반하여 수탁을 거

부한 자는 50만 원 이하의 벌금에 처한다. 〈개정 2007.8.3〉

1. 삭제 〈2007.8.3〉

2. 삭제 〈2007.8.3〉

제60조 (양벌규정) 법인의 대표자나 법인 또는 개인의 대리인, 사용인, 그 밖의 종업원이 그 법인 또는 개인의 업무에 관하여 제55조의3·제56조·제57조 또는 제59조의 위반행위를 하면 그 행위자를 벌하는 외에 그 법인 또는 개인에게도 해당 조문의 벌금형을 과(科)한다. 다만, 법인 또는 개인이 그 위반행위를 방지하기 위하여 해당 업무에 관하여 상당한 주의와 감독을 게을리하지 아니한 경우에는 그러하지 아니하다.

[전문개정 2010.1.25]

제61조 삭제 〈2007.4.25〉

제61조의2 (과태료) ① 제39조의11제2항에 따른 명령을 위반하여 보고 또는 자료제출을 하지 아니하거나 거짓으로 보고하거나 거짓 자료를 제출한 자 또는 정당한 사유 없이 관계 공무원의 출입 또는 조사·질문을 거부·기피·방해하거나 거짓의 답변을 한 자에게는 500만 원 이하의 과태료를 부과한다.

② 제39조의6제2항을 위반하여 노인학대를 신고하지 아니한 사람에게는 300만 원 이하의 과태료를 부과한다. 〈신설 2012.10.22〉

③ 다음 각 호의 어느 하나에 해당하는 자는 200만 원 이하의 과태료를 부과한다. 〈개정 2011.6.7, 2012.10.22〉

1. 제39조의7 제3항을 위반하여 현장조사를 거부하거나 업무를 방해한 자
2. 제39조의10 제2항을 위반하여 신상카드를 제출하지 아니한 자
3. 제40조를 위반하여 신고하지 아니하고 노인복지시설을 폐지 또는 휴지한 자

④ 제1항부터 제3항까지의 규정에 따른 과태료는 대통령령으로 정하는 바에 따라 보건복지부장관, 시·도지사, 시장·군수·구청장이 부과·징수한다. 〈개정 2012.10.22〉

⑤ 삭제 〈2012.10.22〉

⑥ 삭제 〈2012.10.22〉

[본조신설 2007.8.3]

제62조 (이행강제금) ① 시장·군수·구청장은 제33조의3에 따른 명령을 이행하지 아니한 자에 대하여 당해 명령의 이행에 필요한 상당한 이행기한을 정하여 그 기한까지 명령을 이행하지 아니하는 경우 이행강제금을 부과할 수 있다. 이 경우 이행강제금의 금액은 「지방세법」에 따라 해당 노인복지주택에 적용되는 1제곱미터당 시가표준액의 100분의 10에 상당하는 금액에 위반면적(주거의 용도로만 쓰이는 면적을 말한다)을 곱한 금액 또는 「부동산 가격공시 및 감정평가에 관한 법률」에 따라 해당 노인복지주택에 적용되는 주택가격의 공시금액의 100분의 10에 상당하는 금액으로 한다.

② 시장·군수·구청장은 제1항에 따라 이행강제금을 부과하기 전에 이행강제금을 부과·징수한다는 뜻을 미리 문서로 계고하여야 한다.

③ 시장·군수·구청장은 제1항에 따른 이행강제금을 부과하는 경우 이행강제금의 금액, 부과사유, 납부기한 및 수납기관, 이의제기방법 및 이의제기기관 등을 명시한 문서로 행하여야 한다.

④ 시장·군수·구청장은 최초의 명령이 있은 날을 기준으로 하여 1년에 2회 이내의 범위 안에서 당해 명령이 이행될 때까지 반복하여 제1항에 따른 이행강제금을 부과·징수할 수 있다.

⑤ 시장·군수·구청장은 제33조의3에 따라 명령을 받은 자가 명령을 이행한 경우 새로운 이행강제금의 부과를 즉시 중지하고, 이미 부과된 이행강제금은 징수하여야 한다.

⑥ 시장·군수·구청장은 제3항에 따라 이행

강제금 부과처분을 받은 자가 이행강제금을 기한 이내에 납부하지 아니하는 때에는 「지방세외수입금의 징수 등에 관한 법률」에 따라 징수한다. 〈개정 2013.8.6〉
[본조신설 2007.8.3]

부칙 (생략)

노인장기요양보험법

제정	2007. 4. 27	법률 제8403호
일부개정	2009. 1. 30	법률 제9386호
일부개정	2009. 3. 18	법률 제9510호
일부개정	2009. 5. 21	법률 제9693호
일부개정	2010. 1. 18	법률 제9932호
일부개정	2010. 3. 17	법률 제10127호
타법개정	2011. 6. 7	법률 제10785호
타법개정	2011. 12. 31	법률 제11141호
일부개정	2013. 8. 13	법률 제12067호

제1장 총칙

제1조 (목적) 이 법은 고령이나 노인성 질병 등의 사유로 일상생활을 혼자서 수행하기 어려운 노인등에게 제공하는 신체활동 또는 가사활동 지원 등의 장기요양급여에 관한 사항을 규정하여 노후의 건강증진 및 생활안정을 도모하고 그 가족의 부담을 덜어줌으로써 국민의 삶의 질을 향상하도록 함을 목적으로 한다.

제2조 (정의) 이 법에서 사용하는 용어의 정의는 다음과 같다.

1. "노인 등"이란 65세 이상의 노인 또는 65세 미만의 자로서 치매·뇌혈관성질환 등 대통령령으로 정하는 노인성 질병을 가진 자를 말한다.
2. "장기요양급여"란 제15조제2항에 따라 6개월 이상 동안 혼자서 일상생활을 수행하기 어렵다고 인정되는 자에게 신체활동·가사활동의 지원 또는 간병 등의 서비스나 이에 갈음하여 지급하는 현금 등을 말한다.
3. "장기요양사업"이란 장기요양보험료, 국가 및 지방자치단체의 부담금 등을 재원으로 하여 노인 등에게 장기요양급여를 제공하는 사업을 말한다.
4. "장기요양기관"이란 제31조에 따라 지정을 받은 기관 또는 제32조에 따라 지정의제된 재가장기요양기관으로서 장기요양급여를 제공하는 기관을 말한다.
5. "장기요양요원"이란 장기요양기관에 소속되어 노인 등의 신체활동 또는 가사활동 지원 등의 업무를 수행하는 자를 말한다.

제3조 (장기요양급여 제공의 기본원칙) ① 장기요양급여는 노인 등의 심신상태·생활환경과 노인 등 및 그 가족의 욕구·선택을 종합적으로 고려하여 필요한 범위 안에서 이를 적정하게 제공하여야 한다.

② 장기요양급여는 노인 등이 가족과 함께 생활하면서 가정에서 장기요양을 받는 재가급여를 우선적으로 제공하여야 한다.

③ 장기요양급여는 노인 등의 심신상태나 건강등이 악화되지 아니하도록 의료서비스와 연계하여 이를 제공하여야 한다.

제4조 (국가 및 지방자치단체의 책무 등) ① 국가 및 지방자치단체는 노인이 일상생활을 혼자서

수행할 수 있는 온전한 심신상태를 유지하는 데 필요한 사업(이하 "노인성질환예방사업"이라 한다)을 실시하여야 한다.

② 국가는 노인성질환예방사업을 수행하는 지방자치단체 또는 「국민건강보험법」에 따른 국민건강보험공단(이하 "공단"이라 한다)에 대하여 이에 소요되는 비용을 지원할 수 있다.

③ 국가 및 지방자치단체는 노인인구 및 지역특성 등을 고려하여 장기요양급여가 원활하게 제공될 수 있도록 충분한 수의 장기요양기관을 확충하고 장기요양기관의 설립을 지원하여야 한다.

④ 국가 및 지방자치단체는 장기요양급여가 원활히 제공될 수 있도록 공단에 필요한 행정적 또는 재정적 지원을 할 수 있다.

제5조 (장기요양급여에 관한 국가정책방향) 국가는 제6조의 장기요양기본계획을 수립·시행함에 있어서 노인뿐만 아니라 장애인 등 일상생활을 혼자서 수행하기 어려운 모든 국민이 장기요양급여, 신체활동지원서비스 등을 제공받을 수 있도록 노력하고 나아가 이들의 생활안정과 자립을 지원할 수 있는 시책을 강구하여야 한다.

제6조 (장기요양기본계획) ① 보건복지부장관은 노인 등에 대한 장기요양급여를 원활하게 제공하기 위하여 5년 단위로 다음 각 호의 사항이 포함된 장기요양기본계획을 수립·시행하여야 한다.

1. 연도별 장기요양급여 대상인원 및 재원조달 계획
2. 연도별 장기요양기관 및 장기요양전문인력 확충 방안
3. 그 밖에 노인등의 장기요양에 관한 사항으로서 대통령령으로 정하는 사항

② 지방자치단체의 장은 제1항에 따른 장기요양기본계획에 따라 세부시행계획을 수립·시행하여야 한다.

제2장 장기요양보험

제7조 (장기요양보험) ① 장기요양보험사업은 보건복지부장관이 관장한다.

② 장기요양보험사업의 보험자는 공단으로 한다.

③ 장기요양보험의 가입자(이하 "장기요양보험가입자"라 한다)는 「국민건강보험법」 제5조 및 제109조에 따른 가입자로 한다. 〈개정 2011.12.31〉

④ 공단은 제3항에도 불구하고 「외국인근로자의 고용 등에 관한 법률」에 따른 외국인근로자 등 대통령령으로 정하는 외국인이 신청하는 경우 보건복지부령으로 정하는 바에 따라 장기요양보험가입자에서 제외할 수 있다. 〈신설 2009.3.18, 2010.1.18〉

제8조 (장기요양보험료의 징수) ① 공단은 장기요양사업에 사용되는 비용에 충당하기 위하여 장기요양보험료를 징수한다.

② 제1항에 따른 장기요양보험료는 「국민건강보험법」 제69조에 따른 보험료(이하 이 조에서 "건강보험료"라 한다)와 통합하여 징수한다. 이 경우 공단은 장기요양보험료와 건강보험료를 구분하여 고지하여야 한다. 〈개정 2011.12.31〉

③ 공단은 제2항에 따라 통합 징수한 장기요양보험료와 건강보험료를 각각의 독립회계로 관리하여야 한다.

제9조 (장기요양보험료의 산정) ① 장기요양보험료는 「국민건강보험법」 제69조 제4항 및 제5항에 따라 산정한 보험료액에서 같은 법 제74조 또는 제75조에 따라 경감 또는 면제되는 비용을 공제한 금액에 장기요양보험료율을 곱하여 산정한 금액으로 한다. 〈개정 2011.12.31〉

② 제1항에 따른 장기요양보험료율은 제45조에 따른 장기요양위원회의 심의를 거쳐 대통령령으로 정한다.

제10조 (장애인 등에 대한 장기요양보험료의 감면) 공단은 「장애인복지법」에 따른 장애인 또는 이와 유사한 자로서 대통령령으로 정하는 자가 장기요양보험가입자 또는 그 피부양자인 경우 제15조제2항에 따른 수급자로 결정되지 못한 때 대통령령으로 정하는 바에 따라 장기요양보험료의 전부 또는 일부를 감면할 수 있다.

제11조 (장기요양보험가입 자격 등에 관한 준용) 「국민건강보험법」 제5조, 제6조, 제8조부터 제11조까지, 제69조제1항부터 제3항까지, 제76조부터 제86조까지 및 제110조는 장기요양보험가입자 · 피부양자의 자격취득 · 상실, 장기요양보험료 등의 납부 · 징수 및 결손처분 등에 관하여 이를 준용한다. 이 경우 "보험료"는 "장기요양보험료"로, "건강보험"은 "장기요양보험"으로, "가입자"는 "장기요양보험가입자"로 본다. 〈개정 2011.12.31〉

제3장 장기요양인정

제12조 (장기요양인정의 신청자격) 장기요양인정을 신청할 수 있는 자는 노인 등으로서 다음 각 호의 어느 하나에 해당하는 자격을 갖추어야 한다.

1. 장기요양보험가입자 또는 그 피부양자
2. 「의료급여법」 제3조제1항에 따른 수급권자(이하 "의료급여수급권자"라 한다)

제13조 (장기요양인정의 신청) ① 장기요양인정을 신청하는 자(이하 "신청인"이라 한다)는 공단에 보건복지부령으로 정하는 바에 따라 장기요양인정신청서(이하 "신청서"라 한다)에 의사 또는 한의사가 발급하는 소견서(이하 "의사소견서"라 한다)를 첨부하여 제출하여야 한다. 다만, 의사소견서는 공단이 제15조제1항에 따라 등급판정위원회에 자료를 제출하기 전까지 제출할 수 있다.

② 제1항에도 불구하고 거동이 현저하게 불편하거나 도서 · 벽지 지역에 거주하여 의료기관을 방문하기 어려운 자 등 대통령령으로 정하는 자는 의사소견서를 제출하지 아니할 수 있다.

③ 의사소견서의 발급비용 · 비용부담방법 · 발급자의 범위, 그 밖에 필요한 사항은 보건복지부령으로 정한다.

제14조 (장기요양인정 신청의 조사) ① 공단은 제13조제1항에 따라 신청서를 접수한 때 보건복지부령으로 정하는 바에 따라 소속 직원으로 하여금 다음 각 호의 사항을 조사하게 하여야 한다. 다만, 지리적 사정 등으로 직접 조사하기 어려운 경우 또는 조사에 필요하다고 인정하는 경우 특별자치시 · 특별자치도 · 시 · 군 · 구(자치구를 말한다. 이하 같다)에 대하여 조사를 의뢰하거나 공동으로 조사할 것을 요청할 수 있다. 〈개정 2013.8.13〉

1. 신청인의 심신상태
2. 신청인에게 필요한 장기요양급여의 종류 및 내용
3. 그 밖에 장기요양에 관하여 필요한 사항으로서 보건복지부령으로 정하는 사항

② 제1항에 따라 조사를 하는 자는 조사일시, 장소 및 조사를 담당하는 자의 인적사항 등을 미리 신청인에게 통보하여야 한다.

③ 공단 또는 제1항 단서에 따른 조사를 의뢰받은 특별자치시 · 특별자치도 · 시 · 군 · 구는 조사를 완료한 때 조사결과서를 작성하여야 한다. 조사를 의뢰받은 특별자치시 · 특별자치도 · 시 · 군 · 구는 지체 없이 공단에 조사결과서를 송부하여야 한다. 〈개정 2013.8.13〉

제15조 (등급판정 등) ① 공단은 제14조에 따른 조사가 완료된 때 조사결과서, 신청서, 의사소견서, 그 밖에 심의에 필요한 자료를 제52조에 따른 장기요양등급판정위원회(이하 "등급판정위원회"라 한다)에 제출하여야 한다.

② 등급판정위원회는 신청인이 제12조의 신청자격요건을 충족하고 6개월 이상 동안 혼자서 일상생활을 수행하기 어렵다고 인정하는 경우 심신상태 및 장기요양이 필요한 정도 등 대통령령으로 정하는 등급판정기준에 따라 장기요양급여를 받을 자(이하 "수급자"라 한다)로 판정한다.

③ 등급판정위원회는 제2항에 따라 심의·판정을 하는 때 신청인과 그 가족, 의사소견서를 발급한 의사 등 관계인의 의견을 들을 수 있다.

제16조 (장기요양등급판정기간) ① 등급판정위원회는 신청인이 신청서를 제출한 날부터 30일 이내에 제15조에 따른 장기요양등급판정을 완료하여야 한다. 다만, 신청인에 대한 정밀조사가 필요한 경우 등 기간 이내에 등급판정을 완료할 수 없는 부득이한 사유가 있는 경우 30일 이내의 범위에서 이를 연장할 수 있다.

② 공단은 등급판정위원회가 제1항 단서에 따라 장기요양인정심의 및 등급판정기간을 연장하고자 하는 경우 신청인 및 대리인에게 그 내용·사유 및 기간을 통보하여야 한다.

제17조 (장기요양인정서) ① 공단은 등급판정위원회가 장기요양인정 및 등급판정의 심의를 완료한 경우 지체 없이 다음 각 호의 사항이 포함된 장기요양인정서를 작성하여 수급자에게 송부하여야 한다.

1. 장기요양등급
2. 장기요양급여의 종류 및 내용
3. 그 밖에 장기요양급여에 관한 사항으로서 보건복지부령으로 정하는 사항

② 공단은 등급판정위원회가 장기요양인정 및 등급판정의 심의를 완료한 경우 수급자로 판정받지 못한 신청인에게 그 내용 및 사유를 통보하여야 한다. 이 경우 특별자치시장·특별자치도지사·시장·군수·구청장(자치구의 구청장을 말한다. 이하 같다)은 공단에 대하여 이를 통보하도록 요청할 수 있고, 요청을 받은 공단은 이에 응하여야 한다. 〈개정 2013.8.13〉

③ 공단은 제1항에 따라 장기요양인정서를 송부하는 때 장기요양급여를 원활히 이용할 수 있도록 제28조에 따른 월 한도액 범위 안에서 표준장기요양이용계획서를 작성하여 이를 함께 송부하여야 한다.

④ 제1항 및 제3항에 따른 장기요양인정서 및 표준장기요양이용계획서의 작성방법에 관하여 필요한 사항은 보건복지부령으로 정한다.

제18조 (장기요양인정서를 작성할 경우 고려사항) 공단은 장기요양인정서를 작성할 경우 제17조제1항제2호에 따른 장기요양급여의 종류 및 내용을 정하는 때 다음 각 호의 사항을 고려하여 정하여야 한다.

1. 수급자의 장기요양등급 및 생활환경
2. 수급자와 그 가족의 욕구 및 선택
3. 시설급여를 제공하는 경우 장기요양기관이 운영하는 시설 현황

제19조 (장기요양인정의 유효기간) ① 제15조에 따른 장기요양인정의 유효기간은 최소 1년이상으로서 대통령령으로 정한다.

② 제1항의 유효기간의 산정방법 그 밖에 필요한 사항은 보건복지부령으로 정한다.

제20조 (장기요양인정의 갱신) ① 수급자는 제19조에 따른 장기요양인정의 유효기간이 만료된 후 장기요양급여를 계속하여 받고자 하는 경우 공단에 장기요양인정의 갱신을 신청하여야 한다.

② 제1항에 따른 장기요양인정의 갱신 신청은 유효기간이 만료되기 전 30일까지 이를 완료하여야 한다.

③ 제12조부터 제19조까지의 규정은 장기요양인정의 갱신절차에 관하여 이를 준용한다.

제21조 (장기요양등급 등의 변경) ① 장기요양급여를 받고 있는 수급자는 장기요양등급, 장기요양급여의 종류 또는 내용을 변경하여 장기요양급여를 받고자 하는 경우 공단에 변경신

청을 하여야 한다.

② 제12조부터 제19조까지의 규정은 장기요양등급의 변경절차에 관하여 준용한다.

제22조 (장기요양인정 신청 등에 대한 대리)

① 장기요양급여를 받고자 하는 자 또는 수급자가 신체적·정신적인 사유로 이 법에 따른 장기요양인정의 신청, 장기요양인정의 갱신신청 또는 장기요양등급의 변경신청 등을 직접 수행할 수 없을 때 본인의 가족이나 친족, 그 밖의 이해관계인은 이를 대리할 수 있다.

② 「사회복지사업법」에 따른 사회복지전담공무원은 관할 지역 안에 거주하는 자에 대한 제1항에 따른 장기요양인정신청 등을 본인 또는 가족의 동의를 받아 대리할 수 있다.

③ 제1항 및 제2항에도 불구하고 장기요양급여를 받고자 하는 자 또는 수급자가 제1항에 따른 장기요양인정신청 등을 할 수 없는 경우 특별자치시장·특별자치도지사·시장·군수·구청장이 지정하는 자는 이를 대리할 수 있다. 〈개정 2013.8.13〉

④ 제1항부터 제3항까지의 규정에 따른 장기요양인정신청 등의 방법 및 절차 등에 관하여 필요한 사항은 보건복지부령으로 정한다.

제4장 장기요양급여의 종류

제23조 (장기요양급여의 종류) ① 이 법에 따른 장기요양급여의 종류는 다음 각 호와 같다. 〈개정 2011.6.7〉

1. 재가급여
   - 가. 방문요양: 장기요양요원이 수급자의 가정 등을 방문하여 신체활동 및 가사활동 등을 지원하는 장기요양급여
   - 나. 방문목욕: 장기요양요원이 목욕설비를 갖춘 장비를 이용하여 수급자의 가정 등을 방문하여 목욕을 제공하는 장기요양급여
   - 다. 방문간호: 장기요양요원인 간호사 등이 의사, 한의사 또는 치과의사의 지시서(이하 "방문간호지시서"라 한다)에 따라 수급자의 가정 등을 방문하여 간호, 진료의 보조, 요양에 관한 상담 또는 구강위생 등을 제공하는 장기요양급여
   - 라. 주·야간보호: 수급자를 하루 중 일정한 시간 동안 장기요양기관에 보호하여 신체활동 지원 및 심신기능의 유지·향상을 위한 교육·훈련 등을 제공하는 장기요양급여
   - 마. 단기보호: 수급자를 보건복지부령으로 정하는 범위 안에서 일정 기간 동안 장기요양기관에 보호하여 신체활동 지원 및 심신기능의 유지·향상을 위한 교육·훈련 등을 제공하는 장기요양급여
   - 바. 기타재가급여: 수급자의 일상생활·신체활동 지원에 필요한 용구를 제공하거나 가정을 방문하여 재활에 관한 지원 등을 제공하는 장기요양급여로서 대통령령으로 정하는 것
2. 시설급여: 장기요양기관이 운영하는 「노인복지법」 제34조에 따른 노인의료복지시설 등에 장기간 동안 입소하여 신체활동 지원 및 심신기능의 유지·향상을 위한 교육·훈련 등을 제공하는 장기요양급여
3. 특별현금급여
   - 가. 가족요양비: 제24조에 따라 지급하는 가족장기요양급여
   - 나. 특례요양비: 제25조에 따라 지급하는 특례장기요양급여
   - 다. 요양병원간병비: 제26조에 따라 지급하는 요양병원장기요양급여

② 제1항 제1호 및 제2호에 따라 장기요양급여를 제공할 수 있는 장기요양기관의 종류 및

기준과 장기요양급여 종류별 장기요양요원의 범위·업무·보수교육 등에 관하여 필요한 사항은 대통령령으로 정한다.

③ 장기요양급여의 제공 기준·절차·방법·범위, 그 밖에 필요한 사항은 보건복지부령으로 정한다.

제24조 (가족요양비) ① 공단은 다음 각 호의 어느 하나에 해당하는 수급자가 가족 등으로부터 제23조제1항제1호가목에 따른 방문요양에 상당한 장기요양급여를 받은 때 대통령령으로 정하는 기준에 따라 당해 수급자에게 가족요양비를 지급할 수 있다.

1. 도서·벽지 등 장기요양기관이 현저히 부족한 지역으로서 보건복지부장관이 정하여 고시하는 지역에 거주하는 자
2. 천재지변이나 그 밖에 이와 유사한 사유로 인하여 장기요양기관이 제공하는 장기요양급여를 이용하기가 어렵다고 보건복지부장관이 인정하는 자
3. 신체·정신 또는 성격 등 대통령령으로 정하는 사유로 인하여 가족 등으로부터 장기요양을 받아야 하는 자

② 제1항에 따른 가족요양비의 지급절차와 그 밖에 필요한 사항은 보건복지부령으로 정한다.

제25조 (특례요양비) ① 공단은 수급자가 장기요양기관이 아닌 노인요양시설 등의 기관 또는 시설에서 재가급여 또는 시설급여에 상당한 장기요양급여를 받은 경우 대통령령으로 정하는 기준에 따라 당해 장기요양급여비용의 일부를 당해 수급자에게 특례요양비로 지급할 수 있다.

② 제1항에 따라 장기요양급여가 인정되는 기관 또는 시설의 범위, 특례요양비의 지급절차, 그 밖에 필요한 사항은 보건복지부령으로 정한다.

제26조 (요양병원간병비) ① 공단은 수급자가 「의료법」 제3조 제2항 제3호 라목에 따른 요양병원에 입원한 때 대통령령으로 정하는 기준에 따라 장기요양에 사용되는 비용의 일부를 요양병원간병비로 지급할 수 있다. 〈개정 2009.1.30, 2011.6.7〉

② 제1항에 따른 요양병원간병비의 지급절차와 그 밖에 필요한 사항은 보건복지부령으로 정한다.

제5장 장기요양급여의 제공

제27조 (장기요양급여의 제공 시기) ① 수급자는 제17조제1항에 따른 장기요양인정서가 도달한 날부터 장기요양급여를 받을 수 있다.

② 제1항에도 불구하고 수급자는 돌볼 가족이 없는 경우 등 대통령령으로 정하는 사유가 있는 경우 신청서를 제출한 날부터 장기요양인정서가 도달되는 날까지의 기간 중에도 장기요양급여를 받을 수 있다.

③ 제2항에 따라 장기요양급여가 인정되는 범위와 절차 등은 대통령령으로 정한다.

제28조 (장기요양급여의 월 한도액) ① 장기요양급여는 월 한도액 범위 안에서 제공한다. 이 경우 월 한도액은 장기요양등급 및 장기요양급여의 종류 등을 고려하여 산정한다.

② 제1항에 따른 월 한도액의 산정기준 및 방법, 그 밖에 필요한 사항은 보건복지부령으로 정한다.

제29조 (장기요양급여의 제한) ①공단은 장기요양급여를 받고 있거나 받을 수 있는 자가 다음 각 호의 어느 하나에 해당하는 경우 장기요양급여를 중단하거나 제공하지 아니하게 하여야 한다.

1. 거짓이나 그 밖의 부정한 방법으로 장기요양인정을 받은 경우
2. 고의로 사고를 발생하도록 하거나 본인의 위법행위에 기인하여 장기요양인정을 받은 경우

② 공단은 장기요양급여를 받고 있는 자가 정당한 사유 없이 제60조 또는 제61조에 따른 요구에 응하지 아니하거나 답변을 거절한 경우 장기요양급여의 전부 또는 일부를 제공하지 아니하게 할 수 있다.

제30조 (장기요양급여의 제한 등에 관한 준용) 「국민건강보험법」 제53조 제1항 제4호, 같은 조 제2항부터 제6항까지 및 제54조는 이 법에 따른 보험료 체납자 등에 대한 장기요양급여의 제한 및 장기요양급여의 정지에 관하여 준용한다. 이 경우 "가입자"는 "장기요양보험가입자"로, "보험급여"는 "장기요양급여"로 본다. 〈개정 2011.12.31〉

제6장 장기요양기관

제31조 (장기요양기관의 지정) ① 장기요양기관을 설치·운영하고자 하는 자는 소재지를 관할 구역으로 하는 특별자치시장·특별자치도지사·시장·군수·구청장으로부터 지정을 받아야 한다. 〈개정 2013.8.13〉

② 제1항에 따라 장기요양기관으로 지정받고자 하는 자는 보건복지부령으로 정하는 장기요양에 필요한 시설 및 인력을 갖추어야 한다.

③ 특별자치시장·특별자치도지사·시장·군수·구청장은 제1항에 따라 장기요양기관을 지정한 때 지체 없이 지정 명세를 공단에 통보하여야 한다. 〈개정 2013.8.13〉

④ 장기요양기관의 지정절차와 그 밖에 필요한 사항은 보건복지부령으로 정한다.

제32조 (재가장기요양기관의 설치) ① 제23조 제1항제1호의 재가급여 중 어느 하나 이상에 해당하는 장기요양급여를 제공하고자 하는 자는 시설 및 인력을 갖추어 재가장기요양기관을 설치하고 특별자치시장·특별자치도지사·시장·군수·구청장에게 이를 신고하여야 한다. 신고를 받은 특별자치시장·특별자치도지사·시장·군수·구청장은 신고 명세를 공단에 통보하여야 한다. 〈개정 2013.8.13〉

② 제1항 전단에 따라 설치의 신고를 한 재가장기요양기관은 장기요양기관으로 본다.

③ 의료기관이 아닌 자가 설치·운영하는 재가장기요양기관은 방문간호를 제공하는 경우 방문간호의 관리책임자로서 간호사를 둔다.

④ 제1항에 따른 시설 및 인력기준, 그 밖에 필요한 사항은 보건복지부령으로 정한다.

제33조 (장기요양기관의 시설·인력에 관한 변경) 장기요양기관은 시설 및 인력 중 보건복지부령이 정하는 중요한 사항을 변경하는 경우 보건복지부령으로 정하는 바에 따라 특별자치시장·특별자치도지사·시장·군수·구청장에게 신고하여야 한다. 신고를 받은 특별자치시장·특별자치도지사·시장·군수·구청장은 지체 없이 변경 명세를 공단에 통보하여야 한다. 〈개정 2013.8.13〉

제34조 (장기요양기관 정보의 안내 등) ① 장기요양기관은 수급자가 장기요양급여를 쉽게 선택하도록 하고 장기요양기관이 제공하는 급여의 질을 보장하기 위하여 장기요양기관별 급여의 내용, 시설·인력 등 현황자료 등을 공단이 운영하는 인터넷 홈페이지에 게시하여야 한다.

② 제1항에 따른 게시 내용, 방법, 절차, 그 밖에 필요한 사항은 보건복지부령으로 정한다.

제35조 (장기요양기관의 의무 등) ① 장기요양기관은 수급자로부터 장기요양급여신청을 받은 때 장기요양급여의 제공을 거부하여서는 아니 된다. 다만, 입소정원에 여유가 없는 경우 등 정당한 사유가 있는 경우는 그러하지 아니하다.

② 장기요양기관은 제23조 제3항에 따른 장기요양급여의 제공 기준·절차 및 방법 등에 따라 장기요양급여를 제공하여야 한다.

③ 장기요양기관의 장은 장기요양급여를 제공

한 수급자에게 장기요양급여비용에 대한 명세서를 교부하여야 한다.

④ 장기요양기관의 장은 장기요양급여 제공에 관한 자료를 기록·관리하여야 한다. 〈신설 2010.3.17〉

⑤ 장기요양기관은 제40조 제1항 단서에 따라 면제받거나 같은 조 제3항에 따라 감경받는 금액 외에 영리를 목적으로 수급자가 부담하는 재가 및 시설 급여비용(이하 "본인일부부담금"이라 한다)을 면제하거나 감경하는 행위를 하여서는 아니 된다. 〈신설 2013.8.13〉

⑥ 누구든지 영리를 목적으로 금전, 물품, 노무, 향응, 그 밖의 이익을 제공하거나 제공할 것을 약속하는 방법으로 수급자를 장기요양기관에 소개, 알선 또는 유인하는 행위 및 이를 조장하는 행위를 하여서는 아니 된다. 〈신설 2013.8.13〉

⑦ 제3항에 따른 장기요양급여비용의 명세서, 제4항에 따라 기록·관리하여야 할 장기요양급여 제공 자료의 내용 및 보존기한, 그 밖에 필요한 사항은 보건복지부령으로 정한다. 〈개정 2010.3.17, 2013.8.13〉

[제목개정 2013.8.13]

제36조 (장기요양기관의 폐업 등 신고) ① 장기요양기관의 장은 폐업하거나 휴업하고자 하는 경우 폐업이나 휴업 예정일 전 30일까지 특별자치시장·특별자치도지사·시장·군수·구청장에게 신고하여야 한다. 신고를 받은 특별자치시장·특별자치도지사·시장·군수·구청장은 지체 없이 신고 명세를 공단에 통보하여야 한다. 〈개정 2013.8.13〉

② 특별자치시장·특별자치도지사·시장·군수·구청장은 제1항에 따라 폐업 또는 휴업신고를 접수한 경우 인근지역에 대체 장기요양기관이 없는 경우 등 장기요양급여에 중대한 차질이 우려되는 때 장기요양기관의 폐업 또는 휴업 철회를 권고하거나 그 밖의 다른 조치를 강구하여야 한다. 〈개정 2013.8.13〉

③ 특별자치시장·특별자치도지사·시장·군수·구청장은 「노인복지법」 제43조에 따라 노인의료복지시설 등(장기요양기관이 운영하는 시설인 경우에 한한다)에 대하여 사업정지 또는 폐지 명령을 하는 경우 지체 없이 공단에 그 내용을 통보하여야 한다. 〈개정 2013.8.13〉

④ 삭제 〈2013.8.13〉

⑤ 장기요양기관의 장은 제1항에 따라 폐업 또는 휴업 신고를 할 때 보건복지부령으로 정하는 바에 따라 장기요양급여 제공 자료를 공단으로 이관하여야 한다. 다만, 휴업 신고를 하는 장기요양기관의 장이 휴업 예정일 전까지 공단의 허가를 받은 경우에는 장기요양급여 제공 자료를 직접 보관할 수 있다. 〈신설 2010.3.17, 2013.8.13〉

제37조 (장기요양기관 지정의 취소 등) ① 특별자치시장·특별자치도지사·시장·군수·구청장은 장기요양기관이 다음 각 호의 어느 하나에 해당하는 경우 그 지정을 취소하거나 6개월의 범위에서 업무정지를 명할 수 있다. 다만, 제1호 또는 제7호에 해당하는 경우에는 지정을 취소하여야 한다. 〈개정 2013.8.13〉

1. 거짓이나 그 밖의 부정한 방법으로 지정을 받은 경우
2. 제31조 제2항에 따른 지정기준에 적합하지 아니한 경우
3. 제35조 제1항을 위반하여 장기요양급여를 거부한 경우

3의2. 제35조 제5항을 위반하여 본인일부부담금을 면제하거나 감경하는 행위를 한 경우

3의3. 제35조 제6항을 위반하여 수급자를 소개, 알선 또는 유인하는 행위 및 이를 조장하는 행위를 한 경우

4. 거짓이나 그 밖의 부정한 방법으로 재가 및 시설 급여비용을 청구한 경우
5. 제61조 제2항에 따른 자료제출 명령에 따

르지 아니하거나 거짓으로 자료제출을 한 경우나 질문 또는 검사를 거부·방해 또는 기피하거나 거짓으로 답변한 경우

6. 장기요양기관의 종사자 등이 다음 각 목의 어느 하나에 해당하는 행위를 한 경우
   가. 수급자의 신체에 폭행을 가하거나 상해를 입히는 행위
   나. 수급자에게 성적 수치심을 주는 성폭행, 성희롱 등의 행위
   다. 자신의 보호·감독을 받는 수급자를 유기하거나 의식주를 포함한 기본적 보호 및 치료를 소홀히 하는 방임행위
7. 업무정지기간 중에 장기요양급여를 제공한 경우

② 특별자치시장·특별자치도지사·시장·군수·구청장은 제1항에 따라 지정을 취소하거나 업무정지명령을 한 경우에는 지체 없이 그 내용을 공단에 통보하고, 보건복지부령으로 정하는 바에 따라 보건복지부장관에게 통보한다. 이 경우 시장·군수·구청장은 관할 특별시장·광역시장 또는 도지사를 거쳐 보건복지부장관에게 통보하여야 한다. 〈개정 2013.8.13〉

③ 특별자치시장·특별자치도지사·시장·군수·구청장은 재가장기요양기관이 다음 각 호의 어느 하나에 해당하는 경우 시설을 폐쇄할 것을 명하거나 6개월의 범위에서 업무정지를 명할 수 있다. 다만, 제1호 또는 제5호에 해당하는 경우 폐쇄명령을 하여야 한다. 〈개정 2013.8.13〉

1. 거짓이나 그 밖의 부정한 방법으로 신고한 경우
2. 제32조 제1항에 따라 갖추어야 하는 시설 및 인력을 갖추지 아니한 경우
3. 제1항 제3호, 제3호의2, 제3호의3, 제5호 또는 제6호에 해당하는 경우
4. 거짓이나 그 밖의 부정한 방법으로 재가급여비용을 청구한 경우
5. 업무정지기간 중에 장기요양급여를 제공한 경우

④ 특별자치시장·특별자치도지사·시장·군수·구청장은 제3항에 따라 재가장기요양기관에 대하여 폐쇄명령 또는 업무정지명령을 한 경우 지체 없이 그 내용을 공단에 통보하고, 보건복지부령으로 정하는 바에 따라 보건복지부장관에게 통보하며, 이 경우 시장·군수·구청장은 관할 특별시장·광역시장 또는 도지사를 거쳐 보건복지부장관에게 통보하여야 한다. 폐쇄명령을 받은 재가장기요양기관은 제1항에 따라 장기요양기관의 지정이 취소된 것으로 본다. 〈개정 2013.8.13〉

⑤ 다음 각 호의 어느 하나에 해당하는 자는 제31조에 따라 장기요양기관으로 지정받거나 제32조에 따라 재가장기요양기관의 설치신고를 할 수 없다. 〈개정 2013.8.13〉

1. 제1항 또는 제3항에 따라 지정취소 또는 폐쇄명령을 받은 후 1년이 지나지 아니한 자(법인인 경우 그 대표자를 포함한다)
2. 제1항 또는 제3항에 따라 업무정지명령을 받고 업무정지기간이 지나지 아니한 자(법인인 경우 그 대표자를 포함한다)

⑥ 제1항 및 제3항에 따른 행정처분의 기준은 보건복지부령으로 정한다. 〈개정 2013.8.13〉

제37조의2 (과징금의 부과 등) ① 특별자치시장·특별자치도지사·시장·군수·구청장은 제37조 제1항 각 호의 어느 하나 또는 같은 조 제3항 각 호의 어느 하나(제37조 제1항 제4호 및 제3항 제4호는 제외한다)에 해당하는 행위를 이유로 업무정지명령을 하여야 하는 경우로서 그 업무정지가 해당 장기요양기관을 이용하는 수급자에게 심한 불편을 줄 우려가 있는 등 보건복지부장관이 정하는 특별한 사유가 있다고 인정되는 경우에는 업무정지명령을 갈음하여 5천만 원 이하의 과징금을 부과할 수 있다. 다만, 제37조 제1항 제6호를 위반한 행위로서 보건복지부령으로 정하는 경우에는 그러하지 아

니하다.

② 특별자치시장·특별자치도지사·시장·군수·구청장은 제37조 제1항 제4호 또는 제3항 제4호에 해당하는 행위를 이유로 업무정지명령을 하여야 하는 경우로서 그 업무정지가 해당 장기요양기관을 이용하는 수급자에게 심한 불편을 줄 우려가 있는 등 보건복지부장관이 정하는 특별한 사유가 있다고 인정되는 경우에는 업무정지명령을 갈음하여 거짓이나 그 밖의 부정한 방법으로 청구한 금액의 5배 이하의 금액을 과징금으로 부과할 수 있다.

③ 제1항 및 제2항에 따른 과징금을 부과하는 위반행위의 종류 및 위반의 정도 등에 따른 과징금의 금액과 과징금의 부과절차 등에 필요한 사항은 대통령령으로 정한다.

④ 특별자치시장·특별자치도지사·시장·군수·구청장은 제1항 및 제2항에 따라 과징금을 내야 할 자가 납부기한까지 내지 아니한 경우에는 지방세 체납처분의 예에 따라 징수한다.

⑤ 특별자치시장·특별자치도지사·시장·군수·구청장은 제1항 및 제2항에 따른 과징금의 부과와 징수에 관한 사항을 보건복지부령으로 정하는 바에 따라 기록·관리하여야 한다.

[본조신설 2013.8.13]

제37조의3 (위반사실 등의 공표) ① 특별자치시장·특별자치도지사·시장·군수·구청장은 장기요양기관이 거짓으로 재가·시설 급여비용을 청구하였다는 이유로 제37조 또는 제37조의2에 따른 처분이 확정된 경우로서 다음 각 호의 어느 하나에 해당하는 경우에는 위반사실, 처분내용, 장기요양기관의 명칭·주소, 장기요양기관의 장의 성명, 그 밖에 다른 장기요양기관과의 구별에 필요한 사항으로서 대통령령으로 정하는 사항을 공표할 수 있다.

1. 거짓으로 청구한 금액이 1천만 원 이상인 경우
2. 거짓으로 청구한 금액이 장기요양급여비용 총액의 100분의 10 이상인 경우

② 특별자치시장·특별자치도지사·시장·군수·구청장은 제1항에 따른 공표 여부 등을 심의하기 위하여 공표심의위원회를 설치·운영할 수 있다.

③ 제1항에 따른 공표 여부의 결정 방법, 공표방법·절차 및 제2항에 따른 공표심의위원회의 구성·운영 등에 필요한 사항은 대통령령으로 정한다.

[본조신설 2013.8.13]

제37조의4 (행정제재처분 효과의 승계) ① 제37조제1항 각 호의 어느 하나 또는 같은 조 제3항 각 호의 어느 하나에 해당하는 행위를 이유로 한 행정제재처분(이하 "행정제재처분"이라 한다)의 효과는 그 처분을 한 날부터 1년간 다음 각 호의 어느 하나에 해당하는 자에게 승계된다.

1. 장기요양기관을 양도한 경우 양수인
2. 법인이 합병된 경우 합병으로 신설되거나 합병 후 존속하는 법인
3. 장기요양기관 폐업 후 같은 장소에서 장기요양기관을 운영하는 자 중 종전에 행정제재처분을 받은 자(법인인 경우 그 대표자를 포함한다)나 그 배우자 또는 직계혈족

② 행정제재처분의 절차가 진행 중일 때에는 다음 각 호의 어느 하나에 해당하는 자에 대하여 그 절차를 계속 이어서 할 수 있다.

1. 장기요양기관을 양도한 경우 양수인
2. 법인이 합병된 경우 합병으로 신설되거나 합병 후 존속하는 법인
3. 장기요양기관 폐업 후 1년 이내에 같은 장소에서 장기요양기관을 운영하는 자 중 종전에 위반행위를 한 자(법인인 경우 그 대표자를 포함한다)나 그 배우자 또는 직계혈족

③ 제1항 및 제2항에도 불구하고 제1항 각 호

의 어느 하나 또는 제2항 각 호의 어느 하나에 해당하는 자(이하 "양수인 등"이라 한다)가 양수, 합병 또는 운영 시에 행정제재처분 또는 위반사실을 알지 못하였음을 증명하는 경우에는 그러하지 아니하다.

④ 행정제재처분을 받았거나 그 절차가 진행 중인 자는 보건복지부령으로 정하는 바에 따라 지체 없이 그 사실을 양수인 등에게 알려야 한다.

[본조신설 2013.8.13]

제7장 재가 및 시설 급여비용 등

제38조 (재가 및 시설 급여비용의 청구 및 지급) ① 장기요양기관은 수급자에게 제23조에 따른 재가급여 또는 시설급여를 제공한 경우 공단에 장기요양급여비용을 청구하여야 한다.

② 공단은 제1항에 따라 장기요양기관으로부터 재가 또는 시설 급여비용의 청구를 받은 경우 이를 심사하여 장기요양에 사용된 비용 중 공단부담금(재가 및 시설 급여비용 중 본인일부부담금을 공제한 금액을 말한다)을 당해 장기요양기관에 지급하여야 한다.

③ 공단은 제54조 제2항에 따른 장기요양기관의 장기요양급여평가 결과에 따라 장기요양급여비용을 가산 또는 감액조정하여 지급할 수 있다.

④ 제1항부터 제3항까지의 규정에 따른 재가 및 시설 급여비용의 심사기준, 장기요양급여비용의 가감지급의 기준, 청구절차 및 지급방법 등에 관한 사항은 보건복지부령으로 정한다.

제39조 (재가 및 시설 급여비용의 산정) ① 재가 및 시설 급여비용은 급여종류 및 장기요양등급 등에 따라 제45조에 따른 장기요양위원회의 심의를 거쳐 보건복지부장관이 정하여 고시한다.

② 보건복지부장관은 제1항에 따라 재가 및 시설 급여비용을 정할 때 대통령령으로 정하는 바에 따라 국가 및 지방자치단체로부터 장기요양기관의 설립비용을 지원받았는지 여부 등을 고려할 수 있다.

③ 제1항에 따른 재가 및 시설 급여비용의 구체적인 산정방법 및 항목 등에 관하여 필요한 사항은 보건복지부령으로 정한다.

제40조 (본인일부부담금) ① 재가 및 시설 급여비용은 다음 각 호와 같이 수급자가 부담한다. 다만, 수급자 중 「국민기초생활 보장법」에 따른 수급권자는 그러하지 아니하다.

1. 재가급여: 당해 장기요양급여비용의 100분의 15
2. 시설급여: 당해 장기요양급여비용의 100분의 20

② 다음 각 호의 장기요양급여에 대한 비용은 수급자 본인이 전부 부담한다.

1. 이 법의 규정에 따른 급여의 범위 및 대상에 포함되지 아니하는 장기요양급여
2. 수급자가 제17조 제1항 제2호에 따른 장기요양인정서에 기재된 장기요양급여의 종류 및 내용과 다르게 선택하여 장기요양급여를 받은 경우 그 차액
3. 제28조에 따른 장기요양급여의 월 한도액을 초과하는 장기요양급여

③ 다음 각 호의 어느 하나에 해당하는 자에 대하여는 본인일부부담금의 100분의 50을 감경한다. 〈개정 2009.5.21, 2010.3.17〉

1. 「의료급여법」 제3조 제1항 제2호부터 제9호까지의 규정에 따른 수급권자
2. 소득·재산 등이 보건복지가족부장관이 정하여 고시하는 일정 금액 이하인 자. 다만, 도서·벽지·농어촌 등의 지역에 거주하는 자에 대하여 따로 금액을 정할 수 있다.
3. 천재지변 등 보건복지가족부령으로 정하는 사유로 인하여 생계가 곤란한 자

④ 제1항부터 제3항까지의 규정에 따른 본인일부부담금의 산정방법, 감경절차 및 감경방법 등에 관하여 필요한 사항은 보건복지가족부령으로 정한다. 〈개정 2009.5.21〉

제41조 (가족 등의 장기요양에 대한 보상) ① 공단은 장기요양급여를 받은 금액의 총액이 보건복지부장관이 정하여 고시하는 금액 이하에 해당하는 수급자가 가족 등으로부터 제23조 제1항 제1호 가목에 따른 방문요양에 상당한 장기요양을 받은 경우 보건복지부령으로 정하는 바에 따라 본인일부부담금의 일부를 감면하거나 이에 갈음하는 조치를 할 수 있다.

② 제1항에 따른 본인일부부담금의 감면방법 등 필요한 사항은 보건복지부령으로 정한다.

제42조 (방문간호지시서 발급비용의 산정 등) 제23조 제1항 제1호 다목에 따라 방문간호지시서를 발급하는데 사용되는 비용, 비용부담방법 및 비용 청구·지급절차 등에 관하여 필요한 사항은 보건복지부령으로 정한다.

제43조 (부당이득의 징수) ① 공단은 장기요양급여를 받은 자 또는 장기요양급여비용을 받은 자가 다음 각 호의 어느 하나에 해당하는 경우 그 장기요양급여 또는 장기요양급여비용에 상당하는 금액을 징수한다.

1. 제28조의 월 한도액 범위를 초과하여 장기요양급여를 받은 경우
2. 제29조 또는 제30조에 따라 장기요양급여의 제한 등을 받을 자가 장기요양급여를 받은 경우
3. 제37조 제1항 제4호·제3항 제3호에 따른 거짓이나 그 밖의 부정한 방법으로 재가 및 시설 급여비용을 청구하여 이를 지급받은 경우
4. 그 밖에 이 법상의 원인 없이 공단으로부터 장기요양급여를 받거나 장기요양급여비용을 지급받은 경우

② 공단은 제1항의 경우 거짓 보고 또는 증명에 의하거나 거짓 진단에 따라 장기요양급여가 제공된 때 거짓의 행위에 관여한 자에 대하여 장기요양급여를 받은 자와 연대하여 제1항에 따른 징수금을 납부하게 할 수 있다.

③ 공단은 제1항의 경우 거짓이나 그 밖의 부정한 방법으로 장기요양급여를 받은 자와 같은 세대에 속한 자(장기요양급여를 받은 자를 부양하고 있거나 다른 법령에 따라 장기요양급여를 받은 자를 부양할 의무가 있는 자를 말한다)에 대하여 거짓이나 그 밖의 부정한 방법으로 장기요양급여를 받은 자와 연대하여 제1항에 따른 징수금을 납부하게 할 수 있다.

④ 공단은 제1항의 경우 장기요양기관이 수급자로부터 거짓이나 그 밖의 부정한 방법으로 장기요양급여비용을 받은 때 당해 장기요양기관으로부터 이를 징수하여 수급자에게 지체 없이 지급하여야 한다.

제44조 (구상권) ① 공단은 제3자의 행위로 인한 장기요양급여의 제공사유가 발생하여 수급자에게 장기요양급여를 행한 때 그 급여에 사용된 비용의 한도 안에서 그 제3자에 대한 손해배상의 권리를 얻는다.

② 공단은 제1항의 경우 장기요양급여를 받은 자가 제3자로부터 이미 손해배상을 받은 때 그 손해배상액의 한도 안에서 장기요양급여를 행하지 아니한다.

제8장 장기요양위원회

제45조 (장기요양위원회의 설치 및 기능) 다음 각 호의 사항을 심의하기 위하여 보건복지부장관 소속으로 장기요양위원회를 둔다.

1. 제9조제2항에 따른 장기요양보험료율
2. 제24조부터 제26조까지의 규정에 따른 가족요양비, 특례요양비 및 요양병원간병비의 지급기준

3. 제39조에 따른 재가 및 시설 급여비용

4. 그 밖에 대통령령으로 정하는 주요 사항

제46조 (장기요양위원회의 구성) ① 장기요양위원회는 위원장 1인, 부위원장 1인을 포함한 16인 이상 22인 이하의 위원으로 구성한다.

② 위원장이 아닌 위원은 다음 각 호의 자 중에서 보건복지부장관이 임명 또는 위촉한 자로 하고, 각 호에 해당하는 자를 각각 동수로 구성하여야 한다.

1. 근로자단체, 사용자단체, 시민단체(「비영리민간단체 지원법」 제2조에 따른 비영리민간단체를 말한다), 노인단체, 농어업인단체 또는 자영자단체를 대표하는 자
2. 장기요양기관 또는 의료계를 대표하는 자
3. 대통령령으로 정하는 관계 중앙행정기관의 고위공무원단 소속 공무원, 장기요양에 관한 학계 또는 연구계를 대표하는 자, 공단 이사장이 추천하는 자

③ 위원장은 보건복지부차관이 되고, 부위원장은 위원 중에서 위원장이 지명한다.

④ 장기요양위원회 위원의 임기는 3년으로 한다. 다만, 공무원인 위원의 임기는 재임기간으로 한다.

제47조 (장기요양위원회의 운영) ① 장기요양위원회 회의는 구성원 과반수의 출석으로 개의하고 출석위원 과반수의 찬성으로 의결한다.

② 장기요양위원회의 효율적 운영을 위하여 분야별로 실무위원회를 둘 수 있다.

③ 이 법에서 정한 것 외에 장기요양위원회의 구성·운영, 그 밖에 필요한 사항은 대통령령으로 정한다.

제9장 관리운영기관

제48조 (관리운영기관 등) ① 장기요양사업의 관리운영기관은 공단으로 한다.

② 공단은 다음 각 호의 업무를 관장한다. 〈개정 2010.3.17〉

1. 장기요양보험가입자 및 그 피부양자와 의료급여수급권자의 자격관리
2. 장기요양보험료의 부과·징수
3. 신청인에 대한 조사
4. 등급판정위원회의 운영 및 장기요양등급 판정
5. 장기요양인정서의 작성 및 표준장기요양이용계획서의 제공
6. 장기요양급여의 관리 및 평가
7. 수급자에 대한 정보제공·안내·상담 등 장기요양급여 관련 이용지원에 관한 사항
8. 재가 및 시설 급여비용의 심사 및 지급과 특별현금급여의 지급
9. 장기요양급여 제공내용 확인
10. 장기요양사업에 관한 조사·연구 및 홍보
11. 노인성질환예방사업
12. 이 법에 따른 부당이득금의 부과·징수 등
13. 장기요양급여의 제공기준을 개발하고 장기요양급여비용의 적정성을 검토하기 위한 장기요양기관의 설치 및 운영
14. 그 밖에 장기요양사업과 관련하여 보건복지부장관이 위탁한 업무

③ 공단은 제2항 제13호의 장기요양기관을 설치하는 목적에 필요한 최소한의 범위에서 이를 설치·운영하여야 한다. 〈신설 2010.3.17〉

④ 「국민건강보험법」 제17조에 따른 공단의 정관은 장기요양사업과 관련하여 다음 각 호의 사항을 포함·기재한다. 〈개정 2010.3.17, 2011.12.31〉

1. 장기요양보험료
2. 장기요양급여
3. 장기요양사업에 관한 예산 및 결산
4. 그 밖에 대통령령으로 정하는 사항

제49조 (공단의 장기요양사업 조직 등) 공단은 「국민건강보험법」 제29조에 따라 공단의 조

직 등에 관한 규정을 정할 때 장기요양사업을 수행하기 위하여 두는 조직 등을 건강보험사업을 수행하는 조직 등과 구분하여 따로 두어야 한다. 다만, 제48조 제2항 제1호 및 제2호의 자격관리와 보험료 부과·징수업무는 그러하지 아니하다. 〈개정 2011.12.31〉

제50조 (장기요양사업의 회계) ① 공단은 장기요양사업에 대하여 독립회계를 설치·운영하여야 한다.

② 공단은 장기요양사업 중 장기요양보험료를 재원으로 하는 사업과 국가·지방자치단체의 부담금을 재원으로 하는 사업의 재정을 구분하여 운영하여야 한다. 다만, 관리운영에 필요한 재정은 구분하여 운영하지 아니할 수 있다.

제51조 (권한의 위임 등에 관한 준용) 「국민건강보험법」 제32조 및 제38조는 이 법에 따른 이사장의 권한의 위임 및 준비금에 관하여 준용한다. 이 경우 "보험급여"는 "장기요양급여"로 본다. 〈개정 2011.12.31〉

제52조 (등급판정위원회의 설치) ① 장기요양인정 및 장기요양등급 판정 등을 심의하기 위하여 공단에 장기요양등급판정위원회를 둔다.

② 등급판정위원회는 특별자치시·특별자치도·시·군·구 단위로 설치한다. 다만, 인구 수 등을 고려하여 하나의 특별자치시·특별자치도·시·군·구에 2 이상의 등급판정위원회를 설치하거나 2 이상의 특별자치시·특별자치도·시·군·구를 통합하여 하나의 등급판정위원회를 설치할 수 있다. 〈개정 2013. 8.13〉

③ 등급판정위원회는 위원장 1인을 포함하여 15인의 위원으로 구성한다.

④ 등급판정위원회 위원은 다음 각 호의 자 중에서 공단 이사장이 위촉한다. 이 경우 특별자치시장·특별자치도지사·시장·군수·구청장이 추천한 위원은 7인, 의사 또는 한의사가 1인 이상 각각 포함되어야 한다. 〈개정 2013.8.13〉

1. 「의료법」에 따른 의료인
2. 「사회복지사업법」에 따른 사회복지사
3. 특별자치시·특별자치도·시·군·구 소속 공무원
4. 그 밖에 법학 또는 장기요양에 관한 학식과 경험이 풍부한 자

⑤ 등급판정위원회 위원의 임기는 3년으로 한다. 다만, 공무원인 위원의 임기는 재임기간으로 한다.

제53조 (등급판정위원회의 운영) ① 등급판정위원회 위원장은 위원 중에서 특별자치시장·특별자치도지사·시장·군수·구청장이 위촉한다. 이 경우 제52조제2항 단서에 따라 2 이상의 특별자치시·특별자치도·시·군·구를 통합하여 하나의 등급판정위원회를 설치하는 때 해당 특별자치시장·특별자치도지사·시장·군수·구청장이 공동으로 위촉한다. 〈개정 2013.8.13〉

② 등급판정위원회 회의는 구성원 과반수의 출석으로 개의하고 출석위원 과반수의 찬성으로 의결한다.

③ 이 법에 정한 것 외에 등급판정위원회의 구성·운영, 그 밖에 필요한 사항은 대통령령으로 정한다.

제54조 (장기요양급여의 관리·평가) ① 공단은 장기요양기관이 제공하는 장기요양급여 내용을 지속적으로 관리·평가하여 장기요양급여의 수준이 향상되도록 노력하여야 한다.

② 공단은 장기요양기관이 제23조 제3항에 따른 장기요양급여의 제공 기준·절차·방법 등에 따라 적정하게 장기요양급여를 제공하였는지를 평가한 후 그 결과를 공개하는 등 필요한 조치를 할 수 있다.

③ 제2항에 따른 장기요양급여 제공내용의 평가 방법 및 평가 결과의 공개 방법, 그 밖에 필요한 사항은 보건복지부령으로 정한다.

제10장 이의신청 및 심사청구

제55조 (이의신청) ① 장기요양인정·장기요양등급·장기요양급여·부당이득·장기요양급여비용 또는 장기요양보험료 등에 관한 공단의 처분에 이의가 있는 자는 공단에 이의신청을 할 수 있다.

② 제1항에 따른 이의신청은 처분이 있은 날부터 90일 이내에 문서로 하여야 한다. 다만, 정당한 사유로 본문의 기간 이내에 이의신청을 할 수 없었음을 소명한 때는 그러하지 아니하다.

③ 공단은 장기요양심사위원회를 구성하여 제1항에 따른 이의신청사건을 심의하게 하여야 한다.

④ 제3항에 따른 장기요양심사위원회의 구성·운영 및 위원의 임기, 그 밖에 필요한 사항은 대통령령으로 정한다.

제56조 (심사청구) ① 제55조에 따른 이의신청에 대한 결정에 불복하는 자는 결정처분을 받은 날부터 90일 이내에 장기요양심판위원회(이하 "심판위원회"라 한다)에 심사청구를 할 수 있다.

② 심판위원회는 보건복지부장관 소속으로 두고, 위원장 1인을 포함한 20인 이내의 위원으로 구성한다.

③ 심판위원회의 위원은 관계 공무원, 법학, 그 밖에 장기요양사업 분야의 학식과 경험이 풍부한 자 중에서 보건복지부장관이 임명 또는 위촉한다.

④ 심판위원회의 구성·운영 및 위원의 임기, 그 밖에 필요한 사항은 대통령령으로 정한다.

제57조 (행정소송) 공단의 처분에 이의가 있는 자와 제55조에 따른 이의신청 또는 제56조에 따른 심사청구에 대한 결정에 불복하는 자는 「행정소송법」으로 정하는 바에 따라 행정소송을 제기할 수 있다.

제11장 보칙

제58조 (국가의 부담) ① 국가는 매년 예산의 범위 안에서 당해 연도 장기요양보험료 예상수입액의 100분의 20에 상당하는 금액을 공단에 지원한다.

② 국가와 지방자치단체는 대통령령으로 정하는 바에 따라 의료급여수급권자의 장기요양급여비용, 의사소견서 발급비용, 방문간호지시서 발급비용 중 공단이 부담하여야 할 비용(제40조 제1항 단서 및 제3항 제1호에 따라 면제 및 감경됨으로 인하여 공단이 부담하게 되는 비용을 포함한다) 및 관리운영비의 전액을 부담한다.

③ 제2항에 따라 지방자치단체가 부담하는 금액은 보건복지부령으로 정하는 바에 따라 특별시·광역시·특별자치시·도·특별자치도와 시·군·구가 분담한다. 〈개정 2013.8.13〉

④ 제2항 및 제3항에 따른 지방자치단체의 부담액 부과, 징수 및 재원관리, 그 밖에 필요한 사항은 대통령령으로 정한다.

제59조 (전자문서의 사용) ① 장기요양사업에 관련된 각종 서류의 기록, 관리 및 보관은 보건복지부령으로 정하는 바에 따라 전자문서로 한다. 〈개정 2013.8.13〉

② 공단 및 장기요양기관은 장기요양기관의 지정신청, 재가·시설 급여비용의 청구 및 지급 등에 대하여 전산매체 또는 전자문서교환방식을 이용하여야 한다.

③ 제1항 및 제2항에도 불구하고 정보통신망 및 정보통신서비스 시설이 열악한 지역 등 보건복지부장관이 정하는 지역의 경우 전자문서·전산매체 또는 전자문서교환방식을 이용하지 아니할 수 있다.

제60조 (자료의 제출 등) ① 공단은 장기요양급여 제공내용 확인, 장기요양급여의 관리·평가 및 장기요양보험료 산정 등 장기요양사업

수행에 필요하다고 인정할 때 다음 각 호의 어느 하나에 해당하는 자에게 자료의 제출을 요구할 수 있다.

1. 장기요양보험가입자 또는 그 피부양자 및 의료급여수급권자
2. 수급자 및 장기요양기관

② 제1항에 따라 자료의 제출을 요구받은 자는 성실히 이에 응하여야 한다.

제61조 (보고 및 검사) ① 보건복지부장관 또는 특별자치시장·특별자치도지사·시장·군수·구청장은 다음 각 호의 어느 하나에 해당하는 자에게 보수·소득이나 그 밖에 보건복지부령으로 정하는 사항의 보고 또는 자료의 제출을 명하거나 소속 공무원으로 하여금 관계인에게 질문을 하게 하거나 관계 서류를 검사하게 할 수 있다. 〈개정 2013.8.13〉

1. 장기요양보험가입자
2. 피부양자
3. 의료급여수급권자

② 보건복지부장관 또는 특별자치시장·특별자치도지사·시장·군수·구청장은 다음 각 호의 어느 하나에 해당하는 자에게 장기요양급여의 제공 명세 등 장기요양급여에 관련된 자료의 제출을 명하거나 소속 공무원으로 하여금 관계인에게 질문을 하게 하거나 관계 서류를 검사하게 할 수 있다. 〈개정 2013.8.13〉

1. 장기요양기관
2. 장기요양급여를 받은 자

③ 제1항 및 제2항의 경우에 소속 공무원은 그 권한을 표시하는 증표를 지니고 이를 관계인에게 내보여야 한다.

제62조 (비밀누설금지) 다음 각 호에 해당하는 자는 업무수행 중 알게 된 비밀을 누설하여서는 아니 된다. 〈개정 2013.8.13〉

1. 특별자치시·특별자치도·시·군·구, 공단, 등급판정위원회 및 장기요양기관에 종사하고 있거나 종사한 자
2. 제24조부터 제26조까지의 규정에 따른 가족요양비·특례요양비 및 요양병원간병비와 관련된 급여를 제공한 자

제63조 (청문) 특별자치시장·특별자치도지사·시장·군수·구청장은 다음 각 호의 어느 하나에 해당하는 처분 또는 공표를 하려는 경우에는 청문을 하여야 한다.

1. 제37조 제1항에 따른 장기요양기관 지정 취소 또는 업무정지명령
2. 제37조 제3항에 따른 재가장기요양기관 폐쇄명령 또는 업무정지명령
3. 제37조의3에 따른 위반사실 등의 공표

[전문개정 2013.8.13]

제64조 (시효 등에 관한 준용) 「국민건강보험법」 제91조, 제92조, 제96조, 제103조, 제104조, 제107조, 제111조 및 제112조는 시효, 기간의 계산, 자료의 제공, 공단 등에 대한 감독, 권한의 위임 및 위탁, 업무의 위탁, 단수처리 등에 관하여 준용한다. 이 경우 "보험료"를 "장기요양보험료"로, "보험급여"를 "장기요양급여"로, "요양기관"을 "장기요양기관"으로, "건강보험사업"을 "장기요양사업"으로 본다. 〈개정 2011.12.31〉

제65조 (다른 법률에 따른 소득 등의 의제금지) 이 법에 따른 장기요양급여로 지급된 현금 등은 「국민기초생활 보장법」 제2조 제8호 및 제9호의 소득 또는 재산으로 보지 아니한다.

제66조 (수급권의 보호) 장기요양급여를 받을 권리는 양도 또는 압류하거나 담보로 제공할 수 없다.

제12장 벌칙

제67조 (벌칙) ① 다음 각 호의 어느 하나에 해당하는 자는 2년 이하의 징역 또는 2천만 원 이하의 벌금에 처한다.

1. 제31조를 위반하여 지정받지 아니하고 장

기요양기관을 설치·운영하거나 거짓이나 그 밖의 부정한 방법으로 지정받은 자
2. 제32조를 위반하여 신고하지 아니하고 재가장기요양기관을 설치·운영하거나 거짓이나 그 밖의 부정한 방법으로 신고한 자
3. 제35조 제5항을 위반하여 본인일부부담금을 면제 또는 감경하는 행위를 한 자
4. 제35조 제6항을 위반하여 수급자를 소개, 알선 또는 유인하는 행위를 하거나 이를 조장한 자
5. 제62조를 위반하여 업무수행 중 알게 된 비밀을 누설한 자

② 다음 각 호의 어느 하나에 해당하는 자는 1년 이하의 징역 또는 1천만 원 이하의 벌금에 처한다.

1. 제35조 제1항을 위반하여 정당한 사유 없이 장기요양급여의 제공을 거부한 자
2. 거짓이나 그 밖의 부정한 방법으로 장기요양급여를 받거나 다른 사람으로 하여금 장기요양급여를 받게 한 자

[전문개정 2013.8.13]

제68조 (양벌규정) 법인의 대표자, 법인이나 개인의 대리인·사용인 및 그 밖의 종사자가 그 법인 또는 개인의 업무에 관하여 제67조에 해당하는 위반행위를 한 때에는 그 행위자를 벌하는 외에 그 법인 또는 개인에 대하여도 해당 조의 벌금형을 과한다. 다만, 법인 또는 개인이 그 위반행위를 방지하기 위하여 해당 업무에 관하여 상당한 주의와 감독을 게을리하지 아니한 경우에는 그러하지 아니하다. 〈개정 2010.3.17〉

제69조 (과태료) ① 정당한 사유 없이 다음 각 호의 어느 하나에 해당하는 자에게는 500만 원 이하의 과태료를 부과한다. 〈개정 2010.3.17, 2013.8.13〉

1. 삭제 〈2013.8.13〉
2. 제33조를 위반하여 신고하지 아니하거나 거짓이나 그 밖의 부정한 방법으로 신고한 자

2의2. 제34조를 위반하여 장기요양기관에 관한 정보를 게시하지 아니하거나 거짓으로 게시한 자

2의3. 제35조 제3항을 위반하여 수급자에게 장기요양급여비용에 대한 명세서를 교부하지 아니하거나 거짓으로 교부한 자

3. 제35조 제4항을 위반하여 장기요양급여 제공자료를 기록·관리하지 아니한 사람
4. 제36조 제1항 또는 제5항을 위반하여 폐업·휴업 신고 또는 자료이관을 하지 아니하거나 거짓이나 그 밖의 부정한 방법으로 신고한 자

4의2. 제37조의4 제4항을 위반하여 행정제재처분을 받았거나 그 절차가 진행 중인 사실을 양수인 등에게 지체 없이 알리지 아니한 자

5. 삭제 〈2013.8.13〉
6. 거짓이나 그 밖의 부정한 방법으로 수급자에게 장기요양급여비용을 부담하게 한 자
7. 제60조 또는 제61조에 따른 보고 또는 자료제출 요구·명령에 따르지 아니하거나 거짓으로 보고 또는 자료제출을 한 자나 질문 또는 검사를 거부·방해 또는 기피하거나 거짓으로 답변한 자

② 제1항에 따른 과태료는 대통령령으로 정하는 바에 따라 관할 특별자치시장·특별자치도지사·시장·군수·구청장이 부과·징수한다. 〈신설 2013.8.13〉

제70조 삭제 〈2013.8.13〉

부칙 (생략)

찾아보기

[ㄱ]

[ㄴ]

[ㅅ]

[ㅇ]

[ㅈ]

[ㅊ]

[ㅋ]

[ㅌ]

[ㅍ]

[ㅎ]

저자 소개

최 성 재

서울대학교 문리대 사회사업학과

미국 Washington University 사회사업대학원(사회사업학 석사)

미국 Case Western Reserve University 응용사회과학대학원(사회복지학 박사)

국제노년학·노인의학회 아태지역 회장

한국사회복지학회 회장

한국노년학회 회장

대통령 직속 저출산·고령사회위원회 위원

박근혜 정부 초대 고용복지수석

한양대학교 공공정책대학원 석좌교수

한국노인인력개발원 원장

(현) 서울대학교 사회대학 사회복지학과 명예교수

(현) 국제노년학·노인의학회 UN 대표

(현) 한국생애설계협회 회장

장 인 협

서울대학교 문리대 영어영문학과

서울대학교 대학원 사회복지학과(문학 석사)

미국 University of Iowa 사회사업대학원(사회사업학 석사)

서울대학교 대학원(문학 박사)

미국 University of Chicago 사회사업대학원 Visiting Scholar(1985)

(前) 서울대학교 사회복지학과 교수